JN243907

［監修］東京女子大学比較文化研究所・上海外国語大学日本研究センター
［全体編集］和田博文・高潔

コレクション・近代日本の中国都市体験

●第7巻 長春（新京）

中野綾子・編

『コレクション・近代日本の中国都市体験』刊行にあたって

研究基盤の構築を目指して

和田博文

二〇二一年四月に東京女子大学比較文化研究所と上海外国語大学日本研究センターが研究所協定を結び、国際共同研究「近代日本の中国都市体験の研究」がスタートした。日本側は一一人、中国側は九人、合わせて二〇人の研究者が、中国の一七都市と、都市体験基本資料・旅行案内・内山書店をテーマに、三年間の共同研究を実施している。五回のシンポジウムで各テーマの研究発表を行い、活発な議論を積み重ねてきた。

国際共同研究には前段階がある。それは和田博文・王志松・高潔編『中国の都市の歴史的記憶』（二〇二二年九月、勉誠出版）で、日中二一人の研究者が、中国一六都市についての、日本語表象を明らかにしている。日本人が異文化体験を通して、自己や他者とどのように向き合ってきたのかというドラマは興味深い。ただこの本は論集なので、一次資料を共同で研究したわけではない。

本シリーズは復刻頁と編者執筆頁で構成している。前者は、単行本と雑誌掲載記事の二つである。単行本は稀覯本を基本として、復刻済みの本や、国会図書館デジタルライブラリーで読める本は、対象から外している。雑誌掲載記事は一年目にリストを作成して、その中から選定した。後者には、「エッセイ」「解題」「関連年表」「主要参考文献案内」を収録している。

コレクションの目標は、研究基盤の構築である。コレクションがスタート地点となって、日本人の中国都市体験や、中国主要都市の日本語表象の研究が、活性化することを願っている。

（わだ・ひろふみ　東京女子大学特任教授）

人を以て鑑と為す

高　潔

国際共同研究「近代日本の中国都市体験」は三年間の共同研究の期間を経て、全五回のシンポジウムを開催した。いよいよその成果となる『コレクション・近代日本の中国都市体験』全二〇巻の出版を迎えることとなる。

共同研究に参加する中国側九名の研究者にとって、一番大きな収穫は、日本語で記録された一次資料を通して、自分が現在実際住んでいる中国の各都市の近代史を、新たに考えてみる契機を与えられたことであった。最近、中国の都市では「シティー・ウォーク」が流行っているが、日本語による一次資料で都市のイメージを構築しながら、各都市の図書館で古い資料を調査し、「歴史建築」と札の付いている建物を一軒一軒見て回るなどの探索を重ねていくと、眼前にある都市の表情の奥底に埋もれていた、近代の面影が次第に現れてくる。

中国では、「上海学」「北京学」というように、特定の都市に関する研究がこの三四十年来盛んになってきたが、日本語で記録された一次資料を駆使する研究はまだ稀にみるものであった。中国人にとって、日本語による近代中国の都市表象は、どうしても侵略と植民のイメージが付き纏ってくるが、日本語の案内記や、都市概況の説明書は、当時の都市生活の事情が、詳しい数字や克明な記録を以て紹介されている。この共同研究で再発掘されたこれらの資料は、中国各都市の近代史の研究において、見過ごすことのできない重要なデータとなるだろう。

（こう・けつ　上海外国語大学教授）

凡　例

・本書は、東京女子大学比較文化研究所と上海外国語大学日本研究センターによって、二〇二一年〜二〇二四年に行われた国際共同研究「近代日本の中国都市体験の研究」に基づく復刻版資料集である。中国の主要一七都市についての未復刻、および閲覧の困難な一次資料を、巻ごとに都市単位で収録した。

・各巻ごとに編者によるエッセイ・解題・関連年表・主要参考文献を収録した。

・収録に際しては、A五判（210ミリ×148ミリ）に収まるよう適宜縮小した。収録巻の書誌については解題を参照されたい。

・二色以上の配色がなされているページはカラーで収録した。

・本巻作成にあたって、原資料の提供を、東京女子大学比較文化研究所、監修者の和田博文氏よりご提供いただいた。また、『新京大観写真帖』（大正写真工芸所新京営業部）の収録については、山崎鋆一郎氏の著作権を継承されている、池宮商会出版部様に、収録へのご理解をいただいた。ここに記して深甚の謝意を表する。

・池宮商会出版部様では、かつて『懐かしの風景　復刻 満洲絵葉書写真帖』（一九八六年三月）を刊行の際に、山崎鋆一郎氏の所在を調査し、了承を得られたこと記されている（同書「復刻にあたって」）。以下に引用し、謝意を表する。

編著者の山崎氏（明治三十年生）は、現在大阪市都島区東野田町の協和病院で療養の日々を送っておられる（中略）。

同氏が昭和十年ごろ和歌山市小松原通り一丁目五番地で大正写真工芸所を経営しておられたことは写真帖の奥付から分かったが、それ以外に手がかりは何一つなかったのである。（中略）とにかく和歌山市役所に問合せることから始めることにして昭和五十九年九月、同市の市民課に照会状を送り、同課からは折返し山崎氏の戸籍抄本が送られてきた。（中略）区長からは山崎氏の住民票の写しが送られてきた。それによると、転居先は確かに戸籍抄本どおりとなっており、ここまでは所在調べは少くとも順調に運んできたように思えた。しかし、その後、復刻計画について同氏の承諾を取り付けるために当社の責任者が訪ねたところ、同氏は前記の転居先にはおられず、老衰のため入院療養中らしいという雲をつかむような話を聞かされた。（中略）そのために大変な苦労をなめたが、その甲斐があって山崎氏の入院先が前記の協和病院であることを突き止めることができた。

病臥中の山崎氏は自著の復刻計画について説明を受けると直ちに復刻を快諾されただけでなく、その場で一札を認められて同刊行物のほか同氏が所有しておられる他の版権等も含めて権利一切を池宮商会に譲渡されたのである。以上が「満洲写真帖」復刻決定に至るまでのいきさつである（中略）。この復刻版を印刷に付す段階になって思いがけなく、山崎氏が昨年（昭和六〇年）、療養先で亡くなられたことを知った。（中略）謹んで故人のご冥福をお祈り申し上げる。

合資会社 池宮商会出版部

目次

コレクション・近代日本の中国都市体験

第7巻 長春（新京）

中野綾子・編

乾辰三 編

『長春写真帖』

（乾写真館、一九二六年一〇月）

5　乾辰三 編『長春写真帖』(乾写真館、1926年10月)

乾辰三 編『長春写真帖』（乾写真館、1926 年 10 月）

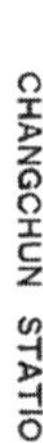

CHANGCHUN STATION

長春停車場

JUNCTION PLATFORM OF S. M. R. AND E. CHINESFR.

長春・東清・南滿兩鐵道聯絡プラツトホーム

乾辰三 編『長春写真帖』（乾写真館、1926 年 10 月）

JAPANESE CONSULATE, CHANGCHUN

長春。日本領事館

LOCAL OFFICE, CHANGCHUN

長春地方事務所

CHANGCHUN SHRINE

長春神社

長春日本橋通リ

NIHOMBASHI ROAD, CHANGCHUN

13　乾辰三 編『長春写真帖』(乾写真館、1926年10月)

IWAI STREET CHANGCHUN

長春郵便局ト警察署前ヨリ祝町ヲ望ム

長春中央通り

CENTRAL ROAD. CHANGCHUN

YOSHINO STREET, CHANGCHUN

長春吉野町

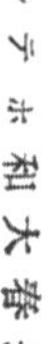

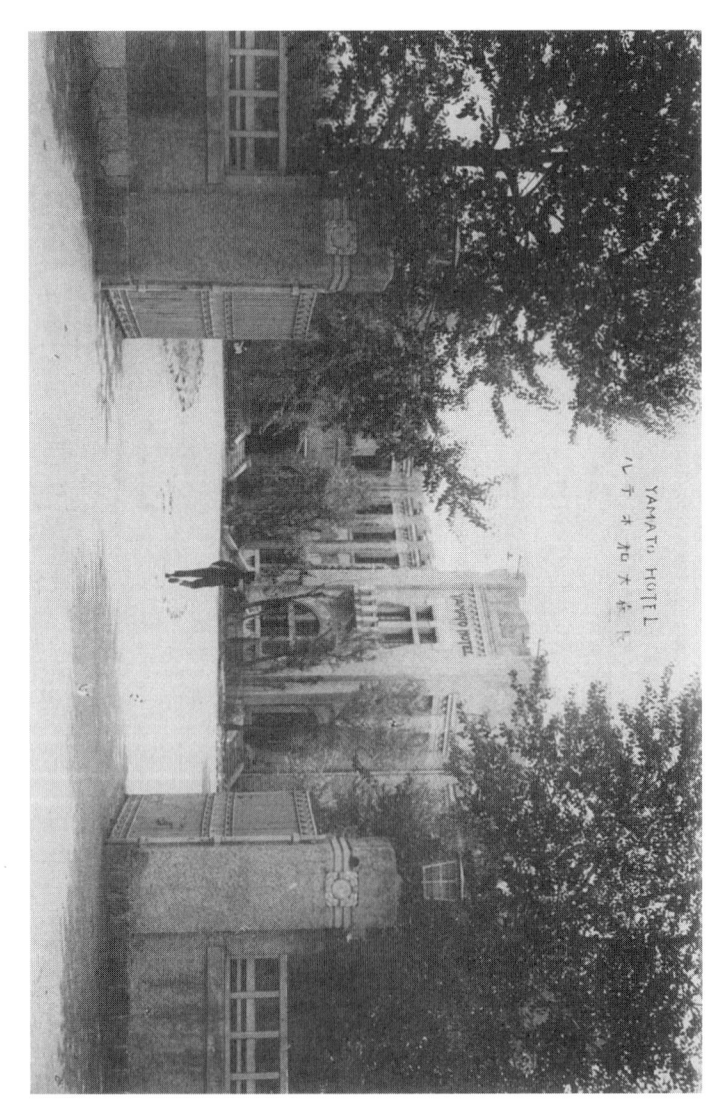

YAMATO HOTEL, CHANGCHUN

長春大和ホテル

乾辰三 編『長春写真帖』(乾写真館、1926年10月)

CHANGCHUN DISPENSARY OF S.M.R.C.

滿鐵長春醫院

KUAN CHENG TZU STATION, E. CHINESE R. LINE

長春・東清線寬城子驛

19　乾辰三 編『長春写真帖』（乾写真館、1926年10月）

JAPANESE GUARDS CHANGCHUN

長春守備隊

MEMORIAL HALL AND CHOSHUNZA THEATRE. CHANGCHUN

長春紀念館及び長春座

長春取引所

THE CHANGCHUN EXCHANGE

COMMERCIAL SCHOOL, CHANGCHUN

長春商業學校

GIRLS' HIGH SCHOOL, CHANGCHUN

長春高等女學校

ELEMENTARY SCHOOL, CHANGCHUN

長春尋常高等小學校

長春西公園正門

WEST PARK, CHANGCHUN

WEST PARK, CHANGCHUN

長春西公園ノ綠陰

長春西公園ノ春色

WEST PARK, CHANGCHUN

長春西公園ノ池畔

WEST PARK, CHANGCHUN

CHANGCHUN BRANCH OF KOREA BANK

朝鮮銀行長春支店

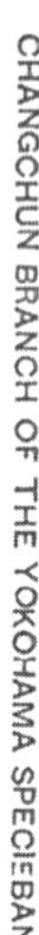

CHANGCHUN BRANCH OF THE YOKOHAMA SPECIEBANK　横濱正金銀行長春支店

COMPANY'S COLLECTED RESIDENCES CHANGCHUN

長春集合社宅（文化村）

POOL OF S. M. R. C., CHANGCHUN

長春。満鉄プール

SOGYO HALL.–MARQUIS ITO LODGED IN, ON THE PREVIOUS DAY OF HIS DISASTER. CHANGCHUN

長春創業館(伊藤公遭難前日宿泊ノ所)

HIGH ROAD IN CHANGCHUN CITADEL

長春城内大街

WEST GATE OF CHANGCHUN CITADEL

長春城北門

WEST GATE OF CHANGCHUN CITADEL

長春城北門

37　乾辰三 編『長春写真帖』(乾写真館、1926年10月)

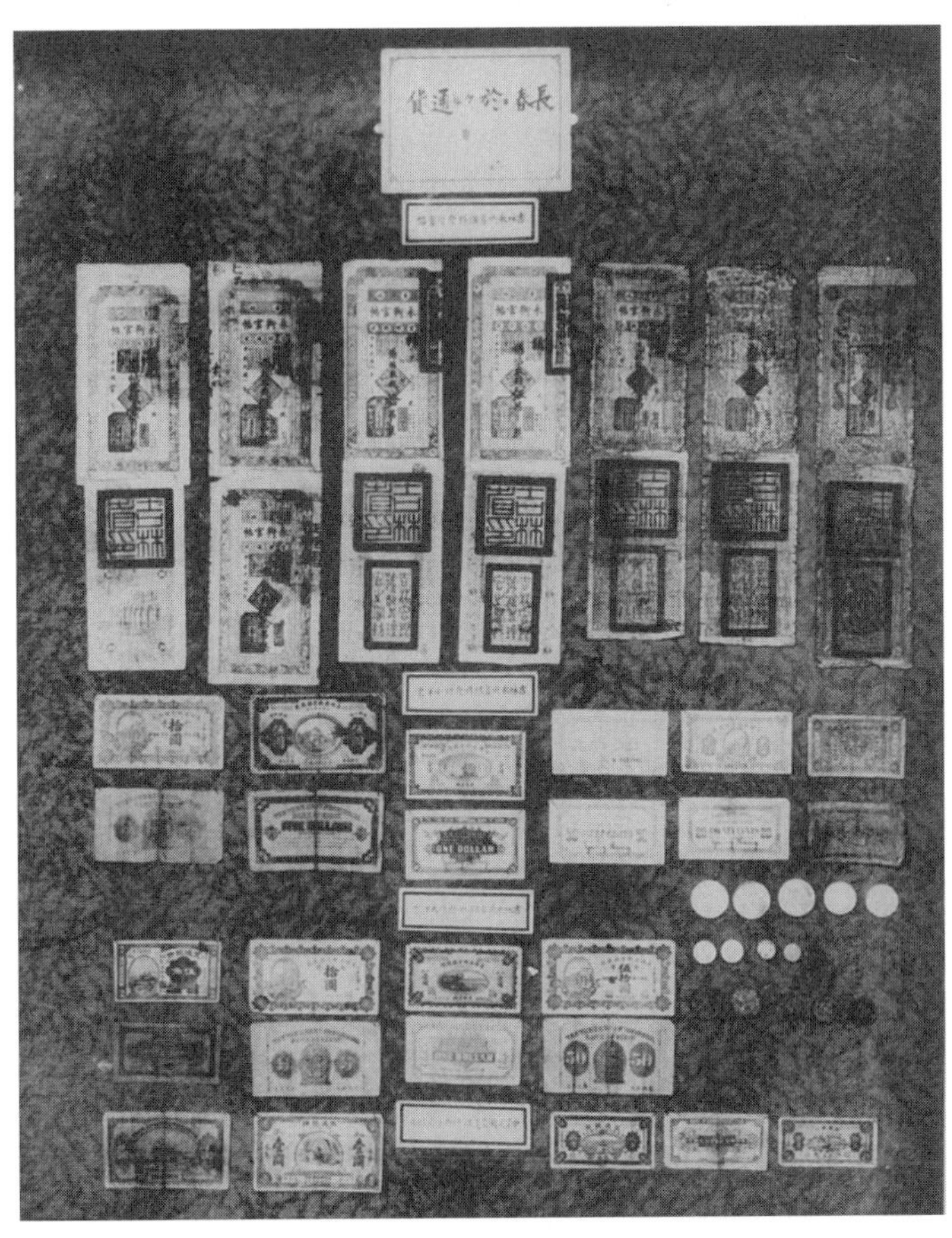

CURRENT MONEY IN CHANGCHUN　長春ニ於ケル通貨

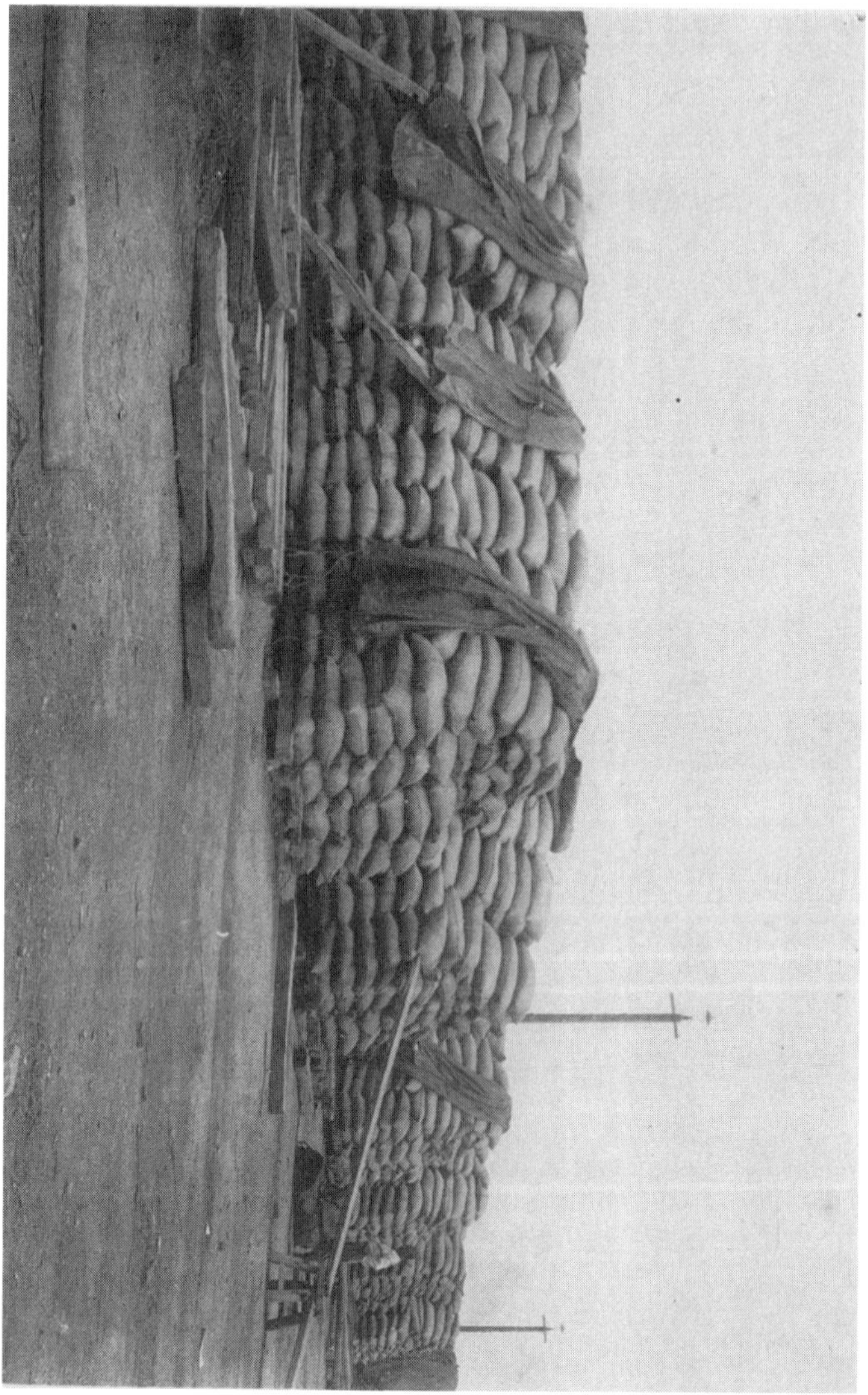

HEAPS OF BEENS IN THE STATION COMPOUND, SSUPINGKAI

驛構内大豆ノ堆積

SPECIAL PRODUCTS PILED IN THE STATION COMPOUND, SSUPINGKAI

堆積ノ物産埒内構驛

大正十五年十月一日印刷
大正十五年十月五日發行

不許複製

發行兼編輯人　長春吉野町二丁目十四番地　乾辰三

印刷人　旅順鮫島町一番地ノ十一　玉井紫水

印刷所　旅順鮫島町一番地ノ十二　玉井製版印刷部

發行所　長春吉野町二丁目十四番地　乾寫眞館
電話一〇二五番

『長春事情』

（南満洲鉄道株式会社長春地方事務所、一九二七年四月）

45　『長春事情』（南満洲鉄道株式会社長春地方事務所、1927年4月）

序　言

長春の地は我滿鐵の最北端に位し、南滿、東支、吉長三線に依る。日、支、露三國の交通は日を逐ふて殷盛を極め、東西文化は年と共に移植され、今や中部滿洲に於ける一大市場を現出するに至れり、然して長春の市街は省城ならずと雖も、尙百餘年の歷史と十數萬の人口を有し爲に之が各般の事情を盡さんとせば到底一小冊子の能くする所にあらざるも、其の概括的記錄は單に當地方人士の參考たるのみならず、他地方への宣傳ともなり共に地方振興を間接に幫助するや言を俟たず、且つ近來各地よりの視察者逐年增加し、何れも熱心なる態度を以て硏究に當れるの事實に鑑み之が參考の資とすべく、茲に『長春事情』なる一冊子を綴らしめ普く江湖に頒布せんとするものなり。

昭和二年七月

南滿洲鐵道株式會社
長春地方事務所長
花井脩治

長春事情

目次

B　城內及商埠地

附録

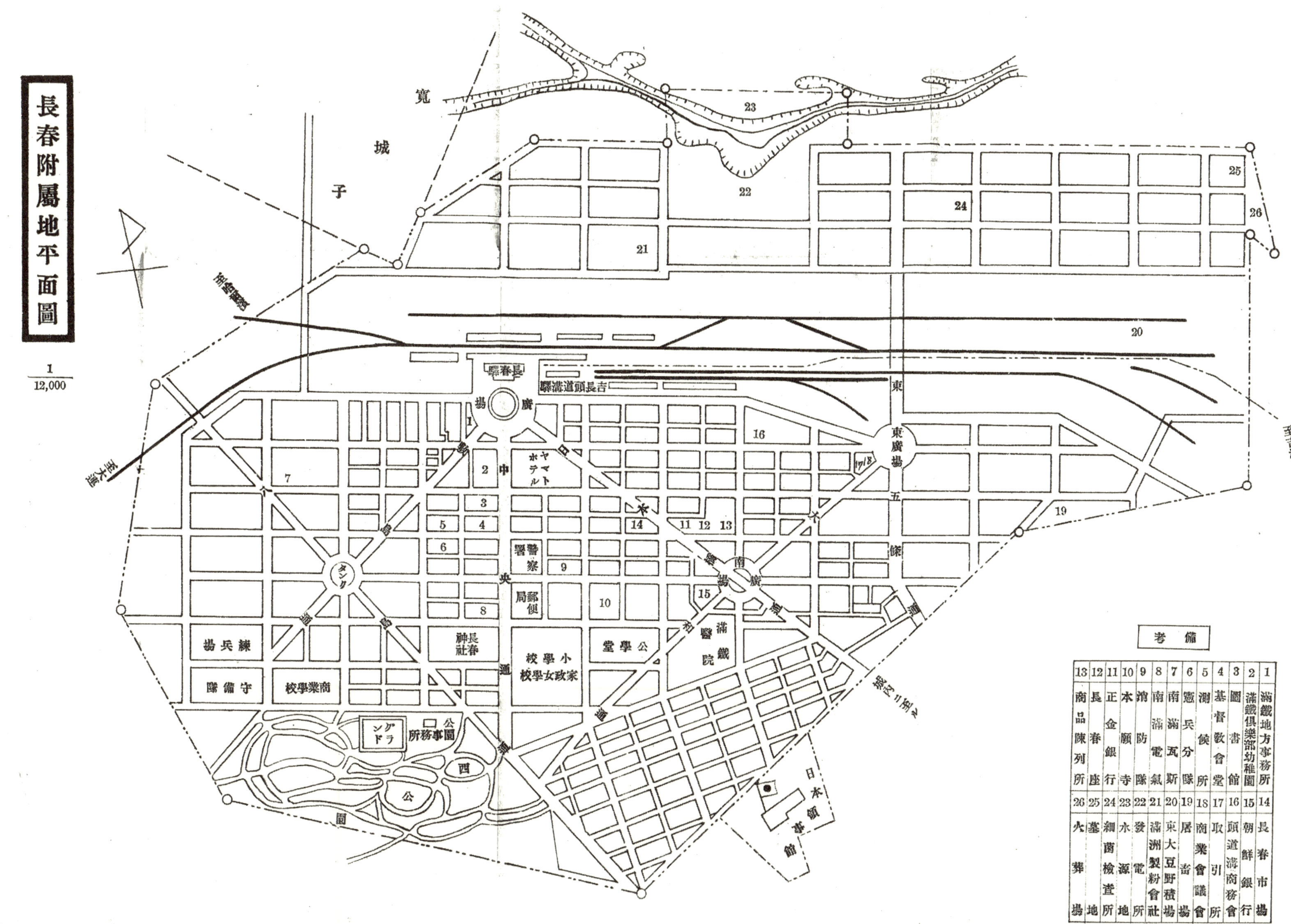

長春附屬地平面圖
1
12,000
寛
城
子
長春驛
吉長頭道溝驛
廣場
東廣場
南廣場
ヤマトホテル
警察署
郵便局
長春神社
小學校
家政女學校
公學堂
滿鐵醫院
練兵場
守備隊
商業學校
グランド
公園事務所
西
公
園
日本領事館
至吉林
至大連
備考
1 滿鐵地方事務所
2 滿鐵倶樂部幼稚園
3 圖書館
4 基督教會堂
5 測候所
6 憲兵分隊
7 南滿瓦斯
8 南滿電氣
9 消防隊
10 本願寺
11 正金銀行
12 長春座
13 商品陳列所
14 長春市場
15 朝鮮銀行
16 頭道溝商務會
17 取引所
18 商業會議會
19 屠畜場
20 東大豆野積場
21 滿洲製粉會社
22 發電所
23 水源地
24 細菌檢査所
25 墓地
26 火葬場

長春事情

第一、一般狀況

A　位置・地勢

長春は吉林省長春縣に屬し大連を距る四百三十七哩六分我南滿鐵道の最北端に位し北緯四十三度五十五分、東徑百二十五度十八分、海拔二百十四米四にして卽ち緯度に於ては北海道旭川と略々同じく徑度にあつては朝鮮新義州附近に相當し標高は山梨縣甲府附近に匹敵してゐる。

松花江流域の北滿平野は長春附近より北方に展開せるを以て長春の四圍は一帶の曠野にして唯遙か東南に當つて僅かに石碑嶺の連丘を望むのみである。伊通川は南方伊通州附近より發し長春の東側を過ぎ北流して飮馬河に合し松花江に入る。河幅五百尺を有するも水淺く冬季は結氷し夏季は枯渇して舟筏灌漑の便を爲さない。

B　沿　革

一、附屬地

一八九六年彼の有名なる『カシニー』條約により露國が清國領土內に鐵道を敷設するの權利を得て東淸鐵道の開設せらるゝや露國は現長春驛を西北に距る二哩なる二道溝に停車場を設け之を寬城子と命名したのである。日露戰役の結果寬城子以南の鐵道は我邦の有に歸したのであるが寬城子自體の孰れに歸屬すべきやの問題に付き兩國間に解決を見ず爲めに我邦は其間孟家屯を終端驛として列車を運轉し旅客は凡て徒步にて連絡したのである。後明治四十年六月本野大使露國外相と協約し寬城子停車場の土地建物は露國に引渡す事となし之が賠償として露貨五六〇、三九三留を我に支拂はしめ之を滿鐵會社に交付し茲に本問題の解決を告げたのである。日露兩國間に於ける右議定の內旨決定するや時の滿鐵總裁後藤男は寺內陸相と協議の上佐藤少佐を委員に任命し附屬地の買收に着手せしめ明治四十年三月より八月迄に長春城北門を距る約十五町の頭道溝と稱せらるゝ地域約百五十萬坪の用地を三三〇、八七五圓にて買入れたのである、之卽現在の長春附屬地にして爾來滿鐵は此處に市街を建設して今日に及んだのである。買收以來大正十四年末迄に費せし設備建設費は左の如くである。

醫院	六一九、八三六圓
學校	一、〇四九、〇二〇圓

圖書館	八三三圓
衛生所	一三二、〇四一圓
消防所	四九、三三四圓
貸付家屋	四七、〇四四圓
市街地（用地買收費を含まず）	二、六三九、二四三圓
計	四、五三七、三五一圓

更に滿鐵は之に每年多額の維持費を支辨し市街の整備を期しつゝあるのである。斯くて買收當時荒涼なる原野に過ぎざりし長春の地は今や南滿鐵道終端地として諸般の設備略々備はり市街の壯麗なる沿線中一、二を爭ふ處となり居住者及集散の貨客は年と共に加はり逐年繁榮を呈するに至つた。

二、城　内

元來長春地方一帶の地は乾隆五十六年（約一三〇年前）蒙古郭爾羅斯王の山東農民を招致し開墾せし迄は一帶の牧草地に過ぎなかつたのであるが（當地方は元時代より同王族の領地なり）其後漢人の移住と共に次第に開墾せられ嘉慶五年（約一二五年前）には墾地管理の爲に長春堡（長春の南方約三〇支里の地にあり）に理事通判（主として刑名の事を掌れり）を置き長春廳と名付けたので

ある。更に道光五年（約一〇〇年前）廳を今の城内に移し依然舊名を用ひた之を長春城の始めとする。下つて同治四年（約六〇年前）馬賊に備ふる爲市民醵金して城廓を造り初めて都城を形成するに至つたのである。斯くて附近並に奥地人口、墾地の增加に伴なひ日に月に發達し東清鐵道敷設前人口既に六、七萬に達せりと云ふ。滿鐵の終端となるに及び附屬地及び商埠地の急速なる發展を見たるを以て城内は稍遜色あるが如しと雖今尙市場の中心たるを失はない。以上の如く都市の發展を來すと共に此間行政官廳も漸次陞格若くは新設されたのであるが光緒八年（四五年前）理事通判を撫民通判に改め同十五年廳を撤して府を置き民國元年之を縣に改め今日に至つたのである。

三、商埠地

長春は明治三十八年北京條約により開放地となつたのであるが南滿鐵道が日本の經營に移ると共に長春城内外に移住し來れる日本人の數漸增せるを以て光緒三十四年時の道臺陳吉士氏は商埠地を設け外人の居住を之に制限せんと企てしも經費なき爲果さなかつたのであるが宣統元年二世道臺顏世淸來るに及び北門外と附屬地の間及び附屬地の圍繞せる土地を劃して商埠豫定地となし購地局を設けて土地を買收し此地に先づ開埠局、巡警局を設け次で道臺衙門を建築し道路を修理する等鋭意商埠地の經營に盡した、更に宣統三年四世道臺孟憲彝來任し大官巨商を大株主とする興業公司を起し劇場、妓樓、貸家等を建築せしめ商民の移住を奬勵するに至り商館頓に加つたのであるが爾來此地は累代道尹の盡力と地の利を得たることにより年々發達し今や城内に劣らざる繁榮を來すに至つた。

C　氣　候

一、氣　溫

夏季日中は東京の暑さと略々同一であるが夜に入れば涼風至り爽快を覺える。冬季攝氏零下三十度以下に下ることあるも所謂三寒四溫の現象ありて幾分調節さる。昭和元年度に於ける最高溫度華氏九九度五分最低溫度攝氏二十九度五分である。

二、風

春夏に南風多く秋冬には西風が多い。四五月の頃は風殊に多く强風砂塵を卷きて天日爲に暗きこと珍しくない。

三、雨　雪

降雨は三月末に至り初めて之を見るべく七、八月の雨期に最も多い。然れども空氣は常に乾燥し居るを以て雨季と雖も黴を生ずること稀である。昭和元年度に於ける降雨量は五三七、五粍にして七月の一六七・三粍を以て最も多しとする。降雪は冬季に於て四、五寸に及ぶことあるも降雪度數は内地に比し尠ない。

昭和元年長春各種天氣統計

快晴	九九日	降水	九四日
雪	四九日	霰	五日
雹	二日	雷電	一〇日
曇天	九五日	暴風	一八日
霜	一六五日	不照	二八日

D) 面積・人口

一、面積

附屬地	一、五二八、一一八坪五
城内	一、七五五、一六〇坪
商埠地	一、六三一、九八二坪
寛城子	一、六七四、〇〇〇坪

二、人口

日本人　在滿邦人は大正七、八年頃の好況時代を絶頂として次第に減少しつゝあるが如く云はれ居るも當長春は年々增加する傾向を示して居る。昭和元年末現在に於ける在長春邦人戸口數は附屬地二千四百四十四戸一萬八十九人、商埠地及城內七十八戸二百九十四人にして合計戸數二千五百二十二戸人口一萬三百八十三人である。附屬地日本人戸口表を左に示す。

日本人戸口表（附屬地）

種別／年度	內地人		朝鮮人		合計	
	戸數	人口	戸數	人口	戸數	人口
大正五年	一、〇八八	三、六八一	六	四〇	一、〇九四	三、七二一
大正十年	一、八九七	七、七四九	四六	二〇九	一、九四三	七、九五八
大正十三年	二、一八六	八、一三五	九二	四一八	二、二七八	八、五五三
昭和元年	二、二九五	九、四〇〇	一四九	六八九	二、四四四	一〇、〇八九

中國人　在長春華人も亦年々增加の趨勢を辿り昭和元年度末現在に於て附屬地、商埠地及城內を合せて戸數二萬五百四十八戸人口十萬九千三百十三人に達して居る。卽次表の如くである。

中國人戸口表（全長春）

年度＼種別	附屬地		城內		合計	
	戸數	人口	戸數	人口	戸數	人口
大正五年	一、一三四	九、四三〇	一四、三二五	八二、一五〇	一五、四八四	九一、五八〇
大正十年	一、五六九	一五、八五二	一五、九〇〇	七九、一八〇	一七、四六九	九五、〇三二
大正十三年	二、一〇八	一六、一二三	一七、二七四	八四、五六九	一九、三八二	一〇〇、六九二
昭和元年	二、五一三	二一、九九四	一八、〇三五	八七、三一九	二〇、五四八	一〇九、三一三

外國人　外國人は極めて少數にして昭和元年末現在に於て附屬地百五十一戸五百六十五人之に商埠地及城內の十二戸五十人を加へて計戸數百六十三戸人口六百十五人に過ぎない。但し之以外に所謂露國避難民の附屬地居住者數七百人內外に及ぶ。

外國人戸口表(附屬地)

種別＼年度	大正五年	大正十年	大正十三年	昭和元年
戸數	一〇八	一三六	一三九	一五一
人口	五二九	六八八	八一〇	五六五

第二、司法、軍事、警察、行政

A　附屬地

一、司　法

附屬地居住日本人に對する司法は日本領事館之を掌り、中國人に對するものは中國官憲之を掌る。

二、軍　事

イ、附屬地守備隊　所在地、常盤町四丁目

滿洲獨立守備隊は明治四十年九月より長春に第一大隊第四中隊を駐屯せしめたるを以て最初となし以來幾度か更迭し現在は弘前の聯隊が一中隊守備の任に當つて居る。現任隊長は中島弟四郎大尉である。

ロ、長春憲兵分隊　所在地、錦町一丁目十番地

明治四十年九月設置され初代の隊長は楠本氏にして以來諸氏の更迭あり現任分隊長は瀧野秀吉少佐である。

三、警　察

イ、長春警察署　所在地、中央通十八番地

滿鐵附屬地內に於ける警察行政は關東廳の管掌する所にして長春警察署の管轄區域は南滿線劉房子以北長春に至る鐵道附屬地にして尙長春市內には左記の通り各派出所を設置し居住民の安寧秩序維持の任に當つてゐる。現任署長は峰岸安太郞氏である。

西公園、西二條通、和泉町、長春驛、日本橋通、二條通、富士町、大和通、南五條通、東頭道溝、北一條通、北六條通、北十條通

四、長春地方事務所所管一般行政

滿鐵附屬地に於ける我國の行政權は一八八六年露淸銀行と淸國政府との間に締結したる條約により東淸鐵道會社の有したる權利を我國が繼承したるに始まり我政府は之を分ちて軍事の權は關東軍司令官に警察權は關東長官に其他の一般行政權は之を滿鐵社長に屬せしめたのである。於是滿鐵は明治三十九年八月一日滿鐵會社設立委員長寺內正毅外委員八十名に對し發したる命令書に基き當地附近附屬地行政事務を掌らしむる意を以て明治四十年十月始めて南滿洲鐵道株式會社長春出張所を置き同四十一年十二月經理係と改め更に四十三年十二月十一日現在の和泉町一丁目の共同事務所に移轉し大正四年十一月長春地方事務所と改めて今日に至つたのである。初代の所長は田邊敏行氏にして其後巖崎彌五郞、村田懿麿、島崎好直、平島達夫、井下多美雄、井上信翁、石

井成一の諸氏を經て現任花井脩治氏に至る。現長春地方事務所管轄區域は劉房子以北本線三十八哩及陶家屯、石碑嶺炭礦輕便線二十哩の鐵道附屬地總坪數二、六三二、九四四にして所轄事務内容は公費、土地建物管理並に貸付事務、道路、水道、下水、衞生、消防、勸業、公園、土木建築、機械、屠畜場、火葬場、小學校、公學堂、補習學校、圖書館、商品陳列所楊木林驛以北の鐵道收入及社員給與事務、對外交涉事務等多岐に涉つて居る。今滿鐵長春地方事務所所管業務に關し其大要を列記する。

イ、公　費

管内の教育、衞生（除病院）消防、道路、公園等の公共施設に要する維持費を公費と稱してゐる。從て公費は性質上管内居住者其全額を負擔すべきものなるも滿鐵は居住者の負擔輕減を計り多額の補給を爲しつゝある。地方事務所に於ては每年公費收支豫算を作成し社長の承認を經て之を實施して居る。而して管内居住者に對して賦課する公費は左の如く分たる。

公費
- 公費
  - 戶數制（居住者の資力を斟酌して賦課す。
  - 雜種制
    - 藝妓、娼妓、酌婦、舞妓、仲居、幇間、馬車、轎車、人力車、自働車、荷車、
    - 船、遊技場、演劇、興行等に對して賦課す。
- 手數料……………屠殺料、道路使用料、不用品賣却、其他。

一、昭和元年度公費戸數割賦課表（昭和元年度公費歳入豫算に依る）

等級	年額	戸數 日人	戸數 中人	戸數 外人	合計
特等イ	二、一三五・〇〇	一	—	—	二、一三五・〇〇
同ロ	一、九三五・〇〇	一	一	—	三、八七〇・〇〇
同ハ	一、八八五・〇〇	—	二	—	三、七七〇・〇〇
同ニ	一、二三五・〇〇	—	一	—	一、二三五・〇〇
同ホ	一、〇八五・〇〇	二	—	—	二、一七〇・〇〇
同ヘ	九三五・〇〇	二	—	—	一、八七〇・〇〇
同ト	八三五・〇〇	—	一	—	八三五・〇〇
同チ	七三五・〇〇	一	一	—	一、四七〇・〇〇
同リ	六八五・〇〇	—	一	—	六八五・〇〇
同ヌ	六三五・〇〇	二	—	—	一、二七〇・〇〇
同ル	五八五・〇〇	一	—	—	五八五・〇〇
同チ	四八五・〇〇	一	三	—	一、九四〇・〇〇
同ワ	四三五・〇	一	六	—	三、〇四五・〇〇
一等	三一五・〇〇	六	一〇	—	五、〇四〇・〇〇
二等	二四三・〇〇	三	一一	一	三、六四五・〇〇
三等	一九五・〇〇	七	七	—	二、七三〇・〇〇
四等	一五九・〇〇	六	一三	—	三、〇二一・〇〇
五等	一二三・〇〇	六	一二	一	二、三三七・〇〇
六等	一〇五・〇〇	一〇	七	—	一、七八五・〇〇
七等	八七・〇〇	二〇	七	—	二、三四九・〇〇
八等	七八・〇〇	一六	九	—	一、九五〇・〇〇
九等	六九・〇〇	一三	一二	—	一、七二五・〇〇
十等	六〇・〇〇	三三	一六	—	二、九四〇・〇〇
十一等	五一・〇〇	一八	一二	—	一、五三〇・〇〇
十二等	四三・二〇	四五	三三	一	三、四一二・八〇
十三等	三五・四〇	七〇	二六	一	三、三九八・四〇
十四等	二七・六〇	一二〇	四三	一	四、五二六・四〇
十五等	一九・八〇	一六五	三九	五	四、一三八・二〇

十六等	一五・〇〇	二八五	四七	一	四、九九五・〇〇
十七等	一一・四〇	三七三	九一	一〇	五、四〇三・六〇
十八等	七・八	五六〇	一四二	一三	五、五六九・二〇
合計		一、七六六	五五四	三三	八五、三七六・〇〇

二、昭和元年度公費雜種割賦課表

種別	員數	賦課率	賦課年額
藝妓	七五	三・〇〇	二、七〇〇・〇〇
酌婦	一一〇	一・五〇	一、九八〇・〇〇
舞妓	四	一・〇〇	四八・〇〇
俳優一等	六〇	二・〇〇	一、四四〇・〇〇
同二等	二一五	一・五〇	三、八七〇・〇〇
同三等	三三〇	一・〇〇	三、九六〇・〇〇
自用乘用馬車	五	二・〇〇	一二〇・〇〇
營業用馬車	五〇〇	一・二〇	七、二〇〇・〇〇
自用人力車	七	一・〇〇	八四・〇〇
自用自働車	三	三・五〇	一二六・〇〇
營業用自働車	四	二・五〇	一二〇・〇〇
營業用人力車	四〇〇	〇・七〇	三、三六〇・〇〇
自轉車	四八〇	〇・三〇	一、七二八・〇〇
自用乘馬	二	〇・八〇	一九・二〇
手曳小車	一五〇	〇・三〇	五四〇・〇〇
荷馬車	七一五	一・〇〇	八、五八〇・〇〇
撞球臺	六	二・〇〇	一四四・〇〇
演劇	—	（收入ノ百分ノ三）	四八〇・〇〇
興業	—	（收入ノ百分ノ三）	六五二・八〇
合計			三七、一五二・〇〇

三、昭和元年度先物取引に對する雜種割表

種別	取引年額	課率 單位	課率 賦課幣種	課率 率	徴收金額	種別	取引年額	課率 單位	課率 賦課幣種	課率 率	徴收金額
小麥	一、〇〇〇車	一車	金	二錢	二〇・〇〇	高粱	一五、〇〇〇車	一車	金	二錢	三〇〇・〇〇
大豆	七一、〇〇〇	一車	金	二錢	一、四二〇・〇〇	合計	八七、〇〇〇				一、七四〇・〇〇

ロ、消防

常置消防として長春消防隊、補助消防として驛組消防隊がある。今其編成を示せば、

長春消防隊　監督一、副監督二、日本人消防手三、中國人消防手二〇。

驛　　組　監督一、副監督二、組頭一、組小頭二、筒先二、消防手二三。

主要器具　水管自働車一、手押ポンプ二、水管車四、機械梯子一、等。

ハ、土地建物

長春附屬地の總面積は五百五萬一千六百三十八平方米（百五十二萬八千百十八坪）にして之を用地別に示せば左の如くである。

一、社用地　二、三〇七、四〇〇平方米（六九七、九八八坪）

一、關東廳協定地　六一、二四〇平方米（一八、五二五坪）

一、陸軍協定地　一〇四、七一六平方米（三一、六七七坪）
一、商業地域　一、〇九九、八九〇平方米（三三二、七一六坪）
一、工業地域　四八〇、一三〇平方米（一四五、二三八坪）
一、糧棧地域　一九〇、四八三平方米（五七、六二一坪）
一、住宅地域　六五、五八六平方米（一九、八四〇坪）
一、道路敷地　六九〇、二九二平方米（二〇八、八一三坪）
一、河川溝渠　五一、九〇一平方米（一五、七〇〇坪）

而して以上の内現在貸付面積は二百五十四萬六百七十七平方米（一、三五四件）にして昭和元年度土地料金徴收額は十二萬二千四百六十九圓六十錢である。尙貸付土地等級及料金は次の如くである。

七級一錢五厘、六級一錢二厘、五級九厘、四級六厘、三級五厘、二級四厘、一級三厘、（一ヶ月各一平方米に付）

次に現在貸付建物面積は二千八百八十二平方米（五件）にして昭和元年度に於ける之が貸付料金徴收額は三千六百五十二圓三十二錢である。

ニ、水　道（上水、下水）

滿鐵は附屬地內に上水及び下水の設備をなしつゝあるが、上水に就ては適當なる水源地なき爲左の如く數ヶ所に井戸を鑿ちて給水をなして居る。水質は極めて良好である。

水源地	最近一日湧水量	建設年度
第一水源地	三、一九五立方米	大正二年
第二水源地	一、五八〇立方米	大正七年
第三水源地	六五八立方米	大正八年
第四水源地（目下計畫中）		

而して最近一ヶ月に於ける給水總量は七萬八千二百立方米に達し、一日の平均給水量は二千六百立方米內外である。因に水道料金は一立方米に付、一般用水拾錢、工業用水拾五錢、工事用水貳拾錢である。

水道使用戸數表

種別	日本人	中國人	外國人	計
專用栓	一、七六一	二〇五	四〇	二、〇〇六
共用栓	一四六	一二	｜	一五八
切符給水	三八三	八九八	一〇三	一、三八四

計	二、二九〇	一、一一五	一四三	三、五四八

ホ、屠畜場其他

長春滿鐵屠畜場　所在地、吉野町

附屬地に於て販賣する食用肉は居住者の衞生を重んじ滿鐵屠畜場に於て屠殺せるものに限り販賣することに定められてある。而して當屠畜場は明治四十三年四月一日の開設に係り、最近一日平均屠殺數四十頭内外に及び、又昭和元年中屠殺總數は豚一萬一千餘頭、牛二千六百餘頭、羊九百頭、馬二百頭の多きに達してゐる。

尚地方事務所經營施設として火葬場、墓地等がある（滿鐵擔當の教育行政、衞生施設に付ては別項參照）

五、地方委員と區長

明治四十一年四月滿鐵が長春附屬地を長春區となし公費徴收の制を布きてより區の財政其他重要なる事項に就て意見を徴すべき諮問委員會を設けたのである。而して其初め委員は名譽職にして滿鐵社長之を指名したのであるが大正十年八月一日より之を廢して地方委員會を設け指名制を改めて公選による事としたのである。地方委員選擧人の資格は選擧名簿（選擧の六十日前に作成す）調製期日前六ヶ月以來同一公費賦課區に引續き居住せる者にして名簿調製當時及以後引續き公費を分擔し滯納なきものなることを要するのである。更に地方委員の任期は二ヶ年にして地方委員の選擧權を有する二十五歳以上の男子は左記該當者を除き總て其被選擧權を有する。

一、禁治産者及準禁治産者

二、現に刑罰の執行中に在る者

三、公費及手數料滯納金督促規定第五條により公示處分を受け仍滯納中の者

現在長春區地方委員定數十三名にして現任議員氏名は左の如くである。

箱田琢磨、柏原孝久、小澤開作、原田種壽、片山與太郎、得丸助太郎、宮崎竹次郎、丸山直助竹内藤一、米山賢、手塚豐次郎、赤木槌右衛門、王荊山

尚當地方事務所長は公費區域を六區に分ち各區に公共事務の補助執行者として次の如く區長を置いて居る。

第一區長　田原稔　　第二區長　和登良吉

第三區長　島名禰十郎　　第四區長　堀靜馬

第五區長　柏原孝久　　第六區長　石津定雄

B　城内及商埠地

一、日本側

日本領事館　所在地、商埠地

日本を代表する官廳こして對支交渉の任に當り帝國の利益增進を計り日本臣民を保護し其行政を掌る。尙日本は明治廿九年日清通商航海條約により中國に於ける治外法權を得たるを以て帝國領事は附屬地內外の日本人に對する司法（初審）を掌る事こなつた（上訴は關東廳高等法院之を掌る）然るに大正四年五月南滿洲及東部蒙古に關する條約により日本が治外法權の一部を抛棄せしより以來中國人を被告こする場合は中國官憲之を裁判する事こなつた。又領事は關東廳事務官を兼ね附屬地警察の監督をなしてゐる因に現領事は永井淸氏である。

領事館警察署　所在地、朝日通

領事館の警察行政を分掌し北門外其他に警察官吏派出所を置き警備の任に當つて居る。

長春居留民會

本會は領事監督の下に公益行政を分擔してゐる。本會には領事の選任せる六名乃至十二名の常議員を置き會務を審議處理せしめてゐる。常議員は又會長、副會長を互選し會長は會を代表して會務を監督し居留民の福利増進を計りつゝある。常議員及會長、副會長の任期は何れも一ヶ年となし現任常議員氏名は左の如くである。

會長　小泉士之輔、副會長　前田伊織、常議員　森一夫、三宅立太郎、中島錦一郎、渡邊善九郎、田中善平、山崎萬作、星熊太郎

附（一）

長春市民會　所在地、長春倶樂部內

大正八年七月二十一日寛城子事件の爲めに市民大會を開催したるを以て本會の濫觴となし其際之を永久的機關と爲すことに決議し茲に長春市民會を成立せしめたのである。目的は居住市民の基礎を安固にして公益の增進を計るにある。而して會員は附屬地及附近居住の日本人に限られ委員三〇名、會長、副會長各一名、幹事一〇名を常置し委員は總會に於て選擧し會長、副會長、幹事は委員の互選となし任期は何れも一ヶ年にして名譽職である。現任會長は柏原孝久氏副會長は四戸友太郎氏である。

附（二）

長春朝鮮人居留民會　所在地、浪速町

本會は長春及其附近居住鮮人を以て組織し相互の親睦及地方に居住してゐる朝鮮人の教育、衞

生、實業の奬勵を目的として鮮人の向上發展を計りつゝある。大正八年の創立にして外務省並に朝鮮總督府の補助を受けてゐる。現在會員數壹百四十名役員十二名を有し滿鐵の補助の下に長春普通學校を經營しつゝある。

二、民國側

1. 司法

イ、地方審判廳　所在地、西四道街

廳内に簡易庭、初級審判廳を併置して居る。略我國の地方裁判所及區裁判所に相當し民刑事第一、第二審の裁判を爲す。此上級官廳は吉林高等審判廳にして現任廳長は魯同恩氏である。

ロ、地方檢察廳　所在地、西四道街

吉林高等檢察廳の管下に屬し日本の地方裁判所及區裁判所の檢事局に相當する。而して縣知事が審判事務を取扱ふ場合は縣警察所長をして檢察廳長事務を行はしむ。現任廳長は徐良儒氏である。

ハ、吉林省第二監獄所

現任所長は于秀淸氏にして收容定員八百名なれども大抵定員以上を收容し得ると云ふ。監獄内に習藝所ありて囚徒に織物、紙細工、燐寸製造等の作業を行はしめて居る。

2. 軍　事

イ、吉長鎭守使署　所在地、北門外

從來の督軍行署にして兵備に關する事務を司る現任署長は陳玉崑氏である。

3. 警　察

イ、長春警察廳　所在地、商埠地馬號門外

民國四年地方官制により設立せられたるものにして廳長は道尹の指揮の下に城內及商埠地の一般警察事務を司る。廳長の下に督察長あり總務科、行政科、司法科、衛生科の四科に分たれ各々所管事務に當つて居る。現任廳長は修長餘氏である。

ロ、長春縣警察所　所在地、西四道街

現任所長は李桂枝氏にして長春縣知事の指揮を受け縣內地方警察事務を司る。

4. 一般行政

イ、吉長道尹公署　所在地、北門外

吉林省は吉長、濱江、延吉、依蘭の四道に分轄され吉長道は吉林、長春、伊通、濛江、農安、長嶺、舒蘭、樺甸、磐石、双陽、德惠の十一縣に分たる。道尹は省長に隷屬し所屬各縣の行政を管轄し外交を司る其始め光緒三十四年（明治四十一年）長春には吉林兵備道臺設けられ長春府及伊通州の行政及交渉事務を司つたのであるが後宣統元年（明治四十二年）西南路觀察使こ改稱され農安、長嶺、德惠の三縣を其管轄内に加へた。更に民國元年に至り觀察使を道尹こ改め署を即現在の吉長道尹公署こ改稱されたのである。而して初代の道尹は陳吉士氏にして其後顏世清、李樹思、孟憲彝、阮宗熙、柴維桐、陶彬、蔡運升等の諸氏を經て現任孫其昌氏に至つて居る。

ロ、長春縣公署　所在地、西四道街

知事は道尹に隷屬し縣内行政を司る。署内の事務は統計係、庶務係、會計係、收發係に分たる因に現任知事は張書翰氏である。

ハ、長春縣財務處　所在地、西四道街

現在處長は史策勳氏にして長春縣知事の管轄に屬し縣内の地租及地方税の徵收をなす。

ニ、長春税捐局　所在地、西三道街

吉林財政廳の直轄にして各種國税の徵收を司る。現任局長は高國柱氏である。

ホ、吉黑權運局　所在地、商埠地東門外

鹽は民國に於ては專賣に係はり吉黑兩省に於て消費さるゝものは吉黑權運局に於て之を取扱ふ組織は局長一、科長一、其下に運銷係、會計係、文牘係がある。現任局長は閻澤溥氏にして各地に分局を置き又鹽倉、鹽の輸送守備並に密輸送、專賣に關する規定違反者取締の爲監視隊二營を置き總局及各分局に配置して居る。而して當地権運局にて取扱ふ鹽は營口貔子窩地方海岸にて産出する天日鹽を買收輸入したるものである。

ヘ、鹽務稽核處　所在地、商埠地東門外

鹽稅收入が四國借款國の擔保となれる結果鹽務の收入出納を監督檢査の爲に設けられたる機關である。現任處長は王銓氏にして権運局が營口方面より鹽を輸入し北滿に配送する關係上營口、哈爾濱に分處を設け助理員一名を派遣してゐる。

ト、開埠局　所在地、北門外

商埠地に於ける道路計畫、修築其他の經營、官有地の貸下等を司り併せて地方稅たる車稅を徴收してゐる。局內は總務處、稽核處、租捐處、工程處に分たれ現任局長は栗宗周氏である。

第三、教育施設

A　附屬地

滿鐵附屬地內の教育行政は滿鐵が其任に當つてゐる。卽次の如くである。

長春商業學校　所在地、西二條通

本校は大正九年三月十日の創立に係り同年四月開校した。大正十一年七月在外指定學校に指定せられ同年九月新築校舍落成し、十四年寄宿舍及本校の增築こ共に美しき大建築物の一である。本校規則第一條に『本校は明治三十二年文部省令第十號商業學校規則甲種の程度に從ひ內外商業に關する必須の敎育を施し將來躬ら處理經營すべきものを養成するを以て目的こす』こ規定して居る修業年限は五ヶ年にして本年（昭和二年）第三回の卒業生を出した現在生徒數は三百六十七名、職員二十七名である。

長春高等女學校　所在地、西二條通

大正十二年一月十二日設置され、同年四月一日開校した。校舍は大正十四年完成され頗る女子敎育に必要な設備をなして居る。修業年限は五ヶ年にして、現在生徒數二百九十一名、職員十六名である。

長春第一尋常高等小學校　所在地、室町

明治四十一年五月の創立にして、長春以南劉房子驛迄の鐵道附屬地の兒童を收容してゐる。現在生徒數男子四百五名、女子二百九十八名、職員十九名である。

長春第二尋常小學校　所在地、蓬萊町

大正十四年十一月の開設に係り、現在生徒數男子壹百六十五名、女子壹百五十七名、職員十名である。

長春公學堂　所在地、室町

創立は大正元年十一月一日にして附屬地に於ける中國人兒童敎育の任に當る。學級は初等科（四學年）、高等豫科（一學年）、高等科（三學年）に分たる。現在生徒數は男子三百六十四名、女子五十一名にして敎員數は日本人六名、中國人五名である。

長春家政女學校

長春小學校内に設け、創立は大正二年六月最初は實科女學校と稱して居たが、大正十一年四月現校名に改められた。現在生徒數十四名、敎員數四名である。

長春實業補習學校

明治四十三年四月一日創設され、現在滿鐵地方事務所三階を以て校舍に當てゝ居る。附屬地内に在住する日華青年に一般修養の機會を與へ、又各自の職業に必要なる智識技能を學習せしめて居る。學制は學年制と學科制の二より成り、學年制に於ては商業學を敎へ二ヶ年を以て終了せしめ學科制にては國語、漢文、算術、簿記、珠算、英語、華語、露語等を敎授し六ヶ月を以て一期として居る。現在生徒數は二百七十八名にして敎員數は十七名である。

長春幼稚園

創立は明治四十四年四月十九日にして、本園を滿鐵倶樂部内に置き、分園を記念館内に置いてある。現在生徒数男子九十四名、女子八十六名、教員數五名である。

長春普通學校　所在地、室町

本校は長春朝鮮人居留民會の管理に係はり、附屬地内に居住する朝鮮人の子弟を教育し、毎年滿鐵の補助金を受けてゐる。大正十一年九月一日の創立にして、現在生徒數は壹百六十二名にして教員數は五名である。

長春圖書館　所在地、中央通

本館は滿鐵經營に係り、明治四十三年十一月三日圖書閲覽場規定に依つて設置されたる、長春圖書閲覽場を以て之が端緒となし、當時は常備圖書、巡回圖書共に少なく辛うじて在住邦人に公開貸出し閲覽に供して居たが、大正五年中央通に移轉し、同六年六月長春簡易圖書館と改稱した。後同十一年六月に至り簡易の二字を削り、長春圖書館と改稱したのである。其後圖書利用者の激增と藏書の增加に伴ひ、圖書室の狹隘を感じ三笠町に移轉したるも家屋粗造なりしを以て更に大正十四年十一月中央通に新築移轉し、今日に至つたのである。現在和漢洋合せて六千九百四十四冊を藏し、讀者會員七百六十八名、昭和元年中閲覽人員三萬六百七十八名である。

B　城内及商埠地

長春城內及商埠地には左の如き華人經營の學校がある。

校名	職教員數	班數	生徒數
吉林省立第二師範學校	一四	二	一五〇
同　附屬小學校	六	四	一六〇
吉林省立第二中學校	一五	六	二八〇
長春縣城區縣立小學校	一八	一二	四五〇
同　女子小學校	一二	九	三二三
王荊山私立自強中學校	五	二	一二〇
同　小學校	一一	九	四四〇
私立清眞小學校	三	三	八〇
商埠中學校	三	一	二八
同　小學校	八	六	二五五
華文女學校	六	六	一三三
同　附屬幼稚園	二	―	四八
益華小學校	三	二	四〇

城區義務小學校(二〇校)	五七	五七	二、〇三五

第四、宗教

A 日本人側

日本人側宗教としては神教、佛教、基督教、天理教等がある。左に附屬地内に於ける神社、佛閣、教會、布教所等の一覧表を掲ぐ。

社寺名	所在地	神職又は布教師	信者戸數	摘要
長春神社	平安町一丁目	一	—	大正元年御大典記念事業として造營され、二年御大典當日を卜して奉安式を擧行し、天照大神、大國主命、明治天皇の三神を合祠せり。
眞宗本派本願寺長春出張所	祝町二丁目六	一	一四〇	明治四十一年の創設に係り、布教所中最も古し。
眞宗大谷派本願寺長春布教所	曙町二丁目二六	一	二五〇	
眞言宗金剛寺	祝町二丁目六	一	二〇〇	山號高野山大正五年五月創立。
淨土宗長春寺	曙町四丁目二	一	一五〇	
曹洞宗大正寺	曙町四丁目四	一	九〇	

日蓮宗經王寺	曙町二丁目六	一	九〇	
金光教長春宣教所	室町二丁目一五	二	一〇〇	
日本基督教會	中央通九	一	五〇	大正十一年十一月新築落成。
基督教美監理會長春宣教所	東三條通一二	一	四〇	
天理教長春布教所	東二條通三一	三	七〇	明治四十二年初めて布教所を設け大正四年現建築成る。
天理教大陸宣教所	吉野町二ノ三一	五	一一〇	

B　華人側

華人側には儒、道、佛、基督、回々等の諸教がある。

一、儒　教

孔子の教は一般に貴ばれ大學、論語等は兒童にも之を教へ孔子の生歿日には休學の禮を行ふのであるが當地に於ける該教は葬祭を司らず佛閣の如きものがない。

二、道教及佛教

信者最も多きを佛教となし道教之に次いで居る。何れも數名の和尙（佛教）又は道士（道教）ありて葬祭を司れるも學識淺く布教を爲さず廟宇の番人たるに過ぎない。當地著名廟宇は左の如くである。

廟名	所在地	建立年	本尊	道士又は和尚	同上數
關帝廟	南門外	道光四年	關羽娘々狐仙合祠	和尚	七
城隍廟	頭道街	嘉慶十八年	城隍爺	道士	一〇
九聖祠	西二道街	道光十五年	九聖	道士	五
火神廟	三道街	道光十二年	火神	―	―
農神廟	南嶺	不詳	農神	和尚	七

三、基督教

天主教（羅馬教）耶蘇教（新教）の二派がある。布教師は何れも外人にして附屬事業として或は學校、病院を設け、又は信者の拘禁を受くるものあれば抗議して解決せしむる等多大の努力を以て布教に從事しつゝある。天主堂（天主教）講書堂（耶蘇教）長春基督教會、長春基督教青年會等がある。

四、回々教

回々教の廟として北門外に禮拜寺（清眞寺）が在る。同治元年（約六十年前）の建設に係り信者七千名に達し信者子弟の爲めに小學校を設けてゐる。而して信者は多く中流以下に屬し他敎徒と婚姻乃至同居するを好まず羊肉を食こして居る。敎徒間親密にして團結力が强い。

第五、衞生施設

附屬地に於ける公衆衞生の取締は警察署に於て司り諸般の施設は概ね地方事務所が其任に當つてゐる。施設事項の大要を示せば次の如くである。

一、水質檢査

水道水の水質檢査は每月一回施行され長春の水は比較的良好であるこ認められてゐる。又井水檢査は每年一回乃至二回施行されて居る。

二、汚物掃除

糞尿は輕便鐵道を利用し輕鐵附屬地に搬出し塵芥、石炭殼等は東門屋敷附近又は輕鐵用地に搬出投棄しつゝある。尙硫變場設置の計畫がある。

三、其　他

野犬驅除は年二回（夏冬兩期）に行ひ種痘は年一回（夏季）傳染病豫防注射は隨時、淸潔法施行は春秋二回に行ひ其他撒水（水道水不足の爲井水を以て之に使用し居れり）胞衣取集、殺蟲劑撒布等總て滿鐵に於て之を行ふ。

四、病　院

滿鐵長春醫院　所在地、室町

明治四十年六月大連病院出張所として創立せられたのであるが、同四十三年三月長春分院に改められ、同四月城内に出張所を設け、大正元年八月一日長春醫院と改稱せられたのである。現在内科、外科、眼科、小兒科、耳鼻咽喉科、齒科口腔科、產婦人科、皮膚科、X光線科の九科に分たれ、患者收容室數七十四、收容可能數二百二名にして、大正十四年に於ける患者取扱總數は十一萬二千百五十六人である。尙職員數は醫長及醫員十一名、藥局長及藥局員二名、事務長及事務員三名、看護婦及助產婦三十名、技術員三名、其他三十名、計七十九名である。

又城内分院には内科を置き醫員一名、其他二名を以て治療に從ひ、大正十四年中患者取扱總數は三千八百名である。

個人經營醫院

醫院名	設立年月	所在地	經營者	職員數			
				醫員	調劑員	事務員	看護婦
杏林堂醫院	大正　元、一〇	三笠町二ノ八	中島信之	一	—	一	—

康生醫院	大正六、九	大和通一五	古市寶喜	一	一	一	二
華實醫院	同 七、二	日本橋通八〇	孫德芳	一	—	三	三
濱田醫院	同 九、七	同 三七	濱田豊樹	一	—	—	一
善生堂醫院	同 八、一一	同 四五	芳田五百里	一	一	—	一
藤永醫院	同 一一、八	蓬萊町一ノ一五	藤永小一	一	—	—	一
同仁醫院	同 一三、一一	富士町二ノ一六	市橋貞三	一	一	—	二
早川齒科醫院	同 九、八	東三條通二六	早川武夫	一	—	二	—
小澤齒科醫院	同 同 同	吉野町一ノ二三	小澤開作	一	—	一	一
東洋醫院	同 七、四	北門外	石丸誠二	一	二	—	—

第六、社交、娯樂、修養等の諸機關其他

A 日本人側

長春俱樂部　所在地、記念館内

長春一般市民の社交機關にして圍碁、撞球、食堂等の設備がある。創立は大正四年にして、會員相互の交誼、社交、親善を圖るを以て目的として居る、現在役員三十名、會員百壹名を有して居る。

長春滿鐵社員俱樂部

大正元年十一月の創立にして在長春滿鐵社員全部を會員こし大集會室を始め研究圖書、音樂、柔劍道場、食堂、理髮、賣店、撞球、浴場等其他諸般の設備完備し時々の講演、活動寫眞、音樂會、繪畫展覽會等を催し社員に智識こ慰安を與へて居る。現在役員十四名會員數一千百十六名を有して居る。

尙俱樂部こして以上二者の外に平和俱樂部がある。

西公園（地方事務所管理）

長春に於ける最大慰安樂天地であつて大正六年より之が施設に着手し以來園內に一大盆池を造り蓮池、動植物觀覽場、橋梁、噴水、野球場、ゴルフ場、幼兒運動場等公園に備ふべきものは完全に設備されて夏は盆池に舟を泛べ冬は氷上に『スケート』行はれ春は唯一の野遊會場に當てられ野球ファンは終日其技に醉はされる等長春市民になくてはならぬ大公園である。而して又滿洲第一の公園こ稱せられ決して他の追從を許さない規模雄大なものである。

尙西公園の外に日本橋公園及東公園がある。兩三年前より次第に施設をなしつゝあつて遠からず西公園こ共に長春の三大遊步地こなるであらう。

劇　場

附屬地には劇場として長春座及長春演藝館の二者がある。前者長春座は吉野町と日本橋通の角に高壯なる構を擁する長春最大の劇場にして活動寫眞の映寫を兼ね觀客一千四百名を收容することが出來る。資本金二十萬圓にして株式組織を以て之を經營して居る。後者長春演藝館は大正十四年三笠町に建築されたるものにして長春座と共に長春市民唯一の娛樂機關である。

各種修養團體

イ、長春在鄉軍人會分會

創立は明治四十四年四月にして、目的は聖旨を奉戴し軍人精神を鍛錬し、軍事能力を增進するを以て本旨となし、延いて社會公益を計り、風教を振作して茲に國家の干城、國民の中堅の實を擧げんとする團體である。現在役員三十二名、會員九百二名に達して居る。

ロ、長春義勇團

大正十二年の創立にして、長春に非常事變の際行動を企畫し、日頃は智德の修養體育の錬磨を以て目的としてゐる。現在役員六十二名、會員七十三名を有して居る。

尙以上の外に修養團體として、團體擁護を目的とする大日本國粹會支部、身體鍛錬、精神修養を目的とせる修養團支部及び青年訓練所、身心錬磨、運動奬勵を目的とせる體育協會等がある。

名稱	所在地	事業概要
日本赤十字社長春支部	長春領事館構内	博愛事業
篤志看護婦人會長春支部	同	同
勞働同志會	長春祝町三	技術工藝の進歩發展、會員精神の修養、職業及居住の安定
南滿勞働保護會長春支部	同　高砂町四	勞働者の保護、職業紹介、農園の經營、貨車掃除等
無料宿泊所	同　曙町四	無料宿泊及休養を與ふ
人事相談所	同	人事相談、職業紹介、免囚保護、結婚紹介等
同	長春警察署	人事相談、職業紹介
滿洲結核豫防會支部	同	結核豫防

B　華人側

商埠公園　所在地、商埠地

商埠局の管轄に屬し廣さ約三千坪あるも見るべき施設がない。

劇場

中華舞臺　所在地、附屬地日本橋通

燕春舞臺　所在地、三馬路

龍　春　舞　臺　　　　所在地、西三道街

愛　國　茶　園　　　　所在地、北門外

何れも高辨にして、觀客收容力三百人内外規模大なるものと云ふ事が出來ない。

諸救濟施設

イ、敎養工廠　所在地、東三馬路

乞食及浮浪の徒を收容し、正業に就かしむるを目的とする警察廳の事業にして、委員以下巡長巡警約二十名にて監理をなし、收容者は道路の掃除、痲繩製造等の業に服せしめて居る。

ロ、濟　良　所　所在地、東三道街

藝妓等にして、自由廢業其他保護を願出たるものを收容し、夫々身の振方を付くるを斡旋する所にして、經費は本人が同所を出でたる後、其保護者より辨濟せしむる規定である。警察廳の所管にして所長には地方の名望家を推擧し、數名の女監督ありて監督の任に當る。

第七、通信、交通、運輸

A　通　信

通信機關は日本側には、關東廳遞信局の長春郵便局あり、中國側には吉黑郵務管理局の管理に屬する長春中華郵局並に中國交通部直轄の長春電報局の二つがある。

長春郵便局は附屬地並に城内に於ける日本側の郵便、電信、電話事務を處理し、長春中華郵局及電報局は附屬地を除く中國側一般の郵便電信事務を取扱ふ外、日華間の連絡規定に基いて長春と背後地間の通信の媒介を爲して居る。

以上の外民間通信機關としては中國の電報局と特約して長春、哈爾濱間及び長春、吉林間の邦文電報及日滿の連絡通信を營みつゝある北滿通信社と共同通信社の二社がある。尚新聞社としては、日本側に長春實業新聞社、北滿日報社、支那側に大東日報社があり、更に新聞社支局及通信所として邦人側に滿洲日々新聞社支局、遼東新報社支局、滿洲新報社支局、大連新聞社支局、松江新聞社支局、大連經濟日報社支局、京城日々新聞社支局、大阪毎日新聞通信所、大阪朝日新聞通信所等があり、城内には盛京時報、泰東日報、關東報、東省日報等の支局がある。

B　交通・運輸

長春には未だ電車の建設なく、現在市街の交通は主として、人力車約千臺、乘用馬車約二百臺自動車三十一臺に依つて便ぜられて居る。當地より奥地田舍に至る交通は、近接驛まで東支、吉長又は滿鐵本線に依つて行はれ、他は荷馬車或は幌馬車により連絡されて居る。尚奥地大都市間と當市との間には自動車の便がある。

一、道　路

イ、附屬地道路

附屬地道路には、中央通を始め一條、二條、三條通等南北に通ずるもの及和泉町、日出町、祝町等東西に通ずるもの、碁盤形を爲すもの丶外、日本橋通、敷島通等斜に通ずるものがある。主要通路はタールマカダム式にして、幅員は中央通の如き二十間（車道十四間、人道六間）を有し其他日本橋通十五間、五條通十四間等坦々砥の如く、交通至便である。

ロ、城內及商埠地道路

城內及商埠地通路も亦東西に通ずるものと南北に通ずるものとにより碁盤形を爲して居る。近來主要道路は修理漸次成り、良好であるが裏通には雨天の際馬脚を沒する箇所が少くない。

ハ、市外道路

滿洲に於ける市外道路は、何れも人工を加へたるものなく、河川は概ね徒渉を要するを以て、夏季は交通自由でない。殊に降雨一度至らば、泥濘車軸を沒する爲、交通全く杜絶する。然れども冬季に入り、地上凍結する時は水陸共に硬きこと石の如く、平坦なる良道と化する。從て市外交通の殷盛は單り冬季に於て見るべく農家の馬車は絡繹として、往路に穀物を運び來り、復路に

雜貨を積んで歸るのである。今長春に集る主要道路を示せば次の如くである。（一華里は約我六町）

吉林街道（長春、吉林間　二四〇華里）
農安街道（長春、農安間　一四〇華里）
伊通街道（長春、伊通間　一四〇華里）
樺樹街道（長春、樺樹間　三七五華里）
雙城堡街道（長春、雙城堡間　四八〇華里）
懷德街道（長春、懷德間　一一〇華里）

斯の如く、長春は道路四通八達の地に在る。鐵道の未だ敷かれざりし以前に於ても、北滿輸出入の貨物は凡て此地を通過し商業殷盛を極め當時に於て既に人口六、七萬を有せりと傳へらる。而して之等諸街道の交通は前述の如く、荷馬車或は幌馬車によりてなされ幌馬車一日の行程（但冬季）は約八十華里、一臺三人賃銀は金に換算して一日八圓内外である。

三、鐵　道

長春は南滿、東清、吉長の三鐵道の接續地にして、之が發著旅客貨物年々の增加は長春をして今日の繁榮を齎しめたるものである。

イ、南滿鐵道

日露戰爭の結果、東支鐵道南部線の一部が日本の占領する所となるや、野戰鐵道提理部之を管理したのであるが、彼の寛城子停車場問題の解決を見る迄は、孟家屯を終端驛として、旅客貨物の取扱を爲したものである。其後三十九年十二月滿鐵會社設立せられ、四十年四月一日鐵道の引繼を受くるに至つて、同年六月寛城子驛問題も解決を告げ、同年八月三十一日現在長春驛舍より一哩五十八鎖西方に假停車場西寛城子驛を設け、始めて東支鐵道との接續運輸を開始したのである。次いで、同年十一月三日長春驛竣成を見、貨物取扱を開始し十二月二日旅客取扱を開始した。更に四十二年二月二十二日より東支鐵道との接續運輸をも長春驛に於て行ふことゝなり、四十四年構内に吉長線頭道溝驛を設け、四十五年現長春驛舍を起工、大正三年五月新築落成し、爾來逐年發達今日に及んだのである。而して、當驛管轄機關たる長春鐵道事務所は長春、鐵嶺間の各驛區を管轄し、所内に庶務、營業、運轉、工務の四係を置き、鐵道現業機關一切を統轄してゐる。因に現任鐵道事務所長は鈴木二郎氏、驛長は蓼沼泰一氏である。左に最近數ケ年間に於ける當長春驛發着貨物統計を示す。

一、長春驛發送貨物統計

（單位米噸）

年度＼品名	大豆	米	高粱	包米	粟	小豆	小麥	雜穀	豆油	豆粕	木材	其他貨物	總計
大正九年度	五六七、〇一八	三三一	一〇三、三六三	一五、六七五	四五、四六三	四、四七八	三一八、一〇五	一四、四三三	四一七	一六、二三六	四一、七三二	一四〇、四八八	一、一八六、五一七
大正十年度	三六、七八八	九五九	一三一、八一〇	二二、二三九	二八、三三六	六、五四九	一三、二七八	一六、一八一	一、三九四	三三、五六六	四七、八八八	一一三、〇五一	六四〇、〇五三
大正十一年度	一二九、六一四	九六九	一六二、八九六	三〇、一四一	四五、五三一	八、五〇九	四、四四〇	一八、二七五	一、四二四	二一、三六〇	五三、八一四	一六五、〇六四	六四一、一三七
大正十二年度	一八九、六七六	一、三七四	四九、五三三	四、五三三	一九、二一七	八、七七八	四一九	一三、六二四	一、三七八	二九、四八〇	五七、五四六	一五六、一三五	五三一、六六三
大正十三年度	一〇三、六三四	二、八一四	一〇一、〇一三	八、六〇一	一一、七三五	一六、五五五	四九七	九、七〇三	二、一八四	三〇、七八六	二九、六六四	一四一、四四八	四五七、六三三
大正十四年度	一〇三、九四三	三、三三九	九三、一九二	一五、四二六	四四、六八四	一〇、九二六	七	七、四一六	一、五三五	三三、六六三	三〇、三九五	一〇五、七四五	四三九、一三三

二、長春驛到着貨物統計

年度＼品名	生果	石炭	石油	鹽	セメント	石灰	砂糖	綿糸	綿布	麻袋	其他貨物	總計
大正九年度	一三、九三九	四一八、六九六	四、〇六三	六一、九五九	九、三六九	—	五、五五〇	二、三七七	一九、八五九	一六、二八二	一三八、八七八	七四九、九七二
大正十年度	九、一三六	四五三、七三三	二、八九三	五二、二三五	二、四〇一	一、五八五	一三、七〇七	三、一五二	一八、九三二	一五、五九三	一五〇、七二九	七三四、〇七三
大正十一年度	一三、一七九	三七七、〇六九	五、三七四	四五、一一三	二、〇七九	九四九	一一、三〇六	三、〇三六	一六、六九四	一四、二六〇	一四七、三七四	六三四、三一三
大正十二年度	七、一六四	四九〇、二六四	三、八九四	四六、九八二	二、三三〇	三、七三三	七、二八五	二、五六六	一四、一〇九	八、六九〇	一六三、三二七	七四九、三三四
大正十三年度	一〇、三八二	四四五、二七五	二、九七四	三七、三九七	二、〇九二	三、一九九	八、一一八	二、七六九	一三、三三四	八、五六九	一八一、五三七	七一四、五四六
大正十四年度	七、四九〇	三九三、六六一	四、四八七	三八、五一八	一、一八〇	二、八五一	九、〇三二	三、六〇七	一五、八九三	一四、三四〇	一七〇、五八六	六六一、七四八

ロ、吉長鐵道

本鐵道は頭道溝より吉林に至る延長七九哩一四、軌間四呎八吋半の中華民國交通部所管の鐵道である。明治四十二年起工大正元年十月工を竣へしも、爾後經費其宜しきを得ざりし爲、成績振はなかつたのであるが、同六年吉長鐵路借款條約の締結に伴ひ、滿鐵より六百五十萬圓の借款をなし、翌七年一月一日より民國政府は向ふ三十年間本路の指揮監督を滿鐵に委託するに至つてより、逐年良好なる成績を擧ぐるに至つたのである。而して對滿鐵との連絡は頗る圓滑にして旅客は我長春驛構內（頭道溝站）に於て接續し、同線出廻南下貨物の主なるものは特產物（一箇年約三十五萬噸）竝に水運に依る木材（一箇年約十五萬噸）にして年々增加の傾向を辿つて居る。

ハ、東支鐵道

露曆一八九六年（明治二十九年）莫斯科に於ける露國皇帝戴冠式に參列せる李鴻章は已に北京にて、露國公使『カシニー』と協議せる所謂『カシニー』條約案を時の露國外相『ロマノフ』と會見して本條約となし、同年九月清國皇帝の批准を了したのである。而して本條約並に同年八月清國政府と露淸銀行との間に締結せる東支鐵道設立に關する條約とにより、露國は同年十二月東支鐵道會社を設立し、露支兩國の合辦組織となし、督辦に中國人を置き、長官は露人を以て之に充つることゝなし、軌間五呎の東支本線を敷設することとなり、翌年八月より起工した。更に露國は之に次いで、一八九八年に至り、東支鐵道南部線敷設權を得たるを以て、哈爾濱を南部線分岐點となし、爾來工事の進行を急ぎ一九〇一年本支線を竣工したのである。斯く露國は東支鐵道の經營に力を用ひ、形式は合辦なりと雖も、實質は全然露國の專營機關として活躍なし、極東に其大を誇つたのであるが、大正七年一度彼の『ロマノフ』朝廷崩壞し過激派の蜂起するや、列國は西比利亞に共同出兵をなし、遂に東支鐵道に對しては八年四月より共同管理をなすに至つたのである。此間に在りて民國は露の勢力地に蹉つるや、好機逸すべからずとなし、連りに壓迫を加へ、先づ久しく缺員の儘なりし督辦を任命し、次いで民國側理事の新任、沿線の警備並に附屬地警察權の掌握より、更らに鐵道管理の實權を收得する等著々利權を回收し、遂に露國には鐵道營業に關する一部權限のみを附與するに止め、事實上本鐵道は以來民國鐵道たるの觀を呈するに至つたのである。而して本鐵道は公稱資金僅かに五百萬金留に過ぎないが、此外露國政府の出資金數億金留に上る。鐵道の延長は滿洲里『ポグラニーチナヤ』間九二〇哩及哈爾濱、長春間一五〇哩にして、我滿鐵とは相互圓滿なる協定を遂げ、旅客貨物の輸送順調に行はるゝ豐沃なる沿線より產出する穀類及木材の輸出徑路は、浦鹽を經由するものと長春を經由するもの、二途であるが後者に依る數量は一箇年約百三十萬噸餘の多きに達してゐる。

第八、産　業

A 農牧業

長春附近は總て耕地にして穀物蔬菜等を植ゆ。附屬農耕地の作付面積は百十陌（ヘクタール）に及び、昭和元年度末に於て、農業者戸數邦人九戸、華人九戸計十八戸、人數邦人二十八人、華人百五人計百三十三人に達してゐる。農作物の品種としては、大豆、高粱、粟、小豆等の穀類を主となし他は大根、白菜、牛蒡、葱、茄子等の蔬菜である。今昭和元年中に於ける品種別による收量及作付面積を表に示せば次の如くである。

種類	品種	作付面積	收量
穀類	大豆	三五・〇九陌	五二、〇八〇瓩
	高粱	三〇・五七	四九、四六四瓩
	粟	二九・六二	四三、六一一瓩
	小豆	一・四一	一、九三九瓩
	計	九六・六九	一四七、〇九四瓩

蔬菜		
大根	五・一九	二〇、九九五斤
白菜	五・〇二	二八、一八四斤
牛蒡	一・〇一	八五三斤
馬鈴薯	〇・七一	六二四斤
葱	〇・五〇	四〇九斤
茄子	〇・三一	六二斤
計	一二・七三	五一、一二七斤
合計	一〇九・四二	一九八、二二一斤

大豆は油房用の外は全部輸出し、高粱、粟及び蔬菜類は一般常食用となし、小豆は米條子（支那素麵）を作る。穀類の播種期及收穫期は次表の如くである。

	大豆	高粱	小豆	粟
播種	五月上旬	五月上旬	五月上旬	五月上旬
收穫	十月上旬	九月下旬	九月中旬	九月上旬

尚滿鐵は農事獎勵の目的を以て、當地方事務所をして、大屯に於て原種圃事業に從事せしめて居る。事業の内容は公主嶺農事試驗場に於て、純系分離の結果得たる大豆を栽培し、生産したる

種子を地方農家に配付し、之が增殖を計るにある。始め大正十二年五月孟家屯附屬地に創設されしも、地形地質其他の關係に依り同十四年四月大屯附屬地に移轉され現在に至つてゐる。現在地積二六陌七七四にして內作付面積一九陌八七四四（大豆作付九陌四八高粱作付四陌八四粟作付四陌四七他は收量及農凶試驗地積）である。因に昭和元年中農作物收量は原種大豆一一、八四五瓩高粱八、九四五瓩、粟八、二四七瓩である。

長春附近に於ける牧畜こしては農家が副業に少許の鷄、豚又は羊を飼ふものあるに過ぎない。而して使用の牛馬は大部分蒙古方面より輸入せらるゝものである。搾乳業者こしては附屬地に三宅、加藤牧場あるのみである。今昭和元年度末に於ける附屬農耕地農家が有する家畜及家禽類を示せば次の如くである。

種類	戶數	頭數	種類	戶數	頭數
牛	四九	一五七	山羊	一	三
馬	一四六	四一八	豚	一〇六	一、〇八一
騾	六四	一五六	雞	一三七	一、二九七
驢	八三	二六六	其他家禽	三一	一六〇
緬羊	二	二二	合計	六一九	三、四六〇

B　工　業

イ、概　況

長春附屬地及城内外に於ける製造工業として屈指し得べきものに、製粉業、油房業、燐寸業、製材業、精米業、織布業、燒酎釀造業、煉瓦製造業、醬油釀造業、石鹼製造業、印刷業、鐵工業等があるが、製粉油房、燐寸業を除く外は何れも未だ概して在來の地方的色彩より脫するの域に達するに至らない。而して該三工業と雖も或は工業用地並に用水の不足を訴へ或は金利高による工業資金の供給不圓滑を嘆き乃至は勞働量の不足、又は勞銀高を噂ち加ふるに打續く不況に祟られ、其發達遲々として特に見るに足るべきものなく、氣息奄々たる現狀である。左に當地に於ける主要工業一覽表を揭ぐ。

長春に於ける主要工場一覽表

（昭和二年六月調査）

業種別	工場別	工場所在地	設立	資本金（千円）	動力 種類	動力 馬力	職工 日本人	職工 支那人	職工 計	製品種類	單位	最近一ケ年生産高 數量
製粉業	滿洲製粉會社	住吉町	大正二、六	五、七九〇	電動機	四五〇	四	三三	三七	麥粉 麩	袋	二六七、八九九 三三、二二九

製粉業	裕昌源	東八條通	大正三、四	金一、五〇〇千円	蒸氣機關 電動機	三三二 一四、五	—	六〇	六一	麥粉 麩	袋	三八九、二一〇 四九、六三六
同	雙和機	日出町	同一〇、二	同七〇〇	電動機	三〇〇	—	六二	六二	麥粉	同	五一一、五五一
同	益發合	高砂町	同一三、五	同一、二〇〇	電動機	四五〇	—	七三	七三	同	同	七二六、六〇〇
油坊業	滿洲製油會社	住吉町	同一〇、一	同五〇〇	蒸氣機關	一二〇	—	七九	七九	豆油 豆粕	斤 枚	二、〇八六、八六一 三九七、二〇〇
同	益發合	住吉町	同九、一〇	同二〇〇	同	八〇	—	六〇	六〇	豆油 豆粕	斤 枚	一、三八〇、〇〇〇 二七〇、〇〇〇
燐寸業	吉林燐寸長春支店	東五條通	同四、一〇	同七五〇	人工	—	—	四五	四五	燐寸	打	三、二〇〇、〇〇〇
同	日清燐寸長春支店	西二道街	明治四〇、一一	同三〇〇	電動機 蒸氣機關	一五 七五	—	二二〇	二二〇	同	同	四、九二三、六〇〇
燒鍋業	洪發源	高砂町	大正四、四	大洋二〇〇	電動機	三〇	—	三三	三三	燒酎	斤	四二〇、〇〇〇
同	永衡謙	富士町	同八、五	金三〇	人工	—	—	一二	一二	同	同	一九二、六六〇
同	裕成湧	高砂町	同三、一〇	同三五	同	—	—	三〇	三〇	同	同	一四〇、〇〇〇
同	萬合泉	三笠町	同一、三	銀票七〇	同	—	—	一八	一八	同	同	四八五、一一〇
同	積德泉	富士町	同三、七	同五	同	—	—	一三	一三	同	同	四二七、一七〇
同	永衡謙	北大街	同八、八	官吊一〇、〇〇〇千吊	同	—	—	一二六	一二六	同	同	四八〇、〇〇〇
同	裕生源	東二道街	同一〇、四	大洋一〇〇千円	同	—	—	五六	五六	同	同	四七〇、〇〇〇
醬油釀造業	滿洲醬油會社	富士町	同七、四	金六〇	同	—	一	一三	一三	醬油	石	一、五〇〇
煉瓦製造業	吉長窯業會社	東門外	同八、四	同一、〇〇〇	同	—	三	二四〇	二四三	煉瓦	個	三、〇〇〇、〇〇〇
同	長春窯業會社	東二道溝	同九、四	同五〇〇	同	—	—	四五〇	四五〇	同	個	四、三九五、〇〇〇
製材業	小松製材所	住吉町	同七、一一	同一五	電動機	四五	一	三五	三六	製材	立方尺	一三〇、〇〇〇

織布業	協力織布工廠	日出町	大正一三、七	大洋 千円 八	人工	―	―	二八	二八	花旗布	疋	九、六〇〇
同	自強工場	東二道街	同 八、四	同 一三	同	―	―	七〇	七〇	同	同	一三、五〇〇
精米業	日鮮貿易精米所	東二條通	同 一〇、一〇	金 三〇	電動機	三五	―	二四	二四	白米	叺	一四、〇〇〇
同	福盛洋行	祝町	同 九、五	同 二〇	同	七、五	―	七	七	同	同	六、三〇〇
同	寶商會	日本橋通	同 一二、一	同 一八	同	一五	―	一三	一三	同	同	七、〇〇〇
電氣業	南滿電氣長春支店	中央通	明治 四三、三	同 一〇、〇〇〇	蒸氣機關 タービン	六〇〇 一四〇〇	三六	四八	八四	電氣	キロワット時	五、一〇三、四一三
瓦斯業	南滿瓦斯長春支店	羽衣町	大正 一四、一	同 一〇、〇〇〇	蒸氣機關	四	六	一八	二四	瓦斯	立方呎	一四、三三七、四九三

備考　一、表中滿洲製粉長春工場は目下操業中止中
　　　一、天興福製粉工場は最近燒失したるも目下滿洲製粉工場を借用して操業繼續中

ロ、織布業

長春に於ける斯業は殆んど支那側の獨占に係り、家內工業組織によるもの其大多數を占め、支那人向衣服裏地乃至蒲團地用に供せらるゝ大尺布及當地製粉會社粉袋用の花旗布の兩者の製織が其大宗である。其始め大正二、三年頃に於て、一度斯業の勃興氣運成るや、更に續起せる大正四年頃よりの日貨抵制國產提唱運動に迎へられ、愈々發展の步を進め、既に大正七年頃には製織戶數七百軒、織機臺數二千八百臺を數へ、其盛況を誇つたのであつたが、大正八、九年頃より日本製粗木棉、白木綿、及加工綿布並に諸外國よりの精巧綿布の襲來を受けてより、經營頓に萎微し

遂に大正九年末には戸數百五十軒の中、操業せるもの僅々九十軒、織機臺數三百二十臺の少數に減退した。然るに十一年中頃に至り形勢漸く挽回大正十四年末に於て、其戸數二百五十三軒、織機臺數千二百九十三臺、資本總額大洋九萬五千元の多きに上るに至つた。然も概ね副業的經營法に依り、十臺内外の織機を備へ、一年の作業日數約六十日乃至百二十日を超えざるもの多きを占め、專業的經營に依るものは、僅かに協力、益記、自强、福合、大成、德利等の工廠のみである因に大正十四年度に於ける年產額は大尺布二十六萬三千七百二十五疋、花旗布四萬二千八百六十疋である。

ハ、煉瓦製造業

歐洲大戰の齎せる財界好況は、建物及び土地熱を極度に煽り立てたると共に、建築材料としての煉瓦の驚くべき需要を喚起し、大正十年末に於て、約百三十軒の斯業經營者を數へ、更に當地方に於ける粘土原料の品質比較的良好なる所以立證せられしより、斯業の前途多端を思はしめたのであるが、爾後の不況時に際會しては、又其盛況を保ち得ず、買收合同續出、既に大正十三年末に於て工場數半減僅かに六十四軒を算するに過ぎざるに至つた。其後稍々恢復現在漸く工場數約八十軒を數へて居る。丸山直助氏經營の吉長窯業、工棟佐一郎氏經營の長春窯業及び中國側に於ける萬盛窯、興隆官窯を以て最大とする。長春全煉瓦工場の年產額は、其年產額得て不規律に陷り易き爲、確數を得難いが、大約日本煉瓦七百五十萬個乃至八百萬個、支那煉瓦二千萬個を下らざる近況である。

ニ、燐寸製造業

長春に於ける燐寸製造工場は現在日淸燐寸會社長春支店（附屬地及城內に各々一工場を有す）及吉林燐寸會社長春支店の二者を數ふるのであるが、前者は明治三十九年設立、燐寸及軸木製造を兼ね、後者は大正三年設立、專ら燐寸製造のみに從ひ、共に夙に斯界に於ける邦人獨占の分野を開拓し順調に擡頭したのである。然るに歐洲大戰後華人の利權回收及國產提唱運動に惱まされ屢々苦境に瀕したのであつたが後支那側との打合成り、大正十二年七月日支共議の下に吉林、長春、哈爾濱の三地に共同販賣所を設け更に、翌年二月北滿聯合火柴公司を設立し、生產數量、販賣區域、原料購入、標準價格等に關する協定を行ひ、極力相互各社の利益保護に努むるに至つたのである。下つて大正十四年に至り瑞典の國際燐寸聯合會が豐富なる資本を擁して、滿洲に於ける斯業の統一に着目せるに會し、遂に兩社共該聯合會に買收さるゝ所となつたが、會社の內容を變更せしめざるてふ條件の下に於て爾來屢々時局の不安奉天票の慘落等の影響を受けつゝも銳意、斯業の向上に努め、活氣維持裏に操業今日に及んでゐるのである。

ホ、油　坊　業

歐洲大戰當時の好況時に於て、勃興したる斯業は當初相當の盛況を呈し、四圍の好材に擁立されて、各工場共操業頓に振つたのであつたが、一度彼の財界の恐慌に逢着するや、果然何れも亦經營難に陷り、特に近年大連に於ける大豆原料吸集策の講ぜらるゝに至りてよりは常に運賃關係に基く原料吸集難に冒され製品販路の擴張又意の如くならず、加ふるに工業用水の水質不良乃至湧水量の不足勞銀高或は工業資金融通の不圓滑等の悪因に阻まれ、爾來逐年不振に傾き、之を工場數に就て見るも大正十年に於て七を數へたる斯業者が十一年には五となり、最近の如きは其中二工場は全く作業を休止するに至り、現在は滿洲製油、益發合の二工場を見るのみ等、孤影悄然たる現狀である。更に左傾生產額よりするも其窮狀の一班を知り得べく、目下之が打開策の樹立に何れも腐心中である。

最近累年生產額統計

年次	數量		價額		
	豆粕	豆油	豆粕	豆油	計
	枚	斤	千円	千円	千円
大正十二年	一、四三六、八二〇	六、五一〇、四〇三	二、三三六	一、四九九	三、八三五
大正十三年	一、一六二、五四三	六、〇五三、八四三	一、九二六	一、二一八	三、一四四
大正十四年	八一六、九八五	四、三六三、六八一	一、四八八	一、〇〇九	二、四九七

昭和元年	六六七、二〇〇	三、四六六、八六二	一、二〇二	六四九	一、八五二

へ、製粉業

長春に於ける原料小麥による製粉業は、大正二年六月鐵嶺に本店を有する滿洲製粉會社長春分工場の設立せられたるを以て、嚆矢とする。以來之に亞いで、裕昌源、天興福、双和棧、益發合の創業を見、又寬城子にも亞洲興業、東信、同源の三工場設立され、遂に南滿第一の斯業勃興地となつた。其後東信、同源の兩工場は燒失し亞洲興業又操業中止となり、更に最近に至りては滿洲製粉操業を中止し天興福燒失(天興福は目下滿洲製粉工場を借用して操業繼續中)現在は裕昌源製粉公司以下三工場あるに止まる各工場に於ける一晝夜生產能力は五千袋乃至二千袋にして何れも主として、奉天以北を以て、其の供給活躍地となし、昭和元年末に於ける當地工場產額總量は二百三十二萬袋に達し、價額七百九十九萬圓に上つて居る。而して當地斯業は附近一帶に原料小麥原產地及消費地を控へ居る關係上、相當確實なる地盤の上に立ち、其將來を保證し得るのであるが、事實に於て、其發達遲々として進まず、殊に近年は屢々原料小麥の不作並に米粉の北進等の禍因に惱まされ、其消長洵に憂慮すべきものが少くない。尙長春には如上原料小麥による製粉工場以外に、所謂磨坊と稱する支那側家內工業式玉蜀黍製粉工場ありて、其數現在大小三百餘軒に達する。

ト、精米業

長春に於ける精米業の發達は比較的最近の事に屬し何れも大正十年以降の創業に係り、當地方が長春縣及其附近產の籾の集散中心地なる關係上、斯業の勃興を見たのであるが、現在斯業者數は日鮮貿易精米所、福盛洋行、寶商會等を筆頭に、日鮮人合せて十軒に達する。然も何れも操業期間短かく資力亦薄く到底現狀を以てしては充分なる業蹟を擧げ得ざるもの丶如くである。加之現在のところ籾の長春出廻量約五萬八千餘石に對し、斯業者は寧ろ多きに失するが故に原料の不足を來す事夥しく從つて自然原料の昂騰を來す事となり、先高を見越す等の餘裕更になく、出廻期中極めて間歇的の操業をなしつ丶あるに過ぎざる現狀である。最近に於ける當地精米量は白米約二萬八千百五十石内外である。

チ、燒酎釀造業

當地所在燒酎釀造業即ち燒鍋業は、其創始の源を遠く百餘年以前に尋ね得べく支那人獨占の工業として、他國人の競爭を排除し、確固たる地盤の下に今日尚發達の步調を辿りつ丶ある。現在洪發燒鍋以下附屬地城内を通じて、其數九を以て數へ、最近年產額五百萬斤餘に達し高粱、小豆、大麥を原料となし、南滿一帶吉長線及附近背後地に販路を置いて居る。

リ、製材業

斯業は大正八年頃吉林材の出廻好況時に際して勃興を見、當時經營者計六を數へ一時頗る活況を呈したのであるが、其後勢に驅られて、濫伐に次ぐに濫伐を以てせる結果、伐採區域が漸次遠ざかるに從ひ、山出し運賃を多く要する事となりたる爲、又採算不能に陷り、加ふるに割安にして受取期日の確實なる米材の大連よりの侵入に逢ひては更に振はず、木材の商況又逐年閑散狀況を繰返す事となり、爾來斯業の發展は著しく阻礙さるゝに至つた。現在操業中の工場は纔かに小松製材所、面高製材所の二者を數ふるのみにして、白松松板及び小角物其他函、家具等の製造に從事するも、最近年產額僅に十四、五萬圓に過ぎない。目下當地製材業者及び木材取扱業者に於ては結束して材木同業組合並に木材信用組合を組織し、頻りに形勢打開に努力中である。

ヌ、電　氣　業

長春に於ける電氣事業の創業は、滿鐵長春電燈營業所（大正十五年四月一日滿鐵より分離し南滿洲電氣株式會社長春支店となれり）が明治四十二年大連より二百五十『キロ』の發電機一臺を運び、据付に着手し、同四十三年營業開始せるに基く。爾來當地が滿鐵、東支、吉長三鐵道の分岐點たるの故を以て、逐日發展し漸次商工業の殷盛を見るに及び、電燈及電力の需要之に伴つて又激增したのであるが、大正九年以降に於ては財界不況と共に諸工業の萎微を來たし、延いて斯業界は其前途に一暗影を投ぜらるゝ事となり、自然遲步に甘んぜざるべからざるに至つた。目下電燈の需要家總數四千百二十九軒、電燈取付總數三萬四千百六十四箇（昭和二年五月末現在）に達し、工業用動力機關としての電動機使用に於ても『スチームタービン』に代つて逐年漸增し、昭和二年五月末現在に於て電動機總數七十一臺、總馬力數一千四百三十二馬力餘に達してゐる。

尙商埠地には長春商埠電燈廠ありて、商埠地及城內に於ける電燈の供給をなしつゝある。

ル、瓦斯業

斯業の創業は最近の事に屬し、南滿洲瓦斯株式會社長春支店が大正十四年十一月より、營業せるに始まる。同店は大正十三年度に於て、主要瓦斯輸送本管の埋設を了し、十四年五月より瓦斯引用家の募集及び各引用家への供給管及屋內管、並に器具、計量器の取付に着手し、同年十一月十九日より開通營業開始し、目下瓦斯發生室外五棟並に瓦斯發生爐外二十基を備へ、撫順より原料石炭を得て、一日平均三萬七、八千立方呎內外の瓦斯を供給しつゝある。昭和二年三月末現在の引用家戶數千八百二十戶に達し、昭和元年中の瓦斯販賣高は千四百三十二萬七千五百立方呎の多きに上る。尙副產物として骸炭九十三噸『コールタール』六萬四千七百六十五立を生產して居る。而して現在同店所設の瓦斯發生爐一日の製造能力は十五萬立方呎と稱せられ瓦斯燃料の將來は頗る有望である。

ヲ、其他工業

右掲諸工業の外に長春に於ける工業として名付け得べきものに、石鹼製造工場五、醬油釀造工場一、印刷工場五、機械工場五、及び家內工業組織に依る蠟燭製造業、帽子製造業、タオル製造業、靴下製造業、腿帶子製造業等あるも何れも規模小である。

C　商　業

一、輸移出入貿易

長春は南滿線最北端に於ける物資の一大集散市場にして、特產取引市場卽所謂『豆の都』として、其發達を遂げ來りたる商業都市である。最近一ケ年に於ける貿易額は輸移出約一億一千萬圓、輸移入約一億二千萬圓を突破してゐる。主要輸移出品は大豆、豆粕、高粱、粟、包米等を以て大宗となし、輸移出總額の六割乃至七割を占め木材、燐寸、麥粉等之に次いで居る。輸移入品は綿糸布を以て大泉とすべく、其他に織物、石油、鹽、卷煙草、麥粉、蔴袋、陶磁器、其他の雜貨品等を擧ぐべきである。而して長春は附近背後地（雙城、五常、舒蘭、吉林、双陽、伊通、伏龍泉農安、扶餘、德惠、楡樹等の諸邑を含む一大背後地）所產の特產物の集散市場並に該背後地向諸輸移入貨物の中繼市場として其經濟的勢力を保持せるものにして自然當地に於ける特產取引と輸入貿易の兩者は因果關係の下に置かれ特產市場の盛衰如何、從つて背後地に於ける農產物の豐凶如何は正に當地に於ける輸移出入貿易の消長を支配するものに外ならない。然るに近年不幸にして特産物の當地集散狀況は逐年減少し、大正八年度出廻高九十七萬七千二百六十九噸に對し、大正十四年度は三十四萬七千二百七十八噸に減少し漸次『豆の都』としての實勢を喪失しつゝある將來鐵道の新設其他重大なる自爲的原因の發生せざる限り、一般的自然的原因に基くより以上の殷盛は庶幾し難い現狀にある。而して當地に於ける貿易繁盛期間は特產出廻期卽例年十月中旬より翌年三月下旬に至る迄を以て最となし、此間に於て奥地農民の手に依り、最寄市場に蒐集されたる特產物は馬車に依り再び當市場に搬入され、取引決濟の上、一方彼等搬入者は次年度收穫期に至る迄の日常必需品を購求所謂『歸り荷』として當地に輸入されたる諸雜貨を運び去るのである。而して當地輸移入貨物品種は略々前掲の如くであるが、其中三五%の現地消費に對し六五%が背後地に仕向けらるゝのである。

最近一ケ年に於ける長春市場を基點とする重要商品移動概況

品名	價額	生產國別			現地消費額	背後地再移出額（馬車）
		日本	支那	外國		
綿布	千円 五、七五〇	六〇%	三〇%	一〇%	千円 二、二五〇	三、五〇〇

品目						
綿糸	四、六八〇	六三	三八	―	一、一七〇	三、五一〇
加工綿織物	二、六八〇	三五	四五	三〇	八八〇	一、八〇〇
高級織物	一、九六〇	一八	四七	三五	六九〇	一、一八〇
毛織物	九六〇	一〇	―	八〇	七八〇	一八〇
棉花	九七〇	―	一〇〇	―	三一〇	七五〇
石油	一、〇三〇	―	―	一〇〇	八〇	九五〇
砂糖	九六〇	一〇	―	八〇	三八〇	五八〇
鹽	二、二五〇	―	一〇〇	―	四五〇	一、八〇〇
陶瓷器	四七〇	四三	五五	二	一一〇	三五〇
燐寸	三六〇	六〇	四〇	―	四〇	三一〇
巻煙草	一、九八〇	二	三三	六五	七六〇	一、一一〇
石鹸	二七〇	七五	二五	―	九〇	一八〇
靴下	一、〇〇〇	二	九八	―	四三〇	五八〇
腿帯子	三九〇	六〇	四〇	―	九〇	三九〇
柑橘	二六〇	七〇	三〇	―	六〇	二〇〇
其他果實	三一〇	一八	八一	―	一〇〇	三一〇
落花生	四四〇	―	一〇〇	―	六〇	三八〇
線香	六三〇	―	一〇〇	―	七〇	五五〇

古新聞紙	二一〇	九七	三	—	七〇	一四〇
洋紙	三三〇	八五	—	一五	一二〇	一〇〇
支那紙	三〇〇	—	一〇〇	—	一二〇	一八〇
鹽魚	一三〇	七〇	一〇	二〇	三〇	一〇〇
セメント	三〇〇	三五	四五	二〇	一八〇	一三〇
甕及土器	一七〇	—	一〇〇	—	六〇	一一〇
硝子板	三一〇	四〇	—	六〇	一三〇	一八〇
麥粉	四、三〇〇	一五	八五	—	二、四〇〇	一、八〇〇
硝子器	六〇	九七	—	三	三〇	三〇
皮革類	二三〇	五〇	一〇	四〇	一二〇	一一〇
鞋類	六〇〇	—	一〇〇	—	一二〇	四八〇
帽子類	四二〇	二	九一	七	三六〇	六〇
安平	三二〇	—	一〇〇	—	六〇	二六〇
麻袋	一、六〇〇	一〇	—	九〇	一、二〇〇	四〇〇
建築材料	九四〇	五〇	一〇	四〇	四二〇	五二〇
洋蠟燭	一六〇	—	八五	一五	四〇	一三〇
菜	九五〇	二	九八	—	三五〇	六〇〇
醬油	二三〇	一〇〇	—	—	一四〇	九〇

煖爐	六〇	一〇	九〇	—	二〇	四〇
綿毛布	三〇	—	一〇〇	—	一〇	二〇
支那酒	三〇	—	一〇〇	—	一〇	二〇
高粱酒	三六〇	—	一〇〇	—	一八〇	一八〇
染料	一八〇	三五	—	六五	六〇	二二〇
馬車油	二〇〇	—	—	一〇〇	二〇	一八〇
琺瑯引鐵器	一九〇	九五	一	四	八〇	一一〇
毛皮類	六四〇	—	一〇〇	—	一六〇	四八〇
鐵	一一〇	六〇	三五	五	五〇	六〇
絨毯	二二〇	—	一〇〇	—	五〇	一八〇
塗料	九〇	五〇	—	五〇	三〇	六〇
鐵鋼製品	二、一三〇	三五	五〇	一五	七八〇	一、三五〇
農具	八八〇	—	一〇〇	—	一八〇	七〇〇
車輛用具	三九〇	二〇	八〇	—	一二〇	二八〇
ゴム製品	八〇	九〇	—	一〇	八〇	—
藥品類	一九〇	六五	一〇	二五	一八〇	一〇
人力車及自轉車	三〇	一〇〇	—	—	三〇	—
蠟	八〇	—	—	一〇〇	八〇	—

日本雑貨	三、〇五〇	一〇〇	—	—	二、二〇〇	八五〇
外國雑貨	九五〇	—	—	一〇〇	七八〇	一七〇
支那雑貨	五、一八〇	—	一〇〇	—	三、一二〇	一、九八〇
計	五四、〇九〇	三三	四七	二〇	三一、九七〇	三一、一二〇

特産物出廻數量表（自大正五年度至大正十四年度）

（單位噸）

年度別＼種別	大豆	高粱	包米	粟	小豆	小麥	大麥	雜穀	合計
大正五年度	二五四、六一七	三六、九八七	七、三〇九	一二八	八、五二八	六九、二八七	六〇五	一二、四〇五	三八八、八六六
大正六年度	二四二、五三二	六、六三三	二三、二六七	五、七四四	六、七二一	六一、三二一	七五四	一三、九六七	四六〇、八一八
大正七年度	四五八、〇二二	二三、一五四	八、〇八七	三、五七六	九、二九三	六五、七一五	一、〇〇五	一一、五四四	五七九、三九六
大正八年度	七一七、七二三	一〇、八五三	二一、三六四	一六、三七三	八、〇三四	一八九、二九八	三六二	三三、二六三	九七七、三六九
大正九年度	六〇九、一七五	一〇一、五三二	一五、四七四	四五、四七二	四、四五九	一七〇、六五一	四四五	一三、八八八	一、〇六一、〇六五
大正十年度	二七六、六〇二	一三一、八二二	二一、二二九	二八、三六一	六、五四九	四六、一一〇	三三	一六、〇八一	五二六、七八五
大正十一年度	一六六、六七七	一六三、八八八	三〇、二四〇	三八、七一〇	八、三三九	七七、三四九	三	一七、一六一	五〇一、三五七
大正十二年度	三三五、二八五	四五、八一八	四、〇九三	八、三六八	五、一八六	五八、八〇三	七八	一一、八八一	三六九、五一一
大正十三年度	二五七、四〇五	八七、四九八	六、九六九	二、三九八	一一、七八三	二〇、四三三	二九	八、三九三	二九四、九〇七
大正十四年度	一四〇、五八二	九三、一五八	一五、三九三	四四、六八四	一〇、九二六	一七、八一〇	一九三	二四、五三三	三四七、二七八

附、長春輸移出入貨物に對する民國側課稅

長春輸移出入貨物に對する亂脈なる中國側課稅の明解を期することは頗る困難であるが、今搬入雜貨及搬出糧穀に對して、長春稅捐局が課する各種稅目及び稅額の略記を試むれば次の如くである。

イ、輸入雜貨に係る課稅狀態（輸入綿糸布、砂糖、果實等に對する課稅狀態之に準ず）

定時負擔稅目として在附屬地日支兩雜貨商が公費を負擔し城內日商が若干の居留民會費の外稅目なきに對し、城內雜貨取扱華商は次の如く諸稅を負擔してゐる。

營業附加稅（通稱營業稅）	買入從價の一分
銷場稅（賣錢捐）	賣上從價の二分
特別附加稅	賣上從價の四厘
山海稅	品種によりて稅率を異にす

營業稅は純然たる地方稅に屬し城內自治の費用を分擔せしむる意思を以て城內營業稅公所に於て之を管轄收入し通常各商戶は一ヶ月乃至二ヶ月に一回仕入價額の報告書を提出し買入從價の一分を納むるものである。銷場稅は所謂賣錢捐にして他地方より來る外國雜貨等の本省所轄地內に輸入されたる上銷却さるゝもの及本省商埠地內所製貨物にして商埠地外に運搬銷却さるゝもの及

本省出產の貨物にして本省にて銷却さるゝものに對し一取引に付一次銷却地乃至註文品荷送地の雜貨商に係る稅である。之が稅率は賣上從價の二分にして各商の賣上帳簿を以つて證となし各商は一旬每に日々の賣上報告書を管轄國稅徵收局に致し查明を經たる上特別附加稅と共に納むるものである。

尙隨時貨物の搬出入に際しての雜貨稅として大正十五年九月より長春稅捐局は子口單付貨物乃至放行單（海關發行の關稅納付濟證明書）を添付し該單と貨物の數量並に仕向地が相符合する貨物の數量並に仕向地が相符合する貨物の兩者を除くの外輸入品たると土貨たるとを問はず附屬地商人が城內に運搬したる貨物乃至城內商人が附屬地商人より購入したる貨物に對し買主又は貨物運搬人より附屬地外分捐局に於て左の徵稅をなしつゝある。

銷場稅	從價二分
特別稅	同　四厘
手數料	同　一厘
計	同　二分五厘

更に如上城內搬出貨物に對する課稅は滿鐵附屬地貨物北送の場合にも適用され、卽子口單付貨物乃至貨物の數量及仕向地を相同うする放行單付の貨物を除く附屬地貨物を北滿輸送の爲寬城子

驛に至るものは寛城子分捐局に於て又全然馬車輸送による場合は通過分卡に於て吉長沿線運出の爲吉長東站に至るものは吉長分捐局に於て更に長春連絡（東支向は范家屯驛扱となす）により東支及吉長沿線に至るものは到着驛（開埠地を除く）の分卡に於て各々銷場税從價二分四厘（特別税共）を徴收するに至つたのであるが、實際に於て吉長及東支向の北行貨物に對しては最近荷主と税捐局との間に協定成り若干の前納金を提供する事により都度の徴税を免れてゐる。

ロ、穀　税

穀類の賣買取引に係る税種は營業附加税（通稱營業税）出産税、銷場税、斗税（豆麥斗税、雜穀斗税）の四種である。營業附加税、出産税及び豆麥斗税は賣主たる農戸負擔にして銷場税及び雜穀斗税は買主たる穀商負擔なるを原則とする。其税率並に税額は次の如くである。

賣主たる農戸負擔穀税

出　産　税	穀類從價	二　分
同　附　加　税	同	四　厘
計		二分四厘
營業附加税（通稱營業税）	賣上從價	一分二厘
豆　麥　斗　税		

大　豆　毎一斗　大洋　一分六厘八毛（附加税共）

小　麥　同　同　二分四厘　（同　上）

營業附加税は雜貨に對する該税の如く長春城内に於ける地方税にして一ヶ月乃至二ヶ月に一回計算交納するものである。而して以上三税は原則として賣主たる農戸負擔であるが穀類代價より差引かしむる事により買主たる穀商が代つて負擔する事を得るのである。

買主たる穀商負擔穀税

銷　場　税　穀類從價　二　分

同　附　加　税　同　四　厘

計　二分四厘

雜　穀　斗　税

上　糧　油麥（燕麥）　江米（糯米）　毎一斗大洋一分八毛（附加税共）

中　糧　小米（粟）　元米（黄米とも云ふ。粟の一種）　稗子米（稗）　包米査（玉蜀黍）　小豆、吉豆（綠豆）　芸豆（豌豆）　綫麻子（麻の實）　大麻子（大麻の實）　西大穀（餅粟）　毎一斗大洋七厘二毛（附加税共）

下　糧　大麥、紅粮（高粱）　穀子（粟、穀皮の儘）　包米（玉蜀黍、穀皮の儘）

稗子（稗、穀皮の儘）　蕎麥　毎一斗大洋三厘六毛（附加税共）

以上の穀税々目は長春城内に於て行はるゝ穀類賣買取引卽城外より城内に搬入せらるゝ穀物に對するものにして更に附屬地に搬入せらるゝ場合の穀税は次の如くである。

銷　場　税　（税率は前掲に同じ）賣主負擔
雜　穀　斗　税　（同　　上）同　上
營業附加税（通稱營業税）（同　　上）買主交納

右の如く馬車にて附屬地に運銷する穀類は其入市に際し銷場税、雜穀斗税を賣主に於て負擔し本來賣主負擔の粮穀營業税從價一分二厘は買主たる穀商に於て豫め穀類代價より差引く事により て立替代納するのである。而して當附屬地に於ける粮商の營業税は頭道溝商務會の代徵に係はり各粮棧をして毎月末に括めて計算納付せしめて居る。

以上は輸入雜貨税及粮穀税の大様であるが、尚附屬地内に居住する中國人に對して中國側より課税せられつゝあるものに前記粮穀營業税の外に燒鍋業者に對する酒税がある。税額は一班（約四百斤）に付吉林永衡大洋七元にして附屬地の内外何れに於て消費さるゝに論なく國税として毎月一回釀造者側に於て計算交納するものである。因に城内に於ける燒酎税は一班に付吉林大洋八元である。

二、通　貨

1. 日本側通貨

朝鮮銀行發行金券

朝鮮銀行法に依つて發行されたる紙幣にして日本金貨又は日本銀行券と引換へ得る兌換券にして公私一切の取引に無制限に通用されて居る。發行高は昭和元年十二月末現在に於て一億一千九十三萬六千五百圓に達し當地流通高は五十萬圓見當である。

横濱正金銀行鈔票

横濱正金銀行が特に滿洲に於て發行する銀券の謂にして壹圓、伍圓、拾圓、壹百圓の四種類がある。明治三十四年九月天津及牛莊に於て發行したるを以て元祖となし引續き同三十九年九月勅令第二四七號を以て關東州及淸國に於て同行が我銀行券を發行するの特權を得てより今日に至りしものにして、之が基礎は我舊銀貨（量目七匁一分六毛品位銀九銅一）を以てしたるものにして要求次第該銀行圓銀と兌換さるべきものである。而して本紙幣は眞に兌換の確實なる銀本位の通貨として各方面に鞏固なる信用を有するものにして特に特産資金として缺く可からざるものにして現に當地及大連の兩重要物產取引には本通貨を以て建値となし單に特產取引のみならず、一般輸出入商品の建値及決濟に使用され當地方に於ける鈔票流通額概算百二十萬圓見當に達してゐる尙以上の外日本側通貨として日本銀行券及同補助貨の流通を見つゝある。

2. 中國側通貨

吉林官帖

吉林永衡官銀號發行に係る紙幣にして其種類は現在壹吊、貳吊、參吊、伍吊、拾吊、伍拾吊、壹百吊の七種である。光緒二十四年頃始發され當初は二割を現銀に兌換する規定を以て總發行高に對し三分の一の準備金を有したるも光緒二十八年以降銅元の鑄造を廢したる爲官帖の發行高急増し加之一般歳入の不足を補ふ爲歷年濫發に亞ぐに濫發を以つてしたる結果當初金一圓に對し二吊五百文の相場を有せる官帖は次第に市價下落し民國三年に十六吊八百文同八年に三十四吊と逐次崩落し卒に現在の如く百九十吊乃至二百吊迄も下落し全くの不換紙幣となつたのである。現在の發行額に就いては確數を得難きも大體に於て三十億乃至三十五億吊と稱せられ省内に於ける唯一の基本通貨として都鄙を通じ省民の日常生活費より市場に於ける大小取引の建値又は決濟に迄使用され一般商民の信用厚く時局の變動其の他の原因に基く騰落の如きも他の通貨の如く甚しくない。

吉林大洋票及吉林小洋票

吉林永衡官銀號發行に係り大洋票及小洋票各々拾圓以下各種類がある。之が沿革としては民國五年以來東三省各省に於ては大小銀元の夥しき省外流出の爲め兌換制度根本的に破壞されしを以つて之が救濟策として奉天省が民國六年大銀元本位を採用せるに倣ひ吉林省に於ても吉林洋票を發行し以て兌換制度の維持に努むると共に一方暴落せる官帖の回收と之に伴ふ物價の引下を計るべく發行當初に於ては現大洋との無條件兌換を聲明せしも事實は之に逆ひ結局現在の不換紙幣となり終りしものである。而して吉林大洋票は現在殆んど單なる各種納稅の名目貨幣たるに止まり一般商取引乃至日常の支拂には使用されず只小洋票のみが官帖並（吉林小洋一角は官帖一吊に通用す）に使用され居るに止まる。從つて當地方に於ける流通額の如きも僅に兩者合せて約二十萬圓内外と稱せらるゝに過ぎない。

哈爾濱大洋票

中國、交通兩銀行、東三省官銀號、邊業銀行及廣信公司の各哈爾濱支店に於て發行せる紙幣の總稱にして何れも濫發に因り破壞されたる兌換制度の維持と軍費充當を目的として發行されたるものにして當初は各々現大洋との無條件兌換を聲明せしも現在に於ては何れも不換紙幣たらざるはない。而して本紙幣は地方的通貨として最も高價にして且つ市場に於ける信用鞏固日常生活に於ける支拂は勿論一般商品乃至大小取引の建値（官帖は單に地方土產品の取引上の建値たるに止まる）及其決濟は主として本紙幣を以つてせらるゝものにして當地方に於ける『大洋』とは普通本紙幣を指すものなれば其流通額の如きも他の通貨に比して遙かに多く大約四百萬元こ稱せらる。現在の相場は金壹圓に對し壹圓參拾錢乃至壹圓參拾五錢見當である。

奉　天　票

中國、交通兩銀行、東三省官銀號及公濟平市銀號發行に係る大小洋票の謂にして當市場に最も多く流通せるは大洋票こしては東三省官銀號、小洋票こしては公濟平市銀號發行のものなるも元來當地は所謂奉天票の流通圏外にあるを以て之が流通狀態の如きも單に對奉天市場の奉票建商品取引の決濟に使用さるゝのみにして從つて流通額亦極少僅々三、四十萬圓内外に過ぎない。

銅　　貨

銅貨は之を銅元こ稱し東三省に於ては奉天省銅元及吉林省銅元の兩種あるも當地方に於ては右二種の外各省鑄造に係る各種銅元の流通を見つゝあるものにして其間毫も差異なく現在十文（一錢）及二十文（二錢）の二種がある。目下の相場は現大洋壹元に對し三一〇〇文見當にして小支拂に補助的に使用さるゝに過ぎざるも官帖の普及こ共に之が流通は逐年減少しつゝある。

昭和元年中に於ける長春貨幣相場表を別表に掲げる。

三、金　融

南滿洲に於ける邦人側銀行一箇年の貸出高を大正十四年度統計に據つて見るに金勘定に於て二億八千萬圓、銀勘定に於て一千四百五十萬圓にして之を更に地方別に觀るこ金勘定に於ては大連第一位を占め一億六千八百萬圓、次が奉天の二千二百萬圓、長春は第三位にして二千百六十四萬七千圓、以下開原、營口の順位であるが、銀勘定に於ては大連第一位一千百萬圓より、長春が第二位にして二百九十九萬二千圓、他は總て百萬圓以下である。之を以てするも南滿洲に於ける長春金融界が如何なる地位に在るかを窺知することが出來る。次に當地金融市場に於ける繁閑並に資金移動の狀況を見るに每年十、十一月頃の特產出廻期より資金（殊に銀資）の需要を喚起し、十二月より三月頃に至つて最高潮に達し、金融界は一時に繁忙を告げ、其後特產の出廻減少こ共に資金の需要減退し、四、五月頃より八、九月頃にかけて所謂閑散期に至るのであるが、一方建築界は此の期を書入時こする關係上此方面に相當資金の需要を見るも特產に比すれば問題にならない更に當市場に於て商業資金（割引手形、荷爲替、當座貸越）又は工業資金（原料買入其の他の運轉資金）こし現今需給されてゐる、資金額如何に就いて見るに大體に於て月額平均金資が最低百四十萬圓、最高四百六十萬圓、銀資が百四、五十萬圓見當である。而して一方大正五年長春取引所創立以來同十年三月に至る迄は特產物の取引建値が官帖又は大洋票にて之を金換算にて淸算授受

長春貨幣相場表（昭和元年度月別比較）

種別	金票對官帖			鈔票對官帖			大洋對官帖			奉票對官帖			金票對奉票			鈔票對金票		
單位	最高	最低	平均	同			同			同			同			同		
月別	吊	吊	吊	同			同			同			元			同		
一月	一四八・五一〇	一三一・六〇〇	一三九・四〇〇	一七二・五〇〇	一六二・八〇〇	一六七・七二五	一五三・五〇〇	一四六・五〇〇	一五〇・六二〇	六七・〇〇〇	六四・〇〇〇	六五・一五〇	二三六・〇〇〇	二〇〇・〇〇〇	二二三・八九〇	一二四・五〇	一一六・四〇	一二〇・三一
二月	一六七・五〇〇	一五四・〇〇〇	一五九・一三〇	一八七・五〇〇	一七八・〇〇〇	一八三・二六〇	一六七・〇〇〇	一五八・五〇〇	一六一・九〇〇	六七・〇〇〇	五九・五〇〇	六三・八一〇	二七三・〇〇〇	二三四・〇〇〇	二五〇・一〇〇	一一七・八〇	一一二・〇〇	一一五・一〇
三月	一六二・〇〇〇	一五〇・〇〇〇	一五四・六四〇	一八五・七〇〇	一七一・六〇〇	一七七・三四〇	一六四・〇〇〇	一五四・〇〇〇	一五八・五二〇	六二・〇〇〇	五八・〇〇〇	五九・五二〇	二七四・〇〇〇	二四六・五〇〇	二五八・一四〇	一一六・七〇	一一二・六〇	一一四・七二
四月	一七三・〇〇〇	一五八・〇〇〇	一六六・〇七〇	一八三・〇〇〇	一七五・七〇〇	一七八・七八〇	一七一・四〇〇	一六〇・〇〇〇	一六六・四〇〇	六一・五〇〇	五八・五〇〇	五九・七二〇	二九六・〇〇〇	二五九・〇〇〇	二七八・〇〇〇	一一三・七〇	一〇四・九〇	一〇八・三五
五月	一七八・五〇〇	一六七・二〇〇	一七三・〇七五	一九五・〇〇〇	一八二・〇〇〇	一八八・九五〇	一七六・六〇〇	一六九・五〇〇	一七二・二六〇	六〇・二〇〇	四二・五〇〇	五四・六五〇	四二三・〇〇〇	二八二・〇〇〇	三三一・二九〇	一一三・四〇	一〇八・〇〇	一〇九・一四
六月	一八二・〇〇〇	一六五・五〇〇	一七三・九三〇	一九七・二〇〇	一八二・一〇〇	一九一・六〇〇	一六九・五〇〇	一五九・五〇〇	一六五・二九〇	四七・〇〇〇	三七・三〇〇	四〇・五〇〇	四六三・〇〇〇	三八〇・〇〇〇	四二八・一三〇	一一三・四〇	一〇八・二〇	一一〇・三三
七月	一六七・七〇〇	一五七・八〇〇	一六二・三五〇	一八五・一〇〇	一六八・〇〇〇	一七七・二三〇	一六二・二〇〇	一五〇・〇〇〇	一五六・八五〇	三八・七〇〇	二七・七〇〇	三五・二五〇	五七三・〇〇〇	四一二・〇〇〇	四六三・九〇〇	一一一・一〇	一〇六・八〇	一〇九・二〇
八月	一六五・八〇〇	一六〇・二〇〇	一六三・五〇〇	一七五・八〇〇	一六七・八〇〇	一七〇・五八〇	一五六・四〇〇	一五二・〇〇〇	一五四・一四〇	四五・三〇〇	三二・六〇〇	三五・五〇〇	五〇五・〇〇〇	三五三・〇〇〇	四六五・二〇〇	一〇六・四〇	一〇二・二〇	一〇四・三三
九月	一六八・〇〇〇	一五三・八〇〇	一五八・七一〇	一六七・四〇〇	一五三・五〇〇	一五八・九六〇	一五三・八〇〇	一四四・六〇〇	一四七・九七〇	五三・〇〇〇	四〇・九〇〇	四六・八九〇	三六五・〇〇〇	三〇五・〇〇〇	三三八・〇三〇	一〇三・九〇	九三・九〇	一〇〇・二一
十月	一八四・〇〇〇	一六一・二〇〇	一七〇・九〇〇	一五八・八〇〇	一四四・二〇〇	一五一・六一〇	一四四・〇〇〇	一三四・五〇〇	一三九・三〇〇	四四・五〇〇	四三・〇〇〇	四三・七五〇	四二五・〇〇〇	三七五・〇〇〇	四〇五・〇〇〇	九五・四〇	八二・九〇	八八・八五
十一月	一八〇・〇〇〇	一六三・五〇〇	一六九・六〇〇	一五一・八〇〇	一四四・六〇〇	一四六・九〇〇	一四〇・六〇〇	一三四・〇〇〇	一三九・五〇〇	—	—	—	—	—	—	八九・九〇	八四・二〇	八六・七〇
十二月	一九八・〇〇〇	一七五・五〇〇	一八九・一四〇	一七〇・六〇〇	一五一・〇〇〇	一六三・五〇〇	一五六・〇〇〇	一三四・〇〇〇	一四三・八四〇	三七・二〇〇	三七・〇〇〇	三七・一〇〇	五一五・〇〇〇	五〇五・〇〇〇	五一〇・〇〇〇	八七・八〇〇	八四・八〇〇	八六・三四〇

したるを以て宛然金取引の觀をなし、金資の需要は當時可なりの額に達したのであるが、後取引が銀建（正金鈔票建）に變更されてより、金資の需要は著減したるに反し、銀資は單に取引所方面のみならず、華商相互間の一般取引上の代表通貨として重きをなすに至つたのである。現在特産資金は正金、朝鮮の兩銀行を主として之を融通して居り、一般商業資金の融通は其他の銀行之に當つて居る。因に當地に於ける金融業者一覽表を左に示す。

長春金融業者一覽表

銀行名	資本金額	拂込額	本店又は支店設立年月日	組織
附屬地內				
正金銀行支店	金 一〇〇、〇〇〇、〇〇〇円	金 一〇〇、〇〇〇、〇〇〇円	大正 八、五	株式
朝鮮銀行支店	同 四〇、〇〇〇、〇〇〇	同 二五、〇〇〇、〇〇〇	同 四、九	株式
正隆銀行支店	同 二五、一三二、二五〇	同 一三、〇〇〇、〇〇〇	同 一一、一〇	株式
滿洲銀行支店	同 一〇、〇〇〇、〇〇〇	同 二、九〇六、六六二	同 一二、八	株式
長春實業銀行	同 一、〇〇〇、〇〇〇	同 四〇〇、〇〇〇	同 六、一二	株式
東省實業長春支店	同 三、〇〇〇、〇〇〇	同 二、五〇〇、〇〇〇	同 七、五	株式
取引所信託株式會社	同 一、〇〇〇、〇〇〇	同 七五〇、〇〇〇	同 五、三	株式

長春建物會社	金	二〇〇,〇〇〇円	金	二〇〇,〇〇〇円	大正九、五	株式
福信金融會社	同	七〇,〇〇〇	同	二八,〇〇〇	同九、三	株式
長春貯金信託會社	同	二五,〇〇〇	同	二五,〇〇〇	同一〇、一〇	株式
藤井公司	同	八〇,〇〇〇	同	八〇,〇〇〇	同九、一〇	株式
附屬地外						
中國銀行	大洋	六〇,〇〇〇,〇〇〇元	大洋	三〇,〇〇〇,〇〇〇元	民國三年	株式
交通銀行	同	二五,〇〇〇,〇〇〇	同	三,五〇〇,〇〇〇	同四年	株式
東三省官銀號分號	同	一,二〇〇,〇〇〇	同	一,二〇〇,〇〇〇	光緒三十二年	官營
吉林永衡官銀分號	官吊	一,五〇〇,〇〇〇吊		不明	宣統三年	官營
益通銀行	大洋	一,〇〇〇,〇〇〇元	大洋	二五〇,〇〇〇元	民國八年	株式
惠華銀行	同	一〇〇,〇〇〇	同	一〇〇,〇〇〇	同三年	株式
邊業銀行		不詳		不詳	同十四年	株式
鐵嶺國民貯蓄會	奉票	三〇〇,〇〇〇元	奉票	三〇〇,〇〇〇元	同十三年	株式
奉天公商貯蓄會	同	三〇〇,〇〇〇	同	三〇〇,〇〇〇	同十三年	株式
協濟儲蓄會	同	三〇〇,〇〇〇	同	三〇〇,〇〇〇	同十一年	株式
江省儲蓄會	哈大洋	三〇〇,〇〇〇	哈大洋	三〇〇,〇〇〇	同十四年	株式
大同儲蓄會	奉票	二〇〇,〇〇〇	奉票	二〇〇,〇〇〇	同十三年	株式
吉長儲蓄總會	同	五〇〇,〇〇〇	同	五〇〇,〇〇〇	同十三年	株式

長春地方儲蓄會	奉票	五〇〇、〇〇〇元	奉票	五〇〇、〇〇〇元	民國十三年	株式
奉天儲蓄會	同	三〇〇、〇〇〇	同	三〇〇、〇〇〇	同十三年	株式
瀋陽儲蓄會	同	三〇〇、〇〇〇	同	三〇〇、〇〇〇	同十年	株式
黒龍江省廣信公司	大洋	五〇〇、〇〇〇		不詳	光緒三十一年	半官半民

四、度量衡及地積

イ、度量衡

支那の權度法卽度量衡法は民國四年法令を以つて公布されたるも之が取締法を嚴にせざる爲今尚各地方により區々たるを免れず取引上に甚だしき繁雜困難を感じ屢々紛擾を釀しつゝある。今爰に長春及之に接續せる二三地方に於て實際使用せるものと之を我度量衡に換算したるものを示せば左の如くである。

長春及接續地現今實際使用度量衡

區分 ＼ 地方別	支那尺 大尺	支那尺 大桿尺	支那尺 裁尺	支那尺 木尺	支那一斗	支那一斤
長春	日本曲尺 一・一三〇	日本曲尺 一・五六	日本曲尺 〇・八七〇	日本曲尺 一・〇三〇	日本桝 一・六〇斗	日本秤 一四三匁

公主嶺	日本曲尺 一・六七〇	現今使用せず	日本曲尺 一・二五〇	日本曲尺 一・〇四〇	日本桝 一・六三斗	日本秤 一四四匁
伊通	同 一・六三〇	同	同 一・二五〇	同 一・〇四〇	同 一・六〇	同 一四四
双陽	同 一・六六〇	同	同 一・二五〇	同 一・〇五〇	同 一・七〇	同 一四三

備考　一、右表中大尺及大桿尺は一般幅狭布（大尺布の如き）ものに使用し、裁尺は幅廣布（花旗布の如き）ものに又木尺は器具及家屋、木材、土地、丈量等に用ふ。

一、右掲度量衡の單位、稱號は次の如くである。

度――一里（十八引）　一引（十丈）　一丈（二歩）　一歩（五尺）　一尺（十寸）　一寸（十分）

量――一石（二斛）　一斛（五斗）　一斗（十升）　一升（十合）　一合（十勺）　一勺（十撮）

衡――一斤（十六兩）　一兩（十錢）　一錢（十分）　一分（十厘）

ロ、地積

地積法も度量衡制度の公布こ同時に制定されたるも僅かに京畿一部の地方に實施せらるゝに過ぎない。東三省に於ては依然こして舊慣に依り各地方毎に其の稱呼單位に等差がある。今吉林省内の各地方に於て主こして慣用せるものを示せば左の如くである。而して地積法の丈量は凡て木尺を用ひて算出するものである。

單位	日本坪換算
一弓（五尺平方又は長度五尺）	〇・七七四四坪

一　畝（二百八十八弓）　　二二三坪〇二七
一天地（十畝）　　二、二三〇坪二七

備考　地方に依りて二四〇弓を以て「小畝一畝」三六〇弓を以て「大畝一畝」と稱呼す。

五、取引所及魚菜市場

イ、取引所

長春取引所　所在地、東五條通

大正五年四月關東廳取引所令により設立せられ粮豆及錢鈔取引の立合監督をなし精算機關として取引所信託株式會社を附設してゐる。所管事務並に取引方法は次の如くである。

I 所管事務

主體	所管事務
取引所	取引人の任免、取引立合の監督、公定相場の發表
取引所信託會社	取引擔保及精算事務

長春取引所信託株式會社は資本金壹百萬圓（四分の一拂込）の關東廳特許附帶命令に基き、信託事務を營むを目的とし、營業保證金をして金七萬五千圓を關東廳に供託し所管事務に從事して

ゐる。

II 取引方法其他

1. 取引の種類及物件

取引の種類	物件大別	上場物件
先物取引 現物取引	重要物産	大豆、高粱、小麥、豆粕
	錢鈔	金、銀、官帖
	糧豆	大豆、高粱、小麥、包米、粟、小豆

2. 呼値單位

物件	單位	斤量
大豆、高粱、小麥	壹石	三百五十五斤
包米	壹石	三百五十斤
粟、小豆	壹石	四百斤
豆粕	壹枚	四十六斤半
錢鈔	壹圓及百圓	

3. 先物取引に於ける取引單位

物　件	單位	斤　量
大豆、高粱、小麥	壹車	四萬九千三百五十斤
豆　粕	壹千枚	四萬六千五百斤
錢　鈔	壹千圓	

4. 期間及受渡期日

期間は四箇月以內にして所長必要と認むる時は六箇月に延長する事が出來る。受渡期日は各物件に依りて異なり大豆は每月十五日高粱は每月十日小麥は每月一日及十日錢鈔は每月十三日及廿八日である。

5. 免許料及入場料

取引人免許料は左の通りである。

重要物產先物取引人	金壹百圓
錢鈔先物取引人	金貳百圓
現物取引人	金貳拾圓

入場料は現物及先物取引人並に代理人一人に付壹箇年金六圓である。

因に現在の取引人數は日支人合せて五十三人にして昭和元年中に於ける各種取引出來高を示せば次の如くである。

重要物産先物取引

種類	出來高	價額（鈔票建）
大豆	九、七六〇車	二三、二二〇、二六二・一一〇円
高粱	一八、六七七	二五、九〇三、九八二・八二〇
合計	二八、四三七	四九、一二四、二四四・九三〇

糧豆現物取引

種類	出來高	價額
大豆	二、四一[illegible]車	五、六四二、三一八・二二〇円
高粱	三、五四三	四、九五五、四八二・九七〇
小麥	一〇	三五、一三四・八〇〇
包米	六四八	八五一、六一二・一〇〇
粟	八二八	一、七四三、五二八・〇五〇
小豆	四四八	八二五、七〇三・八〇〇
合計	七、八九二	一四、〇五三、七七九・九四〇

錢鈔先物取引

種類	出來高	價額
鈔票對官帖	二三、一一六千円	三、七八三、五二六吊・四〇〇文
鈔票對金票	一二	一三、二六四円・八〇〇
金票對官帖	四	六五八、二〇〇吊・〇〇〇文
奉票對官帖	九	三三八、七〇〇・〇〇〇
鈔票對奉票	二二	一〇九、七一〇円・〇〇〇
金票對奉票	一	四、五〇〇・〇〇〇
合計	二三、一六四	

尚城內には元西四道街に長春信託交易所があつて、錢鈔及粮豆取引の立合が行はれたが最近之を撤し新に財神廟南院樓房に金融市場を假設し辨法十一箇條を定め各貨幣の現物賣買を行はしめてゐる。

ロ、魚菜市場

長春市場株式會社　所在地、日本橋通

大正六年五月の設立に係り、資本金五萬圓株式總數壹千株（内滿鐵持株四百八十五株）にして滿鐵より建物の一半を無料借用せるの外借款の保證を受けて居る。魚類、蔬菜類、鳥獸肉類、果實類、其他の日用食品類の委託販賣竝に賣買及び糶市場並に小賣市場の經營をなしつゝある。現任社長は長春地方事務所長花井脩治氏である。而して附屬地に於ては衛生取締上市場以外に於て魚菜の店舖を開くことを得ず、且鮮魚類は市場に於て糶賣せらるゝもの、外販賣することを得ざる定めなるが故に市場會社は各地より送附の委託販賣魚類を上場糶賣する事になつてゐる。手數料は鮮魚類一割一分、其他一割にして仲買人に拂戻すのである。最近兩三年間に於ける委託販賣取扱高は次の如くである。

大正十三年	一三五、〇六八・一〇円
大正十四年	一三五、四〇五・一三
昭和元年	一三二、三〇七・三三

六、各種商業團體

イ、長春商業會議所　所在地、東五條通長春取引所內

大正九年六月關東廳の許可を得て設立され、特產物其他一搬輸出入貿易に關する調査、調査彙報の刊行（毎月二回）商工業の助長策考究、各地よりの取引上の照會應答、長春特產商組合、商店協會等の事務掌理等の業務內容を有し現任書記長は大垣鶴藏氏である。會員組織にして會費は滿鐵が同所會員に賦課する公費の四割を徵し、現在會員數は一〇〇名に達して居る。而して會員

總會に於て議員を選出し議員中より更に役員を互選する規定にして任期は何れも二年である。現在議員數は三〇名にして現在役員は左の通りである。

會　頭　　島名福十郎
副會頭　　手塚豊次郎
同　　　　和登良吉
相談役　　花井脩治
特別議員　永原岩雄

ロ、長春頭道溝商務會　所在地、富士町三丁目

明治四十二年設立せられ大正元年に至り滿鐵の通規に依り現在の章程を定め滿鐵社長の設立許可を得て今日に及べるものにして最初は學校及取引所の經營を爲せしも、後之を滿鐵及關東廳の管掌に移し現在は附屬地に於ける營業税代徵事務、諸紛擾調停事務、破產華商に對する貸借整理事務、突發諸經濟問題に對する交涉事務、其他商工業に關する調査並に幇助事務貧民救濟事務等を掌理して居る。現在會員數は一五八名にして役員として總理一名、協理二名、議事員十六名を會員中より選擧する定めにして總協理は二年議事員は一年の任期である。尙職員として幇辦一名、座辦一名、外事務員三名、雜役夫三名を置いて居る。因に現任總理、協理は次の諸氏である。

總　理　　張國棟
協　理　　左春榮
同　　　　董子山

ハ、長春商務會、所在地、城内西四道街

創立年月は不明なるも現在會員數一千二百名に達して居る。商人間に於ける紛擾調停、道路の修築、商工業幇助事務等を取扱つてゐる。現任總理は孫秀三氏、協理は苗樹棠、史鏡齋の兩氏である。

長春に於ける同業組合一覽表

組合名	事務所所在地	成立年月日	組合長	會員數	組織
長春取引人組合	長春取引所内	大正一〇、二	王荊山	四八	長春取引所取引人全員を以て組織す
長春特産商組合	同	同　三、九	石崎廣治郎	三〇	在長春邦人特産商を以て組織す
長春商店協會	長春商業會議所内	同　一五、三	岡田小太郎	七六	在長春邦人小賣商を以て組織す
長春材木同業組合	三笠町二丁目	同　一、二	原田種壽	二四	在長春材木業者及之に關聯する事業の經營者を以て組織す
長春綿糸布商組合	輪番幹事ノ住所	同　一、三	輪番	一六	在長春邦人同業者を以て組織す
長春米穀商組合	日本橋通八一	同　一三、二	永見睦藏	三三	在長春米穀商及精米業者を以て組織す

長春棧業組合	富士町二丁目	大正六、七	孫　俊傑	一三	中國人綿棧同業者有志を以て組織す
長春石炭商組合	北五條通	同　一三、一〇	輪　番	七	滿鐵指定販賣者を以て組織す
長春飲食店組合	富士町二丁目	明治四四、一	西川田鶴吉	一三	在長春邦人飲食店營業者を以て組織す
長春料理店組合	吉野町二丁目	同　四、五	瀧竹三郎	一八	長春邦人料理店營業者を以て組織す
長春理髪業組合	吉野町二丁目	大正三、	梅本善吉	日一六 支六	日支人理髪營業者を以て組織す
長春藥業組合	日本橋通	同　一三、一〇	今井覺太郎	二五	在長春藥品商及賣藥商を以て組織す
長春湯屋同業組合	同	同　二、三	伊關甚助	七	邦人湯屋營業者を以て組織す
長春宿屋組合	三笠町二丁目	明治四三、一	光永重祐	八	在長春邦人專業宿屋業者を以て組織す
長春銀行業組合	日本橋通	大正一〇、一	輪番幹事	六	
長春工友會	曙町	同　九、九	丸山直助	一八	在長春土木建築請負人及之に關聯する營業者を以て組織す

七、商品陳列所及興信所

長春滿鐵商品陳列所　所在地、記念館內

大正五年一月十五日の創立に係り滿鐵經營のものとしては唯一の陳列所にして最初長春驛の所屬なりしも大正七年十一月一日より地方事務所の管理に屬し爾來規模を擴大し內容を充實しつゝある。同所の業務概要を示せば、

一、商品見本及參考品の陳列

二、經濟調査に關する事務
三、貿易實務の幇助事務
四、商品及參考品の出張陳列事務
五、陳列所所報の刊行
六、商品其他の試驗分析に關する仲介及交涉事務
等である、昭和元年度中參觀人數は日本人七、六九五人、中國人八、三七〇人、外國人一、〇三二人計一七、〇九七人である。

長春興信所　所在地、大和通
大正十一年五月の創立にして法人及個人に營業上の利便を與ふる爲銀行會社及個人の資產、信用、性格並に營業狀態を報告する事を以て目的としてゐる。當所は淸水末一氏の個人經營に係り現在會員五十餘名を有し、月報及週報を會員に頒布して居る。尙業務區域は鐵嶺以北滿鐵沿線及吉林とし各地興信所と連絡がある。

長春著名邦人會社一覽表

會社名	代表者	營業科目	所在地
株式會社の部			
横濱正金銀行長春支店	支配人　藤牧直樹	一般銀行業務	日本橋通
朝鮮銀行長春支店	同　西山喜久平	同	同
正隆銀行長春支店	同　高田寛吉	同	同
滿洲銀行長春支店	同　今村榮松	同	同
長春實業銀行	島名福十郎	同	三笠町
福信金融株式會社	船越喜代治	金錢貸借の仲介竝に保證	富士町
長春貯金信託株式會社	天野恒太郎	同	吉野町
長春取引所信託株式會社	山崎重次	長春取引所に於ける取引履行擔保竝に淸算事務	東五條通
東省實業株式會社長春支店	支配人　谷川悊	倉庫金融其他一般投資	日本橋通
株式會社藤井公司	森山多喜藏	金錢貸借の仲介竝に保證	祝町
國際運輸株式會社長春支店	支店長　釘宮松三郎	運送及倉庫業竝に勞力請負	富士町
株式會社長春倉庫	阿川甲一	一般倉庫及運送業	西二條通
長春建物株式會社	山下直七	一般不動産金融及借家營業	日本橋通
南滿洲電氣株式會社長春支店	支配人　大浦力	電燈及電力供給業	中央通
南滿洲瓦斯株式會社長春支店	同　河喜多榮二	瓦斯及副産物の製造販賣竝に其附帶事業	羽衣町

滿洲製油株式會社	多和田孝	豆油、豆粕の製造販賣	住吉町
日清燐寸株式會社長春支店	支配人 前田伊織	燐寸及軸木の製造販賣	西二道街
吉林燐寸株式會社長春支店	同 四月友太郎	同	東五條通
吉長窯業株式會社	丸山直助	煉瓦、セメント、土管其他窯業一般	吉野町
長春窯業株式會社	工棟佐一郎	同	同
滿洲製粉株式會社長春出張所	主任 津澤吉彦	製粉業	住吉町
三井物産株式會社長春出張所	同 古田寒一	貿易商	室町
東洋棉花株式會社長春出張所	同 高野幹一	綿糸布貿易	同
日本棉花株式會社長春出張所	同 喜多又藏	同	同
奉天醤園長春出張所	同 山田三平	醤油及味噌の製造販賣	日本橋通
長春市場株式會社	花井脩治	雜市場並に小賣市場の經營	同
株式會社長春座	宇野常吉	劇場經營	吉野町
大倉土木株式會社長春詰所	主任 横山信毅	土木請負業	日本橋通
株式會社岩尾商店長春出張所	同 舟津辨介	綿糸布特産貿易	同
合資及合名會社の部			
怡信石鹼工業合資會社	板東策	石鹼及化粧品製造	入船町
合資會社船越商會	船越喜代治	金物及建築材料	日本橋通
滿洲醤油合資會社	瀨下金	醤油及味噌製造	三笠町

長春著名邦人個人商店一覧表

商店名	氏名	営業種目	所在地
合資會社三信洋行	米田彦三郎	雜貨高	三馬路
合資會社隆盛洋行	竹村孝次郎	金物類	日本橋通
合資會社松茂洋行	手塚豊次郎	石炭、食料雜貨	富士町
合資會社柏野洋行支店	柏野角太郎	織物及雜貨	西二條街
合資會社面高製材所	山下藤藏	製材業	高砂町
合資會社阿曾時計店	阿曾たま	時計貴金屬	日本橋通
合資會社近藤組支店	近藤壽三郎	土木建築請負	大和通
合資會社酒井商店	酒井伊三郎	世帶道具及瀨戸物	吉野町
合資會社西脇洋行	西脇清六	建築材料	三笠町
合資會社盛倉洋行	荒木藤七	釀造業	同
合資會社宮下木廠出張所	宮城豊彦	木材	吉野町
合資會社三浦洋行	三浦忠夫	食料雜貨	大和通
合資會社加藤洋行	加藤定吉	石炭商	日出町
合資會社風柳煖房商會	風柳武治郎	煖房工事請負業	日本橋通
合資會社河村皮革店	中原佐助	皮革類	吉野町
合資會社誠昌堂藥房	川上謹一	藥種商	日本橋通
合名會社黍山行	山下藤藏	石炭商	富士町

商號	經營者	營業科目	所在地
隆泰公司	島名福十郎	貸家業	吉野町一丁目
西脇洋行	西脇清六	金物及建築材料	三笠町一丁目
和登洋行	和登艮吉	電氣機具及諸機械	日本橋通
高田商行	高田平太郎	同	東三條通
金泰洋行	石黑仙治郎	和洋雜貨	日本橋通
平本洋行	岡田小太郎	同	同
林洋行	林金一	同	同
赤木洋行	赤木槌右衛門	同	三笠町
森野商店	森野常太郎	同	吉野町
現代號	茅本喜一	同	日本橋通
廣春洋行	吉田廣盛	同	吉野町
丸平洋行	尾木留三郎	食料雜貨	同
西村洋行	西村清兵衛	同	三笠町
丸德洋行	堀川德太郎	同	吉野町
梶原洋行	梶原米吉	同	日本橋通
阿川工程局	阿川甲一	土木建築請負業	同

丸山組	丸山直助	土木建築請負業	吉野町
志岐組出張所	高石清彦	同	室町
工棟組	工棟佐一郎	同	吉野町
下徳事務所	下徳直助	勞力供給	東二條通
堀組	堀靜馬	同	祝町
弘津組	弘津安五郎	同	同
高橋商會	高橋庄之助	木材及製材	東一條通
小松製材所	小松兼吉	同	住吉町
原田商會	原田種壽	同	曙町
權太商店	穴澤喜壯次	特産物	東五條通
千葉商店	千葉修一	同	祝町
日高商店	日高嘉太郎	同	東四條通
石崎洋行	石崎廣次郎	同	八島通
笠井洋行	笠井保	同	富士町
寺中商店	寺中楠治	同	同
松岡洋行	松岡佐吉	同	祝町
大和公司	上田賢象	同	千鳥町
村岡呉服店	松岡久吉	呉服太物	吉野町

みしまや呉服店	明坂秀	呉服太物	日本橋通
太田屋呉服店	太田美之助	同	同
大昌煤局	瀬下金	石炭商	富士町
泰利號	則生總之助	同	東一條通
石山商會	石山金次	運送業	富士町
戸田商會	戸田亥之助	煖房業	大和通
福田商店	福田右一	麻袋	富士町
天野商店	天野恒太郎	硝子類	東一條通
大和藥房	山本八十四郎	藥種商	吉野町
西澤藥房	西澤鹿太郎	同	三笠町
宮崎藥房	宮崎竹次郎	同	同
不破洋行	大津崎祥次郎	綿糸布	日本橋通
常松商會	常松常夫	同	東四條通
北原活版所	北原廣	和洋紙印刷業	三笠町
近江書店	近江清一郎	同	富士町
三宅洋行	三宅立太郎	皮革貿易	西頭道街
池田洋行	池田和雄	陶磁器	北大街

附　録

一、長春附近の勝景

イ、土們嶺

土們嶺は長春より吉長線によつて東へ約一時間半の地點にあつて近郊唯一の仙境である。同地一帶は徐やかに小山連續して一大公園地をなし、春は山頂に杏花爛漫こして咲亂れ谷間にはゆかしい鈴蘭の香り高くわらび狩に終日遊歩する等、秋は一帶の紅葉に近郊人の行樂は殆んご此地に集るの觀がある。春季杏花の頃は吉長鐵路局で汽車賃の割引をなすを以て此地に杖を曳く者年こ共に增加しつゝある。

ロ、南嶺

南嶺は長春を去る西南約二里の地點にあつて、本邦田舍の如く、滿洲にては稀に見る仙境である。同地は自然の大木亭々こして繁り、附近一帶は芝生が生ひ茂つて恰も毛氈を敷きつめた樣である。支那家屋は四、五軒しかないが池があり、小川流れて、白鳥の輕く游ぐ樣なご、身は滿洲の高原に居るを忘れしめる。同地附近に支那の兵舍があつて危險少なく、小學生の唯一の遠足地に當てられて居る。

八、石碑嶺

1. 石碑嶺完顏婁寶の古墳

石碑嶺は長春城より約三里の地點にあつて、長春と此の間に輕便鐵道が敷設せられて居る。長春縣と雙陽縣の境界をなして居り、同地には完顏婁寶の碑がある。完顏とは金語で『王』を意義するもので、金朝史には完顏某の名は屢々散見されてゐる。婁寶は二十一歳の時已に七水部の部長となり、宋を征服し、五十三歳を以て涇州に死し、今日の石碑嶺に葬つたのである。金が一時中原を風靡して、北京に奠都するに至つたのは、主として婁寶の武功によるものである。

石碑嶺の名は後年市井の間に唱へ出したもので誰の墓のある所とも判明しなかつたものを今より十數年前我白鳥博士に依つて斷定され物的立證の遺物は其より二、三年後偶然に多く掘り出されたものである。

完顏婁寶の碑に關して吉林道史の說明を掲ぐれば左の如くである。

碑はもと伊通州の北、伊通邊門の南なる地名石碑泡に在り、今已に佚し尺寸考ふる無し。

又柳邊紀略には

船廠（吉林省城）の西二百里薄屯山に金の完顏婁寶の神道碑あり、高さ八尺八寸、濶さ四尺五寸厚さ一尺二寸頂きの高さ三尺南面には蛟龍を鏤め其陰は殘毀す其篆二十字五行に作る文に曰く

大金開府儀同三司金源郡壯義王完顏公神道碑

2. 石碑嶺炭礦

長春の東方約三里半の地點に位し東淸鐵道會社より引繼いだものである。鑛區面積は五萬八千七十九坪にして其炭質は有煙炭に屬し炭層は上部下部に分れてゐる。上部は一、二尺下部は五、六尺の厚さを有し總炭量は凡そ五十萬四千噸其中採炭可能量を三分の二として三十三萬六千噸一日五十噸の出炭と見て約二十箇年繼續し得る見込であつた。然るに財界の不況や採算の關係上從來斜坑二、竪坑一を作り採炭してゐたが目下は何れも崩壞してゐる。又斜坑附近堆積の白石の廢石は硫酸曹達其他の硫酸鹽にして土着人は之を豆腐の鹽折劑として用ひてゐる外此地方に存在の白色粗鬆なる二次性石英は窯業原料として使用する事が出來る。

尙同地方一帶は野生の芍藥生ひ茂つて春季滿開の節は一際の美觀を呈し輕便鐵道を利用して古蹟を探索するもの可成り多い。

ニ、大　屯

大屯は長春を去る十五哩、南滿線に依つて南に二つ目の驛にして附近一帶は徐やかな邱をなし小山連りて所謂大屯及び小屯の石山がある。石質は玄武岩にして强硬なるを以て道路碎石用として廣く用ひられてゐる。

山麓に喇嘛教の慶雲觀があり、當地方に於ける唯一の寺院である。該寺は今より約二百八十年前姓張なる者、蒙古の或喇嘛廟の分神として此地に堂宇を建立したるに始まり今日に至れるもので近郊に三ヶ所の分神を有して居り、僧侶は常に六七十名在住し多數の信者を有して居る。宗家は在北京慶雲觀にして其管下の奉天城内慶雲觀の支配を受けてゐる。寺院内に杏花點々として咲き春暖の候に於ける遊覽者は年と共に增加しつゝある。

二、寛　城　子

寛城子なる稱呼は淸朝道光五年に現在の長春城所在地を指稱したるに始る。而して現寛城子は元二道溝と云ふ小部落であつたのであるが露國が東支鐵道の停車場として選定した時より之を稱呼するに至つたのである。寛城子の鐵道附屬地は相當廣く我長春附屬地より大であるが家屋の建設しある區域は頗る狹小である。

東支線の最南端驛に當り初め長春以南の鐵路が未だ帝國に讓渡されざる以前は可成殷盛であつたが長春驛が建設され南行旅客が同驛に集中するに至つてより漸く昔日の面影を減じ、寂寥を來たすやうになつたのである。歐洲動亂以前には二箇大隊程の軍隊も駐在し相當面目を保持し居りしも動亂酣なるに至つて全部引揚げ勞農政府の世になつてよりは更に一層の寂寞を呈するに至つた又帝國軍隊シベリア出兵の時代には此地に聯隊長の率ゆる一個大隊が駐屯して居つたが現在に於ては單に民國の護路兵若干が駐在して居るのみである。寬城子には商家少なく工業も一時は製粉工場が設けられて居つたが不況の爲め現在では作業を休止してゐる。此驛には滿鐵より少數の從事員出張して連絡事務を取扱つてゐるのみで他に邦人の居住者を有して居らない。

三、旅館案內

邦人經營の旅館は、滿鐵社經營のヤマトホテルを除く外は皆純日本式旅館である。左に長春市內に於ける邦人及華人經營の旅館を紹介する。

一、邦人の部

イ、大和ホテル

明治四十二年の建設に係り敷地六千百四坪を有する宏壯なる純洋風旅館にして食事は洋食のみを供する。夏季庭內に開かるゝ納涼園には噴水、瀑布等の施設をなすを以て各國人の入客頗る多い宿泊料及食料は次の如くである。

歐式室料	一人一日一室	三圓――十二圓
米式同	同	八圓――十七圓

朝餐一圓、晝餐及夕餐各々一圓五十錢

ロ、日本式旅館

等級	旅館名	宿泊料（一泊二食） 特等	一等	二等	三等
一等	名古屋旅館	一二・〇〇円	九・〇〇円	七・〇〇円	五・〇〇円
二等	北滿旅館	八・五〇	六・五〇	五・〇〇	四・〇〇
	南洋館	八・〇〇	六・五〇	五・五〇	四・〇〇
	西村旅館	八・〇〇	六・五〇	五・〇〇	四・〇〇
	富士屋旅館	八・〇〇	六・五〇	五・〇〇	四・〇〇
三等	大丸旅館	―	六・〇〇	四・五〇	三・五〇
四等	吉田屋旅館	三圓以下色々			

二、華人旅館

日升棧、福順棧、悦來棧、大通棧、東發合、義昌公司、復升棧、豊順棧、天泰棧、合興公司、裕長棧、天聚棧、廣和棧、大世界。

宿泊料は概ね一泊一食大洋一圓二十錢見當にして食事を略する時は一泊大洋六十錢位である。

（大連東亜印刷印行）

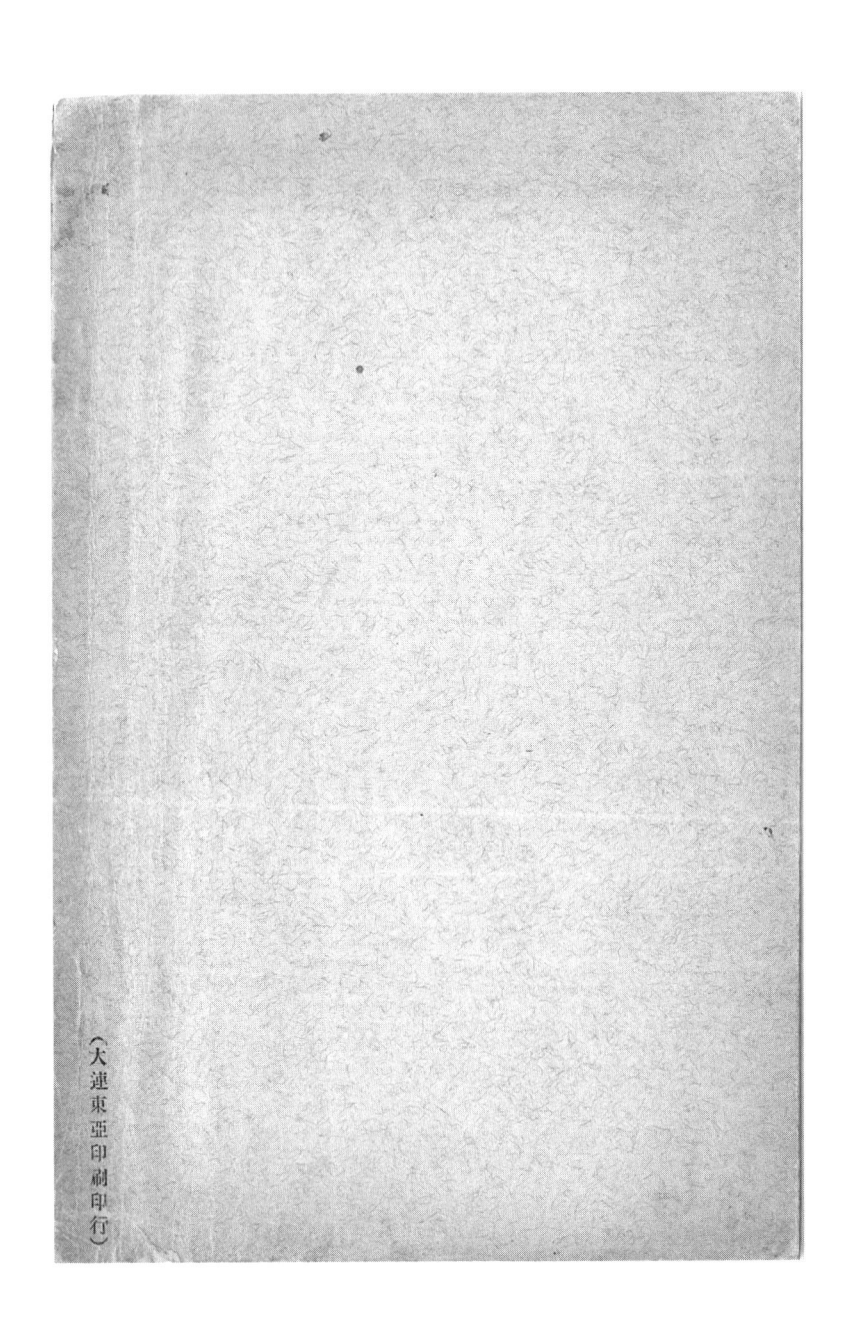

『長春実業新聞』

（長春実業新聞社、一九三〇年一二月二一日）

『新京総領事館管内会社調』

（新京商工会議所、一九三六年一〇月）

昭和十一年十月

新京總領事館管內會社調

新京商工議所

株式會社之部

社名	所在地	營業種目	氏名	資本金
日清燐寸株式會社	城內二道街	燐寸製造販賣	前田伊織	三十萬
吉林燐寸株式會社	本店　吉林 支店　東五條通二一	燐寸製造販賣、燐寸軸木、木地製造販賣、倉庫運輸	佐藤精一	八十萬
新京取引所信託株式會社	東五條通一	取引所ニ於テ成立シタル取引ノ履行ヲ擔保シ其清算事務ヲ引受ケ取引人ニ資金ヲ融通ス	山下善代	五十萬
滿蒙貯金株式會社	四平街附屬地	講會經營業	菅野貞藏	三萬
新京市場株式會社	和泉町三丁目八	水陸產物ノ委託販賣竝ニ販賣	武田胤雄	五萬
株式會社新京銀行	三笠町三丁目八	諸證券ノ割引、諸預金及金錢ノ貸付、爲替事業、官衙諸會社ノ金錢取扱給託及保證	島名福十郎	八十萬
東亞興產株式會社	住吉町二丁目八六四二	新古家財家具、衣類諸物品ノ賣買及委託賣買		二萬
株式會社共和公司	吉野町一丁目一六	自動車、人力車ノ賃貸及賣買	松永峰二	十萬
吉長窯業株式會社	羽衣町一丁目二	各種煉瓦、セメント瓦、日本瓦、土管、人造石製造販賣	丸山直助	十萬
新京倉庫運輸株式會社	新京西四條通假一	一般倉庫業、運送業	阿川甲一	三十萬
亞細亞窯業株式會社	泉頭鐵道附屬地	土管瓦及石灰ノ製造販賣	藤井武夫	十萬
四平街殖產金融株式會社	四平街怡和街一丁目三九號	金融業	田中佐重郎	七萬五千
株式會社長春座	吉野町三丁目五	各地ニ劇場ヲ建設シ之ヲ賃貸活動及演藝其他興業ヲ營ミ以上附隨各種事業ニ投資公共的集會ヲ要スル場合無賃貸與	湯淺長四郎	二十萬

滿洲製油株式會社	住吉町四丁目四	豆油及豆粕ノ製造販賣、大豆其他雜貨ノ賣買、精穀飼料ノ製造販賣	出島定一	五十萬
福信金融株式會社	東二條通三四	金錢ノ貸付、金錢貸借ノ仲介竝ニ保證	船越喜代次	七萬
四平街晝夜金融株式會社	四平街南大街八三	商業資金融通、商品委託賣買、動產不動產ノ賣買、貸家業	山口成淳	二十萬
東三省濟農株式會社	北一街十二號	糧棧業、動產、不動產擔保貸付、輸出入品販賣	張芍岩	百萬
長春窯業株式會社	吉野町一丁目一八	煉瓦及土管ノ製造販賣	荒瀨寛一	五十萬
株式會社大矢組	本店　鐵嶺老松町八 支店　東四條通二	滿蒙貿易、委託販賣、米穀其他糧秣ノ販賣、農業經營、建築材料販賣、勞力供給	上片平直輔	百萬
公主嶺精米株式會社	公主嶺菊地町四丁目	精米製粉製品ノ賣買	丹宗安一	十萬
長春金融株式會社	三笠町三丁目八	金錢ノ貸付及保證	石山金治	二十萬
長春貯金信託株式會社	富士町二丁目一三	利殖若クハ運用ノ爲ニスル信託管理金竝ニ信託積立金ノ取扱、動產不動產ノ管理又ハ賣買賃借仲立業	三宅濱治	十萬
長春日華金融株式會社	日本橋通七五	動產不動產其他確實ナル擔保アル貸付竝ニ保證	廣本光治	二十萬
長春浴場洗布株式會社	吉野町二丁目一〇	洗濯業務、一切染物及仕立原料賣買	南部眞一	二萬
淺野釀造株式會社	公主嶺花園町三號	酒類、醬油、味噌類釀造販賣	淺野士	三十萬
株式會社民天公司	本店　奉天宮嶋町一一 支店　富士町五丁目一〇	農業經營及農作地ノ貸借紹介、農業資金ノ融通及貸借	羅景錫	五十萬
株式會社熊平洋行	日本橋通七八	金庫、消防及消火器具、和洋家具、鋼製家具、謄寫版、文房具、園藝用品、各種雜貨ノ販賣	熊平源藏	十萬
新京建築助成株式會社	八島通三六	建築施行ニ關スル業務竝ニ設計監督及金融、當會社自ラ建築シタル建築物ヲ擔保トシテ他ヨリ金融ヲ受クル時ノ保證、土地建物賣買	佐田唯祐	五十萬
大同電氣株式會社	本店　四平街昭平橋二六 支店　公主嶺櫻町二丁目二	電氣事業	鹽谷要藏	八十萬

満洲電信電話株式會社	大同大街六〇一號	關東州南満洲鐵道附屬地及満洲國ノ行政權下ニ在ル地域ニ於ケル鐵道及航空事業ニ附帶スルモノ及官憲竝ニ警備專用ノモノヲ含マザル電信電話、無線電話、放送無線電話其他電氣通信事業		五千萬
満洲自動車交通株式會社	永樂町三丁目一一	満洲自動車、交通股份有限公司ニ投資又ハ貸付	高木陸郎	五十萬
大同工業寫眞株式會社	本店 奉天千代田通三六 支店 中央通三六	工業寫眞用品ノ製造及販賣、機械工具類ノ販賣	常谷惣太郎	五萬
泰信無盡株式會社	室町二丁目五	無盡ノ經營及管理、確實ナル擔保ヲ以テスル金錢ノ貸付、動產不動產有價證券ノ管理	齋藤鷲太郎 辻馨	六萬
新京電話工業株式會社	日本橋通七三	有線無線電信電話交換機其他通信ニ關スル機械器具竝ニ材料販賣修繕增設、私設電話工事電線路設計工事ノ請負	宮本信七	十萬
満洲興業株式會社	中央通二三	満洲ニ於ケル農產物ノ賣買	大原萬千百	百萬
啓運工業株式會社	豊樂路一三九號	土木建築請負、電氣工業請負、製材、木材販賣、電氣機械器具ノ販賣	大堀庫次 江坂銀磨	十萬
營口窯業株式會社	支店 日出町二丁目二四	各種煉瓦其他窯業製品ノ製造販賣	谷口德政 山田馨	十五萬
日満醸造株式會社	支店 老松町一一	酒類醸造販賣	東舜英	十八萬五千
株式會社ヤマト商會	支店 中央通四〇	自動車附屬品ノ販賣竝ニ修理、鑛油類諸機械工具類ノ販賣、自動車運轉事業ニ對スル投資	葛和善雄	五十萬
満洲產業株式會社	八島通三六	電信電話、無線電熱其他電氣ニ關スル機械器具製造販賣	吉木陽 寺尾政篤	六十萬
新京藥品株式會社	永樂町三丁目二二	藥品營業、醫理化學器械、衞生材料ノ販賣、香料化粧品類、染料塗料、食料品ノ販賣	荒川長太郎	百萬
満洲煙草株式會社	特別市二區二段一號	満洲煙草股份有限公司ノ株式ノ取消	長谷川太郎吉	一千二百萬
開壽土地興業株式會社	興安大路三〇四號	土地建物ノ賣買、賃貸及管理、開拓殖林畜產園藝鑛業其他一般事業ノ經營、衞生材料、化粧品類ノ販賣	清水豊治	十五萬

滿洲商事株式會社	日出町二丁目	飲食料品諸雜貨ノ販賣	森本又吉	五十萬
公主嶺建物株式會社	公主嶺朝日町二丁目一一	家屋ノ貸借賣買	小松繁太	十萬
株式會社滿洲丁字屋	老松町四	毛、綿、絹、麻、人絹、諸種織物竝ニシート、雨衣及諸絲洋服其他裁縫物各種軍需品雜貨其他革製品、刀劍諸官衙被服器具、金屬製品金銀モール類販賣	小林源六 建部永吉	五十萬
株式會社大蒙公司	八島通三〇	物資ノ交易竝ニ代理賣買、産業開發助成ニ關スル事業經營	河野久太郎 川口市之助 中井田靜夫	六十萬
資生堂新京販賣株式會社	中央通一六	株式會社資生堂ノ製造スル化粧品石鹸齒磨及其取扱商品ノ販賣	石黑仙治郎	一萬
株式會社木村洋行	本店 奉天浪速通六 支店 中央通三六	寫眞機械及材料ノ販賣	吉田太紀男 江見澤喜造	二十五萬
新京共同木材株式會社	中央通一三	木材ノ生産竝ニ賣買	沼田彌一郎 彼末德雄 岩間甲斐之助 高橋管造	五十萬
株式會社扇芳會館	永樂町一丁目一	舞踏食堂	松村セツ	十一萬
株式會社滿洲飛島組	朝日通八一	土木建築請負	飛島繁 村松靖平	五十萬
株式會社福田商店	富士町四丁目一二	輸出入貿易委託賣買、保險代理業、運送業、精穀業	福田右一	三十萬
滿洲興產株式會社	大經路一號	不動產ノ取消賃貸、不動產ノ委託管理、不動產ノ賣買運送業仲介	大原萬千百	十萬
昭和金融株式會社	入船町三丁目五	金融業	林豐次郎	十萬

合名會社之部

社名	所在地	營業種目	氏名	資本金
合名會社泰山行	日本橋通六〇	各種石炭販賣、各種窯業、各種材木販賣、金物材料販賣	山下藤藏	十五萬
四平街土地建物合名會社	四平街南一條路一號	土地家屋賣買、賃貸借、土木建築請負	近藤壽三郎	十一萬
合名會社福來號	本店 營口老爺閣街 支店 富士町五丁目一〇	輸出入貿易	且睦良	五十萬
長春競賣合名會社	三笠町二丁目一九	動產不動產ノ競賣、動產不動產ノ賣買仲介、動產不動產ノ管理	松永峰次	十萬
三星合名會社	曙町二丁目二九	清涼飲料水ノ製造販賣	中村義清	十萬
合名會社長春鐵工業	曙町三丁目一四	一般鐵工業、鑄物類ノ製造販賣	藤井悟一郎	四萬
合名會社近藤組	本店 奉天藤浪町二 支店 大和通四一	土木建築請負、土木建築材料ノ製造販賣	近藤壽三郎	二十萬
合名會社高橋洋行	日本橋通五一	一般商業並ニ電氣機械土木建築工事ノ請負	高橋太作	五萬
桝田屋合名會社	公主嶺朝日町一丁目一	南北滿洲蒙古產露領產雜穀各種物產ノ輸出、綿絲、布、砂糖、麥粉、麻袋、雜貨輸入販賣	陣內政雄	三萬
合名會社太田屋呉服店	三笠町二丁目一九	呉服太物和洋雜貨販賣	河井米三郎	二萬五千
合名會社大公	公主嶺大和町一丁目四	料理店營業	山庄ハツ	三千五百
天和黑鉛合名會社	日出町七丁目二	乾電池、鑄物坩堝用、電氣刷子、汽罐、鉛筆心等ニ使用ノ黑鉛製造並ニ加工	榎本富三郎 中島縣	五萬
合名會社松昌公司	本店 四平街昭平橋通三 支店 公主嶺敷島町一丁目一二	南滿洲鐵道株式會社並ニ滿洲炭鑛株式會社ノ指定スル石炭販賣	松井倉吉	四萬

合名會社國際藥局	日本橋通六九	賣藥、藥品ノ販賣調劑及製藥業、醫療機械、衛生材料及化粧品ノ販賣		七千
合名會社近澤洋行	東五條通二	和洋紙竝ニ文具類販賣、印刷業	澤田佐市	三萬
合名會社丹宗商店	公主嶺花園町二	各種物品販賣業、各種商品問屋業	丹宗安一	五萬
合名會社林洋行	日本橋通二〇 支店　四平街仁壽街	紙、文具、洋品雜貨販賣	林金次	六萬
合名會社土建金物商會	梅ケ枝町二丁目二	土木建築金物類及諸材料賣買	石井今一郎	二萬
合名會社滿和公司	富士町二丁目一一	土木建築請負竝ニ勞力供給	御代田源佐吉	二萬五千
合名會社東滿實業社	曙町三丁目八	農地耕作、農產物賣買、斡旋、木材業	金永燦	二十一萬
三和合名會社	義和路四〇二號	不動產所有及之ガ利用	吉岡廣次 野中甚太郎	二萬
合名會社滿茂公司	富士町四丁目二八	運搬具竝ニ苦力供給及貿易業、臺灣物產賣買	米山理市	二萬
合名會社關西ビル	安達街五一〇號	貸店鋪、貸家業	加藤庄五郎	二萬
合名會社西尾洋行	奉天小西門裡大街二八號 支店　南大街二三號	雜貨類綿織物ゴム靴類化粧品類ノ販賣	西尾一五郎	十萬
合名會社新京砂礫公司	東三條通四四	川砂ノ採取販賣	田島義治	七千五百
合名會社井原商店	安東縣四番通六丁目四 支店　八島通四〇	金物塗料礦油及其他ノ製造販賣業		二十萬
合名會社末廣工務所	東五條通四	土木建築工事請負ヘ、土木建築材料販賣		一萬五千

合資會社之部

社名	所在地	營業種目	氏名	資本金
合資會社同興公司	大經路八三號	土木建築工事請負並ニセメント加工品製造販賣	沖永靜一	十萬
合資會社山田洋行	日本橋通八五	化粧品、小間物、和洋雜貨業	沖永繁	五萬
合資會社新京石材公司	日本橋三一	花崗石材採掘及加工販賣土木建築工事請負	大鳥居武麿	五萬
合資會社多ワラ屋	四平街仁壽街七	履物類卸小賣	佐竹政一	二千
合資會社雙發洋行	日本橋通七四	一般印刷事業、和洋紙類、文房具販賣	新井宗光	一萬
合資會社南嶺窯業公司	大馬路四九	煉瓦製造販賣、各種建築材料販賣	池田江一	三萬
合資會社東華窯業	特別市河東端	煉瓦製造販賣	吉仲正一	二萬
合資會社康德ビル	吉野町四丁目一二	貸室貸店鋪	松崎清九郎	二萬一千
合資會社丸和洋行	新京鐵道北軍用路	製材業、建具家具ノ製造販賣	和田文一	一萬
合資會社薪越	四平街紅梅町九番地	吳服品、和洋雜貨、化粧品、小間物類卸小賣	岡文麿	五千三百
合資會社柳田商店	吉野町一丁目二〇	化粧品、世帶道具ノ販賣	柳田三郎	一萬
合資會社昭和公司	老松町五	馬糧賣買、アパートノ經營、海產物及食料雜貨ノ販賣	金子憲一 巽忠藏	五萬
合資會社蒲池組	新京鐵道西廢線用地一四號	土木建築工事請負	伊藤幸太郎	十七萬 五千五百

會社名	所在地	營業目的	代表者	資本金
合資會社丸十電機商會	朝日通四九	電氣器具、製作販賣	笠原吉次	七千
合資會社康德電業社	祝町二丁目二七	電氣工事一般請負、電氣機械販賣修繕、電氣材料販賣	松井善助	三萬一百
日滿合同合資會社 帝都キネマ	特別市新發路	映畫館ノ經營及アパートノ經營	代田幹三	十五萬
合資會社福泰洋行	中央通八	電氣器具、材料工具及附帶品販賣	古閑勝江	五千
合資會社渡邊組	千鳥町一丁目七	製材及木材販賣、土木建築請負		一萬
合資會社福昌公司	大經路西四馬路一號	石炭洋灰、磨砂、煉瓦、其他建築材料販賣	中西平次	一萬
南滿殖產合資會社	新京特別市興安大路三三五號	建築材料仕入販賣	中西睦哉	一萬五千
合資會社西坂商會	室町二丁目一七	電熔電柱ノ廣告及電線工事ノ請負	萩原寛司	五千
合資會社玉屋フトン店	東一條通一三	寢具類仕立販賣	野中イシ	六千
合資會社中央製材公司	寛城子區街〇號	製材業、木材及建築用品販賣	日高貞次	四萬
合資會社柏内洋行	支店　北大街	化粧品ノ製造販賣、雜貨及織物販賣	柏野菊太郎	三十萬
合資會社三興洋行	支店　中央通八	電氣器具、機械販賣、同工事設計請負	古閑勝治	十九萬
滿洲美釀造合資會社	新京特別市西七馬路八號	ソース製造販賣業、精酢製造販賣	吉田昌稔	二千三百
康德土木水道合資會社	特別市西三道街三義胡同一六	合資會社カナヘ商會工事部ノ權利義務一切ヲ繼承シテ營業ヲナスヲ目的トス	岡本憲吉	一萬八千
合資會社大東公司	中央通一二	外國勞働者ノ身分證明書發給、外國勞働者ノ募集、外國勞働者ノ供給及輸送	五十風房吉	十萬
新京畜產合資會社	南嶺同仁鄉一〇三號	獸肉及食料雜貨ノ販賣	松尾益太郎	一萬二千
合資會社 在滿日本刀劍協會	吉野町一丁目一八	刀劍及附屬品ノ製作販賣	古谷市之亟	一萬

商號	所在地	營業目的	代表者	資本金
合資會社三興鐵工所	特別市西五馬路一ノ三	一般鐵工業	小川末夫	一萬
合資會社共榮組	永樂町三丁目一六	土木建築請負及人夫供給業	藤井五郎	三萬
合資會社三和釀造場	公主嶺春日町二丁目一二	釀造業	豐田定吉	五萬
合資會社岡本健商店	老松町一三	和洋家具類製造販賣、室內裝飾、窓掛類ノ販賣請負		七千
合資會社清水モルタル工業所	東五條通一六	土木建築請負竝ニモルタル加工品製造販賣	清水貫一	一萬
合資會社浦元製材所	住吉町三丁目四	木材賣買製材家具類製造販賣	浦元獻庸	五萬
合資會社山陽商會	東二條通二七	動產不動產ニ對スル融資	磯村嘉市	一萬八千
滿洲共同運送合資會社	日之出町二丁目二四	海陸運送取扱營業勞力請負、運送ニ關スル金融物品ノ販賣	藤本林平	五萬
合資會社新京相互物產商會	特別市七馬路市營アパート	日常必需品廉價賣買	尾崎靜馬 高橋種次郎	三萬
康德窯業合資會社	興安胡同二一〇號	煉瓦製造販賣	久保田淳一郎	三萬
合資會社協和	中央通一九	百貨店ノ經營	後藤豐一 片木益太郎	四萬
合資會社清玉建築公司	室町四丁目一	土木建築工事請負、勞力供給請負		一萬
合資會社井上組	入船町四丁目一三	土木建築設計施行請負及汽機汽罐ノ据付設計施行勞力供給營業	井上四郎	十萬
合資會社勝美電話工業所	室町二丁目一	增設私設電話工事竝ニ電氣附帶工事請負及諸材料諸器具販賣	勝庸三	一萬一千
合資會社大洋組	豐樂路一一八號	土木建築設計及請負	大石末一	三萬
合資會社新京印刷所	興安大路五一〇號	印刷業	森田智平	三萬
康德商事合資會社	吉野町一丁目一七	金融債權買入	高野巳三男	一萬

合資會社佐藤商會	祝町二丁目一九	特産物賣買、白米、木炭、食料品、雜貨販賣	佐藤宇治太郎	二萬五千
合資會社坂井忠商店	浪速町二丁目一〇	土木建築ニ附帶スル各種設備ノ設計監督施行、前項ニ關スル材料販賣	坂井忠茂	五萬
日本勸業證券合資會社	室町四丁目四	證券竝ニ擔保貸付	朴星旭	四千
合資會社豐樂劇場	豐樂路四一一號	一般演藝活動寫眞ノ上映演藝場ノ賃貸	宇野常吉 宮本信七	二十一萬 八千
合資會社共立商會	日本橋通九二	貿易業、鐵道用品、販賣一般鑛油ノ販賣貸家業	岡島壽一	二十萬
合資會社亞細亞藥房	興安大路六〇六	賣藥製造販賣、漢藥賣買、醫療藥品竝ニ注射藥ノ製造販賣	宗敬順	一千五百
昭和酒類釀造合資會社	富士町四丁目一二	葡萄酒、ウヰスキ其他淸酒、酒精類ノ製造販賣	松山勇三	一萬
合資會社大康璃玻廠	永樂町一丁目五	硝子器ノ製造販賣、硝子製造用原料竝ニ藥品ノ輸入販賣		一萬
合資會社泉山商行	曙町四丁目六	海産物食料品、佃煮豆ノ製造販賣	泉山七太郎	二千五百
合資會社四平街昭和製鐵所	四平街西區北一條通八	賣特産物雜穀及種子ノ精撰精白業	三奈木重則	十六萬六 千六百
合資會社北田工務所	入船町三丁目一	一般煖房、衞生水道工事竝ニ設計	北田飛吉	三萬
合資會社國際花壇	日本橋通一七	飲食店及カフヱー營業		一萬
合資會社昭和工務所	中央通三九	土木建築ノ請負及設計監督建築材料販賣	白井忠三	三十萬
合資會社公主嶺特産商會	公主嶺市場町三丁目五	特産物貿易	權榮達	三萬
合資會社パリジャン洋裝店	祝町三丁目一七	洋服店		六千
合資會社南嶺農場	本 南嶺同仁鄉東一〇四號 支 公主嶺東本町一丁目三	食料品雜貨販賣、和洋酒類販賣	齋藤重次郎	一萬
合資會社老松ビルディング	老松町四丁目	家屋賃貸農産品ノ賣買	四邊婦左	八萬

合資會社光明公司	特別市永春路六八六九號	工場ノ設立、映畫興業行	木藤品次郎	七萬
木原無線合資會社	興安大路二七	ラヂオ、無線電信機械ノ製作販賣竝ニ修理	木原喜一	二千五百
合資會社泰隆公司	大和通三三	自動車、部分品、附屬品販賣	國分積	三萬
合資會社新民影業公司	永昌路三〇二	各種活動寫眞及普通寫眞撮影現像燒付等ニ關スル一切業務	加々村留吉	五萬
合資會社三共商事社	東一條通四〇	金融	折原良助	五千
合資會社面高製材所	高砂町二丁目一〇	木材製材販賣、木材ノ仲買	面高滿	五萬
合資會社山陽公司	大經路一六	和洋酒類ノ販賣各種飲料水ノ販賣	坂本柳一	六千
合資會社額一號	中央通二一	額縁製造販賣	岡田丈太郎	一萬
合資會社皆川鐵工所	入舟町四丁目一一	鐵工業	皆川勝次	四千
合資會社日丸看板店	朝日通四五	塗裝看板製作	松村清巖	三千
合資會社飯富洋行	日本橋通四八	和洋家具類、製作販賣	飯富基治	一千
合資會社坂本組	支店　八島通三八	土木建築工事ノ請負施行設計、監督	坂本泰道 加島重太郎	五十萬
合資會社正和木工所	住吉町一丁目二	和洋家具類製作販賣	大場秀藏	六千
長春製材合資會社	吉野町二丁目十番	製材竝ニ木材販賣	木原千楯	一萬
合資會社松茂洋行	東二條通三番地	石炭米穀類販賣	飯野德之助	八萬
滿洲醬油合資會社	富士町三丁目十七	醬油味噌釀造原鹽再製、其他製品販賣	瀨下金	六萬
吉長木材合資會社	住吉町五丁目四	木材買入製材竝ニ販賣	足立巖	一萬

合資會社莚谷商店	公主嶺櫻町二丁目二號ノ一	滿洲特產物賣買業	吉本幾藏 安藤梅太郎	二萬
四平街石灰製造合資會社	四平街南五條路三號ノ二	石灰石ノ採取販賣、石灰ノ製造販賣	渡邊正二	一萬五千
合資會社佐藤商會	公主嶺柳町一丁目二號地	滿洲特產物仲立及問屋業	佐藤忠一	二萬
長春洗濯合資會社	吉野町二丁目十番地	西洋洗濯和洋洗張染替	遠藤辰之助	一萬
合資會社服部商店	公主嶺市場町一丁目參號	輸出入商	服部盛作	二萬
合資會社丸尾商店	富士町五丁目四番地	滿洲特產物ノ穀類及雜貨賣買	丸尾鐵藏	九千
合資會社大來號	東五條通十三番地	滿洲特產物及雜貨ノ賣買	穴澤喜壯次	一萬六千
怡信石鹼合資會社	入船町四丁目二十七番地	石鹼化粧品製造販賣並委託賣買	板東榮	三萬
合資會社阿曾時計店	吉野町一丁目二五	時計貴金屬寶石蓄音機眼鏡類ノ賣買各種商品ノ委託賣買	阿曾タマ	二萬五千
合資會社酒井商店	吉野町二丁目五	綿花蒲團雜貨類ノ販賣	酒井伊三郎	二萬
合資會社鴻仁堂大藥房	公主嶺市場町一丁目一五	藥種賣藥繃帶材料醫療器械及化粧品雜貨販賣	大口清太	二萬五千
合資會社長春風柳暖房商會	日本橋通六六	各種煖房及衛生裝置汽機汽灌据付工事請負	風柳武太郎	一萬
合資會社飛鳥井組	撫順春日町二丁目二 支店　四平街南大路	土木建築請負貸家業煉瓦製造販賣	飛鳥井育他郎	十萬
合資會社土屋疊店	吉野町二丁目二六	疊製造販賣	土屋チヨ	六千
合資會社三浦洋行	大和通四九	食料雜貨販賣	三浦忠夫	一萬
合資會社盛倉商店	三笠町三丁目一四	輸出入貿易醬油製造販賣諸種雜貨ノ委託販賣	荒木藤七	八千
合資會社船越商會	日本橋通五六	建築用金物材料及諸機械工具類度量衡金庫其他家具金物類ノ一式販賣	船越喜代次	八千

商号	所在地	営業目的	代表者	資本金
合資會社高取商會	公主嶺柳町一丁目二號地	食料品及世帶道具、和洋雜貨類販賣	高取惠一	一萬
合資會社共益精米所	四平街日進街三丁目六番地	特產物、精穀油房業	松田琢海	二萬
合資會社金山洋行	四平街鳳瑞街一二六番地	米穀肥料麥粉、麻袋販賣	方元榮	七千
合資會社長春大和藥房	吉野町二丁目	醫化學工業用藥品醫化學器械賣藥、化粧品、繪具、染料、齒科器械並ニ材料販賣	平井一	三萬
合資會社いさむ號	四平街興隆街五五	鮮魚野菜販賣	坂本勇	六千
合資會社福祥號	老松町十一	水陸運送鐵道貨物積卸請負特產物並ニ材木賣買	桑島彥壽	一萬三千
合資會社隆泰號	郭家店附屬地	滿洲特產物ノ仲立業	草野隆秋	六千
合資會社廣本洋行	日本橋通七五	各種護謨製品ノ販賣	廣本光治	六千
合資會社丸德商店	吉野町二丁目八	米穀和洋酒食糧品雜貨及世帶道具販賣	堀川德太郎	一萬七千
合資會社榮記商會	城內東三道街	建築材料賣買鐵材針金類ノ賣買	安藤芳吉 蔡仲光 蔡鵬九	五萬
合資會社裕吉公司	東二條通五一	木材賣買並ニ委託賣買木材委託保管其他金融木材運送	松永峯次	二萬
合名會社德昌東北檀木公司	常盤町一四	朝鮮產檀木其他特殊木材ノ販賣	孫九榮 手塚安彥	五十萬
合資會社村田逍遙園	吉野町一丁目一五	庭園業、植樹、生花、盆栽、農具販賣	村田淸一	三千
合資會社伊關商店	日本橋通一八	電機器、鐵道材料其他一般機械工具金物類及木材賣買	伊關庄太郎	八千
合資會社福盛洋行	祝町三丁目五	精米業穀物賣買	二階堂賴乘	五千
合資會社水月	三笠町三丁目七ノ二	料理店營業	林田シゲヲ	一萬二千

合資會社阿川組	日本橋通一六	土木建築請負、木材建築材料賣買	阿川用一 宇野常吉	二十萬
合資會社新京製材所	高砂町二丁目八	木材賣買及仲介製材製函	吉武常一	三萬五千五百
合資會社滿洲織物工廠	公主嶺木下町三丁目	絹織物製造及販賣	井之口玉造 西原楠太	二萬五百
合資會社服部商會	三笠町四丁目七	獸骨及其他各種肥料竝ニ雜穀ノ買付輸出販賣	服部貞丈	一萬
合資會社廣春洋行	吉野町二丁目一二	和洋雜貨品販賣	吉田廣盛	三千
合資會社平本洋行	日本橋通三三	和洋雜貨品販賣	岡田小太郎	五萬七千
合資會社丸山組	吉野町一丁目一九	土木建築請負竝ニ設計及監督、土木建築用材料ノ仕入販賣	丸山直助	二十萬
合資會社大岡公司	東一條通五九	自動車及之ニ附隨スル商品ノ仕入販賣、自働車其他機械ノ製造及修繕貸自働車	福田右一	七千五百
合資會社川上誠昌堂藥局	日本橋通二六	藥局ノ開設藥品ノ製造及販賣鑑定醫療機械ノ販賣	川上謹一	六千五百
新京醬油釀造合資會社	曙町二丁目二四	醬油味噌生酢釀造販賣	丸山直助	七千
合資會社實業公司	東四條通二四	土木建築材料ノ賣買	吉井輝一	十五萬七千
合資會社さかもと商店	中央通一七	諸雜貨品ノ賣買	帆足正利	一萬五千
合資會社西澤藥房	三笠町三丁目二	藥種、賣藥請負業醫療機械販賣	西澤鹿太郎	八千
合資會社三原洋行	東二條通四七 支店　四平街繁華街三丁目八	滿洲特產物ノ賣買及仲介	原口純太郎 關口延重	八千
合資會社新京ビル	日本橋通八五	貸店館竝ニ貸事務所ノ經營	宮本平次郎	十萬
合資會社畑中洋行	特別區東三道街十一	鐵鋼材料亞鉛引平波板、釘針金其他建築用材料輸入販賣	能島孫一	五萬
合資會社森岡洋行	四平街樓新街二六	洋服製造販賣		三萬

合資會社木岡商店	四平街祿祥街一丁目一四	滿洲特產物及麻袋ノ賣買及仲介	飯塚廉之助	五千
合資會社敦化木材公司	西五馬路十九號ノ一	木材伐採賣買製材仲立	名越壽太郎	一萬六千
合資會社三共建築事務所	三笠町三丁目一	一般土木建築設計竝ニ監督	佐藤武夫	一萬
合資會社唯一公司	曙町三丁目一四	精米業穀物ノ委託販賣	橋本勝茂	一萬
合資會社淵上電氣會社	祝町三丁目一一	電氣工事請負器具販賣	淵上高市	一萬五千
合資會社筒井洋行	吉野町二丁目六	物品販賣及委託販賣ノ紹介有價證券ノ賣買、金錢貸付土地家屋ノ賃貸借ノ紹介	湯淺長四郎	五萬
合資會社日滿合同滿洲藥材公司	日本橋通七四	醫療器化學工業器械ノ貿易	樸覺民 鳥尾國三郎	十三萬
合資會社越智組	朝日通三三	土木建築請負	越智市太郎	七千五百
合資會社光洋公司	四平街祿祥街一丁目七	麥粉、砂糖、麻袋、大豆製油原料飼料雜穀賣買	松本茂	二千三百
合資會社勝本商會	曙町三丁目四	暖房、換氣、衞生、水道瓦斯裝置其他建築附帶設備工事請負	香川義忠	六萬
合資會社清昌公司	吉野町二丁目一〇ノ四	建築材料販賣	加來瀧雄	一萬五千
合資會社新京興業公司	永樂町二丁目八ノ二	土木建築用石材ノ採取竝ニ販賣、測量設計工事ノ請負	吉田正雄	七萬
合資會社入船工作所	入船町四丁目二九	自働三輪車竝ニオートバイ鍍金、鑄物、製造販賣		一千五百
合資會社滿都工業所	孟家橋	乾式洗濯業土木建築機械煖房設計据付請負業	松本義雄	七萬二千
合資會社高山組	入船町二丁目一七	土木建築勞力請負	高山常哉	二十四萬
新京飲料合資會社	富士町三丁目一七	清涼飲料水、ダンサン果實蜜ノ製造販賣	奥城一良	一萬
合資會社福興公司	永樂町一丁目五	硬質及耐火煉瓦竝ニ人造大理石ノ製造販賣、陶磁器及金具其他建築材料販賣	角田芳太郎 山成和四夫	國幣十四萬五千

合資會社寶隆洋行	奉天中街六十九號 支店 南大街五十一號	綿絲布、毛織物類雜貨ノ輸入販賣	久原仲東	七千
合資會社新鮮組	東二條通六二	土木建築請負	卞判石	七萬
新京福順公司	入船町四丁目二七	土木建築請負勞力供給石材採取煉瓦製造販賣	野本吉藏	五萬
合資會社和田商會	城內大經路五號	食料雜貨販賣		四千
合資會社藤山疊商會	大經路一六	疊製造販賣	藤山德一	三千
合資會社水間工務所	永樂町三丁目九	土木建築請負並ニコンクリート品製造販賣	水間德藏	九萬五千
合資會社高橋材木店	建和街二〇八號	木材賣買製材業仲立業	高橋管藏	三萬五千
新京土地建物合資會社	朝日通一七	土地建物電話賣買其他不動產ノ賃貸借	井上勝信	二萬五千
合資會社日滿討議公司	梨樹縣楡樹臺東街路北	土地家屋ノ管理	上倉登	一千
大通電氣工業合資會社	大和通七七	有線無線電信電話交換機其他通信ニ關スル機械器具販賣ラヂオ受信機販賣各種電柱電線類ノ販賣	松村治左衛門 田村正夫	二萬
木下合資會社	吉林省九臺縣下九臺昭明街六號	食料品洋品雜貨販賣業	木下福之助	五千七百
合資會社清家商店	東三條通九	食料品販賣	河野俊延	二萬
日本酒類釀造合資會社	吉林省寬城子	日本酒類釀造販賣		四千五百
合資會社藤田茂組	平安町一丁目三	木材伐採製材各種原木枕木賣買並ニ建築請負及設計	藤田萬作	三千五百
合資會社三越糸店	東二條通五〇	絲類ノ販賣	上杉子作	四千

株式會社之部（新京支店）

社名	所在地	營業種目	氏名	資本金
三井物產支店	室町四丁目	物品賣買業、問屋業、運送業、代理業、製材業、造船業	加藤德善	一億
正隆銀行支店	日本橋通四一	銀行業		一千二百萬
朝鮮銀行支店	祝町三丁目十一	銀行事業		四千萬
横濱正金銀行支店	日本橋通三四	內外國爲替及荷爲替、貸付、諸預金及保護預リ爲替手形約束手形其他證券ノ割引、貸金取立、貨幣ノ交換、地金銀、國貨幣賣買		一億
滿洲銀行支店	日本橋通三二	一般銀行業務	村井啓太郎	一千萬
南滿洲瓦斯株式會社	羽衣町四丁目一	瓦斯ノ製造販賣、瓦斯副產物ノ精製竝ニ販賣瓦斯使用器具ノ製作販賣竝ニ賃貸	太田義一	一千萬
國際運輸會社支店	富士町二丁目二七	海陸運送及運送取扱營業、倉庫營業代辨及保證行爲、勞力請負、委託販賣資金供給	酒井清兵衛	五百萬
大信洋行支店	日本橋通八三	海外輸出入貿易、一般商品賣買、取扱商品ノ製造工業及出資、海事業、鑛業	石田榮造	一百萬
滿洲海陸運送會社支店	特別市大馬路四九號	海陸運送業、運送取扱業、仲立業、代理業、取次業、保證行爲、滿洲特產輸出	山下喜三郎 內田敬三	貳百萬
秋田商會木材會社支店	住吉町九丁目二	木材ノ賣買及製材土木建築材料ノ販賣竝ニ海陸物產ノ賣買仲買業、代辨業土木建築請負業	秋富久太郎 吳石權一 增田龜吉	一百五十萬
吉川商會支店	老松町七番地二	銘木、ベニヤ板其他木材一般ノ販賣、家具用品雜貨ノ販賣	吉川時松 福原清	十萬
滿洲モータース支店	八島通三二	自動車及附屬品、部分品ノ販賣、自動車及附屬品ノ修理	高橋協	一百萬
日滿實業會社支店	八島通四六	官商ノ許可ヲ要セザル輸出入貿易鑛山業、鑛工業、木材業、農業、動產不動產所有賃貸借竝ニ投資	辻嘉六	五十萬

丁字屋商店支店	老松町四	毛綿絹、麻、人絹諸種織物及諸絲洋服其他裁縫物各種雜貨、化粧品、煙草、賣藥、簡易醫療器具、食料品、薪炭、靴、其他革製品、文房具、玩具、書籍、刀劍、貴金屬品ノ販賣	小林源六 建部永吉	一百五十萬
内田洋行支店	中央通三六	文房具ノ販賣	内田憲民	三十萬
三中井支店	日本橋通七九	呉服洋服、食料品、和洋家具諸雜貨、荒物玩具、文房具、運動具、書籍、貴金屬、樂器、時計、書畫、美術品、藥種ノ販賣	河合文三	三百萬
明工社支店	永樂町一丁目九	電氣其他諸機械器具、材料品、電線ノ製作販賣、輸出入仲介、工事設計請負	岡田豐	十五萬
青島相互建築會社支店	特別市西七馬路五號	建築請負、寄託金錢貸付貸家、土地建物ノ賣買、仲介管理		一百萬
アサヒ商會支店	朝日通六五	倉庫、謄寫版、附屬品文具、事務用品理化學器機械、運動具、建築材料、金物類其他内外品ノ製造販賣	岡田直次郎	四十萬
三菱商事會社支店	特別市大同大街三〇一	物品販賣業、問屋業、運送業、代理業、仲立業、製造加工業、工事請負業、度量衡器、藥品販賣	船田一雄	三千萬
日本ポリドール蓄音器會社支店	富士町三丁目二	蓄音器及レコード製造販賣	河南正茂 鈴木幾三郎	六十萬
文祥堂支店	特別市大同大街三〇一	各種印刷業、文房具、事務用器具、木工品、帳簿、和洋紙類ノ製造販賣	佐藤保太郎	五十萬
亞細亞貿易會社支店	商埠地大馬路	自動車、牽引車、農用器具、ラヂオ、各種電氣器具竝ニ是等ニ關スル部分品及附屬品ノ輸入販賣	千葉豐治 ダブリユー・エー・モルガン	三十萬
日本海企業會社支店	永樂町一丁目五	石材木材ノ保管竝ニ石炭ノ賣買、採掘販賣、木材ノ賣買、土地ノ賣買、各種煉瓦ノ製造販賣、穀物及肥料ノ販賣	筒井助右エ門	一百萬
大阪電氣商會 大阪煖房商會 支店	永樂町一丁目九	電氣電力、發電所、變電所、送電線路、配電線路、電話、電鈴、信號、電氣時計、電燈照明ノ諸工事請負煖房其他諸機械販賣	管谷元治	二十萬

一八

合資會社之部（新京支店）

社名	所在地	營業種目	氏名	資本金
保和公司支店	富士町五丁目四	滿洲特產物雜貨ノ賣買		五萬
大連洋行支店	四平街中央通三〇	藥品及雜貨ノ貿易賣買（四平街支店）		二十一萬
上野洋行支行	大和通五四	土木建築請負土木建築材料販賣		三萬
三谷蒲鉾店支店	日本橋通八〇	蒲鉾、鹽、干魚製造販賣	三谷政一	一萬五千
新京永樂ビルデング支店	吉野町一丁目二四	貸家業		二萬一千
長谷川組支店	老松町七	土木建築工事請負施行竝ニ設計監督		五十萬
樫村洋行支店	日本橋通四六	物品販賣竝ニ委託販賣	淺田新之助	三萬
加藤洋行支店	日本橋通二五	物品販賣仲立及勞務請負	寺內清次	三十萬
滿洲電氣土木會社支店	朝日通二七	電信電話機、交換機其他電氣機械製作及修理、電信機械電線建築材料販賣	籠谷保	?

合名會社之部（新京支店）

社名	所在地	營業種目	氏名	資本金
小泉商店支店	永樂町一丁目九	化粧品、小間物、雜貨ノ卸小賣、貸家及旅館飲食店經營		十萬
於勢商店支店	特別市興安大路	綿、帆布、麻帆布ノ製造卸販賣竝ニ綿絲布、人絹雜貨ノ販賣	野木資夫	十萬

法人之部

社名	所在地	目的	代表者	資本金
新京商工會議所	吉野町三丁目七	新京ニ於テ商工業ノ進歩發達ヲ圖ルヲ以テ目的トス	石崎廣治郎	
財團法人 長春教育獎勵會	東二條通四四	新京各種學校ニ於テ將來有爲ノ學生ニ學資ヲ貸與若クハ給與在長春會社商店其他傭人ニシテ德行秀デ他ノ模範トナルベキ者ノ表彰	楢岡茂	一千五百
社團法人 新京聖德會	祝町三丁目一〇	技術工藝ノ進歩發展ヲ促シ且會員相互ノ親睦精神ノ修養職業及各居住ノ安全ヲ計ルヲ目的トス	赤羽一二	
社團法人 新京材木商組合	吉野町三丁目七	組合員ノ共同利益ヲ增進シ組合間ニ於ケル德義ノ向上竝ニ其ノ親睦ヲ圖リ同業者ノ進歩發達ヲ期スルヲ以テ目的トス	彼末德雄	
財團法人 關東局殉職々員遺族保護資金	新京關東局內	關東局及其所屬官職員ニシテ職ニ殉ジタル者ノ遺族公務傷病ニ罹リ不具癈疾トナリ退職シタルモノ及之ガ原因トナリ死亡シタル者ノ遺族保護ヲナスヲ以テ目的トス		三萬七千六百九十七圓八十錢
財團法人 忠靈顯彰會	特別市興安路八〇一	滿洲國及關東州ニ於テ戰役又ハ事變ノ爲戰病歿シタル者ヲ合祀シ其忠靈ノ顯彰竝ニ敬弔ヲ目的トシ併セテ戰跡ノ保存ヲ圖ルモノトス	板垣征四郎	一百六十四萬九千五百二圓三十三錢
財團法人 新京記念公會堂	吉野町三丁目七	大正天皇御即位ノ大典ヲ記念シ市民ノ公益日滿交驩親善ニ資スルヲ以テ目的トス		二十二萬八千九百五十八圓七十二錢
財團法人 日滿緬羊協會	富士町五丁目二	日滿兩國ニ於ケル緬羊ノ改良增殖ヲ圖リ併セテ生產羊毛ノ有效ナル利用方法ヲ考究スルコト		九十萬

昭和十一年十月二十三日印刷
昭和十一年十月二十八日發行

新京吉野町三丁目七番地
發行人兼編輯人　尾藤正義

新京中央通四十四番地
印刷人　鍋田覺治

新京中央通四十四番地
印刷所　滿日印刷所新京支所
電話 營業部 三・三八八七 作業部 三・四三八八

新京吉野町三丁目七番地
發行所　新京商工會議所

永見文太郎

『康徳六年版　新京案内』

（新京案内社、一九三九年一月）

189　永見文太郎『康徳六年版　新京案内』（新京案内社、1939年1月）

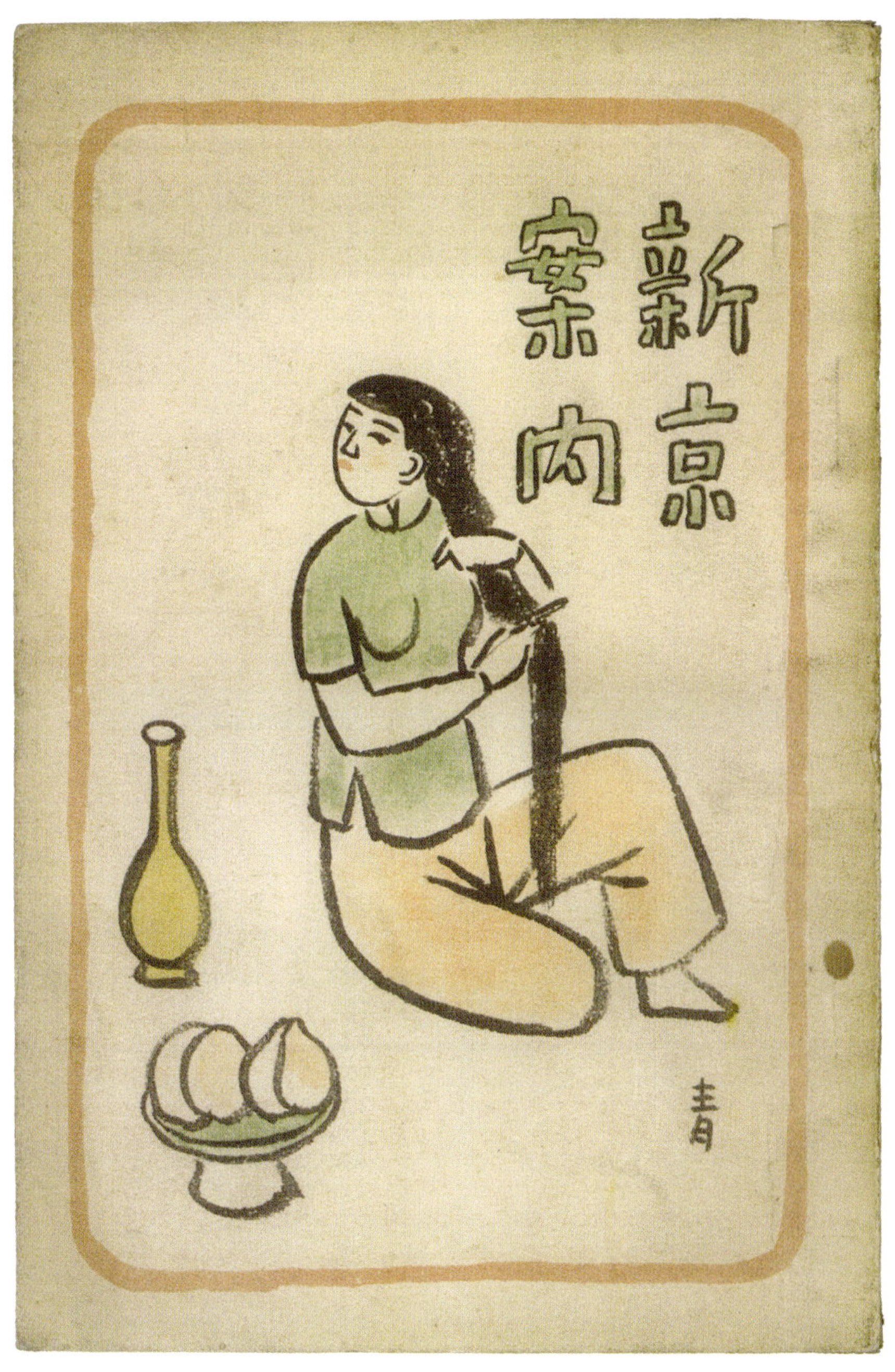

康德六年版

新京案内

■日本橋公園の入口に向き合つて立つこの怪獣はロシア時代の遺物でもあらうかと思つてゐたら大正十四年滿鐵車站鐵道工場で作つたものであつた　ギリシヤ・ローマの彫刻を參考に現鐵道總局建設事務所主任江崎さんの創作するところだと云ふ

序

著者は、新京へ來て未だ長い人ではないが、非常に熱心に凡ゆる方面を觀察される方である。その著者が入京第一に感じたことは、手頃な案内書がないことであつたといふ。それで當時先づ知りたいと思つたり、かなり面喰つたりしたことなどを一纏めにして、案内書にして見たいとの相談を受けた。

國都を訪れる人は、年毎に夥しい數に上つてゐる。始めての土地へ來て、誰しもが必要を感ずるのは、眞相を盛つた手頃な案内書である。一見なんでもないやうなことが、始めての視察者にとつては、非常に必要であつたりする場合が仲々多いのである。殊に言語・習慣・風俗を異にする滿洲に於て、この感は一層深いと思はれる。この意味で著者の體驗は、そのまゝ新京案内書として面白いと思つた。更に内容を見せて貰つて、その眞面目さには單に案内記といふより、寧ろ一種の風土記に近い或る種のコクをさへ感じた。

放射狀に伸び行く現在の新京を視ることは、正に國都を中心に、躍進を續ける滿洲國の姿を知ることである。殊に本書に盛られた印象記の數々によつて、滿洲の國都新京に對し、他の地方で見られない親しみを生ずる機緣ともなるならば、正にそれは日滿一如の緣結びとも云へやう。適當な案內書の尠い今日、國都觀光人士の好侶伴として、本書の刊行は喜ばしいものである。

康德五年十二月

奥　村　義　信

目次

忠靈塔は新京の心棒である

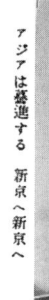

アジアは驀進する　新京へ新京へ

宮内府

交通部

経済部

外務局

合同法衙

國務院

産業部

司法部

專賣總署

民生部

行銀央中

⇨大興ビル

⇦電々會社

康徳會館
海上ビル
東拓ビル
大同廣場

日本橋通

滿洲新聞社→

中央通

吉野町通

新京日日新聞社

興安大路

新京驛

滿洲事情案内所

ジャパン・ツーリスト・ビューロー
新京觀光協會

新京圖書館

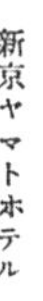

新京ヤマトホテル

新京案内

康徳六年版

▼知らずに軍機を漏洩しても處罰されます▼車中・旅館・飲食店等で、軍事上の機密・國

すべる一言スパイの的

家の物資計數に就て絶體話さぬやう願ひます▼軍事機密物及周圍の撮影は禁止されてゐる

新京の歴史

新京の歴史といつても、古い時代のことは明らかでない。

私は本書の編纂を思ひ立つてから、鋭意新京に關する文獻の蒐集に努めて來たが、漸々手に入れ、或は一讀の機會を得た二十二點の書籍、リーフレットのうち、長春以前に遡つてたとひ數行の記述でも有するものは、大正元年版「長春事情」、大正十一年版「長春發展誌」、大正十四年版「長春案内」、昭和八年版「新京案内」の四書に過ぎず、しかも「新京案内」のそれは「長春案内」の記事の一部をそのまゝ襲用したものゝやうである。そんな譯であるから、私もアッサリ兜を脱いでこの項は「長春案内」の記事をそつくり借用して、異説は異說として採錄することゝした。

しかし、最近新聞紙の報道するところによれば、滿洲學會の杉村勇造氏(滿日文化協會主事)、奥村義信氏(滿洲事情案内所長)、山崎末次郎氏(新京圖書館長)、山田文英氏(民政部古蹟保存股長)、吉田金一氏(新京中學教諭)など有力なメンバーが、鄕土研究部を新設して國都の歴史闡明に乘り出すとのことであるから、やがてその全貌がわれ／＼の前に展開される日も遠いことではあるまい。

長春城の沿革

曠野の中に生れた長春

遠い昔のことに詳らかでないが、遼時代(西暦九一六―一一二五)の長春附近は黃龍府の中に含まれ、金時代(一一一五―一二三四)には濟洲の地であり、明(一三六八―一六六三)の兀良哈部(ウリヤンホーブ)となり、清朝(一六一六―一九一一)に入つては內蒙古郭爾羅斯(コルラス)前旗の領土であつた。

順治元年(一六四四)淸朝第三代の世祖が北京に遷都した頃の滿洲民族は、人口僅に百萬內外に過ぎなかつたと云はれる。かうした少數民族を以て數百倍に當る漢民族を支配せねばならぬ關係から、滿洲民族は擧げて支那本土に移住すると共に、壯丁は滿洲八旗(八色の旗を以て標旗とする軍隊)として首都其他主要都市に分駐し、豫め漢民族の叛亂に備へたのである。このため本來極めて人口の稀薄であつた滿洲は一段と荒廢の度を增し、都會は全く無くなつてしまひ、たま〳〵關內から出張する役人すら無人の境を行かねばならぬ狀態となつて、站(てん)又は噶珊(かつさく)といふ宿場に旅人が寢るだけの用意をした家屋を作るといふ有樣であつた。

しかも、滿洲の新しい歷史は實にこの荒寥たる曠野の中から始まつたのである。

内藤博士著「東洋文化史研究」によると——清朝が滿洲に起つて間もなく、彼の北京に乘込んで、支那を統一することになると、自分の起つた地方の人間を引き連れて行つて、さうして自分の旗本にする關係から、殆んど滿洲の土地を空虛にして居つた。旗本にする關係のみならず、兎に角滿洲の土地といふものは、自分の同じ種族、卽ち滿洲種族の居つた處へ、漢人が代りに入つて之を開拓することになると、自分の根據地を失ふことになるといふ考へから、漢人の之に入ることを一切禁じたのである。……さうして一年の内に何遍か滿洲人だけにそれへ入ることを許したのみならず、又政府の要求によつて入らせる。どういふ譯で入らせるかと云ふと、滿洲の產物たる人參を取ること、又滿洲人は弓矢を以て武器とするから、其矢を作る鷹の羽、さういふやうな、滿洲の政府の方に要るやうな天產物を採集する爲に、一ヶ年に何遍か滿洲に入る必要があるので、其公用で入る者の外に一切滿洲へ行つて開墾することも出來ず、獵をすることも出來ず、何事も許さない。其政策はてうど百年程繼續して居つた。それがため滿洲の歷史が中絕して總ての昔のことが分らなくなつた。……此の中絕した歷史が復興したのは、清朝の嘉慶四年で、今から百十何年前である。どういふ風に復興したかといふと矢張り長春から始まつた。此處が面白い所である。前にもいつた通り、滿洲は封禁の地となつて居つたが、しかし肅眞の居つた寧古塔（ニングタ）といふ處だけは開いて居つた。のみならず、滿洲種族の住居を許して居つた。……其他では昔の一番古い歴史を持つたところの扶餘から始めて起つて居るから妙である。扶餘のあつた長春附近といふものは、其當時蒙古の郭爾羅斯（コルラス）といふ王様の領地であつて、羊や何かを飼つて居つたが、尙此上田地を耕作した方が利益だといふ事を私かに考へたものと見える（註これより九年前、乾隆五十六年にコルラス公格格喇布坦（ココラブタン）が漢人張立緒の獻策を用ひたものだといふ）。それで內密で山東から百姓を呼んで、私かに耕作をして居つた。ところが段々耕作が大きくなつて來て、淸朝の役人も初めは氣がつかずに居つたが、到頭發見をした。發見をした時は戶數が二千（三百三十）餘戶、田地が二十六萬（五千六百四十八畝）町步と云ふものが拓けて居つた。今更二千餘戶の人民を追ひ斥けて、折角拓いた田地を潰すといふのも全く智惠のない話であるから、これは許してしまはうといふ事になつた。さうして其處で初めて開放されたのが長春府であります――

この時、政府の命を受けて實狀調査に當つたのは吉林將軍秀林であつたが、政府はその建策を容れて南北百八十支里、東西三百三十支里を限り居住、開墾を許す旨を規定し、取締のため長春廳を設け理事通判を駐劄せしめた。理事通判は主として司法、行政の事務を司り、地租は蒙古王が人を派して徵收した。但し當時長春廳の置かれた地は後の長春城市（現在の城內）ではなく、その南方新立屯といふ所であつた。

「大新京經濟概觀」は、長春廳の設けられた長春堡の位置に就て次の三說を揭げてゐる。

一、今の新京より北方に寄り松花江に近い地點であつたとする說（註）「長春事情」は―現在の長春の北十數華里の地點長春堡云々と記し、「長春發展誌」は―當時の長春は、其の場所が少しく北方に位し、卽ち松花江沿岸に近い所であつた。と記してゐる。

二、今の寬城子がそれで之を長春堡又は二道溝とも云ふとする說。

三、今の新京より約三十支里南方であるとする說（註）「長春沿革史」は―長春堡（長春の西南方三〇淸里の地にあり云々）と記してゐる。

その後二十五年を經て、道光五年（一八二五）廳の所在地を寬城子に移した―これが現在も城內と呼ばれてゐる長春城市をいふのである。

現在の寬城子は元二道溝と稱する村落であつたが、東淸鐵道の敷設に當り驛名として選ばれたものであり、これは滿鐵の停車場が頭道溝を長春と稱するに至つたのと同一の筆法であるといふことである。

更に三十九年の後、同治四年には（一八六五）匪賊に備へて城郭を建設したが、その費用は政府の支出を俟たず商賈の義金によるものであつたといふから、この地が當時既に一小都市を形成してゐたことを知ることが出來る。城の周圍は二十支里、城壁の高さ約一丈、後屢模様替をしたといふが最初の設計では東・西・南・北・西南、西北に六門を設けた。

「長春事情」によると——城は四方九門を有し（但し北門は今春—大正元年—之を撤せり）東門・東南門・南門・西南門・西門又の名聚寶門。西北門又の名乾裕門馬號門・北門又の名永西門・東北門是なり。城門の周圍のみ煉瓦を用ひて墻を作り、墻は高さ一丈五尺厚さ墻底に於て六尺、上口約二尺あり、水溝は北門外及西門内に在り。城の周圍約二里半、市街は不規則なる長方形にして南門より北門まで約十八町、東門より西門まで約三十町あり、南北を通ずる大街一條及該大街を中心として之を東西に貫ぬく四條の大街あり、南門外より起算して大街の東方を東頭、二、三、四道街と呼び、西方を西頭、二、三、四道街と稱し——とある。

その後の變遷

降つて光緒八年（明治十五年）理事通判を撫民通判に變更、同十五年（明治二十二年）長春廳を府に昇格して知府を任命、次で光緒三十四年（明治四十一年）その上に西路兵備道臺を置き、翌宣統元年（明治四十二年）西南路觀察使と改稱した。民國元年（大正元年）更に吉長道尹と改め、翌年府を改めて縣となし知事を置き吉長道尹に隷屬せしめたが、民國十四年（大正十四年）孫道尹長春市政公署を置き茲に始めて市政が布かれた。當時城内の人口は六、七萬に達したと傳へられてゐる。次で十八年（昭和四年）開埠局（後出）を合併して市政籌備處と改稱し城内と商埠地を一行政下に置いた。

民國二十年（昭和六年）滿洲事變によつて張學良政權が沒落すると、吉林省は眞先に獨立を宣言して民國の羈絆を脫し、民國二十一年（昭和七年）一月一日市政籌備所を廢して長春市政府を置いたが後長春市政公署と改稱した。同年三月一日滿洲國建國せられ、前の清朝宣統廢帝溥儀氏執政の位に卽き年號を大同と號し、長春を國都と奠めて新京と改稱された。次で大同二年（昭和八年）四月十九日新京特別市制が布かれ、康德三年（昭和十一年）一月一日北滿特別區から寬城子を接收合併、康德四年十二月一日治外法權の撤廢、滿鐵附屬地行政權の移讓に依り市行政權は更に擴大した。

東清鐵道と寬城子

近代滿洲の黎明

――鐵道は近代滿洲を生み且つ育んで遂には之をして獨立せる一國を形成せしむるに至つた――とは「鐵道總局事業概要」卷頭の一節であるが、その意味に於て露西亞の東清鐵道が開通した一九〇三年（英國資本の京奉鐵道――現京山線――の關外延長線も同年新民府まで開通した）は近代滿洲の黎明ともいふべきであらう。豐富な天然資源と肥沃な土地に惠まれながら、しかも、未開未耕の邊境にしか過ぎなかつた滿洲は、こゝに始めて國際的進出の機縁を與へられ、長春もまた經濟都市としての將來を約束されたのである。

清領滿洲里―哈爾濱―ボグラニーチナヤと滿洲を西から東へ横斷する本線、哈爾濱―旅大間を結ぶ南滿支線、大きなTの字を描く東淸鐵道は一九〇三年（明治三十六年）七月一日、同鐵道建設局の手から營業部に引繼がれた。

寬城子の興廢

露西亞は東淸鐵道南滿支線の一驛として、長春の西北方二道溝の部落に寬城子驛を設けた。前にも記したやうに寬城子は長春の舊名なので、人々は露寬城子と呼んで區別した。寬城子鐵道附屬地の面積は約四平方粁、露西亞人の手によつて露西亞風に設計された市街であるが、鐵道開通の翌年たちまち勃發した日露戰爭のため露西亞は長春以南の鐵道を失ひ、新たに滿鐵長春驛が開設され南行の貨物旅客がこゝに集まるやうになつた結果、遂に發展する暇もなく衰頽の一路を辿ることゝなつた。それでも歐洲大戰前までは約二個大隊の軍隊が駐屯してゐたが、動亂酣となるに及んで全部引揚げられ、革命後は一層寂寥たるものとなつた。

特に滿洲建國後著しく經濟的價値を減じたこの鐵道が、經營困難の上に政治上、軍事上の重要性をも失ひ、遂に昭和十年三月滿洲國へ身賣りをするに至つて、寬城子は全くの閑村となつてしまつた。

現在は滿洲映畫協會の撮影所が僅かに華やかな色彩を添へてゐるとはいへ、それも廢驛後の機關庫やホームの改造で、外に見るべき施設もない。

しかし、滿洲事變の戰蹟を尋ねて寬城子を訪づれる旅行者は日に數百を數へるし、康德三年一月以降新京特別市に編入されたから、今後は新らしい發展を見ることであらう。「モダン滿洲」の主幹奥一氏などが町會のリーダーとなつて熱心に活動してゐることでもあるから、仄かに殘るエキゾチックな情緒を生かして特色ある寬城子を再建して欲しいものである。思はずペンが橫道にそれたが、こゝで一應東淸鐵道敷設の經緯を物語るのは、敢て無駄ではなからうと思ふ。

東淸鐵道敷設の經緯

東方進出、不凍港獲得を年來の宿望とするロシア帝政下にあつて、勇敢な探險家、毛皮商、流刑者等は十六世紀から十七世紀の初頭にかけて、既にウラルを越えオホーツク海沿岸に達してゐたが、蠻勇を以て鳴るコザックを先頭とする移植民戰線の擴大に伴ひ、食糧難のため國境を突破して滿洲に雪崩れ込むに至つたので、こゝに必然先住滿人との間に紛議を醸し、進んで兩國軍隊の小ぜり合ひとなり、遂に露支兩政府の外交折衝となつた。これが有名な一六八九年八月のネルチンスク條約である。この時は英邁な康熙帝によつて、さすがのロシアもその主張する國境線の後退を餘儀なくされたが、その後着々帝露極東策を確立し、約百七十年後には璦琿・北京（一八五八一八六〇）の二條約を締結して今日の大沿海州をアッサリ手に入れ、列國をアッと云はせたのである。

松岡洋右氏の「滿鐵を語る」は、その後の事情を次のやうに記してゐる。

——露國がより積極的な活動を滿洲に開始したのは、日淸戰爭以後である。すなはち、三國干涉の主動的立役者として、支那に恩義を賣り、更に、償金借款に於て、再び支那の甘心を買つた。かくて親露家李鴻章を不遇より立たしめて、ニコラス二世の戴冠式に臨ましめ、ウヰツテの所謂「鐵道なくんば同盟なし」の信條に基き、一八九六年かの有名な李・ロバノフ條約（對日露淸軍事同盟）の締結に成功した。本條約の內容を略說すると、東亞に於ける露・支・鮮に對する(1)日本の侵略に付ての相互武力援助、(2)單獨媾和の禁止、(3)軍事行動中支那港灣を露國艦船に解放する、(4)吉黑兩省經由浦鹽斯德に到る鐵道の敷設、(5)右鐵道の軍事的使用を決定したものである。

同年九月、右協定に基き露淸銀行と支那政府との間に、シベリヤ橫斷鐵道は、淸領滿洲里——哈爾濱——ポグラニーチナヤ經由、浦鹽斯德に結び得る事に決定した。これが所謂東淸鐵道である。次いで一八九七年東淸鐵道會社が設立され、鐵道の敷設經營權は露淸銀行より鐵道會社の手に移つた。

こゝで簡單に述べて置くが、露淸銀行といふのは、露西亞が滿洲の經濟的征服のために設立（一八九五年）したもので、資金の乏しかつた當時の露西亞は、佛國資本家を誘ひ露佛合辨とした。東清鐵道建設資金を、主として佛蘭西市場に於て求めたのも、かくの如き事情によるのである。資本金は、最初六百萬留であつたが、後千百二十五萬留に增資し、本店を露都に、支店を歐米日支の要地に置いた。又、東清鐵道の得たる權益内容は、實に廣汎なもので——後滿鐵も之を繼承したのであるが——名義上は露國大藏大臣監督下の私設會社となつてゐるが、事實は露國の滿洲經略の幹線であつた。これによつて露西亞はひとり鐵道敷設經營權のみならず、鑛山採掘權・森林伐採權・附屬地の行政權、通信線の設備・關稅及課稅の免除・軍隊及軍需品の輸送・敎育權・警察權・鐵道守備權・松花江航行權等に關する絕大なる特權を確保したのである。

×

露西亞の野望は、これで滿たされたか？否、明治三十一年（一八九八）獨逸の膠州灣占據に倣ひ、軍艦數隻を派遣して旅順に迫り、强壓的にパウロフ條約を締結せしめ（一八九八年三月）旅順、大連の二港を其手に握り、租借地以北に於ける鐵道中立地帶の設定、東清鐵道南滿支線の敷設權等を承認せしめた。一方東清鐵道の建設工事は、同年五月（一八九八）着手、明治三十六年七月（一九〇三）を以て完了、全線二千六百粁に亘り營業開始に至つたのである。開通せるものは、滿洲里——綏芬河本線、哈爾濱——旅大間南滿支線・撫順線・煙臺線・營口線等である。東清鐵道は、本社を露都に、支社を北京に、鐵道廳を哈爾濱に置いた。

日露戰後の長春

その後の露西亞は勢ひに乘じて長春、吉林間の鐵道敷設權を獲得したばかりか、全滿に亘る鑛山、森林權等をその手中に收め横暴の限りを盡したにも拘らず、無氣力な支那は唯々として事實上領土の放棄にも等しいこの屈辱を甘受し、列强も取へて露國の鋒尖にたち向ふものなく、滿蒙は全く西比利亞、沿海州と同じ運命の下に置かれてゐた。

南滿支線の讓渡

一九〇〇年（明治三十三年）支那に拳匪の亂が起つて、その影響が滿洲に及ぶと、露西亞は多數の軍隊を派遣し滿洲は全く露軍の占領するところとなつた。しかも、その時機に至つても更に撤兵を肯ぜず、魔手を朝鮮半島に伸ばして朝鮮の獨立を脅かし、はては日本に對して鋒芒を向けるに至つたので、日本は敢然起つてこれを膺懲した。

戰爭は日本の大勝に歸し、有名なポーツマス條約（一九〇五年、明治三十八年五月）によつて、露國はその南滿に於ける既得權益の全部を擧げて日本に讓渡した。鐵道に關しては「長春（寬城子）旅順口間の鐵道及び其一切の支線竝に同地方に於て之に附屬する一切の權利・特權・財產・及同地方に於て該鐵道に屬し又は其利益のために經營せらるゝ一切の炭坑を、補償を受くることなく且淸國政府の承諾を得て、日本帝國政府に讓渡すべきこと」を約したので、日本は更に淸國政府との間に滿洲に關する條約（一九〇五年十二月）を締結し、同年十一月これが經營のため南滿洲鐵道株式會社が創立された。

もつとも日露戰役中、既に我が大本營は、滿洲軍占領地域内に於ける東淸鐵道を利用することに方針を決定、三十七年六月東京に於て野戰鐵道提理部を編成して滿洲に派遣し、逐次五呎軌條を三呎六吋に改修して、七月十八日早くも日本人の手により軍用列車の運轉を開始し、三十九年一月四日より一般公衆の便乘及び託送貨物を取扱ひ、四十年四月一日滿鐵の營業開始と共に引繼いだのである。

寬城子問題

第一回の鐵道接收は明治三十九年六月泉頭驛附近の天幕のなかで行はれたが、こゝに一つの問題が起つて、それがため滿鐵は新に長春附屬地の買收に着手することゝなつた。當時の事情を「滿鐵側面史」によつて見ると

――他の附屬地は、いづれも露國の讓り物であるが、長春だけは、滿鐵の手によつて新たに買收された唯一の附屬地である。どうしてさういふことになつたかといふと、これはポーツマス條約の不備から起つたのである。卽ち同條約に、わが國の手に歸すべき鐵道の最終點を「長春（寬城子）」とし

てあつたので、わが國では――これは長春即ち寛城子といふことを意味するのであるから寛城子驛までを示すものだと主張した。これに對して露國では――長春と明記してあるからには、いふまでもなく長春までを示したものだと反對したのである。當時、驛は寛城子にあつて、鐵道は長春を通過してゐなかつたのであるから、常識から判斷しても、驛の所在地たる寛城子をもつて終點と決めたものと見るのが當然であるかの如く思はれるのである。

　どうしてこんな問題を起したかといふと、兩國の媾和委員がどちらも實地を知らず寛城子驛のある所が長春だと思ひ、媾和條約に「長春（寛城子）」と記したものと思はれる。しかるに、實際は長春と寛城子とは全く別なところであることが分り、露國では奇貨措くべしとなし――長春と明記してある以上まさしく長春を指したもので、括弧内の寛城子は參考のために驛の位置を示したものに止まると主張した。わが國では驛のある所をもつて終點とする筈であつたから――むろん寛城子驛までゝある。假に一歩を讓つて、果して貴說の通りとすれば、鐵道は長春を通過してゐないので、どこで切つていゝのか切りやうがないではないかと、一本突つ込んだところ、これに凹むかと思ひの外――それは測量を知らない者のいふことで、長春までといふのは長春の町の中心から、鐵道線路に垂直線を引き、その切り合つた點が即ちわれ／＼の主張する點だなどゝ、幾何學の講義でもするやうなことを

いひ出したのである。（『市街計畫と後藤總裁』加藤與之吉氏）

その結果同年八月假條約を結んで、一先づ寛城子の南方十一露里の個所第七十八號待避線停車場の橫斷中央線を境界とし、その以南を接收した。後明治四十年四月露都に於て成立した寛城子問題の協定により、滿鐵終點を孟家屯北方四粁の地點十里堡と決定した。更に四十三年六月に至つて寛城子驛を日露共有とすることゝなつて解決を見たが、我が國はその共有權を五十六萬三百九十三留で露西亞に讓渡した。

附屬地の買收

鐵道は接收したが、當然共用出來るものと思つた寛城子驛が、露西亞側の異議によつて使用不可能となつたので、滿鐵は新たに鐵道用地を買收することゝなり、明治四十年三月佐藤安之助少佐（現役將校であつたが滿鐵調查役といふ資格で）鎌田彌助氏等を派遣して交渉を進めることゝなつた。當時の吉林將軍は達桂・知府は德頤・交渉局長（外交事務を管掌する）は露西亞通の周豫仁であつた。滿鐵が買收しやうとした頭道溝の部落は、僅かに支那家屋の散在する高粱畠であつたが、既に吉長鐵路總局の豫定地になつてゐて數萬本の枕木・橋梁材料などが山積されてゐたばかりか、商阜公司が設立され頭道溝を中心に土地の買收貸下げその他の經營に當つてゐたので、交渉は初めから困難を極めた。正式交渉の開始に當つて、商阜公司の總董事慶康が土地交渉委員に任命されたのも皮肉であつた。

四月中旬を過ぎて先づ杭打をし、五月十二日から測量に着手しやうとしたが、支那側委員が承知せず、止むを得ず敷地内に散在する家屋の等級、價格の協定、墓地、井戸、樹木の數等の調査にかゝり、六月五日に家屋代の一部を拂つた。そのうち東三省の政治改革が行はれ吉林將軍達桂に代つて六月十六日吉林巡撫として朱家寶が着任、これによつて知府の更迭、支那側委員の新任等種々の障碍が豫想されたが、幸にそのことはなくて濟んだ。六月十日、鎌田氏等はそれまで寄寓してゐた城内三井洋行を出て、頭道溝日本橋際の家屋に引移つた。これが現在日本橋公園内に殘る創業館で、そも〳〵最初に買ひ取つた家屋であつた。六月二十八日創業館のすぐ眞下に天然痘患者が發生して、一家のうち二名が忽ち死亡した。これを見て或るヒントを得た鎌田氏は、村長を介して家主を招ぎ、その一家の不幸に對して十分の同情を表した後、傳染病の恐るべきことを説いて即刻立退方を要求すると共に、香奠兼立退料として金十圓を托し、更に家屋その他の買付け代金は既に支拂濟みであるから知府衙門から受取るがよからうと勸めた。翌々日鎌田氏等は病毒撲滅のためとあつて、その家屋を半壞にして燒き拂つたが、驚いて抗議のために馳けつけた知府に對つて、患家を燒かれた家主が家屋代金の下附を哀願し、それに續いて他の家主等も騷ぎ出し、これが動機となつて、その翌朝から七月四日までに長い間の懸案であつた問題も、一瀉千里に解決することが出來た。

その後土地の方も話が進み、七月十四日から測量に着手、七月二十七日には德知府に代つて張鳳臺氏が着任、この人は鎌田氏とも面識があつて種々便宜を與へられた。滿鐵側は新任知府との間に――旣買家屋は必要あるまで無償で居住を許し、土地も一年間地代を徴收せず舊地主に耕作を許す條件のもとに交渉を進め、久しきに亘つた土地の買收もやうやく解決した。

これが濟むと、八月十三日から新任知府との間に、寛城子驛との連絡に要する線路敷地買收の交渉を開始、この方は地主も少く九月中にほゞ締結した。（『長春鐵道と安奉線』鎌田彌助氏）

買收總面積百五十萬三千四百四十八坪七合、この代價金三十三萬八百七十五圓七十四錢で、坪當り平均二十二錢强となつてゐる。尙この土地は蒙古郭爾羅斯前旗王府の所有地であつたゝめ、別に同旗にも若干の金を納めた。

その後數回に亘り買收を行つた結果、現在では六、七六三、三三五平方米となつてゐる。

邦人發展史の第一頁

明治三十九年九月十一日陸軍野戰鐵道提理部の軍用列車が始めて孟家屯まで開通した。長春に於ける日本人發展史は、こゝにその第一頁を開いたのである。

內地の官設、私設の鐵道會社からよせ集めた車輛を連結して、まるで汽車の展覧會のやうな列車は、孟家屯の畠の中に發着した。乘客は蠟燭や火鉢を抱へて乘り込むのであつた。それでも第一線をめざして續々進出する邦人は、忽ち孟家屯に「アンペラの都」をつくりあげてしまつた。高粱にアンペラの壁、屋根を土で覆ふた小屋の街である。原始的な穴居生活をするものさへ少くなかつたといはれる。當時邦人は主として運送を業とした。追々人口が增加するにつれて、料理屋が生れ旅館ができ雜貨店が開業して、一時は邦人の數も五百名に上つた。

同時に城内から孟家屯への交通路に當る西門外西三道街にも支那人雜居の日本人町が出來、長春領事館、滿鐵醫院分院、正金銀行出張所、日本人居留民會など皆この附近に集つた。頭道溝の附屬地買收が終つて現新京驛の位置に最初の長春驛が出來し、貨物營業を開始したのは明治四十年十一月三日（一般旅客取扱開始は同十二月一日）であつたが、運送業者はこれを追つて現在の日出町三丁目邊にあつた二三の支那民屋に引移つて來た。長春附屬地はこゝから開け初めたのである。やがて、城内と附屬地の連絡は北門方面にあるといふので邦人は爭つて北門外に移り、北門外が西三道街に代つて繁昌の中心となつた。

北門外は發展したが、建築規則のやかましい附屬地には移住するものがなかつたので、滿鐵の當路者も困却の末、解氷期までといふ期限をつけて假建築を許可した。その時、咄嗟の間に出現したのが所謂孟家屯町、一名料理屋町であつた。いふまでもなく、孟家屯から移つたものが多く、料理店營業が斷然多數を占めたからである。

建設當時の町名を現在と比較して見ると

長春大街――中央通、東斜街――日本橋通、西斜街――敷島通、農安街――大和通、懷德街――八島通、東一條街（以下八條街に及ぶ）――東一條通（同上）、西一條街（以下四條街に及ぶ）――西一條通（同上）

現在の日出町、富士町等（ヒフミヨイムナヤ、或はいろはにほへとち順の町名は大正十年に附けたもので、その前は町名なく單に一區、二區と順次數十區に區劃してゐた。

商埠地の發展

光緖三十四年（明治四十一年）長春に初めて西路兵備道臺衙門を置いた。商埠地の開設は初代道臺陳吉士の計畫するところであつたが費用の關係で實現を見るに至らず、宣統元年（明治四十二年、この年西南路觀察使と改稱）顏世淸來任する及んで始めて着手された。商埠地開設の目的に就ては左の二說が行れてゐる。

一、長春は明治三十八年十二月二十二日、日淸兩國間に成立した北京條約によつて他の十五ケ所と共に互市場として開放され、特に三十九年孟家屯以北の鐵道が日本の經營に移つた後は、長春城内外に日本人の移住するものが多かつたので、道臺陳吉士は商埠地を開設して外國人の居住をこゝに制限しやうとした。

二、當時の長春は戸數一萬二千、人口六萬七千の大都市といはれながら、滿鐵附屬地が出來て以來その繁昌を奪はれ衰頽の色が濃かつたので、年少氣鋭の顏道臺はこれを默過することが出來ず、商埠地を設けて商工業の發達をはかり附屬地の繁昌を奪取せんとしたものである。

顏世淸は宣統元年來任と共に北門と附屬地の間、一萬三千五餘晌を商埠豫定地とし價格を四等に別つて買收に着手したが、土地の所有者は安い値段で强制的に買收されることに不平を唱へ、代表者を吉林・奉天・北京に迭つて陳情につとめたので、顏世淸も止むを得ず一等の上に更に特等を設けて買收を强行することゝし、先づ北門から附屬地日本橋に至る線を買收した。當時このために準備された資金が四十萬兩であつた。

顏世淸は開埠局を置いて商埠地一切の經營に任ぜしめ、次で九萬兩を投じて洋式の道臺衙門を附屬地境界線に近い高地に建設し、これに隣接して四棟二百間の貸屋を造り日本人の居住をこの家屋に限り商埠地・城内の散居を禁じた。しかし、資金の關係上豫定地全部の買收は不可能であつたから、規定を設けて商埠地内の土地は開埠局の許可なくして他人に賣渡し、又は擔保書入をすること禁じて權利を保留した。顔世清の商埠地經營に對する熱意は、總ての設計を自ら行ひ絶對に他人の容喙を許さぬ程であつたが、强制買收が祟つて任を去らねばならなかつた。

次いで來任した李季康（李澍恩とも云ふ…或は字か）は肺ペストの流行に遭ひ、防疫に奔命して商埠地問題に掌はる暇なく去り、宣統三年（明治四十四年）孟憲彝…字は秉初…がこれに代つた。當時附屬地は日を逐ふて人家稠密となり、その繁昌は當然隣接する商埠地に及ぶべき勢ひにありながら、資金缺乏して拱手傍觀の外なき有樣を見た支那人有力者等は、遂に營利事業として興業公司を設立、十萬元の資本を以て北門に近く劇場・遊廓を建設しこれを繞つて普通家屋四百四十間を新築、翌民國元年新春早々城內、北門外一帶に散在してゐた妓樓をこの一廓に收容した。これに依つて商埠地は俄に賑はひを增し、興業公司も更に增資をして家屋の建築に力を入れたので、北門から附屬地境界に至る大通りは見る間に商家軒を連ねる盛り場となり、これを中心に左右に膨脹し急速度に發展したのである。

滿洲建國と國都新京

滿洲事變と長春

滿洲事變の導火線となつた奉天西郊柳條溝に於ける支那兵の滿鐵爆破事件が勃發したのは、民國二十年（昭和六年）九月十八日午後十時半頃であつたが、それから約二時間後の十九日午前零時十五分には滿鐵事務所の宿直社員によつて『只今奉天で日支軍隊衝突し激戰中であります』との報告が、長春警備司令官長谷部少將の宅に電話された。

當時の長春附屬地は宛も支那軍隊によつて包圍されてゐる形であつた。城內には吉長鎭守使李桂林中將の下に日本の旅團司令部・聯隊本部に當るものがあり、吉林省防備軍約七百名(山砲一個中隊砲四門・迫擊砲一個中隊砲四門・機關銃隊一個中隊六銃を有す)が駐屯、南方五粁の南嶺には東北陸軍の精銳と謂はれた邊防軍砲兵第十九團・邊防軍步兵第六百七十一團が野砲三十六門・迫擊砲六門・步兵砲六門・機關銃六銃・兵員砲兵一千三百七十名・步兵二千三百五十名の大部隊を擁してゐた外、更に北方二粁の寬城子には邊防軍步兵百六十三團第二營、約六百五十名が駐在して居た。

若しこの時奉天附近の日支交戰が我が軍に先んじて南嶺の兵營に報ぜられ、四千五百の支那兵が一齊に起つて三十六門の砲口を長春附屬地に向け、火蓋を切つたとしたら如何なる結果を招來したであらうか。今日考へても慄然たるものがある。

しかし、神速果敢な我が軍は直ちに行動を起して壯烈なる白兵戰を展開、十倍に餘る敵を擊破して南嶺・寬城子の兵營に日章旗を飜へした。かうして居留邦人一萬餘人の生命と、二十餘年努力の結晶である附屬地は完全に護られたのである。南嶺・寬城子の戰鬪に就いては「新京附近の戰蹟」の項に詳述してあるから、こゝでは長春義勇團の活躍を記して先輩の勞苦を偲びたい。

「そなへよ、つねに」とは少年團の標語であるが、長春健兒團もこの標語の下に事變前から毎夜八名の當番が本部（記念館內）に宿直してゐた。

九月十九日午前一時三十分、けたゝましいベルの音に電話當番の高橋淸重君が受話機を取り上げると、憲兵隊から事變勃發、義勇團員（在郷軍人、青訓、健兒の合體したもの）召集の非常電話であつた。直ちに宿直中の竹下隊長に報告、宿直健兒の非常召集が行はれ一時五十分出動準備を完了する一方、上原副團長へその旨傳令が發せられた。午前二時竹下隊長は義勇團長から左の如き命令を受取つた。

――步兵四聯隊の一部は直ちに南嶺を夜襲し大部は奉天に出動の筈に付き義勇團員を召集警察と協力し附屬地を警戒すべし。

命令に基いて直ちに召集班・兵器班の二班が編成され、召集班は徒步と自轉車で團員を起して廻り兵器班は憲兵隊格納庫に保管してあつた銃器彈藥を荷車で義勇團本部（記念館）に運搬、銃の手入れから彈藥の配給までやつた。本部には在郷軍人や青訓の人々が續々馳けつけて來た。十人はかり集まると在郷軍人會長の指名で「君は何班長、こつちへこれだけつれて行く」「君は第何班の班員、この

人の下について こつちへ行く」と部署を決めたが、どの方面にやられやうと、どの人の下に置かれやうと誰一人不平を言ふものがなかつた。顔も知らない班長の下について喜んで飛んで行つた。遲く來た人には渡す銃がなくなつたので「君達はこの本部の守備だ」と言つたら「嫌だ、戰線に出して呉れ」とこの時始めて不平の聲が起つたといふことである。

午前三時半を過ぎて奉天に向ふ筈であつた、第四聯隊が、寛城子の兵營を攻撃することゝなつたので、健兒團は握り飯を配つたり飲料水を戰場へ運んだりした。

やがて殷々たる砲聲は市街を震撼し、刻々に齎らされる情報は「目下激戰中」「苦戰」「死傷者十數名」等々痛烈を極めて、市民の緊張は頂點に達した。健兒團救護班は激戰中の寛城子へ出動して彈丸雨飛の中を東奔西走、負傷者の收容に努め、看護に擔架（或は自動車）運搬に必死の活躍をつゞけた戰時病院に當てられた滿鐵倶樂部には、いつの間にか襷がけになつた婦人が大勢集まつて來て、看護は自分達に任せて貰ひたいと實に目覺しい働きをした。寛城子兵營の占領が午前十一時十分、南嶺兵營は午後四時に至つて全部を完全に占領し、こゝに戰鬪は終了した。

健兒團は戰死者の收容、遺留品の始末、火葬等にも當り、特に倉本少佐・市岡大尉・芦田少尉の死體は、係員の指名によつて健兒團員が擔架で火葬場に送つたのであつた。

附記　本項は三島章道氏著「滿洲及上海に正しき日本を觀る」中、同氏の「何が日本兵を强くさせたか」並に長春健兒團竹下國雄氏の「滿洲事變と本團の行動」に據つた。

長春に國都を奠めた理由

滿洲事變によつて張學良政權が沒落すると同時に、滿洲三千萬民衆の間には期せずして新國家創建の熱望が燃え上つた。各省の獨立から東北行政委員會の結成へ――建國運動は素晴しい速度で進展して、奉天事件勃發後僅か五ケ月目の翌民國二十一年（昭和七年）二月二十五日には全滿各公署に宛て次のやうな通電を發するに至つた。

――本日新國家の名稱を滿洲國と定め、元首を執政と稱し、年號を大同と稱し、國旗は新五色旗を用ひ、首都を長春と定むることを議決したり、特に電告す、査照を乞ふ。

大同元年二月二十五日　　　　東北行政委員會

次いで三月一日東北行政委員會々長張景惠は滿洲國政府の名を以て建國宣言を公布し、こゝに王道國家滿洲國は順天安民・民族協和・共存共榮を理想として東亞の一角に成立したのである。

三月八日執政溥儀氏（前宣統帝）旅順より國都長春に入らせられ、大同元年三月九日長春市政公署に於て莊嚴なる執政就任式が擧行された。新國都長春市民の歡喜は如何ばかりであつたらう。盛大な慶祝大會が行はれた。翌十日國務院布告第一號を以て――滿洲國國都を長春に奠む、同十四日國務院布告第二號を以て――國都長春を新京と命名す、と公布された。

長春を國都と奠めた理由に就て駒井德三氏の「大滿洲國建設錄」は次の諸點を擧げてゐる。

一、長春は滿洲の中央である。

――長春が滿洲のセンターに位する都市たることは、一見して瞭かである。

二、長春は政治的色彩が稀薄である。

――偶々我が長春は政治區劃の上に於てこそ吉林省の一都邑であるが、省政治の中心より遠く離れ吉林省色の最も稀薄な地方である。

三、長春は交通上の要衝である。

――南滿洲鐵道の終點であり、東支鐵道の起點であり、吉長線を通じて近く完成される吉會線に續き、裏朝鮮に出づる鐵路の起點として頗る好都合である。（東支鐵道は現在滿洲國々有鐵道となり、吉會線は今日の京圖線中の一部である）

――航空路問題について――日滿兩國が互に善隣國であり、その利害は緊密不可分であり、飽くまで共存共榮の實を擧げて行かねばならぬは當然であり、兩國の距離間隔を出來得る限り短縮せしむる事こそ、兩國の意志の疏通に遺憾なからしむろ捷徑である。さて一日を以て日滿兩國を連結する般空路を求むるに、東京――新京の一路を措いて他に適當なるものがない。

四、長春は飮料水が豐富である。

――長春附近には地下水が非常に豐富であるのみならず、伊通河はその本流支流を以て長春の東西を圍み、更に東方稍々距離を置いて飮馬河あり、伊通河と飮馬河との水源を押へるときは、裕に三百萬の市民に給水し得ることが判明した。

五、長春は地價が廉い。

――國都建設を實際問題として討究する時、そのために必要とする莫大な資金を調達する事が當面第一の問題である。（中略）併し今國都建設の資金といつても、そのうち最も重きを占むろものは土地買收費である。（中略）凡そ大滿洲國の首都たるためには、當然四五千萬坪の廣大な地域を準備せねばならぬが、當時長春は不況のどん底に喘いでゐて、その地價は奉天などと比較して月鼈の相違があり、坪當り約十四五錢内外であつた。

一時は猛烈な反對運動さへ行はれたにも拘らず、非常な英斷を以て新國家が首都を長春に脩めたことは、今日より見て最も慶福すべきことであつた。

即位式擧行

順天安民を至高の國是とし萬邦協和を理想とせる滿洲國は、建國二周年記念日に當る康徳元年三月一日をトし、東洋古來の政治思想に立脚する王道政治の具現たる「庶民統治の命を天に享承せる」第一世皇帝の卽位大典を擧げ、こゝに萬世不易の王道帝國の樹立を見るに至つた。我が新京はいふまでもなく國都として新帝登極式の地たる光榮に浴したのである。鎌田澤一郎氏は、その日の感激を次のやうに記してゐる。

×

曉かけて吹き募つた大陸風は、強く張り切つた速度をもつて、郊祭場の幔幕を射るがごとくにはためかせてゐた。

黃、白、黑のだんだらの幔幕が新鮮な輪廓をもつてはつきりと、視野に展開してくる頃ほの〴〵と夜は明け放れたのである。

やがて眞紅の太陽が地平の果よりしづ〳〵とのぼり初める。

爛々たる光彩！

大陸特有の巨大なる雄姿！

新鮮なる陽光、順天廣場に注ぎかくる頃、新皇帝自ら柴を燔き天神を迎へ、御手を大地につき給ひ三跪九拜の古禮による郊祭の御儀を天壇を前にしていとも嚴肅に執り行はせられたのである。

この御儀を前にし、神韻漂渺たる古樂の吹奏を耳にし、殷々として天地に木靈する百一發の皇禮砲をきゝ、遙かに地平を離れつゝある新しき太陽を望み見たとき、一瞬、天地萬有は莊嚴そのものゝ光被化有を感じ、

飛躍！日本！

新生！滿洲國！

の二つの宿命について、輝やかしき示唆を痛感せしめられたことを忘れることが出來ない。

康德元年三月一日、新京郊外杏花村に於て著者も參列の光榮に浴したる新帝登極式の朝のことである。

眼を轉じて大同廣場の方を顧みれば、其處には所謂天を開き地を闢く國都建設の大計畫既に其片鱗を地上に現はし、杏の花咲く無人の境は、今や一躍世界第一の新鮮にして且完備したる大都會たらんとし、一つの機緣を樞軸として飜轉する新らしき歷史の展開を、人々の胸に強く植えつけずにはおかなかつたのである。「滿洲移民の新らしき道」

×

爾來五年、滿洲國の躍進は世紀の驚異といはれ、國都新京の發展は世界都市發達史上空前のものと評されてゐる。それらの實狀は後の各章に於てくはしく語りたい。

新京の地理

位置と地勢　大同廣場の中央に、水準原點のあることまで、氣のつく視察者は少いだらう。青銅の寶珠を、白い御影石の臺の上に載せたこの原點は、何かの裝飾か小さな記念碑のやうにも見える。それに立札の説明も剝落して、今はさだかに讀みかねるのである。

滿洲國内の標高は、勃海灣の壺盧島にある檢潮器の、中等水位を基準として計算するのであるが、これはその原點として設けられたものである。したがつて、この原點の示すものは勿論標高なのであるが、こゝが新京の中央であるから、緯度經度もこゝで測つたものを擧げて置きたい。

東經一二五度一八分五五秒

北緯　四三度五三分〇六秒

標高二一八米一七

つまり新京の位置は緯度に於て北海道旭川、經度に於て朝鮮新義州附近に相當し、標高は山梨縣甲府附近に匹敵するといふのである。

新京は滿洲の略中央に位してゐるといつて差支へないであらう。ほんとうの中心は扶餘縣の扶餘であると聞いてゐるが、新京の西北方僅かに百六十四粁を距てるのみであるし、地勢の上から見ても新京の南、公主嶺との間を懷德から伊通へ走る連丘が南北滿洲の分水嶺を形造つてゐるからである。

松花江流域の北滿平野は、新京附近から北方に展開する。したがつて、新京の周圍は一帶の沃野で、たゞ東南に當つて石碑嶺の連丘が柔かな線を描いて起伏し、市の東側を水量に乏しい伊通河が流るゝのみである。伊通河は北流して哈爾濱との中間、陶賴昭附近で第二松花江へ合流する。

氣候　新京の氣候は所謂大陸的で、季節の移り變りは驚くほど速やかである。

春は遲く來て慌たゞしく去る。三月のなかばには長い冬も終りに近づいて、そろ／＼氣溫が上つて來るが、草木は五月の中旬にならぬと芽吹かない。新京の春を飾る唯一の花、杏が咲いて散れば既に夏である。

新京の夏は實に爽快である。近年では昭和八年の最高氣溫三七度一分といふ記錄があるが、ほんとうに暑いのは七月一ケ月で、それも濕度が低く空氣が乾燥してゐるから、蒸し暑いといふ不愉快さがなく、少し厚地の夏服でも着て强い直射日光を避ければ一向苦にならない。殊に夕暮になると氣溫がぐつと下り、夜の涼しさは大陸の夏のよさをしみ／＼感じさせる。――夏の夜は蚊を疵にして五百兩、といふ川柳があるが、新京には蚊も殆んどゐない。

八月の中旬を越すと、早くも秋の氣配が動きそめ、九月に入ると秋晴れが續いて穀物が稔る。十月の初旬には初霜が降り、追ひかけるやうにして初雪が來る。路上には青いまゝの木の葉が一夜に散りしき、百貨店には防寒用品が一齊に陳列される。

十月の中旬には長い冬が初まる。寒氣と煤煙を避けるために二重窓の目貼りをしたり、防寒具や暖房設備の整備に暫らく御婦人の忙しい日が續く。滿洲の寒さは殺人的のものゝやうに考へられてゐるが、決してそれ程ではない。新京でも零下三十度位まで氣溫の低下することもあるが、所謂三寒四溫で周期的に暖い日が續くし、前にも記したやうに濕度が低いので餘り苦痛は感じない。「滿洲に於ける冬季の氣候に對する人體の適應力について」といふ長い題の研究を發表された京大理學部の正路倫之助博士も――新京の寒さなど大したことはありません、長時間戸外に居る場合は防寒具も必要だが、二時間以內ならその必要はありません――と云つてゐる。まして屋內は暖房設備が行屆いてゐるから、新京の冬は內地のそれに較べて決して凌ぎにくいことはない。

春夏には南風が多く、秋冬はおもに西風が吹く。四月から五月へかけて強い風の吹く日が多い。所謂蒙古風で黃塵萬丈、空が眞赤になつて日影の薄れるやうなことも珍らしくない。春の訪れば嬉れしいけれども蒙古風の襲來は惱みである。

そんな時、靜かな雨は心の中までしつとりと潤ほしてくれる心地がする。半年も續く長い冬の間、雨は殆んど降らないと云つてもいゝ。春雨――といふ言葉が新京ほど適切に響くところはあるまいと思ふほどである。七、八月を雨季といふが、それも連日降りつゞくやうなことは絶えてない。滿人は――日本人が殖えたら雨が多くなつた、とか――日本人が雷を背負つて來たとか云ふさうであるが、今年（昭和十三年）は相當に降つた。

雪はせいぜい積つても四五寸、それも內地のやうに頻繁には降らない。今年は市中の除雪を大同公園に集めて、兒童のためにスキー場を作る計畫だと聞くが、濕度の關係で文字通りの粉雪であるし氣溫の關係ですぐ解けるやうなことがないから、かういふ時には重寶である。

一冬の間に四、五回は霧氷の美觀も見られる。

區域と面積　新京特別市は大別すると　城內・商埠地（舊市街）・滿鐵附屬地・寬城子・國都建設局事業施行區域（新市街）同計畫區域の六地區から成つてゐる。

大同二年（昭和八年）四月敎令第二十三號によつて定められた地域は、面積約二百平方粁に過ぎなかつたが、康德二年（昭和十一年）先づ寬城子を行政圈內に取り入れ、同四年勅令第二百八十號を以て隣接長春縣の一部と、雙陽縣の一部である淨月區域を編入し、更に同年十二月一日治外法權の撤廢・滿鐵附屬地行政權の移讓によつて、附屬地の地域を包含することゝなつたので、現在の市域は約四百四十平方粁に亘る尨大なものである。

しかも最近第二次の市域擴張が考慮されつゝあり、若しこれが實現の曉には長春縣・雙陽縣の各一部約二十平方粁が編入されることゝなるので總面積約四百六十平方粁となり、東京市の五百七十平方粁に次いで世界第四位の面積を有する米國シカゴ市に接近することゝなる。

市域總面積の內譯は左の如くである。

舊附屬地	約五平方粁
城內	約八平方粁
商埠地	約四平方粁
寬城子	約四平方粁
新市街	約七九平方粁
國都建設計畫區域	約三四〇平方粁
計	約四四〇平方粁

但し舊附屬地・城内・商埠地・寛城子・新市街合計約一〇〇平方粁が國都建設計畫事業施行區域であり、康德四年十二月を以て第一期五年計畫を完成、第二期三年計畫（第一期建設事業の充實補整・殘餘工程の建設完成）に入つたのである。

附記　新京特別市の面積に關しては現在數種の數字が發表されて居り、しかも、それ〲據り所を持つてゐることは各發表者に就いて確めることを得たが、こゝには國都建設局の調査によるものを擧げて置いた。

人口　最も端的に國都の躍進振りを物語るものは、超高速度を以て增加しつゝある人口である。首都警察廳最近の調査による昭和十三年七月末現在の戸口は左の通りである。

戸口	日本人		滿洲人			歐米人	其他	無國籍
	內地人	半島人	滿漢族	蒙族	回族			
戸數 七三、四九三戸	二〇、一二一	一、七九六	五〇、四八四	九三	三七六	三三	八	三二六
人口 三六一、九八七人	男 四〇、五九七 女 三三、八三四	男 五、二一五 女 三、六四七	男 一六七、〇四六 女 一〇六、八四五	男 二三七 女 一五六	男 二、三三三 女 一、二六三	男 五三 女 三三	男 三六 女 二八	男 四〇九 女 三七〇

前月に比し戸數は二、二九六戸、人口は三、一五〇人の增加を示す

更に滿洲事變の勃發した昭和六年以降の人口增加を表に示すと次の通りで、特に日本人の激增は目

覺しく、國策線に沿ふて陸續大陸發展のために参加する有樣は賴母しい限りである。

年次	總數 特別市	總數 附屬地	總數 計	日本人 特別市	日本人 附屬地	日本人 計	滿洲人 特別市	滿洲人 附屬地	滿洲人 計
昭和六年	九三、九五〇	三一、四一六	一二五、三六六	二三〇	一一、九六八	一二、一九八	九三、七二〇	一九、九三七	一一三、六五七
同七年	一二六、三〇九	四〇、七二七	一六七、〇三六	四、二七六	一四、一一一	一八、三九七	一二三、〇三三	二一、一六〇	一四四、一九三
同八年	一四〇、九四五	五一、一三八	一九二、〇八三	四、六八六	一六、三〇九	二〇、九九五	一三六、二二五	二四、三五六	一六〇、五七一
同九年	一五五、五七九	五八、八七二	二一四、四五一	九、一九二	三二、八〇二	四一、九九四	一四六、三四五	二五、六九三	一七二、〇三八
同十年	二〇四、八五六	六三、〇九五	二六七、九五一	一三、六六五	四四、三八七	五八、〇五二	一八一、六九五	二七、三九五	二〇九、〇九〇
同十一年	二四一、五五三	六四、〇二五	三〇五、五七八	二五、一二六	三三、二八一	五八、四〇七	二二二、四七六	二七、二七三	二三九、七四八

附記『大新京經濟概觀に』據る

昭和十二年十二月末現在

戶口	日本人 內地人	日本人 朝鮮人	滿人	其他外人
戶數 六七、一二七戶	一七、二五四戶	一、四九三戶	四八、一六四戶	二一六戶
人口 三三二、六九二人	六五、二三五人	七、〇三二人	二六一、六九一人	七三四人

交　通　市内の交通機關はバスを主として、タクシー・馬車・人力車などが乘用されてゐる。新京東京間を僅か九時間足らずでロックヒード機が飛んでゐる今日から見れば、馬車や人力車は時代錯誤の感がないでもないが、附屬地と城内だけの頃は結構これで間に合つたのであらう。しかし、これも亦捨て難いよさを持つてゐるのである。勿論市域の擴大につれてタクシーの盛んになりつゝあることは云ふまでもない。

馬　車　――滿洲もこゝまで來ると馬車の轅木（ドリシュケ）が、南滿と違つて露西亞式となつてゐる……僕は、この轅木（ドガー）が好きでネ。

今枝折夫さんは新京の馬車のことを「滿洲異聞」（月刊滿洲社版）の中で、かう云つてゐる。城内を除いては内地と少しの變りもない新京で、先づ旅人に異國情緒を味はせてくれるものは、この馬車であらう。現在新京馬車人力車組合に加入してゐる馬車の數は二千六百四十臺あるといふ。一頭曳二人乘り（窮屈ながらスペアシートもある）御者はいづれも滿人である。

馬車（マーチョ）……と聲を擧げて呼べば、何處に居ても飛んで來るし、一直走（イーチゾー）（眞直ぐに）後邊兒（フォーベル）（後へ）右（ユー）邊兒（ベル）（右へ）左邊兒（ツォーベル）（左へ）の四語さえ知つてゐれば思ひのまゝに走らすことが出來て、しかも賃金は近ければ五錢か十錢、少し遠くても二十錢（筆者は五分間五錢の割で拂つてゐる）も出せば別に嬉れしさうな顔もしないが不服もいはない。尤も稀には賃金でいざこざもあると見えて、近く新京驛と大同廣場間二十錢を標準として、主要な通りには區間を切り賃金を明示した標識を立てる計畫があるさうである（今でも規定はあるが、必ずしもそれに據つてはゐない）

晩春初夏の候、柳絮頻りに舞ふ巷を馬車（マーチョ）を驅る氣分は滿洲でなければ味へぬものであらう。こんな時、馬の頸につけた鈴の音をきいてゐると、私はほのかな鄕愁が心をかすめて流れるのを感じる。

洋　車　新京では人力車を洋車（ヤンチョ）と云ふ。勿論東洋車（トンヤンチョ）の略されたものであらう。

筑前の人、和泉要助が初めて人力車を發明して官許を受けたのは、明治三年の春であつたといふが、この輕便至極な乘り物は、忽ちのうちに國內はさらなり、遠く支那・歐米まで進出して、今日もなほ東半球の乘物界に幅を利かしてゐると云ふ譯である。お古い云ひ草だが所變れば品變るで、日本生れの人力車も新京の洋車（ヤンチョ）は前記の通り、北支に行くと小車（シャオチョ）となり、上海名物黃包車（ウォンパウツォ）と呼ばれ、厦門では東洋車（トンヤンチョ）、シンガポールのリキシアは勿論だが、ビルマのキリマもどうやら日本語の訛りらしい。

閑話休題、新京の人力車は約一千二百臺、車夫は悉く滿人である。車には二種あつて一は日本式、他は滿洲式である。滿洲式は車臺が低く梶棒がヤケに長い上に、その梶棒や泥除けには銅や眞鍮でピカピカと裝飾したりしてゐるので、見た眼は威勢が惡いが乗り心地はなか〳〵快適である。思ふに日本式は速力を第一とし、滿洲式は乗り心地を主として考案されたものであらう。こんなところにも國民性が窺はれて面白い。

洋車の賃金は、馬車より少し餘計拂ふ習慣らしい。筆者は大體五割增見當を拂ふことにしてゐる。

バス　バスは市內交通機關の主力である。

街に騷音を撒き散らし、兎角に交通事故の多い軌道電車は、國都建設計畫によつてオミツトされ、これに代るバス網が新京の隅々は勿論、國都を中心として八方に走る大國道にまで及び、または及ばんとしてゐるのである。これらは凡て新京交通株式會社の經營によるもので、國都の發展に伴つて路線の延長、車輛の增加等目覺しい躍進をつゞけてゐる。

日本橋通り・大馬路・南關の間を主なる路線とする滿電バス、官吏通勤用として僅かに數臺の車輛を運轉する市公署バスを有するに過ぎなかつた數年前に較べて、これは又餘りにも激しい變りやうである。

新京交通株式會社は市內交通事業統制のため、前記二バスを合併、大連南滿洲電氣會社と、市公署の折半出資によつて康德二年七月八日資本金壹百萬圓を以て設立され、同月二十日營業を開始したものである。本社及び社庫を豐樂胡同一〇一に置き、現在市内路線十六系統、市外路線六系統、その總延長四五五〇粁、車輛一四〇臺を運轉しつゝある。

本年は更に冬季乘客の増加に備へ、兼て車隔を短縮するため、新車七十臺を増車することになつてゐるから、寒中路傍に足踏みしながら車を待つ苦痛も解消するといふ譯である。同社經營の觀光バスについては「觀光の新京」の項に詳記してある。

路線系統・賃金等は左の通りである。

市　内

1　驛　前—國務院—安民廣場
2　驛　前—至聖大路—安民廣場
3　驛　前—南廣場—朝日通—寶山—大同大街—三中井—興安大路—興亞街—南新京驛
4　驛　前—陸軍官舍—白菊町—陸軍病院・白菊町—興安大路—大同廣場—大同大街—寶山—朝日通り—南廣場—驛前
5　驛　前—大經路—吉林大路—（電業村）通・化路—義和路—同治街—豐樂路—大同大街—驛前
6　南　關—南　嶺—大同大街—三中井—豐樂路—交通會社—二馬路—大馬路—南關

7　白菊町—興亞街—安達街—南新京驛—錦丘女學校—安民廣場—至聖大路—同治街—大同大街—三中井—興安大路—白菊町

以上は均一定路線にして4.5.6.7.は循環1.2.3.線路線は新京驛及安民廣場にて接續運轉をなし料金は同一系統と見做して拾錢均一

但し①②は3號線と接續せず安民廣場にてのみ接續す

11　驛前—南關

12　驛前—寬城子

13　南廣場—春日町

14　南廣場—東站

15　南廣場—新天地

16　南關—二道河子

以上は區間路線にして全線一區、一區の料金五錢とす。

21　白菊町—興安大路—長春大路—東大橋

22　白菊町—昌平街—興亞街—給水塔—興仁大路—順天大路—安民廣場—至聖大路—同治街—興

仁大路—大同廣場—興安大路—白菊町

23　南　關—吉林大路—通化路—義和路—國務院—安民廣場—至聖大路—同治街—興仁大路—大同大街—大同廣場—長春大路—北大街—南大街—南關

③　新京驛—南新京廣場折返し運轉

以上は通勤專用線の均一路線にして10錢均一とす22 23號は片廻りとして前記經路は午前と午後は逆コースを經るものとす

市　外

淨月潭行バス	一・五〇
伊　通	三・〇〇
双　陽	二・七五
双城堡	二・四五
伏龍泉	二・七〇
萬寶山	一・一五
小八家子	一・一〇

國　道　國道の建設は交通部道路司の主管するところで、目下第二次國道建設五ヶ年計畫により一粁當り大凡そ五千圓の工費を以て、四季を通じ自動車の運行可能なる最少限度の道路建設を目標として進みつゝある。

新京を中心とする主要道路は次の如くである。

新京—伊通	六七・七粁	（竣工）
新京—吉林	一〇八・八粁	（同　）
新京—公主嶺	六九・五粁	（同　）
新京—農安—扶餘	一六四・〇粁	（未成）
新京—懷德—公主嶺	八七・〇粁	（竣工）
新京—雙陽	五〇・〇粁	（同　）
新京—九臺	五一・〇粁	（同　）
新京市環狀線	四八・七粁	（同　）

鐵　道　滿洲建國後の新京は、京圖・京白線の開通に次いで北鐵を接收し、こゝに滿鐵本線を加へ

途を辿りつゝある。

京濱線

新京・哈爾濱間を結ぶ京濱線は、現滿鐵連京線と共に、東方侵略を目指す露西亞が滿洲經略の幹線とすべく建設した舊東淸鐵道南部線である。日露戰爭の結果長春（現新京）以南を日本に讓渡し、更に革命勃發のために勢力を失墜して一九二四年（大正十三年）支那との協定によつて名稱も中東鐵路と改め、純然たる商業機關として運營さるゝことゝなつたが、露支兩國の經營方針は常に一致を缺き幹部間の紛爭が絶えず、遂に一九二九年露支紛爭を惹起するに至つた。支那側はこの一戰に脆くも敗れて爾來聲をひそめてゐたが、その交涉中に滿洲事變が突發し、滿洲國の出現によつて北滿鐵路と改稱した。その後京圖線（昭和八・九）拉濱線（昭和九・九）が開通するに及んで著しく經濟價値を減殺され、經營困難に陷つてゐたが、滿露の間に讓渡の交涉が進み、日本の斡旋によつて康德二年（昭和十年）三月價格一億七千萬圓を以て滿洲國に接收された。從來北鐵の軌道は幅五呎であつたが、大連哈爾濱間に直通列車を通ずるため、同年八月三十一日最終列車の通過と同時に歴史的ゲージ變更を行ひ、全線二四二粁を一齊に二吋縮め四呎八吋の標準軌條に改めた。爾來滿洲國營鐵道として、その經營を滿鐵に委託、北滿開發線としての機能を發揮しつゝある。

京圖線

滿洲の心臟部を東西に貫いて新京・圖們間を一直線に結ぶ京圖線は、昭和八年九月一日敦圖線一八九粁の開通と共に從來の吉長線・吉敦線を併せた名稱である。終點圖們驛は圖們江を隔てゝ北鮮南陽に相對し、國際鐵橋によつて接續、一は隱城・慶源を經て雄基・羅津に至り、他は南下して會寧を經て爲津に達し、所謂北鮮三港に連絡する外、吉林で奉吉線、拉法で拉濱線に接續、蛟河から炭坑線・奶子山線を、朝陽川から朝開線を分岐、圖們では圖佳線に接續してゐる。交通運輸上緊要なのは勿論北滿の資源開發に貢獻するところ至大日滿產業經濟上に及ぼす價値が大きいばかりでなく、國防軍事上の見地からも頗る重要な路線である。全線五二八粁、滿鐵の委任經營である。

京白線

新京から西北走して白城子に至る京白線は全長三三三・二粁、白城子で平齊線・白溫線に接續する。康德元年四月着工、翌二年五月新京・大賚間を竣工これを假營業線とし、更に同七月白城子まで敷設を終つたが假營業を行はず、同年十一月右を一括して京白線と改め本營業を開始するに至つた。なほ白溫線は康德四年十月ハロンアルシャンまで延長され、從つて京白線は外蒙資源の開發に重要な役割を持つと共に、農安・扶餘・大賚方面の農產地と新京を結ぶ重要線である。

大連を起點として奉天・新京を縱貫する連京線（延長七〇一・四粁）は、既に述べた如く日露戰爭に依つて獲得した權益の下に、明治四十年四月一日業務を開始した南滿洲鐵道の幹線で、滿洲國の大動脈を形成して歐亞連絡の重大使命を擔ふと共に、日本の大陸發展の根幹として今日に至つたものである。大連・哈爾濱間のアジア、大連・新京間のハト、釜山・奉天・新京間のヒカリの運轉等、世界一流の鐵道に伍して遜色なきものである。

航空路　快適な空の旅……わけても大陸のそれは素晴しい。

滿洲の航空事業は、準特殊會社である滿洲航空株式會社によつて經營されてゐる。同社は大同元年（昭和七年）九月設立、十一月三日營業を開始したもので、最初の資本金三百八十五萬圓、康德三年（昭和十一年）十月八百萬圓に增資した。本社を奉天に、支店を東京に、又新京を始め全滿各地に營業所を置き、業務は航空輸送の外空中寫眞・測量等航空關係一般竝に航空機の製作修理等であつたが、產業開發五ヶ年計畫の修正は特に兵器・車輛・自動車等と共に、飛行機の製作に拍車をかけることゝなつたので、康德五年（昭和十三年）六月十八日新に特殊會社として、滿洲飛行機製造株式會社が創立され（資本金二千萬圓・四分の一拂込・滿洲重工業開發會社引受）製作修理の部門は同社がこれに當ることゝなつた。

滿洲航空會社の航空路及び賃金は次の如くである。

新京(四一・〇〇)牡丹江……………………………………毎週三往復

新京(三七・〇〇)延吉(四四・〇〇)琿春(四九・〇〇)潸津……………毎週二往復

新京(一六・〇〇)通遼(三六・〇〇)開魯(五六・〇〇)東林(六九・〇〇)林西(八・七三〇)

赤峯(一〇四・〇〇)承德……………………………………承德行毎週二回　新京行毎週一回

哈爾濱(二八・〇〇)牡丹江(三〇・〇〇)林口(四七・〇〇)勃利(六〇・〇〇)佳木斯……毎週三往復

哈爾濱(三〇・〇〇)依蘭(三九・〇〇)佳木斯(七三・〇〇)富錦……………毎週三往復

哈爾濱(二八・〇〇)北安嶺(四二・〇〇)孫呉(五七・〇〇)大黑河(八二・〇〇)

嫩江(一〇五・〇〇)齊々哈爾……………………………………兩地より毎週二回宛

牡丹江(一二・〇〇)八面通(二六・〇〇)半截河(三二・〇〇)密山(九三・〇〇)虎林(六七・〇〇)

饒河(八八・〇〇)同江(九七・〇〇)富錦……………………………兩地より毎週二回宛

牡丹江(七・〇〇)穆稜(一八・〇〇)綏芬河(二五・〇〇)東寧……………毎週二往復

奉天(一五・〇〇)錦州(四三・〇〇)承德…………………………毎日運航

奉天(一七・〇〇)桓仁(二四・〇〇)通化(三一・〇〇)輯安(四四・〇〇)安々(五二・〇〇)大連……兩地より毎週二回

錦州(二八・〇〇)山海關……………………………………毎週二往復

なほ同社の新鋭ハインケル機（郵便・貨物）は、日本海横斷日滿直線コースを開拓、六時間翔破の記錄を確立した。

日滿連絡空輸は、日本航空輸送株式會社（昭和三年創立・資本金一千萬圓・本社東京・營業所大連）によつて、昭和四年營業を開始されたものでものである。

最近ロツクヒード機が就航して、新京・東京間を八時間四十五分で飛ぶことゝなり、從前に比して一時間四十分を短縮した。新京から東京への航空路は――新京午前七時四十五分發、奉天（八時五十分發）京城（十一時二十五分發）を經て、蔚山港の上空で朝鮮を離れ一直線に福岡へ飛び、同所で小憩の後午後二時三十五分發、一路東京に向ひ午後四時三十分羽田空港着――となる。現在大阪へ行くには福岡で乘り換へるのであるが、昭和十四年一月からは大阪へも着陸するやうになる。

思ひ出のペーヂ

あなたの見聞感想、詩歌、俳句など御書き下さい。友人との寄せ書、逢つた人のサイン、驛印などもよい旅の記念となるでありませう。

滿洲の常識

國旗　滿洲帝國の國旗は五色旗である。民國當初の漢滿蒙回藏を象つた五色旗に似てゐるので、世間では一般にその類のものと思ふてゐるが大同二年二月二十四日の國務院布告によると

「滿洲國々旗の意義は青は東方、紅は南方、白は西方、黑は北方、黃は中央にして、中央行政を以て四方を統御する義」とある。

皇室御紋章　皇室の御紋章は蘭花をシンメトリカルに組立てられたものでこれは康德元年四月二十五日帝室令を以て公布された。

國花　國花として高粱が用ゐられる蓋し日本の稻米の如き主食物で滿洲穀物の第一位に置くべきものとしてゞあらう。

新京特別市の紋章　新京特別市の紋章は丸の中に京の字を圖案化したもので三重丸のやうに見える。大同元年九月二十一日に規定せられたものである。

協和會本部

首都警察廳

市立千早病院

新京特別市公署新廳舍

國防會館

同上全景

市立病院

上・建國廟
下・清眞寺

孝子廟

東本願寺滿洲別院

新京神社

關帝廟

護國般若寺

孔子廟

大陸科學院

大同學院

新京醫科大學

建國大學

新京の市政

市政の沿革　新京の自治制は民國十四年（大正十四年）長春市政公署の設立に始まる。次で同十八年（昭和四年）市政籌備處を設けて從來の開埠局を併合し城内及び商埠地の一般行政を司ることゝなり、同時に吉長道尹公署を廢した。

民國二十年（昭和六年）九月滿洲事變が勃發すると吉林の參謀長熙洽氏（現宮內府大臣）は全滿に魁けて吉林省政府を樹立、九月二十八日堂々と獨立宣言を發表して民國の羈絆を脱した。次いで地方自治委員會の設立を見、市政籌備處を廢して長春市政府が置かれた。

翌大同元年（昭和七年）三月一日滿洲國の建設と共に同月十日長春を國都と奠められ、續いて同月十四日新京と改稱、市政府は改めて新京市政公署となつた。翌大同二年（昭和八年）四月十九日新京特別市制が布かれ、現在の新京特別市公署となつた。

その後康德三年（昭和十一年）一月一日北滿特別區公署の廢止に伴つて寬城子を併合、同四年（昭和十二年）十月双陽・長春兩縣の一部を編入し、又同年十二月一日日本の治外法權撤廢・滿鐵附屬地行政權の移讓によつて、更に市行政の擴大を見たのである。

これに伴ひ從來の暫行保甲法は廢止され、市を十八區に別つて各區に名譽職の區長を置き市行政の補助機關とし、市公署機構も擴充された。又從來國務院の直轄であつた國都建設局が第一期事業の完成と共にその官制を廢止され、新に臨時國都建設局官制の公布によつて康德五年（昭和十三年）一月一日から市の外局となり、こゝに市行政の一元化が完成された。

特別市の機構　特別市制は大同元年八月十七日公布され、新京・哈爾濱の二市に布かれたが、康德四年七月以後哈爾濱は特別市を解かれたので、現在では新京が全滿唯一の特別市である。

特別市は法人として直接國の監督を受け省の行政範圍外にある。この直接國の監督を受ける點が普通市と異る點である。特別市に居住するものは凡て特別市住民と看做され、特別市の財產及び營造物を共用する權利を有し、特別市の負擔を分任する義務を負ふ。

特別市長は特別市を統轄し、特別市を代表する。特別市長は特別市の公共事務及び法令又は慣例に依り特別市に屬する事務竝に特別市住民の緊急の危急警戒防禦に關する事務を擔任する。

特別市の事務に關し市長の諮問に應ぜしむるため特別市諮議會を置く。諮議會は市長の選任する十五人以內の諮議會員を以て組織する。

特別市には官房及び行政・財務・衛生・工務の四處を置き、市長は國務總理大臣の指揮監督を承け各部大臣所管の事務に付てはその指揮監督を承け、法律命令を執行し市內の行政事務を管理する。

臨時國都建設局は新京特別市長の管理に屬し、國都の都市計畫及びその執行に關する事項を掌る。

現在の機構を表示すれば左の如くである。

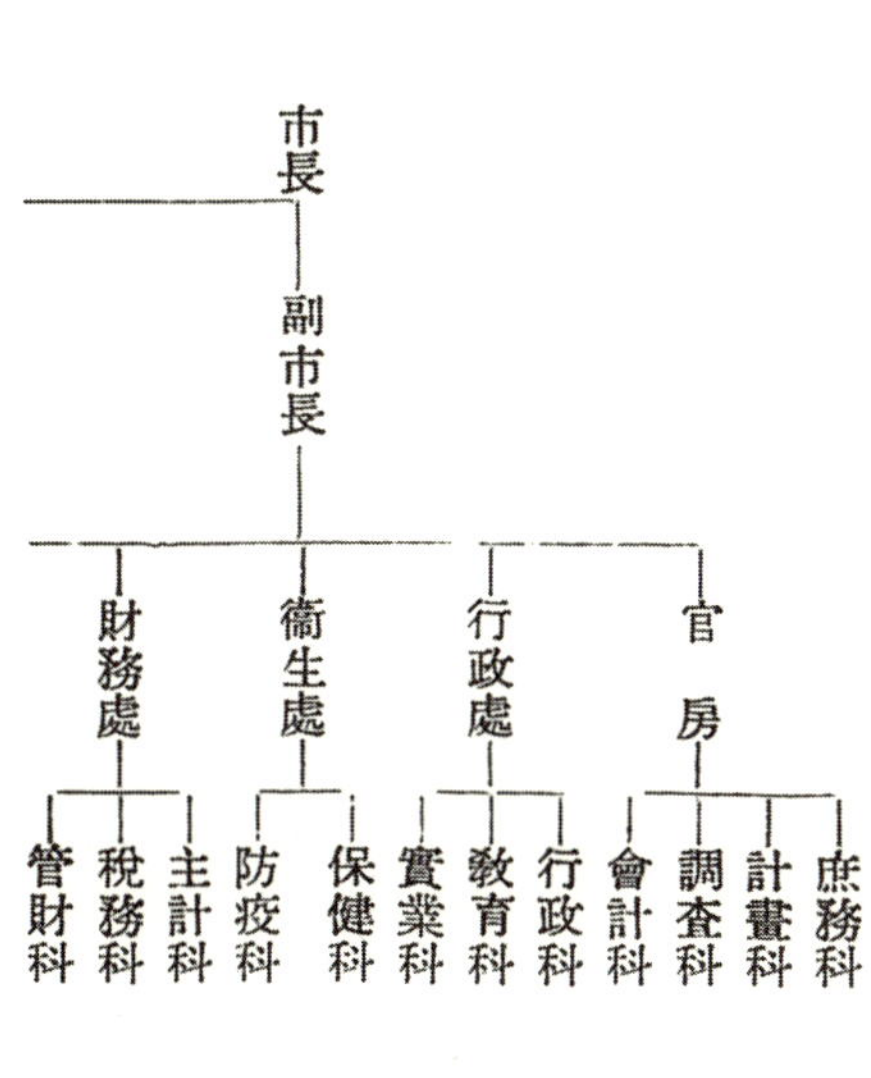

- 工務處
  - 土木科
  - 水道科
  - 營繕科
- 臨時國都建設局長
  - 庶務科
  - 管理科
  - 工事科

尚諮議會員十五名（日七・滿七・鮮一）の氏名は次の如くである。

大原萬千百　辯護士・前附屬地々方委員議長
藤山　一雄　民生部囑託
古山　勝夫　滿鐵新京支社次長
石橋　米一　電業常務理事
栗田次郎　滿洲興業銀行庶務科長
松田彌三郎　前民會副會長
田中　卓二　前附屬地々方委員
李　鍾　元　前朝鮮居留民會長

董　暘　前新京特別市行政處長
董毓舒　電々新京管理局長
孫　澂　興銀監事
王荊山　新京商工公會副會長
孫化南　新京商工公會常務理事
王子衡　益發銀行經理
畢維垣　士紳

財　政　新京特別市の財政は、人口增加と市政の發展に伴ふ施設、事業の擴充のため年々膨脹する一方であるが、殊に康德四年（昭和十二年）度に於て市域擴張、滿鐵附屬地行政權の移讓が行はれた結果、康德五年度の豫算は公益企業經濟を加へて約一千百萬圓、前年度決算額に比し著しい膨脹を示してゐる。

本市が財政上他都市と事情を異にするのは、國都であるといふ點にある。卽ち國都として體面を維持し、且將來の發展に備ふるため種々の施設を必要とする關係から、支出は今後いよ〳〵增加するものと思料せねばならない。市當局はこれが對策として公企業による收益の餘力、市有財產よりする收益の增加を計り、市民負擔の加重を避けることに極力努め、特に滿鐵附屬地行政權移讓による經費の不足額は、これを國庫の補助に求めてゐる。なほ國都建設局の豫算三百三十萬圓は國の特別會計である。

今本市の康德五年度一般會計豫算の內容を見るに左の通りである。

歲入

種別	金額	%
市稅收入	圓 一、八九五、六四二・〇〇	二八・三三
市有財產收入	三七六、七六二・〇〇	五・六三
公益企業よりの繰入竝其他の收入	二、〇九三、三〇七・〇〇	三〇・五九
公債	一、四〇〇、〇〇〇・〇〇	二一・六一
國庫補助	九二六、二九三、〇〇	一三・八四
計	六、六九二、〇〇四・〇〇	一〇〇・〇〇

歳出

種別	金額	%
公署費	七六五、九六七・〇〇	一一・四五
教育費	七四六、三六五・〇〇	一一・一五
保健費	一、二六九、九七五・〇〇	一八・九八
土木	八五三、五一五・〇〇	一二・七六
社會諸費	三三四、三四一・〇〇	五・〇〇
產業	九八〇、五一九・〇〇	一四・六五
公債費	三六四、九五〇・〇〇	五・四五
諸稅及負金	五三〇、二九一・〇〇	七・九二
其の他	八四六、〇八一・〇〇	一二・六四
計	六、六九二、〇〇四・〇〇	一〇〇・〇〇

右歳出中「其の他」には中央卸賣市場、交通竝に電氣事業の投資金五五〇、〇〇〇圓、八・二二%が含まれてゐる。

次にこれを特別會計（上水道・市營住宅・醫院・阿片痲藥類作業）を含む市總豫算より見る時は、公益企業費は四、七一一、〇二八圓（四一・三一%）一般行政費は六、六九二、〇〇〇圓（五八・六六九%）となる。

なほ本市公債とその使途に就て見れば、康德五年一月一日現在に於ける市債總額一三、八八六、四〇四圓中、公企業支出額八、八一七、五四八圓（六三・四九%）一般行政費支出額三、四四八、三九六圓（二四・八〇%）基本財産造成費を含む投資額一、六二〇、四五九圓（一一・七一%）となつてゐる。

更に市税竝に市債と市住民の負擔狀況を見るに

種別	一人當負擔額	一戶當負擔額
	圓	圓
市税	五・三八	二六・七三
市債	三九・四四	一九五・七九

であつて、これを東京市の昭和十年度に於ける市税一人當六圓四十五錢、一世帶當三十一圓七十九錢、市債一人當百三十三圓十九錢弱、一世帶當六百五十六圓五十一錢に比較すれば、本市財政の堅實と本市が市民負擔の輕減に意を用ひてゐることが諒解される。

なほ參考として康德元年以降の歳入歳出累年比較表を擧げて置く。

歳入歳出累年比較衣

歲入

區分		康德元年度	指數	康德貳年度	指數	康德參年度	指數	康德四年度	指數
一般會計	經常部	一、〇六二、八九五	100	一、〇三九、二三〇	九八	一、三二一、五〇八	一二四	一、三一四、〇八八	一二四
	財產收入	四七三、八三五	100	三〇三、六八二	六四	三三五、四五九	七一	三四二、七一三	七二
	使用料及手數料	九一、八二五	100	一四六、八三八	一六〇	二〇七、五六九	二二六	二二五、三三六	二四五
	施醫院收入	—	—	—	—	九、七〇〇	100	九、八二五	一〇一
	雜收入	四八、九三五	100	一〇三、一一〇	二一一	一一五、八〇八	二三七	一一〇、三三三	二二五
	市捐	四四八、三〇〇	100	四八七、〇〇〇	一〇九	五三三、九九二	一一九	六二五、八七一	一四〇
	臨時部	三、〇四四、四二一	100	四、四一〇、六七八	一四五	五、七九五、七三一	一九〇	二、三六三、〇三六	七八
	繰越金	八二、八二一	100	一、六八二、二〇三	二〇三	一、五八〇、三二四	一九一	三九〇、七六九	四七二
	國庫補助金	二三〇、〇〇〇	100	一、一一五、〇〇〇	四八五	一九〇、四五四	八三	八三一、〇三〇	三六一
	借入金	二、六五〇、〇〇〇	100	一、〇七〇、〇〇〇	四〇	三、一九〇、〇〇〇	一二〇	二八八、〇〇〇	一一
	其他	八一、六〇〇	100	五三三、四七五	六五四	七三四、九六三	九〇一	七七三、二〇七	九四八
	合計	四、一〇七、三一六	100	五、四四九、九一八	一三三	七、〇〇七、三三九	一七一	三、五九七、一一四	八八
市營住宅特別會計	經常部	一〇四、八四七	100	一三九、〇四〇	一三三	一三八、七五七	一三二	一二七、〇一三	一二一
	臨時部	四三五、二〇五	100	—	—	—	—	二四、一五五	六
	合計	五四〇、〇五二	100	一三九、〇四〇	二六	一三八、七五七	二六	一五一、一六八	二八
水道特別會計	經常部	五九、八三〇	100	九四、五七八	一五八	一一八、四五五	一九八	一四六、三四七	二四五
	臨時部	三二〇、〇〇〇	100	二七九、九六四	八七	三三〇、一七四	一〇三	四八六、七八六	一五二
	合計	三七九、八三〇	100	三七四、五四二	九九	四四八、六二九	一一八	六三三、一三三	一六七

歲出

區分		康德元年度	指數	康德貳年度	指數	康德參年度	指數	康德四年度	指數
一般會計	經常部	八〇七、二〇六	一〇〇	九六一、五七〇	一一九	一、〇九六、七二五	一三六	一、二二二、一〇九	一五一
	公署費	四三九、六九二	一〇〇	四七三、九八〇	一〇八	四五一、九八〇	一〇三	四五一、五三七	一〇三
	土木費	三七、〇〇〇	一〇〇	一三四、三三四	三六三	九一、四〇一	二四七	一一三、六五三	三〇七
	教育費	一五一、六八六	一〇〇	一九五、九一三	一二八	二〇八、九九一	一三七	二〇二、〇五九	一三三
	社會事業費	三三、四三三	一〇〇	五八、六二四	一七五	七六、九七八	二三〇	一二四、九〇一	三七三
	衛生費	一二四、〇〇九	一〇〇	一四五、八二〇	一一八	一六〇、一一三	一四〇	一七九、五五四	一四七
	社會施設費	六、〇一七	一〇〇	三三、一四八	五五一	三六、七七九	六一〇	六五、三五三	一、〇八四
	徵收費	—	—	—	—	—	—	四〇、一五七	—
	雜額	一五、三六九	一〇〇	三〇、七五二	二〇〇	七〇、五三三	二七八	四三、九八八	一七三
	臨時部	三、三九九、七〇〇	一〇〇	四、四二九、五〇七	一三〇	五、八八一、七七九	一七三	二、三七五、〇〇七	七〇
	營繕費	六八四、〇一一	一〇〇	二、一一〇、五〇〇	三一〇	一、九一八、九七五	二八一	一、三四四、一六五	一九七
	土木費	二、四四七、四四七	一〇〇	一、七五八、四六六	七二	七五三、五三〇	三一	四四八、九七一	一九
	補助金	一一、一〇〇	一〇〇	三四、八〇〇	三一四	六、二八〇	五六	一〇、三三八	九三
	市債	八九、〇〇〇	一〇〇	一〇五、七七五	一一九	三、一八八、九二三	三、五八三	四五三、三九〇	五〇九
	其他	一六八、一四二	一〇〇	四四九、九六六	二六八	五五、一〇一	二九	一一八、一四三	六三
	合計	四、二〇六、九〇六	一〇〇	五、三九一、〇七七	一二八	六、九七八、五〇四	一六六	三、五九七、一一六	八六
市營住宅	經常部	一三、六六二	一〇〇	二七、七九四	二〇三	三三、〇四七	二四二	三八、七二七	二八三

特別會計	臨時部	五二六、三九〇	一〇〇	五〇、六六三	一〇	九五、七一〇	一八	一、一三一、四四〇	三
	合計	五四〇、〇五二	一〇〇	七八、四一七	一五	一二八、五七七	二四	一五一、一六〇	二八
水道特別會計	經常部	四二、八七	一〇〇	七九、九四八	一八六	七三、九八六	一七三	八二、一三四	一九二
	臨時部	三三六、九二五	一〇〇	二八七、一七九	八五	三八四、七四三	一一四	五五〇、九九九	一六四
	合計	三七九、八一〇	一〇〇	三六七、一二七	九七	四五八、七二九	一二一	六三三、一三三	一六七

附　記　『新京特別市政の一斑』（新京特別市公署）に據る

區と區長　康德四年（昭和十二年）十二月治外法權の全面的撤廢に伴ふ滿鐵附屬地行政權の委讓によつて、新京特別市の行政一元化を見ると同時に全市を十八に別つて區を設けたことは前に述べた。これは從來施行されてゐた暫行保甲法に代る特別市制第十三條に基いて設置された行政區で、市街地區十二區、農村地區六區から成る。

東京市などの制度とちがひ新京の行政區は獨立的法人格を有たない。各區に名譽職の區長を置き市の補助機關とするものであり、特別市制による區長の職務は、市長の職務であつて區內に關するものを補助することにある。この區長の職務は區內の町會・屯會の組織を通じて遂行される。（屯會は農村に於ける町會の別名で、町會と屯會はその組織內容全く同一である。唯その對象が一は市街地であるに對し他は農村である點が異るにすぎない）

したがつて區長は管下諸町會の組織統制及び監督に關する權限を有つことは勿論、その管轄する事務の多角性から相當廣範圍に亘る實質上の權限を附與されてゐる。例へば家庭防護隊の組織指揮に關する權限、隣保委員としての權限等である。これらは嚴重な意味から云へば區長としての權限ではないが、現在市は事實上これらの職務を區長に兼任させてゐるのである。

區長は各町・屯會長に對する指揮連絡のため、また市と密接な連繫を保つために、區事務所を設け事務員を置いて事務の處理に當らせて居り、特に農村地區の區事務所には事務員の外に連絡員を置いて定日に市及び屯會との連絡に當らせてゐる。

その外市によつて每月區長例會が開かれ區政に關する報告及び意見の開陳等がなされると共に、市當局は委任事務に關して充分の諒解を求める等、區政と市政の圓滑を期してゐる。

要するに區は町會の指導機關であると共に、上意下達・下意上達の連絡機關として重大なる任務を持つものであり、これを果すことによつて市行政の補助機關たる役割を全ふすることになるのである

現在の區長並に區事務所は左の通りである。

區名	區長	區事務所	電話
吉野區	小松　兼松	吉野町記念公會堂	(3)　二〇四一

敷島區	早川　武夫	錦町二ノ七區長宅	(3)三二九六
寛城區	岩間甲斐之助	寛城子二酉街七二	(3)二八七二
長春區	馬　駿　風	東四道街四一	(2)二六三一（呼）
大經區	中村　七之助	豐樂路一郡ビル	(2)三〇〇六
興安區	佐藤　精一	城後路二〇九區長宅	(2)一二三七
東站區	沙　耀　金	東新京沙家屯	(2)二四三三（呼）
順天區	三木　修藏	永昌路三〇二	(2)三七八四
東光區	伊ヶ崎卓三	通化路三〇二電業社宅事務所	(2)一五〇九
和順區	王　連　泰	臨河街三道街門牌一八	(2)四三四七（呼）
淨月區	吳　志　達	四門李屯八號區長宅	
南河東區	潭　文　斌	小河沿子二二號區長宅	
北河東區	王　化　民	後十里堡門牌八號	
合隆區	荀　蔭　柏	上臺子門牌一三	
大屯區（承德區）	宗　紹　元	范家屯門牌七號	

雙德區（惠仁區）　王品卿　雙德店屯門牌一號

町會・屯會　町會はその町内に居住する世帯主又は店舗・工場・事務所を有する代表者を以て組織するもので、會員の推薦によつて區長の任命する町會長一名・副會長若干名の下に、町會の常務を處理する幹事若干名と、二十戸乃至三十戸に一人宛受持區域を代表する委員がある。これらの役員はすべて名譽職である。

町會の主な取扱事項は左の如きものである。

一、法令通達等の普及に關する事項
二、町・屯會の緊急防護に關する事項
三、神社・寺廟の祭典・各種奉祝宴に關する事項
四、公共物の破損又は異狀の發見申告に關する事項
五、法令に依る申告・屆出竝に納税の奬勵に關する事項
六、傳染病豫防・其他一般衞生に關する事項
七、教育の奬勵・教化の徹底に關する事項
八、生活改善・産業增進に關する事項

九、町・屯會共同一般の美風竝公共的義務觀念の向上に關する事項
一〇、戶口事務に關する事項
一一、前各項の外町會自治の目的達成に關する事項

現在新京全市を通じて町會五十・屯會十八計六十八の町屯會があり、役員は約三千名、會員の概數六萬人と推算される。

康德五年（昭和十三年）度の町會費の總額は一四四、四六二圓で、これを町會の經常的な財源とし外に市の補助金があり、臨時的な支出は町會內有志の寄附に仰いでゐる。町會費の一戶當り平均は一ケ月二十錢であるが寄附金を加算すると町會員の月額負擔は相當の額に上る。

先般國家防衞法に基く家庭防護隊が結成されて以來、町會の役員はそれ〴〵防護隊の分隊長・班長となつて防護事務に携はると共に、隣保事業にも從事してゐるが、最近協和會の分會も町會を基幹としてこれに合致して結成することゝなり、町會長が分會長を兼ねることゝなつた。更に最近結成を見た義勇奉公隊も、町會幹部を以て幹部とする。

教　育　滿人教育のために設けられた新京公立學校現在數は、國民學校三一（白系露人學校一・朝鮮人學校一を含む）、國民高等學校二・女子國民高等學校一で、國民高等學校及び國民優級學校兒童

収容數は約一萬二千名、全就學適齡兒童の約五〇%を收容してゐる現狀である。その他私立學校・私塾があり、これに通學してゐるものが約五千名ある。

市はこれらの私立學校・私塾の兒童・未就學兒童の全收容を目標に五ヶ年計畫を樹立し、康德五年度（昭和十三年）に於ては一四六、三六一圓を以て校舍の新增築工事に着手してゐる。

社會敎育のためには行政權移讓による舊滿鐵圖書館を加へて圖書館二（一は三馬路にある）民衆敎育館四がある。

その他市民の情操敎育については市の指導の下に音樂團體を組織する外、約一萬人を收容する大同公園內に大野外音樂堂を建設、康德五年八月二十七日盛大な落成祝賀演奏會を開催した。更に計畫中のものに大動・植物園がある。

日本人敎育に關する敎育行政執行機關としては、大使館敎務部の主管に屬する學校聯合會及び學校組合がある。前者は中等學校を後者は初等學校をそれぞれ經營管理し、日本人敎育の萬全を期してゐる。

保健衞生　「市の明朗化は病魔の驅逐より」といふモツトーの下に、理想的保健都市建設を目指す市當局は煤煙防止・市街綠化等に力を注ぐと共に　市民の體位向上を圖るべく體育その他施設の充實に努めつゝある。

A　保健衛生施設

煤煙防止　新京の冬は長い。その長い冬の間市民を憂鬱にするものは渦巻く煤煙である。從來は市公署に本部を置く新京煤煙防止委員會が中心となつて防止運動を續けて來たが、（今年康德五年）から同會を解消、一切の事業は市衞生處で行ふことゝなり、諮問機關として新たに小範圍の防止委員會を結成、民間に委員を委囑した。

尙近々三中井デパート横に燃料相談所を臨時開設、石炭の焚き方指導・燃料乾燥相談等を實施する外、代表的燃料器具・ガス器具の陳列・煤煙防止資料の展示等によつて一般市民の自發的煤煙防止運動を指導することゝなつた。

市街綠化　市の綠化施設としては西公園、その他大同・白山・牡丹・順天・和順・黃龍の七大公園を始めとして散在する小公園の外、ポーチの設置・街路樹の植樹・環狀線兩側の造林等を行つてゐる。新京は街路樹の種類に惠まれず僅かに泥柳のみといふ貧弱さなので、市營繕課では明年度（康德六年）敷地三萬坪の苗圃を新設して、街路樹種の改良に乘り出す計畫中である。菩提樹を育栽して街路樹にするなどといふ素晴しい案があるとのことである。

體育施設

市民體育の向上を圖るために南嶺に綜合大運動場・大同公園に綜合體育館、その附屬設備として野外プール・庭球コート等がある。

南嶺綜合運動場　は全面積百四十五萬二千平方米に及ぶ廣大なもので、野球場六萬二千五百平方米、陸上競技場八萬七千五百平方米、ラグビー蹴球場三萬平方米、籠球場八千九百平方米、排球場（四ヶ所）五千四百五十二平方米、ア式蹴球場一萬七千五百六十八平方米の外他馬術練習場等もある。大同二年國都建設と同時に着手したが、市街地に遠く利用者が少いため一時中止の形となつてゐたが、國都の躍進は同運動場の整備充實を緊急とするに至つたので、その管理を體育聯盟から市公署に移管すると同時に、民生部・市公署・體育聯盟が整備充實計畫を検討の上明年度（康德六年）から新京特別市の手で施設に着手することになつた。

綜合體育館　本年度着工の豫定のところ建設資材入手困難のため明年（康德六年）解氷を待つて建築に着手することになつた大同公園の綜合體育館は、豫算七十萬圓を以て、一ヶ所に保健・衛生・體育休養・娯樂・醫療等の綜合施設をするもので、各百三十疊敷の柔・劍道場・射道十五間、四人竝立の弓道場・相撲場等の各道場はそれぞれ數十人を收容する觀覽席を設け、專用更衣室・浴室・道具庫を附屬させ、籠球・排球・體操・陸上競技に對しては巾二十八米、長さ三十五米、數百人の觀覽席を有する體育室が準備され、同じく男女別の更衣室と浴室・シヤワー室・化粧室が附屬する。屋外施設としての水泳プール・庭球コートは既に開設された。

醫療施設は診斷設備に力點を置き訪問醫によつて相談所・診斷室・檢査室・測定室・光線室を活用保健の目的から日光浴・太陽燈室・ルーフ・テレス等を施設する。

この外娯樂設備として大ホールを設け、隨時映畫・音樂その他の集會に利用すると共に休憩室・食堂・遊歩廊を設け、更に成人教育のための圖書室等至れり盡せりの設備が施される。

體育聯盟新京事務局　體育統制機關として體育聯盟新京事務局を市公署内に置いてゐる。

B　醫療施設

一般施設としては市立醫院・特殊婦人病院があり、傳染病豫防に對しては千早醫院がある。市立醫院は綜合病院で收容人員二百六十名、七十萬圓を投じて康德三年竣工した滿洲國官公營施設中最大のものである。附屬として看護婦養成所がある。

市民の健康相談、診療のために保健所二、衞生試驗所の外、市公署内に健康相談所を置き、特に下層住民のためには社會施設を兼ねて施醫院を設け診療施藥に當つてゐる。

C　阿片麻藥

女子の纒足と竝んで漢民族の二大弊風といはれて來た阿片は、一度その味を覺えたら加速度的に嗜好の深みへ引きずり込む魔力を持つてゐるので、滿洲國政府は建國後阿片を專賣制度の下に置いて癮者級のもの以外にはこれを販賣せず、漸次この弊風を改めることに努め取締りに腐心してゐる。阿片患者撲滅十ヶ年計畫遂行のため民生部煙政科の集めた全國患者登錄數は、康德五年八月二十三日發表によると五十八萬五千二百六十七名に上つてゐるが、當局は今後更に患者個々に就いて症狀の輕重不正登錄の有無を檢討した上、本年末までに患者救護ならびに阿片配給計畫を樹て、來年度（康德六年）から本格的に十ヶ年計畫を進める筈である。

阿片公賣、煙館禁止の建前によつて、新京特別市は本年から市內三十五ヶ所の煙館（從來公然の秘密として存在した所謂阿片窟）を市の經營に移した。本年登錄の市內患者數は九千六百七十四名であるが、警察と協力しての徹底的取締りに阿片吸飮者は激減しつゝある。

上下水道　上下水道は都市衞生に重大な關係を有つ。

上水道　新京の水道は從前滿鐵附屬地・舊市街・新市街の三區に別れ各々その經營主體を異にして來たが、昨年（康德四年）十二月の附屬地行政權移讓と本年一月の國都建設局の合併によつて統一されたのである。

三百五十萬圓の工費と二ケ年の日子を費して、淨月區に大水源池淨月潭を作つた外、市內各所に水源池を有し、舊附屬地は主として滿鐵水源池の水を、新市街・舊市街は淨月潭及び市內各所の水源を利用給水してゐるが、いづれの水源をも自由に使用、出來るやうになつてゐる。

給水施設は現在舊附屬地及び新市街地區は完備してゐるが、滿人市街地區は未だ不充分であり市は水道の普及徹底に鋭意方策を講じてゐる。

下　水　道　下水道は汚水處分と雨水處分に分ち、汚水は地下道を通じて伊通河に放出してゐるが、雨水はこれを集めて公園の池に導き、自然の力を利用して公園の風致を增すといふ一石二鳥の方法を用ひてゐる。この點異色といへやう。

社會事業　市の發展は社會行政の重要性をいよ〳〵大きくする　新京特別市はこれに卽應するため制度の合理化、施設の充實に最善の努力をいたしつゝある。

市營住宅　人口の激增に伴ふ市民の住宅難については「新京の生活」の項に詳述したが、市はその緩和のため總經費八十二萬圓を投じて、北安路（一三九戶）東三馬路（一三六戶）日本橋通り（アパート永康莊）の三ケ所に市營住宅を建設してゐる。一般住宅三四一、店舖・事務室等一五で、康德四年度に於ては市債償還を含む支出を差引き收益金二三、二七五圓を次年度に繰越した。

弘　濟　院　舊救濟院の改稱で、康德四年度の收容人員實數二、二六八名、延人員一七四、四九三名に達した。

施　療　院　保健衛生の項で一寸記した施療院は康德四年度に於て有料患者一三、四九四名、無料患者五八五名を取扱つてゐる。

勞働紹介所　勞働紹介所康德四年度の實績は求職者一〇五、三八一名に對し、就職者六六、〇七四名であつた。

そ　の　他　職業紹介所・簡易宿泊所があり、いづれも康德四年末行政權移讓の際滿鐵より引繼いだものである。

隣保委員　從來舊市內には隣保委員、舊附屬地には福祉委員が設けられてゐたが、行政權移讓と共にこれを統合し組織を改正して時代に適應せしめ、市內の方面事務を委囑してゐる。

新京社會事業聯合會　特別市長を會長とする社會事業團體の統制機關であり、授產廠の開設その他積極的活動を續けつゝある。

（附記）本項は主として市長官房調査科のプリント「新京特別市政の概況」（康德五年五月末現在）に據り、「滿洲國現勢」その他によつて補訂した。

滿洲の心臟・新京

國都・新京は滿洲の心臟である。

政治・經濟はいふまでもなく、あらゆる文化の中樞機關は悉くこの地に集められてゐる。先づ滿洲國政府組織表を掲げ（次頁參照）出來るだけ簡單に一應の解說をして置かう。

國務院　國務院は皇帝の旨を奉じて諸般の行政を掌る滿洲帝國政府の中樞行政機關である。その中心は合議制の國務院會議であつて、その議長と見るべきは國務總理大臣である。現在の國務院の組織は康德四年七月より實施された大改革により國務總理大臣の直宰に屬する興安・外務・內務の三局および各大臣の掌理に屬する治安・民生・司法・產業・經濟並に交通の六部卽ち三局六部制よりなり、各部局は夫々宏壯なる獨立廳舍に陣據し行政上の分擔機能を發揮してゐる。

又國務院には國務總理大臣の直宰する總務廳がおかれ、大同學院がこれに所屬してゐる。尙この外國務總理大臣の管理に屬する機關としては審計局・營繕需品局・大陸科學院等があり、その他諸委員會・會議等が置かれてゐる。

○滿洲國政府組織表

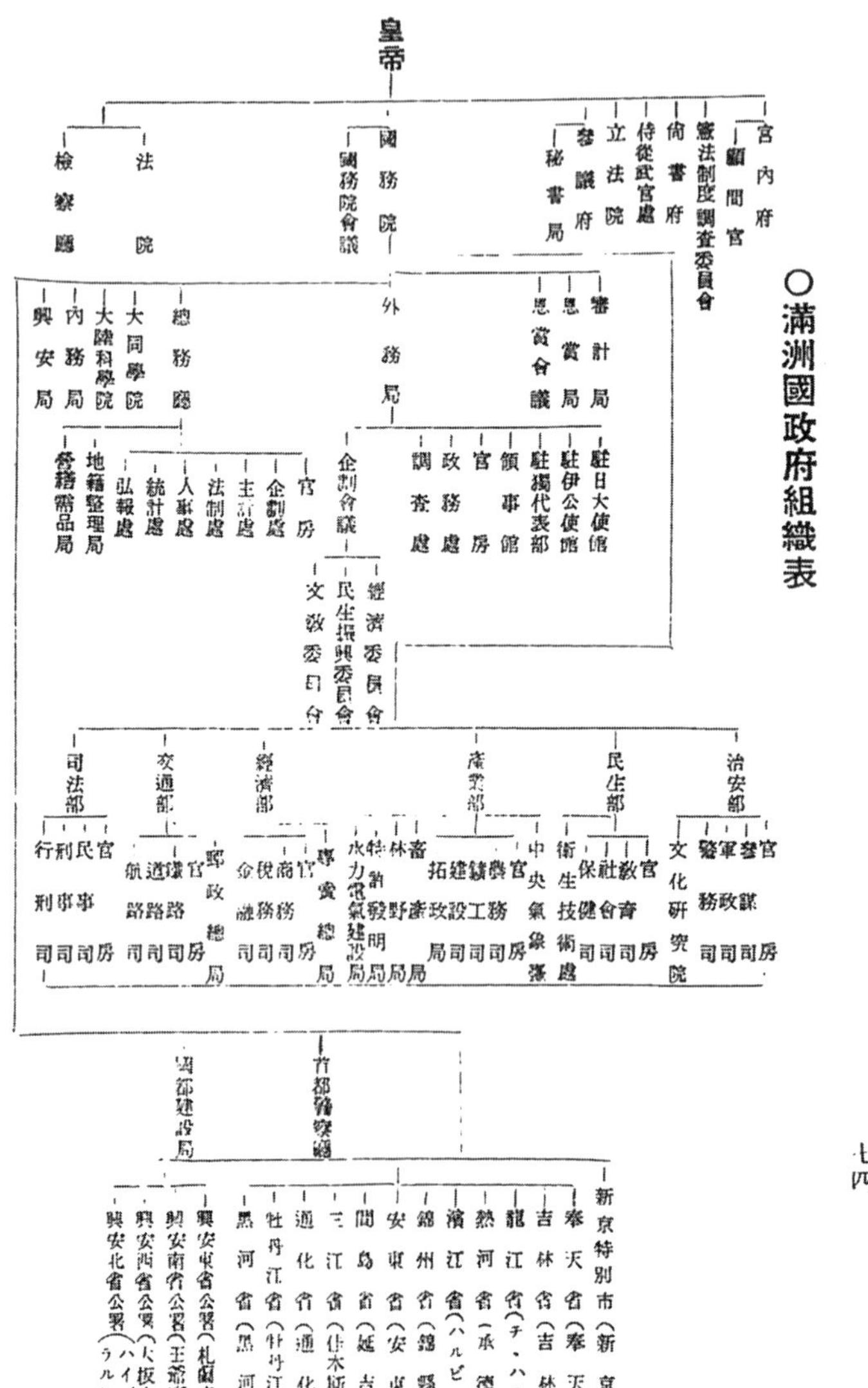
皇帝
宮內府
顧問官
憲法制度調査委員會
尚書府
侍從武官處
立法院
參議府
秘書局
國務院
國務院會議
法院
檢察廳
審計局
恩賞局
恩賞會議
外務局
總務廳
大同學院
大陸科學院
內務局
興安局
駐日大使館
駐伊公使館
駐獨代表部
領事館
官房
政務處
調査處
企劃會議
官房
企劃處
主計處
法制處
人事處
統計處
弘報處
地籍整理局
營繕需品局
經濟委員會
民生振興委員會
文敎委員會
治安部
官房
參謀司
軍政司
警務司
民生部
官房
敎育司
社會司
保健司
衛生技術處
文化研究院
產業部
官房
農務司
鑛工司
建設司
拓政局
中央氣象臺
畜產局
林野局
特許發明局
水力電氣建設局
經濟部
官房
商務司
稅務司
金融司
專賣總局
交通部
官房
鐵路司
道路司
航路司
郵政總局
司法部
官房
民事司
刑事司
行刑司
首都警察廳
國都建設局
新京特別市(新京)
奉天省(奉天)
吉林省(吉林)
龍江省(チ、ハル)
濱江省(ハルビン)
熱河省(承德)
錦州省(錦縣)
安東省(安東)
間島省(延吉)
三江省(佳木斯)
通化省(通化)
牡丹江省(牡丹江)
黑河省(黑河)
興安東省公署(札蘭屯)
興安南省公署(王爺廟)
興安西省公署(大板上)
興安北省公署(ハイラル)

國務總理大臣　國務總理大臣は皇帝を輔弼してその責に任ずるといふ皇帝輔弼の大任を帶びてゐる他面、最高行政長官として皇帝の旨を奉じ各部大臣を統制し國家行政の機務を掌理しその責に任ずるといふ二重大地位にある。即ち滿洲國においては國務に關し多數の國務大臣の輔弼制を認めず、國務總理大臣なる單獨の機關を認めてゐるのであつて、この點は滿洲國政府組織法の特徴である。

各部大臣　國務院各部大臣は國務總理大臣の命をうけその主管事務を掌理しその責に任ずる。なほ次長一名をおいて大臣を佐け、各司局の事務を監督し、大臣事故あるときはその職務を代行せしむることになつてゐる。

總務廳　國務院總務廳の存在は滿洲國行政組織の一特色であつて、總務長官統轄の下に國務總理大臣の職務遂行に關する事務を行ふものである。その組織は官房の外に企畫・法制・人事・主計・統計・弘報の六處より成つてゐる。

外務局　外務局は國務總理大臣の管理の下に外交政策の基調・國際交渉・外國事情の調査及外國情報の蒐集・外交使節・外交官及領事館・外國に旅行又は居留する人民の保護・外國人の出入國等に關する事項を掌握する。外務局長官は國務總理大臣の指揮監督を承け局務を綜理する。

內務局　內務局は國務總理大臣の管理に屬し、地方行政の一般指導監督、自治行政並に都邑計畫に關する事項を管理する・内務局長官は國務總理大臣の指揮監督を承け局務を綜理する。

興安局　興安局は國務總理大臣の管理の下に蒙政事務の連絡調整に關する事項を管掌する。興安局には總裁をおき國務總理大臣の指揮監督を承け局務を綜理する。

治安部　治安部大臣は所部の官吏を指揮監督し國防・用兵・軍政・警察その他の治安に關する事項並に陸地及び水路の測量に關する事項を掌理する。部内に大臣官房の外、參謀・軍政・警務の三司を置く。

民生部　民政部大臣は教育・禮教・社會・保健その他民心作興及民生安定に關する事項を掌理する部内に教育・社會・保健の三司をおき外に大臣官房をおく。

司法部　司法部大臣は法院・檢察廳及監獄を監督し民事・刑事・行刑・非訟事件・民籍・地籍その他司法行政に關する事項を掌理する。部内に大臣官房のほか民事・刑事・行刑の三司をおく。

產業部　產業部大臣は農・林・畜產・水產・鑛・工・開拓・植民その他資源の利用・開發及保有に關する事項を掌理する。部内に大臣官房のほかに農務・鑛工・建設・拓政の四司をおく。

經濟部　經濟部大臣は貨幣・金融・國債・投資・商事・貿易・權度・租稅・專賣及國有財產に關する事項を掌理する。部内には大臣官房のほか金融・商務・稅務の三司をおく。

交通部　交通部大臣は鐵道・道路・河川・港灣・公有水面・水運・航空・郵務・電信・電話その他交通及通信に關する事項を掌理する。部内には大臣官房のほか鐵路・道路・航路の三司を置く。

法　院　法院は政府組織法及び法院組織法の規定するところに從ひ、民事刑事の訴訟事件を審判し並に法律の定むるところにより非訟事件及びその他の事件を管轄する機關であつてこれを區法院・地方法院・高等法院・最高法院の四級に分つてゐる。

檢察廳　滿洲國の法院組織法に於ては日本等に於けるが如く檢事局を各裁判所に附置するの制度を採らず、檢察を檢察權の主體たる官廳として「區法院に對して區檢察廳を置き、地方法院に對して地方檢察廳を置き　最高法院に對して高等檢察廳を置き、高等法院に對して最高檢察廳を置く」と規定してゐる。

附記　本項は「滿洲國現勢」康德五年版。滿洲國通信社發行に據つた。同書は大同二年（昭和八年）以來の年刊で、滿洲國事情を知るにはこれの右に出づるものはない。

滿洲帝國協和會　協和會は　建國前舊軍閥の暴政に對し在滿三千萬民衆が奮起したことに、その成立の端を發した。事變前中國人士の間に提唱された滿洲共和國建設運動、張學良政權の膺懲を目指して起つた滿洲青年聯盟、大雄峰會の活躍から、日滿愛國の士を核心として民族協和の達成、王道國家の建設のための献身的活動が始まり、次いで次變直後自治指導部による建國運動となつたのである。故于沖漢氏を長とする自治指導部の運動は、日本民族を中核とする鮮・滿・漢・蒙各民族の協力により、王道政治を基調とする獨立國家完成に努力、大同元年三月滿洲國が成立すると、自治指導部の一半は政府に入つて官吏となり、一半は殘つて協和會を結成した。協和會の發會式が擧げられたのは大同元年七月二十五日であつた。

協和會の本質　建國精神——民族協和の實現、王道樂土の完成、道義世界の創建を企圖する精神——卽ち建國の理想を實現するため、これを護持し、これを實行するものが政府と協和會である。云ひかへれば建國精神が二つのものになつて現はれたのが政府と協和會なのである。「協和會問答」は協和會を定義して次の如く記してゐる。

——協和會は政府と共に建國精神の具體化されたものであり、建國精神に共鳴する各民族各層に亘る國民及國外の同志を持つて組織された國家機構であり、權力によらず、道義的行動により、建國精神を實踐し理想國家の完成を期する爲、政府と一體となつて活動する唯一無二の組織體である。

精神的組織體としての協和會　建國精神は滿洲國に宿る生命である、從つて建國精神の興廢は直ちに國運の消長に關するのである。協和會は絕えず建國精神を强め、深め、高めつゝ、これを時代より時代へ傳へて行くために活動しつゝある。例へば三月一日の建國節、五月二日の訪日宣詔記念日等には協和會の組織を動員し、各地に國民大會を開いて慶祝するとか、その他全體を擧げて慶弔すべき事のあつた場合には、協和會が主體となつて行事を行ふと共に　建國精神に反する思想に對しては徹底的に闘ふ。その最も重要なものが排共運動である。

建國精神の内に盛られた民族協和の實現　獨創的王道政治の實踐、道義世界の創建といふ理想の根底には、この三つの理想の總てに共通する　―またこの三つの理想を生み出すべき根本原理が藏されてゐる。これが卽ち協和會の指導原理であり理念である。これを協和精神と名づける。

――協和精神とは道義世界の建設、民族協和の實現、獨創的王道政治の實踐を貫きその根底に存する理念であり、人の親和的性質を發揚し爭闘的本能を抑制し、人々相協力して價値の創造をなす事に依り、國體的完成を期するを云ふ。

政治的組織體としての協和會　協和精神が滿洲國の根本思想の一である以上、政治も亦この精神から出たものでなければならない。

――協和精神に依る政治とは官も民も共に協和會員となり、協和會の同志たる立場に於て、民は其の思を述べ官に知らしめ、官亦民の心を察して其の爲さんとするところを民に知らしめ、官民一體になり建國精神に燃えつゝ熱と誠とを以て、心を盡し思をつくして協議した上、滿場一致最上最善のものを採り之を實行する政治を云ふ。

即ち人民は協和會員となることによつて政治に參與し協和會の組織を通じて宣德達情の政治が行はれるのであつて、しかも、あらゆる政治問題は、同志にして協和會員たる軍官民の間に於て懇談的態度により協議され、決定され、實行されて行くのである。

こゝに協和精神による政治の特色があるのである。

宣德達情の實踐機關として聯合協議會がある。縣旗市聯合協議會、省聯合協議會、全國聯合協議會の三つに別れ、縣旗市聯合協議會は縣、旗、市に所屬する分會から選ばれた代表者が、省聯合協議會は縣、旗、市聯合會で選ばれた代表者が、更に全國聯合協議會は省聯合協議會で選ばれた代表者が、縣の役人、省の役人、政府の役人と協議會を開催して、それぞれ縣旗市、省、國の問題に就て協議を行ふのである。代表者を出すに當つても選擧・投票などの方法によらず、德望ある有識の士を候補者に選び、これを省本部長、中央本部長が任命するのであつて、こゝにも協和會政治の特色がある。

教化組織體としての協和會　協和會は精神的組織體、政治的組織體であると同時に教化的組織體である。青年訓練（訓練を受くべき青年を二ケ月又は三ケ月の間、青年訓練所に入れ、協和會中央本部から派遣する指導員を中心に起居を共にせしめ、その間に國體的精神教育、軍事訓練等を授け、社會の中堅たらしめる）、問事處（民衆の相談相手となつて、あらゆる問題の解決に當る）等を始めとして着々教化事業の實行を進めつゝある。文化指導にも大いに意を注ぎ、音樂・演劇・繪畫・文學等の奬勵によつて、各民族の力を合せ特色ある藝術作品を作り出し、滿洲獨自の文化を産み出すやう導いてゐる。今秋藤川研一氏の主宰する大同劇團（滿人を主とし、日鮮人も加つてゐる）が内地公演に素晴らしい成績をあげたことは、これが一のあらはれである。

最近の協和會　康德五年八月二十二日協和會中央本部の機構改革が斷行された。これは（一）會工作を質的に向上せしむべく企畫部門の充實を圖ること（二）會工作の進展擴大に卽應して工作實施部門の合理的な統合擴充を圖ること（三）靑少年團結成、指導訓練を擔當するに就ての必要に應ずることを主眼としたもので、これに伴つて十一月三十日八十九名に及ぶ人事の異動を行ひ適材適所の配置を完了した。

康德五年度全國聯合協議會は九月二十六日より十月五日に亙る十日間（會期七日、延長三日）全國の代表百六十八名が參集して新京に開催され、提出議案百七十八件中勘考整理の結果五十件が上程された。

今夏の機構改革の一因ともなつた協和青少年團の結成は、その後着々準備が進捗し、十月二十三日新京で開催された全國連絡會議に於て、康德六年三月一日を期し全國一齊に結團式を擧行、五月二日の宣詔記念日を期して新京に於て盛大な國旗授與式を擧行することゝなつた。

なほ協和會首都本部は、國都全市の壯年二十才より三十五才までを網羅して、國民的動員首都義勇奉公隊を結成　十一月廿一日寬城子隊をトップに、十二月一日學生奉公隊の結成式を以て二十二隊の結成を終つた。

附記　本項は協和會發行「協和會問答」に據つた。

○協和會綱領

滿洲帝國協和會は唯一永久、擧國一致の實踐組織體として政府と表裏一體となり、建國精神を發揚し、民族協和を實現し、國民生活を向上し、宣德達情を徹底し、國民總動員を完成し、以て建國理想の實現、道義世界の創建を期す。

工作方針

本會は綱領に基き次の工作方針を定む。

一、精神工作　東方道德の眞義、日滿不可分關係の眞髓を全國民に理解信仰せしめ建國精神を徹底し國民思想を統一す。

二、協和工作　國民中に核心的指導力を確立し是に依り民族相互間の軋轢、摩擦を根絶し、各民族をして各其の處を得せしめ、以て其の福祉を增進し國民的融合を圖る。

三、厚生工作　建國の精神理想を、經濟生活、社會生活の上に實體化せしめ、百業の振興、國民生活の安定向上を圖る。

四、宣德達情工作　國民の眞意を洞察して之を上達し上意を下達して國民をして衷心より國政に悅服せしむ。
五、組織工作　全國民を動員し、官民一致上下一體の渾然たる國民的組織體を結成す。
六、興亞工作　建國精神を擴充して汎く東亞に及ぼし亞細亞諸民族を覺醒興起せしむ。

○協和會章程

第一章　名　稱

第一條　本會は滿洲國協會と稱す

第二章　目　的

第二條　本會は政府と表裏一體となり、建國理想の達成道義世界の創建を圖るを以て目的とす

第三章　會　員

第三條　本會は滿洲帝國人民及本會の目的を達成せんとする者を以て構成す
會員規則は別に之を定む

第四章　會長副會長及理事

第四條　本會に會長副會長及理事を置く
第五條　會長に國務總理大臣を推戴す
副會長及理事は會長之を任命す
第六條　會長は本會を統轄代表す
副會長は會長を輔佐し、會長事故あるときは之を代理理事は理事會を組織し會長の諮問に應ふ

第五章　中央機關

第七條　新京に中央本部置をき左の役員を設く

中央本部長　一　名
中央本部委員　若干名
參　與　若干名

第八條　中央本部長は會長之を任命す
第九條　中央本部長は會務を綜理す
第十條　中央本部委員は中央本部長の推薦により會長之を任命す
第十一條　中央本部委員會は中央本部委員を以て組織し中央本部長之を主宰して重要會務を審議す
第十二條　左の各件は中央本部委員會の議を經ること

を要す

一、綱領及章程の變更に關する事項

二、重要規則の制定改廢に關する事項

三、豫算決算に關する事項

四、全國聯合協議會に關する重要事項

第十三條　參與は會長之を任命す

第十四條　參與は中央本部長の諮問に應ふ

第十五條　參與は重要なる會務に關し中央本部長に意見を具申することを得

第六章　地方機關

第十六條　省に　省本部を新京に首都本部を置く

第十七條　省本部及首都本部は中央本部に直屬す

第十八條　省本部竝に首都本部に關する規則は別に之を定む

第十九條　縣(旗)に縣(旗)本部を省公署所在地及其の他特定の都市に都市本部を置く

第二　條　縣(旗)本部及都市本部は省本部に直屬す

第二十一條　縣(旗)本部及都市本部に關する規則は別に之を定む

第二十二條　首都本部、縣(旗)本部、都市本部に支部を置くことを得

第七章　分　會

第二十三條　本會の組織單位を分會とす

第二十四條　分會は首都、本部縣(旗)本部、都市若しくはその支部に隷屬す

第二十五條　分會に班を設くることを得

第二十六條　分會規則は別に之を定む

第八章　聯合協議會

第二十七條　本會に聯合協議會を置く

第二十八條　聯合協議會は之を分ちて全國聯合協議會省聯合協議會、縣(旗、市)聯合協議會竝に支部聯合協議會とす

第二十九條　聯合協議會に關する規則は別に之を定む

第九章　會　計

第三十條　本會の經費は會費、國庫補助金、事業收益等を以て之に充つ

產業開發修正五箇年計畫　滿洲國の產業開發五箇年計畫は、國家建設の基礎的工作が一先づ完成すると同時に、昨康德五年度から直ちに實行に入つたが偶々第一年度中に日支事變の勃發を初め、新しき客觀情勢はその計畫の積極的擴充を必要とするに至つたので、第二年度以降に對し、第一年度の實績を參酌し、更に日本の生產力擴充四ヶ年計畫をも照應し、全面的に擴大修正を行つた。その計畫修正は主として鑛工業部門の增產に重點を置き、農畜產部門の增產に關しては、農家經濟の實態を考慮し、單に特需農產物の取得に偏することなきを期してゐる。而してこの計畫の完全なる遂行を圖るため新に企畫委員會が設けられた。修正の眼目である重工業の開發は、關係產業の相互間に有機的組織的連繫を密にして始めて效果が期待されるのであつて、滿洲國はこの見地から夙に產業建設の基礎工作として所謂特殊會社を創設し、着々實績を擧げつゝある。

殊に昨年十二月創設された滿洲重工業開發株式會社は、從來個々別々に設立運營されて來た重工業關係の各特殊會社を、橫斷綜合して各企業の合理的經營を目論み、各々の開發を最も效果的ならしむるやう指導助成する國策會社であるが、旣に昭和製鋼所、滿洲炭礦、滿洲輕金屬製造、同和自動車工業の各特殊會社をその傘下に置き、更に滿洲鑛山會社、滿洲飛行機製造會社、滿洲マグネシウム工業會社、東邊道開發會社を新設して、開發計畫の促進に拍車しつゝある。殊に滿業創立以來の懸案であつた本溪湖煤鐵公司の參加もいよ〱決定を見たと報ぜられてゐる。

修正計畫の內容　滿洲國產業開發五箇年計畫は、最初鑛工業部門十三億九千百萬圓、農畜產部門一億二千二百萬圓、交通通信部門七億二千百萬圓、移民二億七千四百萬圓、合計二十五億四百萬圓の增產資金を以てスタートを切つたのであるが、康德五年以降第一次の修正に依り、增產資金を約四十九億圓に增額、開發目標を最初計畫の約二倍に擴大した。

修正五箇年計畫の內容は鐵、石炭、電力、液體燃料、自動車、飛行機等に重點を置き、その他の部門中、交通通信部門は他部門の計畫規模擴張に適應して修正擴充されることになつた。

今主要品目につき修正前の開發目標と修正後の開發目標とを比較すれば次の如くである。

品名	修正開發目標	修正前開發目標
銑鐵	約五〇〇萬瓲	二五三萬瓲
鋼塊	約三五〇萬瓲	二〇〇萬瓲
鋼材	約二〇〇萬瓲	——
石炭	約三、八〇〇萬瓲	二五五萬瓲
電力	二六〇萬ＫＷ	二四〇萬ＫＷ

パルプ	約　四〇萬瓲	一二萬瓲
鹽	約　一〇〇萬瓲	八七萬瓲
金（四箇年累計）	約　三億圓	（五箇年計）二億圓
米	四〇萬瓲	五一萬瓲
小麥（一八〇萬瓲）	一三五萬瓲	二〇二萬瓲
大麥	一八萬瓲	二六萬瓲
大豆（五〇〇萬瓲）	四五〇萬瓲	四七二萬瓲
甜菜	二一萬瓲	三〇萬瓲
粟	三五〇萬瓲	三五七萬瓲
高粱	四五〇萬瓲	四六〇萬瓲
玉蜀黍	二三〇萬瓲	二二〇萬瓲

（註）＝農産物の開發目標は康德五年度分（括弧内は康德八年度を示す）

特殊會社と準特殊會社　特殊會社及び準特殊會社とは・滿洲國經濟建設の大綱により「國防的若くは公共・公益的性質を有する重要產業卽ち交通・通信・鐵鋼・輕金屬・金・石炭・石油・自動車・硫

安・曹達等の事業に就ては公營若くは、特殊會社をして之を經營せしむ」とするもので、特殊會社とは準據すべき會社法として特別法の制定されたもの及び日滿兩國間の條約により設立されたものを云ひ、重役の任免、定款の重要なる變更、利益金の處分、合併及解散決議等に對し政府の認可を要し、其の他事業上特別の監督を受けるものである。

準特殊會社とは特殊會社の如く特別會社法の制定なきも、政府が設立認可に際し監督の必要上附款命令を以て重役の任免、利益金の處分等に付認可を要するものを云ふ。

その會社名、資本額、新京に於ける所在地（本社又は支社、出張所、駐在員事務所等）等は次表の通りである。

特殊會社準特殊會社一覽表　（單位千圓）

業種	會社名	類別	公稱資本	拂込資本	設立年月日	所在地
金融	中央銀行	特	三〇、〇〇〇	一五、〇〇〇	大同一、六、一五	大同廣場
〃	興業銀行	〃	三〇、〇〇〇	一五、〇〇〇	康三、一二、七	大同大街二〇二
商事	滿洲火藥販賣	〃	五〇〇	三七五	〃二、一一、一一	（奉天）
〃	日滿商事	準	一〇、〇〇〇	六、〇〇〇	〃三、一〇、一	大同大街二〇二
〃	滿洲畜産	〃	五、〇〇〇	二、五〇〇	〃四、八、三〇	大同大街康德會館

〃	満洲糧穀	特	一〇、〇〇〇	五、〇〇〇	康　五、一一、	
化學工業	満洲石油	特	一〇、〇〇〇	七、五〇〇	大同三、二、二四	大同大街康德會館
〃	満洲合成燃料	〃	五〇、〇〇〇	一〇、〇〇〇	康　四、八、六	興仁大路二〇六
〃	満洲化學工業	準	二五、〇〇〇	一八、七五〇	昭　五、五、三〇	（大連）
〃	大同酒精	〃	一、六七〇	一、六七〇	大同二、一一、二四	（ハルピン）
〃	満洲曹達	〃	八、〇〇〇	四、〇〇〇	康　三、五、二二	大同大街康德會館
〃	満洲油化	特	二〇、〇〇〇	一〇、〇〇〇	〃　五、二、二五	大興ビル
〃	満洲重工業	特	四五〇、〇〇〇	—	康　四、一二、二七	大同大街
〃	満洲飛行機製造	〃	二〇、〇〇〇	—	〃　五、六、二〇	（奉天）
金　屬	同和自動車工業	〃	六、二〇〇	三、二〇〇	〃　一、三、三一	（奉天）安達街七三二（新京支店）
機械器具	奉天造兵所	〃	四、六〇〇	四、六〇〇	〃　三、七、一四	（奉天）
〃	満洲計器	〃	三、〇〇〇	一、五〇〇	〃　三、一〇、一三	豐樂路一郡會館
〃	満洲輕金屬製造	〃	二五、〇〇〇	六、二五〇	〃　三、一一、一〇	（撫順）駐在員事務所康德會館
〃	昭和製鋼所	準	一〇〇、〇〇〇	八二、〇〇〇	昭　四、七、四	大興ビル（新京出張所）
〃	本溪湖煤鐵	〃	一〇、〇〇〇	一〇、〇〇〇	康　二、九、二五	大同大街大興ビル新京出張所
窯業鑛業	満洲炭礦	特	八〇、〇〇〇	五二、〇〇〇	〃　一、五、七	錦町二ノ一〇
〃	満洲採金	〃	一二、〇〇〇	一二、〇〇〇	〃　一、五、一六	大同大街康德會館
〃	満洲鑛業開發	〃	五、〇〇〇	三、一〇〇	〃　二、八、二四	大同大街二〇七
〃	満洲熱河鑛山	準	一、〇〇〇	一、〇〇〇	康　四、七、五	崇智胡同

〃	東邊道開發	準	三〇、〇〇〇	—	康 五、九、	大同大街
電氣瓦斯	滿洲鴨綠江水電	〃	五〇、〇〇〇	一三、五〇〇	〃 四、八、三〇	大同大街康德會館
〃	滿洲電業	準	九〇、〇〇〇	九〇、〇〇〇	〃 一、一一、一	大同大街康德會館
交通運搬	滿洲航空	〃	八、五八〇	八、五八〇	大同一、一二、一六	營業所清明街二〇二
〃	大安汽船	〃	三五〇	三五〇	〃 二、一〇、二五	（安東）
通信	滿洲電信電話	特	五〇、〇〇〇	三六、二五〇	〃 二、八、三一	大同廣場
倉庫保險	滿洲生命保險	〃	三、〇〇〇	一、五〇〇	康 三、一〇、一三	大同大街康德會館
土地建物	滿洲房產	〃	三〇、〇〇〇	一、五〇〇	〃 五、一一、一七	大同大街
拓植興業	滿洲棉花	〃	二、〇〇〇	五〇〇	〃 一、四、一九	（奉天）
〃	滿洲林業	〃	五、〇〇〇	三、七五〇	〃 三、二、二九	豐樂路一〇二
〃	滿洲鹽業	〃	五、〇〇〇	二、五〇〇	〃 三、四、二八	大同大街康德會館
〃	滿鮮拓殖	〃	一五、〇〇〇	七、五〇〇	〃 三、九、一四	興仁大路四〇七
〃	滿洲拓殖	〃	五〇、〇〇〇	三〇、〇〇〇	〃 四、八、三一	大同大街康德會館
新聞印刷	滿洲弘報協會	〃	三、〇〇〇	二、五〇〇	〃 三、九、二八	中央通
〃	滿洲圖書	〃	二、〇〇〇	一、〇〇〇	〃 四、四、九	西七馬路一四
雜業	滿洲映畫協會	〃	五、〇〇〇	一、二五〇	〃 四、八、二〇	大同大街二〇三

附記　本項は滿洲事情案内所編「滿洲の栞」その他に據つた。特殊會社一覽表はなほ二三洩れたものがあると思ふが今手許に資料がないので重版の際増補することゝした。

滿洲農業移民　滿洲農業移民二十ケ年百萬戶計畫は、日滿兩國を通ずる樞軸的國策である。滿洲建國の理想である民族協和、日滿兩國不可分關係の實現は、思想堅固、身體強壯な日本內地農民が多數入植し、勤勞奉公の生活を以て四隣に範を示し、よく原住民と融和して滿洲國民の中核となり、子孫相繼ぐに至つて始めて完成するのである。滿洲農業移民は斯の如き重大使命を擔ふ點に於て、全く他の移民と性質を異にし、こゝにこの計畫が國策として採用された所以があるのである。その他日本農民の持つ優秀な技術、整備された組織が、滿洲の農業開發を促進し、大量の入植が人口過剩に基因する日本農村問題解決の一助とならうことはいふまでもない。

二十ヶ年百萬戶計畫　昭和七年から昭和十年までに入植した約千八百戶の試驗移民の成績を基礎として、昭和十一年八月日滿兩國政府は二十ヶ年百萬戶の大量移民計畫を樹立し、昭和十二年からその實施に着手した。計畫の概要は次の通りである。

（イ）移民を分けて政府の取扱に係る集團移民と、民間で行ふ自由移民の二種とし、兩者を適當の比率に於て五ヶ年を一期とし、第一期十萬戶、第二期二十萬戶、第三期三十萬戶、第四期四十萬戶入植の豫定

（ロ）移民に對しては一戶當農耕地十陌及び若干の放牧、薪炭備林地を用意してゐる。これに必要な農耕地約一千萬陌は滿洲國に於て整備する。

（ハ）集團移民に對し日本政府は一戸當り約千圓の補助金を交付し、滿洲國政府が治安、交通、通信、營農等各般の事項に關し行政上の保護をする外、滿洲拓殖公社が移民地に於ける必要な施設とその經營、土地の買收、管理、分讓をなす外必要な資金の低利金融をする。

――農業自由移民は一戸當り五百圓（渡航費、個人施設費）その他の移民―農業勞働者―は一戸當り二百圓（渡航費）を補助する。

滿洲開拓青年義勇隊　純眞な内地の青少年を滿洲開拓訓練所に收容して、民族協和・日滿不可分の理想を鼓吹すると同時に、心身を鍊磨し農業技術を修得せしめ、將來農業移民として定着させやうとするのが滿洲開拓青年義勇隊である。訓練所は現在嫩江、鐵驪、孫呉、寧安、勃利の五縣に各一個所あつて、一訓練所に概ね一萬人を收容する豫定である。訓練所に收容する青少年の年齢は十六才乃至十九才、訓練期間は約三年、但し一年以上訓練を受けた者は既設移民團その他に設置する小訓練所に收容することもある。各訓練所には農耕地約二萬陌及び牧野薪炭備林地若干を附屬せしめ開墾、農耕の實習に充て、教練、學課を修得させる。經營主體は滿洲拓殖公社で、經費の不足額は日滿兩國政府が補助する。

滿洲拓植公社　公社の前身である滿洲拓植株式會社は、日本の對滿移民助成機關として設立されたものであつたが、百萬戸移住計畫の樹立せらるゝに及んで、この重要使命の達成には規模充分でなかつたから、日滿兩國政府は同社を改組擴充して日滿合辦の强力なる移民助成機關を設立することゝなつた。昭和十二年八月二日兩國間に『滿洲拓植公社設立に關する協定』が締結せられ、滿洲拓植株式會社を買收して同年九月一日營業を開始するに至つた。公社の目的とする業務は（一）移住者に必要なる施設及びその經營（二）移住者に必要なる資金の貸付（三）移住用土地の取得、管理及び分譲（四）移住者に必要なる事業の經營を目的とする會社又は組合に對する出資及び金融（五）前各號の事業に附帶する業務等である。

公社の特質　公社の設立趣旨が日滿兩國政府の國策代行機關として移民事業運營の衝に當ることにあるのであるから、從つて事業目的達成の爲めには、飽くまで營利を離れて厚生經濟主義に基き、凡ゆる奉仕的努力を必要とする。會社設立以來、役員並に社員一同はこの趣旨を體して、如何にすれば移住者が滿洲に墳墓の地を建設し、滿洲國の構成分子として、他の諸民族と相融和し自立し得るに至るであらうかといふことに專念し、苟もその目的達成のためには凡ゆる努力を惜まぬ事を以て會社存立の精神としてゐる。

滿洲拓植委員會　滿拓會社は日滿兩國籍の特殊法人であり、兩國の特別保護を受けると同時に又嚴重なる監督に服するのである。即ち滿洲拓植委員會は、會社の業務監督機關として新京に常設的に設置せられたもので、兩國政府の監督の連絡協調、更に進んではその一體化を圖り、會社の使命を充分發揮せしむる如く政府、會社、移民の三者一體となり、聖業の完成に邁進し得る體制である。

移民事業實行途上には將來幾多の難關を想像せらるゝが、この政策は難易を超越した絕體的の重要國策で、拓植委員會は事實上移民政策の現地參謀本部としてこの重大なる任務遂行に遺憾なきを期す重大意義を有するものである。

農業移民の現況　集團移民は昭和七年の第一次より本年(昭和十三年)の第七次に至るまで合計四九集團、七、四〇七戶、一〇、五四九人の入植を見た。自由移民は緣故移民を除いて四八集團一、四四四戶、三、五四五人である。入植地は主として三江省、濱江省、牡丹江省、龍江省、吉林省、管內である。

移住地の設營は先遣隊の入植に始り團共同經營、部落共同經營の過程を經て個人經營に至つて完成する。現在までに既に個人經營に移つた團は第一次、第二次、第三次の三團である。各團いづれも神社、役場、病院、組合及び共同產業諸施設等の共同施設を有し、團自治經濟の確立に努めつゝある。

本年は支那事變のため、集團移民の豫定一萬戶は五千戶に、自由移民の五千戶は一千戶に減ずるの已むなきに至つたが、明年度は集團移民一萬二千戸、青少年移民三萬人（これは本年も同數の入植を見た）の豫算が既に決定を見たと傳へられてゐる。

日本側の滿洲移民局新設案は豫算の關係で延びるらしいが、滿洲國產業部の外局として新設される開拓總局は來年（康德六年）一月一日開設の豫定である。同局は三處より成り、各處機能は次の如く見られてゐる。總務處＝土地買收、買收土地の利用計畫その他計畫立案を司る、招墾處＝滿人國內移動地、日本農業移民地の開墾及びその調整を司る。拓地處＝滿地下拓、アルカリ地帶開拓等土地造成に關する業務を司る。

附記　本項は「滿洲農業移民概要」（滿洲拓植委員會事務局發行）「滿洲年鑑」（滿洲日日新聞社發行）其他に據つた。

思ひ出のペーヂ

寛城子驛食堂（ブフェート）にて

部屋中にあちこちと觸手を延ばし
重たい露西亞の香氣ある雰圍氣に
その蒼い爪をたててゐる鉢植の護謨樹
卓布は蒼い葉つぱの下に光り
ペチカはむんむと焚きこめられてゐる
帳場は刈揃へられた顎髯が動かない
二重窓を通して眼前小公園の楊柳には
北滿の鉛色の空が押し迫り
根雪は路傍に掻き積まれてそのまゝだ
部屋裡に客なく窓外に歩む人もない
沸立つサモワルのお茶を啜つてゐる僕
に
驛の鐘が一つ……列車はまもなく入る
だらう

加藤郁哉

上左・[illegible]
中段・西北大街
下右上・満人代書屋
下右・饅頭屋　下左・靴直し
左・ロシア喫茶店のムスメ

大同公園

兒玉公園スケート場

兒玉公園・兒玉大將銅像

牡丹公園

日本橋公園

白山公園

兒玉公園・潭月池

白山公園・石羊

大同公園・牝狼

小八家子天主堂

小八家子の村の辻

小八家子修道院

こう大きくては鵜呑みにも出来ない

吉林の鵜飼船

觀光の新京

新京は滿洲の心臓である。

滿洲國の政治・經濟・文化あらゆる分野の動向は、新京に於て完全にこれを看取することが出來るであらう。その意味に於て新京を知ることは、滿洲を知ることであるともいへる。

紹介機關　觀光視察の旅客に先づ勸めたいことは諸機關の利用でる。旅行の日程その他はジヤパン・ツーリスト・ビユーロー（驛前）に、滯京中の旅館・乘物・土産物その他は新京觀光協會（ビユーロー階上）に、滿洲事情（あらゆる分野に亘つて）は滿洲事情案內所に、その他國務院弘報處、新京特別市公署、臨時國都建設局、新京商工公會など、いづれも觀光視察の目的を一〇〇パーセントに達成せしめるために悅んで協力するであらう。特に滿洲事情案內所が新京にあることは新京の誇りである、旅客は第一にこゝを訪ねるがいゝ。氣輕に、親切に、迅速に、あらゆる調査を無料でしてくれる。

乘り物　最も手取り早く觀光の目的を果すには、新京交通會社の觀光バスを利用するがよい。約三時間半の短時間と金一圓五十錢の廉い料金で、國都を一周するばかりでなく、新京に關する凡ゆる常識を得ることが出來る。車の乘心地は申分ないし、殊に若く美しいガイドガールの說明は何人にも好感と滿足を與へる。滿人のためには滿語觀光バスがある。そのコースは次の通りである。

（〇印下車說明）

（日語コース）驛前―〇新京神社―兒玉公園―〇忠靈塔―西廣場―〇寬城子―日本橋通―舊國務院―〇宮廷府―清眞寺―大同廣場―〇協和會―經濟部―〇南嶺―〇建國廟―南湖―國務院―宮廷造營地―興安大路―〇三中井又は寶山（屋上展望）―驛前

（滿語コース）驛前―〇新京神社―兒玉公園―〇忠靈塔―西廣場―日本橋通―舊國務院―〇宮廷府―泰發號―大同廣場―〇協和會―〇建國廟―

南湖—國務院—宮廷造營地—總理官邸—○衛生技術廠—○放送局—三中井—大經路小學校—○寶山—朝日通—南廣場—驛前

その他の乘り物と、所要時間、賃金とを記せば次の通りである。

貸切バス（約三時間）大型十九圓、小型十六圓（案内なし）▲タクシー（約二時間十分）四人乘九圓二十錢（運轉手說明）▲豆タク（約一時間五十分）三人乘四圓二十錢（案内なし）▲馬車（約六時間）二人乘二圓五十錢（案内なし）

さて、そろ／＼市中を御案内することにしやう。

新京驛

新京驛の沿革は、そのまゝ新京の發展史である。

したがつて、一通りは既に「新京の歷史」の項で述べたから、こゝでは簡單に記して置かう。日露戰爭の結果、長春以南の東淸鐵道を接收することになつた日本側は、當然日露の共有として寬城子驛を使用出來るものと思つてゐたところ、露西亞側が異議を唱へて埒があかなかつたので、滿鐵は一時孟家屯驛と寬城子驛の中間に假長春驛を設けた。（明治四十年五月起工・同年十月竣工）

しかし、この附近は土地の高低が甚しく、將來滿鐵終端驛として附屬地市街經營に不適當であつたから、附屬地百五十萬三千四百四十八坪を買收すると共に、大連起點四百三十七哩六十八鎖の地點——即ち現在の場所に、三萬二千餘圓を投じて木造バラック式の長春驛を建設し、明治四十年十一月三日貨物營業を、同年十二月一日一般旅客取扱を開始、假長春驛は、西寬城子驛と改稱された。

大正元年九月吉長線が開通して、長春驛は東支・吉長・南滿の三線集合地點となり、その重要性を加へると共に旅客貨物も激增するに至つたので、大正二年三月一日工費三十二萬餘圓を以て二階建新驛舍の建築に着手、一ヶ年を費して大正三年竣工した。これが現在の新京驛である。

昭和七年三月一日滿洲國の建國と共に國都と奠められた長春は、同年三月新京と改稱せられ、こゝに愈政治・經濟・軍事・文化の中心となつたので國都の表玄關たる新京驛の躍進も目覺しく、今や國鐵濱京線、同京圖線、同京白線、滿鐵本線四鐵道の會合點として交通の中心をなすに至つた。

中央通

驛前の廣場を起點に三筋の大道が放射狀に走つてゐる。左（東南へ向ふもの）が日本橋通、眞中が中央通、右（西南へ向ふもの）が敷島通である。

先づ中央通から見物を始めることにしやう。

この通りは舊附屬地の中央部を通つて大同大街に接續する。緩やかな起伏を見せながら一直線に國都を貫いて、遠く霞の中に消えて行く眺めは頗る壯大である。滿鐵支社、新京・ヤマトホテル、新京稅關、滿洲事情案內所、中央通警察署、中央通郵政局、新京神社新京圖書館、滿洲新聞社、弘報協會、滿洲國通信社、兒玉公園などがある。

「大新京經濟概觀」から興味深い記述を紹介しやう。

――市街設計者は（長春附屬地開設に當つて）當時日本人は凡て城內西三道街に群居せるを見て、驛より西門に向け今の中央通りを幹線道路として設計し長春大街と稱し、警察署、郵便局、小學校等を建築したるが、其後の實況は豫想を裏切り却て斜線の日本橋通りが榮へ、長春大街は雜草の生へ繁るがまゝに放任された。右は長春驛開設されたため孟家屯驛で下車して西門に行く者が絕へた結果であるが、建國後新たに都市建設が出來、中央通りが大同大街に接續され昔日の設計が復活した事になつた。

日本橋通

東南へ向ふ日本橋通は富士町、三笠町、吉野町を斜めに突切つて南廣場に至る。南廣場は日本橋通と直角に交叉する大和通、更にその二つの通りの間を交叉する祝町、東三條通が集まつて放射狀をなしてゐる。南廣場から大和通を左へ上ると所謂平康里（ピンカンリー）（滿人妓樓地帶）で頗る賑つてゐる。

日本橋通を更に進めば通りの名の因つて起つた日本橋がある。橋の右側は商店街にする計劃で溝を埋め立て今は左側だけ水が流れてゐる。

日本橋公園

橋の袂に日本橋公園（俗に東公園ともいふ）がある。本書の扉に出した怪獸が二頭入口に相對してゐる。園內には附屬地買收時代の記念の建物創業館がある。

橋を渡つて朝日通を右へ行けば日本總領事館がある。朝日通と交はる地點から先は城內と呼ばれる滿人街である。

新京・ヤマトホテル

中央通りの左角、樹立に圍まれたの

がヤマトホテルである。明治四十二年の建設で、六二〇、五五八・七九平方米の敷地に、六、六三九・三八平方米の純洋風建築である。何分古い建築であるから、大滿洲の國都として、決して誇るに足るものではないが、戰時體制の强化が、豫定された國際ホテルの建築を許さぬ今日になつて見ると三十年以前にこれだけのものを作つて置いた後藤滿鐵總裁は矢張り偉いといふことになる。「滿洲草分物語」は

――後藤初代滿鐵總裁は、當時さほど必要とも感ぜられなかつたけれども、例の遠大な國際的見地から、驛前の荒野の中に現在の堂々たるヤマトホテルを建築して、滿鐵との接衝關係の多い東清鐵道露西亜人幹部の息ぬき場所として、その接待に全力を注いだものである――と記してゐる。後藤伯が初代の滿鐵總裁として經營に當つたのは、創業から明治四十一年七月まで〻あるが、その後も桂内閣の遞信大臣として監督權を握つて居たのであるから、この話も事實と見てよからう。

現在のヤマトホテルは國際ホテルであると共に、新京上流人士の社交場でもある。殊に晝食時のグリルには、おエラ方の顔は大概揃ふ。夏期の納涼園は古くから有名であるが、今年（昭和十三年）は八月廿七日閉鎖後、更に三十日から庭園を利用して「ヂンギスカン料理」を始めた。一人前三圓五十錢（赤出し、飯付）、五人以上の豫約に限る點が些か不便だが、北京の正陽樓のやうに新京の一名物としたいものである。

滿鐵新京支社

中央通りの右角は滿鐵新京支社である。明治四十年十月始めて南滿洲鐵道長春出張所を置き附屬地行政を掌り、爾來經理係（明治四一・一二）長春地方事務所（大正四・一一）新京事務局（昭和一一・一〇・一）と改稱、昨昭和十二年七月十九日新京支社となつた。治外法權の全面的撤廢に伴ひ昨十二年十二月一日から附屬地行政權の滿洲國へ移讓されたことは屢々述べた通りである。

最近職制の改革によつて準本社格となると傳へられてゐる。

新京銀座・吉野町

中央通の東側、滿蒙毛織の賣店について曲るのが吉野町で、俗に銀座通りと謂はれる新京第一の繁華街である。附近祝町・東一條通と共に大商店が軒を竝べ、その裏通り銀座新道はおでん小料理、バー、カフエーの櫛比する味

覺街・歡樂街である。

新京神社

中央通りの西側、平安町と常盤町の間の廣大な神域を占める新京神社は、大新京鎭護の神として、天照皇大神・大國主命・明治天皇の三柱を祀る市内唯一の神社である。

前關東軍司令官菱刈隆大將の筆になる「新京神社」の標石を見て、御影石の大鳥居をくゞると、右側に

此の神門及玉垣は南嶺板鼻部隊竝に氏子等多數威儀を整へて奉曳し神域に納め奉りしもの也。

于時昭和十年四月十五日

新京神社氏子總代表

武　田　胤　雄　謹記

と刻んだ碑がある。參道の兩側には松の若木を植え、右手に堂々たる社務所左手に御手洗（昭和十年五月、小松製材所兼松フク奉獻）があつて、巨大な自然石の水盤にはいつも清冽な水が溢れてゐる

中門を入ると左右に鑄銅實物大の神馬（昭和十二年五月、丸山安右衞門、同ミツ——康德四年十二月、新京賽馬倶樂部奉獻）、大狛犬（昭和十一年九月、大倉土木株式會社——榊谷仙次郎奉獻）がある。白木造りの社殿は樹立の綠に圍まれて、簡素ならちに神嚴の氣に滿ちてゐる。

例祭は春五月十五日、秋九月十五日、神輿の渡御もあつて非常な賑はひである。關屋副市長を總代長として、四十數名の氏子總代が奉仕してゐる。「新京神社略記」から由緒沿革を抄錄する。

明治四十四年七月長春在住の有志三十七名發起により、神社建立の議成り出願、同年十月二十日附關東廳指令第七〇七號を以て長春神社設立の認可を得、次いで同年十月二十六日附同指令第七一七號を以て寄附金募集認可を得、建設委員を選定し寄附金募集に着手すると同時に敷地選定の上、建立期限を明治四十五年九月とし、盡力の結果諸事順調に進捗中の處、遽に明治天皇御崩御により一時中止の已むなきに到り、種々の曲折を經て大正四年十月更に關東廳の許可を受け、御大典期日前竣工を期し同年十月十五日地鎭祭及び起工式を行ひ、大正五年十一月三日鎭座祭執行、爾來神威赫々として耀き、長春鎭護の神として住民の崇敬懈怠なし。次で昭和の大御代に至り住民の增加と共に愈敬神の念厚く、茲に御即位禮を記念し改築の議起り昭和四

年五月造營成り、現在見るが如き神々しさを加ふ。昭和七年十二月十四日長春は國都新京と改稱せらるゝに伴ひ、社號亦新京神社と改めらる。昭和六年滿洲事變後日本人の來りて居を構ふるもの年に月に多きを加へ、昭和十年には玉垣大鳥居手水舍の奉納せらるゝあり、社務所の改増築を行ひ續いて同十一年狛犬、祭器庫防塀の奉納あり、同十二年には石燈籠神馬本殿前階段の改造等の奉納ありて、日に其の面目を改め神威益加はるに至る。

境內に建設されてゐる奉獻物は左の通りである。

新京神社位置標　昭和十三年五月　大宮權平　岩瀨弘一郞奉獻

萬寳山事件出動記念　新京警察署一同奉獻自然石に羽搏く鷹（鎔銅）を配す

大燈籠　昭和十二年五月　株式會社福昌公司奉獻

燈　籠　大正八年五月　長春檢番藝妓席外八席奉獻

燈　籠　昭和七年九月　村岡淸一　伴さわ奉獻

狛　犬　昭和十年五月　みしま屋吳服店奉獻

滿洲新聞社

新京神社の斜め右前に高い塔を持つ建物が滿洲新聞社である。弘報協會加盟紙の一であり、滿洲日々新聞の姉妹紙である滿洲新聞は、昭和十二年十月十一日大新京日報の改題した滿洲國の中央紙である。紙齡九千三百號、歷史は古く紙面は淸新、滿洲文化・產業の開發、國內諸民族の融和親善に主力を注ぎ貢献するところ甚大である。

滿洲弘報協會
滿洲國通信社

滿洲新聞社の前に、總工費五十萬圓を以て新築中であつた滿洲弘報協會竝に滿洲國通信社の新社屋は、昨昭和十二年十月、起工以來一年一ヶ月、この程竣工して十一月十八日落成式を擧行した。

滿洲の新聞統制機關である滿洲弘報協會は、昭和十一年四月九日滿洲國勅令第五十一號に依り創立されたもので その目的とするところは同勅令第一條に「政府は新聞、通信その他弘報事業の健全なる發達を遂げしむる爲め株式會社滿洲弘報協會を設立せしむ」と明示してゐる。滿洲國通信社は初め弘報協會の直營であつたが、昭和十二年七月一日獨立した。

兒玉公園

兒玉公園の名は正門内正面に立つ馬上の銅像、滿洲開發の始祖兒玉大將の遺勳を永久に記念すべく、今昭和十三年十一月三日明治節の佳辰をトして行はれた除幕式と共に、舊稱西公園を改稱したものである。

大正四年四月白澤博士の設計によつて施設に着手したもので、寂びとまでは行かないが、二十餘年の歳月は樹にも石にもある落ちつきを與へてゐる。總面積三四九、一四九平方米、中央に潭月池を湛へ、南側は林相美しい夕陽が丘、北側は野球場・陸上競技場になつてゐる。長い冬が終つて樹々の梢が淺綠にけむる頃、この丘の上を散歩する樂しさは、新京人にとつて何ものにも代へがたいものである。夏は潭月池のボート、冬は陸上競技場のスケート(池は勿論のこと、新京では陸上競技場に水を張れば忽ち立派なスケート場になる)、落下傘塔は少年に大空を飛ぶスリルを味はせてくれるし、メリーゴーランドは木馬まで樂しさうに走る。

丘の上には誠忠碑(寬城子事件の犧牲者を祀る)、海軍記念碑があり、西南隅西五條通りに面する出入口には、滿鐵のマークを刻んだ附屬地の境界石がたつてゐる。

昔の西公園は中央通りの突當りで、八島通りに添つて尙東へ延びてゐたのであるが、國都建設計畫によつて中央通りが公園を突きぬけ眞直ぐ大同大街に接續したのである。

大同大街

大同大街は新京の背骨であるが、特に新發路から大同廣場に至る間はビジネスセンターとして、林立するビルがその偉觀を競つてゐる。新發路の角から順に列べて見ると大興ビル(左)大德ビル(右)滿洲鑛業ビル(右)ニッケビル(右)海上ビル(左)康德會館(右)三中井百貨店(右)東拓ビル(左)等であり、特殊會社、準特殊會社は大概こゝに本社なり支社なりを置いてゐる。なほビルとビルとの間は、日滿商事・三井物產・鐘紡・滿洲電業・滿洲生命等いづれも大會社の建築敷地であるから、これらの建物が竣工した曉は素晴しい壯觀を呈するであらう。

忠靈塔

ニッケビルと康德會館の間、北安路を西に進むと高く聳ゆるのが忠靈塔である。

東洋平和のため、滿洲の土を鮮血に染めた護國の英靈を祀る忠靈塔こそ、新京に來往する人々の第一に訪れて敬虔な祈りと感謝の念を捧げねばならぬところである。こゝに鎭ります英靈は故武藤元帥をはじめ陸軍關係、大使館關係、海軍關係、關東廳關係、滿鐵關係等千體に近く、しかも今日なほ蠢動する匪賊討伐の尊い犧牲者が次々と祀られて行くのである。

大同廣場

再び大同大街に戻つて少しく進むと國都の中心大同廣場である。周圍には新京特別市公署（臨時國都建設局）、首都警察廳、滿洲電信電話會社、滿洲中央銀行等の大建築がたち並んでゐる。やがてこの一角に滿洲興業銀行が偉容を競ふに至れば、文字通り國都の市政・滿洲經濟の中心地となる譯である。周圍の完成と共に廣場の中央には躍進滿洲帝國を象徴する〃焰の碑〃が建てられることになつてゐる。

護國般若寺　大同廣場から東北へ向ふ長春大路を一寸入ると、左側に臨濟宗の護國般若寺がある。門も佛殿も鐘樓も鼓樓も丹碧に彩られて頗る美しい。丈餘の佛像はいづれも極彩色やら金色燦爛たるもので如何にも滿洲らしい寺である。四月八日の降誕會は素晴らしい賑ひを見せる。この道を眞直ぐ大經路を突切れば、商埠地と城內の境界、昔の北門跡である。

興安大路　大同廣場から西北に走る大道が興安大路、市が自慢のパークウエイである。小賣商店街として將來の繁榮を豫想され附屬地方面の有名店が續々進出しつゝある。

宮廷御造營地　宮廷御造營地を觀るには、その正門前になるべき興仁大路からするのが眞實かも知れないが、興安大路に交叉する康平街を南へ入つて、東萬壽大街の北端あたりから拜觀するのが地形上一番よいやうであり、この位置は御造營地の略北端で、目下地均工事施工中の大同組の事務所、營繕需品局監督員詰所等もこゝに設けられてゐる。

新宮廷の用地は南北約二千二百米、東西約四百五十米、その面積は五十一萬二千平方米で南は興仁大路に面し他は東西兩萬壽大街によつて圍繞せられ造營豫算約千四百萬圓、八ヶ年繼續事業となつてゐるが造營計畫において宮廷用地は大別して三部となり南部は正門外大廣場とし中部は政殿を中心とする外廷とし、北部は本殿を中とする內廷とされることになつてゐる、正門外廣場は面積約十二萬五千平方米で廣場內には縱横に直交する二大路及び正門前に約三萬平方米の空地を設け國民遙拜の地とするはずである、外廷の南側中央に正門を設けこれより回廊をもつて圍まれた約四萬平方米の前庭を隔てゝ政殿に達し政殿は地階付二階建、建築面積約五千平方米でその內部には正廳、覲見室、候見室、大小饗宴場その他の諸室を設け政殿前庭の兩側には宮內府、尙書府その他各種辦公室、侍官宿舍等が配置されることになつてゐる內廷の中心は本殿で皇帝陛下の御日常の御住居に當てられ中庭を隔てゝ政殿と相對することになる、政殿本殿宮內府廳舍その他の諸殿屋は總べて耐火堅牢な構造とし外觀は東洋風の莊嚴典雅樣式に則り近代科學の粹をつくして造營されるはずである。

　四千萬國民が齊しく待望した宮廷造營興工式典は、本年（康德五年）九月十日順天廣場宮廷御造營用地においていとも嚴肅に執行されたが、この地はゆかりも深い杏花村の址に當り、附近に朱家屯、五虎屯、五里堡、十里堡、富安屯、高台子、北興隆溝、南興隆溝等の嘉名が存するのも、宮廷の地となるべき瑞祥の如く考へられる。杏花村の由緒を刻んだ杏花村記の碑は、今移されて白山公園內（同治街より公園に入り本田醫院の前方に當る地點）に在る。碑は高さ六尺ばかり、次の如く刻まれてゐる。

杏花村記

盛衰者時也興廢者數也而所以致此盛衰興廢者則視乎其人長春府城西北行五里有杏花村爲灌圖劉殿臣蒞棠其地平岡環繞中有碧水一泓植藕花入夏妍放岡上雜蒔楡柳櫻桃之屬惟杏花最繁故邨以是得名光緒庚子拳匪擾邊戰開俄人率其甲兵踞我郡治村距城近不免爲戎馬蹂躪楡櫻杏半斧作薪水泉涸竭蓮藕枯敗劉殿臣一窶人耳不圖作修復計途使勝境將成廢墟楚北王古愚太守來莅是邦顧而惜之捐俸購爲尋其泉源益爲開濬偏覓菱藕移植其中而若楡柳若櫻杏栽者培之缺者補之復觀度地勢茅舍三楹顏日課農山莊每當春秋佳日公餘之暇集其賓僚藉遊宴以省耕歛乘令劉殿臣司培溉掃除之役俾已興者不致復廢於是郡人士咸嘖嘖相告曰太守之爲此與蘇子瞻之喜雨歐陽永叔之醉翁以媲美千古嗚呼此猶以淺見測太守也太守始抵郡強鄰逼處劇賊內訌太守因時制宜從容布置賊有奪民一錢者戮以徇俄有佔民寸土者爭必力集父老詢疾苦凡可以保我黎庶者無不爲所當爲經營載餘郡以

大治其杏花村之修建猶者緒餘耳然視喜雨醉翁實有過之無不及蓋觀夫課農二字太守固欲擴充其量彷行屯田以實邊而弭患焉異日政成報最洊膺大任凡所施設必能轉衰爲盛百敗俱興有足以實吾言而副吾望者豈僅長春一府杏花一村謂可盡太守之經綸覘太守之抱負哉爰泚筆而爲之記

光緒二十九年歳次癸卯夏五月中浣

浙江山陰秋元朗定之撰

直隷玉田史藹儒飭書

尚現在の皇宮は城内東五馬路に續く興雲路の奥にあつて、恐れ多くも御質素を極めたものである。

貫志顧問の碑

再び興安大路に出て更に西進陸橋興安橋を渡ると右側の路傍に自然石の高い碑が見える。關東軍顧問貫志喜四郎氏の碑である。

御影石の碑面には故鄭總理の筆で「貫志喜四郎君之碑」と記され、裏面には小磯前關東軍參謀長の碑文と荒木大將の書かれた貫志氏の辭世が刻まれてゐる。

君ハ佐賀縣ノ人幼ニシテ俊敏長ジテ西鄉菊次郎先生ノ庭訓ニ浴シ高志卓行アリ進ンテ東都帝大ヲ出テ遞信省ニ仕ヘ後大阪三品取引所重役に轉シテ令名アリ滿洲事變後關東軍特務部ニ出仕シ經濟上ノ經綸ヲ傾倒シテ功績アリ當局ノ信頼ヲ一身ニ鐘メテ將來ヲ囑望セラル嗚呼天ハ斯人ヲシテ大成セシメス何ソ圖ラン君ハ一朝時事ニ感スル所アリ歸國ノ途上景福丸ノ甲板上ニ辭世一首ヲ遺シテ玄海波底ノ藻屑ト化ス噫悲哉時ニ昭和八年十二月十五日享年四十上下哀悼爲ニ征衣ヲ濕ホス是ニ於テ僚友等相謀ニ地ヲ茲ニ相シ碑ヲ建テ以テ君ノ偉烈ヲ旌表ス

昭和十年十二月十五日

小磯國昭撰並書

君没セルノ後生前ノ功績ニ依リ勳四等ニ敍シ瑞寶章ヲ賜ハル

行暮れて歸る浪路に心勇みつ

故貫志喜四郎君辭世

貞夫謹書　花押

國立衞生技術廠

岸顧問の碑の反對側に二階建の**新京中學**があり、校舎について南へ入ると**新京ゴルフ倶樂部**、その先に**新京賽馬場**がある。更に興安大路へ戻り、バスの終點から少し進むと南側に國立衞生技術廠がある。國内警務、防疫行政の完璧を期し防疫必需の器具機械並に藥品の常備、防疫從事者の訓練、病源の檢索、保健衞生試驗、農村家庭藥の供給、漢醫の補習教育を圖るため民生部の直轄機關として設けられたものであるが、その性質上最近大陸科學院に併合されることになる模樣である。

千早病院

衞生技術廠の前に市立千早病院（傳染病棟）がある。

新京醫科大學

千早病院に並んで新京醫科大學の假校舍がある。本校は康德三年十二月吉林より移轉、新京醫學校と稱したが本年（康德五年）五月官制改革により昇格して醫科大學となつたもので、民生部の所管に屬する。修業年限四年、國民高等學校又は女子國民高等學校卒業を以て入學資格とし、授業料一ヶ年六十圓である。現在生徒數約三百名、年齡十七歲より二十九才、滿人を主として若干名の蒙古人を交へ、日本人は在學しない。尤も明年より着工する新校舍（大陸科學院前）落成後は日滿共學とすること、なつてゐる。學長は市立病院長山口淸治博士兼務、教授耿熙麟瀧津久次郎、醫博山本義男の三氏、助教授北村誠一、淸水光男、張閣臣三氏專任囑託醫博橋本多計治氏の外市立病院の科長十一氏が囑託となつてゐる。學監步兵中佐林保治氏、事務官樂下寺賢太氏、會計主任杉野毓治氏である。

講義はすべて日本語を以てし、ドイツ語英語等は一切使用しないことが本校の特色である。

新京特別市公署

再び大同廣場へ戻る。こゝは國都建設計畫によつて最初に着手したところで、新京特別市公署は首都警察廳と共に新市街で一番古い建物である。そのせいか屋上の塔の重みで壁に龜裂を生じたとかで、この程塔の上部を取り去つた。並ぶ新廳舍は昨年十月工費三十萬圓を以て起工したもの、既に一部は移轉執務してゐる。

首都警察廳

東京なら警視廳に該當するものである。東洋風な好もしい建築である。

協和會本部

大同廣場を過ぎると大同大街はダラダラ下りになる。左側の俱樂部か住宅風の瀟洒な建物が協和會本部である。

白山公園

協和會の前が白山公園、入口に据えてある石羊は郊外義和屯から發掘されたもので、國都建設局管理科長靑戸陸明氏が同地方一帶が上石虎溝、下石虎溝と呼ばれてゐるのにヒントを得て調査の結果、石虎と共に發見したものださうだ。石虎は順天公園にに据えてある。園内には動物園があり、宮廷御造營地から移された杏花村の碑もある。

大同公園

協和會の隣りが大同公園、國都建設計畫によつて出來た最初の公園で、野外大音樂堂、プール等がある。友邦伊太利帝國首都ローマ市民から新京市民へ心をこめての贈り物牝狼の像も園内にある。

牡丹公園

大同公園の前にある。テニスコート花苑、溫室等がある。

孝子廟

大同公園の正門の前を少し行くと、右側の道路上に小高い塚か古墳のやうなものがあつて、旅人に奇異の感を與へるだらう。

これは大同大街の建設に當つて、特に取り殘されたほど滿人の信仰の厚い孝子廟である。石で疊んだ塚の上には一本の楡の木と石造りの小さい廟があつて、その前にはいつも參詣人が跪いてゐる。楡の木には「有求必應」とか「心誠則靈」とか、又は「神靈廣大」「佛法無邊」などゝ書いた大小さまざまの額が山のやうに――といふのは額の上に額を重ねて積上げたやうに――懸つてゐるし、香の煙は濛々と立ち上つてゐる。塚の上には道士が一人、塚の下には線香や供へ物、寫眞ゐなどを賣る店が、いつも一、二軒出てゐる。

王夢惺といふ孝子を祀つたもので、それには次のやうな話が傳へられてゐるのである。

×　×　×　×

王夢惺は長春城の西方高臺子の人で兩親の沒後遼陽の千山に赴き出家して道士となつた。前淸末宣統二年（二十八年前）九月八日母の棺を移轉するため單身歸春したが、翌日自から墓を掘り起して見ると、傍らの楡の木の根がすつかり棺を包んで、中には板を貫いてゐるものさえあつたので、これを斷ち切ることがまるで母の骸を切りさいなむやうに思はれ、彼はとう〳〵移轉を斷念して千山に戻つた。同年十月十三日、再び長春に歸つて來た彼は、墓に大きな鎖をかけ靴を脫いで母の墓の傍に端座すると一語も發せず一水も飮まず、そのまゝ動かうともしなかつた。村の人々は彼の心情を憐れんで食物や衣服を運んで來た。食は一握りの粟で事足りたが風雨と寒さが彼を苦しめた彼は洞穴を掘つて僅かに凌いだ。

日が、月が、流れ流れて清末民初になつた。一日長春の道尹顏世清氏、南嶺の旅團長曹錕氏―後の民國大總統―が相伴つて訪れ、顏氏は頭箍（道士のする鉢卷、銅製、幅一寸ばかり正面に三日月をつけてある）を贈り、曹氏は一牌樓（鳥居形の門で上に額を掲げる）を立て「孝有可風」と揮毫揭額した。これから孝子を訪ねるものが、いよいよ多く、供獻する金品は積り積つて財をなすに至つたが、それが彼に災ひをなして或る夜惡漢のために悲業の最後を遂げたのである。あと四十日で彼の宿願である滿三年の期限が來やうとする頃であつた。そうして人々の哀悼のうちに、彼も又靜かに眠る母の傍らに葬られたのである。

世界紅卍字會

孝子廟から更に進むと興仁大路との交叉點で、右角に世界紅卍字會がある。民國十六年六月の創立にかかり宗教團體であるとともに社會事業團體として有名である。朱や綠に彩られた門が美しい。

內務局・民生部・經濟部

專賣總署

廣場に續いて右側に內務局、民生部左側に經濟部、專賣總署がある。

南新京驛

興仁大路は一直線に南新京驛へ通じる。宮廷御造營地の正門前順天廣場は丁度中程に當り、正門から眞直ぐに南に走る大道が順天大街である。南新京驛は形ばかりの小さなものであるが將來國都の表玄關となるべき驛で、本年十月一日から始めて急行「ハト」が停るやうになつた。

國務院・治安部

順天廣場から緩やかな起伏を見せて南へ走る順天大街は、政府諸機關の大建築が點在して新國都の新鮮な美しさと、潑剌たる生氣を感じさせる。

左角が國務院、右角がこの程竣工した治安部である。

順天公園

順天公園は治安部、國務院の後方から大同大街の東にまで續く廣大な地域を占めてゐるが、未だ完成はしてゐない。

司法部・交通部

順天公園に境を接して左側にたつのが司法部、その前に建築中なのが經濟部の新廳舍、續いて交通部がある。

合同法衙

やがて安民廣場、その一角に聳立す

るのが合同法衙である。かうして完成した各部の廳舍を見て廻ると、その建築の美しさに驚嘆せずにはゐられない、特にそれらの建築がいづれも東洋風の相貌を持つてゐることは最も嬉れしく感じる。

黃龍公園・南湖

安民廣場の南に見える南湖は、人造の湖水で周廻二里完成の曉は遊覽汽船の計畫さへある。この附近一帶が未完成の黃龍公園である。

產業部

安民廣場から左（東）へ折れると右側に產業部があり眞直ぐ進むと大同大街へ出る。

大陸科學院

大同大街を更に南進すると右側に大陸科學院の白亜の建物が見える、同院は滿洲國の資源開發並に產業各部門の急速な伸張確立を圖り、併せて滿洲國の科學的研究を統制するため康德二年三月設置された綜合研究機關であつて國務總理大臣に直屬する。當初は日本の各研究機關、大學研究室等を借りて研究を進めてゐたが、康德四年末廳舍の竣工を見こゝに移つたのである。

建國廟

科學院の先、建國廣場の右手は目下造營中の建國廟である。滿洲國の鎭めとして、建國功勞者の靈を合祀すべく康德三年着工したもので、本年（康德五年）十月二十三日上棟式を擧行、明年度完成の筈である。

農林技術員養成所

建國廟に隣する建國大學の敷地内となつた農林技術員養成所は產業部大臣の所管に屬し、農事開發指導の第一線に活動すべき農事基幹員を養成訓練するところの農事訓練の最高道場である近く淨月潭に移り規模を擴張して中央訓練所と改稱する筈である。

建國大學

康德五年五月二日訪日宣詔記念の佳日をトし、畏き勅書を奉戴して開學した建國大學は、國都の南觀音嶺一帶六十五萬坪の地域を占める滿洲國の最高學府である。建國精神の神髓を體得し學問の蘊奥を究め、身を以てこれを實踐し、文武不岐、知行合一、勤勞自律の行に徹し、以て道義世界建設の先覺的指導者として、國の楨幹棟梁たるべき人材を養成することを趣旨とする、從つて學生は滿洲帝國を構成する各民族の青年中より選抜された俊秀で現在滿・日（鮮臺）蒙・露の各民族合せて百四十一名が、學科に軍事に武道に農作業に、猛訓練を受けてゐる。學生に農作業を課することは本學の特色であるが、更に一つ本學の特色は塾教育である、即ち教室や道場に於ける訓育と相俟つて起居の間に薫陶しやうといふのである。

大同學院

　建國廣場から左（東）へ折れると南嶺の町へ出る。途中福安街に三萬坪の敷地を占める大同學院がある。建國の大理想を體し國家の一絲亂れざる統制下に、一身を顧みず邁進する青年官吏層の擴大强化を圖るべく開設されたのが本學院で、國務院に直屬する。

南　嶺

　南嶺は一寸溫泉場のやうな感じのする靜かな町で北進する國都の發展に逐日繁盛を增しつゝある。南嶺の戰蹟は北へ數丁の地點にある。戰蹟に就ては別項「新京附近の戰蹟」に讓り、南嶺街道を南へ向ふことにする。

綜合大運動場

　中央警察學校の横を過ぎると左側（西）一帶が綜合大運動場である。これについては「新京の市政」中、保健衞生の項に詳說してあるから略す。右側（東）に中央觀象臺がある。運動場の西部に今三ヶ年計畫で建設中の大動植物園は二十三萬八千坪といふ廣大なものである。

南　關

　やがて南關に出る。こゝは長春城市の南門のあつたところ、伊通河を渡つて吉林街道に續く全安橋の袂である。

關帝廟

　橋の左袂（北側）に臨濟宗に屬する關帝廟がある。新京を訪れる畫家たちが必ず繪にするところで滿洲情緒の豐かな廟である。南關から北西へ向つて日本橋に至る南、北大街、商埠大馬路が俗に城内と呼ばれる古來の長春城市のあとで、純然たる滿人街である。

城內見物

　日本橋を渡つて朝日通を越すと、路はだらだらと上つてこゝから商埠地大馬路である。商埠地のことは「新京の歷史」に詳しく書いて置いたが、今は一般にこゝから先を城內といつてゐる純然たる滿人街で、朝から晚まで實に賑やかである、大馬路の入口を右へ入る通りが七馬路で、六馬路、五馬路、四馬路、三馬路、二馬路と順を追つて大馬路を横切る——或は一方のみの通りがある。五馬路邊から二馬路邊までが殊に賑やかで、商店も立派なのが多い、四馬路の角には滿人百貨店中最大の漆發合がある。三階は店の直營でないから責任は負はないといふ意味の揭示があるのも面白い。

四馬路の十字路から少し手前に右へ入る細い横丁がある。この横丁（愛國胡同）を入ると新市場で（といつても少しも新しいところはない）あらゆる喰べ物屋、占師、賣藥店など店を並べて雜踏してゐる、こゝに新民戲院といふ今では新京唯一の支那芝居の小屋があつて、毎日正午から開演してゐる、大衆席は十五錢位であるから一見するのもよからう。言葉は通じなくともなかなか面白い。茶莊といつてお茶を飲みながら日本の講釋か浪花節のやうなものを聽く席も數軒ある。若い女が卓上の太鼓をたゝきながら、三味線の伴奏で勇しいところを一席やつてゐる風景なども見られる。四馬路を越すと直ぐ左側に「老市場」といふ看板の上つたアーケード（といつても感じが出ないが）がある。入口は狹いが中は縱横に道路が走つてゐて、古着屋は節面白く觸賣りをしてゐるし、ガマの油屋は能書を並べてゐる、靴、帽子の最新流行品（であらう）を商ふ店から、古土瓶の蓋、サイダーの王冠（何にするのか知らないが）まで並べてゐる古道具屋もあり、たしかに見ものである。古物商は六馬路を左へ入つた裏通りから三馬路あたりまでづつと續いてゐて、或は古鐵、或は家具と同種類の店が並んでゐる。小盜兒市場（どろぼう市場）などといふのもこれである。

長春大路と交叉する地點が元の北門跡で、これから先がほんとうの城內である。眞直く行けば前項に述べた南關である。

いろいろな商品の現物を象つた看板を見て歩くのもなかなか面白い、朱塗りの板に「當」と書いてあるのは質屋璃屋は鎖でつないだ三角四角の白い板に黑い丸を書いて下げ、湯屋は屋根の上に赤い布片を下げた赤い提燈をあげる。

新京附近の視察地・行樂地

淨月潭

三百五十萬圓の工費と二ヶ年の日子を費して成つた淨月潭水源池は、國都の中央大同廣場から十二キロ、自然の風光に惠まれた水郷である。日曜には新京交通會社の觀光バスが往復する。冬季は新京唯一のスキー場となるっ　くはしくは「新京の娛樂」の項參照

蔬菜移民力行村

新京から僅に十キロ、吉林バスで約三十分の淨月區拉々屯に、蔬菜移民力行村がある。滿洲農業移民二十ヶ年百萬戸計畫が、日滿兩國を貫く樞軸的國策として著々進捗してゐる折柄、親しく奥地の移民團を訪れる機會を持たぬ人々は是非とも視察すべきであらう。

同移民團は國都新京の需要に應ずる蔬菜類の栽培を目的に、昭和十三年四月初旬入植したもので、凡ては力行會永田稠氏の計畫にかゝり、力行村の名もこゝに由來し、現に永田氏が村長の職に就いてゐる。村員總數二十四戸のうち大分（二）香川・岡山・長崎・長野（各一）を除いて、他は悉く熊本縣出身で殆んど全てが大日本農友會に關する人々である。

滿拓から土地資金千五百圓、家屋資金千圓の補助を受け、手持資金は平均六百五十圓であつた。家屋は滿拓自慢の模範住宅で一棟二戸建、二室の外に屋内作業場を取り中央に共用の井戸がある。今年は入植が遅れた關係で十分の耕作は出來なかつたが、それでも普通作は高粱・大豆・小豆・粟・蕎麥等を、蔬菜は馬鈴薯・トマト・茄子・胡瓜・水瓜・白菜・大根等を作つた。普通作は金肥不要、蔬菜類は硫安・過燐酸石灰その他を使用、非常な成績をあげた。新聞紙の傳へるところによれば本年の一戸當り最高純益九百圓餘、普通四五百圓であるといふ。

視察者は拉々屯でバスを下り村役場を訪ねるがよい。直ぐ右側に土塀をめぐらした滿人家屋が改造の役場であり小學校である。

南嶺電化農場

南嶺電化農場は滿鐵新京支社・滿洲電業共同計畫の下に、農業振興・移民促進・副業の奬勵を目的として集團移民、自由移民、近郊農村を對象とする電化農村の實驗場として、この夏（康德五年）開設されたものである。試驗期間を二期に分ち第一期康德五年より七年、第二期同八年より十年までとし經營は新京農業組合、電氣關係の指導は電業がこれに當つてゐる。

今年は電力揚水によつて四十天地の水田耕作を行ひ、一天地平均籾十二滿石、四百八十滿石の收穫を得たが、この脱穀は電氣モーターを使用、一日六時間作業（電力使用量八十キロ、料金二圓七十錢）で二十五滿石の脱穀を行ひ農業勞力に革命的記錄を樹立した。更に收穫物處理のため四十坪の煉瓦建電力應用の作業室を建設、冬季室内作業として籾摺・精米・製粉・繩なひ等を行ひ、かたがた電氣を應用して多季鷄の孵卵、育雛等をすることゝなつた明年は電氣苗圃、野菜花卉栽培施設をする豫定である。

淨月區模範農村

新京特別市は、市域内農村地帶のデンマーク農村式理想農村化を目指して各種の施設・工作を實施してゐる。視察希望者は詳細を市公署行政科に問ひ合すといゝ。

九臺溫泉

新京にも溫泉がある。新京驛から京圖線で約一時間、下九臺の驛からぶらぶら歩いて溫泉まで二十分位。勿論馬車も洋車もある。溫泉ホテル清風館溫泉旅館翠前莊の二旅館があり、いづれも九臺溫泉株式會社の直營である。清風館は高級ホテルで宿料四圓以上八圓まで、食事は完備した食堂がある。翠前莊は大衆向で一泊二食附き二圓五十錢以上四圓、十日以上の滯在には特に相談に應ずるといふ。夏季は浴場付の大衆休憩場も開く。溫泉は硝酸鹽・クロール鹽・硫酸鹽・燐酸鹽・重炭酸鹽特に重炭酸亞酸化マンガン・メタ硫酸遊離炭酸瓦斯等を多量に含有し、神經痛、心臟病、婦人病、不姙症、一般皮膚病に效驗があるとされてゐるが、湯は濃い赤褐色で見るからに利きさうな氣がする。

旅館は小南山の麓、小南河の谿の畔にあつて、山上の展望臺に上れば吉林長白山・土們嶺方面が眼下に展け眺望頗る雄大である。縣公署の所在地だけあつてメインストリートはなか〳〵賑はつてゐるし、純滿洲風景が見られる旅行の日程にゆとりのある方は、一日淸遊して滿洲の溫泉氣分を味ふのも土產話の一つにならう。

小八家子天主敎村

新京の西北方三十三粁、小八家子の天主敎村は戸數二百五十戸、一軒の商家もない純農村であるが、村民は悉くローマンカトリツクの熱心な信者で、村の中央に聳える天主堂は莊嚴を極めてゐる。小八家子の名は今から百三十年前、天主敎信者八名が移住して來たのに起因してゐる。新京から約一時間半、曠野の中をバスに搖られて行つてこの宏壯な天主堂を見ると何か童話の世界へでも踏込んだやうな氣がする。殊にそれが日曜日でもあつて、靜かな鐘の音につれて、尼さんのやうに黑布を被いた村の女人が禮拜に集まつてくる風景、素朴な老人たちが聖水を額につけてつゝましく十字を切る姿、祭壇にゆらぐ蠟燭の光、きらびやかな佛人神父の祭服、姑娘の聖歌などに接すれば、自ら心のきよまるのを感じる、天主堂の入口の家で「小八家子小史」といふ小册子を頒けてくれる。

吉林の鵜飼

滿洲の京都といはれる吉林も是非一度は訪れてよいところである。小白山・靈仙府・玄帝觀・文廟・萬壽宮など靜かな古都の景觀は、旅人の心を樂しませる。殊に滿洲ラインと呼ばれる松花江の鵜飼は夏季吉林名物の随一である黑白の鵜(白い鵜とは珍らしいでせう)が白晝しぶきをあげて大魚を逐ふのは頗る壯快である。吉林觀光協會が乘合の屋形船を出してゐる。新京吉林間は京圖線で約三時間、吉林鐵道局の吉林バスも一日六往復してゐる。お土産には吉林省立工業指導研究所が、いろいろローカルカラー豐かな製品を出してゐる。

新京附近の戰蹟

寛城子事件

東三省巡閲使に任命された張作霖との確執から、吉林督軍孟恩遠が遂に獨立宣言を發したのは民國八年(大正八年)七月八日であつた。奉軍は北上して公主嶺、范家屯の間に據り、續々南下する吉林軍は長春附近に集結しつゝあつた。かうした雰圍氣の中で、七月十九日滿鐵社員船津某が寛城子の料亭から歸る途中、支那兵のために暴行を受けたのに端を發して惹起したのが寛城子事件である。

この日支那兵暴行の報告を受けた寛城子守備隊長林少佐は、直ちに副官住田中尉に下士以下六名を附して救護と調査に向はせ、更に萬一を慮つて下士以下三十名を引率する谷中尉をして副官の後を追はしめた。副官は團長に面會を求めたが不在のため、營長の乞ひに任せて幕舍に入らうとした時、突如他の幕舍の支那兵が日本兵を狙擊し、續いて各幕舍から一行に猛烈な射擊を浴びせた。中尉は直ちに部下と共に應戰したが、多數の敵のため全員死傷するに至つた。

後發谷部隊は幕營から百五十米の地點にあつて成行を注視してゐたが、無法な支那兵は同時に谷部隊に對しても一齊に銃火を浴せかけ、中尉は後方の家屋に據つて應戰したが、隣接した巡警分駐所から背後を撃たれ、瞬く間に部下の大半を失つた。

事態容易ならずと見て林少佐は、殘留者四十名中三十名を金子中尉に授けて增援したが、吉兵は散兵線を擴大して、兩軍練兵場の中央に相對峙する形となつた時、長春驛から馳けつけた吉井軍曹以下六名が敵の左翼に迫り、續いて兵站部副官山内中尉が兵三十四名を率ゐ、自動車で吉井軍曹の右方支那兵の背後に出て猛射を浴びせたので、さすがの支那兵も狼狽して退却するに至つた。時正に午後三時であつた。銃を持たぬ長春の義勇團員が、手に手に棒切れなどを持つて、彈丸の飛ぶ高粱畑をくゞり、寬城子へ突進して來たのもその頃であつた。

杉山官補、橋本署長、高旅長、陶道尹等が自動車で馳けつけ、吉兵の射擊を中止せしめた時には、既に我が兵の死傷者は或は肉を削られ、眼を刳られ携帶品は掠奪されて悲慘な虐殺を蒙つたものが多かつた。負傷者は長春に運んで手當を加へ、戰死者の遺骸は火葬に附して同夜十一時の列車で後送した。兒玉公園夕陽ヶ丘の上に建つ誠忠碑はこの時の犧牲者佐田中尉以下二十名の英靈を弔ふものである。

寬城子事件に關する日支交渉は九月八日北京に於て小幡公使と外交總長代理陳籙の間に談判が開始され、數次の折衝を重ねて十月二十日漸く解決した。

新開河と永沼挺身隊

日露戰役の沙河の會戰が終つて後、永沼挺身隊は露軍背後攪亂の任務をになつて、明治三十八年一月九日奉天西南方の蘇麻堡を出發した。一行百七十五騎は具さに辛酸をなめつゝ夜行軍を續け、一ヶ月目に長春南方の范家屯附近に出た。當時長春は敵の糧秣、彈藥の集積地で、挺身隊はこの敵の心臟部を突くために、新開河の鐵橋の爆破を企てたのである。

決行の日は明治三十八年二月十一日紀元節の深更、破壞班は枚を含んで橋梁に接近したのであるが、遂に敵の發見するところとなり、監視所からの急射を受け、彈丸雨飛の中に作業を强行せねばならぬことゝなつた。掩護の任に當つた田村中尉は、軍刀を振りかざして監視所に肉薄し、半開の扉を排して屋内に突入しやうとしたが、拳銃の狙擊を受け名譽の戰死を遂げた。

閃々たる銃火と闇をつんざく彈丸の響の中に爆破作業は進められ、惜くも最初の點火は不首尾に終つたが、勇敢なる小堤少尉は自ら再び點火の任に當り、美事に爆破に成功した。一行は敵の追擊部隊と月明の下、廣漠たる蒙古の原野に於て乘馬戰を敢行してこれを潰走せしめ、三月十二日奉天に歸還し、大山軍司令官より感狀を附與せられた。

飛ぶやうに走る超特急「アジア」で新京から南へ下ること二十分、新開河鐵橋の畔には、壯烈な挺身隊の物語を秘めて、田村中尉以下の靈が、王道の光を浴びて靜かに三十年來の夢を結んでゐる。

附記「新京附近の戰蹟」(關東軍報道班編)に據る。

滿洲事變新京戰蹟

昭和六年九月十八日午後十時二十分中國正規兵の奉天柳條溝附近滿鐵線爆破によつて、滿洲事變の幕は切つて落された。

當時長春附屬地(新京)が駐屯する支那正規兵に宛ら包圍されてゐる觀があつたことは「新京の歷史」の項に書いた通りで、奉天に於ける衝突を知れば何時われを襲ふか判らないといふ危險に直面し、こゝに機先を制して一擧にこれを掃蕩することゝなつたのである。

寬城子の戰鬪

寬城子に於ける中國兵營は、かつては露國兵營であつたが、革命帝政の崩壞と共に中國側に歸し、爾來吉林督軍麾下の兵營となり、事變前は步兵約六五〇名を有してゐた。尙、この兵營は大正七年八月、わが軍が西比利亞に出兵をした際、わが守備隊が駐屯し、大正十一年九月まで、營舍の一部を使用し、その間、大正八年七月十九日には有名な寬城子事件が突發するなどわが軍とは因緣の淺からぬものがある。

奉天に於ける戰火未だ收まらざる、六年九月十九日午前三時五十分、大島步兵第四聯隊長は、第一大隊、機關銃隊、步兵砲隊及び山砲隊を率ひて寬城子に進發し、午前四時五十分には早くも第一線部隊の一部は勇敢にも敵兵營に突入せんとした。豫て準備して居た敵は俄然一齊に射擊を開始した、時しも東天黎明、わが軍は午前五時を期しこゝに全線の猛射を以て一擧に敵營を攻略せんとしたが、敵は堅固な露國式煉瓦側壁又は數箇所の銃眼等を利用して益々狙擊を盛にし容易にわが軍門に降る模樣もない。この間、わが第一大隊は中國憲兵隊長をして再三武裝解除を交涉させたが、容易に射擊を中止せず益々頑强に抵抗を續行したが、この時敵は既に營長を失つてゐた。

午前八時三十分には、第一大隊の第二、第三中隊は既に敵兵舎の一部を占領してゐたが、西兵舎は依然として頑強に抵抗を持續するので、第一中隊長は率先して兵舎の入口を求め、北方及び東方から一時に突擊したが、入口が狹少で全部の突入を許さず止むなく該兵舎北側の建物を占領し、互に激烈な火戰を交へわが軍は熊川小隊長を始め幾多士卒の死傷續出し戰鬪頗る慘烈を極めた。大島聯隊長は茲に於て遂に決然として午前十時を期し山砲と曲射砲とに射擊を命じた。わが兩砲隊はこの命令を受くるや雀躍して一齊に火蓋を切つたので、流石の敵も狼狽の餘り右往左往するを透さず全隊擧つて突擊を開始したので、敵の一部は逃走し、其大部三八六名の投降を見、午前十一時十分わが軍は完全に寬城子兵營を占領するに至つた。

南嶺の戰鬪

南嶺の兵營は前清朝時代咸豐年間（一八、九十年前）に設けられたものであるが、その後、大正十四年、三箇年に亙る營舍の大增築を起し、兵員一萬人を收容し得るに至つた。事變前には國防軍步兵（兵員二三五〇、機關銃六、迫擊砲六、平射砲六）砲兵（兵員一三七〇、砲三六）輜重兵（兵員六七〇）自動車隊（八輛）兵員計四四〇〇が駐屯し東北陸軍中の精銳と稱せられてゐた。

九月十九日午前三時、大島第四聯隊黑石第二大隊長は意氣天を衝く勢を以て、二箇中隊及機關銃一箇小隊を率ひ南嶺をめざして出發した、暗夜不案內の地約二里を筆舌に盡し難い困苦を冒して踏破し、南嶺砲兵營北側約二〇〇米の位置に到著したのは正に、午前五時。夜はほの〴〵明けはなれ附近は漸く見透しがつくやうになつた。敵は起床直後で、黑石大隊長は砲兵第一營に突入すべく決心し、第五中隊を左の門から第七中隊を右の小門から一擧に突入せしめた。わが部隊は若干敵の射擊を受けたが大なる抵抗もなく砲廠內に進入、直ちに砲十三門を完全に破壞した。大隊長は續いて砲兵第二、第三營兵舍に對し奇襲をを行はんとしたが、この時既に步兵營からの來援を見たのでわれは現勢を以てしては到底目的達成の困難なるを慮り、部隊を一先づ袁家窩棚東端に集結した。時に午前八時二十分である。

一方、公主嶺獨立守備隊小河原大隊長は二箇中隊・步兵砲隊・機關銃小隊通信班を率ひ午前六時四十分孟家屯に下車、直に南嶺に急來進し、午前八時二十分袁家窩棚に到著、玆に歩兵第四聯隊と協力して敵を東南方から包圍したので、第四聯隊第二大隊は東面して午前十時三十分再び攻擊を開始した。第一線部隊が敵前四百米に近接するや敵は一時に砲火を集中し猛烈な射擊を開始したが、第二大隊はひるまず一擧に敵圍壁の死角内に突入、玆に彼我の爆彈戰となり死傷者續出するに至つた。獨立守備隊は地形の利を得て容易に兵營東南角に接近したが、敵は既設銃眼により猛射を起し第二中隊は敵の側射を侵しつゝ、敵の退路に迫る。この時小河原大隊長先づ負傷し次で森本第三中隊長の戰死となり、ひいて第三中隊は殆ど全滅の狀態に瀕した。然し兩大隊は奮戰亟鬪、敢然前進に前進を續行したので、さしもの敵も抵抗を斷念し漸次東南方に退却を開始した。

玆に於て歩兵第四聯隊第二大隊は西部敵兵營に突入し、次で獨立守備大隊も亦敵に肉薄したので、敵は遂に算を亂して逃走し、其後數回に亙る逆襲もわが軍よく之を驅逐し、午後四時二十分頃、敵歩兵營を完全に占領するに至つた。尚、新京城内に屯する省備軍は同日午後十一時頃全部の武裝解除を了し、玆に新京は全く平穩に歸した。

附記　滿鐵・鐵道總局編「新京」に據る。

長春に向ふ　島木赤彦

たまさかに野のへた立てる冬木ありて
空の高きをやや思はしむ

長春からの車中　土岐哀果

遠みどりはやしの中に落日のくろ赤き
光の雫するごとし

長　春　與謝野晶子

文廟のあるべからざるところなり城側
は皆蒜の香にして

長春に向ふ　與謝野寛

ひろき野の圓き柳に夕あかり猶のこり
つゝ黄なる月出づ
わが車土們の由の洞門を出づれば赤し
草に沈む日

長春歸路

侯天の宮もの古りて韃の風寂なるけぶ
りを朱の樓に引く

夜の新京

微に入り細を穿つが案内書の使命であるとしても、今日の時勢に夜の新京を細叙する勇氣を私は持たない。この小さい一章は新京風俗史の一頁として讀んでいたゞきたい。

カフヱー・バー　〃旅のつれ〳〵〃は、なにかなし人が戀しくなる。ネオンライトは遠くから、レコードの甘いメロデーは身近で呼びかける。こゝ新京のカフヱーは何處にも劣らない豪華版揃ひだ〃新京觀光協會のパンフレット「新京の栞」には、かう書いてある。カフヱーは、もう新奇の存在ではない。日本人の發明した享樂機關の一形態として、すつかり生活の中に溶けこんでゐるのである。カフヱーの人たちはよく社交場といふ言葉を使ふが、今の若い人たちに取つては、むしろ花柳界の方が特異の存在であるかも知れない。近頃カフヱー大新京で出した「花暦」の中に、カフヱー分析方程式といふものが載つてゐるが、それによると

34%　＋　33%　＋　33%　＝　100%

（内外設備の優秀）（美人の容姿とサービス）（美味と安價）

といふことになるのださうである。しかしこれは理想であるが吾々の見るところでは、美味と安價は少し過大に評價されてはゐないだらうか。先日の新聞記事にもあつたやうに新京の女給さん達は、比較的教養の高いものが多いさうであるから、現實にはこの式の眞ん中にある（美人の容姿とサービス）が一番高いパーセンテージを示してゐるだらう。新京の宴會には藝妓に代つて女給さんがサービスに聘ばれることが多いのも、こゝらに原因してゐるのかも知れない。

詳しくは卷末案内廣告欄を見て戴くとして、上記の方程式に當て嵌るカフヱーを順序なく列記して置かう。

ライオン・パレス・銀パレス・新京パレス・モンテカルロ・亞細亞會館・ミス東洋・銀波・精養軒赤玉・大新京・銀座會館・ニユー新京・サロン春等々。

バーでは、ロータリー・コルト・アロマなど、日本酒のバー、たかさご・灘なども漏らせない。

喫茶店　新京の喫茶店は所謂純喫茶で、東京で謂ふ新興喫茶――小額ではあるが規定のチツプを取り、女給が客の卓についてサアヴイスするカフヱーと喫茶店の混血兒である――はないらしい。しかし、女給の選擇、その服裝、店の設備、提供する飲食物等々は新興喫茶に近づきつゝある傾向が著しい。傳統的に、未だ艷色を含まぬ制服の女給が、或は艷色を制服に包みかくした女給が、單に珈琲や紅茶を運ぶに過ぎない幾軒かの店を除いて……。喫茶店の定義は——珈琲や紅茶を飲みながら音樂を聽き、友達と談笑し、一寸した用談に利用する一種の大衆的社交場——だといふが、それにしてもサアヴイスを押しつけられ、チップを强要される不快さへ伴はないならば、新京に於ける喫茶店の新興喫茶化は大いに歡迎されるべきであらう。

理窟めいたお談義はこの位にして、主な喫茶店を思ひ出すまゝに記して置かう。所在その他は卷末の喫茶店案內を見ていたゞきたい。

フジヤ・トイツペイト・邯鄲・太陽・風月庵・プリンス・日本橋茶房・星ケ丘・ニユー銀座・ホリウツド・美松・サロンボルガ・レスト・紅白・フルーツシヨン・文祥堂喫茶部・ミユージツク・明治製菓・白十字・チエリオ・ニツケ・昌進堂・ハツピー

日本橋通りには露西亞人の喫茶店も數軒ある。アウエチシヤン・アラヽート・アルメニヤ等々、ロシア少女の運んで來るペロシキ（肉パン）プーロチキ（味付パン）など味つて見るのも旅の一興であらう。

ダンスホール　滿洲で最初の許可を受けた邦人經營のダンスホールは、奉天のブロードウエーであつたが、その許可の指令が下りた日が昭和六年九月十八日、滿洲事變勃發の當日であつたのも不思議な因縁である。ブロードウヱーの開業は翌七年七月、續いて大連の東亞會館が十月開場、新京では十二月一日キヤピタルが全滿第三番のホールとしてデビュー、十日遲れて新京會館が第四番目の名乘りをあげた。モンテカルロ、扇芳會館が出來たのは、ずつと遲れて昭和十年頃のことである。

キヤピタルは三笠町通りの北裏、東二條通りと交叉する近くにあつて、玄關を入るとすぐホールになつてゐる。新京會館は日本橋西詰日滿百貨店の三階、モンテカルロは豐樂路で二階がホール、階下は同じ名のカフヱーであり、扇芳會館は永樂町にあつて扇芳亭グリルの三階になつてゐる。

モンテカルロは絢爛、扇芳會館は瀟洒、キヤピタル、新京會館それぞれに獨自のいゝところを持つてゐるのであらうが、門外漢の私には批評の資格がない。若い人たちが、ダンサーはどこ、バンドはどこ、フロアはどこがいゝ惡いと品評するのを聞いて見ても、結局は好き不好きで意見の一致を見るには至らない。

日支事變の突發、日本主義の全盛は、遂にダンスホール全廢論にまで及んで、昨昭和十二年の十二月以降はまさにホールの受難時代である。東京の晝間營業不許可、総業時間午後十一時嚴守、婦人客絕對禁止、入場者の記名などに比ぶれば、新京は未だ未だ寬大でホールへ入るのに旅館の宿帳のやうに住所姓名職業年齡を記さねばならぬこともないし、総業時間も東京ほどではないが、やがては內地と同じ道を歩むことになるものと見られてゐる。

この春ごろの形勢は、今にも潰れるのではないかとさへ思はれる寂びれ方で、ナンバーワンの月收がやつと百四五十圓、平均すると八十圓内外となり、昭和八、九年頃キャピタルの千葉カズ子が手取收入六百五十圓をあげた話など夢物語となつてしまつたが、それでも秋風とゝもに景氣を盛り返し、最近では大連、奉天方面のダンサーが續々流れ込んでゐるといふことである。

キャバレー　――抑々、キャバレーとは、飲み且食らひ、ロシヤ女を抱き締めて踊り狂ひ、下手なレヴヰウを見せられて、そしてオタカラを浪費させられるところである――「ハルビン」案内はキャバレーといふ言葉にかう定義を下してゐる。時節柄まことに以てけしからん存在といはなければならない。幸にも、このキャバレーは新京市内に僅に三軒を數へるのみで、それもレヴューを見せるやうな大規模なものはない。

新京のダンスは、このキャバレーから始まつた。滿洲にもポツ〳〵ダンス流行の兆が見えそめた昭和三、四年頃、日本人には許さなかつたが外人に限つて小規模のホールを許可し、外人の經營するカフヱーには數名の外人ダンサー?を置いてダンスサービスを默許した。この時から今に續いてゐるのが日本橋通のモデルンとインペリアルである。

モデルンは右側東一條通りの角、インペリアルは左側三笠町の角から二軒目にあつて、いづれも平屋作りのパツとしない構へである。夜など前を通つても、カーテンを垂れこめて灯もろく〳〵見えないから、これでも商賣をしてゐるかと思ふくらゐである。

――ロシアムスメの店・土曜日は古代衣裳で踊ります――など丶、ちよつとアトラクテイヴな廣告をするサモアールは、安達街の中ほど右側に堂々たる新築二階建の洋館である。玄關を入るとすぐホールで、まはりにテーブルを置いて踊つたり飲んだりといふ寸法である。ニーナだとかナターシヤだとか、小説でお馴染の深い名乘りをあげて、一打ほどのロシアムスメがよき鴨ござんなれと待機してゐる。こゝはモデルン、インペリアルと違つて、その商賣振りはすべて横濱のチヤブ屋だと思つて貰へば間違ひない。今は御遠慮とあつて、バンドを廢しレコードで踊つてゐる。

附記　ダンスホール、キヤバレーの項中、沿革に關する記述は鎌倉五郎氏の「ダンスホールよ何處へ行く」（「モダン滿洲」所載）に據つた。謹んで同氏に敬意を表する次第である。

花柳界　新京の花柳界は、ダイヤ街に近い梅ケ枝町、永樂町の新京三業組合、富士町、三笠町、吉野町、日本橋通一帶の大新京檢番、同じ地域の大新京料理店組合、城内西五馬路、ずつと離れて寛城子、安達街を含む新京料理店組合等に別れてゐる。

新京三業組合は何といつても一流で、數は少いがみな堂々たる作りである。――扇芳亭、一つ家、三樂園、桃園、桐壺、天昇、竹廼家に、最近待合うつぼが開店した。

大新京檢番は總數二十二軒、千鳥、八千代館、曙あたりが一流、千草、開花、南海、新杵などがこれに次ぐといふ。

大新京料理店組合は日人側九軒、鮮人側二十一軒、所謂朝鮮○○で鮮人妓女が洋髪は愚か高島田に和服姿でサービスするといふ。

新京料理店組合は營業名こそ料理店、酌婦であるが、內地の貸座敷に該當しやう。安達街と西五馬路の數軒は新しい建築だけに綺麗である。キャバレーの項で述べたサモワールはこの組合に屬してゐる。

滿人妓樓　新京には滿人妓樓の集團が二箇所ある。一つは舊附屬地―吉野區三笠町、吉野町、祝町（いづれも四丁目）界隈にあつて、別に一廓は成してゐないが俗に平康里（ピンカンリ）と呼ばれてゐる。他の一箇所は長春區の城內（昔からの滿人街）の東南方町端れにあつて遊廓を形づくつてゐる。最近の地圖を見ると町の名を向春路といふらしいが、一般には新天地で通つてゐる。

滿洲國は昨年（昭和十二年）十二月治外法權撤廢を機會に公娼廢止を斷行した。その結果「妓館妓女取締規則」（內地の「貸座敷娼妓取締規則」に該當する）を廢して、妓館は料理店に、妓女は藝妓酌婦の鑑札を下附することゝなり、その取締は「料理店取締規則」に一括されることゝなつた。從前俳優と稱してゐた附屬地の妓女七百餘名、市內附屬地以外の妓女一千三百餘名が公娼から私娼に轉向したわけで、これと同時に附屬地以外の妓館は悉く新天地に移轉、一廓に集合せしめたのである。續いて本年九月一日新規則を發布、(一)從來なかつた年期契約を制定、五年以下の制限を附し且前借金は一ケ月十圓以上とすること、(二)每月の稼ぎ高の百分の七を妓女に與へること、(三)妓女衣食住の費用、妊娠、分娩其他一般治療費は樓主持、(四)妓女が病氣するも年期に影響のないこと、(五)前借金、別借金に利子をつけないこと、現に繼續中の利子は月一分五厘以下とすること等を規定した。

籍を持たない滿人妓女の八割までは、誘拐され、賣飛ばされたもので、多くの場合樓主は養父であると共に抱主であり、更に情夫でもあるため、文字通りの籠の鳥として生涯日の目を見る機會に惠まれなかつた彼女らの生活も、こゝに始めて光明を與へられたわけである。

平康里

舊附屬地の滿人妓樓地帶を俗に平康里（ピンカンリー）と呼んでゐる。平康里（ピンカンリー）とは唐時代の首都長安にあつた一花街の名で、當時の最高文官試驗にパスした「進士」連中の遊び場であつたといふ。それがその儘千年後

の今日も遊廓の意味に用ひられてゐるのである。（「雜談支那」石敵當氏著・月刊滿洲社版による）

滿人妓樓の等級は樓名によつて示される。書館、書寓、院　班等は一、二等であり、堂は三等である。尤も一、二等の區別はハツキリせず　强ひていへば遊興費の高下によつて知る外はないとのことである。

家の造りは一樣に煉瓦作りの二階建（艷春書館は三階）で、正面屋上にはグロテスクな獅子や鹿などに花卉樹木を配して裝飾とした家が多い。狹い入口を入ると正面に鏡の入つた衝立があり、それを廻ると內部は二階まで天井を突き拔いたホールになつてゐる。そして、このホールを取りまいて數多の小室が竝んでゐるのが妓女の部屋である。ホールの突當りに階段があつて、左右へ別れて二階へ上るやうになつてゐる。

元は一流といはれる店は日本人を客にしなかつたもので、强ひて遊ばうと思へば支那服でも着込んで滿人に案內して貰ふより手はなかつたさうであるが、今は開けたもので妓も日本語の片言ぐらゐは話すのが多い。ある時若い滿語の通譯と一緒に素見に行つたら、彼氏がペラペラと妓に話しかけたトタン――アラ心臟が强いね――とハツキリ日本語でやられ、完全に顏まけしたことがある。

開盤子（カイパンツ）といふのは妓を侍らしてお茶を飲むことで、一時間金一圓なりだといふ。艷春書館、蓮香班あたりの妓は、藝妓として支那料理屋へも聘ばれて行くので、午後十二時前は開盤子以外は御斷りなど丶いふこともある。參考までに妓館の名を竝べて見やう。流石文字の國だけあつて面白い。

艶春書館、東群仙下處、西群仙下處、天順班、蓮香班、雙玉班、大觀樓書寓、蓮昇堂、吉順堂、福慶堂、公議堂、榮英堂、和順堂、鳳遷堂、雙樂堂、巧樂堂、蓮香堂、鴻卿堂、蘭香堂、長樂堂、雙寶堂、艶樂堂、榮華堂、雙福堂、慶樂堂、吉慶堂、巧順堂、華慶堂、雙順堂

新天地

新天地は一廓をなし、四方に門を開いてゐる。中央に廣場があつて小屋掛の支那芝居などがあり、それを取りまいて凡ゆる種類の飲食物の露店が竝んでゐる。廓の辻に柳の老樹があつて、いつも根元に線香が細い煙をあげてゐるなども、遊廓らしい風情である。こ丶は平家作りが多く、建築は新しいが内部は頗るお粗末である。妓館の數は百軒もあらうか。

面白いのは兩所とも射的屋の非常に多いことである。姑娘（くうにやん）（滿人娘）の積むタバコを滿人の若い衆が、からかひ〳〵打つてゐる圖は、なにか黄表紙にでもありさうな風景である。

味覺の新京

日本料理　康德會館の地階の味覺は、すし、燒鳥、天ぷら、支那料理、おでんとそれ〴〵スタンド……屋臺ですかな……式になつてゐるところ一寸園遊會の模擬店じみるが、おでんの鍋の前に座つたら、なつかしや舊知三宅孤軒さんの色紙が懸つてゐた。野田君を欝しむと詞書があつて——喰ひ味に江戶を忘るなさつま汁とある。野田君とは多分味覺の主人公であらう。さうなら國都亭主人の名で「月刊新京」に、おでんやすしの話を書いたのを見たことがあるし、滿洲事情案內所のＵ先生から、一家の見識を持つてゐる人だとも聞いてゐる。少しまくらが長くなつたが、新京には江戶の味、上方の味を離れて新京の味といふものがあるやうに思はれるのである。第一に材料の關係、第二に客の關係、何といつても內地のやうに材料の自由が利かないし、客は日本全國の人々を網羅してゐるのだから、そこに自然新京獨得の味……料理が生れやうといふものではあるまいか。

新京の味覺界……そんな言葉はなかつたかしらん……は、數に於て質に於てグングン伸びて行く。目覺しい躍進ぶりだと、古い人達は驚嘆してゐる。

東京なら柳橋級ともいふべき宴會や會合は、八千代とか曙とかいふ方面で、それは「夜の新京」に記した。こゝでは箱ぬきの會食、家族づれにふさはしい家を紹介して置かう。

當時うまいといはれてゐるのが日本橋通の青葉、ダイヤ街の天平、いろ〳〵な意味で評判のいゝのが松黎（吉野町）活洲（祝町）わかもと溫泉閣（老松町）などであらう。割烹新京の……酒の飲み放題などゝいふ制度も變つてゐる。

天ぷら　ダイヤ街の天平、青陽ビルの國天あたりが評判だ。――江戸前の海老をさも惜しさうに揚げてくれる、あすこが如何にも新京らしくて嬉れしいのさ、とある友達が云つた。

うなぎ　矢張り、うな新だらう。主人公が板場に立つてゐるだけあつて、絶體バチは使はない。

すし　三笠町の東ずしにダイヤ街の京花といふところ、ヒラス（どういふ譯か片假名で書く、九州方面で珍重する）は東京ではあまりつけぬタネらしいが、アツサリしてゐて一寸ヤレマス。

そば　關屋副市長は蕎麥が大好物で晝食には處、科長連をつれて、よく蕎麥屋へ出かけ、かけ・もり・ざると健啖ぶりを發揮するとは、新京日日のゴシツプ子が傳へるところだが、どこの蕎麥屋へ出かけるのか書き洩してゐるのは殘念だ。

ウルサ方の友人に聞いて見ると、東京庵（吉野町）、籔本店（祝町）一茶（吉野町）天平そば（ダイヤ街）更科支店（豊樂路）帝都そば（新發路）あたりがいゝらしい。二年間丸長支店で晝食を喰ひつゞけたといふ友達がある。

おでん　一寸一杯と來ると、先づおでんやと云ふことになる。綺麗な御婦人のゐるうち、女ッ氣のないうち、おでん專門のうち、小料理に心意氣を見せるうち……とりどりに嬉しいものである。だが、いづれにしても罪のない無駄話の相手ぐらゐはしてくれる人が欲しい。

そこへ行くと八丁のおやじさんなどは、掛地の達磨が脱け出して來たやうな顏をしてゐるが、いつも樂しい話相手であり、ぎおんのおやじさんのあの飄々たる風格もヨキものである。こんなことを書いてゐては際限がないから、酒のいゝ、おでんの美味い、氣の利いた小料理が出來て、美しい御婦人、面白いおやじのゐる店を列べて置くことにしやう。

八丁（銀座新道）ぎおん（ダイヤ街）婦美屋（興安大路）横綱（三笠町）田吾作（吉野町）千太郎（青陽ビル）よしや本店（吉野町）當八（銀座キネマ裏）百萬兩（ダイヤ街）陣太鼓（ダイヤ街）

支那料理　日本人の行く店では老舗で有名な賓宴樓（東三條通）、うちの綺麗な鹿鳴春（大馬路）、食通の推賞する公記飯店（祝町）、厚德福（大和通）、四川料理の玉壺春（長春大路）松竹梅（大馬路）、日本人の宴會に好適な中央飯店（豊樂路）、國都飯店（豊樂路）、五香居（祝町）も評判がいゝ。

何といつても一番手輕に出來るので、新京の宴會は支那料理が斷然多い。五六人の會食なら一卓八圓も出せば充分タンノウ出來るし、一品料理で酒宴も惡くない。純滿人向きの大衆飯店へでも飛込んで、この手で行けば驚くほど安直である。

メニューのことを菜單子（ツアイ・タン・ツ）といふが、料理の見當のつけ方を記して置かう。

炒（チヤオ）――油で煎る。**溜**（リウ）――葛かけ。**烤**（カオ）――强火で燒くこと。**炸**（チヤ）――油で揚げる。**拌**（ベン）――あへもの。**醬**（チアン）――醬油で煮込む。**清湯**（チンタン）――清水で長煮する。**湯**（タン）――汁、吸物。**密餞**（ミチエン）――飴煮。

支那料理の宴會の心得は、招待する場合、招待される場合とも「日滿交際心得帳」に記してある。

ロシア料理　私は平常極く淡白なものを好む性だが、ひどく空腹の時に限つて脂濃いものが欲しくなる。こんな時には、いつも吉野町の怡春飯店へロシア料理を喰べに行く。ボルシユといふのだらう、あの肉の入つたスープは特に濃厚だ。二、三人で行くと前菜の數が多いので、前菜とボルシユで滿腹になつてしまふ。それにパンがなか〳〵よろしい。一圓廿錢の定食なら充分である。

外にも何軒かあるが、私は行つたことがない。ロシア料理は矢張りハルビンのものだらう。

洋食　何といつてもヤマトホテルである。國都グリルもうまいといふ評判、中銀クラブ、日滿軍人會館が當時賣り出してゐる。

屋臺街　統制の波は屋臺店にも及んで、新京はこの秋から三笠町ヤマトホテル横、同じく公會堂後の二ケ所に屋臺街が出現した。天ぷら、すし、おでん等はなくて、燒鳥に一ロカツ、支那そばなどであるが、燒鳥は雀が二羽一串二十錢、燒タン――とは云はないが、新京では東京のやうに鳥の代用品に豚を使はず牛のモツを用ひる。牛の舌など珍らしいだらう、そこで燒トンをまねて一寸洒落れて見たまでゝある。

新京の文化團體

大滿洲の文化の中心、國都新京の文化團體は潑剌として躍進する

●滿日文化協會――文化團體の總元締格として常務主事杉村勇造氏が陣頭に立つて采配を振つてゐる

●滿洲學會――發祥の地は大連であるが、今では新京が斷然押へてゐる。奥村義信、杉村勇造、山崎末次郎、山田文英、吉田金一、大宮權平等々の諸氏を中心に、毎月一回滿洲史談に關する座談會が開かれる。

●滿洲工藝振興座談會――新京工藝座談會を母胎として生れた。主なメンバーは藤山一雄氏、奥村義信氏、池邊貞喜氏、米良晃氏、中田武氏、杉村勇造氏などである。

●新京美術協會――康德元年の設立、その九月公會堂で第一回展覽會を開き爾來毎年春秋二回開催を續けてゐる。第一線に立つ人々は池邊靑李、山本芳智、淺枝次朗、今井一郎、馬場射地、名越富子、馬場黎子、森川すみ、竹田豐年、白崎海紀、太田洋愛の諸氏である

●土星會――濱田九一郎、佐竹禹南、李平和、白崎海紀、太田洋愛氏らの洋畫團體である。若い人が多い。

●新京音樂協會――大塚淳氏をリーダーとする同會は、年に二回の定期演奏會を開く。

●新京文話會――この程「滿洲浪曼」を出して、滿洲文壇の眞價を世に知らしめた。

●明々――月刊滿洲の城島氏が多大の犧牲を拂つて發行する滿語の文藝雜誌、滿洲唯一の滿人文學運動の機關誌である。この程休刊したのは惜んでも惜しみ足りない

●大同劇團――藤川研一氏の主宰する滿人劇團、今年の内地公演は素晴しい成績をあげた。

●新京和樂協會

●國劇音樂協會

●新京文化俱樂部

いづれも眞摯な步みをつゞけつゝある。

新京の娯樂

キネマ　滿洲の映畫事業は、國策會社である滿洲映畫協會（資本金五百萬圓、政府・滿鐵各半額出資）によつて輸出入・配給の全般に亘つて指導統制されてゐる。同社は康德四年八月十四日公布の株式會社滿洲映畫協會法によつて設立され同年十月七日の映畫法發布と共に、十一月一日から全滿・關東州の配給を開始、輸入映畫の全面的統制に乘り出し、十二月には最初の計畫を變更して寬城子の假撮影場に於て劇映畫の製作に着手した。

すでに「壯志燭天」「明星誕生」「七巧圖」「萬里尋母」「大陸長虹」「密月快車」「微笑的大地」「知心曲」等の劇映畫の外、二十數種の文化映畫、ニュース等を出して映畫國策の遂行に驀進してゐる。

國都新京の南郊、黃龍公園に隣接する丘陵地五萬坪の敷地に、總工費二百萬圓を以て昨年十一月着工した大スタヂオは、明康德六年陽春には大陸文化の生產工場として東洋一の偉容を誇ること丶ならう。

更に長期建設戰の進捗に伴ひ、康徳五年一月北京に新民映畫協會の名を以て支社を設け、七月上海に駐在員出張所を置いたが、その後內閣情報部案による中支・北支映畫對策委員會の方針に基いて、上海竝びに北京に映畫會社を創立することに決定、いよいよ北支・中支の映畫企業の統制を目指して積極的に乘り出すことになつた。

日本映畫館　帝都キネマの專務代田氏の話によると、新京の映畫館の椅子の數は邦人十二名に對して一脚の割合だといふから相當なものである。現在市內の映畫館は六館で、その所在と上映々畫は左の通りである。

東寶封切・洋畫	帝都キネマ	新發路
松竹封切・洋畫	長春座	吉野町
日活封切・洋畫	新京キネマ	祝町
新興封切・洋畫	銀座キネマ	吉野町
東寶・松竹二番・洋畫	豐樂劇場	豐樂路
日活二番・大都・極東など	朝日座	朝日通

昔のことは知らないが、この頃では大概の映畫が內地と同時に封切られる。だから少くとも映畫の

上では日本と滿洲の間には距離がないといへる譯である。これは新京映畫ファンの最大の悦びであらう。

夏の霜枯れは滿洲に限つたことではないが、それでも哈爾濱のスンガリー、大連の星ケ浦といふやうな涼しい遊び場を持たない新京では、せいぜい二・三割の減收に過ぎないといふことである。若し各映畫會社が從來の習慣を破つて、夏季だからと云つて作品のレベルを下げるやうなことを廢めたとしたら、新京の映畫館は夏でも相當の成績を擧げ得るだらうと或る館の人が云つたのは面白いと思つた。

今日の新京人はスターの持つ魅力より、むしろ原作や著者に惹かれる傾向が顯著だそうだ。俳優によつて客足の逐ふのは喜劇・ナンセンスもので、この方は斷然金語樓でありエンタツ・アチヤコであり、エノケンであることが第一條件だそうである。緊張した世相の反映でもあらうが、朗らかな笑ひを求める人々によつて、今は喜劇・ナンセンスものが斷然押へてゐるさうである。尤も、これらのことも新京に限る現象ではあるまい。

この夏はミツドナイト・シヨウが素晴らしい成績を擧げたが、十月の中旬で打切りとなつた。これだけは冬の早い滿洲に住んでゐるさみしさを感じさせる。

終りに料金のことを書いて置かう。封切館は五十錢以上、二番館は三十錢以上といふ協定があるさうで、大概の場合前者は八十錢位、後者は三十錢、ミッドナイト・ショウは二十錢である。

滿人映畫館　滿人側の映畫館は現在左の五館である。

國泰電影院　東五馬路
光明電影院　永春路
大安電影院　永春路
平安電影院　東三馬路
新京電影院　日本橋通

滿映の製作本數が少いので、上映映畫の大部分が上海もの――それも殆んど事變前の作品である。撮影所からいへば明星、新華、聯華、藝華などのものが多い。濱田東吾氏の「上海の撮影所を覗く」（「滿洲映畫」所載）によると、事變前まで十以上もあつた上海の撮影所は、事變後五六に減り、最近前記の各公司が漸々撮影を開始、現在月に三四本は出てゐるさうである。それでも未だプログラムを組むのに足りないので、日本ものゝ配給を計畫し滿人の說明者をつけてエノケンの魔術師を上映したが、これが案外好成績だつたので、目下說明者の養成をやつてゐる。各館專屬の說明者が出來れば、現在プロに入つてゐる日本のニュースなども生きて來るだらう。

滿人館の觀客は座席の背につけた針金のホルダーにコップを載せて、お茶を飲み瓜子兒（ゴッツル）（水瓜の種）を嚙みながら、連續映畫の勇ましいのに盛んに拍手を送つてゐる。一度金を拂へばお茶は何度でもたぎに來るらしく、紅い山楂子の實を五つぐらゐ串に挿し飴をかけた團子のやうなものなどを賣る中賣りもゐる。日本人の觀客は殆んどないと云つてもいゝ位だが、滿更捨てたものではない。或る晩新京電影院に入つたら影繪芝居をやつてゐた。滿洲では皮影とか影戲（驢皮影戲の略）とかいふのださうだ。驢馬の皮で作つた切り拔き人形を高さ二尺、横四、五尺の枠に貼つた布の後で踊らせるのだが、色彩がそのまゝ透いて寫るので、とても美しい。人形にはいろいろ工夫がしてあつて、馬上の武將が矛を文字通り水車のやうに振廻はして闘つたりする。二十錢の入場料で時にはこんな拾ひ物をすることもあるから、私の電影院通ひもやめられない譯である。

競　馬　競馬のことを賽馬（サイマー）といふ。

賽は競ふ意味であるから、賽馬卽ち競馬の同意語である。――賽馬といふ言葉は最近に出來たもので「事物起原」や「壹是紀始」類の書籍にもなく、康熙字典にも載つて居らぬ。辭源には「於廣場四周、爲馳道、設立起始之標點、預賽者若干人共乘馬、並轡疾馳、以先達其他點者爲勝」とある、此の説明を見ても外國より最近に傳つたものであることが解る。即ち清末に支那在留の外國人が競馬場を設けてから出來た言葉である――とは私のスクラップ・ブックにある雜誌「競馬界」の切抜きの一節である。

國立新京賽馬場は興安大路の西端大房身にあつて、四月下旬から十月上旬まで、シーズン中は殆んど土曜・日曜・祭日ごとに開催される。名稱は春季・秋季だが――賽馬會春季が濟むともう秋季（青龍子）といふ川柳があるやうに眞夏の間二十日程休むだけである。

馬券は五圓で單複あり、内地のやうに配當の制限がないから時には文字通りの大穴も出る。今年（康德五年）の最高配當は、秋季第一次七日目第三レースの「大風」で、七百三十六圓であつた。馬券の枚數にも制限はないから、これを内地の馬券並に二十圓買つたとしたら二千九百四十四圓になる譯だから相當なものである。

馬券の外に「ガラ」と呼ばれる二種の彩票――正しくは福搖彩票、壽搖彩票があつて、前者はレース毎に、後者は春季、秋季に各一回賣り出される。

福搖彩票は一枚一圓、各レースの前に馬券と同時に賣り出され、馬券と同時に締切られる。これは全部通し番號で、抽籤によつてそのレースに出走する馬の頭數だけの彩票が、各出走馬に割當てられるのである。さうして勝負の結果、一着、二着、三着の順序で、割當てられた番號の彩票に配當がつくのである。一度出走馬に割當てられゝば、たとひ、その割當てられた馬が着外になつても、金額に差はあるが配當はつく。從つて二千枚賣れやうが三千枚賣れやうが、その他の番號の彩票は全部失格する譯で、當選率からいへば頗る低いのであるが、その代りうまく一着にでも當れば大概千圓近い配當になる。今年の最高は千三百八十八圓八十錢であつた。この方は馬を知らなくても出來るし、前にも云つたやうに一圓からのお樂しみだから、これだけを目當てに出かけるものも多い。ガラといふのはこの抽籤器を廻す音から出た名稱である。

壽揺彩票は一枚二圓であるが、一圓宛二枚に分けられるやうになつてゐる。春秋二季の競馬開催前から市中で賣り出され、各季最終日の抽古優勝レースに賭けられる。その抽籤、配當の方法は共に福揺彩票と全く同じであるが、賣り出される枚數がきまつてゐるので、配當金額も初めから判つてゐて、この春は一着二萬三千圓、二着八千圓、三着六千圓、着外六百圓といふことであつた。但しこの方は出走馬九頭以上になると、各馬に二枚づゝの彩票を割當るので、配當金も二分される。春の大ガラが賭けられた七月九日春季第三次七日目（最終日）の十競馬二千四百米抽古優勝レースは一着が驀で配當九千五百五十五圓、二着金嵐二千七百三十圓、三着突擊千三百六十五圓各二本、着外三百四十一圓二十錢二十本であつた。賣り出し枚數が賣り切れなかつたので豫定の配當が減つたのである。秋季は九月十一日の十一競馬、二千四百米抽古優勝レースで幸々、玉飛、愛國の順序であつたが配當は更に少く一着が六千七百七十圓二本であつた。

この秋から從來の手旗スタートを廢し自動スターターを設置、更に繋駕レースを行ふ筈であつたが、これは準備の都合で來春に延びたやうである。

釣　魚　――滿洲の魚は馬鹿である。

未だ釣りを始めて間のない松本さん――關東軍ますらを編輯長――が、から云つて大見得を切つたのだから驚いた。これは彼氏が「健康滿洲」に書いた隨筆の題なのだが、讀んで見れば無理もないことでこの道に入つてから、未だ五、六度しか出かけない彼氏の獲物がいつも百尾以上なのださうだ。――だからやつぱし「滿洲の魚は馬鹿」である――と御丁寧に結論まで與へられてゐる魚こそいゝ面の皮である。

水に惠まれない新京の釣人たちは、一期四圓の料金を納めて兒玉公園（西公園）の池へでも行くより外、手輕に釣りの醍醐味を味はふ手はなかつたが、最近黄龍公園の南湖が全面的に解放されたので、土曜日の退社後ちよつと二、三時間――といふマニアや、時節柄一家總動員――といふ御連中で賑はつてゐる。周廻二里、しかも、こせこせした公園臭のない南湖は、今後水量が豊富になれば絶好の釣り場であらう。

現在新京を中心とする釣り場は、極く近いところで上記のほか伊通河（鯰）、金泉堡（鮒）、一間堡（鮒）あたり、京圖線の飲馬河は一時間足らずの行程だが鯉・鮒・鯰・雷（ライ）（蛇のやうな斑紋のある醜怪な奴だが「洗ひ」にすれば頗る美味）その他種類が多く、京濱線の陶賴昭は夜の十二時に出るハルビン行に乘つて午前三時半に着くといふ釣り場だが、少くとも竿を手にする程のものなら、餘程の差支がない限り、土曜日から日曜へかけて出かけずにはゐられないといふから、素晴しい魅力を持つてゐるらしい。冒頭に記した松本さんの話も、この陶賴昭でのことである。

東三條通り四ノ科野洋行に事務所を置く新京釣友會は、會員百五十人を擁して、斯道の研究と健康增進を目指して活躍してゐる。入會金一圓を納めてバツヂを受取れば、以後會費等は不要といふ嬉れしい會である。この會から選手二十人を陶賴昭へ送る新京・ハルビン對抗競技會は、今年が二回目であつたが遺憾ながら二回ともハルビンに勝をゆづつた。釣りの季節は解氷から十月下旬までゝある。

狩　獵　九月一日――滿洲はもう秋だ――獵鳥が解禁になる。但し獸類は二ケ月後れて十一月一日が解禁である。

林野局で出してゐる「主要獵鳥一覽圖」を見ると約四、五十種の鳥が描いてゐるが、新京の獵人は多く雉と鴫を狙ふらしい。先頃大連のガデリウス商會がロンドンへ向けて一萬二千羽の輸出許可を願ひ出たくらゐで、吉林附近一帶は最適の雉獵場とされてゐる。本年（康德五年）は例年より三、四割減だといふが、それでも敦化、德惠、雙陽、長嶺、扶餘、乾安、九臺、懷德、永吉、長春各縣を通じて二萬八千五百羽と豫想されてゐる。先日も滿鐵支社長の平島さんが飛行場の附近で雉を見たといふ位で、その點新京の獵人は惠まれてゐる。

新京を少し離れゝば雁、鴨、鴫、鶉、雉、山鳩、鷸などから、鵲、白鳥、鶴、沙鷄（モーチイ）、山七面鳥など珍らしい獲物もあり、獸類も兎は勿論、獐（ノロ）、黃羊、狼、狐など興味ある狩獵が出來る。

水禽は三月末解氷と共に來て、五月末大部分北方に去り、八月から十月にかけてこの附近を通過して南方に去る。雉獵は十月初旬農作物の刈入れがすむと——それまでは畑の中にゐるので——始まる十月中旬から十一月下旬頃まで、餘り寒くならぬ中が雉獵の絕好期で舊正月後は殆んど出獵しない。

新京獵友會は室町三ノ五ノ二西藤慈重氏方に事務所を置き、會費年額十圓に寫眞をつけて申込むと銓衡の上滿洲獵友聯盟が身分證明書を發行することになつてゐる。本年は滿洲獵友聯盟が主催となつて野兎五萬頭を軍に獻納の運動を起したので、新京獵友會も大いにハリ切つてゐる。

「新京を中心とする獵場」に就ては西藤氏の詳細な研究報告がある。熱心な方は同事務所に就て見られたい。

ゴルフ　新京ゴルフ倶樂部は興安大路鐵道西、競馬場に隣してゴルフコースを設け、會員の使用に供してゐる。

會員を名譽會員、特別會員、正會員及び家族會員に別け名譽會員は倶樂部に關係ある貴顯で理事會の推薦するもの、特別會員は倶樂部の設立、維持に關し功績のあつた者及び倶樂部に特別な關係を有する現職官公吏で理事會の推薦するもの、正會員は會員二名の紹介により入會を許可されたもの、家族會員も同じ、といふこととなつてゐる。名譽、特別兩會員は入會金、會費共に不要、正會員は入會金百圓、會費年額七十二圓、家族會員（日曜、祭日はコースの利用が出來ぬ）三十六圓を負擔する。

プレーイング、ビイジターは會員の同道紹介、又は豫めキャプテンからヴイジタース、カードの發給を受ける必要がある。ヴイジターのグリーン・フイーは平日一圓五十錢、日曜祭日三圓と規定されてゐる。ヤマトホテルの宿泊客は無料で利用することが出來る。

ルール及びエティケットは特別に定むるものを除いてTHE ROYAL ANCIENT GOLFCLUBS T. ANDREWS ルール及びエティケットを採用してゐる。倶樂部はシーズン中毎日午前六時に開いて午後九時に閉じる。

附記　最近の新聞紙によると現存のゴルフ場は明年早々住宅地として開放、環状線の適地を求めて新ゴルフ場を新設するといふことである。

圍碁　――抑々棋道は人生の縮圖なり。策戰あり、戰鬪あり、外交あり、詩歌あり、竊かに按ずれば興趣亦津々たり。故に古來有爲の士の均しく愛好するところにして、吾人が新興滿洲國々士の爲特に推奬する所以なり――

滿洲棋院の入會案内書を見ると冒頭にかう記してある。新京に棋客の多いのも故ありと謂ふべしである。滿洲棋院（中央通三五）は總裁二宮治重氏、最高顧問星野直樹氏、顧問岸信介氏、及川德助氏平井出貞三氏、御濃池辰雄氏、常務理事風早義雄氏、武藤富雄氏、伊藤博氏の外、理事二十二名いづれも錚々たる名士が名を列ね、堂々たる陣容のもとに會員二百名を擁し、日本棋院棋士六段宮坂寀二氏が專ら指導に當つてゐる。同氏は日本棋院の審査員であり、同氏の推薦によつて日本棋院から段位を授與することになつてゐる。

新京アマチュア棋客の有段者は

大磯義勇氏（電業重役）三段、中島比多吉氏（國務總理秘書官）三段、金本光熙氏（實業家）三段、渡邊順治氏（三井物產）二段、津末圭二氏（內務局人事課長）初段等である。

同院規約の概要を記せば（一）會費一ケ月五圓（會員外の入場料一回五十錢）（二）高段者の教授を受くる場合は教授料一圓（會員外は五圓以上）（三）道場は毎日午前十一時開場、午後十時閉場等である。

なほ市內に數箇所の所謂碁會所がある。

撞　球　撞球もなかなか盛んである。市內に散在する撞球場は約三十軒、すべてフランス式の四つ球である。（ヤマトホテルにはイギリス式のポケツトが二臺ある）從來新京はチヤスト・ゲームであつたが、今年（康德五年）の春から組合の協定によつてノーチヤストになつた。代表的撞球場は案內廣告欄に載せてある。料金は五十點まで八錢。

麻　雀　冬の長い新京では勢ひ室內遊戲が繁昌する譯だが、時局はこゝにも反映して、一時三十七軒を數へた新京の麻雀俱樂部も現在（十月八日）は十七軒に減つてゐる。組合員は本年（康德五年）三月以來一卓について十錢づゝを皇軍慰問金として積立て、毎月獻金をつゞけてゐる。ルールは內地ルール、料金は各人合計して一卓八十錢位である。

ハイキング　この秋は新京觀光協會が二つの素晴しいハイキングコースを發表して、これまで適當なコースに惠まれなかつた新京のハイカーたちを悅ばせた。一つは郊外の二名勝である石碑嶺と淨月潭を結ぶ山のコース、一つは寛城子郊外に金泉湖を訪ねる水のコースで、早速新京日々新聞社主催のハイキングが催され、つゞいて新京フオトクラブのカメラハンテイングが試みられた。簡單に二コースの紹介をして置かう。

山のコース　新京驛または吉林バスの發着所から同バスで約四十分、石碑嶺停留場下車、康徳二年御巡狩の折の「皇帝陛下新京展望記念碑」裏面にはこの時から石碑嶺の稱を御碑嶺と改めたとあるを見て、粟と高粱の畠の中を爪先き上りに上つて行くと約三、四十分で石碑嶺の頂上に達する。頂上には日露戰爭の名殘りである露西亞軍の塹壕の跡が見られ、南側を少し降ると約八百年前金の國の創業の功臣、完顔婁室の墓と傳へられる古墳がある。石碑嶺の名はこれによるものだといふが、碑はいつか失はれて、今は土に埋もれた龜趺（龜の形をした臺石）が二つだけ、碎けたまゝ半ば背を現してゐる。

土民の傳説に――むかし、この石の龜が夜な〳〵畑の作物を荒したり、女を犯したりして、住民は大いに苦しんだ。それで龜を退治て戴きたいと神樣に祈つたところ、或る日雷が落ちて二つの龜を碎いてしまつた。そしてその後龜は二度と出て荒さなくなつた――といふのも面白い。

なほこの附近一帶から石器時代の遺物、石斧、石鏃などが採集されるさうである。

尾根傳ひに畠の中の道を南へ約一時間も進むと峠の絶頂に着く、望都嶺とは觀光協會の最初のハイクの時つけられた名前である。こゝから三十分程下ると兩牛屯の小部落、更に左手の稍急な山道を二十五分程上つて大觀山に着く。——かくの如き雄大なる美觀が、國都新京の近くに存在することが、今日まで世に知られなかつたのは寧ろ不思議である。と記念公會堂の事務長眞殿さんがその探査報告中に最大級の讃辭を列ねてゐるところで、眼路の限り起伏する群丘とその間に置かれた淨月潭の銀盤は誰しも歡聲をあげる眺めであらう。

こゝを下つて採石場の輕便軌道がある部落を過ぎれば、淨月潭の苗圃は間近い。大觀山頂からバスの停留場まで約一時間の行程だといふ。

水のコース　乘物を利用して環狀道路を金錢堡の入口まで行く。こゝにも池はあるが、こゝは未だ目的地ではない。金錢堡といふ村は地圖で見ても判るやうに、三箇所に分れてゐて皆同じ名前で呼ばれてゐる。最初の部落を通り拔けて土橋を渡り十五分も歩くともう一つの部落に着く。目的の池はこゝから始まる。

この池は幅の狹いところで二十米、廣いところは五十米位、長さは約一粁あつて「金泉」と呼ばれる。この邊りの地名金錢堡は恐らく金泉堡が轉化したものであらう——とは眞殿さんの説である。

金泉には古い傳説があつて、部落の人々は今もなほ確く信じてゐる。それは——この池には主がゐて毎年人間が人身御供にとられる。若しこの主に害を加へるやうなことがあれば、忽ち洪水が起つて村は水底に沒し、作物は全部流されてしまふといふのである。

事實この池には昔から一丈もある巨魚が棲んでゐて、現に長春の日本人で釣り好きの誰彼がこれを目擊して、化物が出たといつて逃げ歸つたこともあると傳へられてゐる。主の正體は年を經た鯰だと昔からの云ひ傳へであるがほんとうは六尺餘の鱈で今も時々見る者があるといふことである。――毎年一人位は子供が喰はれて死ぬといふが恐らくこれは泳いでゐて溺れた死體を鯡にかぢられるのだらうそれ位の大きな鱈になれば、子供の手足ぐらゐは喰ひ切るに違ひないと、眞殿さんは書いてゐる。

この古い傳說を持つた金泉湖を、岸傳ひに下つて行けば、三十分位で池のはづれに出る。蓬もあれば葦もある、時季には菖蒲や水蓮も咲く。底が泥だから澄むとまでは行かぬが、水も決してどろんだ濁水ではない。或ひは廣く、或ひは狹く、一步一步趣を變へて行く長い池、新京の郊外にこんな立派な水鄕があらうとは全くウソのやうな氣さへするといふ。

西南に高く聳える寬城子の無電臺を目標に、金泉湖の向ふ岸に沿つて廣い路を十五分ばかり進むと小さい部落があり、そこから道は水を離れて畠に入り、やがて伊通河の鐵橋へ出る。こゝから寬城子のバスの終點迄一時間の行程だといふが、景色が單調で面白くないから、前以てこゝに乘物を用意しておいて歸るのがよからうといはれてゐる。

現に十月八日滿洲新聞社「あるかう會」主催の水鄕巡りハイキングは、このコース約四キロで婦人や子供たちにも喜ばれた

附記　このコース紹介は眞殿星麿氏の探査報告（滿洲新聞所載）によるものである。

スケート　スキーやスケートを、娯樂の部に入れたら叱られるかも知れないが、特にスポーツの項を設けなかつたので御寛恕を願ひたい。

新京で最も快適なウインタースポーツは、何といつてもスケートであらう。今年（昭和十三年）は例年に比して、ひどく暖く、初雪も昨年より二十二日遲れて十一月七日に降つた。それでも兒玉公園の潭月池は十三日の晩から、もう大丈夫といふ程度の氷がピンと張りつめ、十五日の新聞には早くもハシリのスケーターが手を後に組んで、得意げに滑つてゐる寫眞が戴つた。さうなると氣の早いのが續々兒玉公園や大同公園へ押し出すので、市公署は「四寸以上の氷が張るまで待つて下さい」と市民に警告を發する騷ぎである。

兒玉公園は陸上競技場をスケート・リンクに作り變へ、フィールドをフィギュア、ホッケー用、トラックをスピード用として近日中に水を入れ、十一月二十七日華々しくスケート場開きを擧行する外

潭月池畔の賣店を更衣場に變へて本格的のスケート場にする。

黃龍公園の南湖も、最近附近に新らしい住宅街が續々增え、この人口約八千を數へてゐるので、これら住民の希望によつて近々南湖を大スケート場とし、充分な施設をすることになつてゐる。

新京體聯事務局滑氷部の本年滑氷行事は次の如くである。

康德五年
十一月二十七日　スケート場開き
同　二十八日　初心者講習會
十二月十八日　奉天對新京スピード試合
同　二十五日　新京選手權兼全滿大會豫選

康德六年
一月二十二日　戶外週間行事
同二十八、九日　日滿交驩競技
二月五日　各個所對抗學童大會
二月十二日　B級ホツケー大會

同　二十一日　納會

なほ昭和十二年一月三十一日新京西公園（現兒玉公園）リンクで行はれた大滿洲帝國體聯主催、第三回滿洲國スケート選手權大會の記錄は次の如くであつた。

スピード

◇五百米　(1)プペロフ（哈爾濱）50秒　(2)松尾（新京）51秒9　(3)富田（哈爾濱）52秒1（以上大會新）

◇千五百米　(1)ゾンダーク（哈爾濱）2分44秒4　(2)ガブリウィップ（哈爾濱）2分50秒　(3)陶（奉天）2分53秒2

◇一萬米　(1)ゾンダーク（哈爾濱）21分56秒2　(2)プペロフ（哈爾濱）21分56秒3　(3)方（新京）21分57秒8

◇千六百米リレー　(1)哈爾濱2分38秒7　(2)新京2分44秒

◇總得點順位　(1)哈爾濱五三點　(2)新京二七點　(3)奉天八點　(4)吉林七點

フイガアー　略

スキー　新京から日歸りで行けるスキー場は吉林、奉吉線の山城鎭、京圖線の土們嶺、撫順、一日泊りでは濱洲線の札蘭屯などであるが、今年（昭和十三年）は新京體聯事務局、交通會社が主體となつて國都郊外淨月潭にスキー場を開設すること丶なり、既に設備萬端滯りなく整へて、さあ雪よ、早く降つてくれと待ち構へてゐる。

その設備の大要を記すと、淨月潭東側スロープの地均しを行ひ、山麓にヒュッテを作り、ヒュッテに隣接する賣店では溫い食事も攝れることゝなつた。スキー場の往來には特に製作された專用のスキーバスが、市内各所でスキーヤーを拾つて一日四回程度、バスのお尻にスキー籠をくつつけ、これにスキーを括りつけスキー場に客を送り、最近結成されたスキー・クラブでコーチもしやうといふのである。

その外子供のためには橇も用意することになつた。

交叉する鮮やかなシュプール、立ち昇る雪煙――白銀に描くウインタースポーツの華、豪快なスキーを簡單に滿喫できる國都市民は、幸なりと謂ふべきである。

新京スキー・クラブの役員及び規約は左の如くである。

役員

委員關口（交通會社）吉田（滿映）朝山（大竹商事）橋本（民生部）下島（畜産局）安保（日滿商事）田村（橫濱商會）三浦（市公署）馬場、辻村（中銀）長谷川（司法部）伊藤（滿鐵）石畑（ビューロー）貞永（興銀）津田（林野局）

規約

第一條　本會は新京スキー倶樂部と稱し事務所を體育聯盟新京特別市事務局內に置く
第二條　本會はスキー愛好者を以て組織す
　本會に入會せんとする者は規定の申込書に住所、氏名、年齡、職業を記載して申込むものとす
第三條　本會はスキーの健全なる普及發達を期し國民體力の增進を圖るを以て目的とす
第四條　本會は其の目的を達する爲左の事業を行ふ
　一、各種スキー大會竝講習會等の開催
　二、同一目的を有する他の團體との連絡協調
　三、其の他本會の目的を達するに必要なる事業
第五條　本會に左の役員を置く
　會　長　　一　名
　副會長　　一　名
　常務委員　三　名

委　　員　　若干名

會長、副會長は總會に於て推戴す

會長は本會を統轄代表す

副會長は會長を補佐す

常任委員は委員會に於て推薦し會長之を委囑す

常任委員は常務を專行す

委員は會長之を委囑す

委員は會長の命を受け會務を處理す

役員の任期は會長副會長を除く外一ヶ年とす、但し重任を妨げず

第六條　本會に顧問を置くことを得

第七條　本會の事業遂行の爲委員會の決議を經て各種の專門委員を設くることを得

第八條　會員は會費として年額一圓を醵出するものとす

第九條　本會の經費は會員の醵出金又は補助金を以て之に充つ

第十條　大會の會計年度は毎年一月一日に始まり十二月三十一日に終る

第十一條　本規約は委員會の決議を經るに非ざれば變更することを得ず

お土産と買ひ物案内

新京土産　――新京土産には何がよからう――と聞かれるたびに、私ははたと當惑するのである。新京に土産がないといふのではない。それは丁度東京、大阪で「らしい土産」の選擇に苦しむのと同じ意味で返事に窮するのである。結局東京なら淺草海苔とか福神漬、大阪なら燒蒲鉾や岩おこしに落ち着くより仕方がないやうに――ロシア飴にでもするかね――などゝ答へる外はないのである。事實私の經驗から云つて、ロシア飴は何處でも喜ばれるが、だからと云つてロシア飴が新京獨特のものでもないのだから、新京みやげに何がよからうといふ質問に對して、必ずしも適切な返辭といふ譯には行かないのである。

――滿洲に適當なローカルカラーの豐かな「おみやげ」のないと云ふ事は滿洲を旅する人達も滿洲から內地へ旅立つ人達も同樣に頗る不便とし、且つ困りものである。各地でいろ〳〵の人達が樣々な工夫を試みたのであつたが、どれも皆、これはと云つて感心されるものが出來ずに今日に至つてゐる。これは日本人が滿洲に棲み始めて以來解決出來ずに居る小さい樣で案外重大な問題である――と米良さんが「月刊滿洲」に書いてゐる位であるから、ましてや新京と小さく限られては返事に窮するのが當然かも知れない。

もつともお土產といつてもピンからキリまであることで、贈るにも受けるにも金目のものでありさへすればいゝといふ人達には問題はない。お値段が張らず、持ち運びに苦勞がなく、しかも新京のお土產として心から喜んで貰ひたいと思へばこその苦勞である。人にはそれぞれ違つた趣味、異つた嗜好がある以上、その人に適當な品を選んでこそお土產の意義もあるといふものであるから、以下少しく陳列して御選擇の便に供することゝしやう。

おみやげ店の代表的なものは、卷末案內廣告欄に記載してある。

一般みやげ品　新京の土產物店には全滿の名產が集まつてゐる。こゝに載せるものは一々實地に當つて調べたものであるが最低最高の値段を示す括弧內の數字中、最高の方は店によつて違ふであらうことを斷つて置く。

繪葉書、寫眞帳の類は御土產に缺くことの出きぬものだが、先づ御しるし迄の安直なものでは、高粱桿細工のペン軸（一箱〇・二〇）パイプ（二本〇・一五）小銃の彈丸で作つた戰役記念火箸（〇・

二〇）クルミと白樺のパイプ（二本〇・三〇）白樺エバーシャープ・ペンシル（〇・三〇）名所繪入ハンカチ（〇・二五―〇・三〇）支那劇面形盃（二個〇・五〇）など如何？

　ロシア情緒の白樺細工は、化粧品入れ、小筥、煙草ケース、メモ、筆立、額など、〇・四五から一〇・〇〇位まで、支那趣味の堆朱は茶托、菓子器、盆など一・五〇から五・〇〇位、撫順の石炭細工は純滿洲產だが、パイプ、灰皿、煙草筥、置物など一・〇〇以下から一〇・〇〇以上までいろ〳〵あり七寶燒は盃一個〇・八〇位から始まり、花瓶で四・五〇から五〇・〇〇位、御婦人向きには帶やハンドバッグに應用の利く支那刺繡（五・〇〇―一〇・〇〇）寶石、裝身具なども思ひつきであらう。

　その方面に趣味を持つ人へなら、土俗玩具――娘々祭の張子人形（〇・五〇）北京の蟬人形（蟬の脫殼を利用したもの一・〇〇）俗に餅人形と謂はれる糯米麵人形（內地の糝粉細工に似て精巧なもの〇・八〇）などは喜ばれるに違ひないし、いさゝかグロだが北滿に多いノロ（鹿に似た動物）の足を握りにしたステッキ（三・五〇）なども變つてゐる。

　食料品　たべ物のない御土產を淋しがり――とは「月刊滿洲」に拔けた川柳だが、何といつても手輕で喜ばれるのは喰べ物であらう。日本全國津々浦々、およそ土產と名のつくものゝあるところには、なくて叶はぬのが羊羹であるが、新京にも高粱羊羹、山楂子羊羹など――日本人こゝにあり、の氣慨を示してゐる。美しい罐入り、箱入のロシア飴、チヨコレートは七、八十錢から二圓內外で、ちよつとエキゾチツクなお土產であるし、滿洲らしいものには果實の砂糖漬などがよからう。甘栗も喜ばれる。お値段も同じ位のものである。

その外菓子類には忠靈塔せんべい（〇・七〇―一・〇〇）想ひ出煎餠（〇・三五―一・五〇）想ひ出チヨコレート（一・八〇）高粱しるこ　〇・八〇―三・二〇）高粱餠（〇・九〇）高粱飴（〇・九〇）など、少し趣をかへて支那茶（〇・五五―一・二〇）豆素麵（〇・五〇）なども面白からう。

北滿名產のスツポンと山葡萄でつくつたスツポン・ホルモン葡萄酒（三・五〇）は、虎骨酒（五・〇〇―八・〇〇）と共に虛弱な人や老人に適當だし、滿洲產の紹興酒（一・二五）や五胡皮（一・〇〇）、ロシアのウオツカ（〇・九〇）など酒類も喜ぶ人が多からう。

藥種類　古い傳統を持つ滿洲の藥種類はどうです。人の生肝で作つた藥だなど、子供の頃聞かされた「六神丸」（三・〇〇）吉林の奧でとれる人蔘（二・〇〇）人蔘のエキスを砂糖板にした蔘糖（〇・八〇）、蛤蟆油（二・〇〇―四・〇〇）は俗に「がまの油」といつてゐるが、一たん水に戻して牛乳蜂蜜、鷄卵などと一緒に、每朝溫めて飮むと素晴らしい强壯劑だといふことである。

文房具　支那墨（〇・〇八―五・〇〇）支那筆（〇・二〇―一二・〇〇）支那硯（一・八〇―八・

八〇）石刷（一・〇〇—五・〇〇）文鎮（一・〇〇）なども風雅なお土産であらう。

煙草器具　琥珀パイプ（一・〇〇—一・五〇）も體裁がいゝし、高粱パイプ（二本一函〇・一五）などゝいふ大衆向もある。

織物・毛皮　名所風俗等を描いた風呂敷（〇・九〇—一・〇〇）やゴブラン織の壁掛（一・四〇—一〇・〇〇）など手頃のものもあるが、高級織物、毛皮等は一口に値段も定めかねるからこゝに省略する。

その他　變つたところで支那料理のよせ鍋につかふ火鍋（九・〇〇）、ジンギスカン鍋（七・〇〇）、箸とナイフを兼ねる蒙古刀（三・五〇—五・〇〇）などはどうだらう。

更に城内の小盗兒市場（しようとりいちば）や滿人骨董店を漁つて下手物蒐めなども面白いかも知れない。

煙草について　煙草は土産物として持ち歸ることは出來ない、たゞ旅行者の自用として左記數量まで携帶を認められてゐる。

紙　巻　　百　本
葉　巻　　五十本
刻　み　　二〇〇瓦

右二種以上を混える時は各半分宛の數量しか認められない。

お土産と税關　滿洲製品にしろ、船來品にしろ、滿洲で買つて日本內地なり、朝鮮なりへ、土産物として持つて歸る時には、總て輸入品として税關の檢査を受けることになつてゐる。そして一般に輸入品は殆んど課税されることになつてゐるので、旅行者自身の携帶用品及び少量の土産品は、これは税關官吏の裁量で免税通關されるが元來絕體的なものではなく慣例的の便法にすぎないので、旅行者から前例を持ち出して强調することは出來ない。旅行者の身分、職業などによつて、所持品の品質、數量等を推測されて、免税を加減する場合もあるから、旅行者は一樣の品數に於て免税通關されるとは限らない。

税關の檢査を受ける場所　旅行者の携帶品は土産物の有無に拘らず次の場所で税關の檢査を受けることになつてゐる。

(1) 大連から商船の定期船で門司、神戶へ向ふ場合は——船中で

(2) 大連から商船以外の定期船で日本內地に向ふ場合は——上陸地税關檢査所で

(3) 大連驛から關東州外に向ふ場合は——大連驛で託送手荷物は大連驛手小荷物檢査所で

(4) 滿洲國から山海關經由北支に向ふ場合（又は之と反對の場合は）――驛ホームで

(5) 滿洲國から安東驛經由朝鮮に向ふ場合（又は之と反對の場合）――安東驛で

携帶品は車中で

託送手荷物は驛ホーム檢査所で

(6) 京圖線經由の場合は――圖們驛で

朝開線の經由の場合は――上三峰驛で

免稅標準數量　おみやげ物の免稅標準數量は大體左記の如くである。

（品　種）	（朝鮮行）	（內地行）
砂糖類	一〇斤	一〇斤
ロシヤ飴	大罐四個	大罐六個
其他菓子類	八斤	一〇斤
洋酒類	二本	三本
支那燒酒	五合	一升
果實類	一〇斤	一五斤

乾葡萄	五磅	八磅
紅茶珈琲、ココア類	三磅	五磅
支那ソーメン	八斤	一〇斤
トランプ花札	一組	一組
絹紬	一疋	二疋
繻子	一〇尺（何れか一種）	一〇尺（何れか一種）
其の他の支那絹布	一五尺	一五尺
總價額に對する制限（煙草を除く）	二〇圓迄	三〇圓迄

附記「お土産と稅關」以下はジャパン・ツーリスト・ビューローの「滿洲土産の栞」新京觀光協會の「新京の栞」に據つた。

買ひ物案內　新京での買物には、卷末の案內廣告を安心して御利用願ひたい。甚だ潛越な申し分ではあるが、本書の廣告は單なる廣告でなく、案內書の記事の一部として、新京に於ける各部門の代表店に限つて登載した。從つて、代表的商店にして洩れたものはあるかも知れないが、登載商店で、代表的ならざるもののないことは、本書の最も誇りとするところであり、確信を以てこれらの店を御推奬申上げる次第である。

一通りの買ひ物に必要な店舗は、案內廣告に收錄してあるから、こゝには特殊なもの一、二について記して置く。

毛皮類　各デパート、邦人專門店の外、日本橋通に露西亞人の店が澤山ある。店によつては意外の値引をすることを注意して置かう。それに內地へ土產にしたり、送つたりする場合、相當の關稅がかゝることも計算に入れて購ふ必要がある。

支那骨董　滿人骨董店は西四馬路に多い。大經路の方から這入ると依古齋、鑑鈺齋、天寶齋、墨古齋文雅齋、華北天、遡古齋などが、或は軒を竝べ或は散在して城內大馬路近くまで續いてゐる。

育民齋書店、東來閣書畫處など古書を取扱つてゐる店もある。

滿洲資料　こゝでいふ資料は文獻の意味である。從來この種の文獻を取扱ふ店としては吉野町二丁目の巖松堂が殆んど唯一の存在であつたゞけ內容も充實してゐる。最近朝日通り、寶山百貨店寄りに泰山書院が開店、店主藤崎君が大いにこの方面に力を注いでゐる。續いて永樂町ダイヤ街寄りに生長堂古書店が開店した。

思ひ出のページ

新京の生活

●收入　新京の俸給生活者一萬七千五百十六人に就て、その所得額を調査した結果は

平均	一六四圓八四錢	七、八二四人
〃	一〇一圓一二錢	七、二一七人
〃	三一四圓八八錢	一、九六一人
〃	六三二圓四七錢	三五一人
〃	一、〇二七圓〇三錢	一〇一人
〃	一、七一一圓六六錢	六二人

となり、更にその總平均所得額は一七五圓二〇錢となる。この調査人員は全俸給生活者の九九％に當るといふから、その總平均所得額一七五圓二〇錢の收入あるものは、國都俸給生活者の「水準人」と看做してよからう。

●生活費　昭和十二年十一月の滿洲中央銀行の調査によると、新京の生活費は東京に比較して大體七割ほど高いといふことである。

穀食品費	一〇〇	一五二・七
住居費	一〇〇	二五一・三
光熱費	一〇〇	八六・三
被服費	一〇〇	一五九・〇
雜品費	一〇〇	一四一・四
修養娯樂	一〇〇	一三二・〇
總指數	一〇〇	一六九・三

上の數字が東京、下が新京である。

淨月潭水源池

高粱の收穫

露榮移民力行村

寛城子戰蹟記念碑

上・新開河戰蹟

下・寛城子事變誠忠碑

永沼挺身隊戰蹟

上・南嶺戰跡記念碑

下・南嶺戰死者の墓

右・南嶺激戰のあと

左・新開河戰蹟

右から
滿人妓樓の表構へ
飯店の看板
下は
城内大馬路

右から
滿人の露店
小盜兒市場
山楂子賣り

新京へ來る人のために

コースと旅費　離れて遠き滿洲の……と唄つたのも今は昔の夢となつた。驚異的な滿洲國の發展、殊に緊密不可分な日滿關係は兩國都の距離間隔をグングン短縮する。新京を訪れる人のために、東京からのコースと運賃を列記して參考としやう。

航空路　午前六時半羽田飛行場を離陸した空の特急ロツクヒード機は、快翔また快翔、その日の午後四時二十分には新京空港で悠々翼を休めるのである。所要時間僅に九時間四十五分、しかも、逆コースは、新京午前七時四十五分發東京午後四時三十五分着、八時間四十分で翔破する。東京から新京へのコースが何故一時間も餘分に時間をとるのかと、航空會社へ訊き合せて見たら、季節風の關係です――とのことであつた。料金は百七十圓である。

大連經由　東京から東海道線を西下して神戶から乘船するコースと、更に下つて門司で上船するコースの二つがある。大阪商船の日滿連絡船は近代的設備を整へた優秀船を揃へて、宛も移動する大ホテルの觀があり、**大連に上れば〃陸の王者〃特急あじあ**、又はハトに連絡して一路新京に入る。所要時間は神戸乘船で七十五時間二十分、門司經由の場合は七十一時間二十分である。

釜山經由　このコースは大連經由に比して所要時間約二十時間を短縮できるので、急を要する旅客に最も利用されてゐる經路である。特急アカツキは釜山・京城間を、急行ヒカリ、のぞみは釜山・新京間を、大陸を縱に馳驅してゐる。所要時間は五十五時間三十分で、丸二日餘で新京の地が踏める譯である。

北鮮經由　裏日本の二港敦賀、新潟と、北鮮の三港羅津、清津、雄基を結ぶコースで北滿への最捷路である。他のコースに比較して運賃が廉く、漸次利用者が增加しつゝある。所要時間は敦賀接續八十三時間四十二分、新潟接續八十二時間十二分である。

各コースによる運賃は左表の如くである。

大連經由

	神戸接續	門司接續	寢臺券急行券料金
一等	一一四・四六	一一四・七〇	一二圓見當
二等	七七・〇四	七五・九〇	八圓見當
三等	三六・〇八	三七・五六	四圓見當

釜山・安東經由

一等	一〇八・二三		一五圓見當
二等	六九・一一		一〇圓見當
三等	三六・八六		五圓見當

北鮮經由（清津）

	敦賀港接續	新潟港接續	
一等	九五・一九	八七・三一	九圓見當
二等	六一・七六	五八・九七	六圓見當
三等	二八・七三	三一・三五	三圓見當

短期間の鮮滿觀光視察や、新京だけに用事があるといふ人たちは、週遊券、東亞遊覽券若しくは往復切符を求められた方が料金も特に安いし、何かにつけて便利であらう。東京から往復切符を購ふと、大阪商船の一割引を除いて、他は皆二割引となるし、切符の通用期間も二ケ月あるから相當ゆつくりした旅が出來るわけである。

周遊券には大連廻りと安東廻りとあり、どちらも下車驛が指定されてゐるが、東亞遊覽券の方は周遊地の選擇が自由である代り、一等に限られてゐる。いづれもツーリスト・ビユーローで扱つてゐるから、最寄りのビユーローで心行くまで質ねて最善のコースをとられるがいゝ。

附　記　本項はジヤパン・ツーリスト・ビユーロー新京案内所主任石畑一登氏の好意により同所の調査をそのまゝ收錄した

旅館と宿泊料　首都警察廳の調査によると新京の旅館總數は二百四十五軒、これに收容し得る人數が一萬四千三百九十四名となつてゐるが、この內譯を見ると滿人宿が斷然多數を占めて百八十一軒、日本人宿が六十三軒、露西亞人宿が一軒である。

國都を訪れる觀光視察の旅客は逐年增加の一途を辿つてゐるが、殊に今年は昨年に比して正に二倍にも及ぶき勢ひで、日本人旅館はいづれも嬉れしい悲鳴をあげてゐる。かうした折から客室八十を算へる名古屋ホテルが、その竣工開店を前にして火災のため灰燼に歸したのは、同店のためには勿論新京の一大損失といはねばならない。

今年になつてからのことであるが、某ホテルの宿泊客がボーターに賴んで銀行へ金を取りにやつたところ、ボーターが歸途その金を掏りとられた事件があつた。ところがこれを聞いたホテルの主人は使用人の過失は店主の責任と、卽座に金一萬圓也をポンと投げ出しボーターに代つて辨償したのである。理屈は拔きとして正に特筆大書すべき旅館美談であり、新京の旅館はこれによつて千鈞の重みを加へたといふべきであらう。

旅館組合加盟者を列記する前に、一二の注意を記して置かう。

新京では特に客の指定のない限り、旅館のボーターは驛のフォームに入れないことに規定されてゐる。したがつて列車まで出迎へさせやうと思ふなら、前以て電報でも打つて知らせて置かなければならない。その電報を見せることによつてボーターは始めてフォームへ入ることが出來るのである。これは新京に限つたことではないが宿泊すべき旅館が定まつてゐる場合は、到着時間、人數ぐらゐは打電して置くことがお互のため便利であることは云ふまでもない。

新京旅館組合宿泊協定料金表

	室料			食事料		
	八疊	六疊	四・五疊	朝食	晝食	夕食
特等旅館	五・〇〇	四・〇〇	三・〇〇	一・〇〇	一・五〇	一・五〇
一等旅館	五・〇〇	四・〇〇	三・〇〇	一・〇〇	一・五〇	一・五〇

二等旅館	四・五〇	三・五〇	二・五〇	〇・八〇	一・三〇	一・三〇
三等旅館	四・〇〇	三・〇〇	二・〇〇	〇・八〇	一・〇〇	一・〇〇

一、特等旅館　相當ノ設備ヲ有シ、客室二〇以上ノ旅館ヲ特等旅館トス

一、室　料　八疊以上ノ特別室ハ、設備、疊數ニ依リ各旅館毎ニ制定ス
同宿ノ場合ハ一人增ス毎ニ五割增

一、食事料　前記定食以外注文ニ依リ何程ニテモ調理ス

(イロハ順)

旅館名	等級	客室數 洋	客室數 和	客室數 計	團體收容力 普通	團體收容力 學生	宿泊料	所在地	館主名	電話
ヤマトホテル		五五		五五			三・〇〇——一五・〇〇	中央通四	滿鐵	③四六二一
中央ホテル	特		三六	三六	九三	一八六	三・〇〇——八・〇〇	中央通五四	松原マル	③四二二
大都ホテル	特	一〇	二七	三七	九四	一八八	三・〇〇——一二・〇〇	日本橋通一五	大久保モモヨ	③六〇一六
太陽ホテル	特	一〇	二五	三五	九六	一九二	四・〇〇——六・〇〇	永樂町一丁目	小泉藤平	③四九九九

大和新館	特	三	二一	二四	七四	一〇八	二・五〇――七・〇〇	東二條通五五	大道熊一	③二六五七
富士屋旅館	特	一	二五	二六	五六	一一三	二・五〇――七・〇〇	中央通五	五味武太郎	③二三八四
國都ホテル	特	一三	三〇	四三	九六	一九三	二・五〇――八・〇〇	中央通三五	千葉チヨ	③四四一五
向陽ホテル	特	五	一六	二一	四五	九〇	四・〇〇――八・〇〇	大和通七三	杉本彈次	③三八八二
ミクニホテル	特	八	三二	四〇	九九		二・五〇――八・〇〇	八島通三一	尾崎しゆん	②五五三三
滿蒙ホテル	特	六	三〇	三六	八〇	一六〇	三・〇〇――一〇・〇〇	中央通二五	石野スミ	③三五二一
ニューアジアホテル	一	四	九	一三	二六	五三	四・〇〇――七・五〇	日本橋通二四	阿部ツル	③二八四〇
蓬萊ホテル	一	一六		一七	二〇	二〇	三・〇〇――五・〇〇	中央通一九	宮崎三保治	③五六一四
常盤旅館	一		一三	一三	二八	五六	三・〇〇――五・〇〇	三笠町二丁目	相原楚一	③三三五三
大丸旅館	一		一八	一八	四〇	八〇	三・〇〇――五・〇〇	錦町一丁目	寺崎竹次郎	③二六〇三

新大ホテル	一		三	三	四六	九二	▲三・〇〇——五・〇〇	新發路	大道熊一	②一八一九
名古屋ホテル營業所假	一		二	二	二五	四六	三・〇〇——五・〇〇	日本橋通一〇	遠藤信平	③六〇二一
梅屋旅館	一		三	三	二八	五六	●四・〇〇——六・〇〇	三笠町	杉尾キノ	③三二一九
滿蒙旅館	一	一	一九	二〇	四〇	八〇	●三・五〇——七・五〇	大和通三	菊池トミヨ	③三五〇八
國際ホテル	一	一八	一	一九	三二	三五	▲四・〇〇　均一	中央通三	丸山直助	③二〇七一
國華ホテル	一	一〇	六	一六	二四	五六	三・〇〇——五・〇〇	日本橋通七五	鈴木秀太郎	③六二五八
旭ホテル	一	四	二六	二〇	八一	一〇二	三・〇〇——五・〇〇	日本橋六	森重六	③二七四六
帝都ホテル	一	一	三	一三	二四	六八	四・五〇——七・五〇	大經路九三	津田ツネ	②五〇一六
都ホテル	一		一八	一八	二八	五六	三・〇〇——五・〇〇	朝日通六一	小林竹次	③四八二七
新京ホテル	一	一	一三	一四	三二	六四	▲三・五〇——五・〇〇	富士町二丁目	西村サトヨ	③六三二六

吉田屋新館	二		一三	一三	二七	五四	●	三・〇〇――五・五〇	三笠町一丁目	光永マツ	③三七八九
大寶旅館	二		一一	一一	二三	四六		二・五〇――四・五〇	富士町一丁目	松崎フサヱ	③三九〇一
大丸旅館別館	二		九	九	一六	三二		二・五〇――四・五〇	吉野町一丁目	小森レイ	③二四一三
大國ホテル支店	二		一二	一二	二七	五三		二・五〇――四・五〇	大和通六〇	田中ツヨ	③五七五三
蔦屋旅館	二	一	一五	一六	三五	七〇	●	三・〇〇――五・五〇	梅ケ枝町三丁目	辻田政次郎	③三三一四
協和旅館	二		一四	一四	五五	一一〇	●	三・〇〇――五・五〇	日ノ出町二丁目	濱ヨシヲ	③三七〇三
喜久屋旅館	二		一五	一五	二八	五六		二・五〇――四・五〇	吉野町四丁目	藤山シメ	③二四四七
京都旅館	二		一二	一二	四四	八八		三・〇〇	永樂町三丁目	三田タカ	③三八六四
豐屋旅館	二		一四	一四	三〇	六〇	●	五・〇〇――七・〇〇	永樂町二丁目	小倉市志	③二九三七
三笠旅館	二		一三	一三	二五	五〇		二・五〇――四・五〇	三笠町三丁目	久野源吾	③五五六四

新都旅館	二		一六	一六	三二	六二	二・五〇――四・五〇	大和通七四	藤山與作	③四九七〇
巴旅館	三		二三	二三	三七	七四	二・〇〇――四・〇〇	東一條通五	八卷寅吉	③三四四八
東洋旅館	三		一五	一五	一三	三〇	二・五〇――四・五〇	中央通一三	清水梅野	③三三五〇
萬屋旅館	三		一〇	一〇	二〇	四〇	三・〇〇	日本橋通八〇	平野サダ	③三〇〇七
吉田屋舊館	三		七	七	一三	二四	●二・五〇――四・五〇	三笠町一丁目	光永マツ	③二九四七
喜多旅館	三		一三	一三	二六	五三	二・〇〇――四・〇〇	羽衣町一丁目	喜多達	③三八六四
杉山旅館	三		六	六	一四	二五	三・〇〇――四・〇〇	吉野町三丁目	杉山キヨ	③五三三二

附記　宿泊料の肩に ▲印を附したものは朝食附
●印は朝夕二食付を示し、他は室料である。

滿洲旅館協會協定　團體宿泊料金

（昭和十三年六月一日ヨリ實施）

團體種別	地域名	宿泊料：基本料金	宿泊料：朝食缺	宿泊料：晝食缺	宿泊料：夕食缺	食事料：朝	食事料：晝	食事料：夕	食事料：辨當	席料：不食宿泊ノ場合	席料：休憩ノミノ場合
小學校	州外	圓 一・三〇（一泊三食付）	圓 一・一〇	圓 一・一〇	圓 〇・九五	圓 〇・三五	圓 〇・四五	圓 〇・五五	圓 〇・三〇（握飯）	基本料金ノ三分ノ一	當該食事料金ノ半額
	州內	一・二〇（同右）	一・〇〇	一・〇〇	〇・九〇	〇・三〇	〇・四〇	〇・五〇	〇・三〇（同右）		
中等學校	州外	二・〇〇（同右）	一・八〇	一・八〇	一・六〇	〇・六〇	〇・七〇	〇・九五	〇・四〇（三重折）	同右	同右
	州內	一・九〇（同右）	一・六〇	一・六〇	一・四〇	〇・五五	〇・六五	〇・八五	〇・三五（同右）		
專門學校	州外	二・六五（同右）	二・二五	二・三〇	二・〇〇	〇・八〇	〇・九〇	一・一五	〇・四五（同右）	同右	同右
	州內	二・四五（同右）	二・〇〇	二・一五	一・八〇	〇・七五	〇・八五	一・〇五	〇・四〇（同右）		
青年團	州外	二・六五（一泊二食附）	二・三〇	—	一・八五	〇・八〇	〇・九〇	一・四〇	〇・五五（同右）	同右	同右
	州內	二・四〇（同右）	二・〇〇	—	一・七〇	〇・七五	〇・八五	一・二五	〇・五〇（同右）		

教員軍人	州外	圓 三・一五（一泊二食附）	圓 二・六〇	—	圓 二・二〇	圓 〇・九五	圓 一・一五	圓 一・七〇	圓 〇・七〇（同右）	基本料金ノ二分ノ一	當該食事料金ノ半額
	州内	二・八五（同右）	二・三〇	—	二・〇〇	〇・八五	一・〇五	一・四〇	〇・六〇（同右）		
普通團體	州外	三・八〇以上（同右）	三・一五以上	—	二・五五以上	一・一〇以上	一・六〇以上	二・一〇以上	〇・八〇以上（同右）	同右	同右
	州内	三・五〇以上（同右）	二・九〇以上	—	二・三五以上	一・〇〇以上	一・五〇以上	二・〇〇以上	〇・七〇以上（同右）		

備考

一、缺食宿泊料ノ適用ニ就テハ缺食スベキ食事ノ少クトモ一食前ニ其ノ旨申出アルヲ要シ其ノ後ノ申出ニ對シテハ當該食事ノ實費ヲ申受ケルコト

一、夕食欠料金ハ大體夜十時頃旅館ヲ出發スルコトトシ之ニ對スル室料ヲ含ミタルモノニシテ夜半十二時ヲ超ユル時ハ朝食缺ノ宿泊料ヲ申受クルコト

（註）本協定ニ於テ團體トハ十人以上ノ場合ヲ又教員團體トハ初等學校ノ教員團、軍人團トハ下士以下ノ軍人團ヲ謂フ

新京に職を求むる人に　滿洲一旗組といふ言葉がある。なんの準備もなく見透しも持たず、滿洲で一旗擧げやうと渡つて來る連中を指すので、意氣は大いに壯とすべきであるが、その末路は哀れなのが多い。

それも、全力を竭して闘つたが事志とちがひ、刀折れ矢盡きたといふ話なら、未だしも男子の本懐であらうが、たゞ慢然と滿洲へ行けば何とかなるだらうぐらゐの考へで、新京驛へ着いた途端に殘り少い財布を掏りとられ、一直線に警察へ泣き込むなどゝいふのが少くないのだから情ない。

大陸への進出は正に日本人の使命であり、新興滿洲國は雙手をあげて有爲な青年の參加を求めてゐるのだから、志ある人々は然るべき用意と覺悟を持ち、正當なる手續を履んで大いに活躍して欲しいものである。私が新京特別市職業紹介所長小野寺武雄氏を訪ねて、特に新京に職を求むる人々のために、その心得を說いて戴いた所以も亦こゝにあるのである。

滿洲國の官廳會社は專門學校以上の出身者に限つて內地で採用する傾向がある。從つてこれらの人々は、內地で機會をつかむことが必要である。中等學校以下の卒業者は現地採用をするから、希望者は內地の職業紹介所を通じ、又は直接新京特別市職業紹介所（新京特別市北安路四〇一）へ斡旋方を申込むがいゝ。それには次のやうな書類を提出すべきである。

一、履歷書二通（美濃紙白紙、自筆毛筆）

二、戶籍謄本一通（最近のもの）

三、身分證明書一通（市、町、村長發行のもの）

四、寫眞一葉（半身、脫帽、手札型）
五、學校卒業證明書竝學業成績一通
六、身體檢査證一通
履歷書は勿論くはしい程いゝし、若し職に就いてゐたものなら在職證明書をつけるがよい。それに就職する場合には新京に保證人が必要であるからその手配もして置かなければならない。適當な就職口があれば紹介所から、その條件を詳細に通知してくれるから、その場合は單に月給の額のみを見ず「新京の生活」の項を參照して、やつて行けるといふ確信を得た上で極めるべきである。現地採用であるから旅費は支給されないのが普通であり。面接銓衡による採用に比して多少條件の悪いのは止むを得ない。しかし、それは採用する方でも、紹介所でも、最惡の場合を顧慮してのことであるから、いよ〳〵就職すれば多少なりともよくなるのが例だといふことである。中等學校出身者の初給は普通六七十圓である。學校卒業後一、二年――徵兵檢査前後の青年なら就職には左して困難を感ぜぬのが現狀らしい。

年齡十八、九才、學歷小學校だけとなると、給仕には大き過ぎ、事務員には學力が不足で兎角工合の惡いものであるが、現在の新京なら就職口もあるとのことである。

女子タイピストは、現に內地からの求職もあり、新京での求人もあるが、特にエキスパートに乏しいので、これに對する要求がさかんである。樣式は「日本タイプ」が多く「菅沼」がこれに次いでゐる。月給は六十圓位が普通である。

高小卒の女給仕が求めゝれてゐる。日給一圓位らしい。女子は特に確りした知人があつて寄宿出來ることが必要である。

內地に於けるガソリン統制が影響して、當時運轉手の就職希望者が殺到してゐる。內地に於ける有資格者も、滿洲では改めて受驗の上、免許證の下附を受けねばならないから相當期間生活出來る準備をして渡滿することが必要である。運轉手試驗は學課每月一回、技術每週一回づゝ施行される。

日滿交際心得帳

姓・名・字　滿洲國人の姓は王・劉・張といふやうな一字の姓が大多數を占めてゐる。南方支那人中には、稀に司馬とか、歐陽といふやうな二字姓が見出されるが、元來南方人の少かつた滿洲には二字姓は寥々たるものである。

滿洲國人は如何なる階級にあるものでも、皆名の外に字（あざな）といふものを持つてゐる。字は必ず二字のもので、多くは名の字義に緣のあるものを取り、時には出生地の山河に因んだものなどもある。婦女子でも教養のある人は多く字を持つてゐるが、現在ではまだ少い。

近年の傾向として、一人が名と字との二つを持つてゐることは不便であるといふので、字或は名の一つを殘し、これを名にも字にも兼て通用させることが流行してゐる。

交際上第二人稱として相手を呼んだり、手紙の宛名に書く時などには、必ず字を用ひることになつてゐて、名を用ひることは大變に失禮なことゝされてゐる。招待狀や手紙を出す場合官職を持つてゐる人に對しては張總長とか、劉司長とか、許經理とかいふ風に書くので名前は問題にならないが、無職無官の人に對しては劉鈞衡先生とか、王直臣先生とかいふやうに必ずその字を用ひ、決して名前を書いてはならないのである。

滿人の名刺　初對面の時に名刺を出すのは當然であるが、滿洲では訪問の都度名刺を差出し、贈り物をする時に名刺を添附し、贈り物の受取りに名刺を渡し、宴會の斷りに名刺を持たせてやるなど、名刺萬能の感がある。

現在滿洲國人の間に用ひられてゐる男子の名刺は、舊套を脱し切らぬ役人達が稍大型のものを用ふる外、大きさは全然日本のものと同一であるが、形式に於ては少しく違つてゐる點がある。一二の例を示せば

A

表

吉林省民政廳長
張　銳　權
仙洲湖北

裏

專誠拜謁
不作別用

B

表

奉天市長趙徳純

裏

向忱山左

Aの表中央は姓名、右肩が職名、左下の仙洲は字、湖北は原籍である。裏は「この名刺は訪問用以外用ひません」と明記して惡用されぬやうにしたもの、Bの中央下は姓名、上は職名、裏の忱山は字、山左は原籍で山東省の別名である。

尊稱　**您**（nin）… **你老**（ni-lao）日本語のあなたに相當し、誰にでも又如何なる場合にでも使用して差支ない。你老は您ほど一般的でない。**先生**（hsien-shêng）教師又は書記の職業名であり尊稱であるが、それ以外士人に對する尊稱として您と同樣に用ひ、或は又姓や字にこの言葉をつけて曲先生、直臣先生など「……さん」の意味にも用ひられる。**閣下**（Kô-hsia）日本の用例とちがひ您、先生などと同樣に輕い意味の言葉で、未だ交際淺く打解けるに至らない間柄に多く用ひられる。**兄**（hsiung）

・**君**（chün）共に姓や字につけて劉兄、德純君などと用ひ、日本語の「くん」位の極く輕い尊稱、俗語としては獨立して「あなた」の意味には絶體に用ひられない。大人（ta-jên）…老爺（lao-yieh）今では人氣商賣のものが、役人又は役人上りの顧客に對し、又召使ひや出入りの極く地位の低い人達が、役人又は役人上りの主人に對して、その地位の高下によつて大人と老爺を區別して「旦那樣」の意味に用ひたり、或は姓に連續させて「……樣」の意味に用ひてゐる。

官職を有するものに對する尊稱は、その官職を呼ぶのが禮であつて、司法總長に對しては司法總長、或は總長、民政廳長に對しては民政廳長、或は單に廳長と呼び、官職名の下に特に尊稱はつけない。以前官職に在つた人に對しては、その最終の官職名を呼んで尊稱とする習慣がある。

支那・滿洲の銀行會社では、日本の支配人に當るものを**經理**、**副支配人**に當るものを**副經理**と呼ぶが、これらに對してはそのまゝ經理、副經理と呼び、或は又これに姓を冠して安經理、黄副經理と呼べば、それで尊稱になるのである。商店の主人、支配人、番頭を**掌櫃的**（chang-koi-dê）といひ、この場合も姓の下に掌櫃的をつけるか、或は單に掌櫃的と呼べばそれで「支配人さん」「番頭さん」といふ尊稱になる。

少爺（Shao-yieh）といふ言葉は、日本の「坊ちやん」「若旦那」等に當り、總領息子は**大少爺**（Tashao-yieh）、二男は**二少爺**(erh-shao-yien)三男は**三少爺**（San-shao-yien）と敬稱する。成人したものには少をとつて、**大爺**、**二爺**、**三爺**と呼び、李といふ家の三男は李三爺、袁といふ家の五男は袁五爺と稱へて尊稱とする。

最も親しい間柄では字を呼び捨てにする。年上のものを**老兄**（lao-hsiung）と呼び年下のものを**老弟**（lao-ti）と呼ぶのも親しさを現し、義兄弟の間では、一番年下のものから年上のものを呼ぶ場合、若し義兄弟の數が四人あるとすると、一番上の人に對し「……**大哥**」（…ta-kó）二番目の人に對し「…**二哥**」（…erh-kó）三番目の人に對して「…**三哥**」（…sun-kó）と云ひ、一番年上のものが、下の三人を呼ぶ時には「…**二弟**」（…erh-ti）「…**三弟**」（…sun-ti）「…**四弟**」（…ssu-ti）と呼ぶ習慣である。

滿人の敬禮　**請安**は由來滿洲旗人の敬禮であつたが、淸朝の滅亡と同時に廢たれ、今では極めて特殊な人々の間にのみ行はれる。右足を一歩後へ引き爪先のみを地につけて膝を直角に折り、左足は足底を地につけたまゝ折敷きの恰好に直角に折り、上體を眞直ぐにして相手を注目する。**作揖**は漢人の敬禮である。親しい間柄や地位の同等な人に對しては、たゞ兩手を胸の前で組み合せればよいのであるが、正式には先づ兩手を下げたまゝ前で左手の握り拳の指の第二關節が右手の指のつけ根に喰ひ込むやうな形に輕く握り合はせ、その握り合せた手先を、兩手を伸したまゝ上に擧げ、胸と同じ高さまで來た時に手前に引いて、握り合せた右手の指の外側を上向にして、胸とスレ〳〵の處で止め、相手を注目するのである。**磕頭**は最も嚴肅な敬禮であつて、神佛を拜する時、喪主が會葬者に挨拶する時非常に地位の高い人の前に出た時、大恩を謝する時、大罪を詫びる時、義父子・義兄弟の盟をする時などに行はれるもので、右膝を地につけ、左膝を立て、兩手は前について、額を地に打ちつけ又は地に近くまで下げるのである。

古くからあつて、しかも現在行はれてゐる敬禮の中で、最も一般的なものは**鞠躬**である。これは上體を四十五度前に傾け、相手に注目するので日本の敬禮と全然同一である。**握手**の禮も昔支那にあつたやうであるが、現在行はれてゐるのは西洋人との交際から來たものらしい。**擧手**の敬禮が軍人・警官といつたやうな人々の間にのみ用ひられることは、他の國々と同一である。

心得て置くべき簡單な禮儀

自分が先に室内に入つて椅子に掛けてゐる時、あとから自分と同等以上の人が這入つて來た場合には、必ず立ち上つて迎へねばならない。又訪問先などで主人が自ら茶・煙草・酒・菓子など勸めてくれる場合には、必ずその都度立ち上つてこれを受けるべきである。**起立**の禮は同等以上の人に對して缺くべからざる大切な禮儀である。

微溫い茶を勸めたり、空茶碗を客の前に置くことを失禮とする習慣があるので、客が茶を飲む飲まぬに拘らず、微温くなれば熱いのと取り換へ、空になれば直ぐ後を注ぐ、客は飲みたいだけ飲んで置けばよいのである。

主人は必ず巻煙草を摘んで客に勸める。若し喫めなければ起立して我不會(Wo-pu-hui)「不調法で御座います」と斷はり、喫める人なら起立して受取るべきである。主人が優遇の意味で自らマッチを擦つてくれるやうな場合には、必ず立ち上つて主人の手から無理にでもマッチを取りあげ、自分で火をつけるのが禮儀である。

男同志だと初對面から年齢や、月給・收入のことを一種のお世辭として訊く習慣があることも心得て置いていゝ。

招待されても、その席では兎に角、あとでは禮をいはないのが滿洲人の習慣である。しかし、訪問や贈り物に對しては必ず叮嚀に禮を述べる。

婦人に年齢を聞くことは他の國と同様失禮であり、既婚者に里方を聞くことも――時にあまり立派な里方を持たぬ婦人が、累進して正夫人になつてゐることなどもあるから――まあ／＼差控える方が無事である。

人に素足を見せることを非常に失禮なことゝしてゐる、素足に對して比較的無關心な日本人は、特に婦人との交際に於て充分この點に注意する必要があるであらう。

日本人の間ではよく話の中に「そりやお若い、私の息子見たやうなものですな」といふ言葉が出る。この「息子のやうだ」といふことは、日本ではお世辭でもあり親しさを表す言葉でもあるが、滿人はかういはれることを侮辱と感じて大變嫌がる。

〈訪問の心得〉　一口に訪問といつても、相手や目的によつて形式の違ふことは勿論で、從つて、こゝでは相當な地位にある人を正式に訪問する場合の心得を記して、その他の場合にも斟酌應用する資料とする。

人を訪問するのに、餘り見窄らしい姿をして行くことが失禮なのは當然であるが、特に日本人はこの點に無頓着な人が多く、受附などで身形や態度によつて誤解され冷遇されることがないでもない然るべき地位の人を正式に訪問でもしやうとする時には、たとひ、それが日本人としての新型でないにもせよ、相當の形式を持つてすべきである。

官衙の受附は、格式によつて承啓處・傳達處・回事處などゝいふ名稱があり、銀行會社は多く傳達處・回事處の文字を用ひ、公館（個人の私宅）では大概回事處と呼んでゐる。受附へ名刺を差出すと、八釜しいところでは門簿（來訪者名簿）に記入の上、さもないところでは直ぐそれを持つて取次ぎ、面會の出來る場合には請（ching）「どうぞお這入り下さい」といふから、客は受附係の案内で面會の場所へ通る。

面會の出來ぬ場合は、受附係は客のところへ來て、面會の出來ぬ理由を述べる。役所や公館では先づ擋家（tang-chia）といつてから理由を述べるが、擋家とは面會謝絕の意味である。

さて、いよ〳〵面會室に這入つて着席する段になると、主人が必ず上座を指して請座（ching-tso）「どうぞお掛け下さい」と云ふが、客は必ず一度はそこへ掛けることを辭退する。それを主人が無理に掛けるやうに勸めて、最後に「それでは」といふので、客も主人に向つて請座と着席をすゝめ、主客同時に着席するのが習慣であり禮儀である。

主客對座中は間斷なく茶・煙草を勸められるが、これに對する心得は前に記したから略す。同席の客があつて自分より先に辭去する場合、主人は必ず送つて出るが、他の客は單に起立目送し、或は室の出入口の內側まで見送ればよい。

要談が濟んで辭去する時には、同等以上の客に對しては主人が大門まで送つて來て、客の車が動き出すのを目送してから引返すのが本式であり、客も車中から見送りの主人に目禮して別れることが正式である。又門まで見送る主人に對して、客は途中再三請回（Ching-Hoi）「どうぞ御引取り下さい」

とか**請留步**（ching-liu-pu）「どうぞ、こゝ迄に願ひます」とかいつて遠慮する習慣がある。

訪問を受ける時の心得

平素自家の受附係に對し「來客の應對は快く、取次ぎは迅速に、客扱ひは飽くまで懇切叮嚀、差別待遇をせぬやう」充分教育を施し、先づ門前に於て來客をいゝ氣持にすることが必要である。

室內に於て來客を待ち受けることは非禮である。必ず大門まで出迎へることを原則とし、若しそれが出來ぬ場合は中門まで、なほそれも出來ぬ時は室外まで出迎へ、客を案內して室內に入る時は客を先にし主人はこれに隨ふべきである。

萬止むを得ず**擋家**する場合には取次ぎをして、誠意を以て納得の行くやう面會の出來ぬ事情を説明させ、客に不快の念を與へぬことを心がけなければならない。

客の辭去に際し、全然送ることの出來ぬ節は**不送、不送**（Pu-Song,Pu-Song）「お見送りいたしません」と挨拶し、中途まで見送つて引き返す時には**不遠送**（Pu-Yuan-Song）「遠くまで御見送り致しません」と挨拶すべきである。

訪問を受けたらば、答禮として訪問の返しをする**回拜**又は**謝步**（Hsieh-Pu）といふ習慣があつて、交際上重要な禮儀とされてゐる。回拜は何時でも差支へはないが、訪問を受けてからあまり間を置かぬうち、三四日以内がよいとされてゐる。病氣等で自身出られぬ節は、然るべき代理を選んで名刺を持たせて挨拶に出す。

贈り物に就て

結婚の祝ひ物、不幸の折の供物などに就て、簡單に記して置かう。

結婚式には貴金屬・寶石類・衣料・份資（Fen-tsu）――冠婚葬祭に對して贈る金で、結婚祝ひの場合は四十錢とか二十圓とか必ず偶數にする――、**喜幛**（幛子）、喜聯等を贈る。**喜幛**（hsi-chang）、**幛子**（chang-tzu）は、冠婚葬祭の贈り物として最も一般的なものである。**幛子**は日本の呉服細工に當るもので、布の面に文字を縫ひつけて贈り、贈られた方では式の終るまで……物によつては永久に……壁に懸けて置くもので、解き放せば一枚の布地となつて、丁度衣服一着分になるのである。結婚式に贈る**幛子**は**喜幛**といつて紅・赤・桃といつたやうな赤系統の切れ地を用ひ、これにお芽出たい文字を金、又は桃色の布で切り拔いて縫ひつけるのである。**幛子**の調製は呉服屋を呼んで相談するのがよい。外に**喜聯**（hsi-lien）といつて、結婚を祝ふ目出度い言葉の對句を一對の赤地の掛物に書いて贈ることもある。

葬式には**祭幛**（chi-chang）――前記の**幛子**と同じもので、色は藍・紺・灰といつたやうなクスンだもの、金文字を縫ひつけることは差支へないが、もし布に字を書いて縫ひつける場合は必ず白布を用ふ、これも呉服屋で簡單に調製してくれる――、**輓聯**（wan-lien）――長さ一丈五六尺、幅一尺四五寸の白金巾一對に、故人生前に於ける功德を稱へ、死後の哀悼を表す語句を書き分けた一種の祭文とも見らるべきものであつて、贈られた方では出棺まで掛け竝べて置き、葬送の時人夫に捧持させて墓地に至り、埋葬の時に燒き捨てるのである――、**花圈**（hoa-chiian）――花環のことである――、份資（fen-tsū）――前に述べたやうに現金である――等がある。

支那料理で人を招待する時の心得

日本人で支那料理で滿人を招待する場合、相手が全然風俗習慣を異にし、しかも極度に儀禮を重んずる國民であることゝ、こちらが支那料理の智識に乏しいため、一生懸命誠意を盡したつもりでゐても不知不識の間に手落ちがあつて、折角の心盡しを無にすることは、從來その例が少くなかつた。そこで一應の心得を極く簡單に記して置く。

未知の人は招待出來ない建前

從つて滿洲國人相互の招待に於ては、それが公的であると私的であるとに論なく、主人たるものは招待狀を出す前に、招待しやうと思ふ客のうち、未知未見の人に對しては、必ず親しく訪問して顏つなぎをするか、また場合に依つては代理をして自ら親しく訪問出來ない理由を述べさせる事に依つて、形式的な顏つなぎをして、然る後に正式に招待狀を出す形式をとつてゐる。

日本で人を食事に招待するといへば、時に晝食のこともあるが、大體に於て晩餐に招くのが最も普通である。しかるに滿洲の習慣ではその點頗る自由で、晩に都合が惡ければ晝、晝に都合が惡ければ朝、朝晝晩とも都合が惡く、且翌日に延ばせない事情のある時には午前十時頃とか、午後三時頃とか、夜九時頃とかに招待するといふやうなことも行はれる。

招待時間に制限はない

招待狀發送前に主賓の都合を確めること

多人數同時に招待される場合、主賓が缺席すると他の客は「主賓が出席しないのに俺達が出席する譯には行かない」といつて、全部缺席する習慣があるから、主人は豫め主賓の都合を問合せ、その都合次第で日取りや時間を決めなければならない。それが決つたら料理屋と交捗をし、その上で招待狀を發送する。

招待狀と知單

招待狀は**請帖**（Ching-tieh）といつて、大概の料理屋には用紙が準備してある。**知單**（Chih-tan）とは客をして、その招宴に同席する人が誰と誰とであるかといふことを知らしめ、兼ねて客の出缺席を記入して貰ふための氏名表であつて、少し大きな支那料理屋になると、その屋號を刷り込んだ罫のはいつた知單用紙を備へてゐるから、招待すべき人名さへ通知してやれば料理屋で知單を作成してくれる。

請帖はこれを届けると同時に、知單に出缺を記入して貰はなければならないから、郵送といふ譯には行かぬ。これも料理屋に任せることが便利である。

支那料理の席次

日本座敷には床といふものがあつて、床を背にして坐る席を上席と定められてゐるが、支那風の食堂ではそれがないので、大體に於て出入口に近い方が下で、出入口から奥に向つて、正面の一番入口に遠いところが上となつてゐる。隨つて支那料理の圓卓も出入口に最も近いところが下座卽ち主人席で、主人と向ひ合つてゐるところが上座卽ち主賓席となつてゐる。主人席から主賓席に向つて、主賓の右が第二席、主賓の左が第三席、第二席の右が第四席、第三席の左が第五席といふやうに順を追つて行くのである。

招宴の當日は**席片兒**（Hsi-pien-êrh）と稱へる座席札を自分で作るなり、料理屋に作らせるなりして、開宴の前に卓子上に竝べて客の座席を指定しなければならない。

待合室を設けること

宴席の近くに適當の室のない時は、料理を竝べてある室の片隅でも差支へないが、正式には別に待合室を設け、客が揃ふまで先着者からこの室に入つて茶を飲み、雜談しながら待ち合はせるやうにすべきである。この待ち合せる間が、丁度西洋式の宴會の終つた後で、喫煙室や談話室でリキユールなど飲んで雜談する時に相當するのである。

催請

開宴二三十分前に**催請**（Tsoi-ching）といつて、會場から客の宅へ電話をかけたり、使者を走らせて來會を促す禮もある。

出迎へ

主人は必ず玄關まで客を出迎へなければならない。

着席

料理の準備も出來たところで、主人は客に向つて**請入席**（Ching-jo-hsi）、或は**請入坐**（Ching-jo-tso）といつて入席をすゝめ、宴席へ入つたら**請坐請坐**（Ching-tso.chiug-tso）と着席を乞ひ、各自の席片兒によつて坐つて貰ふ。

敬酒と敬菜

一同着席し終つたところで、主人が杯を擧げて**請喝酒**（Ching-ho-chio）「酒をお上り下さい」といつて酒をすゝめることを**敬酒**（Ching-chio）といひ、客が主人に連れて杯を擧げ終つたならば、主人はまた已の箸をとつて**請吃菜**（Ching-chio-tsai）「料理を召上つて下さい」と料理をすゝめる。これを**敬菜**（Ching-tsai）といふのであつて、主客共に杯に口をつけ、料理に箸をつけ茲に始めて開宴されたことになるのである。

挨拶をする時機

宴會の席上特に挨拶をするやうなことは稀であるが、若しするとすればその時機は開宴後暫らくの間涼菜で酒杯が廻り、當日の料理中の代表的料理である燕菜か、魚翅か、海參かゞ大丼に盛られて出た時、これに箸をつける前を選ぶのが最も自然であらう。

酒や料理を適當にすゝめること

主人がすゝめなければ勝手に酒を飲み料理に箸をつけることは非禮であると考へる人々もあるから、主人はその邊のことをよく辨まへて、適當に酒や料理をすゝめることが必要である。

話題を作つて宴席を面白くすること

宴會を計畫する初めからよく考へて、日本語の出來る滿人や、滿語の出來る日本人を、客の中又は主人側に組み入れて主客の歡談に便にし、主人自身若し滿語が出來なければ通譯を使ふなりをして、それからそれへと話題を作つて、宴席を白けさせず愉快に終始するやうに心掛けなくてはならない。

主人は各卓子を巡ること

客が十人位で料理が一卓の場合には、主人はその席に坐つたきりで差支へないが、三卓四卓或はそれ以上になると主人は他の卓子の主人席に就いてゐる主人側の人と順次代り合つて全卓子を一巡し、各卓子の客に敬意を表し、親しく交歡する機會を作るがよい。

その他、日本で宴酣になると「お羽織をお取り下さい」といふやうな意味で、**請寛々**（Ching-koan-koan）といつて**馬掛兒**（Ma-koa-erh）を脱いで貰ふことも禮儀の一つである。

閉會・見送り・飯饌

料理が全部出終ると**飯菜と干飯**（Kan-fan）「飯」と**稀飯**（Hsi-fan）「粥」が出る。客はこれを食ひ終れば、その部屋に準備してある漱**口水**（Su-kou-sohui）で口を漱いで歸途につくのであつて、これを以て閉宴となるのである。

客が立ちかけたら主人は必ず玄關口に立つて、歸つて行く客に一々挨拶をし、乘物の全部が玄關を離れ終るのを見屆けてから内に這入るやうにしなければならない。土地によつては招待した客のお供に飯錢（Fan-chien）といつて祝儀をやる習慣があるから、これも土地の習慣に從ふべきである。

主人としての誠意を示せ

古來滿洲は儀禮の國であるから、宴會のごときも萬事簡略主義で行かうとする日本人の行き方とは大分ちがつてゐる。精神的に最善の努力を拂つて待遇するは勿論、儀禮的にも出來得る限り相手の儀禮を尊重し取り入れて行くことが、客に好感を與へる第一條件である。かうしてこそ、はじめて、多少の失策手落ちがあつても、主人の誠意は立派に客に通じ、その效果は必ず百％であるに違ひない。

滿人に支那料理で招待された時の心得

滿人の招待を受けた場合、先づ第一に謹しむべきは日本人同志日本語で勝手な話ばかりして、主人や陪賓に不快な思ひをさせることである。招待された以上、たとひ言葉は通じなくとも、特に朗らかな氣分で目や口に物を云はせ、手眞似足眞似によつてゞも、厚意を感謝する心持を表し、主人側をしてその宴會が十分成功であつたと滿足させることは、客として主人に對する誠意である。

請帖と知單の取扱ひ方

招待者からの使が請帖と知單とを持つて來たら、請帖を手許に殘して置いて、知單は自分の姓名の直下に出缺を記入して、その使ひに渡さなければならない。

出席の場合は、自分が主賓なら**敬陪末坐**と記入すべく、第二位以下の人々は單に**敬陪**と記入して決して敬陪末坐と書いてはならない。主賓がさう書くのは「私はそんな上席に坐る身分ではありませんから末坐を汚します」と謙遜の意味になるのであるが、若し主賓以外の客がこれを書いとしたたら、それは主人に對する皮肉としか受け取れない。

缺席しやうと思ふ時には、普通一般には**敬謝**と書き、病氣缺席は**因病敬謝**、出張不在のための缺席は**公出敬謝**と書くことに殆んど一定してゐる。それを知らぬ日本人が**敬謝**とは御招待に預つて感謝に堪へずの意味だと思つて、いつも知單に敬謝と書いてノコ〳〵出席し、敬謝先生のあだ名を頂戴したといふナンセンスもある。

當人が不在で出缺を決定出來ぬ場合には、知單に**代知**と書いて置けば「本人不在出缺未定」の意味になる。但し本人がこの事を知つたなら、至急出缺を通知すべきは勿論である。

宴席に於ける客の心遣ひ

招宴の當日は催請を待つまでもなく、定刻までに指定の場所に到着し、待合室に開宴を待つ間、あとから到着する客に對しては一々起立してこれを迎へなければならない。

客が揃つて愈々着席する場合、主人が席片兒によつて杯を擧げ客の名を呼んで、その坐席を指定したなら、自分の名を呼ばれた時に主人に向つて一禮し、その卓子全部の坐席が指定され終つた處で、他の客と同時に着席し、主人が特に何の指定もせず、單に「御着席願ひます」といふ場合は、主賓以下自分より上席の人が着席した後に着席するのが正式である。主人より何の言葉もなく、他の客もまだ立つた儘でゐるに拘らず、自分一人着席するやうなことがあつてはならない。

　また原則として主人が杯を擧げて**請喝酒**（Ching-ho-chiu）「どうぞ酒をお上り下さい」とか、**請乾一杯**（Ching-kan-i-pei）「どうぞ一つ乾杯して下さい」と云つて勸めた時にのみ、それに從つて飲み、主人が箸をとつて料理に近づけ**請吃菜**（Ching-chih-tsai）「どうぞ料理を召上れ」と云つて勸めた時にのみ、それに從つて食ふことになつてゐるから、この習慣に隨つて決して勝手に飲んだり食つたりしないやうにしなければならない。

酒について

　酒が一滴も飲めない人は、酒を勸められた時に、ハツキリと**我不會乾**（Wo-pu-hoi-he）「私は不調法です」といひさえすれば、決して無理强ひはしない。宴會の席上でへべレケになつて醜態を演ずることは、日本人間だつて決して許されてはゐない。勸め上手な滿人に强ひられ、遂に醉つぱらつて不體裁なことを仕出かすなどは、宴席で醉態を見せない滿人の中では特に愼まねばならない。

　折角出席はしたが、他に約束があつて中座しなければならない時には、宴會の始まる前に豫め主人にそのことを耳打ちしておけば、何時席を立つても構はない習慣であるが、その卓子に坐り合せた人々に對しては、約束があつて中坐する旨を告げ**失陪失陪**（Shih-peio-shih-pei）といつて立つのが禮である。

席を離れることに就て

開宴中食卓を離れて、脇のソフアーに腰をかけたり、室内をブラ〳〵したりする人があるが、無意味に席を離れることは勿論失禮である。

閉宴

料理も出終つて、いよ〳〵飯が出たならば隨時なるべく早く食ひ終り、食ひ終つたならば他の人達はまだ食ひ終らなくとも差支へないから、靜かに席を起つて用意の漱ロ水で口を漱ぎ、直ぐに歸り仕度をすべきである。

以上は千隈次郎氏著「日滿交際常識」（滿洲文化協會發行）に據つて、大體の心得を記したのであるが、最後に一言して置かなければならぬのは、滿人の間に於けるこれらの習慣も追々變化しつゝあるといふことである。現に滿洲國大官連の一部には、その住宅に疊を取入れてゐるものさへあるくらゐで、日本人の生活に順應して行かうとする傾向が顯著である。

從來絶對に生まものを喰はない滿人が刺身に舌皷を打ち、夏のそゞろあるきに滿服に下駄履きなどゝいふ姿が見られるのも、近來の風潮を物語るものであらう。特に名刺の如きは殆んど日本風になり敬禮とか訪問の形式とかいふものも、今日では日本に異る點は容易に見受けられないやうになつた。しかし、傳統的な習慣を知り、その底に流れる滿人の氣持を汲むことが、眞の日滿親善の上に重要な意義を持つことは信じて疑はないところである。終りに筆者の乞ひを容れて快く抄錄轉載を許された「日滿交際常識」の著者並に協會に深甚なる敬意と謝意を表するものである。

滿洲の常識

滿洲の祝祭日

元旦　陽暦一月一日、各官公署機關等は拜賀式を擧行、三日間休暇、名刺を交換して賀年、民間では何等行事もなさず。

春節　陰暦一月一日、各官公署機關等五日間休假。

萬壽節　陽暦二月六日、三千萬民衆の共に相敬仰する滿洲國皇帝陛下御誕辰の佳節、宮中にては莊重なる御儀あり、政府要人外國使臣參內して賀詞奏上、政府各機關學校その他休暇して慶祝。

元宵節　陰暦正月十五日、一名燈節、端午、仲秋とゝもに三大節句の一つ。

建國記念日　陽暦三月一日、各官公署機關を始め民間にても盛んなる祝賀式、祝賀の催しをなす。

春秋祈孔　春祭は陰暦二日上丁日、秋祭は同八月上丁日、孔子を祀る、首都新京では皇帝親しく代拜を欽派して親典、地方省城では當該長官これを主祭、廳各官署、法團の首長これに陪祭、各縣では縣長これを主祭、政府各機關各學校休假、學校生徒は祀典を助祭。

春秋祀關岳　春祭は二月上戊、秋祭は八月上戊、又吉日を選び祀祭關羽と岳飛を祀る軍政部で祭事を執行。

清明節　春分後十五日、陰暦三月三日、政府は各省に盛大な植樹節禮を行はしむ。

宣詔記念日　陽暦五月二日、康德二年四月皇帝陛下御訪日より御歸還後同五月二日なされた日滿關係不可分に關する詔書の渙發を記念し康德三年の當日官民各機關をあげて全國的記念祭が行はれ更に毎年この日を永久に滿洲國の祝祭日とすることになつたもの。

端午節　陰暦五月五日。

中秋節　陰暦八月十五日、俗にこの節を團欒節、太陰祭又は圓月とも稱す。

孔子生誕日　陰暦八月二十七日各官衙學校休暇して聖誕の紀念日とす。

年末　陽暦年末の三日間公休し別に官衙にも儀式なく、民間にも行事なし。

除夕　陰暦臘日十二月末日、一日休暇。

旅行用滿語讀本

新京では滿語を知らなくても、困るやうなことは全くない。隨分長く住んでゐながら、少しも解らない人が澤山ある。——今に滿人が日本語を覺えますよ、と涼しい顏をしてゐる人もある位で、何の不便も感じてゐないのである。中には滿語と日本語をチャンポンに話す人もある。丁度アメリカ歸りの勞働者が君、僕といふところを、ユーだのミーだのといふやうなもので、奥さん連が野菜賣りのニーヤを相手に値切つてゐるところなどは、なか〳〵ユーモラスなものである。第一この滿人に呼びかけるニーヤといふ言葉からして、貴君といふ意味の滿語の你に婆や、ねえやの「や」の字をつけたものださうで、滿人を侮辱するものだといふので屢々問題になるくらゐである。

商店でも料理店でも、日本人と交渉を持つほどのところなら、大概日本語の解るものが置いてあるし、又日本語が解らなくとも、滿語なら大概ブロークンでも意味は通ずるから、先づ日本語でゆつくり喋べつて見て、それでも判らなかつたら、その時はこの頁を御利用然るべしである。それでも通じなかつたら仕方がない、必要なところを指して讀ませるがいゝ。丸善の二十五錢の會話書數冊で滯りなく世界一周をした人さへある。

乗り物　諸君が新京驛へ着いて、旅館へ入るならボーターが出てゐるし、落ちつく先が極つてゐるなら自動車があるから滿語の必要はない。若し友人から地圖でも描いて送つて來てゐたら馬車もいゝだらう。

眞直ぐ行け	一直走（イーチゾー）	イーチゾー
右へ行け	往右邊兒走（ワンユピエルゾー）	ユーベル
左へ行け	往左邊兒走（ワンツオピエルゾー）	ツオベル
後へ行け	往後邊兒走（ワンホウピエルゾー）	ホウベル

の四語さへ知つてゐれば、思ふところへ行くことが出來る。一番下の片假名は、それだけでも通ずるといふ最も簡單な言葉である。料金のことは「新京の地理」中交通の項にある。尙ところに依つては—東へ（往東走（ワントンゾー））南へ（往南走（ワンナンゾー））西へ（往西走（ワンシーゾー））北へ（往北走（ワンペイゾー））といふ方がわかり易いこともある。

買ひ物　大概の街角には滿人が菓子や煙草の露店を出してゐる。途中で一寸煙草が切れた時とか、滿洲らしい煙草を蒐めて見やうとかいふ時の會話を二、三

コレハ何デスカ　這是甚麼（チヨオシシヨンマ）

〇〇デス	是(シー)〇〇
イクラデスカ	多少錢(トオシヤオチエヌ)・多兒錢(トオルチエヌ)
煙草ハ有リマスカ	有煙捲兒沒有(ユーエンジユアルメイユー)
有リマセン	沒有(メイユー)
有リマス	有(ユー)

挨　拶　滿人は日本の「今日は」といふほどの意味で「吃了飯了麼」チ・ラ・フアン・ラ・マ（御飯はお濟みになりましたか）と挨拶するとよく云はれるが、これは食事時の前後に逢つた場合の一種のお世辭で

お起きになりましたか（お早う位の意味）	您起來了(ニンチーライラ)
御機嫌よう御座いますか（今日は位の意味）	您好啊(ニンハオラ)

など〻云ふ挨拶が最も多く用ひられる。「有難う」は謝々(シエシエ)、「左様なら」には再見(ツアイチエン)といふ言葉が當てはまる。以下要りさうな單語と、簡單な會話を少し記して應用していたゞくことにしやう。

一（一ツ）	一(イー)	三（三ツ）	三(サヌ)	五（五ツ）	五(ウー)
二（二ツ）	二(アル)	四（四ツ）	四(スー)	六（六ツ）	六(リウ)

七（七ツ）　七(チー)
八（八ツ）　八(ベー)
九（九ツ）　九(チユ)
十（十ヲ）　十(シー)
十一　十一(シーイー)
十五　十五(シーウー)
二十　二十(アルシー)
五十　五十(ウーシー)
百　百(バイ)
千　千(チエヌ)
萬　萬(ワヌ)
一錢　一分(イーフエヌ)
十錢　一角錢(イーヂヤオチエヌ)・一毛錢(イーマオチエヌ)
一圓　一圓(イーユアヌ)・一塊錢(イークワイチエヌ)

銅貨一個　一個(イーコ)（銅(トン)）子兒(ヅール)
一厘　一釐(イーリー)
一月　正月(チヨンユエ)
二月　二月(アルユエ)
以下數字を追つて行く
春　春天(チユヌテイエヌ)
夏　夏天(シヤテイエヌ)
秋　秋天(チユウテイエヌ)
冬　冬天(トウンテイエヌ)
日曜　禮拜(リーバイ)・星期(シンチー)
月曜　禮拜一(リーバイイー)
火曜　禮拜二(リーバイアル)
以下數字を追つて行く
一秒　一秒(イーシアオ)

一分　一分(イフエヌ)
三十分　三十分(サヌシーフユヌ)・兩刻(リアンコ)・半點鐘(パヌテイユヌチユン)
四十五分　四十五分(スーシーウーフエヌ)・三刻(サヌコ)
一時間　一點鐘(イーテエヌチユン)
半日　半天(パヌテイエヌ)
一日　一天(イーテイエヌ)
半ケ月　半個月(パヌコユエ)
一ケ年　一年(イーニエヌ)
一年半　一年半(イーニエヌパヌ)
朝　早起(ザオチー)
晝　白天(バイテイエヌ)
夜　晩上(ワーンシヤン)
午前　上午(シヤンウー)

午後	下午（シヤウー）
今日	今天（チンテイエン）
明日	明天（ミンテン）
昨日	昨天（ツウオテイエン）
明後日	後天（ホウテイエヌ）
一昨日	前天（チエヌテイエン）
今月	本月（ペエヌユエ）
先月	上月（シヤンユエ）
來月	下月（シヤーユエ）
今年	今年（チヌニエヌ）
來年	明年（ミンニエヌ）
昨年	去年（チユイニエヌ）
只今	現在（シユヌヅアイ）
先刻	剛纔（ガンツアイ）

何時	多喒（ドオザアヌ）
私	我（ウオ）
貴方	您（ニン）
オ前	你（ニー）
彼	他（ター）
誰	誰（シユイ）
好い	好（ハオ）
惡い	不好（ブハオ）
此レ	這個（チヨオーゴ）
其レ	那個（ナーゴ）
アレ	那個（ナーゴ）
要ル	要（ヤオ）
要ラナイ	不要（ブヤオ）
美クシイ	好看（ハオカヌ）

穢ナイ	不乾淨（ブガンチン）
堅イ	硬（イン）
軟カイ	軟（ロワン）
熱イ	熱（イエ）
寒イ	冷（ローン）
涼シイ	涼快（リヤンクワイ）
右	右邊兒（ヨピエル）
左	左邊兒（ヅウオーピエル）
前	前邊兒（チエヌピエル）
後	後邊兒（ホウピエル）
有る	有（ユー）
無い	沒有（メイユー）
早く	快（クワイ）
オソク	慢（マン）

長い	長(チヤン)
短い	短(トワン)
廣い	寬(クワン)
狹い	窄(ヂヤーイ)
多い	多(トオ)
少い	少(シヤオ)
見る	看(カヌ)
聞く	聽(テイン)
喰ふ	吃(チー)
飲む	喝(ホー)
起る	起來(チーライ)
寢る	睡覺(スイジヤオ)
行く	去(チユイ)
歸る	囘去(ホイチユイ)

歩く	走(ゾー)
走る	跑(パーオ)
備へる	備(ベエ)
新聞	新報(シヌパオ)
煙草	煙捲兒(エンヂユアル)
オ湯	開水(カイシユウイ)
飯	飯(フアヌ)
家	房子(フアンツ)
椅子	椅子(イーツ)
衣物	衣裳(イーシヤン)
帽子	帽子(マオツ)
郵便局	郵局(イユチユイ)
役所	衙門(ヤーメン)
マッチ	洋火(ヤンホー)

オ茶	茶水(チヤーンユワイ)
酒	酒(チユウ)
オ菜	菜(チアー)
部屋	屋子(ウーツ)
机	桌子(チユオツ)
外套	外套(ワイタオ)
品物	東西(トンシ)
停車場	火車站(ホーチヨジヤヌ)
自轉車	白行車(ツウシンチヨオ)
人力車	洋車(ヤンチヨオ)
馬車	馬車(マーチヨオ)
自動車	汽車(チーチヨオ)
汽車	火車(ホーチヨオ)
飛行機	飛行機(フエイシンチ)・飛機(フエイチ)

來なさい	來罷（ライバ）
來ました	來了（ライラ）
行きなさい	去罷（チユイバ）
行きました	去了（チユイラ）
歸ります	囘去（ホイチユイ）
ゆつくり歩きませう	慢々的走罷（マンマンデゾーバ）
早く歸りませう	快囘去罷（クワイホイチユイバ）
少し待ちなさい	等一候兒（トンイーホル）・待一候兒（タイイーホル）
これは私のです	這是我的（チヨオシウオーデ）
あれは貴方のですか	那是您的麼（ナシニンディマ）
それはあの人のです	那是他的（ナシタディ）
誰が持つて來ましたか	誰拿來的麼（シユイナライディマ）
持つて來なさい	拿來（ナーライ）
持つて行きなさい	拿去（ナーチユイ）

御覧なさい	看看（カンカン）
何ですか	甚麼（シエンモ）
左様ですか	是麼（シーマ）
左様です	是是（シーシー）
イヽエ	不是（ブーシ）
判りません	不明白（ブーミンパイ）
買つて來なさい	買來（マイーライ）
買ひませう	買罷（マーイ）
買ふ	買（マーイ）
賣る	賣（マイ）
要りません	不要（ブヤオ）
下さい	給我（ケイウオー）
高いです	貴（クイ）
安いです	賤（チエン）

賃錢を遣らう　給我錢

王さんはご在宅ですか　王先生在家麼

はい在宅です　是・在家

私は菓子を買ひ度い　我要買點心

これは餘り高過ぎる　這是太貴了

少し負けなさい　少算點兒罷

これが相場です　這就是行市了

初めてお見にかゝります　久仰久仰

お名前は　貴姓

何處にお住ひですか　您在那兒住

何時來ましたか　多喒來的

昨日來ました　昨日來的

何時お發ちになりますか？　多喒起身（動身）呢

未だきまりせん　還沒定規哪・

何處からお出になりましたか？　從那兒來的

大連から來ました　打（從）大連來的

何處へお出でになりますか　往那兒去呢

哈爾濱へ行きます　往哈爾濱去

附記　本章の滿語は關東軍報道班氏森幸夫氏の執筆するところである

新京に關する文獻

最後に新京に關する文獻の、簡單な解題を試みやうと思ふ。これは私が「新京案内」の執筆を思ひたつてからの短期間の渉獵と蒐集の結果であるから、勿論未だ他にもあらうと思ふが、それは發見次第版を重ぬるにしたがつて增補することゝし、國都發展の歴史的研究資料として不備を省みず收錄するものである。尙「滿洲事情案内所資料集成」（同所編）地理の部には新京資料の詳細の目錄がある。

長春事情　泉　廉治著　大正元年九月

菊版三八七頁、筆者の見たものは新京圖書館の藏本で改裝本らしく、奧附を缺くので定價、發行所等不明、著者は題字により、發行年月は凡例の記載によつた。著者泉廉治氏は東亞同文書院第一期卒業生、明治四十一年滿洲新報通信員として長春に來た。四十三年長春新報に入つて主筆となり、大正十一年吉林に漢字新聞「東省日報」を創立自ら社長となり、北滿日報（長春日報改題）主筆を兼ねた。本書は長春に於ける支那側の事情紹介を主とし、日本側を從としてゐる。現在遺族が祝町に居住してゐる。

長春發展誌　伊原幸之助著　大正十一年十二月

四六判洋裝二二五頁、賣捌所日本橋通隆文堂、定價二圓二十錢、書名の如く長春發展の歷史的記述を主とし、第十三章事業と人物が後半を占めてゐる。長春在住の名士九十一人の小傳で、今日から見て非常に參考にもなるし、又當時の生氣潑溂たる有様がうかがはれて甚だ愉快でもある。

長春沿革史　滿鐵長春地方事務所編　大正十二年十月

四六版假綴二五九頁、發行所大連滿蒙文化協會定價六十錢、編者の名は明記してないが長春地

方事務所長井上信翁氏の序言に――所員をして此一冊子を綴らしむとある。その後に出た書物は大概本書に據つてゐるやうである。

長春案内　荒川衡次郎著　大正十四年六月

三六版假綴九八頁、長春大和通新滿社發行、定價五十錢、著者荒川氏は現在も新京祝町にタイプ印書新滿社を經營してゐる、本書は大正五年初版、六年再版を出し、この三版は吉林概見哈爾濱概見等を新たに加へた改訂版である。

長春事情　滿鐵長春地方事務所編　昭和七年七月

菊判一七二頁、長春地方事務所發行、定價の記載はない。所長楢岡茂氏の緒言の一節に――滿洲國建設せられ長春に首都決定せらるゝや――とあるのを見れば、新京と改稱される以前に編纂を終つたものであらうか。本書の發行されたのは七月であるから當然新京事情でなければならない筈であつた。第十三章に統計を網羅し、附錄として「長春附近戰鬪經過」を收めてゐる。

國都大新京　國都建設局　昭和八年三月

菊判假綴三三頁、同局發行、定價二十錢、國都建設計畫の解說である。二版、三版と出てゐる。

國都新京經濟事情　滿洲經濟事情案內所編　昭和八年四月

菊判假綴六四頁、大連滿洲文化協會發行、定價五十錢、滿洲經濟事情案內所は現在の滿洲事情案內所の前身である。

新京事情　滿洲經濟事情案內所編　昭和八年四月

菊判假綴六四頁、發行所同前、定價三十錢

首都新京の經濟發展策　昭和八年六月

菊判假綴七頁、發行所同前、定價十錢

新京案內　新京市公署編　昭和八年六月

四六版假綴七四頁、發行所大阪屋書店、定價二十五錢

新京に於ける貨物集散機關と其の設備　昭和八年十一月

菊判假綴三十九頁、滿洲經濟事情案內所發行定價二十錢、本書三十九頁中二十一頁は附錄の新京商工人名簿である。

新京事情　新京日報社編　昭和九年六月

菊判假綴一七四頁、發行所同社、定價一圓二十錢、附錄として「新京邦人商工人名簿」三十頁がついてゐる。

新京市政概要　新京特別市公署編　昭和九年十一月

四六版假綴七一頁、市公署發行、定價記載なし。

新京市政の展望　新京特別市公署編　昭和十年不詳

新京特別市之全貌　新京特別市公署編　昭和十年不詳

共にリーフレット

新京特別市政の一班　新京特別市公署編　昭和十二年五月

四六判假綴三六頁、全部アートペーパーで寫眞もよく解說も簡單で氣が利いてゐる。

新京人文記　松浦　朗著　昭和十二年二月

菊判假綴一五三頁、著者發行、定價記載なし。滿洲商工日報に連載した「縣人記」を纏めたもので、九州中國の卷である。

新　京　滿鐵鐵道總局旅客課　昭和十二年六月

約六寸の桝形一三頁、アートペーパーの美しいもの。

新京驛史　滿鐵新京驛編　昭和十二年七月

菊判假綴五九一頁、同驛發行、非賣品

大新京經濟概觀　新京商工會議所編　昭和十二年九月

菊判假綴二五二頁、同所發行、定價二圓、この種のものとして最初の纏まつたものであらう。

國都新京案內　新京觀光協會編　昭和十二年不詳

リーフレット

新京經濟の基本的動向　滿鐵新京支社業務課　昭和十三年三月

菊判假綴二五五頁、同課發行、非賣品、——滿洲國の動向を知らんと欲せば先づ第一に新京を知ることを先決要件とする。本書編纂の目標も右の如き「新京を知るの必要」の一部に應ぜんとしたもの——と中島業務課長の序文にあるが、充分この目的に添ふべき立派な内容を持つてゐる。

躍進する國都の展望　大正寫眞工藝所　昭和十三年四月

菊判洋裝の寫眞帳で片面刷三十葉、同所發行、定價一圓

新京の栞　新京觀光協會編　昭和十三年五月

袖珍横綴八四頁、同會發行、非賣品、愛すべき書物で、又頗る便利に出來てゐる。

國都新京案内　新京觀光協會編　昭和十三年不詳

リーフレット

新京附近の戰跡　關東軍報道班　昭和十三年不詳

四六版假綴二三頁、非賣品、附錄として新京案内がついてゐる。簡潔な、しかも平易な文章で新開河、南嶺、寬城子の戰跡、忠靈塔の祭神等について記してある。

新京案内廣告

こゝに登載した廣告は單なる廣告ではありません。新京案内の一部として、新京の代表店を蒐めたもので、いづれも本社が責任を以て御推奨申し上げる店です。御安心の上御利用の程願ひ上げます

目次

一 本店　東京市麴町區丸ノ内二丁目十番地

一 資本金　參千萬圓（全額拂込濟）

一 取扱品目　小麥・小麥粉・砂糖・茶・水產物・諸罐詰・其他食料品・大豆・其他雜穀・化學肥料・工業藥品・セメント・織物・ゴム靴・麻袋・其他一般雜貨・電氣機械具類・一般機械類・金物類・保險代理業

三菱商事株式會社

新京支店

支店長 井上德三

電話（2）

支店長席	一一三三	機械	二六五六
庶務	五九三七	燃料	五三七三
食品	一六三五	金屬	一七二〇
雜貨	一六三七	會計	一六六四
駐在員席	二七二一	農產肥料	一三七七

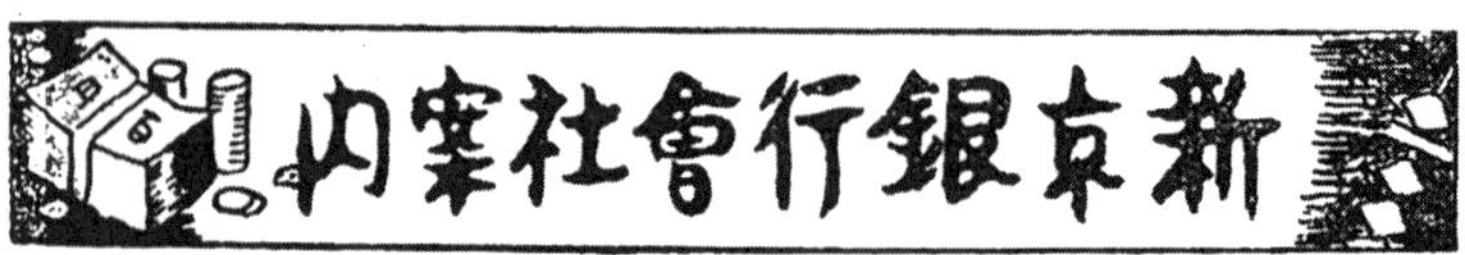

一本店　東京市日本橋區室町二丁目一番地
一資本金　一億五千萬圓(一億二千五百萬圓拂込)
一取扱品目　砂糖・麥粉・外米・麻袋・セメント・安平・織物・陶器・紙・燐寸・石鹼・茶・諸罐詰・其他食料日用品・雜貨類・石油・乾電池・自動車・鐵道・橋梁用品一切・電氣機械具類・人絹・煙草・金物木材・化學肥料・工業藥品・穀物・澱粉・大豆・其他豆類・豆粕・豆油・保險代理業(火災・海上・運送・自動車・傷害・各種保險)

三井物產株式會社

新京支店

新京室町四丁目四番地

電話(3)
◎二三六〇　支店長・支店長代理
◎二〇六三　庶務掛(兼夜間宿直用)
三三九八　庶務電信
◎三二八四
◎三二八八　穀物掛
◎二二九八　雜貨掛
◎二七八三　雜品
◎二四六〇　織物

(3)
◎五七八八　セメント
◎六六〇七　機械
二〇一二　保險掛
◎三五九八　石炭掛
四一七九　A勘定掛・B爲替掛
二七六三　三井倉庫
◎印(長距離電話)

新京銀行會社案内

三井創立

大正海上火災保險株式會社

創立　大正七年十月
資本金　五百萬圓
諸積立金　壹千七百七拾七萬圓
保險契約高　六拾四億五千萬圓

營業科目
火災保險・運送保險・自動車保險
海上保險・傷害保險・航空保險

東京本店　東京市麴町區丸ノ內二丁目十六番地
新京支店　新京特別市祝町三丁目二番地
全滿代理店　三井物產株式會社支店出張所其他

新京銀行會社案内

新京銀行會社案内

共存共榮・相互扶助の
協同組織實踐機關

滿洲國官吏消費組合

新京特別市興安大路一二〇號
電話（三）一八三一

永昌路分配所　電話（三）一六七九
賓清路分配所　電話（三）五六五八
通化路臨時配給班　電話（三）五一二九
大馬路分配所　電話（三）一六八〇

新京土産物案内

満洲みやげ
ヒスイ
各種寶石
七寶玉
撫順琥珀
古代刺繍
其他
岩間商會寶石部
新京中央通
電局三〇四七・局六四二六
吉林　ハルピン　奉天

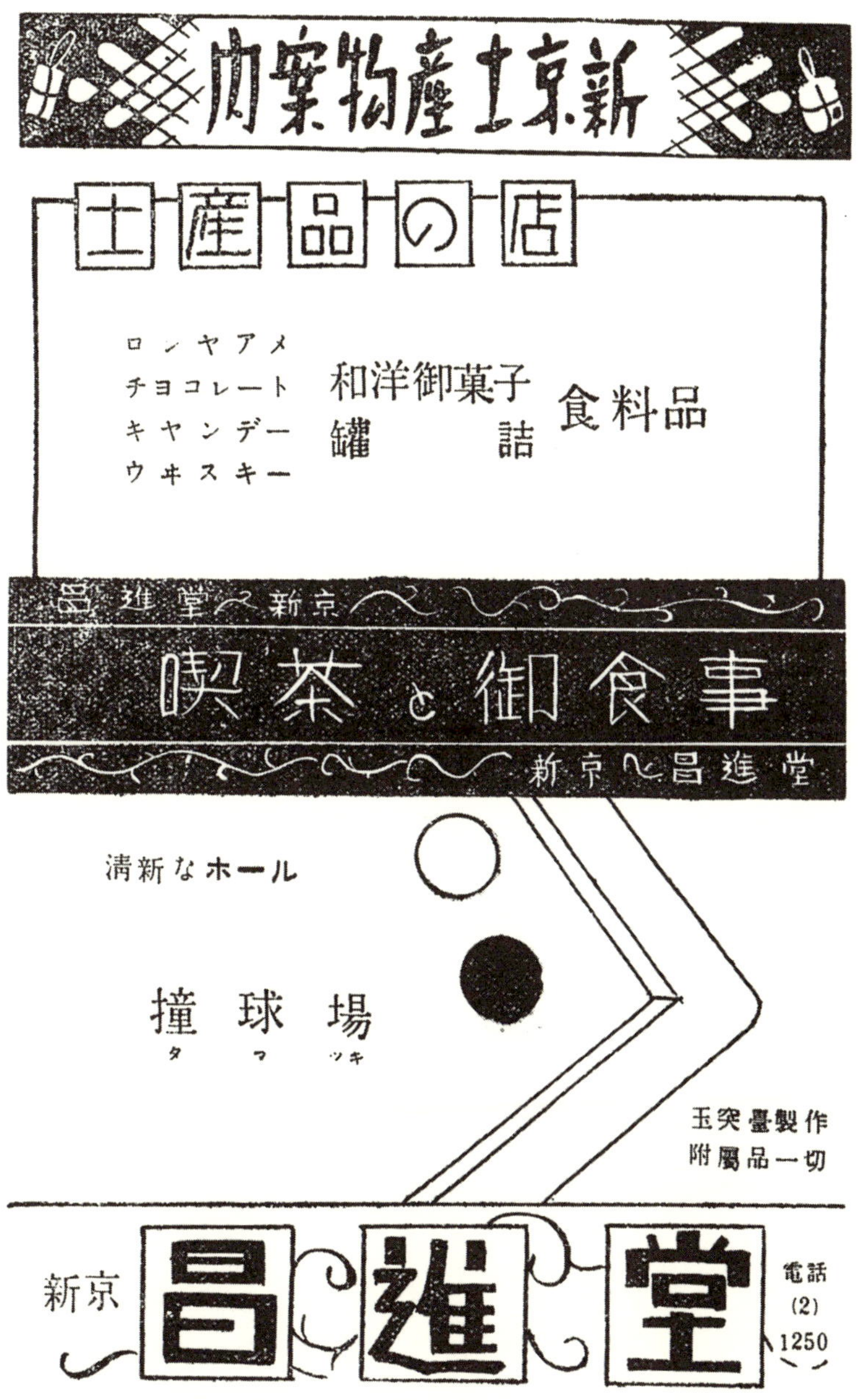
新京土産物案内
土産品の店
ロシヤアメ
チヨコレート
キヤンデー
ウヰスキー
和洋御菓子
罐詰
食料品
昌進堂 新京
喫茶と御食事
新京 昌進堂
清新なホール
撞球場
タマツキ
玉突臺製作
附屬品一切
新京
昌進堂
電話
(2)
1250

新京土產物案內

書籍雜誌
兵用圖書
各種地圖類
事務用・學校用品
製圖用器具
度量衡器
旅行用具
額椽・繪畫畫材料
アルバム・ヱハガキ
劍道防具一式
軍裝品・軍需品

滿洲國治安部發行地圖元賣捌所
滿洲國軍兵用圖書發行所
陸軍御用達

合名會社 森野商店

新京特別市吉野町一丁目二四番地
電話③ 二一五二番 / 六三八二番
振替口座 大連三一六番 / 奉天二七六五番 / 新京一一一六番
發信電略 ○モ

新京土産物案内

御土産には
新京名物
内地送りの
絶好期
甘栗と栗羊羹
AMAGURI-TARO
商標
登録
甘栗太郎
電話 二八八七
三七七八番
新京吉野町二丁目

新京土産物案内
新京名物
忠霊塔せんべい
忠霊塔
興安大路
大阪屋
電話 2・2757
2・1792
2・1754

内地みやげ

ロシヤ菓子

御電話次第配達
小包發送も御引
受いたします

新京中央通二二一

三泰公司

電話③二七四七番

天津甘栗

滿洲

土產

栗新本店

新京銀座

電(三)六八二〇

新京土産物案内

新京土産物案内

印刷
文具

株式會社
文祥堂

新京支店
本店東京

新京大同大街（康德會館內）
電話 (2) 1 6 6 5 番

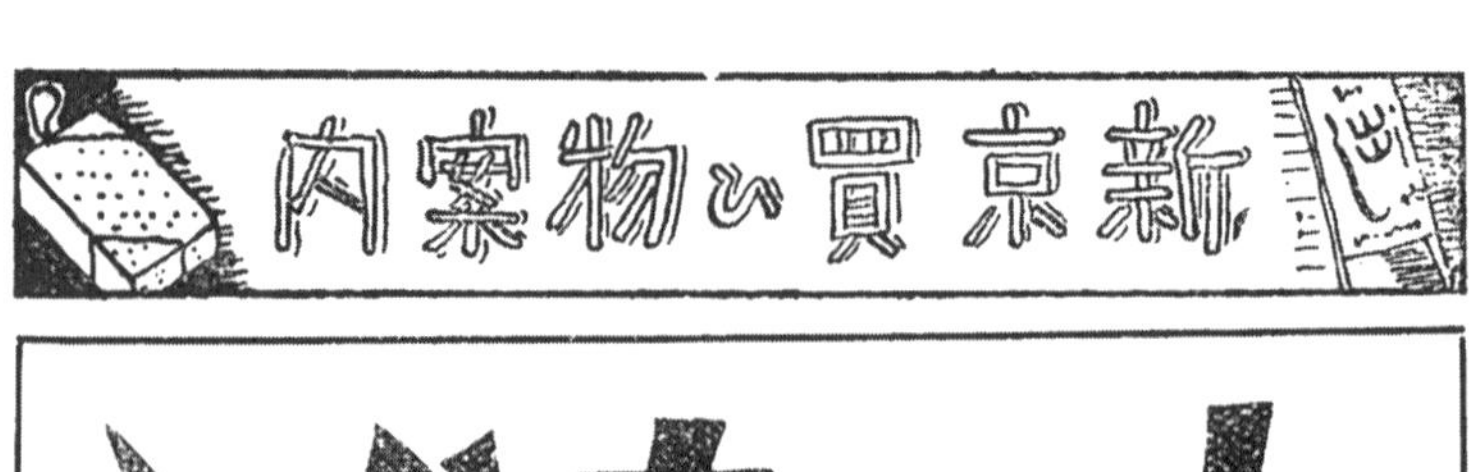

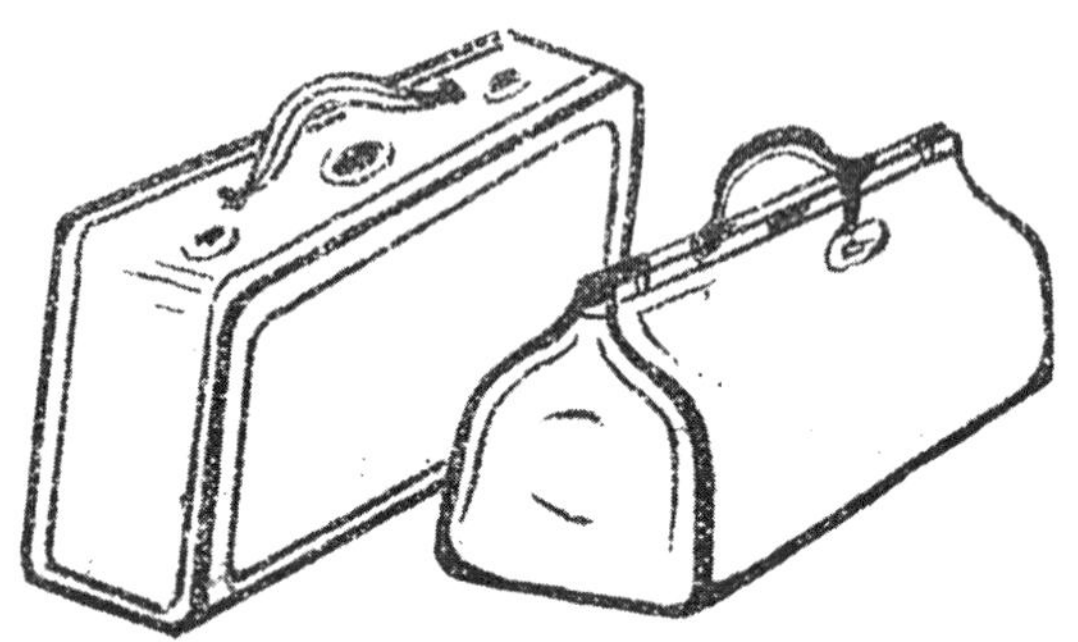

吉野町一丁目銀キネ前

新京買ひ物案内

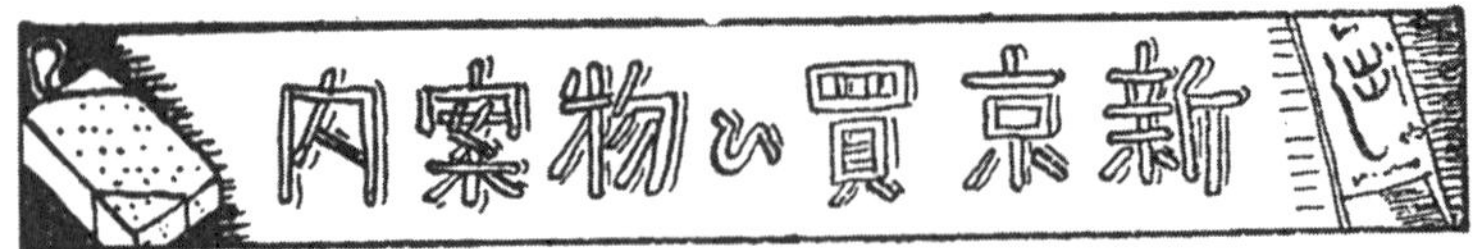

割烹陶磁器

金龍洋行

陶器と漆器

日田の漆器

京都清水焼

有田香蘭燒

新京豐樂路二〇六

電話(2)3281番

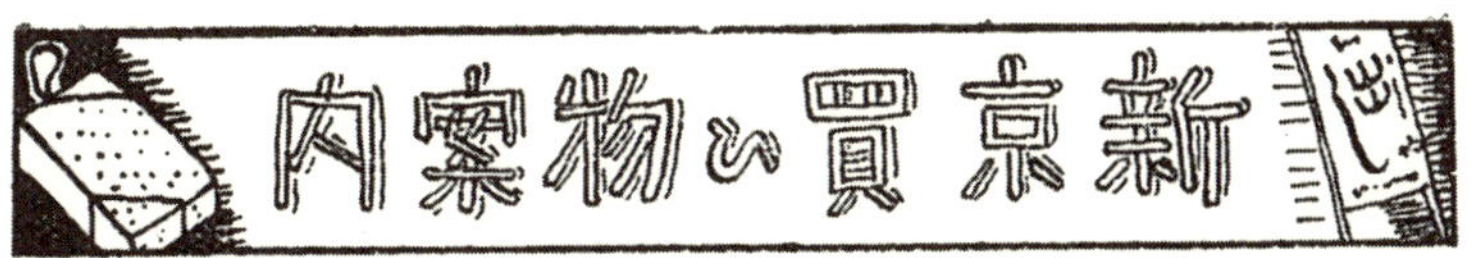

和洋紙類
内外文具
事務用品
和洋帳簿

新京日本橋通

合名會社 林洋行

電話③ 二一六五・二八四六番
六六三五・六六三六番

支店 滿洲四平街

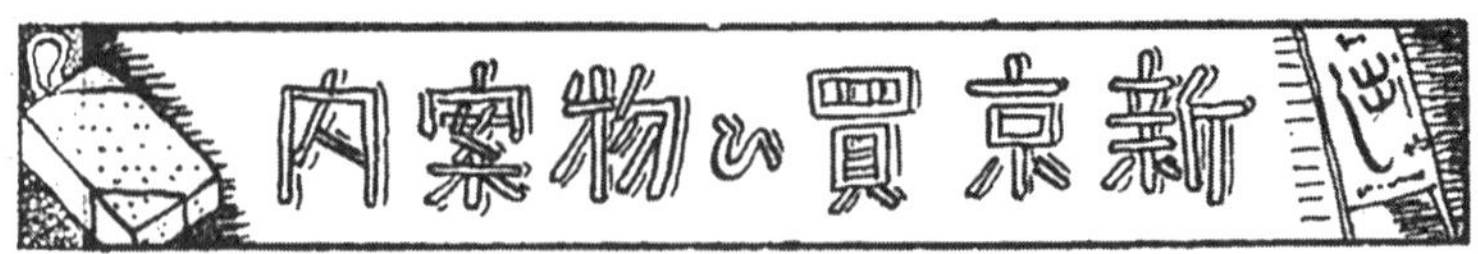
新京買ひ物案内

新京買ひ物案内

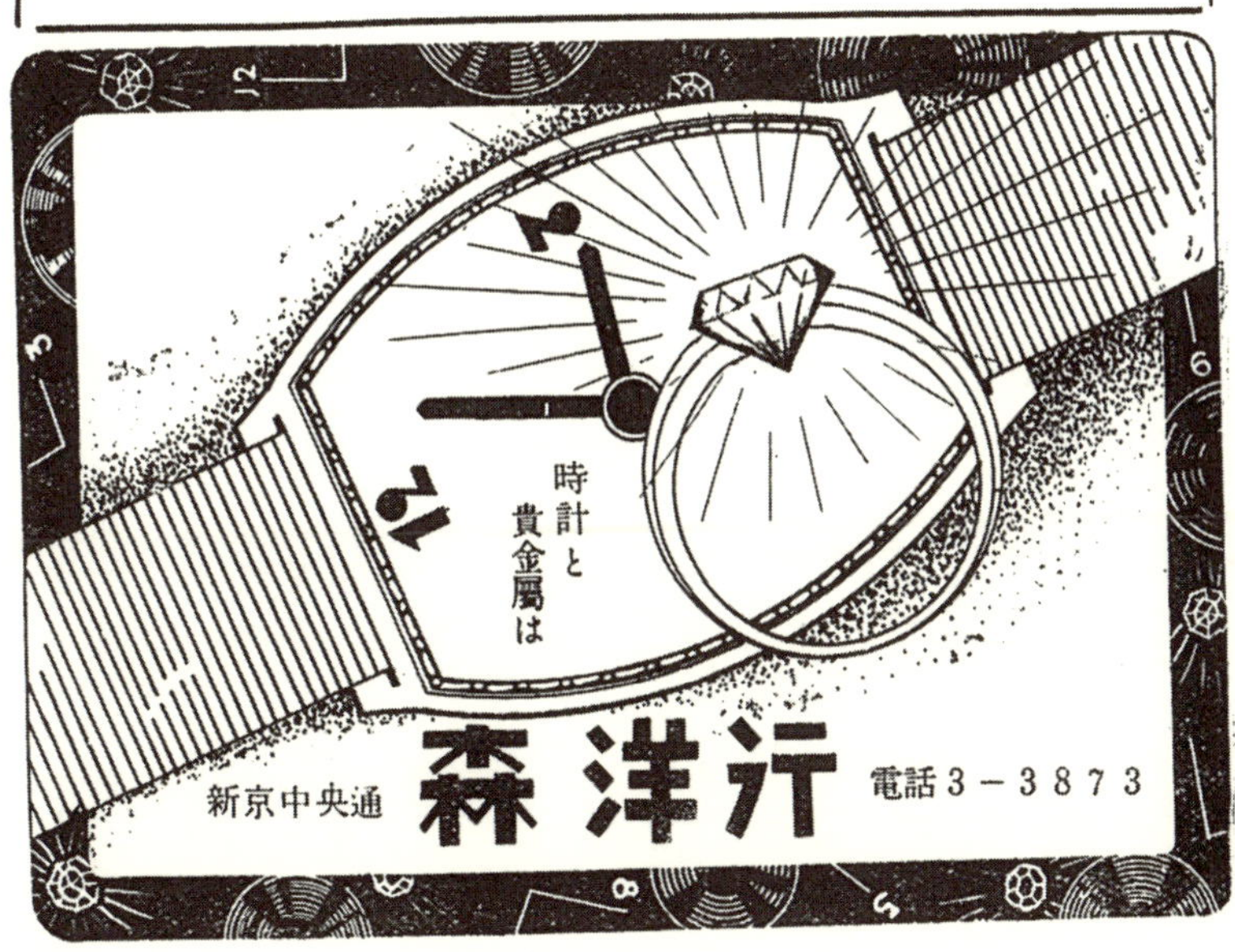
時計と貴金屬は
新京中央通
森洋行
電話3－3873

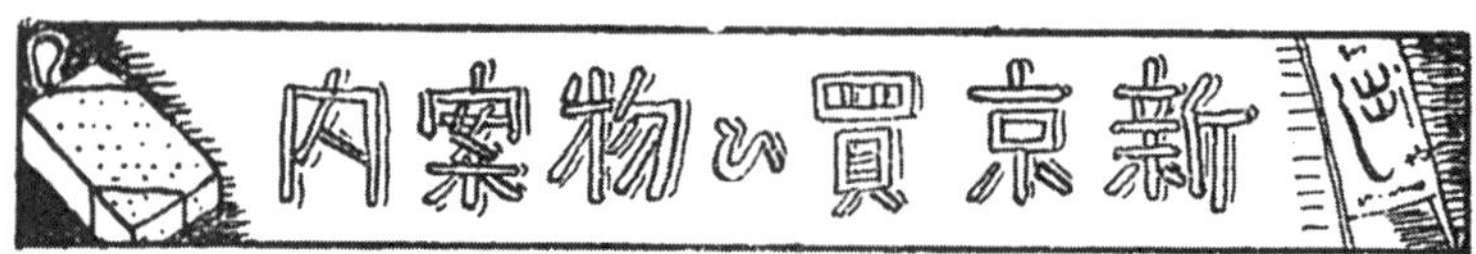
新京買ひ物案内

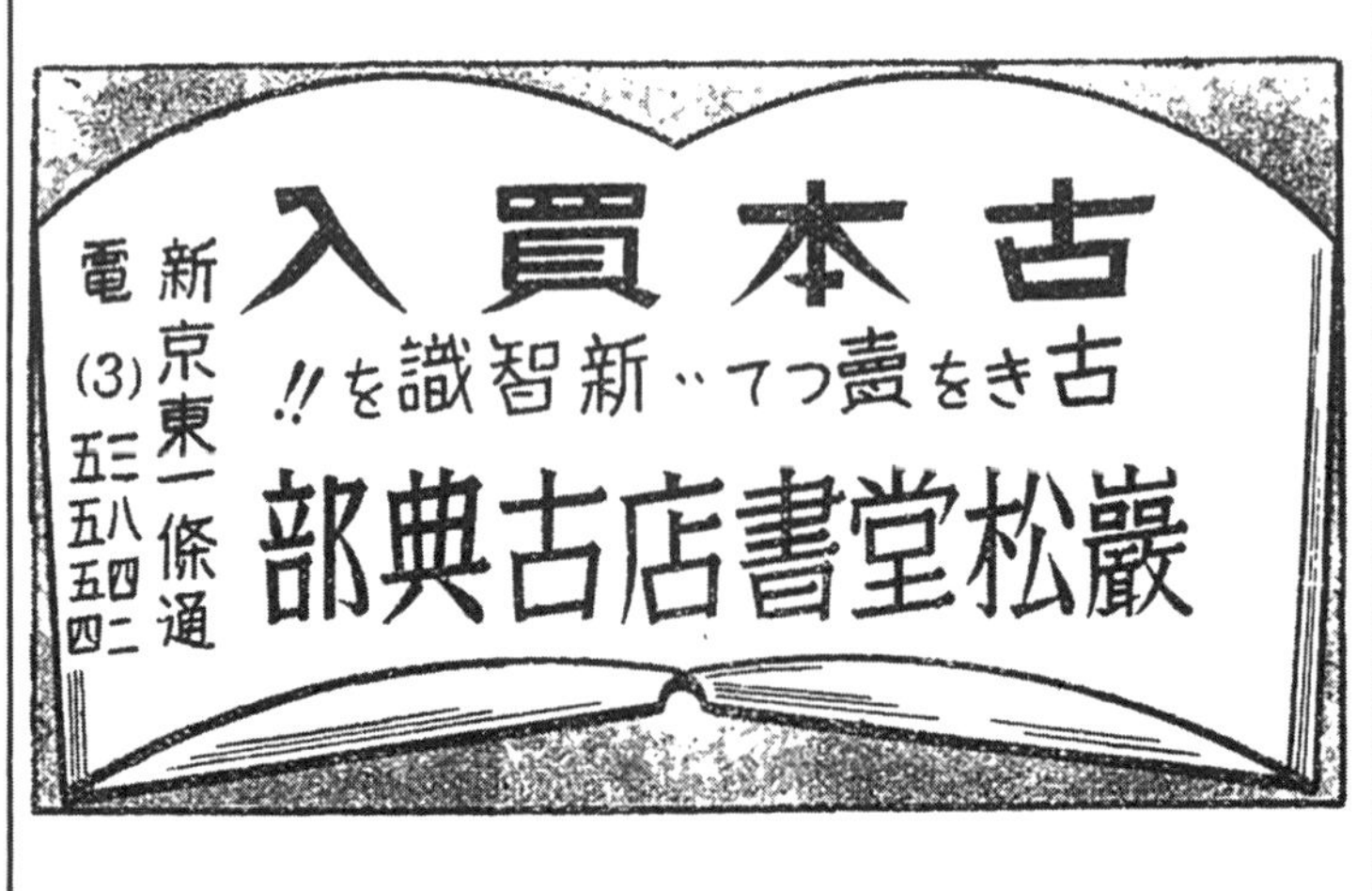
古本買入
古きを賣つて‥新智識を!!
巖松堂書店古典部
新京東一條通
電（3）三八四二
五五五四

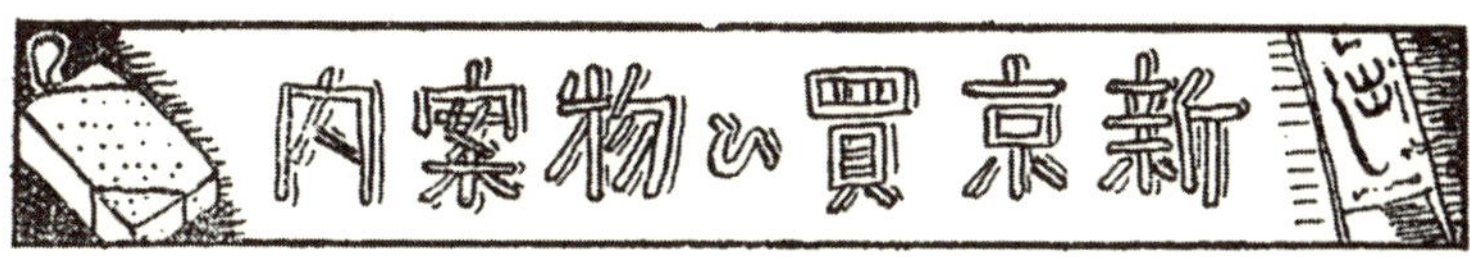
新京買ひ物案内

旅行具
洋服附屬品
メリヤス製品
化粧品
帽子
子供服
婦人小間物

洋品百貨

㊣岩

岩室商店

ダイヤ街
電話（三）六七三七番

特撰　新京名物五色羊羹

特撰　新京名物風景最中

祝餅・赤飯・式菓子

高級　和洋御菓子司

江戸屋

吉野町一丁目二二

電話③二〇七〇
三〇六一番

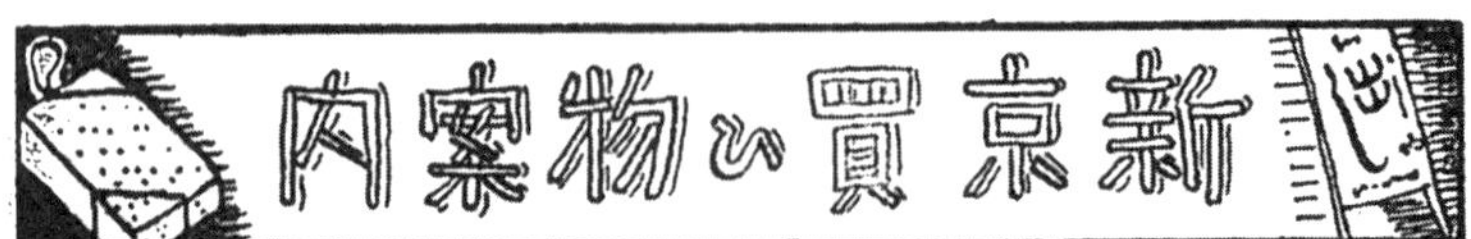

フトンの百貨店

さぬき屋

本店　祝町二丁目二
電話(3)三六六三番

支店　吉野町二丁目
電話(3)六七二六番

新京買ひ物案内

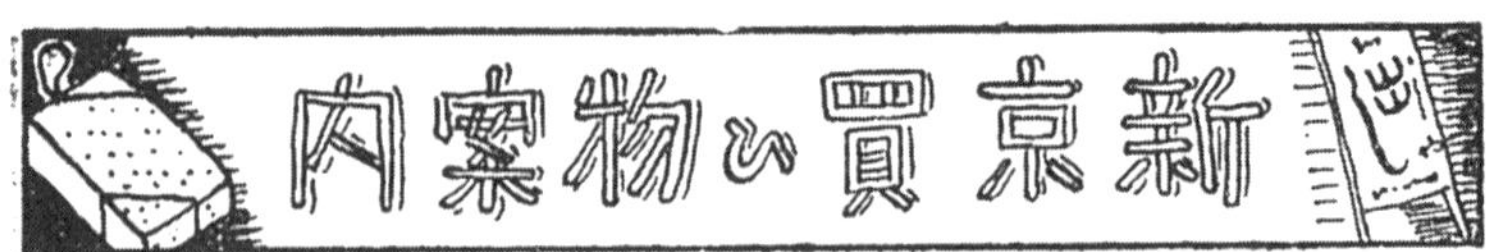
新京買ひ物案内

新京買ひ物案内

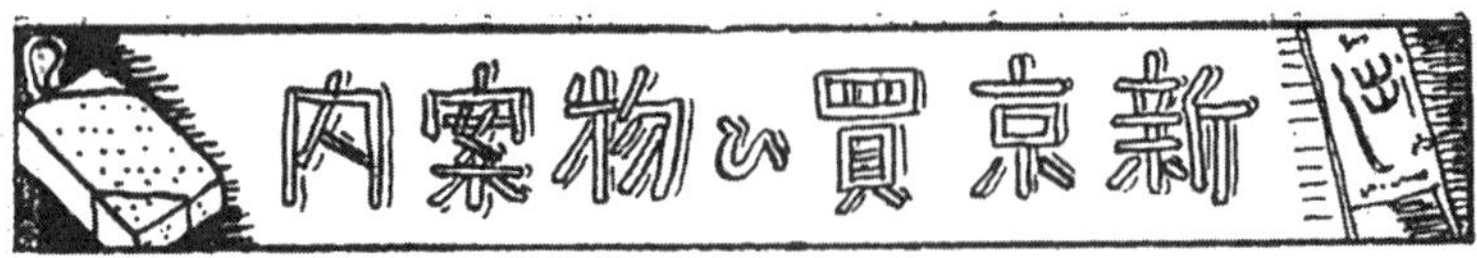
新京買ひ物案内

清酒

日本晴

福鶴

新京

石川酒造本店釀

新京百貨店案内

新京百貨店案内

新京百貨店案内

洋品百貨

マルイシ

新京入船町貳丁目（一條通ダイヤ街入口）

電話③三六六七番

振替口座新京二〇四〇番

和洋百貨

新京三笠町三丁目

赤木洋行

電話③ 2273 6933 番・振替口座大連309番

新京百貨店案内

新京百貨店案内

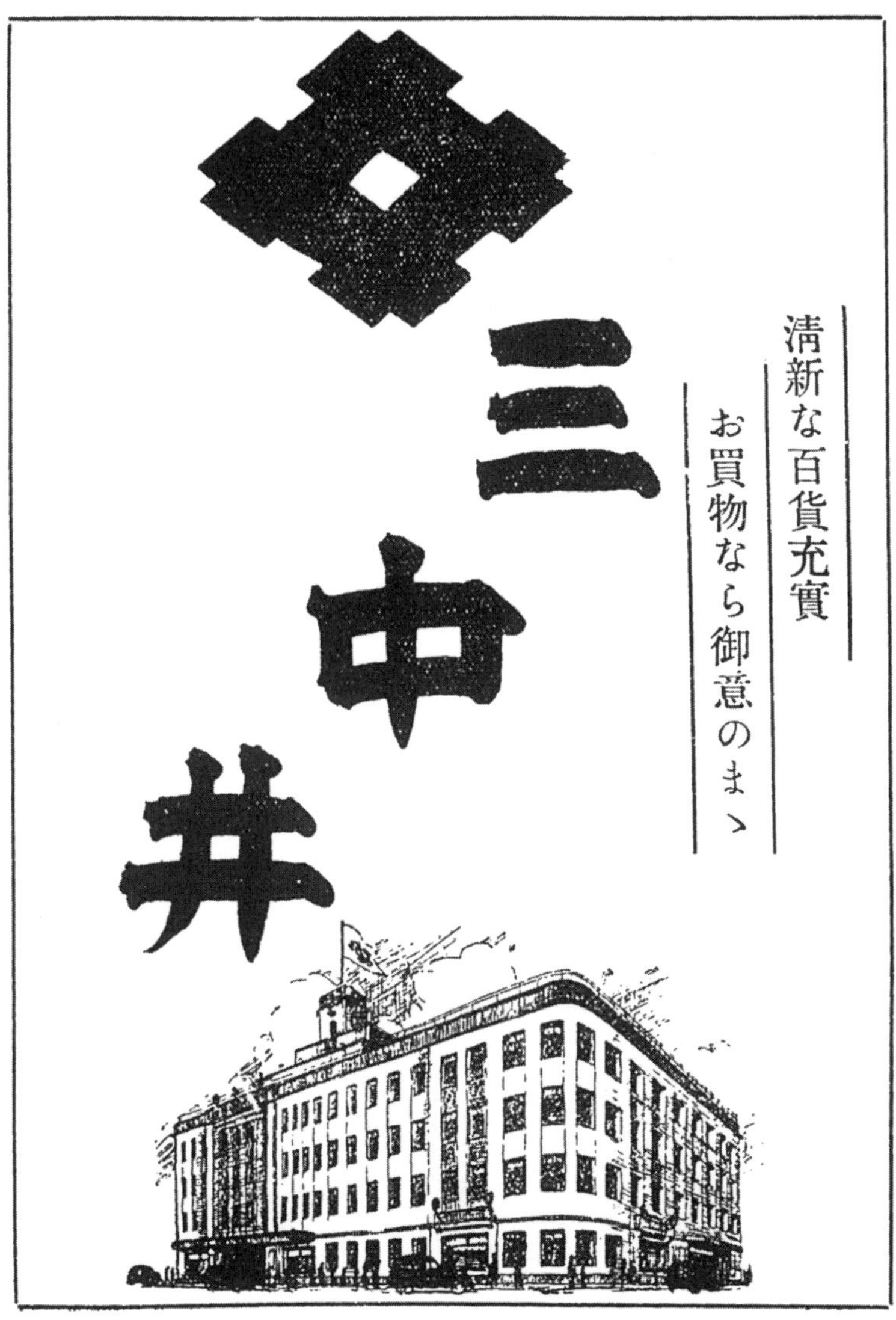

三中井
清新な百貨充實
お買物なら御意のまゝ

新京百貨店案内

新京映画案内

東寶封切場
特選洋畫

帝都キネマ

新京新發路
電話　事務所（二）一二三六
　　　觀客用（二）一四〇五

備考

映寫機　米國製スーパーシンプレックス
トーキー　米國製ワイドレンジ・ウエスタン
伴奏機　米國製ウエスタン
定員　壹千百三十五名

新京映画案内

松竹映畫封切場

株式會社

長春座

代表者　湯淺長四郎

吉野町三丁目五

三一三一一三四番

電話　三一五七六六六番

創　立　大正八年十二月二十六日

資本金　參拾萬圓也

收容人員　一五一〇名、昭和十三年十一月改增築

映寫機　スーパーシンプレックス

發聲機　ワイドレンジ、ウエスタン　3X

新京映画案内

新興
大都
映畫封切場

銀座キネマ

館主　渡邊ひさ

新京吉野町一丁目（銀座通り）

電話三―六四六五番

新京映画案内

映畫は岸本チエーン

經營者　岸本朝次郎

日活映畫封切場

新京キネマ

電③二〇六八
二五八四

祝町二丁目二五

新興・日活セコンド

朝日座

電②三〇九五
三〇九六

大馬路朝日通角

松竹・東寶映畫

豐樂劇場

電②一四四五
一五八五
二三四一

豐樂路四一一

新京喫茶食事案内
食事と喫茶
フシヤ
吉野町二丁目五・電（三）二〇七二番

新京喫茶食事案内

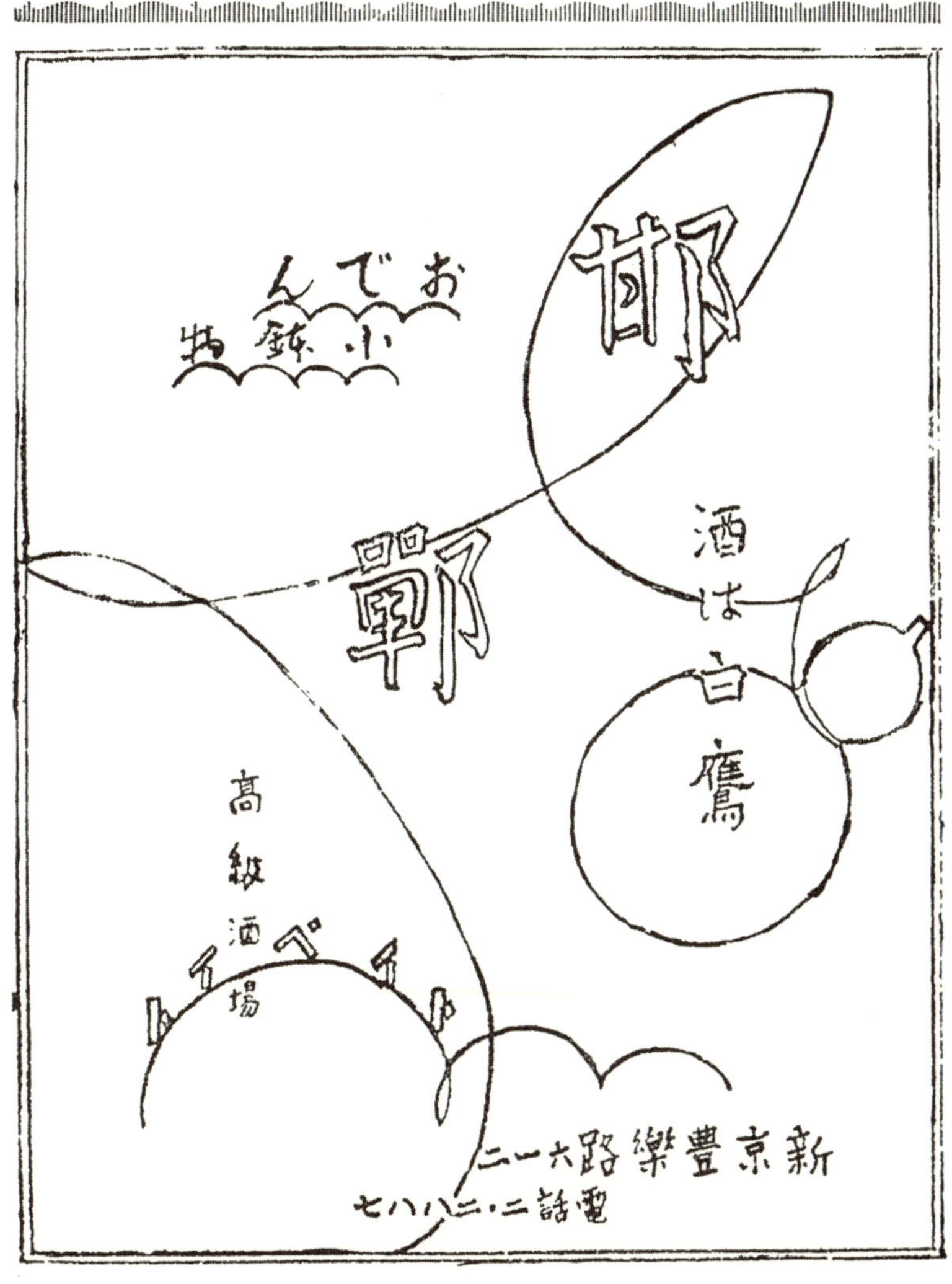

新京喫茶食事案内
御祝餅
赤飯
あは餅
しるこ
ぞうに
新京
ダイヤ街
三好野
永樂町一丁目
東京
電話 (三) 三四四八 三八四四番

新京一

ビーフステキと茶房

日本橋四五 (3) 3128 6788

日本橋茶房

喫茶
(康徳會館内)
文祥堂喫茶部
電話2－1976番

新京長春座前
電（3）6608

寛ろいで御茶の飲める店
安心して食事の出來る店

新京自慢
「星ケ丘のコーヒー」

新京日本橋通九一番地
朝日座前

喫茶と
御食事
星ケ丘

電話(三)五六五七番

喫茶と食事
美松
電・三・三五八八番
新京キネマ向

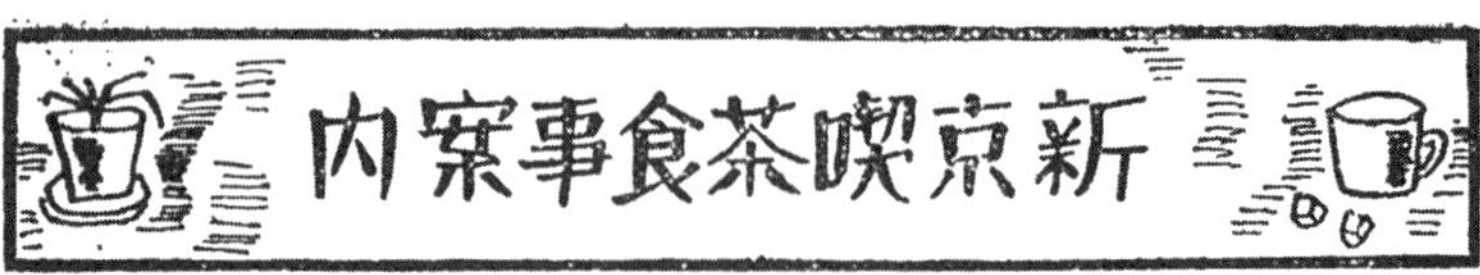

新京唯一の
高級和洋御菓子
製造司
風月庵
新京ダイヤ街
電話三二二七〇番

喫茶と
御食事の
美味を是非御試食を乞ふ

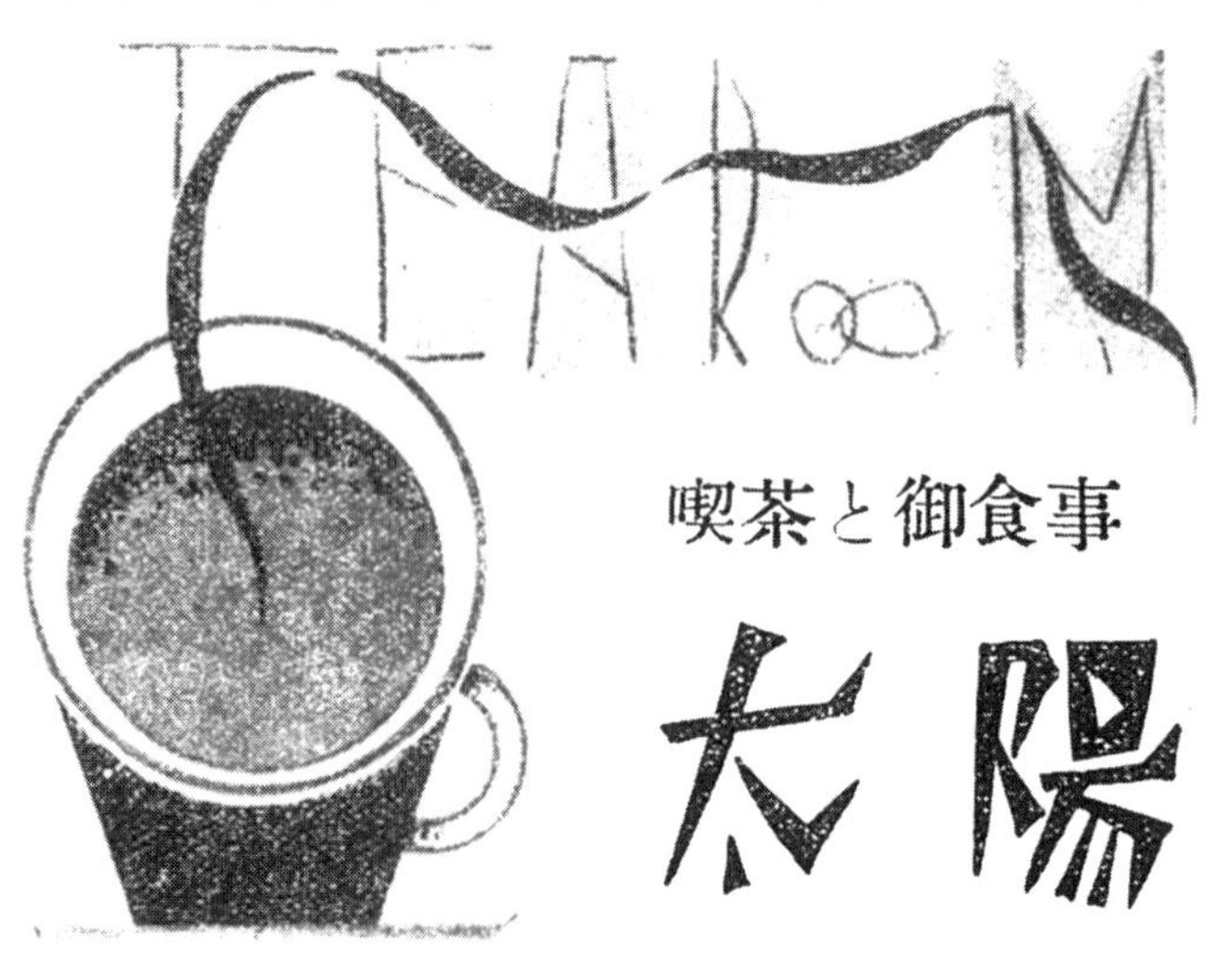

永樂町一丁目五・電話(3)二六五八番

新京喫茶食事案内
味の店
甘味
吉野町
三好野
總本家東京
新京本店
新京吉野町二丁目
電話(3)2498……6008

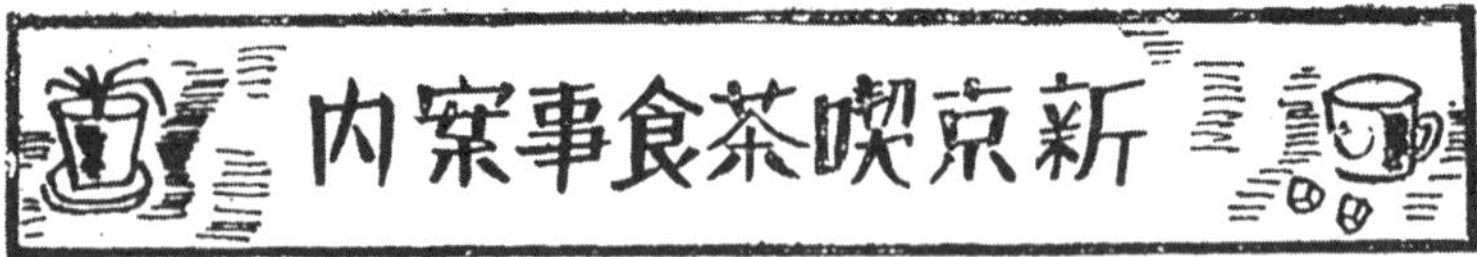
新京喫茶食事案内

新京喫茶食事案内

TEA.ROOM
喫茶と食事
ダイヤ街
チェリオ

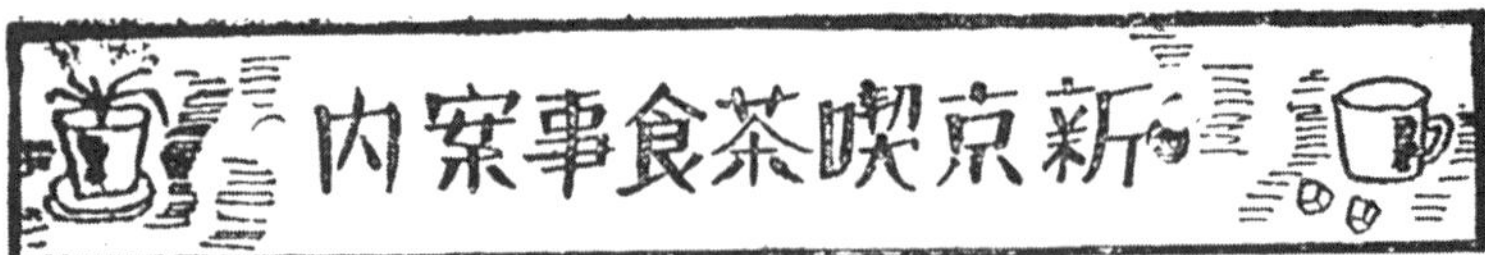
新京喫茶食事案内

ハッピー
新京吉野町
（平本洋行横入ル）
電（3）3442番

新京グリル・食堂案内・・・・

新京グリル食堂案内

喫茶ご御食事

洋食

和食

壽司

清新安易

帝都グリル

新發路十號
賓山デパート前
電話二一―二三八七

新京グリル・食堂案内…

新京名物
ぶたまんじゅう

衛生清潔
薄利多賣

エビス

室町公學校前裏通
電話③四五二〇番

定食
小料理
すきやき
末廣食堂
滿鐵病院前
大和通三三
電話(3)二〇五二

新京グリル・食堂案内

和洋食堂

國都グリル

新京中央通り

電（三）四四一五

立食デパート

味覺

大同大街
康徳會館地階

電（二）三七五一

和洋食堂

青葉グリル

大同大街
大興ビル地階

電（二）四六二五

廣東料理

陶々

大同大街
房産ビル地階

新京グリル・食堂案内……

清潔衛生を
第一として
新鮮な品を選び
御食事の用意は
午前六時より
午後十二時まで

ダイヤ街
伊勢丹
電話（3）四七八五番

日本橋通（驛前）
旭食堂
電話③二二七七七四八六

季節向の
すき鍋

特製
旭ランチ
香り高きコーヒーを添へて

簡易宴會

喫茶と御食事

新京グリル・食堂案内…

御家族づれの
御食事に是非

御宴會は
五十名様まで格安に
御引受いたします

南嶺
三日月
青バス停留場前

南嶺で
一番安い　食道樂

◇宴會は三十名様まで
金一圓より御引受
◇野外ジンギスカン料理
毎年四月一日から十月卅日まで
土曜日曜に限り團體百名様迄
前日に御申込願ひます
◇支那料理一式
◇季節折詰辨當仕出し

陸軍仕出し用達

醉雲

青バス停留場東入南側
電話（2）三八五七番

新京おでん案内

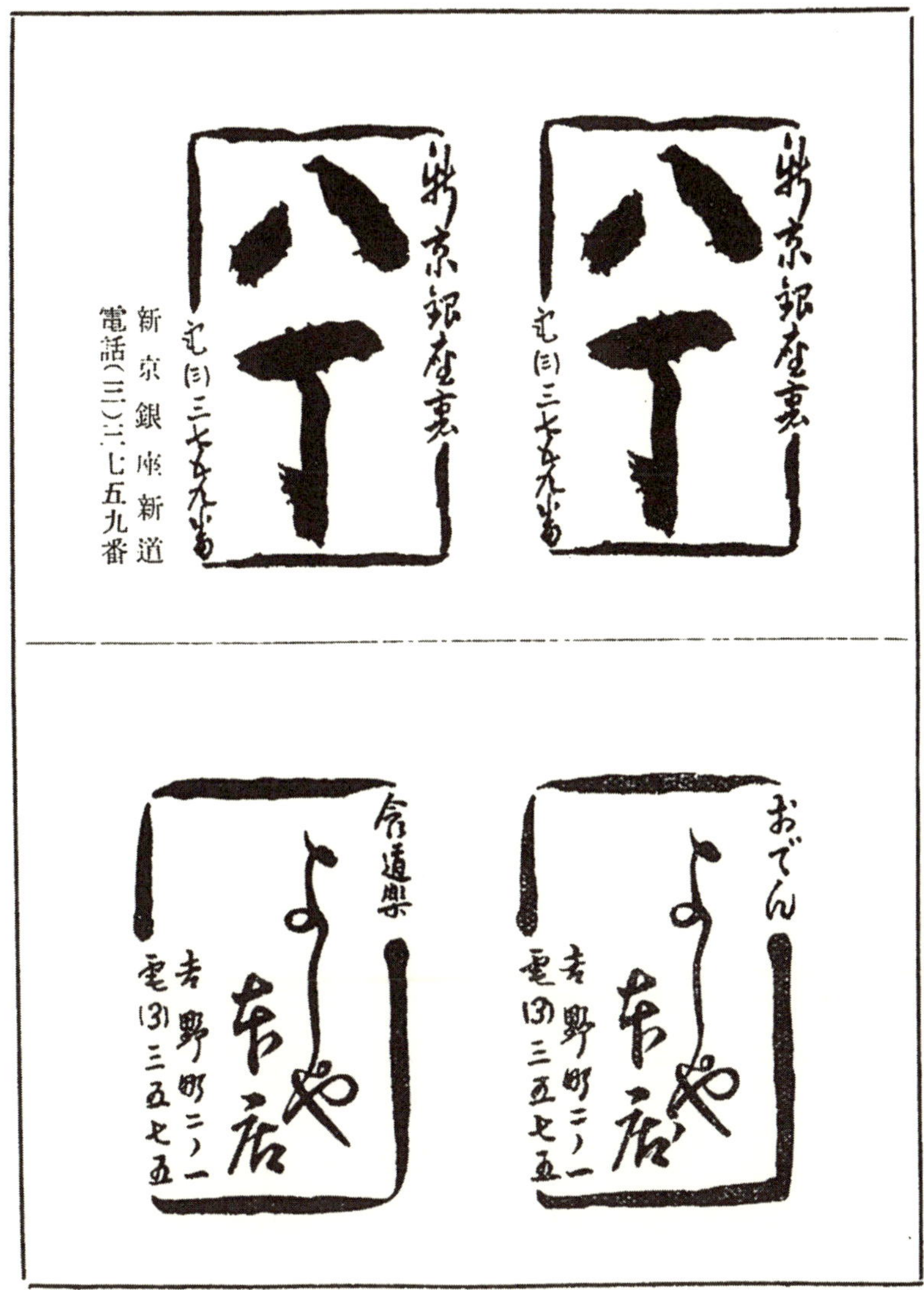
新京銀座裏
八丁
新京銀座新道
電話（三）二七五九番
新京銀座裏
八丁
会席道楽
よしや
吉野町二ノ一
電(3)三五七五
おでん
よしや
吉野町二ノ一
電(3)三五七五

新京おでん案内

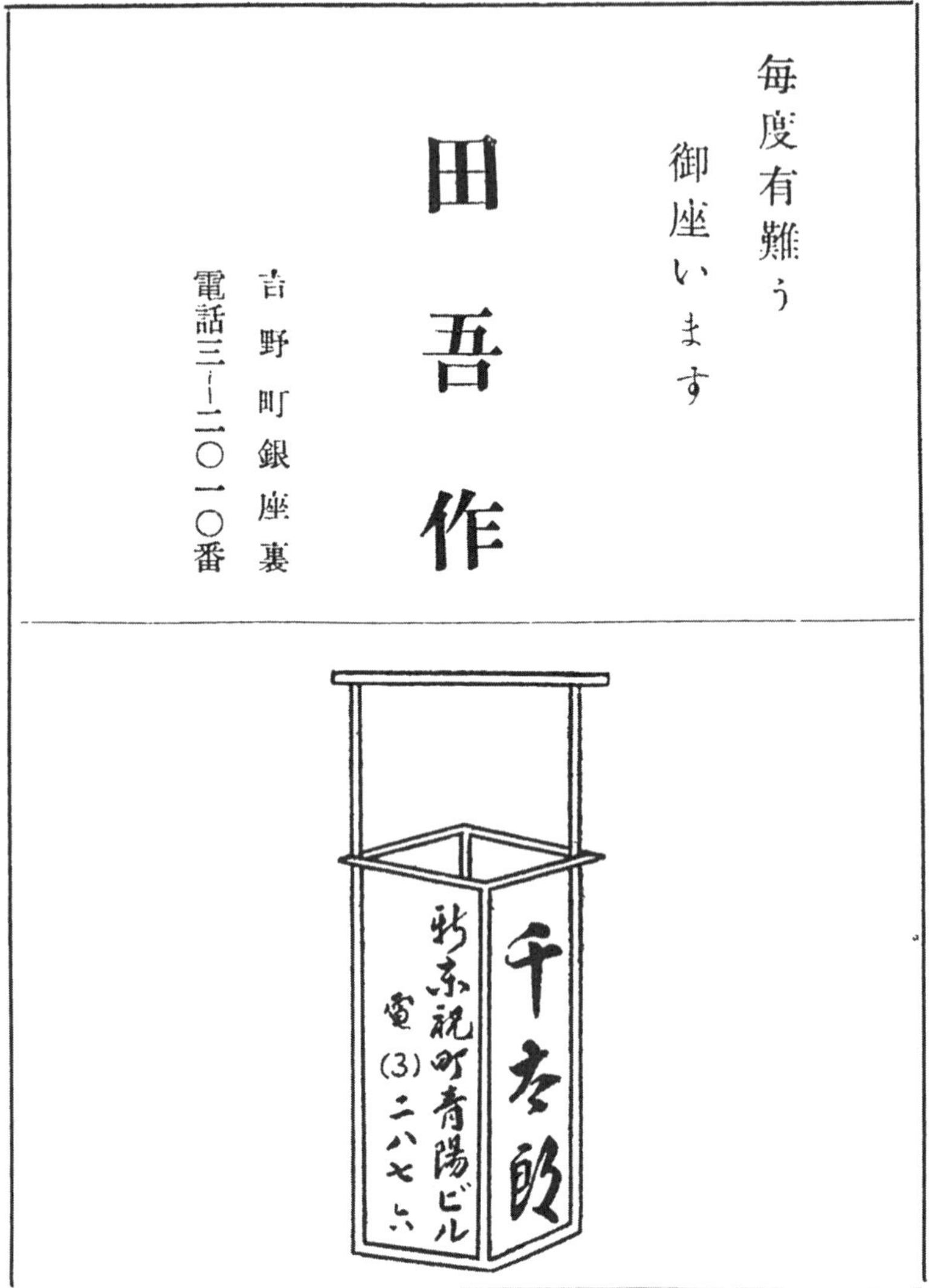
毎度有難う
御座います
田吾作
吉野町銀座裏
電話三‐二〇一〇番
千太郎
新京祝町青陽ビル
電(3)二八七六

新京おでん案内

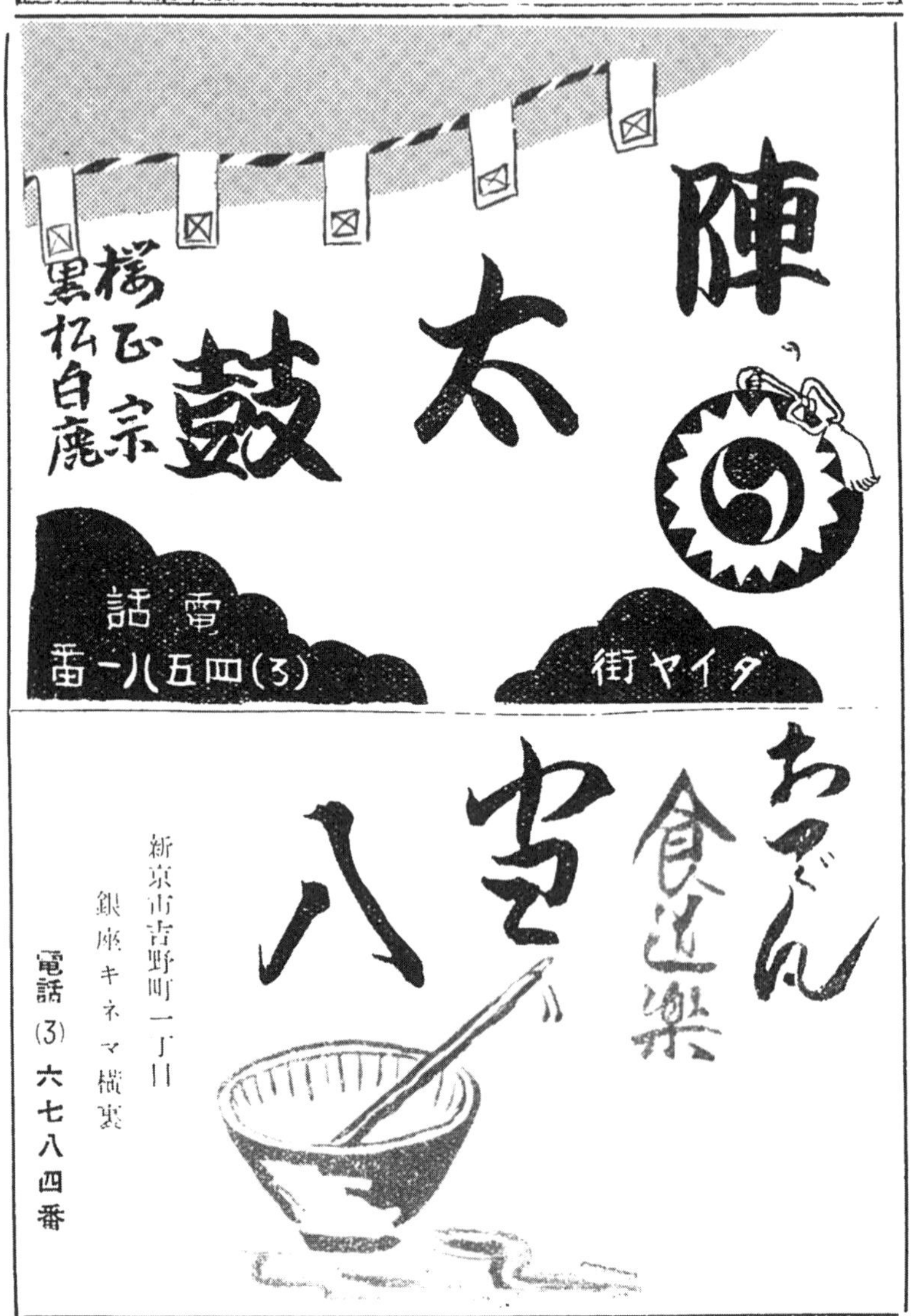
新京おでん案内
陣太鼓
桜正宗
白鹿
黒松
電話
(3)四五八一番
ダイヤ街
おでん
八重
食道楽
新京市吉野町一丁目
銀座キネマ横裏
電話(3)六七八四番

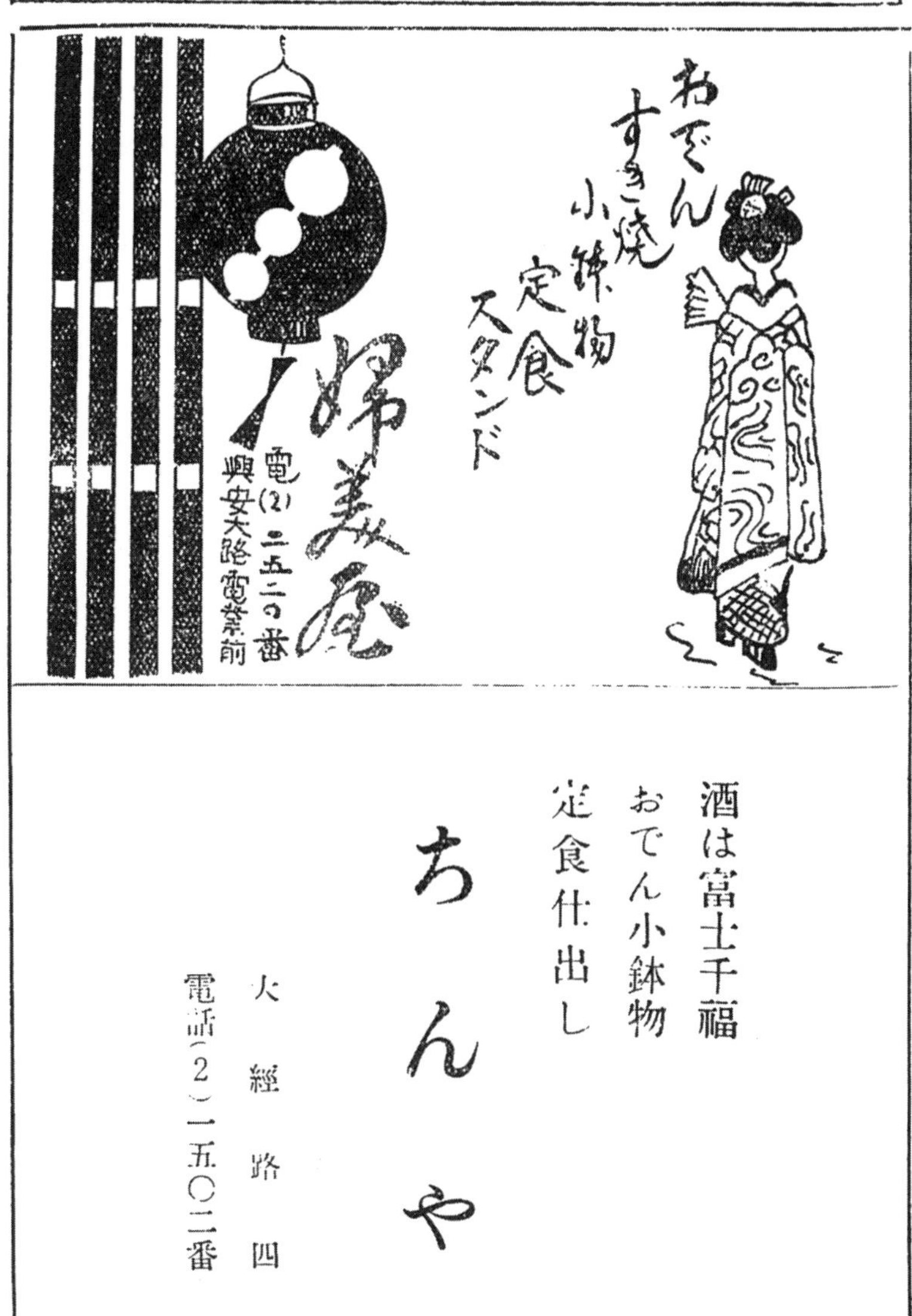
新京おでん案内
おでん
すき焼
小鉢物
定食
スタンド
婦美屋
電(2)二五二〇番
興安大路電車前
酒は富士千福
おでん小鉢物
定食仕出し
ちんや
大經路四
電話(2)一五〇二番

新京そば案内

新京そば案内

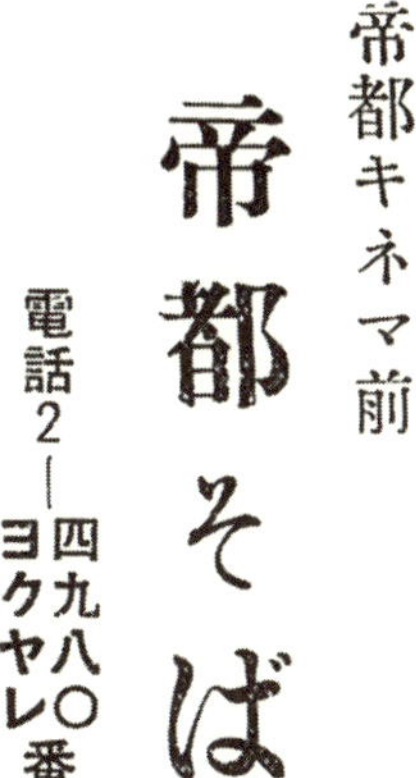

帝都キネマ前

帝都そば

電話2―四九八〇番　ヨクヤレ

きそば

一茶

銀座新道

電話（3）五八四〇番

新京そば案内

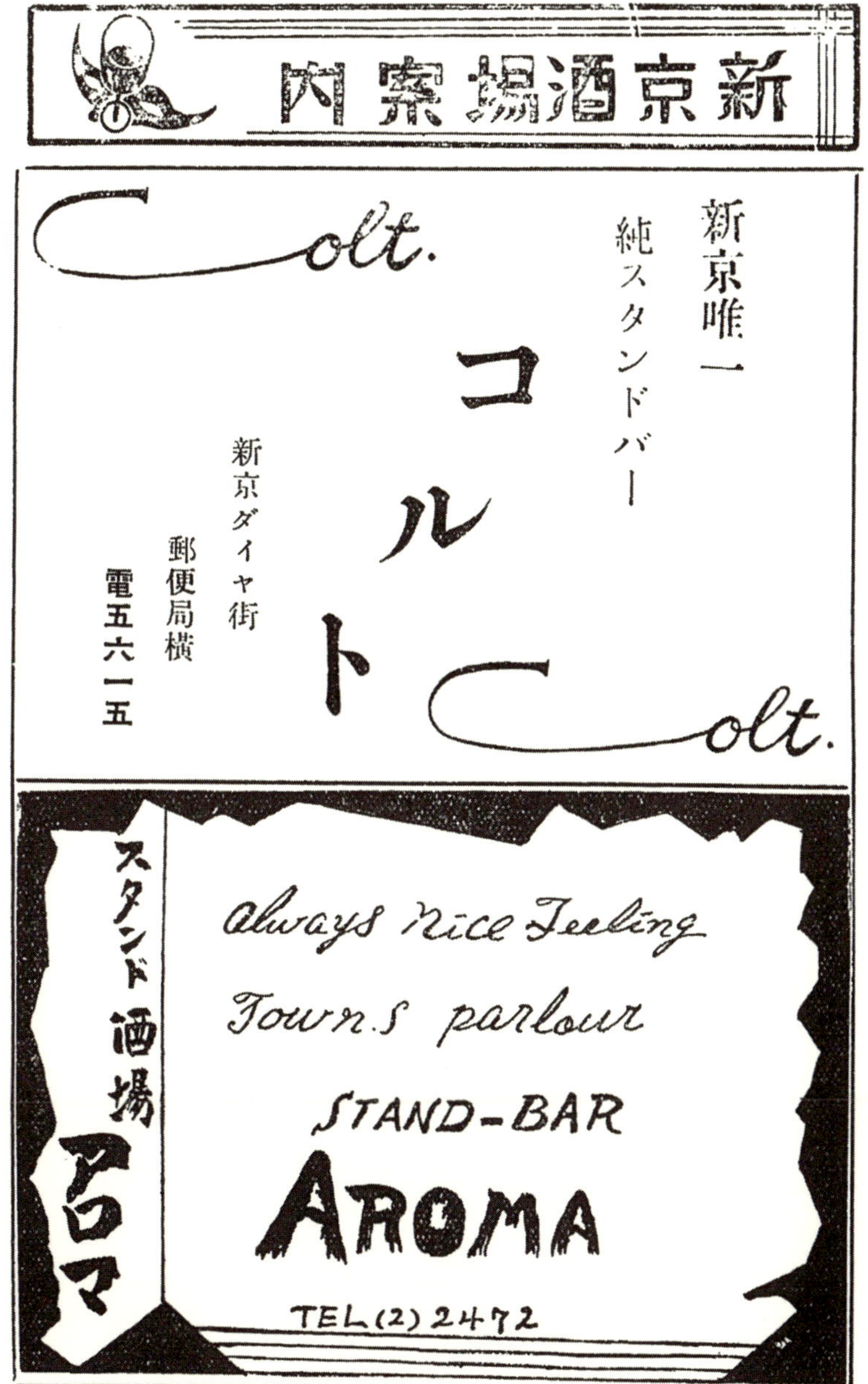
新京酒場案内
Colt.
新京唯一
純スタンドバー
コルト
新京ダイヤ街
郵便局横
電五六一五
Colt.
スタンド酒場
アロマ
Always Nice Feeling
Town.s parlour
STAND-BAR
AROMA
TEL(2) 2472

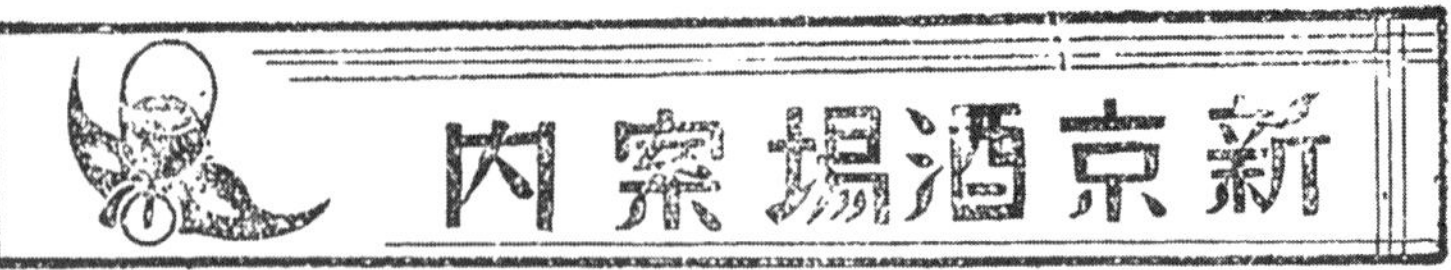

上戸と
食通の
涯の寮

灘

新京東一條通リ　電(3)3473

酒の店

東京式
純コップ酒

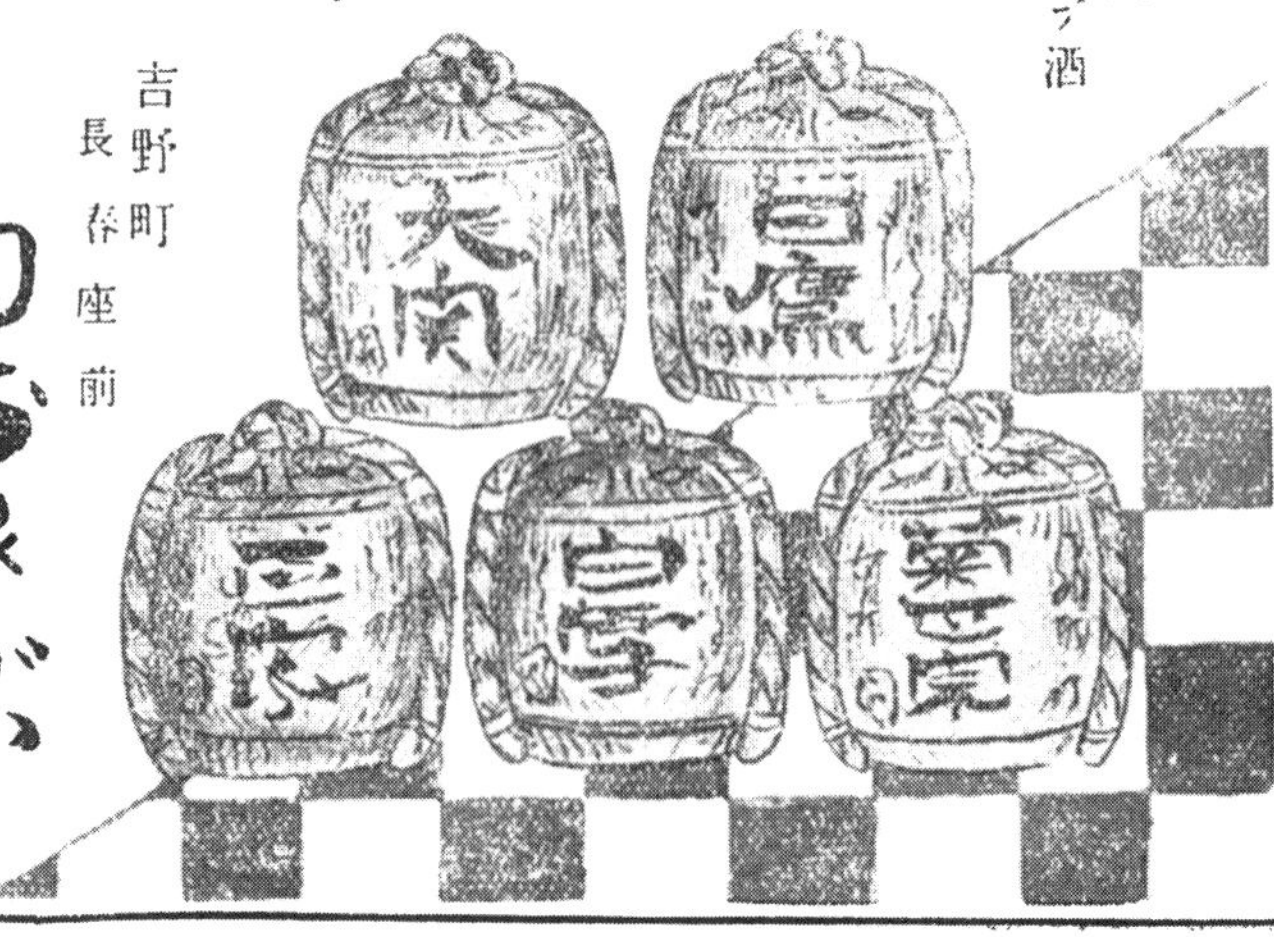

吉野町
長春座前

電話(3)五七三八

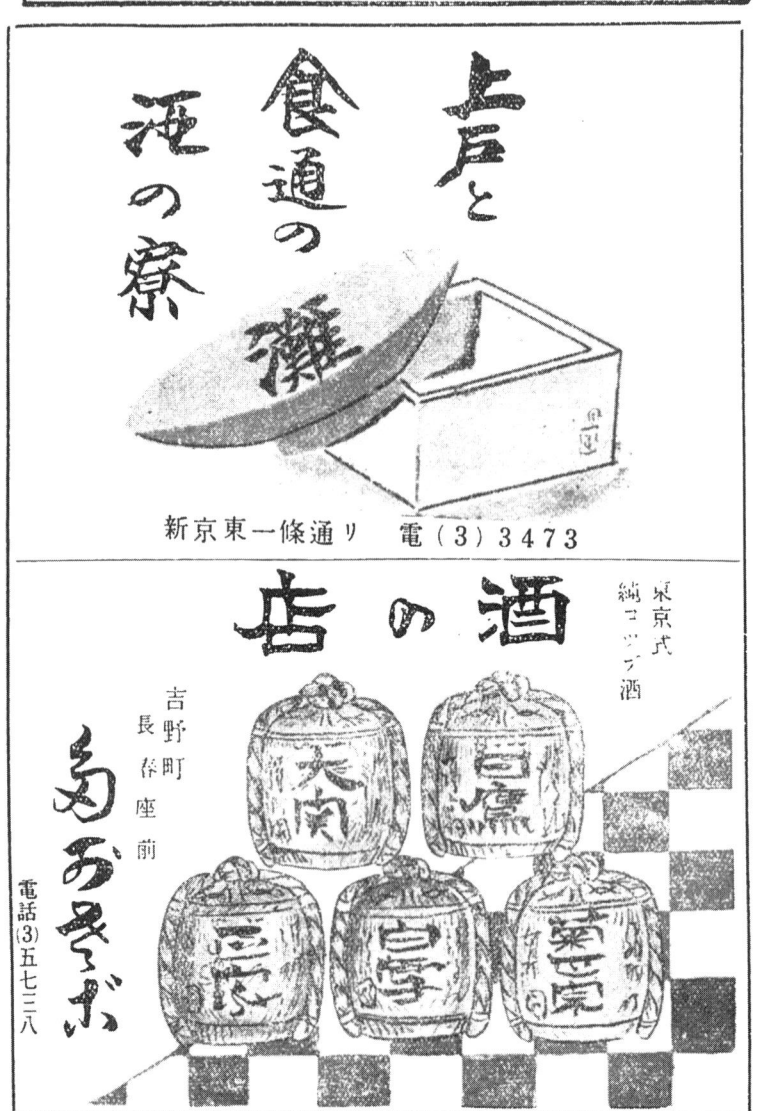

新京酒場案内

高級スタンド
バーロータリ
新京タイヤ街

滿洲のカクテル

ヤマトホテルは、アジア・ヤマトといふ獨特のカクテルを持つてゐる。滿鐵ホテル・チエーンのバアテンたちから創作處方を募集して、その中から優秀なものを選んだのだといふが、アジアのスカーレット（グリーンと二種ある）を除いては、極く甘口で御婦人向らしい。一つ「蘭の香り」「赤い夕日」などゝいふカクテルを創つて見ませんか。勿論前者は躍進滿洲を、後者は戰跡滿洲を表徴するものです。

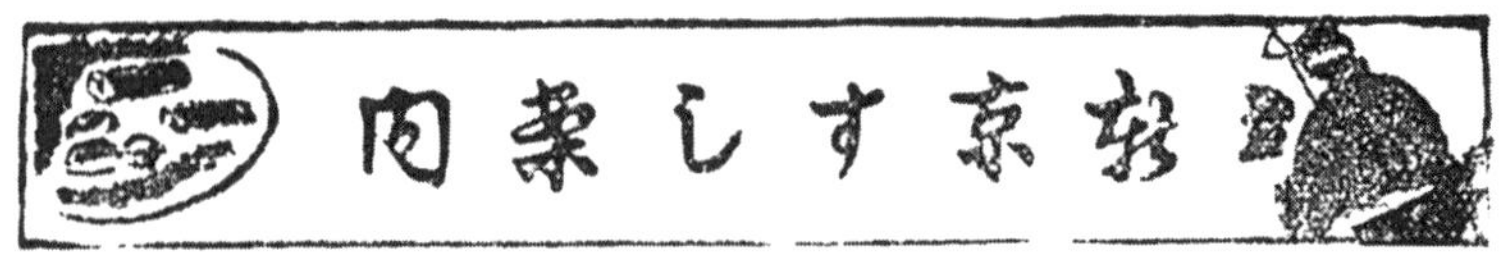

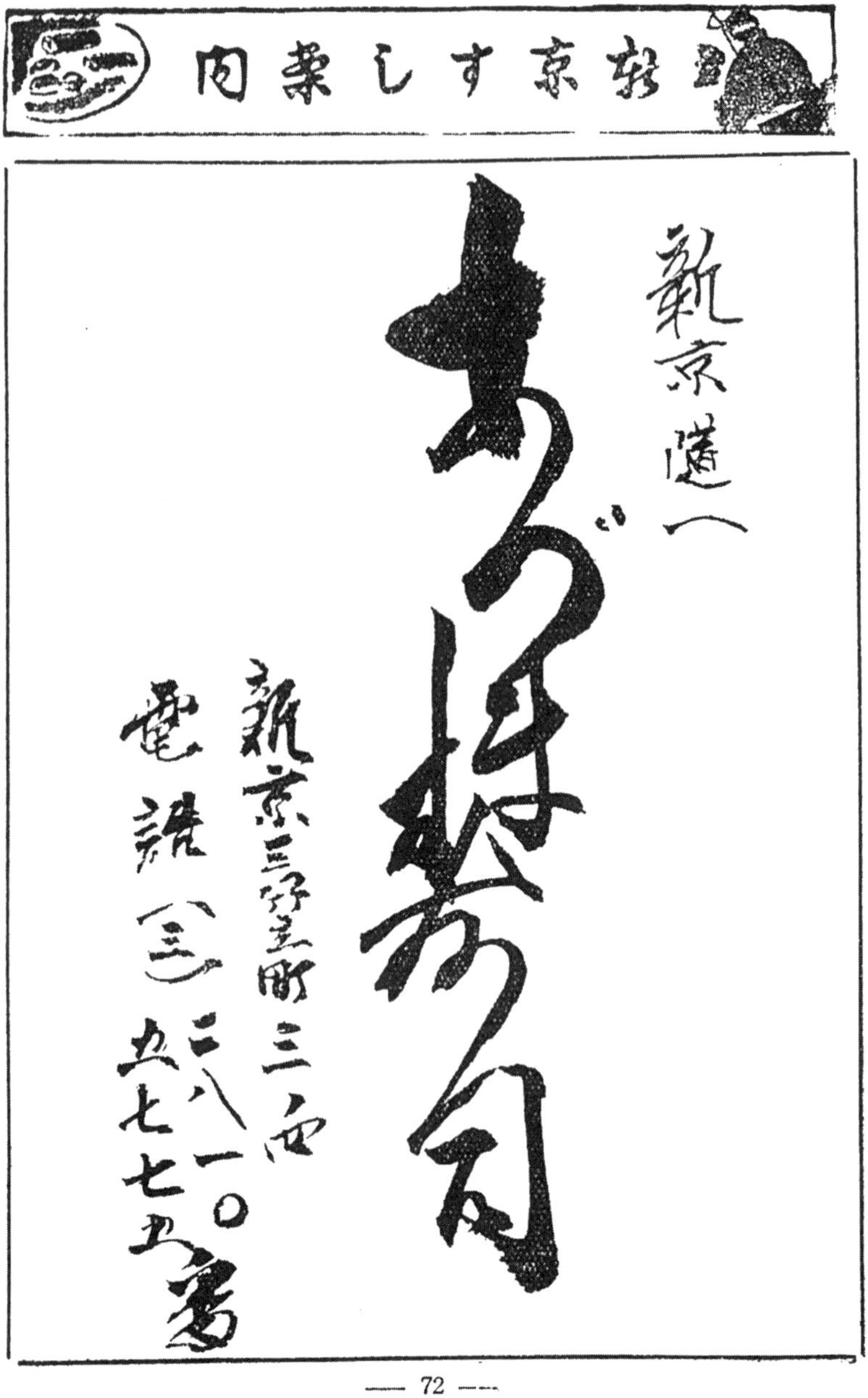

新京随一

まづ松寿司

新京三笠町三ノ四

電話（三）二八一〇
九七七九番

新京割烹案内
食道楽
天平
新京ダイヤ街
電③三三九一
大七七一
會席料理
季節即席料理
天ぷら・お茶漬・寿し
本店　大連浪速町
支店　鞍山北四条町
◎階上お座敷・階下ホール

新京割烹案内

新京名物

銃後の健康に
御中食は鰻

鰻専門
うな新

祝町三丁目青陽ビル
電話(3)三三四五番

御酒も料理もお座敷も
新京で御定評をいたゞく

松翠

吉野町三丁目八
記念公會堂前
電話(3)三九四二番
三九二一番

新京支那料理案内

新京支那料理案内

滿洲の酒

紹興酒（Shao-hsing-chiu）は浙江省紹興で出來る酒であつて、宴會酒として支那及び滿洲國を通じて、この位全國的に用ひられるものは外にはない。紹興酒は米から釀るので、黃金色をして酒精分は日本酒に比して稍少なく、長く貯藏したものを良いとしてゐる。

黃　酒（hoang-chiu）元來山東省の地酒で、粟から造る**淸頭兒老**（ching-tou-erh-lao）と**混頭兒老**（hon-tou-erh-lao）の二種があつて、いづれも山東人の宴會や酒を吟味しない宴會に用ひられる。

燒　酒（Shao-chiu）滿洲の土語では白乾兒酒 Pai-kan-erh-chiu）と呼ばれ、高粱、玉蜀黍から釀つた燒酒で、無色透明稍臭氣あり、酒精分は日本の燒酒以上で非常に强烈である。酒豪の飲料又は下級社會及び農民の飲料として用ひられてゐる。新京では淸頭兒老を淸酒（チンチュウ）燒酒を白酒（パイチウ）といつてゐる。

堅城ゆるがぬ
斯界の王者

精養軒

新京東一條通一七番地
電話③二三〇五番

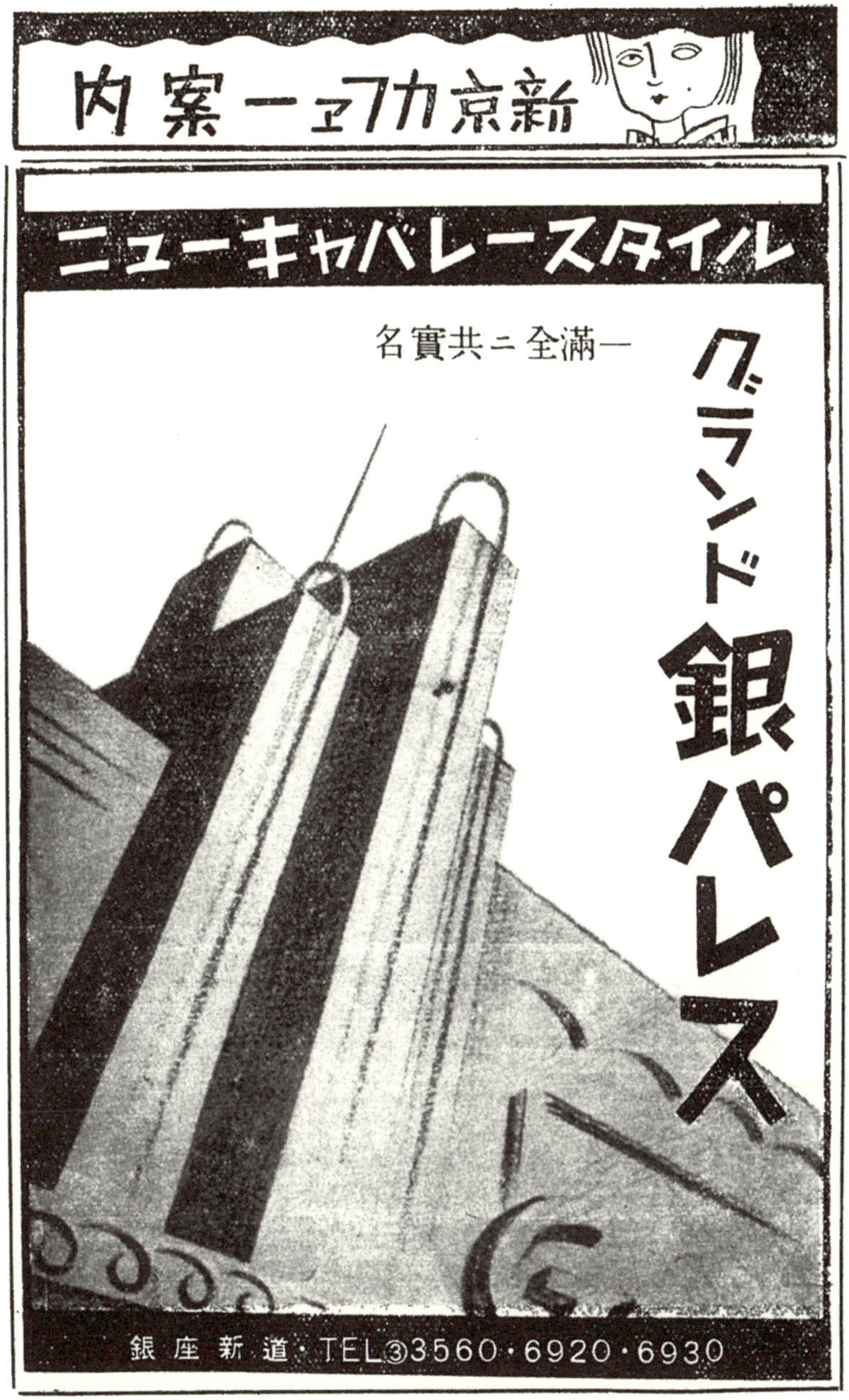

ニューキャバレースタイル

名實共ニ全満一

グランド銀パレス

銀座新道・TEL③3560・6920・6930

新京カフェー案内

新京カフェー案内

新京カフエーの元祖

ライオン

新京三笠町　⋯　TEL(3)2379

ニュウシンキョウ

新京東一條通り消防隊横銀座新道

TEL 3・6363

サービスと厚遇で有名な

人氣カフェー

カルメン

TEL・3・4605

新京祝町三丁目青陽ビル地下室

新京カフェー案内

新京カフェー案内

カフェー銀波

第二銀波

新京興安大路四〇二

電話二一一四九一

店主小吉唯一

新京永樂町一ノ一

電話三一三四七四

新京カフェー案内
カフエーの王座
豊楽路
モンテーカルロ
TEL (2) 5063

新京カフェー案内

新京カフェー案内

旅のつれづれに……

……たづね給へ

サロン春

新京ダイヤ街永樂町

電話（3）二六九四番

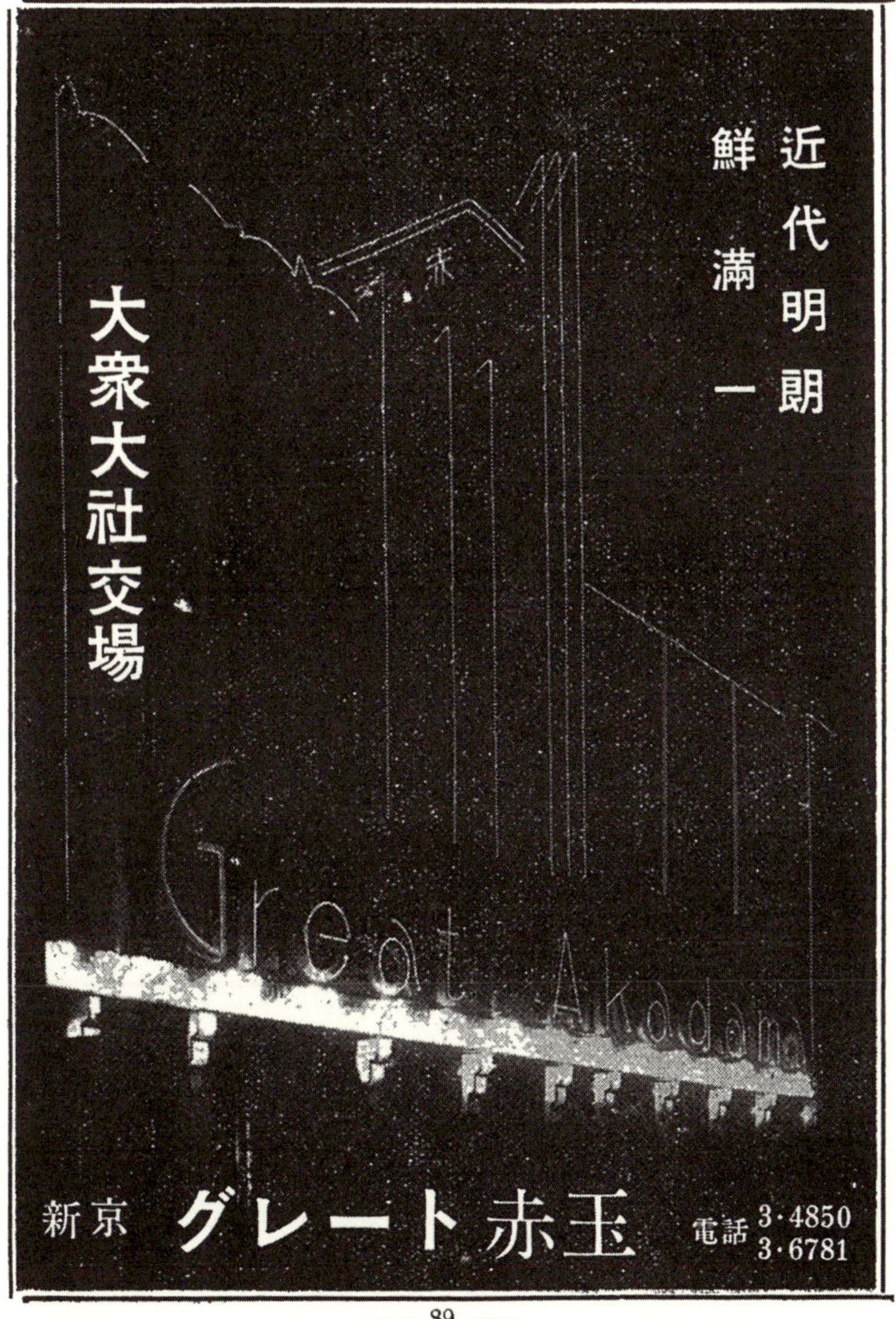
新京カフェー案内
近代明朗
鮮満一
大衆大社交場
Great Akadama
新京　グレート赤玉
電話 3·4850
3·6781

理髪は神戸軒へ

神戸軒

吉野町一丁目二五
電話（三）六二〇五番

御婦人顔剃は
當店に

淺沼理髪館

新京富士町二丁目一八

親切丁寧
技術優秀

ナショナル軒

日本橋通
電話（三）二六三一番

明朗！設備
新京屈指

理髪 **マーキユリー**

東二條通三四
浪花すし横入

理髪は技術本位の
ミツワ軒へ

ミツワ軒

館主　大津末吉
新京東二條通九〇

ミヤコ理髪館

館主　田中菊十
新京ダイヤ街

御調髪は衛生完備
技術本位の本支店へ

新京理髪館

本店　大和通六五
支店　大經路寳山前

親切丁寧
技術本位

中京軒

日本領事館前
永樂町三丁目三一ノ一

新京理髪案内

新京乗物案内

首都乗用馬車人力車營業組合
祝町六丁目二番地
電話3－6966
3－4333
新京の觀光は名物の滿洲幌馬車で
コース案内
第一コース
市内、寛城子、南嶺の各戰跡廻り
第二コース
市内、南嶺戰跡廻り
第三コース
市内、寛城子戰跡廻り
第四コース
市内廻り
尚は料金、所要時間其他詳細は驛構内出張所（電三－四〇四二番）又は新京觀光協會へお問合せを願ひます

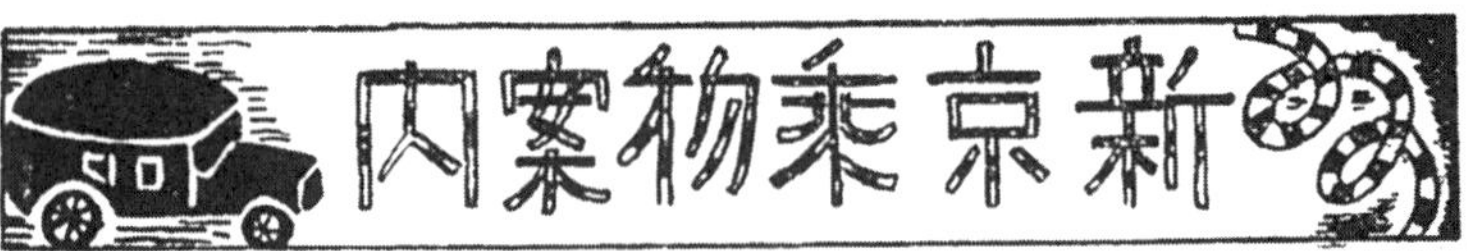

京タク

名實ともに
國都の
ナンバーワン

觀光客の御希望に依り、毎日隨時快適な遊覽タクシーを御差廻し申上げます。

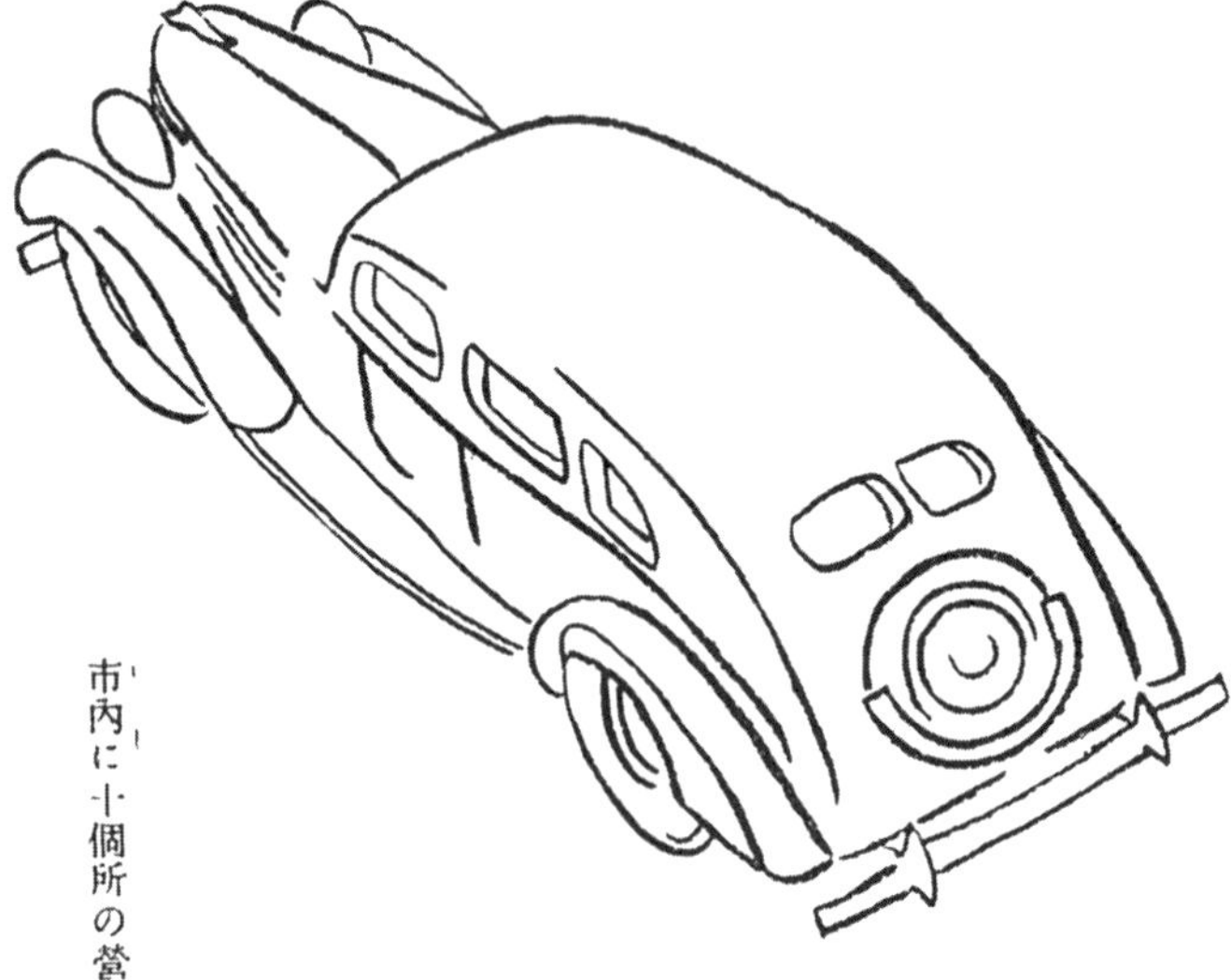

市内に十個所の營業所あり

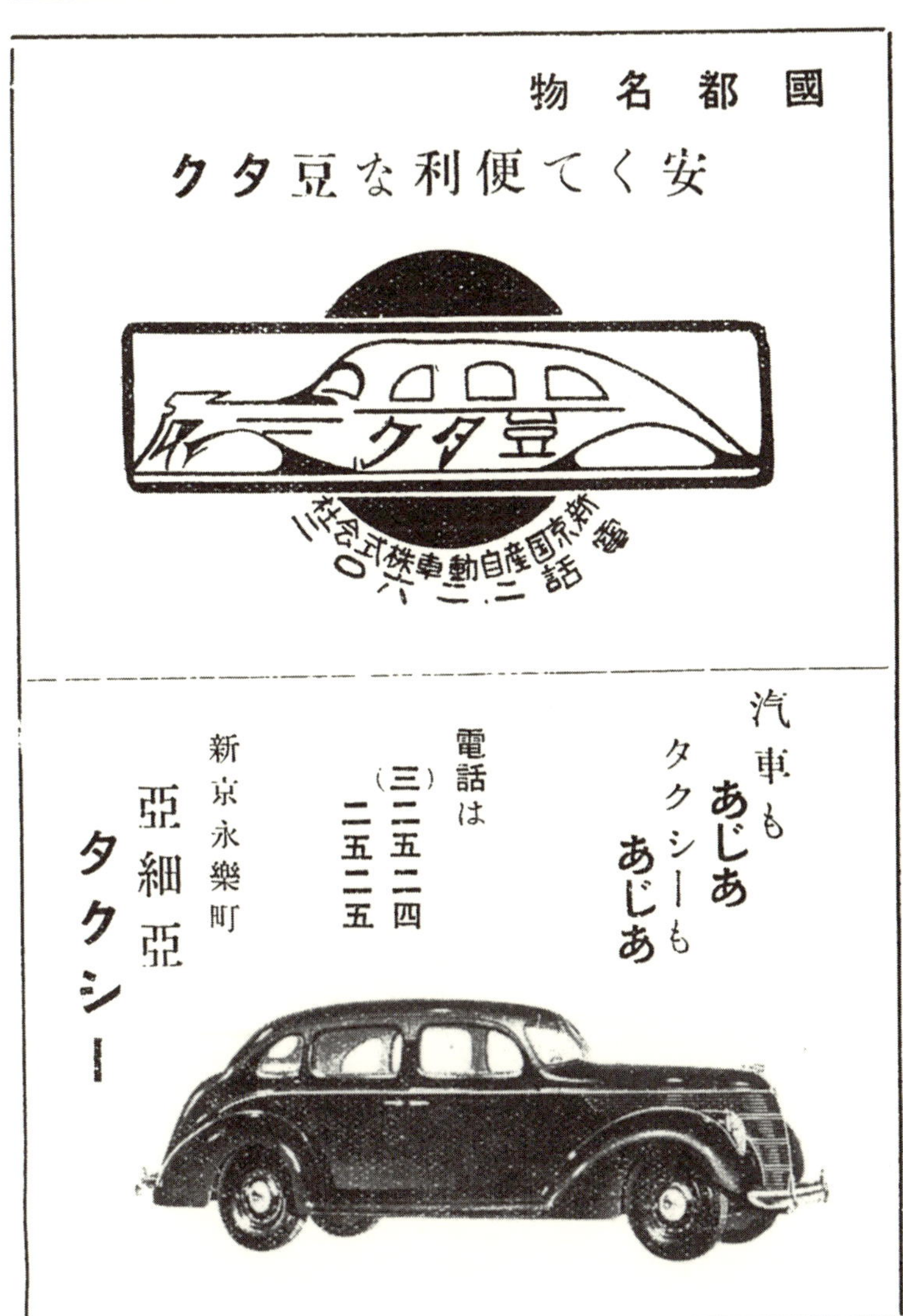
新京乗物案内
國都名物
安くて便利な豆タク
豆タク
新京国産自動車株式会社
電話 二.二六〇三
汽車も
あじあ
タクシーも
あじあ
電話は
(三)二五二四
二五二五
新京永樂町
亞細亞
タクシー

新京仲介案内

新京仲介案内

電話と金融

賣買
いづれも迅速に
御取扱ひ致します

金融
即時・長期・秘密
極く御手輕に……

月賦
僅かなアタマ金で
御買入れ出來ます

萩本電話店

入船町一町目二二
電話（三）六二六七番

新京仲介案内

後記

本書が世に出るのは、全く滿洲事情案内所長奥村義信先生の、懇篤なる御教示と激勵の賜である。殊に御多忙の砌に、一々御校閲下さつたことを特記して謹んで先生に感謝の意を表し、あはせて讀者諸賢に、安心して讀んでいたゞける所以としたい。

出版をいそいだ關係で、原稿が出來るに從つて印刷に廻したゝめ、豫定の頁數を六十頁も超過してしまひ、遂に「新京の經濟界」「新京の生活」の二章は全部組み上つてゐながら、削除せねばならなかつたのは遺憾である。重版の際は是非加へたいと思つてゐる。

本書は國都を訪れる觀光視察の旅客に贈る「案内書」であると共に、私の新京生活の「報告書」でもある。先づ一本をとつて故國の母に獻ずることをゆるしていたゞきたい。

康德五年十二月二十七日印刷
康德六年一月一日發行
定價金一圓

第一刷 五千部

編輯兼發行人　永見文太郎　新京特別市入船町一ノ二三
印刷人　關貞　奉天市鐵西區中央路二三
印刷所　興亞印刷株式會社　奉天市鐵西區中央路二三
發行所　新京案内社　新京入船町一ノ二三　電話③六二六七番

青李
装

百般無料御相談に應じます

新京商工公會

商工相談所

新京中央通り四三國通ビル三階

電話③三六〇二・③四三一一―（七三）

康德六年五月十七日　印刷
康德六年五月廿日　發行

定價一圓

編輯人　新京西四道街十三號　孫化南
發行人　新京西四道街十三號　三浦一
印刷人　新京永樂町三丁目二六番地　四戸友太郎
印刷所　新京永樂町三丁目二六番地　三友社印刷所

發行所　新京西四道街十三號　新京商工公會

商號	氏名	住所
—百貨店—		
赤木洋行	赤木常盤	三笠町　三ノ二
金泰洋行	石黒仙治郎	日本橋通　三五
現代號	茅本ツギノ	東二條通　二二
日滿百貨店	田村英雄	日本橋通　八五
寶山洋行	前田伊織	新發路
泰發合株式會社		四馬路口
株式會社東亞三中井		大同大街　三〇五
株式會社ニツケギャラリー		大同大街　二一三
合資會社平本洋行		吉野町　二八
玉名魁株式會社		南大街　一六〇
株式會社秋林洋行支店		日本橋通
振昇合合名會社		祝町四丁目　一三
合名會社順德商場		大馬路西側　六一
—興行場—		
新京キネマ	岸本朝次郎	祝町　二ノ二五
文化大戲院	針谷彌一郎	新京記念公會堂
銀座キネマ	渡邊英三郎	吉野町　一ノ一四
新京電影院	赤羽一二	日本橋通　八〇
朝日座	岸本朝次郎	西七馬路
株式會社長春座		吉野町　三ノ五
合資會社豐樂劇場		豐樂路　四二
光明公司合資會社		永春路　六八
帝都キネマ株式會社		新發路

—湯　屋—

綠湯	横田初子	室町　二ノ一
日之出湯	池田武範	祝町　三ノ二
昭和湯	北田龜吉	入船町　三ノ一三
あけぼの湯	永野逸義	曙町　四ノ一六
瀧の湯	稻本アイ	〃　二ノ二〇
草津温泉	藤本フジ	大經路　二七
たこの湯	大沼平太郎	東七馬路永康莊內
壽湯	大谷朝一	老松町　一六
豐樂湯	龜谷玉藏	豐樂路　一〇五
月の湯	久保田源次郎	三笠町　三ノ一四
みくに湯	青木乙次郎	富士町　二ノ一五
株式會社長春浴池		大和通　八
合名會社泉澡塘		西四馬路　六七
淞江浴池無限公司		大馬路　三五
新民浴池無限公司		新市場新發胡同

日　本　人　側

—旅　館、下　宿—

旭ホテル	森重六	日本橋通　六
名古屋ホテル	遠藤信平	〃　一〇ノ二
金華寮	石井亥之吉	中央通　一五
滿蒙ホテル	石野スミ	〃　二五
蓬萊ホテル	宮崎三保治	〃　一九
中央ホテル	松原マル	〃　五四
万屋	平野サダ	日本橋通　八〇三
大都ホテル	大久保百氏	〃　一五
八島館	針金スギ	東二條通　五八
大和新館	大道熊一	〃　五五
協和旅館	岡田ヨシヲ	日ノ出町　二ノ六

滿日館	勝目維泰	東五條通	一五
曙寮	名倉コヨシ	大和通	六六
靜養館	廣部キミエ	〃	六五
大國ホテル支店	田仲リヨ	〃	六〇
新京館	中島長于	〃	五九
朝日館	渡邊チサ	朝日通	二三
松翠館	松下チシ	〃	八三
都ホテル	小林竹次	〃	六一
國際ホテル	丸山トモ	中央通	七
東洋旅館	淸水梅野	〃	一三
富士屋	五味武太郎	〃	五
國都ホテル	千葉千代	〃	三五
梅屋旅館	杉尾キノ	三笠町	一ノ四
同和號	多久島綾	富士町	五ノ四
新京ホテル	西村淸兵衛	〃	二ノ二八
大寳旅館	松埼房代	〃	二ノ二六
喜久屋旅館	藤山シゾヨ	吉野町	四ノ五
大丸旅館	小森レイ	〃	一ノ一八ノ二
滿蒙旅館	菊池トミエ	大和通	三
昭和館	川田彥七	〃	一
國華ホテル	鈴木秀太郎	日本橋通	七五
北海館	是安利雄	〃	六九
新都旅館	藤山與作	大和通	七四
向陽ホテル	元木幸	〃	七三
蔦屋旅館	辻田政治郎	梅ケ枝町	三ノ一六
常陸旅館	野村民	西五馬路	
大福旅館	藤山與作	〃	二三
朝日閣	井上包淸	西七馬路	二
大新ホテル	大道熊一	新發路	一〇四
富士本館	池田ヒサエ	新發南胡同	一五七
	後藤春	〃	一ノ五
松屋旅館	中村熊吉	興安大路	二一二

— 4 —

常盤旅館	相原楚一	三笠町	二ノ八
吉田屋旅館	光永マツ	〃	一ノ一八
新京閣	藤本茂人	入船町	四ノ七
紅葉館	田代秀作	〃	三ノ五
甲陽旅館	山中政一	大經路	一〇
帝都ホテル	津田ツネ	〃	九三
八島分館	村口柳	〃	一〇
かちどき館	中野都	〃	
圓満旅館	松尾ミエ	太平街	二二
京都旅館	三田たか	永樂町	三ノ二三
雲仙荘	熊谷トク	〃	三ノ八
永樂荘	齋藤豐	〃	三ノ二
豐屋旅館	小倉リセ	〃	二ノ六ノ二
梅ケ枝旅館	小原峯吉	梅ケ枝町	四ノ一六
高麗旅館	金昌東	大經路	四七
千代本	永野シズ	寛城子二酉街	一一七
アシア旅館	栗山七之助	南嶺同仁鄉東	六〇一
	本越クスエ	〃	西一一四
白雲閣	今野ヨシエ	百滙街	六〇二
京都ホテル	菅沼タネ	安達街	五〇六
竹中館	竹中ネン	清和胡同	二一〇
丸福	加藤力次郎	〃	七〇一
大成館	松本月花	室町	四ノ五
山陽館	松本繁之	曙町	二ノ六
大丸旅館	寺崎竹次郎	錦町	一ノ五
喜多旅館	喜多連	羽衣町	一ノ二
平和旅館	文成道	東二條通	六二
平山旅館	崔貴鳳	日ノ出町	二八
漢城旅館	崔福順	富士町	三ノ一〇
半島旅館	崔鶴植	〃	三ノ一二
漢陽旅館	金呂珠	〃	三ノ一二
日隆旅館	金道根	三笠町	四ノ一五

大滿旅館	崔鐘喆	永樂町　三ノ一七
朝鮮下宿屋	金志愛	梅ケ枝町　三ノ二六
大同旅館	趙黄信	〃　四ノ一二
山形屋	灰田靜	東五條通　一六
杉山旅館	杉山キヨ	三笠町　三ノ一〇
三笠旅館	久野源吾	〃　三ノ五ノ二
巴旅館	八卷虎吉	東一條通　五
フランスホテル	德本長松	日本橋通　六三
田中屋	田中貫	東二條通　一
室町ビル	木村勉	室町　二
滿靜館	高野ます	祝町　二ノ二一
平安莊	日當岸雄	大馬路　三二
合資會社愛國ホテル		吉野町五丁目　一

—娯　樂　場—

モンテカルロ	春日斐男	豐樂路　七〇九
青陽クラブ	池田武範	祝町　三ノ二
アサヒ碁クラブ	栃尾彥三郎	〃　二ノ二五
大三元	濱地サダヨ	室町　二ノ二三ノ四
室ビルクラブ	菅野毅一	〃　二ノ三
勝彌倶樂部	坂本千代	浪速町　二ノ一六
一條クラブ	宮地マツ	彌生町　二ノ一
ビリヤードミネ	峯武夫	室町　二ノ七
新京會館	鹿内タキ	入船町　四ノ三〇
入船クラブ	濱田チカ	〃　二ノ二五
ミフジ撞球場	田邊ユリ	曙町　四ノ九
綠一色	青木運之助	老松町　一ノ二
朝日クラブ	片山アサ子	〃　四ノ五
ビリヤード松龍	矢岸直子	〃　一八
ゲームボール	内田藤松	西五馬路　六

遊樂園	福泉ノキ	西五馬路　新民戲院前
當利屋	渡邊カツノ	〃　〃
公余麻雀クラブ	木村富喜	西四馬路　八九
R、C、R　クラブ	藤浦濟人	永樂町　一ノ六
帝都クラブ	田中太次郎	新發路　帝都ビル
人形屋	川本瞬市	新發南胡同　一一〇
交樂莊	天野千代	豐樂路　七〇一
都クラブ	富田直三郎	〃　四〇二
東邦クラブ	西田ミイ	中央通　六八
朝日ビリヤード	三橋千惠子	朝日通　一九
ダイヤ、クラブ	川原田チヨ	東二條通　一二
大洋クラブ	淺野敬子	〃　五八
大同館	植田利助	東三條通　二〇
一樂堂	宮崎シズ	〃　一八
オリムピツク	矢尾ウメ	三笠町　二ノ一一
福喜亭	池田德永	吉野町　四ノ七
祝クラブ	藤井春代	〃　二ノ二六
黎明莊	持田ウタ	百滙街　五一七
竹遊莊	谷口勳	興安大路　五三二
キング、クラブ	山本ナエ	〃　五三二
興安倶樂部	川瀨銀次郎	〃　三二一
三友クラブ	中洲仲藏	安達街　二〇八
キヤピタル	王繼叔	三笠町　二ノ一七
祝クラブ	石橋ハツ	祝町　二ノ九
ビリヤード紅白	梅川武雄	吉野町　二ノ一〇ノ四
マース	峯武夫	〃　二ノ一八ノ三
銀座クラブ	三賀山キミ	〃　一ノ一三ノ二
カチカチ山	濟水ラク	〃　一ノ五
大和クラブ	中山イト	曙町　三ノ二
	北田シズエ	〃　二ノ二九

― 寫眞館、及寫眞機商 ―

乾寫眞器店	乾辰三	吉野町　一ノ一九
シネサーヴキス支店	田中榮藏	朝日通　八七
朝日社	阿部朔陽	東二條通　二一
永濟寫眞館	下川洋	日本橋通　四七
二葉寫眞館	伯川軍次郎	東一條通　五八
池田寫眞館	池田芳熊	大和通　三一
滿洲映畫	喜多初次	中央通　一一
山本寫眞館	山本晴雄	〃　五〇
吉岡寫眞館	吉岡直愛	〃　二七
林田寫眞館	林田新平	〃　一七
三楊社	馬場人潮	〃　一三
光園社	岩本巖	日本橋通　二六
藤坂寫眞館	菅沼直人	〃　一九
佐々木寫眞館	佐々木康二	吉野町　一ノ二三
光寫眞館	宮木喜久二	羽衣町　一ノ二
野田青陽寫場	大方シホ	吉野町　二ノ一
双美寫眞館	大野茂	〃　二ノ一〇
岡寫眞館	岡哲生	三笠町　一ノ二二ノ三
中村寫眞館	中村才藏	羽衣町　一ノ六
大和寫眞館	尹榮祥	永樂町　三ノ一九
小西寫眞館	小西吉雄	興安通　三四
白菊會館寫眞部	中野武夫	白菊町　四ノ一
矢島寫眞館	矢島雄次郎	南嶺同仁　東三〇八
青陽寫眞館	弓弦富太郎	祝町　三ノ二
北澤寫眞館	北澤安久	曙町　四ノ九
二宮寫眞館	二宮史郎	大經路　一六
森脇寫眞館	森義夫	〃　一五
林寫眞工藝社	林秀夫	新發路　一〇四

一請　負　業一　土木、建築、衛生、煖房、電氣

株式會社福昌公司新京支店		八島通　四二
株式會社伊賀原組		清和胡同　三一〇
合資會社三共建築事務所		日本橋通　八五
合資會社高山組		入船町　二ノ一七
合資會社清水モルタル公司		富士町　五ノ六
合資會社大同組出張所		祝町　三ノ三
日本舗道株式會社出張所		曙町　三ノ二二
東亞興業株式會社		清和街　一〇一
株式會社滿洲飛島組		朝日通　八一
合資會社菊地組		中央通　二六
合資會社北田工務所		入船町　三ノ一三
合資會社草場組新京支店		建和胡同　一一七
株式會社錢高組新京出張所		八島通　一八ノ二
合資會社西本組支店		羽衣町　四ノ一六
合資會社西川組		老松町　一一
合資會社二豐組		千鳥町　一ノ三
株式會社松村組出張所		中央通　一九
株式會社松本組新京支店		崇智胡同　二〇八
增成助力工業株式會社支店		中央通　四二
合資會社越智組		朝日通　三三
株式會社阿川組		日本橋通　一六
合資會社三田組支店		室町三丁目　二
合資會社蔦井組		朝日通　七三
合名會社辻組支店		豐樂胡同　二〇七
株式會社清水組支店		八島通
合資會社旭土建公司		豐樂路　六一一
合資會社丸山組		羽衣町　一ノ二
芝電氣商會	芝廣馬	東三馬路平康里　一二
	松下裕三	西七馬路
助川組	助川保三	桔梗町　二ノ一二ノ二

上本組出張所	上木仁三郎	芙蓉町　二ノ一一
佐藤組	佐藤安吉	興安街　三〇七
河村組	河村憲吉	興亜街　三一五
梅本組	梅本鶴松	昌平胡同　三〇四
須田商會	須田武夫	建和胡同　一二〇
荒井保温事務所	荒井新平	崇智路　一〇四
	福田長三郎	室町　三ノ七
	小堤安太郎	浪速町　二ノ六
	長谷川大吉	〃　二ノ四ノ二
興和公司	佐川篤	新發路興和ビル
國際ネオン	杉本嘉一	新發路　一二號
五十嵐組	五十嵐辰豊	〃　二〇七
松澤商會	松澤萬三人	北安南胡同　六〇四
鈴木組	鈴木秀吉	清明街　二一六
岡田商會	岡田陸日	興安胡同　一〇二
村松組	掛井岩太郎	〃　一〇五
田中組	江頭卯三	豊楽路　一二三
猪口組	猪口五八	日之出町　二ノ二
荒木商店	荒木定重	興安大路　五二六
椿組	久保田金四郎	〃　一三〇
今井組	今井行平	祝町　一ノ五
範田商會	中村新	梅ヶ枝町　一ノ九ノ二
松永組	松永三好	梅ヶ枝町　四ノ一〇
	堀川岩夫	清和街　七二三
寺前商店	寺前乗吉	昌平街　一〇五
宮崎組出張所	田中卓二	祝町　二ノ一八
日滿電友社	金谷正幸	西三馬路
植竹組	植竹多一	梅ヶ枝町　一三
吉川組	永吉由蔵	〃　二〇
三成組	鈴木文吉	西五馬路
柳田洋行	柳田丈一	入船町　二ノ二九
杉山製作所新京支店	杉山久	興安大路　一二三

田中勝商會	田中勝藏	興安大路	二二五
今井商會	今井主	豊樂路	七〇五
中和電氣	鈴木次郎	吉野町	二ノ一八
齋藤組	齋藤辰三	入船町	四ノ二三
生駒組	生駒楠之助	〃	四ノ一七
同和煖房	川越千代治	〃	四ノ一五
酒井組	酒井茂雄	〃	四ノ一一
滿洲電氣商會	簗瀬泉	日本橋通	四九
	柳瀬元一	祝町	五ノ一四ノ四
中島商店	中島平治	朝日通	八一ノ六
大高組	大高功之助	〃	八七
福井高梨組	福井猪和太	〃	七七
岡組	長嶺德市	〃	七九
中島組	中島清作	入船町	一ノ七
倘厚温組	鈴木武二	梅ケ枝町	三ノ九
辰村組	辰村米吉	〃	三ノ一一
坂本電氣商會	坂本憲二	吉野町	一ノ三
吉原組	吉原由太郎	曙町	四ノ六
脇坂商會	脇坂源太郎	〃	四ノ一
同和電氣商會	肥後俊武	吉野町	一ノ一六
入江商會	入江達也	曙町	三ノ二二
大陸工業所	細谷陸治	〃	三ノ二二
	奥野榮三郎	〃	三ノ二二
	竹市鐵次郎	〃	三ノ一六
山崎建築事務所	山崎�五郎	〃	二ノ二二
千鳥商會	千鳥輝	〃	二ノ二〇
岩城電氣商會	山城萬兵衛	三笠町	四ノ五
田村洋行	田村松治	日之出町	二ノ一六
高山組新京出張所	北山喜一郎	室町	四ノ七
日之出商工	雄松高見	大經路	九
錦戸商會	錦戸クニ	八島通	四〇
田丸屋	吉川隆一	慈光路	五〇四

ワシノ商會	鷲野幸太郎	曙町　二ノ二五
東亜土木企業株式會社		興安大路　五一四
合資會社長谷川組		興安通　二九
豊國電氣商會	小林金六	興安大路　三〇八
撫順山崎組出張所	植木章夫	慈光路　五一〇
福高組	高尾辰己	大經路　三九
高橋電氣商會	高橋榮次	梅ケ枝町　四ノ二
川上但商會	川上但馬	大經路
足立組	足立藤四郎	大經路　第三市場
共和工業所	平川兩市	〃　第三市場
大原組	大原廣	天賚胡同　二二〇
サカエ商會	江口磯二	室町　三ノ二
竹山商會	宮本靖三	曙町　二ノ一八
小西組	小西鹿藏	〃　二ノ一八
泰信組	井上三治	崇智路　一一二
野口裕濟電氣工業所新京支店	櫻井一二	崇智胡同　二一二
德永組	德永京太郎	安達街　一二四
弘隆組	永塚信晋	浪速町　二ノ二
植村電業社	植村輝雄	濟和胡同　一〇四
關東組	關東慶之助	〃　三二〇
	高野彌太郎	〃　六〇七
松浦組	松浦伊平	〃　四〇
榊谷組	榊谷仙次郎	〃　四一
沖組	沖城吉	日本橋通　六五
柳生組	柳生助一	〃　四五
風柳煖房商會	風柳武次郎	興安大路　三一四
漆原工業所	漆原萬次郎	安達街　二一一
森本組	森本千吉	錦町　四ノ三
畠山組	畠山源五郎	常盤町　一ノ一六
	大平竹松	〃　一ノ六
辻商會	辻竹次郎	〃　一ノ二
柴田建築事務所	柴田正	蓬萊町　一ノ六

原健組	原健太郎	西七馬路
同興和元記公司	平野行造	西四道街　四
安室組	安室博通	東三道街　三五
牧野煖房商會	牧野利治	清明街　二一〇
中野組	中野八松	櫻木町　三ノ二三
大成組	太田道雄	〃　四ノ二四
杉山組	土方繁夫	〃　四六
新京資築工社	西村經太郎	〃　五三
橋本組	橋本政木	興安大路　一三一
鈴木佐官工事部	鈴木純平	豐樂胡同　一三三
	佐藤卯三郎	豐樂路　七一六
一郡商會	一郡益太郎	豐樂路　一〇五
井上組	井上伊七郎	曙町　二ノ一六
合資會社市川組支店		老松町　一四
康德組	田中勝	建和街　一〇四
吉瀨商店	吉瀨政行	豐樂路　三一四
安部煖房商店	安部勇治	〃　一四〇
中西電氣商會	中西忠兵衛	〃　一二六
同和公司	小林龍勇	千鳥町　一ノ一一
田中組	大野信重	興安通　三
近藤組	近藤嘉壽直	大和通　四七
川崎洋行	川崎俊潔	〃　三三
大同電氣商會	福原龜雄	八島通　三六
原田商店	原田正雄	大和通　七六
	上瀧貫	朝日通　三三ノ一二
松浦組	松浦內經	東二條通　三五
西田組	西田金二郎	東三條通　五六
渡邊商會	渡邊恒男	昌平胡同　二〇九
合資會社淵上電氣商會		永樂町　三ノ二〇
林洋行	植山幾次郎	興安通　一〇
合資會社入舟工作所		住吉町　四ノ四
森電機製作所	森千三	興安大路　五二六

	新中圭一	興安大路　五〇九
尾崎アスフアルト工業所	尾崎晴雄	〃　四〇六
	池谷儀三郎	西四馬路通順二條胡同　一八
岳南組	前田牛蔵	西三馬路

—工　務　所—

千々岩工務所	千々岩榮	和泉町　二ノ二二
新京田中工務所	上田勇吉	建和街　一〇二
木岡工務所	木岡元太郎	昌平街　三〇二
神山工務所	神山陽隆	入船町　二ノ七
中川工務所	中川榮次郎	東六馬路　一〇
佐竹工務所	佐竹善太郎	永樂町　四ノ五
東間工務所	東間貞伊	錦町　四ノ一三
鈴木工務所	鈴木留吉	室町　四ノ一
秀島工務所	秀島安那	〃　二ノ一七
塚木工務所	塚本馨	曙町　二ノ一二
安木工務所	安木芳之助	〃　二ノ一五
田中工務所	田中三郎	〃
坂本工務所	坂本宇之助	入船町　三ノ一九
日登工務所	間瀬義一	祝町　二ノ二一
松名工務所	松名周治	慈光胡同　五一〇
廣田工務所	廣田孝雄	大經路第三市場　一九
齋藤工務所	齋藤梅吉	中央通　六八
成川工務所	成川憲治	建和胡同　二八
眞田工務所	眞田金城	羽衣町　二ノ一〇ノ二
益田工務所	益田千代治	〃　二ノ五
	結家幾治郎	〃　四ノ八
澁谷工務所	澁谷從容	昌平胡同　一〇六
西松工務所	西松實	慈光路　三一〇
河村工務所	河村朝	朝日通　八一

齋藤工務所	齋藤一三三	梅ケ枝町　一ノ一二
末廣工務所	末廣清一	東五條通　四
神谷工務所	神谷與重	花園町　二ノ五
角谷工務所	角谷吉之助	長春大街　二〇八
小峪工務所	小峪安太郎	濟和街　七一七
川崎工務所	川崎留五郎	安達街　七一〇
久田工務所	久田民三郎	梅ケ枝町　四ノ八
木島工務所	木島政吉	〃　三ノ八
長谷川工務所	長谷川勝治	西七馬路　五
大榮工務所	小野田榮	三笠町　三ノ三
蜂谷工務所	蜂谷留藏	豐樂路　一二七
塚本工務所	塚本寧	中央銀行現場內
合資會社多田工務所支店		興安通　三六
岡村工務所	岡村正治	昌平街　二〇一
森上工務所	森上克	興安大路　一三三
日進工務所	今坂德次郎	西三馬路　二三
寺田工務所	寺田由助	吉野町　一ノ一九ノ四
合資會社田中工務所		建和街　一〇二
合名會社長谷川工務所		曙町　三ノ二〇
合資會社昭和工務所出張所		日本橋通　二七
合資會社水間工務所		崇智胡同　二一二
合資會社同和工務所		日ノ出町三丁目　二
中島工務所	中島建吉	慈光路　四一七
安武工務所	安武侑三郎	吉野町一ノ五四
合資會社山田工務所		大和通　五三
丸全工務所	全然諦	梅ケ枝町　四ノ一二
中野工務所	中野禮一	三笠町　二ノ一二
渡邊工務所	渡邊長太郎	慈光路　四一二
力竹工務所	力竹新一	昌平胡同　七〇五
松尾工務所	伊藤新	〃　七〇六
松浦工務店	松浦榮太郎	軍用路　二一
池谷工務所	溝端楨太郎	南嶺同仁鄉　東三〇五

淸水工務所	淸水熊次郎	永昌路　四〇一
增田工務所	增田淸	建和街　二〇六
飯田工務所	飯田富三郎	興安通　二二
市瀨工務所	市瀨良胤	櫻木町　一

一建築用材料一

吉備洋行	谷一一	東二條通　五六
新京建材社	加來富男雄	〃　三八
小山建商店	小山宇一	朝日通　七五
江口商店	江口定次	入船町　三ノ一九
藤川商店	藤川保雄	豊樂路　七〇七
平手商店	平手良三郎	大經路　九三
科野洋行	淺井庄一郎	東三條通　四〇
大新組	赤羽一二	祝町　三ノ九ノ四
和田恒商店	和田恒	永春路　四五
松澤商會	松澤萬三人	北安南胡同　六〇四
寺田洋行	寺田武雄	軍用路東　五四
佐藤洋行	佐藤精一	老松町　六
服部商會	服部貞丈	三笠町　四ノ五
山武商會	山本周吉	興安大路　二二二
佐野商店	佐野日出雄	中央通　六八
新京窯業公司	手島常夫	桔梗町　二ノ五
瀬登洋行	早川隆喜	長春北胡同
協和公司	佐藤喜左衛門	曙町　二ノ一四
合名會社天野商店		老松町　三ノ二

一鐵　工　所一

大同鐵工所	安藤芳吉	東三道街路南

宮崎鐵工所	西本唯久	住吉町　一ノ八
長春鐵工所	高屋豊臣	高砂町　四ノ六
協和鐵工所	西坂勝尊	大經路　三三
猪口鐵工所	猪口孝重	西七馬路　一〇
有津鐵工所	有津傳一	西五馬路　八
大同鐵工所	安藤芳吉	東三道街　九四
久本鐵工所	久本秀雄	西四馬路　八
合資會社菅川鐵工所		尾上町　四ノ四
猪口鐵工所	猪口質重	治安部　北側
內海製作所	內海辰雄	永春路　二七
渡邊鐵工所	渡邊春吉	入船町　二ノ一三
謙和鐵工所	瀧本醫	住吉町　一ノ八
新京金網製造所	池田幸一	興安通　一一
江越鐵工所	江越八郎	軍用路新安屯新安街　五
山崎鐵工所	山崎鷹雄	軍用路青雲街　三
住吉鐵工所	熊生長男	浪速町　二ノ一一ノ二
吉田メツキ	吉田晴吉	住吉町　六ノ二

一石　材　商一

伊通石材公司	杉浦眞作	千鳥町　一ノ九
內田石材新京出張所	內田初太郎	入船町　二ノ三
合資會社河田石材店		大和通　六四

一 鐵器、金物、金具商 一

田村洋行	田村源平	豊樂路　一二五
中屋商店	中屋傳右衛門	日本橋通　九一
三和洋行	瀧本例	〃　五五
安坂新京支店	安坂岩雄	長春大街

高田商行	高田秀義	日本橋通　五七
奉天鐵工所	白石常一	八島通　三六
船越商會	船越喜代治	日本橋通　五六
天信洋行	前田隆三	永春路　三〇
小林洋行	小林節郎	西四馬路通順胡同　六
鹽塚商店	鹽塚淳孝	老松町　八
西脇洋行	新宅啓三	三笠町　二ノ六
隆盛洋行	森坂英雄	慈光路　五〇二
小川洋行	小川　繁	大馬路
西所金物店	西所鍩市	大經路
北滿洋行	上川慶三郎	大經路　一六
渡邊鉽力店	渡邊惇一	入船町三ノ一九
坂本商店	坂本スガ	大經路　一六
東茂洋行	池田卯三郎	日ノ出町　二ノ四
淙商會出張所	河向　猛	長春北胡同　一二六
榮記商會	小倉靜江	東三道街　二五
平田商工	平田　繁	近埠街　四〇二
野又商店	野又良吉	室町　三ノ五
山田哲正商店	山田哲正	大馬路　一八
老物華金店合名會社		大馬路　九二
天寶金店合名會社		大馬路　三〇
株式會社熊平洋行		日本橋通　七八

— 家具、建具商 —

日高洋行	日高律雄	興安大路　二〇六
白方洋行	白方秀清	永樂町　二ノ四
片岡洋行	片岡孝明	東二條通　一九
長尾製作所	長尾勝秀	日本橋通　五二
大久商店	大久角兵衛	吉野町　二ノ一八ノ四
品川洋行	高堂武則	日本橋通　五九

東方家具店	東方重義	日本橋通　五二
新泰洋家具店	後藤熊一	大經路
幸田工務所	幸田彦治郎	祝町　五ノ一四
酒井家具製作所	酒井茂喜藏	大經路　二一
鐵屋	白仁田市太郎	祝町　二ノ一八
木村家具店	木村作次郎	祝町　二ノ一四
濱明家具店	濱明　廣	東二馬路　二五
新京工作所	藤崎吉熊	東三馬路二道街　三〇
瀬川洋行	瀬川卯吉	永長路　二五
東洋社	大井嘉一郎	太平街　一六
米山建具店	米山辰藏	豊樂路　四一五
長岡木工店	長岡安太郎	大經路　九六
	及川松吉	富士町　四ノ一
丸高商店	高橋鶴之助	豊樂路　一三〇
松龍洋行	松崎清九郎	老松町　一八
新京木材工作公司	藤岡織太郎	永樂町　三ノ三一
合資會社正和木工所		住吉町　一ノ二
庄司製作所	庄司富三郎	永春路　一〇〇
同和利	田中新吉	曙町　四ノ一〇
宮本商店	宮本東一	〃　三ノ四
三宅商店	三宅清二郎	東一條通　二二
山下建具店	山下平次郎	西六馬路新立屯一條胡同一二
古永堂	古田彌一郎	梅ケ枝町四ノ一四ノ二
西川工作所	西川與惣治	東三馬路平康里一條胡同三三

— 疊　商 —

新京疊店	鵜殿新十郎	東一條通　二六
北山疊店	北山京作	千鳥町　一ノ三
永島疊店	永島高一	三笠町　四ノ五

藤己疊店	藤己政雄	大經路
山村疊店	山村明造	西七馬路
藤山疊店	藤山德一	大經路　一六
中村疊建具店	中村謙吉	永樂町　三ノ五
兒玉疊店	兒玉繁太郎	曙町　三ノ一八
土屋商店	坂本盛雄	入船町　四ノ三
鵜殿兄弟店	鵜殿長壽惠	祝町　二ノ一九
龜岡疊店	龜岡末松	入船町　三ノ二一
公益商會	井手美明	崇智路　一〇二
野中疊店	野中辰次	淸和胡同　二〇一

一 表 具 商 一

丸和洋行	和田文一	軍用路東　一二
淺井表具店	淺井榮次郎	興安通　二九
藤川表具店	藤川勘藏	安達街　一〇八
古永堂	坂口藤喜	淸和街　六〇四
南州堂	福永新助	羽衣町　二ノ二
鈴木表具店	鈴木米吉	大經路第三市場二ノ一八
增三洋行	增田三治	永樂町　二ノ六
尙古堂	福本淸次郎	吉野町　一ノ二
文仙堂	大室兼吉	富士町　二ノ一〇
島本支店	島田角三郎	敷島通　二四
文藻堂	靑井正一	祝町　二ノ五
文泉堂	三宅包子	三笠町　三ノ一八

— 飲食料品 —
— 雜貨商 —

丸福	福島　清	吉野町　二ノ一四ノ四
	山木秀雄	大同大街三中井內
松和洋行	松永健郎	百﨑街　五一六
池田商店	池田才藏	南嶺同仁鄉西一〇一
久保田商店	久保田三郎	〃　　東三〇八
小林商店	小林茂四郎	寬城子二酉街八六
	小西恭介	義和胡同電々購買部
野口商店	野口　弘	大經路　二ノ五
田中洋行	田中義四郎	軍用路東　五五
高倉洋行	高倉竹次郎	寬城子一国街　五九
北辰商會	松本榮次郎	富士町　三ノ二七
興亞寮	岡村フサ子	興亞胡同　一〇一
松本洋行	松本隆次	富士町　三ノ二七
日華洋行	貞金芳夫	興安大路宮下組內
日滿魚店	田村勝明	〃
笹野屋	佐藤四郎	富士町　六ノ二
柴田商店	柴田新之助	〃　　六ノ二
丸原洋行	原　　徹	興安大路　六〇二
	下川正治郎	芙蓉町一ノ三（五四號）陸軍官舍食堂
大連醬油新京出張所	弓岡義一	吉野町　三ノ六
新德洋行	井口文枝	慈光路　櫻木廉賣所
山京商店	篠田精一	慈光路　五一四
森永洋行	森永源太郎	安達街　六一六
	白方穰	吉野町　一ノ一六ノ四
西尾酒店支店	齋藤傳兵衛	大經路　九五
大阪屋	中武勇	大經路
百丸洋行	秋田百生	興安大路　三三一
庄司商店	庄司忠七	〃　　三三五
近江屋	平尾喜之助	大經路　九五

新京商行	朱榮健	興安大路　五〇二
増田商店	増田菁一	新發路　一一三
飯村商店	飯村謙三郎	東四條通　八
金蘭洋行	鳥　フミ	西五馬路
三心洋行	山城イク	入船町　二ノ一五
森川商店	猪山正雄	曙町　二ノ二二
杉尾商店	杉尾正一	豊樂路　五〇一
新京青果	山下義明	東三條通　二七
新一號	原田フジ	豊樂路　一郡ビル
大東公司	小西恭介	豊樂路　公設市場
古物商店	河出惣兵衛	豊樂路　一二〇
京榮洋行	松瀬榮	日本橋通　八六
ますや	加藤　貫	〃　二九
杉尾商店	杉尾正一	〃　二九
水江商店	水江七郎	〃　二九
松清洋行	松林清三郎	吉野町　二ノ二〇
櫻屋商店	高橋賢二	八島通　四〇
西村洋行	西村清兵衛	永樂町　二ノ一ノ二
ミマス	高磯武子	入船町　二ノ二九
三泰公司	上野安彦	中央通　二一
三丸商會	山津眞人	〃　二一
遠藤洋行	遠藤才藏	〃　三六
ミノルヤ	加藤政男	東一條通　三四
野瀬商會	野瀬七兵衛	朝日通　四五
	加山ナヲ	羽衣町　一ノ九
梶原洋行	梶原米吉	日本橋通　二四ノ二
増田洋行	増田重一	朝日通　一七
山木商店	山木秀雄	日本橋通　二九
岩崎支店	岩崎文五郎	朝日通　七一
三浦商店	三浦正夫	豊樂路　六〇一
三友商會	井上愼吾	〃　一二六
藤村商店	藤村要助	豊樂路　公設市場

富貴洋行	齋藤八一	日本橋通　八六
土佐洋行	松岡德良	長春北胡同
	寺澤豊	敷島通　二四八
中野洋行	中野常次郎	日本橋通　八二
森川商店	森川好秋	大和通　五四
宏大洋行	宏重時次郎	日本橋通　二九
細田支店	細田竹次郎	〃　　七二
手塚商店	中田龜吉	永樂町　三ノ九
塚本洋行	塚本喜六	〃　　三ノ一三
藤井酒場	藤井澤一	東三條通　五一
鳳凰商會	内田貫之	祝町　三ノ二
丸平洋行	尾本慶次郎	吉野町　一ノ二六
エナミ屋	阿井民太	祝町　二五
カネイ商會	井上梅季	羽衣町　一ノ二二
村上酒造支店	村上義一	〃　　一ノ一二
德本商店	德本長松	蓬萊町　一ノ三
調辨所	海老名忠司	〃　　一ノ一九
三根洋行	堀田濟	日之出町　二ノ二
クマヤ	相川普一	祝町　二ノ一五
丸昌洋行	杉本紗綾子	興安通　三〇
新京飲料合資會社		富士町　三ノ一七
木村コーヒ店	神原茂	祝町　三ノ七
三富商會	寒川正市	永春路　五二
榊原食料品店	榊原親次郎	室町　二ノ二五
サントス商會	北山悅三	日本橋通　五四
濱崎商店	濱崎秀成	〃
日華洋行	垣内太治馬	吉野町　一ノ一四
鍋田商店	鍋田惠助	日本橋通　二九
大友商店	建部友治	〃　　二九
今田商店	今田定四郎	〃　　二九
原田商會支店	原田謙三	〃　　二九
大新洋行	大新淑生	祝町　二ノ二六

ナダヤ洋行	岡本準次郎	大經路
寶屋洋行	高橋ハジメ	大經路廉賣市場內
大丸鮮魚部	梅田濟太郎	〃
灘屋	三宅美智子	西七馬路　市場
鹿島洋行	近内長次郎	大經路　八
五幸	半田實	西七馬路　市場內
丸吉鮮魚部	德永梅吉	〃
山一新京支店	濱田齊次	西七馬路　七一
丸平支店	尾本慶次郎	日本橋通　二九
クマヤ	大隈貢雄	〃　二九
增田商店	增田重一	〃　二九
	柳田二夫	大同大街三中井內
山本商店	山本忠次	祝町　二ノ一四
安岡洋行	安岡勝美	〃　三ノ一三
三浦洋行	三浦忠夫	永樂町　一ノ八
上田洋行	上田瀞	梅ケ枝町　三ノ二七
上野洋行	都力松	曙町　二ノ二七
カネリ洋行	小林岩夫	梅ケ枝町　一ノ一四
三益商會	李恒茂	永樂町　三ノ二一
泰滿公司	金承光	入船町　三ノ一五
大東公司	小西恭介	興安大路官吏消費組合
三一商店	姜久求	七馬路　一七
合資會社興榮號		入船町　三ノ一一
合資會社唯一公司		曙町　三ノ一四
合資會社サカモト商店		中央通　一七
滿洲醬油合資會社		三笠町　三ノ一七
新京醬油釀造合資會社		曙町二丁目　二四
合資會社福盛洋行		祝町　三ノ五

— 燃料、油類商 —　木炭、石炭、コークス

大陸公司	廣瀬宗藤	朝日通　二五
泰利號	則生德之輔	日本橋通　九二
中和公司	野口辰五郎	入船町　四ノ一一
樂宮號	森口[illegible]	八島通　四六
廣昇號	中島在十治	〃　三九ノ三
	上原明倫	羽衣町　二ノ一
仁和洋行	瀬下企	三笠町　三ノ一七
炭安商店	麻生幾平	錦町　二ノ九
伊東號支店	伊東熊治郎	住吉町　四ノ四
仁和號	中村伊太郎	〃　五ノ四
大昌煤局	稲津典三	蓬萊町　一ノ八
新泰洋行	新田勘左衛門	永樂町　二ノ二
長城公司	山下藤義	南關吉林大馬路　二二
日新商會	千綿孟	建和胡同　二〇八
藤田商店	藤田謹治	東二條通　四七
富大號	大野守成	羽衣町　一ノ八
日東公司支店	武政勝好	吉野町　五ノ一〇
撫順公司	岩橋敏夫	朝日通　四九
新京石油元卸賣株式會社		永長路　一八
出光商會	黒崎與吉	老松町　一四ノ二
泰和洋行	森山弘重	梅ケ枝町　三ノ二六
合名會社泰山行		日本橋通　六〇

— 布　團　商 —

丸榮商店	白瀧秀彌	老松町　一
さぬきや	中村致明	祝町　二ノ四
櫻屋	合田正利	〃　三ノ二
蒲團安	來山秀正	東二條通　四九
岩見屋寢具店	岩見爲次郎	新發路帝都ビル

ダルマ屋	清水主税	祝町　二ノ三
池田フトン店	池田安太郎	吉野町　二ノ一八
合資會社玉屋フトン店		吉野町　一ノ一三

一履　物　商一

手塚履物店	手塚照朝	吉野町　二ノ一六ノ三
小林　〃	小林儀左衛門	〃　二ノ一四
美登屋〃	石川與四郎	祝町　二ノ一
森　〃	森權三	吉野町　二一一
深町　〃	深町友吉	日本橋通　二九
手塚商店	手塚照朝	〃　二九
㊅履物店	湯淺兵三	新發路　一一一
細川〃	細田態	吉野町　一ノ一五
淺吉〃	淺谷直樹	大和通　六四

一靴、鞄　商一

峰靴店	峰信秀	東二條通　五一
金城靴店	永田定次郎	東一條通　一四
浪速屋	大槻尙義	浪速町　二ノ一八
三星靴店	中多豊治	祝町　二ノ四
三康靴店	片岡廣次	三笠町　三ノ二
石田靴店	石田律	西七馬路　五六
大一カバン店	木村きみ子	祝町　二ノ四
岩本商會	岩本泰次郎	老松町　六
タケヤ靴店	久保猛	三笠町　二ノ一一
大塚商店	大塚マサ	大馬路
大長洋行	市川きく	永樂町　一ノ八
信和商店	洪致均	老市場院内小樓

—洋品、雜貨、荒物商—

山崎洋行	山崎清	南大街　二三
愛國商會	上原清	入船町　二ノ五
福元號	岡山朝治	朝日通　一九
三富洋行	阿原昇	南大街　一
岡田洋行	岡田寅一	東二條通　四九
泉雜貨店	泉正之助	祝町　二ノ四
丸福洋行	壽武盛	永樂町　三ノ二
三三商店	洪心耕	北大街　三四
大葉商店	大葉宗善	大和通　三一
瀬川洋行	瀬川彤吉	豐樂路　公設市場
松屋	武富舛八郎	吉野町　二ノ一八
丸美洋行	平尾美明	興安大路　六二八
清和洋行	吉津嘉藏	慈光路　五一四
東京堂	近藤信視	興安大路　四〇二
中通マーケツト	中原熊治	梅ケ枝町　二ノ一ノ二
丸岡糸店	丸岡德太郎	吉野町　二ノ一
石田商店	石田幸衛	寬城子　頭道街
五三洋行	石黒清一	興安大路　五〇八
富久屋	木村一二三	永春路　一〇九
富田屋	富田勝太郎	羽衣町　二ノ二二
福增洋行	竹内三郎	南大街　三區　一二
マルイシ商店	石黒繁治	入船町　二ノ二
勉强堂	橋本光于	吉野町　二ノ二〇
酒井商店	酒井伊三郎	日本橋通　二九
共信商會	李鳳洙	散步關中市街
巴屋商店	西川治三郎	西五馬路
垣内商店	垣内善藏	吉野町　一ノ一一
サクライヤ	藤井淳三	東一條通　二〇

性ノ百貨店	濟水谷公廳	富士町　二ノ一五
エリチ商店	大前コト	室町　三ノ一
大信號	阿知波卯吉	日本橋通　四五
濟水商店	濟水裕太郞	吉野町　一ノ二五
丸美屋	田中保治	〃　二ノ一六
久美屋	森安久美	蓬萊町　一ノ八
㊣商店	村上正夫	大經路　廉賣市場
丸信	阪本豢	西七馬路　市場
香丁屋	柴田精一	吉野町　二ノ二
日之出屋	高野鼈	吉野町　二ノ一
滿洲中央化學工業所	荒川慶治郞	西四馬路通順二條胡同
河久商店	河村久市	三笠町　二ノ一一
合名會社和盛德		日本橋通　二九
合資會社三越糸店		東二條通　五〇

— 吳服、反物商 —

ヤマキ吳服店	木下梅之助	吉野町　二ノ二
關谷商店	關谷貫一	〃　二ノ四ノ四
みしまや	明坂ヒデ	日本橋通　二七
近藤吳服店	近藤瀧右衛門	吉野町　一ノ六
松島商會	方義敬	梅ケ枝町　四ノ四
紅屋吳服店	福田末次	日本橋通　二九
稻垣吳服店	稻垣藤太郞	〃　二九
村岡吳服店	村岡久雄	吉野町　二ノ七
東亞商會	梁在淳	梅ケ枝町　四ノ三八
新共商會	康濟義	〃　四ノ一二ノ四
佐藤吳服店	佐藤看一	吉野町　二ノ五
丸昌吳服店	五藤正直	祝町　二ノ一九ノ四
北村吳服店	北村濟六	祝町　二ノ二四
マキヤ吳服店	佐々木英造	老松町　一ノ一

鈴木京染呉服店	鈴木彌二郎	梅ケ枝町　一ノ一四ノ二
マルタマ	福永善重郎	吉野町　二ノ二〇
篠田呉服店	篠田功藏	東一條通　二五
備前屋	長尾喜久	老松町　五
大昌洋行	明石米市	南大街　三八
豊樂洋行	片田金次	豊樂路　一二一
堀呉服店	堀亭次	入船町　二ノ一
マルマス呉服店	増田孝吉	〃　二ノ一

—洋　服　商—

宮地洋服店	宮地軍一	吉野町　二ノ二〇ノ四
松屋洋服店	武富勝太郎	〃　二ノ五
武井洋服店	武井正夫	富士町　二ノ八
森岡洋服店	森岡一	興安大路　三一九
磯村洋服店	磯村嘉市	大經路　三六
嘉村洋服店	嘉村正明	興安大路　四一三
鮎月洋服店	北原吉市	梅ケ枝町　三ノ二八ノ三
金光洋服店	金鐘淡	日本橋通　七二
中村洋服店	中村[illegible]	興安大路　五〇二
下枝洋服店	下枝重雄	大經路　第三市場
滿越洋服店	小河裕雄	祝町　一ノ三
小川洋服店	小川清	老松町　七
三省洋服店	金命吉	大經路
松田洋服店	松田益太郎	三笠町　三ノ一一
石田洋服店	宮原喜助	祝町　二ノ二一
井上洋服店	井上意啓	大經路　三六
信泰洋服店	島村喜憲	西七馬路
渡邊洋服店	渡邊秀夫	豊樂路　七〇一
エスヤ洋服店	鳥井正太郎	〃　四一二
	杉本定雄	曙町　二ノ一二

アサヒ洋服店	江原榮治	祝町　二ノ二七
吉原洋服店	吉原巖	豊樂路
ナカヤ洋服店	中谷順造	東三條通　三八
益田洋服店	益田五郎	西五馬路
重信洋服店	重信良彦	〃　二ノ一九
スワロー商會	土居文雄	永樂町　一ノ九
富久屋	香川美登	〃　二ノ四
松井洋服店	松井百太郎	〃　二ノ二
山崎商店	山崎孫四郎	梅ケ枝町　一ノ一四
富士屋商店	志賀桃一	日本橋通　九三
幹本洋行	丸山浩三郎	吉野町　四ノ一二
本多洋服店	本多正義	〃　四ノ三
佐藤洋服店	前田重正	〃　二ノ一三
横田洋服店	上田忠穂	〃　二ノ二六
山口洋服店	山口源太郎	西七馬路　八一
下田洋服店	下田安一	〃　六六
勝又洋行	勝又文彦	中央通　五二
エスヤ	鳥井正太郎	日本橋通　二九
富屋洋服店	飯淵勇次郎	千鳥町　一ノ一一
日滿洋服店	崔淑棠	曙町　四ノ一二
第二エスヤ	鳥井正太郎	吉野町　一ノ一一
林洋服店	林鐵雄	羽衣町　一ノ一四
司馬洋行	草刈丙午	長春大街　三〇二
藤久商店	佐藤長七	永樂路　五二
中山洋服店	中山愛英	吉野町　一ノ二一
野田洋服店	野田卯太郎	日本橋通　八二
金城洋行	阿部武雄	吉野町　二ノ一六ノ四
合資會社宮本洋服店		吉野町二丁目

—帽　子　商—

岡田帽子店	宮崎末吉	吉野町　一ノ一
マルヤス帽子店	天野守雄	祝町　二ノ二一

—洋裝、服地商—

スミダ洋裝店	角田武	豊樂路　三一三
十文字屋支店	赤垣幾四郎	〃　六一三
渡邊洋行	渡邊光治	新發北胡同　二〇一
長保洋行支店	宮内孝	祝町　二ノ一四
白百合洋裝店	津田京子	興安大路　五三二
スミラン	後藤勝子	興安通　三一
十文字屋	赤垣幾四郎	東二條通　一四
株式會社滿商丁子屋		老松町二丁目
合資會社加藤洋行新京支店		日本橋通　二五

—時計、貴金屬商—

清眼堂	垣原寅太郎	吉野町　二ノ一二
久永洋行	久永英三	梅ケ枝町　一ノ一四
岩間商店	岩間甲斐之助	中央通　二三
大正堂時計店	手塚倉吉	日本橋通　四七
正直屋	中村秀一	祝町　二ノ一
岡田眼鏡店	岡田貞一	日本橋通　二九
木村時計店	木村隆裕	興安大路官吏消費組合
福田精工堂	島巢幹次郎	三笠町　二ノ九ノ二
寶石堂	德永靜江	吉野町　二ノ八
谷本眼鏡店	谷本維男	敷島通　二四二
よろずや	原田八郎	祝町　二ノ一二
合資會社阿曾時計店		吉野町　一ノ二五

— 書籍、新聞、文房具、紙商 —

泉洋行	泉其次	興安大路　三〇六
大每會	田中勘助	中央通　五〇
誠美堂	岸井悟	大和通　六四
協昭洋行	鈴木進	永樂町　三ノ一四
日本堂	桑原靜男	東三條通　五八
西山萬年筆專門店	西山稔	永樂町　二ノ一ノ二
僕ノ店	井上敏	室町　一ノ一九
オートリ	市川健太郎	祝町　二ノ二
中原洋行	中原啓三	日本橋通　七四
東京堂	吉澤賢治	東二條通　五一
北原紙店	北原廣	日本橋通　四八
大阪屋號書店	大谷愛三郎	豐樂路　六〇八
朝日社	妹尾幾太郎	東二條通　三一
東昌洋行	阿部善一	豐樂路　一一九
劍崎重德	伊藤重德	〃　一二六
高錦社	岩島達之助	大和通　四六
高木紋店	高木喜久治	浪速町　二ノ六ノ四
十喜紙店	中川虎雄	日本橋通　六五
東京堂支店	吉澤賢治	豐樂路　二〇九
三重洋行	土屋高一	中央通　六〇
新京堂	重原三二	東一條通　四〇
長野商會	長野龍雄	大經路　一五
川村吉十郎商店	千葉貞良	〃
鮎川洋行	鶴田定夫	光明路　二〇二
三星洋行	村上清一	西七馬路　一七
肉彈堂	目野英三	吉野町　二ノ七ノ三
大正通信社	貞田偉男	興安大路　二二一
多以良商會	大橋敬直	〃　一二四

文古堂	卷柄武男	吉野町 一ノ一七四
永田洋行	隈鬱治	大馬路
山梨水晶德玉堂	北原光一郎	〃
大學粧房	森井松治	慈光胡同 四〇一
ミツハ商店	小柏和一郎	吉野町 二ノ二二
朝日社西部支店	栃尾幾太郎	興安大路 三二五
天一堂	岡本忠太郎	吉野町 一ノ七
牧瀬商店	香月俊雄	羽衣町 一ノ一〇
山三商會	戸上小三郎	三笠町 三ノ一六
平田印房	平田亀次郎	祝町 二ノ一九
公報社	和田幸之	東四條通 二四
合名會社森野商店		吉野町 一ノ二四
合名會社林洋行		日本橋通 二〇
株式會社幾松堂		東一條通 一六
株式會社文祥堂支店		大同大街 三〇一

—菓 子 商—

明治屋	田口純治	日本橋通 五三
ほていや	伴さわ	朝日通 二一
カガシヤ	上田忠志	東一條通 三四
日向屋	後藤數和吉	大和通 五二
小澤菓子店	小澤博	豊樂路 公設市場
韓勝堂	小泉修治	日本橋通 八四
松本商店	松本昇	永樂町 三ノ二五
ヤマト屋	岩間延秋	中央通 一九
吉野屋	四ツ倉宗次郎	室町 一ノ一九
江戸屋	中林四郎次	吉野町 一ノ二三
三条堂	青山タツ	永樂町 三ノ七
長崎堂	川崎才治	東一條通 五六
日滿製菓所	高柳由太郎	豊樂路 七〇三

西田商店	西田政一	新發北胡同	二〇二
文明堂	森覺馬	興安大路	二二五
松屋	高松元繼	〃	五三四
昌進堂	小野兵一	百瀝街	五二〇
大阪屋	白井品吉	興安大路	三三五
長崎屋	篠原乘一	〃	六二六
峯長养堂	峯直	吉野町	二ノ二八
宮崎商店	宮崎九州男	〃	二ノ二四
忠信菓子店	旧北忠雄	慈光路	五一四
日新堂	和田儀之助	吉野町	一ノ一五
	大新俶生	安達街	五〇八
中島文化堂	中島藏吉	大和通	三一一
一風堂	石井芳市	興安通	二七
風月庵	河西祭江	永樂町	二ノ二
三芳野	久保勝太郎	〃	一ノ六
白十字	十島友宏	梅ケ枝町	三ノ六ノ四
玉屋	吉牟田榮一	永樂町	一ノ八
寶來屋	原敏	日ノ出町	一ノ八
東屋パン店	鎌田榮一	祝町	五ノ一四ノ二
寶來屋支店	山形泰吉	日本橋通	六五
株式會社明治商店新京販賣所		祝町二丁目	二七
國都豆本舗	西澤勝	三笠町	四ノ三ノ二
新京餅	古川七郎	祝町	二ノ一五ノ四
東屋パン店	沖津彌重	祝町	五ノ一四ノ五

—菓　物　商—

廿栗太郎	西郷タツ	吉野町	二ノ一〇
新洋行	新義重	南大街	一五七
菓新	石井今一郎	吉野町	一ノ二二
コドノ果物店	神殿忠男	祝町	二ノ二二

平井洋行	平井一	吉野町　二ノ六
村市果實店	村市一郎	大經路　廉賣市場
中西果實店	中西甲子二	吉野町　二ノ一
中西果實店	中西劭五	興安大路　五三六
協和洋行	福島清	富士町　三ノ二三
中原公司	中原熊治	日ノ出町　四ノ二
辻山洋行	山縣正太郎	東三條通　九

一お　茶　商一

大石茶舗	大石勇	祝町　二ノ九
ミドリ茶園	瀧川登	吉野町　一ノ八
桑原茶園	桑原三次	東二條通　七九

一陶磁器商一

加藤陶器店	加藤義雄	祝町　二一二
致昌號	岩井勝	東四條通　二〇
有田屋	森ミツ	老松町　四ノ一

一植木、盆栽、造花商一

合資會社村田造園		吉野町　一ノ五
梅ケ枝花園	谷口モト	梅ケ枝町　一ノ一四
原田生花店	原田榮之助	東一條通　二三
原田花店	原田榮之助	興安大路　官吏消費組合內
新京花園	岡田昇一	興運路
川口造花店	川口治郎	東二條通　五〇
安川商店	安川紀武	梅ケ枝町　一ノ一四

一藥品商一

新京藥局	坂下千代子	東三條通　五六
西池藥局	西池良氏	吉野町　一ノ八
松井藥局	松井勇藏	豊樂路　一二八
大學堂	前田文次郎	東一條通　九
東洋藥局	西山庄吉	日本橋通　五三
古賀藥局	古賀松雄	大和通　五四
中央藥局	堤勘六	日本橋通　二九
國際藥局	松代井二	〃　六九
三浦洋行	三浦關次郎	東三道街　三四
成瀨藥房	成瀨倉彦	日本橋通　八六
大仁堂藥房	增井信次郎	〃　八〇
藤生號藥房	藤一イ	〃　七八
山口商店	山口初次郎	老松町　一ノ一
杏仁堂	峯彪	祝町　五ノ三
宮崎藥房	宮崎雅種	吉野町　一ノ三
太陽堂	野崎猪久	〃　二ノ一
西澤藥房	西澤廉太郎	三笠町　三ノ二
祝藥房	吉田一馬	祝町　二ノ一五
三昌藥房	熊谷ミノ子	永樂町　三ノ二
順天堂藥房	秋島ミヨ	百滙街　五一七
今井藥局	今井佐太郎	吉野町　二ノ二四
井上誠昌堂藥房	高井源太郎	日本橋通　二四
仁善堂藥局	守屋喜平	興安大路　三一二
アヅマ藥局	東昇	大經路
第一藥局	新宅良造	興安大路　四〇七
興安藥局	難波孚三	興安通　二七
岸回生堂藥局	岸久藏	永樂町　一ノ六ノ二
東亞號藥房	仲田三郎	〃　二ノ二ノ二

合資會社長春大和藥房	吉野町　二ノ六
合資會社亜細亜藥房	興安大路　六〇六
合資會社川上誠昌堂藥局	日本橋通　二六
新京藥品株式會社	豐樂路　二一三

— 理髮、美粧 —

ナショナル軒	中村喜三郎	日本橋通　二二
昭和軒	中通庄太郎	〃　二九
北村美粧院	北村綾子	大經路　三五
新京理髮館	田中太次郎	〃
中京軒	五藤繁一	永樂町　三ノ三一ノ三
松竹第二美粧院	來賓スエ	〃　一ノ九ノ二
ヨヤコ理髮館	田中菊十	〃　一ノ九
老松美粧院	瀧神静枝	老松町　四
玉屋理髮館	岡村一人	〃　三
東洋美粧院	重久モト子	西五馬路
ミツワ軒	大津米吉	東二條通　五〇
加賀谷美粧院	加賀谷きぬ	祝町　二ノ九ノ二
あしべ理髮館	澤田彌次郎	三笠町　三ノ一三
松竹美粧院	來賓スエノ	富士町　三ノ四
吉野美粧院	益尾良治	吉野町　二ノ二二
クロネコ美粧院分院	青木若太郎	〃　二ノ一六
神戸軒	福永正司	〃　一ノ二五
倭一美粧院	野田タマコ	〃　一ノ一
新京理髮館	奥野常男	大和通　六五
阪急軒	有岡源吉	大和通　五三
黒猫	青木若太郎	東一條通　一三
千早會館理髮	白石子之助	千早町　七
富士美髮	山本清	安達街　五一〇
國都理髮	中村金一	慈光路　五一四

長尾美粧院	長尾トラ子	室町　三
泉軒	草野サダエ	〃　一ノ一七
川人美粧院	川人ツネ	祝町　三ノ七
芙蓉軒	大川原徳治	〃　三ノ三
みよし美粧院	川崎カヨ	三笠町　二ノ九ノ二
よしや美粧院	齋藤ヨシ	梅ケ枝町　一ノ一二
美代美容院	近藤美容子	入船町　二ノ九
	小坂義平	新京驛構內
淺沼理髪店	淺沼伊之助	富士町　二ノ一八
	岡師武雄	滿鐵消費組合內
黑水寮理髪部	梅本學吉	和泉町　三ノ一四
	松谷久吉	菊水町　三ノ五
平安軒	吉泰號	東三條通　三六
	高橋要藏	山吹町　二
白菊會館理髪部	橋木傳	白菊町　四ノ一
ハイカラ軒	飯野健孝	興安大路　六二八
	土井明治郎	城後路
	河久根直秀	通化路電業村
ピノー	河野鶴松	永昌路　四〇一
順天寮理髪	西提貨吉	長慶街
關東局地下室理髪部	溝內長次	大同大街
ナショナル軒	宮本初治	大興公司內
電々會社內クラブ理髪部	河合澄子	
だるま軒	川崎眞夫	興安大路　二二二
武藏館	橋木傳	豐樂路　七〇一
スズラン理髪	横田林三郎	〃　一四一
スワン美粧院	荒木サト	豐樂路　四一四

— 塗裝、看板 —

新彩社	高橋忠	常盤町　一ノ一四

山本看板店	山本與三郎	西七馬路　三七
白陽社	田中幸平	祝町　二ノ一二ノ五
玉江看板店	玉江徹	〃　二ノ一六
前田塗裝店	前田吉三	〃　二ノ二〇
龜岡看板店	龜岡幸次	老松町　五ノ二
廣橋塗裝店	廣橋伴太郎	豊樂路　一三五
亜細亜商會	古川義一	東三條通　五八
小林看板店	小林偉志	大經路　六
坂口塗裝店	坂口綱三郎	永長路　五三
村上塗裝店	村上清太郎	浪速町　二ノ一一ノ二
藤田組塗裝部	藤田揚一	入船町　二ノ二一
金龍洋行	山口愛蔵	豊樂路　六〇二
がんす社	石國文吾	曙町　四ノ六
紫雲社	佐藤博信	大經路　八
乘頭塗裝店	乘頭岸蔵	曙町　三ノ四
眞部塗裝店	眞邊鐵次郎	入船町　二ノ七
	山口求馬	日本橋通　五五
河村ペンキ店	南屋再俊	建和街　一〇二
合資會社日ノ丸看板店		入船町　四ノ三
電柱廣告事務所	益子孝義	梅ケ枝町　三ノ三
滿都裝飾店	内永金助	豊樂路　四〇二
林洋行	植山幾次郎	興安通　一〇

— 運動具商 —

三協	田中基博	室町　二ノ一
文海堂	北村幸七	大和通　四九
西山運動具店	西山善吉	三笠町　二ノ一六
ナカツイ商會	中津精一	大同大街　大興ビル内
合資會社ワタナベ運動具店		吉野町　二ノ四

一 樂 器 商 一

山葉洋行	山葉龜五郎	興安大路　四〇八
谷口昇商店	齋藤照夫	室町　二ノ二一

一 蓄音機、ラジオ商 一

大久保商會	大久保隆司	日本橋通　八二
日信洋行	佐藤實	吉野町　一ノ二五
和登商行	小松慶次	曙町　二ノ二四
池上洋行	池上粂市	大經路　一一一

一 武器、武具商 一

日滿軍需品商會	濱田喜市	新發路　一一三
井上刀劍店	井上愁三郎	室町　一ノ一七
佐倉刀劍店	佐藤倉之助	〃　二ノ七
長船刀劍店	井上正光	〃　二ノ一
日本軍需品商會	宮崎嘉知藏	八島通　二四
坂本商店	坂本治一郎	中央通　一一

一 洗濯、染物業 一

安部洗布所	安部嘉吉	春日町　四ノ二
篠崎商會	篠崎諒重	大經路　一六
巴屋ランドリー	大場ツキノ	西四馬路樂禮胡同　一五
松井クリーニング工場	松井悌次郎	興安胡同　二一四
熊本クリーニング	溝上留八	大和通　五二

ホームラン洗布所	水守政年	東五條通　一九
ミノヤ	中長太郎	東二條通　三九
長崎屋	坂田政一	〃　　三六
新京クリーニング交會	椎葉敬作	敷島通　二四九
ハタゾメ工場	安藤三四郎	大和通　六四
大橋商店	大橋理四郎	梅ケ枝町　四ノ二
京張屋	南海幾松	興安通　五
カワキヤ	朴英担	南嶺同仁鄕西　二一〇
山口屋洗布所	遠迫菊之進	軍用路住田街　二
アジア洗布所	川上金作	〃　太平街　二
內山クリーニング	猪口重晴	寬城子二酉街　三二
京屋洗布所	鳥羽瀨トメ	永春路三區地
アカシヤ洗布所	山本喜一郎	大經路　八〇
スピード號	井手勝	入船町　四ノ二七
吉川屋	設樂恒七	曙町　二ノ一六
アカギヤ	武部三郎	羽衣町　一ノ一六
國際クリーニング	中山政男	尼上町　六ノ八
蝶屋	黑川タヅ	富士町　三ノ六
佐々木京染店	佐々木彥太郎	曙町　二ノ八
京張屋	南海兼吉	祝町　三ノ一七
東京舍	鳴澤順	朝日通　四〇
ニシキヤ	加地吉平	吉野町　一ノ二四ノ四
別染屋	上野春雄	〃　　一ノ一四ノ三
京屋京染店	原田ラク	西七馬路　二六
滿鐵舍洗布所	杉山廣吉	慈光路　五〇四
滿洲白洋舍	野崎一郎	永昌路　四二二

— 印刷、製本業 —

合資會社雙發洋行	日本橋通　七四
合資會社新京印刷所	興安大路　五一〇

世界堂	藤木茂人	大經路　一〇五
三友社	四戶友太郎	永樂町　三ノ二六
中村商事印刷部	中村七之助	西七馬路　一一
富士印刷所	高柳精一	新發路　一二
三共商事印刷所	羽田三省	興安大路　三〇二
杉田印刷所	杉田市郎	長春大街　三〇六
大同印書館	村上正雄	老松町　一〇ノ二
三興洋行	津賀保雄	吉野町　四ノ一二
世界堂	村上慶助	中央通　四八
濱木活版所	濱木又次郎	東二條通　一〇
協和印刷所	裴木景	〃　四一
早川洋行	早川熊助	東五條通　二
近江印刷所	近江清一郎	富士町　二ノ二六
竹島印刷所	竹島磯次	三笠町　一ノ二四ノ二
三浦印刷所	三浦光吉	祝町　二ノ一二
三省製本	鄭起鐘	三笠町　三ノ九ノ二
龍文堂	崔文河	大經路　六三
朝日印刷所	鄭學周	入船町　四ノ一九ノ二
中央堂	劉時蘇	西五馬路　五ノ三二
正光社	長澤政治郎	崇智胡同　一〇一
高梁社	奥一	寛城子頭道街　二六ノ二八
新滿社	荒川衛太郎	〃　二ノ一四

一精　米　所一

永隆號精米所	朴容海	新京特別市　福祿街
吉原精米所	李奎瑞	特別市華街　四三
吉田精米所	平明根	孟家橋興順街　六二
日滿精米所	崔燦鎭	長春路　七〇
日鮮精米所	村木山松	東二條通　六
大同精米所	白一現	新京特別市　聚街

— 木材商、製材業 —

共信公司	片桐菊松	入船町　二ノ一五
吉井洋行	吉井榮吉	豊樂路
藤井材木店	藤井佳三郎	朝日通　五九
大島洋行	大島巳之助	日本橋通　五〇
沼田商會	沼田彌一郎	入船町　一ノ一
允盛號木廠	李鐘元	永樂町　三ノ一一ノ三
高橋材木店	高橋管蔵	建和街　二〇八
中本商事	中本金一	日ノ出町　三ノ二
大島洋行	大島巳之助	永樂町　一ノ二
新京共同木材株式會社		中央通　二三
旭木材株式會社新京出張所		住吉町三丁目　六
無限製材株式會社出張所		〃　一ノ一六
株式會社大二商會出張所		巴上町　七ノ四
秋田商會木材株式會社支店		住吉町　九ノ二
大山木廠	大山龜蔵	興安大路　橋西
小松木廠	小松兼松	大經路
高砂製材所	佐藤精一	高砂町　二ノ四
小松製材所	小松兼松	住吉町　一ノ八
住吉製材所	佐々木泰文	〃　二ノ六
面高製材所	中宮直次郎	高砂町　二ノ一〇

—機械、器具商— 農機具、醫療機、電機具、印字機、計算器等

二川洋行出張所	二川虎	豊樂路　二一三
村中兄弟商會	岩谷篠治	〃　一四〇
共榮商會	平野淳	中央通　五〇
岩城農具店	岩城忠志	長春大街

磯野農具店	磯野七平	大經路　一九
日昌ローラー工業所	藤山嘉雄	小五馬路　一七
東京電氣	奈良眞治	祝町　二ノ二六
石田商店	石田貞司	豊樂路　七一六
	土肥武雄	〃　　通和ビル
寶信洋行	花田忠雄	〃　　一一一
泰平洋行	澁谷一男	興安大路　四一〇
井上商會	井上邦雄	老松町　一二
大陸社	笠間大三郎	大經路　一一一ノ三
大滿農具公司	太田隆二	西七馬路　二六
川元商店	川元時次	西三馬路
菅沼タイプライター直賣所	菅沼※一	新發路　一〇五
泰京洋行	田中知平	〃　　一四
豐田商店	豐田曾禪	〃　　嵐ビル内
大藤醫療器店	清水宗雄	興安大路　三二二
盛合商店	荒木伸之	三笠町　三ノ一四
川崎電氣社	川崎泰平	大馬路
宮崎太郎商店	宮崎太郎	興安大路　四四〇
關原洋行	關原正宇	梅ケ枝町　二ノ二
岡崎洋行新京出張所	岡崎榮太郎	〃　　三ノ二六
昌和洋行	小島和三郎	七馬路　二〇
福華公司支店	樋口健治	興安大路　二二七
株式會社水上洋行新京支店		中央通　四六
株式會社大信洋行支店		日本橋通　八三
株式會社鳥羽洋行新京支店		豊樂路　七二〇
合資會社大和堂支店		祝町二丁目　一四
タイガー計算器株式會社		興安大路　四一二
株式會社日本タイプライター支店		朝日通　八一
合資會社伊關商店		日本橋通　一八

— 自轉車商、自動車理修業 —

康德自動車修理工場	梶野竹次郎	富士町　三ノ一三
長春自動車工場	伊丹安太郎	永樂町　二ノ八
大亞商會	佐々木正義	老松町　五
大本商行支店	坂田末吉	日本橋通　二二
同和商店	下村晋太郎	八島通　二四
天龍堂	菊地平四郎	大和通　四二
興綏商事公司	原三郎	東七馬路　永康莊內
工藤自轉車店	工藤兼雄	祝町　二ノ一八
豐樂自轉車商會	韓仁國	豐樂路　七七五
新高商行	游阿春	大經路　四四
東亞タイヤー	黃甚連	長春大街　二〇八
日滿タイヤー商會	崔鶴鎮	大經路　四七
池畑自轉車店	池畑健一	曙町　二ノ二七
三共洋行	黑川精二	大經路　丸三ビル內
あさひ自轉車店	濱村正一	西七馬路　二
澤山商會	澤山勝太郎	日本橋通　六二
亞細亞タイヤー商會	金龍雲	東五條通　五
高輪商會	高有用	東三條通　四七
大和自轉車商會	山城健二	大和通　四七
石川商會	石川新一郎	吉野町　一ノ一五
三橋自轉車商會	三橋吉五郎	梅ケ枝町　三ノ一二
大本商行本店	大本六二	〃　二ノ二
新京タイヤー	高橋冬喜	富士町　三ノ八

—製造業— 製氷 煉瓦 ゴム靴 醬油 燐寸 酒 麵粉 石鹼 紙函 煙草

吉林燐寸株式會社新京支店		東五條通
泰昌號	波多野利雄	〃
新京製氷	須鎗卯吉	長春大街　一一六
寶山燐寸	前川伊織	尾上町　八ノ三

新京製氷	須鎗卯吉	住吉町　九ノ四
香原酒造場	香原二雄	〃　一ノ二
長春洋火	佐藤精一	高砂町　二ノ六
日滿放熱器製作所	村上幸八	尾上町　七ノ五
奥田商店	奥田常吉	興安大路　四一〇
白鶴酒造場	佐野七太郎	〃　二二五
林毎膠皮公司	高橋明	北大街路西　五〇
花ノ屋製麺所	戸倉政藏	長春大街　北胡同一二六
怡信洋行	細川耕之助	入船町　四ノ二七
芳德商店	藤澤弘之	〃　二ノ一一
武川煉瓦工場	小澤五郎	吉野町　一ノ九
馬場紙函工場	馬場一郎	富士町　三ノ一二
石川酒造場	石川千代治	吉野町　五ノ八
長春窯業株式會社		吉野町一丁目　八
大連製氷株式會社新京出張所		吉野町　六ノ三
日滿燐寸株式會社		大經路　二〇二
營口鹽業株式會社		東安屯　四
滿洲煙草株式會社		二道河子臨河街
安東鹽業株式會社營業所		室町　二ノ二
合名會社積德泉燒鍋		富士町　八ノ四
亜州興業面粉株式會社		寛城子　西安屯
裕昌源株式會社		東八條通

—特　産　商—

株式會社福田右一商店		富士町　四ノ六
樺太商店	穴澤喜壯次	東五條通　一三
渡邊商店	渡邊才吉	三笠町　一ノ一四
太記桟	穴澤喜壯次	東五條通　一一
石崎洋行	石崎廣治郎	八島通　一三
廣順號	石崎康彦	〃

太和公	上田賢象	永樂町　二ノ一〇
加藤商店	加藤喜藏	羽衣町　一ノ一二
桑原商店	桑原清七	祝町　五ノ六ノ三

— 運輸、交通業 —

合資會社三興運輸公司		富士町　二ノ四
國際自動車株式會社		永樂路　七區
滿洲自動車交通株式會社		西五馬路　一二
國際運輸株式會社新京支店		富士町　二ノ二七
日升桟運輸合名會社		日本橋通　四
乾泰桟合名會社		日之出町五丁目　一
日升桟合名會社		日本橋通　四
株式會社福幹運輸出張所		中央通　二三
福和公司	稲津與三	住吉町　五一四
新興商會	山本喜作	高砂町　四ノ六
松尾商會運輸部	松尾珠與	永昌路　三二一
青山運輸	青山一郎	清和胡同　四〇八
一生公司	是安修一	三笠町　七ノ二
丸重洋行	西堀徹吉	富士町　四ノ四
坂部商會	坂部衛	〃　六ノ二
丸仲運送店	永井金二	〃　六ノ二
昌圓公司	戸谷正吉	〃　五ノ一〇
萬併公司	下石啓雄	〃　六ノ二
川野商會	川野清二	日ノ出町　三ノ二
石山公司	石山金治	〃　三ノ八
丸盛運送店	本山圓藏	〃　三ノ二四
大和公司	藤芳一	〃　九ノ二
大有道公司	太田晶一	富士町　二ノ一〇
丸新運送店	安岡武	曙町　四ノ六
丸長運輸	河内キヨシ	大經路

亜細亜タクシー	安義弘	永樂町　四ノ五
丸一公司	生田光義	〃　三ノ三一
長安汽車公司	森山多賀藏	大經路　八
丸久運輸	杉原家久	近埠街東胡同
新京自動車株式會社		蓬萊町　一ノ一〇
新京交通株式會社		大經路

— 和服仕立、裁斷業 —

	國吉鶴子	崇智胡同　一〇一
高橋商店	高橋三郎	羽衣町　一ノ二二
	杉山ヨシ子	露月町　二ノ二ノ四三ノ二
	鶴井元一郎	祝町　二ノ九ノ三

— 仲立、周旋、代理業 —

滿京商會	李炳浩	入船町　四ノ一三
平安商會	馮德淳	梅ケ枝町　四ノ三六
復成號	李桂鳳	老電燈廠街　二二
畑岡太商店	畑岡太	中央通　二七
松尾商店	清水宗助	老松町　三
日滿證券	福雄福太郎	新發路　一一三
二幸	町田平次	日本橋通　四九
大一證券	一瀬清五郎	吉野町一丁目
レスター商會	大草盛一	吉野町　一ノ三ノ四
三好屋	伊藤加治馬	日本橋通　五五
森岡紹介所	森岡傳八	吉野町　一ノ二一ノ二
杵屋	小島清六	〃　二ノ八ノ四
壺屋	上村兵一郎	〃　一ノ一三
新京中央職業紹介所	渡邊勝男	三笠町　三ノ二五

新京紹介所	小野惣助	三笠町　三ノ一六
井筒屋	井手孫市	祝町　二ノ九ノ二
新京紹介所	金仁錫	富士町　三ノ一三
新京看護婦會	野本愛子	室町　三ノ七
桑野看護婦會	桑野トヨ	入船町　一ノ五
東華看護婦會	岡沼千代	曙町　二ノ二五
慶應看護婦會	赤津セツ	梅ケ枝町　三ノ一〇
慈愛看護婦會	網田ゑミヂ	豊楽路　七〇
愛國看護婦會	長谷川キツ	清明街　二〇四
	谷上伸次郎	千早町　三ノ七
三和商會	久松正左衛門	日本橋通　七九
特産火災保険	中川正三	入船町　四ノ二五
永泰號	林田末治	北安路　七一八
西山洋行	西山藤兵衛	〃　七〇六

― 硝　子　商 ―

西郷硝子店	西郷正	朝日通　三三
霜下瓶店	霜下英太郎	老松町　二ノ二
境洋行	境重雄	安達街　二〇八
境洋行	浅野盛一	朝日通　七五

― 綿　打 ―

綿安商店	孟福星	入船町　四ノ一三
吉川商店	吉碩潤	梅ケ枝町　四ノ四二

― テント、帆布商 ―

松田テント商行	松田重幸	西五馬路

日ノ出テント	新谷好太郎	大經路　二〇七
合資會社於勢商店		興安大路

— 古物、屑物 —

天心洋行	沖村忠雄	西二道街　八一
カネマス洋行	益尾良一	軍用路東　一一
長春商會	李桂牧	曙町　四ノ六ノ二
永昌號	平永祚	老市場　二三三
天心洋行支店	沖村忠雄	東四條通　二〇
雅樂	深屋直次郎	室町　二ノ一七
新京競賣所	郷原忠夫	祝町　三ノ一一

— 皮　革　商 —

河村皮革支店	渡邊秀一	日本橋通　九二
藤木商店	藤木棒太郎	東五條通　一五
服部商會	服部貞丈	西頭道街　六五
三順洋行	橋本與作	西頭道街　三

— 金錢貸付業 —

萩本	塚本平松	入船町　一ノ二二
七福屋	水田榮	〃　一ノ一六
金貸屋	坂本カネ	曙町　二ノ一六
福岡屋	重松ミドリ	大經路　六
瑞福當	松岡佐吉	長通路北　三六
天保當	小林保己	大馬路西　三二
榮屋	井戸茂一	梅ケ枝町　四ノ三〇

肥後屋	道山七郎	梅ケ枝町 四ノ一二ノ二
仁義當	三宅トラ	西五馬路 三〇
長春當	末松チヨ	〃
天保當	小林保已	西四馬路 八
大阪屋	多田彦太郎	富士町 二ノ二二
柳屋	井手ツク	吉野町 二ノ二六ノ三
錦七屋	小林福藏	〃 二ノ二三ノ四
愛知屋	高柳三郎	東二條通 二五
横濱屋	鎌田てる	〃 二五
桐屋	菊池倉吉	〃 二七
南和號	本城德太郎	日本橋通 二三
㊣質店	渡邊正	祝町 三ノ三ノ二
梅屋	中山梅香	室町 一ノ一七
松屋	木村勉	〃 二ノ三
東京屋	四茂野貞子	曙町 二ノ八ノ二
久春行	久野清太郎	西四道街 一三二
山形屋	朴應泰	永春路 五二
天益當	山崎熊七	二道河子和順街 二三
福隆支店	藤澤忠雄	軍用路西 二
桐屋支店	菊池倉吉	祝町 二ノ一一
守屋質店	増田重一	〃 二ノ一五ノ二
益豊	鍋島クネ	三笠町 二ノ一五ノ二
第八博多屋支店	上田清	祝町 二ノ七ノ四
第七博多屋	庄村喜右衛門	三笠町 三ノ二七
筑羽屋	坂本ナルミ	吉野町 二ノ二四ノ三
ツタヤ	菅野コト	〃 二ノ二四ノ四
新發當	垣内與市	西三馬路 九
福隆當	藤澤忠雄	西五馬路新發胡同 三
宏興當	山縣宏道	東三馬路 八〇
大有當	沼田稲次郎	〃 三
大衆恒當	寺中石郎	東四馬路 二五
三浦屋	三浦新兵衛	祝町 三ノ三

— 牧　場 —

三宅牧場	三宅濱治	飛行場南端
加藤牧場	加藤治作	興安大路　六二四

— 料理、飲食店 —

浪速すし	中西富吉	祝町　三ノ二
千太郎	野間一枝	〃　三ノ二
やぶそば	小島スエ	〃　二ノ二六
乃善屋	黑田ナツ	〃　二ノ二二ノ四
松翠	中村ソメ	吉野町　三ノ八
記念公會堂食堂	落合幸之助	〃　三ノ七
たかさご	瀧澤郁龍	〃　三ノ六
若松	高田秀利	〃　三ノ六
錦江食堂	濱崎徳二	〃　二ノ二〇ノ四
新八	八尋光子	〃　二ノ二〇ノ二
玉家	龍宮タキ	富士町　二ノ二八ノ二
住吉	吉田庄太郎	三笠町　二ノ九
錦	紅矢ハル	吉野町　二ノ三ノ二
萬	石關房	〃　二ノ一八
源氏	下畑ミツエ	〃　二ノ一八
富八	本田文子	〃　一ノ一六
ヨシヤ本店	安藤ノブ	〃　二ノ一
丸万食堂	島幾	〃　二ノ一五
とんかつ一休	金子寛	〃　一ノ一六
若草	高橋ヒデ	豊順街　二一七
治安部食堂	辻茂	永長路　治安部內
丸長本店	大隈浦彦	富士町　一四ノ三

奴すし	古谷ゲン	東一條通	一二
萃東	宅間勇議	富士町	二ノ一八
正宗ホール	松田榮吉	大和通	一七
末廣	西村ハツ	〃	三三
六方	竹藤ヨウ	三笠町	四ノ三
一平	坂井位一郎	〃	三ノ三
丸八	杉森ヨリ	〃	三ノ三ノ二
あづますし	南原勇太郎	〃	三ノ四
山粋	梶村ヨシ子	〃	三ノ一
大阪	馬場タケ	〃	四ノ一四
更科	竹本スナヲ	曙町	二ノ一二
千草	戸上小三郎	日本橋通	三八
安兵衛	婁鹿淼	日本橋通	四二
都食堂	荏原ヌイ	〃	二四ノ二
紅屋	廣田クニ	〃	二四ノ二
八丁	市川憲治	祝町	二ノ七ノ四
たこ岩	兵頭イハコ	〃	二ノ三
美千代	熊谷ソノ	三笠町	三ノ一六
横綱	木本七三郎	〃	三ノ一五
天狗	藤井フジノ	〃	三ノ一六ノ二
松美屋	木川ミヨノ	〃	二ノ一五ノ二
丸金食堂	田中太平	〃	四ノ三ノ二
米久	喜連川きかい	東一條通	六〇
蓼ノ家	楠野權一	富士町	二ノ一二
灘	釜田ツギ	東一條通	一五
大吉	酒井	富士町	二ノ一三
富士濤	今井エツ子	〃	二ノ一四
アサヒ	長崎平次郎	敷島通	二四二
曾我麺家	田中サク	三笠町	三ノ六
トキワ軒	井手トシ子	常盤町	一ノ一〇
大興ビル食堂	黒石美與	大同大街大興ビル内	
新富	井上郁也	東五馬路	三九

金城樓　宮崎彌三郎　永樂路　三
土筆　増淵トヨ　梅ケ枝町　一ノ一四
京花　濱岡克巳　〃　四ノ一四
幸亭　永尾高司　日本橋通　一九
稻荷亭　赤川秀三郎　東二條通　五三
梅ケ枝寮食堂　田中惟治　〃　五五
繁乃家　船橋クラ　西五馬路
千歳樓　島美登　〃　三一
金波樓　伊藤トメ　〃　三一
キミノヤ　田頭坂治　西五馬路
扇芳亭　松村セツ　永樂町　一ノ二
鯛増　増田篤郎　梅ケ枝町　二ノ二
待月　原清一　西五馬路
日光　田中末吉　〃
五色堂　中島俊治　寛城子頭道街　一四
ほがらか　淺山ヨシミ　〃　二一
醉雲　藤原春子　南嶺同仁郷東　三〇三
三日月　錦戸ヤスノ　〃　西　一〇二
金輝寮食堂　森山春　金輝路
中達公寓食堂　石橋準次郎　隆禮路　三〇一
都南寮食堂　寺崎竹二郎　東光胡同　三〇一
文建食堂　島内五十夫　大同大街國都建設局内
新發樓　三浦政子　興安通　三一三
木蘭莊　原國榮　豊樂路　七一八
右勝　佐藤朝菊　〃　七一六
金孝潤　七馬路　王家胡同
平壤冷麵店　金正麟　新立屯二條胡同　三六
興安食堂　倉山四郎助　興安通　五
西丸長　西川ハナ　〃　二二
白菊會館食堂　星野安次　白菊町　四ノ一
芙蓉寮食堂　高崎ライ　芙蓉町　二ノ四
婦美屋　門野文子　興安大路　六一八

朝日食堂	松原正己	興安大路　宮下組内
白塁寮食堂	坂本寅一	高砂町　四ノ二
白山寮食堂	宮内陽雄	和泉町　三ノ六
黒水寮食堂	大西鶴吉	〃　三ノ一四
千鳥寮食堂	梶原義丸	千鳥町　四ノ一
杉山食堂	三浦ミドリ	興安通　二
菊水寮食堂	田中卓三	菊水町　三ノ五
朝日閣	黄貴同	朝日通　四一
中峯食堂	金周鳳	東二條通　四一
日新麺店	朴禎集	三笠町　三ノ一三
一茶	大橋美智子	吉野町　二ノ一二ノ四
南海	吉本レイ	〃　二イ一三ノ二
田子作	關ツモ	〃　二ノ一四ノ三
ヒロミヤ	古田操	〃　二ノ一六ノ三
ヒカリ食堂	石原ヨシ	〃　一ノ九
東京庵食堂	土屋四郎	〃　一ノ六
八千代館	瀧竹三郎	〃　二ノ一一
丸善	島善吉	日本橋通　五三
大同倶樂部	瀧本列	〃　五五
江戸吉	渡邊末吉	〃　六九
スキ焼	山田貫次	〃　八一ノ二
美代	吉村ツル	祝町　二ノ一一ノ三
活州	外山フサ	〃　二ノ一四ノ四
勝樂	笠井チヨ	三笠町　三ノ九ノ三
曙	原田キミ	〃　二ノ一七
双葉	治郎丸令介	〃　三ノ一八
五十鈴	寺川要	〃　三ノ二〇ノ二
太良福	西原イセ子	入船町　二ノ一二
タヌキスシ	小野ミツ	曙町　四ノ一二
國天	高橋クニ	祝町　三ノ二
千兩	内野ヨシ子	〃　二ノ三ノ三
赤穂屋	柴田寄一郎	〃　二ノ三四

樽ノ家酒ノ源藏	畑山好藏	祝町　二ノ五ノ二
江戸家	松下正雄	三笠町　二ノ九
永樂	宇野喜壽馬	吉野町　三ノ五ノ二
やよい	大橋喜三郎	〃　三ノ五四
豊翠	飯野豊	富士町　二ノ二〇
新柞	鹿内タキ	吉野町　三ノ五ノ二
丸富樓	小鷲升	西五馬路
滿京	滿江スガ	〃
梅ノ家	波田猪平	〃
はなやす	柴田カメ	〃
福滿食堂	丹羽國太郎	老松町　一三
きよし	生田ヨシエ	〃　一〇
陣太鼓	入谷多典	〃　六
味覺	野田市太郎	大同大街　康德會館內
エビス	片山成記	室町　二ノ一九
東京庵	土屋ヨシ	〃　四ノ五
丸長支店	西川ハナ	〃　一ノ一九
自由軒	田村熊喜	〃　二ノ一
大國屋	前田伊津喜	祝町　三ノ一七
青柳	中島ナカ	〃　三ノ五
うな新	中野久直	〃　三ノ三
スミレ本店	小川政子	梅ケ枝町　一ノ二ノ二
美藤	藤本藤雄	入船町　四ノ三八
入船	城ルイ	〃　四ノ三一
みよし	光永ツタ	〃　四ノ一九
青葉樓	東イズ	西五馬路
上州樓	笹沼四郎	〃　六一
松鶴	矢浪タミ	〃　七九
次郎長	津田ハツエ	〃　慶康街
新福樓	山口德藏	〃　六一
敷島樓	小島イノ	〃　五七
淸水家食堂	淸水テツ	大經路二二街　八一

やつこ	阿波野曝	大經路二二街　一八
ちんや	佐藤ユウ	〃　一五
つる家	高田朝吉	〃　九四
アサヒ食堂	黒岩義光	〃　第三市場
丸十食堂	小金丸ハマ	〃　一
三樂園	荒堀アサ	梅ケ枝町　一ノ八
一つ家	亀井あい	〃　一ノ六ノ二
精養	吉村ヤエ	〃　一ノ六
天外	山田庄藏	〃　一ノ六
桃園	松村ウノ	〃　一ノ四
乙女	田中軍左衛門	安達街　五〇五
二和館	灰屋マツノ	興安大路　四二三・
興安莊食堂	関迫彌世	〃　五三一
千早寮食堂	横野信次	千早町　一三
大和寮食堂	山崎友市	〃　五
交通部食堂	田中熊楠	順天大街交通部内
順天寮食堂	岩澤那龍	長慶街
國務院食堂	齋藤光夫	順天大街　國務院内
春日庵	安井米代	永昌路　四一一
協和食堂	天本嘉久	〃　四一一
百滙莊食堂	森平	百滙街　五一七
新三浦	池田ヒサ	日本橋通　二二
開花	丸山ミツ	〃　三七
藤	松田ミツ	〃　二三
滿鐵支社食堂	折目辰一	中央通　三
兩國	森イチ	日本橋通　一〇二
濱新食堂	今村錐子	慈光路　六〇三
和光寮食堂	前田静	南新京和光路　一四〇二
青和莊食堂	田村熊吉	青和街　四〇一
國明樓	内田藤松	安達街　三三二
うろこ	加納榮次郎	〃　二一七
曾我廼家	田中サク	三笠町　三ノ六

權兵衛	宮田ハル子	祝町　二ノ五ノ四
田毎	加藤ヒデ	三笠町　二ノ六
へのへのもへじ	鬼村チカ	富士町　三ノ二六
乃木	鹽見幸一	〃　三ノ八
新京割烹	西村清太郎	〃　二ノ二八
千松	西村萬吉	三笠町　二ノ九ノ一
湖舟	菅甚作	東三條通　三六
あさづま	西村淺江	〃　二七
一樂	島田惠	〃　一六
一二食堂	谷口吉雄	東二條通　七〇
同和倶樂部	瀧本弘	日之出町　三ノ二
ヤグラ壽シ	姉川シキ	富士町　二ノ一八ノ二
かめの子	舘岡靜枝	〃　二ノ一六
大和屋	大中猪藏	東二條通　五八
相生	玉城ヤスヨ	大和通　五一
魚竹	山田道次	〃　五二
人吉	阿部ハナヱ	祝町　二ノ三ノ三
むさし	椿木シゲノ	〃　二ノ三ノ四
現長	高田タケ	〃　二ノ七
帝都ソバ	赤津純次郎	新發街　一〇七
やまのや	淵浮美子	西五馬路　九九
共榮	川崎コヨ	西五馬路
竹ノ家	古川八千代	〃
新開樓	結城ハツヱ	〃
丸吉樓	力久貞雄	〃
さわ食堂	伊東さわ	西三馬路　五〇
東明	佐方クニ	吉野町　二ノ五ノ二
深川	福田フミ子	祝町　二ノ三ノ二
此の花	吉村フジ	三笠町　二ノ九ノ二
魚力	勝目みつ	祝町　三ノ二
鮻虎	柳澤喜重	日本橋通　二五ノ二
錦ビル食堂	山口正太	錦町　三ノ七

經濟食堂	山崎文子	朝日通	六九
千島	藤井甚作	富士町	二ノ二三
大吉	水崎ヨシ	〃	三ノ八
トキワ	關根義正	〃	三ノ一六ノ二
三浦屋	小西ハツエ	三笠町	二ノ八
第二一カ	宮地マキ	〃	二ノ一三
青葉	永井セイ	〃	二ノ六ノ二
彌次喜多	細野清	大和通	五三
松見食堂	大内松藏	八島通	四四
湧金樓	車世元	朝日通	四七
國都冷麵店	金鍵桂	入船町	三ノ一五ノ七
京城屋	李鐘述	永樂町	三ノ二三
平壤屋	李基淳	梅ケ枝町	四ノ六ノ二
朝鮮冷麵店	金繼似	〃	四ノ二〇
萬樂園	申鉉基	大馬路	二
山粹	梶村ヨシ子	大同大街	大興ビル
大興ビル食堂	永井セツ	〃	大興ビル
三中井食堂	井上巖二	〃	三中井内
赤線食堂	大澤清八	新發路	一〇二
おきな食堂	志垣ナカ	豐樂路	七一三
運州屋	原田マツ	大經路	
松屋食堂	松田シマ	〃	三五
北洋ビル食堂	澤田豊	〃	一〇三
松乃香	小淵ムラ	〃	一六
みつわ	有馬ツネ	〃	
クロフネ	佐々木安子	新發北胡同	二〇二
光月	金子威佐久	〃	二〇一
內務局食堂	三宅たか	大同大街	
關東局地下食堂	玉置由三郎	大同大街	
經濟部食堂	折目喜一	大同大街	經濟部內
滿鐵俱樂部食堂	澤田清	蓬萊町	三ノ三七
驛辨食堂	渡邊千代三	羽衣町	一ノ二二

日乃丸うどん店	國本盛七	羽衣町	二ノ二五六
ギオン	土井倶仁子	永樂町	一五
百万兩	濱田ツ井	〃	一ノ八
スタンド美勇起	古里フク	〃	一ノ九ノ二
產業部食堂	益田彌生	自强街	產業部內
市場食堂	柴田イセ	豐樂路	公設市場
更科支店	片山春美	豐樂路	三一四
三咲屋	赤塚乃子	〃	七〇六
よね家	內田ヨネ	〃	四一四
十五夜	大矢博三	老松町	四
天平支店	高見節藏	永樂町	二ノ一
千成	佐藤カナヨ	大經路	二七
碓氷軒	寺島ハル	曙町	四ノ一
ミナト食堂	米丸行市	入船町	四ノ一一
合名會社亞細亞飯店		吉野町	三丁目一六
益興樓合名會社		大和通	二五
合名會社宴賓樓滿西飯店		永昌路	三二二
怡春合名會社		吉野町四丁目	十一
合資會社水月		三笠町	三ノ七
中央飯店合資會社		豐樂路	二一三
株式會社扇芳會館		永樂町	一ノ一

— カフエー、喫茶店 —

カルメン	藤本昇之助	祝町	三ノ二青陽ビル地下室
白十字	淺本ミヨ	祝町	三ノ二
美松	江越ちと	〃	
松竹	友清ツギノ	三笠町	二ノ九
銀座會館	金城キヤノ	〃	三ノ一
サロン日輪	中尾敏子	吉野町	四ノ三
プリンス	大野ヒサ	〃	三ノ六

つばめ　仲小路貞子　吉野町　二ノ二四ノ二
二三八　柴川芳一　〃　二ノ二二ノ四
三好野　菊川英次　〃　二ノ二
初音　早田イト　〃　二ノ四四
ニユー銀座　坂井義正　〃　一ノ一八
フジヤ　野中安次　〃　二ノ五
昌進堂　中川登志　百滙街
精養軒　藤井麻子　東一條通
ミス東洋　前畑縞平　大和通　二六
星ケ丘　宇田チヨノ　日本橋通　九一
マルセーユ　小林テルノ　三笠町　三ノ四
ライオン　平島金三郎　〃　二ノ一三
カダン　白須サト　祝町　二ノ一
ポプラ　友満ユキノ　東一條通　二八
ニユー新京　高槻ヨシエ　東一條通
大閣　吉田ミネ　梅ケ枝町　一ノ一四
アジア會館　尾崎忠　東二條通　一一
パレス　石橋サカエ　日本橋通　六五
銀波　小吉唯一　永樂町　一ノ一
サロンリズム　大沼マサ子　興安通　一〇
リノン　西松寅　〃　三六
都南寮喫茶部　藤丸希憲　東光胡同　都南寮
もか　金倘淳　日本橋通　五八
滿洲　金榮會　市二條通　二六
待合喫茶部　西村輝吉　南嶺同仁郷東　二〇一
銀座茶苑　渡邊チヨ　吉野町　二ノ一六
銀パレス　坂井義正　〃　二ノ八六
ミユージツク　川崎リユウ　日本橋通　五五
第二太陽　山崎ハル　曙町　四ノ一
サロンハト　野口ツヤ　祝町　二ノ三ノ二
老松グリル　鶴田モン　老松町　四
マルビル　坂田マサ　入船町　三ノ一

アカシヤ	永添シノ	室町	四ノ一二
コトブキ	猪平賢二	祝町	三ノ一一
ノラ	內藤武雄	〃	三ノ三
新京パレス	玉置巾三郎	西五馬路	
サロン富士	高田シゲ	富士町	三ノ三
大新京	藤井巖	〃	三ノ三
世界	榊忠宗	吉野町	四ノ八
地球ノ裏	大橋モト	富士町	二ノ一五
新興	宮內賡衛	祝町	二ノ五ノ四
ゆりかご	提シモ	〃	二ノ七
ハリウツド	坂井義正	日本橋通	五二
日本橋茶房	石留シゲ	〃	四五
ドリアン	瀬尾昌尙	東一條通	九
赤玉	追風喜平	〃	一一
南國	石松末男	大和通	五〇
アリス	西澤勘次郎	八島通	四四
メトロポリタン	石井雪子	豊樂路	四一四
レスト	秋山サキ	新發路	一一
新世界	大石マキ	西五馬路	
スター	篠原キジエ	〃	一〇一
カフエー生駒	飼綱代ニワ	新發南胡同	一六一
太陽	岩井ヤス	永樂町	一ノ五
プランタン	漆山修吉	〃	一ノ八
フルツパーラ	宮川哲	老松町	一ノ二
サロンボルガ	神尾輝雄	豊樂路	三一四
ミドリ	藤咲正昭	〃	四〇二
ミス神戸	小泉鷹之助	〃	七〇八
トイツペツト	大西昌俊	〃	六一二
おらんだ茶房	高橋ユク	〃	六一〇
サロンチエリオ	中村鶴子	老松町	四ノ一
ロータリー	伊藤キミ子	永樂町	二ノ二ノ一
處女林	宮田明子	〃	一ノ八ノ二

サロン春	福田テツ子	永樂町	一ノ六
思ヒ出	若崎春雄	興安通	二七
國都グリル	野田市太郎	中央通	三五
バーブーケ	小林光子	豊樂路	四一四
サモアール	中西サト	安達街	四〇七
ボストン	馬場トミ子	新發路	
扶桑グリル	高橋マサ枝	東七馬路永康庄	
帝都グリル	山下要八	新發路	一〇
三好野	久保勝太郎	永樂町	一ノ六
鳳芳亭グリル	松村信幸	永樂町	一ノ二

— 貸座敷、藝妓置屋 —

一力	斎藤トク	日本橋通	二〇二
扇席	松村恒子	永樂町	一ノ五
都席	荒城辰雄	梅ケ枝町	一ノ八
小川席	小川千代子	〃	一ノ二ノ二
松村席	松村ウノ	〃	一ノ二
幾代	李濟萬	日本橋通	三八
喜樂	田鳳雲	富士町	三ノ三ノ一三
朝鮮館	李濟萬	〃	三ノ四ノ二
新成館	許晋彦	〃	三ノ一〇ノ二
樂園	元德成	〃	三ノ一四
初音館	洪禹疇	〃	三ノ一八
明月	朱相周	三笠町	三ノ一
金剛館	申俊鉉	〃	三ノ六ノ二
松月樓	朴晶燁	〃	三ノ一〇ノ一二
有明	朴承玉	〃	三ノ一三
日之出	任熙聖	〃	三ノ一五
曉星館	朱仙景	〃	三ノ一五ノ二
新京館	文明幸	〃	三ノ二一

日滿館	阿基順	三笠町　三ノ二五
朝日館	羅錫鎮	〃　三ノ一六
上海館	張基玉	〃　三ノ一四
大和館	金惠淑	日本橋通　三八

一待　合一

おきな	今津ツノ	富士町　三ノ一四
おかる	野中イシ	三笠町　二ノ一五ノ二

一賣　店一

驛賣店	久保田ケサエ	錦町　四ノ七
第二ホーム賣店	峯下一郎	日ノ出町　一ノ一六
敷島寮賣店	岸定治郎	蓬萊町　三ノ四
滿鐵興安寮賣店	三浦幸雄	山吹町　二ノ一〇

一葬　儀　社一

新京葬儀社	村木忠右衛門	興安大路　三三五
北滿葬儀社	佃竹二郎	室町　二ノ一五
加藤葬儀社	加藤捨次郎	祝町　一ノ三

滿洲人側

—百貨店—

振興合	劉名遠	大馬路路西　八一
源泰百貨店	吳賢賓	〃　四九
天錫昌	孫錫三	〃
同興茂	馮振清	大馬路路東　一五七
寶泰昌	鍾沛霖	大馬路路西　一一五
老天合	張仲昇	〃　一一四
湧聚號	周毓澄	南大街路東　一四三
湧聚北	王哲亭	〃　一四一
源昌號	王敬之	大馬路路西　六二
興順增	于善庭	日本橋通　五一
天興長	劉松岩	大和通　一八
恒順昌	王天樂	吉野町四ノ五
福豐號	張聘五	吉野町四ノ一八

—遊藝場—

喜樂堂	王振山	新市場慶康街　三一
新陞遊戲場	李延陞	新市場愛國胡同　三九
公樂軒	王聚濤	新市場夜市胡同　一八
新樂檜仂	鄧樹聲	東寧二道街　一一
同樂園	朱寶良	歡樂地春巷東胡同　五
鳳樂	申存如	〃
群華遊戲場	馮貴富	〃　一〇
平安電影院	張國光	東三馬路路北　二〇
國泰號	韓邦建	東五馬路路口　二五
大安電影院	李慶臣	永春路路西
新民戲院	侯春華	新市場

— 澡　　塘 —

長江浴池	張志忠	臨河八道街　二〇
全順浴池	馬惠榮	軍用路　四四
東海泉	張壽崙	孟家橋通順街
東亜泉	黄成永	北大街路東
會海泉	梁春久	四大院胡同　一一
雙泉堂	劉級三	西四馬路路北　六
新江浴池	唐澤傳	東三馬路路南　一八八
東陸泉	周成烈	東陸泉胡同　三
興華池	孫叙九	吉野町　四ノ六
泉盛樓	常濟清	東三條通　一一

— 旅　　店 —

海發棧	馬海齡	南關艾家胡同　一九
滿洲旅社	孫玉衡	大馬路路西　九〇
永安旅館	徐敬齋	東鄉二道街　五
文和賓館	李文鳳	西六馬路
復裕和公寓	劉鳳儀	北大街
福峰旅社	王培芝	大經路路東　七八
雙陽旅館	李起元	南大街路東　八二
公義興	高凌漢	北大街天興隆内
新安旅館	陸沛然	南大街路西　九九
三友旅社	陳煥文	南大街西側　九七
大雅公寓	魏乃時	大同大街興仁大路　九〇一
裕興棧	張殿升	西四道街　七四
裕長棧	原旭東	日本橋通　一〇
東亜旅館	劉萬財	永樂町　三ノ一二
亜洲旅社	張治群	大和通　八

越香春	胡紹裴	大和通　二八
北平棧	王潤久	東四條通　二二
合興公司	劉子俟	東一條通　四
天合旅館	朱子freq	吉野町　四ノ七
東發合棧	苑子香	日出町　一ノ一四
天泰棧	李秀峯	日出町　二ノ二
福順棧	王東昇	〃　一ノ二
豊順棧	蔣運亭	富士町　二ノ五
義昌公司	張佩瑜	〃　七
永遠棧	李振遠	永長路路東　三二
興運公欄	吳廣祥	太平街南側　六九
寶升客棧	張雨田	北市場西側　九九
雙義棧	杜賓麟	東四馬路天寶胡同　四
德隆棧	周洪臣	東四馬路路北　一三
日新大旅社	劉邦勳	公園路路南　四二
永升客棧	孫海樓	小五馬路路南　四一
萬發棧	齊福發	〃　四二
德發棧	趙德才	〃　四三
富玉棧	呂樂三	〃　四五
交通旅社	王光復	西四道街　一二五
裕升客棧	郭　臣	西四道街　一二〇
北斗旅社	張圖宸	〃　路北　一一九
四海客棧	吳俊亭	西四道街天寶堂胡同　一〇
榮華旅館	姚景泰	西四道街　二七
東順棧	汪硯田	東二道街路北　八〇
東鳳棧	徐鳳山	東三道街路北　五八
春和棧	陳春雨	東頭道街路南　二二
雙盛棧	賈賓亭	〃　九
中興客棧	劉忠臣	新開路　一九
復昌花店	孫鳴岐	西二道街　一二九
福興花店	柏世昌	〃
永升花店	穆春久	〃　一一九

福海花店	劉福海	西二道街路北　一〇二
金發陞	晏德修	〃
復興客桟	郝于復	塘子胡同　六八
合順花店	趙　和	九聖祠胡同
裕昌桟	劉宗岳	南關大街路南　一九
福祥店	王子峰	〃　四
慶昇店	王昇遠	永安門裏路南　一九
天義桟	宿鳳山	陶家胡同　七
遠東桟	高聲遠	燕春東胡同　七
新民旅社	高雨霖	東升泉胡同　一二
義山客桟	王謙延	西三馬路北
春陽旅社	侯春帮	西五馬路　一四
志發客桟	宋心齋	〃　路南　一一
德興花店	裴好義	〃　六七
玉發桟	王子香	大馬路路西　五
泰安桟	孫玉堂	新市場戲院西胡同　六
天合店	周慶山	〃　七
大興旅社	李明遠	新發胡同　九
新春客桟	李福陞	新市場戲院西胡同　四
富祥客桟	王鳳卿	新市場愛國胡同　七九
雙發桟	張俊昇	新市場慶康街
時來客桟	盧長貴	〃　二九
永和店	王汝元	〃　五
長安公寓	齊玉延	新市場夜市胡同　八六
順成興	梁佐清	北大街東亜泉胡同
遼東桟	王雅閣	入船町　四ノ二七ノ四
大同旅社	李瑞五	曙町　四ノ一〇
新華旅館	陳貴周	吉野町　三ノ一六
集賢莊	王則璞	祝町　五ノ五
悅來桟	祖喬義	日出町　一ノ一〇
景洲旅社	孫維漢	祝町　四ノ一四
慶盛店	裴慶俊	高砂町　五ノ六

聚合棧	孫世臣	高砂町　八ノ二

— 照　像 —

奉芳照像館	王海山	西四道街龍春胡同　一七
公茂照像館	劉仁增	大馬路路西　一〇〇
愛光照像館	王玉峰	大馬路路西　一四一
美大照像館	鄧雨賓	東三馬路路南　一九六
同生照像館	鄧文卿	東三馬路　一九三
同芳照像館	鄧伯和	東三馬路路南　一九〇
民新照像館	張鳳武	〃　一九三
大陸照像館	喬錦堂	〃
清榮照像館	楊海峰	永春路路東　七
美芳照像館	洗蔭西	日本橋通　六四
興泉照像館	郭興泉	〃　一六
公茂號	劉仁增	三笠町　四ノ六
興本鐘	劉興本	〃　四ノ一六
公茂號	劉仁增	〃　四ノ六
金銘北大街	倪金銘	北大街（協和商場內）

— 土木、建築業 —

寶記瓦工部	韋義常	大經路路東　五九
維新綸畫代辦所	李玉瑛	北大街惠華銀行後
恒記公司	劉德恒	新市場新春客棧內　五
發起木工廠	楊玉山	新市場分所後胡同　七
合玉公司	楊春魁	西六馬路新立街　三
廣義成	楊義普	永春路路西　七五
協和建築公司	馬鳳山	魁星街　二
郭振海建築公司	郭振海	西三道街路西　八四

魁五工務所	史魁五	東四馬路路北　三七
慶達公司	張慶峰	東四馬路路北　三七
公盛號	王振相	彌生町　二ノ三
德順利	齊學文	室町　二ノ二三
日華ペンキ	李書文	大和通　七五〇
聚德厚	張松坡	日ノ出町　二ノ二〇
萬興遠鐵工廠	王寶祥	東五馬路路北　一三
義合鐵工廠	王關延	長通路路南　七七
鳴昌泰電鍍所	崔起雲	東三馬路路南　一四六
慶興援助工事	陳繼亭	祝町　四ノ一四
鴻昌泰	張文升	大經路路西　一一七
德順合	張丙忠	北大街西側　五五

一鐵工所一

永發東鐵爐	王海山	東三道街路南
福文久	黄福三	西三道街　一四三
天增爐	李宴芳	東三道街路北　一七
同陞爐	陳國政	西三道街三義胡同　一一
志成爐	曹鳳如	東三道街路北院内　一二
永和爐	殷永齊	東三道街路南　一六〇
三合爐	盧貫一	西三道街路北　一八
同發爐	穆振懷	西三道街路北　一三三
福興爐	王忠發	北市場西側　一二七
天興爐	趙玉魁	〃　一〇四
全興爐	王金峰	北市場路東　五九
同順鐵工廠	張秉德	永長路路東　四八
義順和	張振東	北市場西側　一三九
福盛爐	宋兆祿	永長路路西　一二六
義合成	杜印懷	民用路　三七
德成信洋爐	楊潤卿	祝町　六ノ二

四業興工廠	張鳳閣	永長路東五馬路北　三一
同利車行	劉寶祿	長通路路南　八三
四義成	郝景山	永長路路西　一〇三
同順鐵工廠	張秉德	永長路路東　四八
大同鐵工廠	王書麟	東三馬路路北　三八
新立鐵工廠	林世耀	西五馬路通順二條胡同　一
滿立鐵工廠	王智霖	民用路四條　一〇
利興鐵工廠	王殿伸	新安屯新安街　二
鳳舞昇鐵工廠	沈仙舟	梅ケ枝町　四ノ三ノ二
長順工廠	康來雲	彌生町　二ノ三
源發和	楊茂盛	梅ケ枝町　四ノ八
長利順	任東臣	東五條通　一六
奉新工廠	鄭福才	民用路新安屯　五二
茂隆洋行	范有三	長春大街　二一〇
和慶福	孫錫和	入船町　三三
義成鐵工所	劉金銘	高砂町　五ノ六
天增爐	朱春和	西四道街　六三
同和成	王書昌	三笠町　四ノ一
振興元	王玉振	尾上町　五ノ四
義大鐵工廠	王金堂	高砂町　八ノ四
振興元	王玉振	住吉町　六ノ二
斌興銅鐵製作所	黃希文	梅ケ枝町　三ノ二〇
福順厚	郭桂璞	日出町　八ノ四
德利鐵工廠	王華卿	軍用路西側　二九
	宋耀林	新安屯新安街　一一
新成泰	李鐘秀	西四馬路　二九
家梁屋	王家築	朝日通　四一
德茂號	任茂盛	曙町　二ノ一九
隆發祥	王衆山	入船町　三ノ九
永發長	王俊亭	東二條通　三七
建成鐵工廠	傅智鳴	〃　三七
福成商會	劉子良	富士町　二ノ五

成彬鐵工所	常文彬	朝陽南胡同　一一
維新鐵工廠	遲維鼎	西五馬路路北　一〇五
福聚鐵工廠	劉慶泰	西四馬路路北　一二九
新大工廠	王新亭	西四馬路　一三〇
日昇恒鐵工廠	呂世禮	公園路　四〇

—木材商—

天德成木局	張德寬	東四馬路路南　一一八
聚發源	車鳴鑾	西三道街路南
泰山木局	郝義全	西四馬路路南　一二六
增盛木	徐勤敬	西五馬路路北　八〇
魁盛興	王子臣	西五馬路路北　七一
源盛和	李心田	西五馬路路北　八二
德興木廠	申殿閣	〃　九三
洪[illegible]木廠	孔繁信	〃　一〇六
同興木廠	申志中	西五馬路　二五
新發木廠	孫盛林	〃　一七
永和成	劉文翰	西五馬路路南　一五
復盛永	高家賓	西六馬路六合屯南　一
永興長	劉玉山	西六馬路六合屯頭條　九
元盛永	張盛臣	西長春大街　二五
同意合	徐兆儉	永春路路東　二
振興木廠	崔毓麟	〃　二九
同發潤	包鏡仁	永春路路西　六一
義發祥	蕭文江	永春路　九二
小松木廠	林雲霄	大經路路西　二〇三
高山木廠	傅子誠	大經路二馬路路南　八六
忠興木	任東星	祝町　六ノ一
德興木廠	李振明	東二條通　四八
福合東	韓榮五	〃　七四

三信公司	孫毅臣	富士町 三ノ二八
裕盛合	王盛海	梅ケ枝町 三ノ二二
廣聚豊	王向辰	〃 四ノ六
祥記號	趙範五	三笠町 八ノ二
徳源長	高雯振	日出町 三ノ四
廣源盛	郭尙朝	高砂町 二ノ四
裕盛和	李萬祥	燒鍋店街路北 三三
東盛糸木廠	高永超	永長路路西 一〇五
東盛木局	秦溆士	永長路路東 五〇
四合成	程立田	住吉町 六ノ二
徳興成	張起芝	〃 五ノ六
福聚和	于盛江	〃 八ノ二
天益木長記	李陰棟	東四馬路路北 五七
仁生和	吳懷祿	西三道街 七六

—鐵器商—

萬順爐	張炳成	西頭道街路北 四六
裕泰爐	鄧玉林	西頭道街南側 二五
振興鐵工廠	田樹凱	西二道街路南 三六
萬興長	畢廣智	西二道街路南
義盛祥	將煥武	東三道街路東 一九九
孫家爐	孫忠國	東三道街路南 一七一
萬順爐	于相來	東三道街路北 八五
大興爐	侯森周	東三道街路北 五二
義順德	呂鳳州	老市場西門裏胡同 一四
慶華鐵工廠	嵒慶臣	西四道街路南 四八
順合成	程儒林	南大街路東 一五五
義發盛	喬鳳春	老市場西門裏胡同 二
福盛祥	魏佐臣	南大街路東 一五二
義順和	呂秀生	老市場西門裏胡同路北 一〇

義合興	王福明	北市場西側	九六
義合盛	劉俊福	北市場東側	五八
天增興	呂廷明	〃	五九
正興爐	王銘鑑	〃	四一
魁利金	崔占元	東四馬路北	三六
義合鐵工廠	王廷蘭	長通路路南	七七
振東鐵工廠	王作舟	東六馬路路南	一五
慶豐鐵工廠	褚元桂	豐樂路路南四道街	一五
民生機械工廠	蔡作民	吉林大馬路路北	二四
振興恒鐵工廠	王秉恒	西三馬路路北	二八
啓昌鐵工廠	孫廷傑	西六馬路路北	二二
天增東長記	王九卿	南大街路西	三六
萬盛德	蔡振世	〃	
大恒鐵工廠	佟　寬	大經路路東	六二
義發祥	喬玉祥	老市場路東	三一
萬祥瑞	劉興周	西頭道街路北	五九
聚興鐵工廠	景希文	永春路路西	六〇
德盛永	周觀濤	北市場東側	三六
萬盛爐	孫廷獻	西三道街路南	九〇

一銅錫器商一

裕華興	潘雲福	東四道街路北	二八
義興銅	張　武	西頭道街路北	六八
裕祥銅	劉鳳春	東頭道街路南	
福慶合	李昌武	扇子面胡同路東	
萬盛銅	潘萬仁	東二道街路北	五
永盛興	史煥章	東三道街天樂胡同	二八
福合興	王錦堂	西三道街	五六
俊源長	劉俊齊	西二道街路北	
祥記銅	王兆祥	西二道街路北	四

福盛興	李久興	東三道街路南　二一九
雙慶合	鄭汝合	西三道街路北　一六八
廣成銅	崔景奎	南大街路西　三四

—洋鐵器—

合興長	邢殿閣	南大街路西　八一
義順長	孫振亭	西三道街路南　五五
雙盛永	安邦彥	北市場路東　三六
寶林祥	劉寶祚	三笠町　四ノ二六
成合興	趙國興	西四馬路路北　六〇

—傢俱商—

聚和成	王壽山	東四馬路路南　一七二
劉木舖	劉富亭	〃　一一六
天興東	劉書琴	燕春東胡同　四四
永鳳木	滿永亭	老市場古物商胡同　九
世興木	金世青	老市場古物商胖同　七
永利木	張命芳	老市場西門裏胡同　二〇
文華齋	張萬根	老市場古物商胡同　二四
明利木	劉顯慶	〃　二三
聚順木	劉順啓	西四馬路路北　四二
康德家具工廠	邊序五	南大街東側　一一〇
山葉洋行	貝阿桂	西三道街三義胡同　一二
東和木廠	張塘順	大經路　一〇七
同益合	王國珍	西三道街　一四七
山葉商會	于振國	三義胡同路西　二九
玉成功	王崑玉	西三道街南側　六五
源興木	張培基	日本橋通　七一

日昇號	李振隆	西四馬路　五八
集成家俱店	趙鳳梧	北大街東側
鴻興永	劉恩林	大經路路西　一〇五
二合永	蘇耀生	東一條通　三六
振德家俱店	汪振環	祝町　二ノ一七
慶林家俱店	周慶林	〃　二ノ一六
吉川商會	孫成謀	中央通　四六
福成東	侯峻峰	三義胡同　三二
協力號	劉世恩	北大街路西　五九
源成泰	趙成泰	燕春東胡同　三四
愷順木	王　愷	〃　三一
同義木工廠	黄福祥	大馬路路東　一五五
勳記木工廠	高翰勳	〃　二一五
德興木	李玉德	燕春東胡同　二九
華竹號	任峻峰	大馬路路東　一五八
中村家具店	趙子庭	大經路路西　一一八
廣發德	王　德	東三道街　二〇九
春勝長	王景春	南大街路東　一〇九
振興昌	姜玉齋	大馬路（順德商場内）
文元合	李興甫	大馬路路東　一五〇
竹興春	杜子敬	北大街　五四
聚發木	張廣才	燕春東胡同　四〇
順發合	韓延珍	三義胡同　二五
復源恒	李鳴岐	西三道街路南
福興永	楊　馨	東三道街路南　二一五
聚興隆	劉延勳	東四馬路路南　一三四
協盛興	東普明	大馬路東側　一八七
文瑞成	衣維周	南大街路西　六三
福興號	李榮文	東四馬路路南　九七
	王振鐸	東四馬路路北　五〇
名本木廠	李振江	西五馬路路北　七五

— 磁器商 —

永德福	孫照明	北市場路東　三八
同順長	孫鷹如	南大街路東　一五〇
湧聚東	谷星樓	〃　一四二
永利成	李向陽	老市場西門裏胡同路北　一五
順發合	蔡恩榮	南大街路東　一七四
長發東	賈玉祥	北大街　六八
德和春	陳佩章	大馬路西
永順興	王德山	老市場西側　三三
德順發	李天順	老市場東側　三二
晉盛長	趙世豐	大馬路（泰發合樓上）
福祥順	張濟堂	老市場西門裏胡同　一八
萬福成	劉鋭峰	太平街電燈廠胡同　二〇

— 食料雜貨商 —

德祥號	郭滙峰	富士町　二ノ一六
復聚永	張福亭	入船町　二ノ二一
新泰商店	王硯齋	大和通　一九
同盛商店	張省三	室町　二ノ二七
松屋商店	張子和	大經路　聚寶市場
正直商店	李鏡濟	羽衣町　三ノ一二
同利同店	周景文	〃　二ノ二六
萬發衡	鄭萬衡	三笠町　四ノ一六
德泰商店	孫耀堂	入船町　三九
三和商店	張維屏	入船町　三ノ二一
寶興長	任寶興	三笠町　三ノ一五
滿德洋行	趙重九	祝町　二ノ一九
協和恒	于佩崎	祝町　四ノ八

安城洋行	林成柱	興安路　三一三
鵠商店	官璽和	〃
福聚祥	劉顯卿	大經路　一二二
連德洋行	鐘玉順	豐樂路　二二二
同和洋行	趙錫川	豐樂路南胡同　二一五
梅月堂	張峰江	新發路　一〇五
志成洋行	趙清華	興安大路
	謝雲峰	奎星街　一一
脅記號	高充泰	北大街東側　三五
益泰長	魏于喬	大馬路路東　一三八
慶德發	于沛久	南大街路西　一〇
玉成合	王殿元	永安門裏路北　四八
德凝盛	朱長興	西頭道街路北
魁發長	安子英	南關全安門裏路南　七
益泰祥	趙懷三	南大街東側　一二六
會通達	何芳亭	〃　一二〇
明記茶莊	李敬之	大馬路東洞　一三六
瑞記茶莊	王瑞堂	富士町　四ノ一八
會通盛	何芳亭	吉野町　四ノ一五
益泰春	趙慶雲	三笠町　四ノ一三
朝日洋行	徐福海	朝日通　四七

一米穀商一

東順興	賈紹頤	和順八道街南　二四
寶豐昌	岳式坤	東三馬路北　五五
聚興順	康子餘	〃　二四
復興盛	陳光斗	〃　二五
福豐厚	劉景周	東三道街下坡路北　七五
福發永	劉鴻佑	東三馬路路南　一八五
魁發德	楊鳳林	東感二條胡同安樂街　五〇

新發長支店	劉 樂 福	大馬路路西　三〇
協 力 號	李 兆 貴	西五馬路通順二條胡同
信 源 久	武 兆 瑞	長通路路南
振 合 隆	趙 成 福	大馬路五馬路北
玉 昌 源	張 雲 鵬	三笠町　八ノ二
鴻 生 泉	邱 雲 高	〃　　四ノ八
義 升 源	李 　 福	安樂路北側二道街
錦 興 隆	夏 禱 五	安樂路南胡同四道街
裕 豐 棧	張 玉 書	西四道街南側
通 　 記	高 振 鐸	東五條通　二
通 吉 棧	李 輝 九	住吉町　八ノ二
永 恒 長	楊 　 凱	東四馬路路北　五
永 和 長	蕭 充 中	〃　　二八
成 　 記	趙 樹 棠	〃　　二三
志 成 號	李 志 清	大馬路路西　五三
長 記 棧	王 信 之	東五條通　三
聚源興精米所	王 豫 璞	永樂町　三ノ八
玉 記 棧	王 郁 周	梅ケ枝町　四ノ二四
鴻 生 湧	楊 雨 亭	富士町　三ノ九
同德精米所	劉 峻 山	尾上町　四ノ三
德 記 棧	籌 子 祥	吉林大馬路路北
萬 來 棧	牛 濟 象	日出町　六ノ二
東 盛 源	金 漢 臣	住吉町　五ノ三
順記精米所	趙 樹 堂	春日町　六ノ三
新發福米記	滕 子 新	三笠町　四ノ二一
福 玉 茂	陳 玉 泉	富士町　三
德 昌 茂	劉 子 純	三笠町　四ノ二七
義 成 發	徐 蘊 璞	三笠町　七ノ四
德 升 茂	郭 寶 林	朝日通　一三
雙 合 成	王 福 和	民用路北頭　一四
德 厚 長	詹 瑞 衡	民用路路西　一二
永 順 合	遲 秉 衡	民用路東側　一九

增源恒	王希武	東安屯永學路
福玉祥	竇恩普	吉林馬路二道街　七
新盛合源記	李文治	吉林馬路西首
同樂興	趙明仁	西二道街路北　一二六
德興長	徐永秀	西四道街　一一三
天發興	王盛森	西三道街　八〇
德興長	徐永秀	西二道街路北　四九
萬增興	桂瑞五	永安門外路東
長發祥	王立亭	吉林大馬路路南　一八
惠源興	盧惠卿	永春路路南　四二
	蔣立業	西三馬路路北　二二
裕泰東	朱興華	西五馬路路南　七
永興和	王　治	東三馬路　一〇六
維新號	李文軒	〃　一〇五
萬順德	牛萬祥	吉林馬路西首
積德源	侯玉琛	〃
東順興支店	田子高	吉林大馬路路北
萬盛東	樊獻廷	和順馬路　一二
瑞合綫	王書林	吉林大馬路路北西首
合記號	楊仲三	孟家橋通順街　六五
永興福	王紹廷	鐵嶺屯向陽街　一三
萬興永	魏治民	長通路路南
復昌盛	王文學	長通路路北　三九
東昌源	張培基	太平街　七七
裕慶長	蔣玉慶	長通路小廟街路東　三九
永春東	李逢辰	東四馬馬路路北　一二
萬合發	趙萬合	〃　一四
天寶東	李榮久	〃　一九
元民粮米舖	果壽年	〃　二〇
永順源	郭萬春	〃　二九
永昌盛	孟廣和	〃　三〇
益生源	王松令	東四馬路路西　一一

德順號盛記	張大坤	西四馬路	一〇四
同増慶	王子衡	〃	九〇
源盛茂	崔吉峰	西四馬路路北	五二
同泰永	郭子久	東三馬路路北	九八
日増合	牛煥三	大馬路路東	一五二
裕成德	郭翼三	南大街路東	一七
金興號	張宗五	南大街路西	六六
龍華小舘	隋永秀	燕春胡同	一六
義合永	呂志深	東三道街路南	二〇三
玉興東	于潤泉	西三道街路北	一四六
福德永	黄玉印	東三馬路路北	三〇
天増東	劉雅軒	南大街西側	特一
長順祥	楊玉桂	東門外路北	一四
人和盛	劉錫九	東新京西區警務段	三三
積德盛	玉王令	西二道街	一二九
恒德福	趙子衡	東三馬路	七九
謙祥米廠	楊星橋	東三道街路東	
天惠新	李明遠	東三道街路北	三七
德興長	徐永秀	〃	四九
鴻發興	張國棟	吉林馬路西首	
玉増興	曹炳午	高砂町	五ノ六

―鮮魚商―

長聚福	姜書聚	西七馬路廉賣市場內	
春記魚店	孫盛山	永春路市場內	二七
三合魚店	蔣　榮	〃	二八
鴻記魚店	劉會君	〃	二六
岩田商店	姜永奎	豐樂路市場內	三四
	曹興昌	慈光路濟日會館	五一四
和田號	高立業	日本橋通	二九

福合興	劉興立	日本橋通　二九
永福商店	徐永福	吉野町　二ノ一四
中村商店	呂重林	日本橋通　二九
信昌德	李振廣	〃　〃
和田魚店	田遇春	永春路市場內　三九
天増祥	苗寶雨	〃　四〇
盛記魚店	張眞祥	〃　四一
源記魚店	王秉衡	〃　三八
復興魚店	毋虎臣	〃　三〇
福盛德	丁祝三	日本橋通　二九
山川魚店	姜星五	〃　〃
和盛祥	孫春陽	〃　〃
德一魚店	楊寶銓	〃　〃
德田魚店	馮奎臣	〃　〃
三盛公	畢自卿	〃　〃
天合商店	朱守勤	〃　〃

一肉商一 猪、牛、羊、驟

東興順	沙振川	東三馬路路北　二六
永發長	王作賓	〃　二七
振興湧	張季唐	〃　一七二
和順成	郭喜元	南關大街　二六
裕發順	陳錫令	西頭道街北側　七二
四雲樓	于寶田	大馬路路西
義順成	王占延	西四道街　一二七
成記肉舖	韋長海	〃　一二六
福盛興	高海盛	西四道街路南　三六
永盛發	黄　章	西三道街路南
復合興	劉福林	永春路東　二八
永　記	楊永安	永春路市場內　一六

三合永	王延喜	永春路市場內	一八
春發合	馮殿春	〃	一九
源盛利	王鳳舞	南大街路西	七六
志遠興	常　平	永春路路東	一八
盛記肉舖	韋鳳奇	永春路	二一
福盛和	王殿富	永春路市場內	七八
	邢漢勁	永春路市場內	六二
	齊秀峰	〃	六三
	賈建祥	〃	六四
二合盛	裴占起	永春路路東	六五
同發合	趙振英	永春路市場內	一六
	常錫三	〃	六七
	李炳文	〃	六八
	高長俊	〃	七〇
	張子元	〃	六九
三發順	高鵠廷	〃	七六
廣興肉舖	孟廣好	〃	七四
	張樹林	〃	七七
福升合	王　順	〃	七八
	楊永貴	〃	七九
福合肉舖	苗長喜	新市場院內	三〇
源升合	王正明	南大街東側	一四九
德發盛	邪　振	〃	一八四
和發永	王　明	東站大街四合發內	
和記肉舖	劉煥瑞	東三道街南側	二二二
三發順	高桂祥	東三道街下坎路北	六八
魁升永	欒九山	東三道街路北	二六
三發順	高桂祥	西二道街路北	一
發　記	馬雲發	西三道街路南	
正和洋行	趙連國	豐樂路市場內	二一
松山洋行	王元山	興安大路一〇〇四宮下組寫店	
和田洋行支店	孫培禎	大同大街三中井內	

新玉洋行	張鴻玉	七馬路南側康寧市場內
協同福	馬進平	東四馬路路北　三
益合發	王金堂	〃　六
興順成	錢聚祥	〃　七
聚升合	錢聚桂	〃　八
三合盛	王建桐	〃　九
廣興肉舖	孟廣好	東四馬路慶發東內
林記	張洋林	東四馬路路北　一八
東興順	趙永祥	〃　二一
厚發合	張福瑞	東四馬路路北　三三
雙順成	王福全	吉林大馬路路南　二五
永順祥	田傑三	二道溝二酉街
義和興	吳柏楊	散步關東市街
天合盛	王名遠	孟家橋通順街　三
天合福	李寶珍	祝町　二ノ一三
福升合	張傑三	日出町　七ノ二
順發合	王雲山	祝町　四ノ一八
永發金	金鳳山	朝日通　四一
萬增祥	楊子卿	富士町　三ノ一六
聚盛合	郭連芳	梅ケ枝町　四ノ六
永惠成	吳松如	大和通　一
東成源	張福臣	〃　二三
益發祥	馬exp鳳	〃　二八
三盛永	李世永	富士町　四ノ二四
永發盛	田寶山	三笠町　四ノ三
東發興	畢彤恩	日出町　八ノ二
東發合	李文洲	三笠町　四ノ二一
萬聚永	張萬才	吉野町　四ノ一五
三合永	高雲	日本橋通　二九
德田肉店	趙雲梅	〃　二九
萬和商店	趙雲春	〃　二九
東興德	孫慶盛	三笠町　八ノ二

瑞成源	李淸瑞	東四條通　一四
東升合	顔魁陞	日出町　二ノ八
長崎屋肉店	王樹春	〃　六
德發盛	王玉田	東三馬路路南　一六五
振興東	王鳳岐	西二道街路南　一六〇
楊牛肉舖	楊玉堂	南關福祥店內
廣源長	金廣林	南關大街福祥車店內
全發盛	張佐臣	大馬路路西
順發長	龐延令	西四道街　一二八
德盛源	張鳳有	永春路西側　七九
福順成	劉振升	〃　八二
三盛永	王殿三	永春路路西　八三
	王鵬遠	永春路市場內　二〇二一
德義永	錢維璽	〃　二二
裕盛永	璽連財	〃　二三
	楊得富	〃　二四
四合成	王亭海	七馬路中華胡同　二
五豐堂	米春芳	南大街東側　一八三
德盛發	王鳳梧	東三道街路北　二
楊升永	劉尚和	東三道街路南　二二三
牛羊組合會	韓璽有	民康路德興棧後院
廣全永	沙廣才	西三道街路南　九二
德盛合	楊美和	南大街路東　一七六
三泰洋行	王永童	七馬路康寧市場內
德順永	王　濟	東四馬路路北　一六
	龐成文	安樂北胡同十四道街　一八
	王國斌	東盛四道街　六
	韓桂林	東盛二道街　四九
	楊萬林	吉林大馬路十一道街　一
	米萬良	二道河子十三道街　一〇
鴻發盛	馬鴻吉	吉林大馬路路北
全盛永	韓同春	東盛路安樂街東　四一

	李濟閣	軍用路新立街
鴻發盛	張鳳鳴	軍用路路西　一一
合源盛	田得盛	散步關中立街　三二
全盛永	李鳳祿	孟家橋通順街　三
新滿洋行	崔子衡	東二條通　三九
天合祥	宋輔林	祝町　二ノ一五ノ三
大北洋行	趙維維	祝町　二ノ一五
	張鳳泰	高砂町　八ノ二
三合成	王立堂	南大街東側　一八五

一 面粉、雜貨商 一

天興福第二粉場	邵愼亭	東八條通
春發長	孫長春	三笠町　四ノ三
合春福	常輔廷	日出町　八ノ二
東盛長	范兆璧	住吉町　六ノ二
福合順	劉岐山	日本橋通　五七
德慶恒	白掉三	尾上町　六ノ二
萬順興	張景泉	三笠町　八ノ二
德順福	王秀德	東安屯上坎
東益和	倪蔭亭	民用路西側　一四
春發長	黃春甫	高砂町　五ノ六
聚源長	梁鴻軒	住吉町　五ノ六
永興順	郤長豐	東一條通　一九
福成厚	王恩雨	大和通　一八
中立和	孫　明	南大街西側　一三
會海盛	劉景芳	西三道街　一二
福合順	潘自有	西三道街　一三
新源盛	李長盛	西三道街　七九
四合發	邢樹和	東新京西區
永順公	嚴敬昌	春日町　六

新發盛	馬鳳令	吉林大馬路路南　八
和順成	程振聲	散步關東新街　二〇
成順東	喬金雲	魁星街北　一〇
慶昇祥	張潤生	永長路路東　五八
增金號	張雲嶺	永長路路西　一〇〇
魁發永	高常有	長通路北側　五四
聚興和	張彌元	西二道街路北　一〇四
鑫生公司	孫宜之	西四道街　二四
福源長	傅海山	新安屯新安街
東順盛	張九卿	東三馬路路北　四八
天寶發	楊喜祿	鐵嶺屯西側　八三
三合義	楊治湘	平治街　二六

—鶏鴨商—

德利發	魏　醫	西四道街路南　一二
和　記	吳振魁	尾上町　五ノ八
福順盛	徐福恒	永春路　九四
同德祥	張殿財	尾上町　六
	金占元	永春路市場內　五九
福盛東	李向陽	西四道街路南　三

—青菜商—

福興久	劉文清	西四道街　一二五
日新號	王佐延	〃　一三三
同和盛	李子明	永春路市場內　一
公和祥	朱華亭	〃　五
洪大商店	楊永瑞	〃　七
福源茂	王殿鑄	〃　一一

同聚合	王官臣	東三道街路南　一九六
玉田商店	趙錫銘	興安大路宮下組買店内
德一商行	劉文鵬	大同大街三中井内
同合順	廖閣亭	東三道街路北　二〇
協和商店	蔡明齊	日本橋通　二九
裕和商店	武繼惠	〃
永順合	李福臣	祝町　四ノ一四
中和盛	杜雲五	東三道街路南　二二二
林滿商店	王松山	東三道街路北　一三
合記號	和耀廷	東三道街天主堂胡同路東　九
和盛祥	李子惠	日本橋通　二九
連盛德	王興爲	〃
同生福	曲壽山	〃
連盛德支店	王興爲	〃
印東號	印東豊	春日町　六
新盛和	徐濟元	春日町　五ノ二
花乃屋	曲茂新	豊樂路市場内　二二
恒發泰	李庚任	盂家橋通順街

一醬　園一

大通代售處	陶祖璒	大馬路路西　九七
福盛興	鍾豊恒	西三道街路南　一七六
福豊商店	馬忠顯	日出町　八ノ四
大通醬業公司	張啓發	東三馬路路南　一四二
久泉號	蘆良筬	東四道街天主堂胡同路北
廣源居支店	尤國賢	吉林馬路路北
慶發長	趙　慶	西四馬路　九二
德增醬園	蔣永堂	永安門裏路北
萬康醬園	羅銀燊	大馬路東側　一八九
廣源居	尤國賢	西二道街北側　九〇

維新商店	李文周	浪速町　二ノ一〇
協和醫園	劉惠豊	東四馬路北　四七
德盛湧	陰仕元	東五馬路路東　三〇
信元久	張景仲	長通路路南　六七
萬通興記	羅共仁	南大街路西　八〇
會川油房	蕭子揚	馬市胡同　四二
恒興泉	孫鴻漸	塘子胡同　二七

一油　房一

東興盛	李紹臣	孟家橋興順街
玉發東	竇福忠	散步關文華街
同興發	石雨亭	長通路路南　七六
泰發合	付慶印	朝日通　一一
吉盛長	趙金起	〃
瑛記	趙瑛	三笠町　八ノ二
會源東	曹子麟	〃
益發長	劉長貴	〃
福盛油房	王秉衡	西三道街　九四
福升合	李麟閣	南關大街路北　三八
利豊源	趙彥如	東二道街路南　一五一
新發祥	楊景新	小合隆
惠成祥	劉志惠	東盛路路西　二五
天興泰	郭順	新居街頭條胡同
東盛和	李芳	新建屯吉慶街　一五

一豆腐、粉房商一

共田商店	伊樹盛	入船町　三ノ五ノ三
德田商店	孫良才	〃　二ノ一一ノ四

新京屋	張興邦	富士町　一ノ一八ノ二
振記商店	畢振岐	朝日通　七四
日田商店	王芝山	永樂町　四ノ五
雙和利	姚慶林	二道河子嶺東路北　一〇
景記和	郭景全	鐵嶺屯向陽街二道街　一六
成記	耿繼臣	西三道街南側
天合發	單用勤	東三道街東門裏　一三九
	程福堂	浪速通　二四
長盛興	吳佐臣	長通路東大橋路北　六〇
三合盛	王濤松	長通路鐵嶺屯胡同　四
同心和	張振東	興隆街　一三
馮豆付房	馮廣有	永安門外裴家胡同　一
二合興	馬春山	西四道街　五五
合田商店	叢子均	西六馬路新立街　一六
泉發成	王濤	西六馬路路北　一七
成順和	衛金梁	魁星街　九
鄒豆付房	鄒廣江	小南嶺通濟街　五四
長新豆付房	楊吳文芳	自强街　一二
趙豆付房	趙庭芳	三義胡同　一〇
東昇粉房	張有	孟家橋
久生源	田榮久	新安屯新華街　一八
泉盛粉	李文泉	南關永安街　一六
永升合	楊鳳昌	永安門外興隆街　七
四合粉房	白品三	興運路壕南沿　三
福順粉	邢慶洪	散步關文華七街　二
元昇粉	邱鈞波	東安屯慶雲街
源盛湧	劉相盛	宮內府小鐵道東頭
東盛和	崔存新	散步關文華街　四
福合粉	趙玉成	散步關文華七街　四
雙義成	張瑞昇	張泮屯南街
東盛祥	張福珍	李思公屯頭道街
同昇源	王濟普	孟家橋興隆街

— 鮮貨、茶食店 —

大祥商店	韓慶璽	大馬路路西　六七
光明電影院小賣部	梁謙山	永春路（光明電影院內）
新民戲院鮮貨櫃	李子珍	新市場（新民戲院內）
中和號	王正齋	大馬路路東　二二八
美香村	馮芳遠	大馬路路西
泰來長	張海林	西四馬路路北　三
義和順	譚文彬	西四道街路南　三〇
同和發	范繼營	南大街西側　一〇〇
泰發祥	張叢一	
志大祥	楊維邦	南大街路西　八四
世昌和	周世本	〃　七六
源盛長	劉子敬	〃　三七
德利合	楊德利	西四道街　一二三
怡和長	李門鳳	東三馬路路北　二二
世興德	韓世維	東三馬路路南　一九七
義聚東	齊巨豐	〃　一七八
潤昇昌	王榮昌	東六馬路路南　二三四
泰生和	張子和	大馬路路東
長發合	李長令	北大馬路路西　六二
天增全	邵樹清	西三道街路南　四二
義和發	滿品三	南大街西側　二一
泰節隆	王照有	南大街路西　一七
世增德	王運一	北大街　五三
	張景南	永春路（大安影院內）
德山魚店	王美軒	日本橋通　二五
復興商店	李顯亭	〃　六五
福德永	王君佐	東四條通　一七
一品香	李文權	大和通　一四

新發源	王立岩	日出町　一ノ六
久香齋	古長德	南大街路西　一四
同合福	劉振聲	〃
遠香齋	張品三	南大街路西
天盛興	石文源	大馬路路西　二
天合盛	單秀峰	大馬路（泰發合樓上）
慶源盛	周慶源	永春路路東　三〇
	張靜軒	東三馬路（平安醫院内）
同昌源	齊國棟	〃　一二
福增盛	姜福增	二道溝二酉街　七六
鼎豐眞	高全富	大馬路路西　九八
遠香順	蘇雲峰	南大街路西　一二
久華新	王有貴	南大街東側　一三二
祥順齋	盧秀蓮	〃　一八二
稻香村	蔣甲生	大馬路路東　一四六
振興長	韓鳳山	〃　一七一
永發順	王榮豐	南關大街路北　五九
四盛長	張九榮	〃　五九
復盛永	劉茂昆	北大街
增發長	黃金堂	尾上町　五ノ八
巨興久	張兆三	〃
裕升德	黃九祥	高砂町　六ノ二
聚香齋	楊焕章	軍用路路東　四
雙合盛	朱德文	軍用路　三〇
井本商店	王貴圖	軍用路東街　二四
德發長	張興業	春日町　五ノ七
成發東	喬福臣	東四條通　一四

一食品店一

德記	王德銀	呂家橋通順街　八〇

協和商店	孫文卿	入船町　四ノ一五
	劉玉清	東四條通　一七
福增成	劉鳳德	西二道街路北　一九
三合成	賀趙氏	南關大街路南福祥店內
福春長	齊福周	東三馬路路南　一九四
劉床子	劉玉萍	永安門裏路南
福元商店	丁原昌	西七馬路英國醫院胡同
福德長	劉　福	浪速町　二ノ一四
三義成	王炳文	西頭道街　五〇
天順成	白立京	興安大路興安通　一
聚興源	弭運元	東四條通　一五
義順園	張炳臣	東五馬路路北　九
益盛和	賈金芳	〃　一四
德利園	王錫芳	日出町　六ノ二
裕昌商店	孫玉昌	春日町　六ノ五
興順成	魏國珍	浪速町　二ノ一六
福田商店	馮子經	入船町　三ノ五
魁盛永	吳品一	高砂町　七ノ二
德本隆	李子香	南大街路西　五五
長發玉	劉仲三	大和通　一八
富海茶社	梁　富	新市場永振胡同　二五
東亞汽水公司	徐振聲	東三馬路路南　一二六

—糖果商—

德興隆	蘇中德	東三道街路北　五五
雙興號	賈宴亭	富士町　七ノ四
志大公司	馬賢興	三笠町　四ノ一
茂德公司	王景業	日本橋通　一〇
東泰順興記	張選齋	尾上町　六ノ六
久大糖菓莊	蕭世安	西四馬路路南　六四

大有福	賈庚亭	西二道街　四四
老茂生	康鳳閣	大馬路西　四四
國泰小賣部	李瑞五	東五馬路電影院內
源泰公司	周聘三	永長路路東　三九
四海順	商駢畬	南大街路東　一五三

一小雜貨舖一

金盛福	楊極松	祝町　二ノ一三
同和盛	趙錫銘	東三條通　四七
同增利	喬裕如	高砂町　五ノ六
福興利	姜金城	東四條通　八
協盛永	杜法坤	高砂町　六ノ二
永泰成	韓子芳	東四條通　一三
三順合	徐萬珍	春日町　六
天順衡	賈獻廷	春日町　五ノ七
元亨利	闞慶棠	春日町　七ノ一
和利祥	黃占一	春日町　五ノ七
興發源	舒文雅	住吉町　五ノ六
隆升潤	張玉隆	祝町　四ノ七
泰和潤	檀鳳潤	祝町　四ノ七
正泰商店	吳賢賓	祝町　四ノ五
玉增長	路炳玉	住吉町　五ノ六
義興昌	黃子學	祝町　二ノ一五
源生祥	劉藎舫	東五條通號外
順發源	李夢陽	富士町　四ノ一六
協泰成	馬學義	朝日通　四一
雙盛興	高維山	富士町　二ノ一三
源盛祥	姜堃盛	東二條通　六六
金生德	譚仁洲	東二條通　六二
泰成興	張　森	永樂町　三ノ一

福和洋行	孫春祥	入船町　三ノ一
榮興茂	張天錫	東二條通　一一
和順洋行	趙桂武	東二條通　一三
天興東	張殿臣	梅ヶ枝町　三ノ六
景茂盛	單景康	東三條通　一〇
增盛和	左順興	東三條通　十二
福源茂	劉信安	東三條通　二〇
瑞東洋行	周瑞亭	入船町　四ノ二七
德興福	侯元眞	曙町　二ノ一九
泰發福	溫懋祥	曙町　三ノ六
天德福	劉崑玉	東五條通號外
同和長	劉子享	東五條通
福興長	侯作折	大和通　五七
慶興隆	鮑心慶	東四條通　一五
新京洋行	孫[illegible]堯	大和通　五六
同盛德	趙聲琨	〃　〃
永興盛	王周和	大和通　一二
福裕恒	劉子恒	大和通　二三
義和興	張香秀	大和通　二八
瑞順隆	趙雲騰	富士町　七ノ六
瑞興達	萬雲卿	吉野町　四ノ九
萬泰祥	李子良	富士町　七ノ六
德發長	孫德發	富士町　七ノ四
成發祥	程德生	吉野町　四ノ一五
寶泰興	艾文輝	吉野町　四ノ一七
福興長	常殿舉	日出町　八ノ二
會源興	陳悅來	東一條通　二
福盛德記	王明新	東一條通　一九
天興永	劉清齋	入船町　四ノ二一
福源湧	徐子衡	三笠町　四ノ二三
天華北	劉宴棠	吉野町　四ノ七
永和成	馬殿永	日出町　二ノ六

洪豊源	鄒華庭	日出町　二ノ一二
和盛福	趙書亭	吉野町　二ノ一四
東順昌	張繼武	祝町　五ノ一二
	韓福堂	日之出町　一一
和興盛	劉子傑	日出町　一七ノ二
和順祥	鄒紹基	安樂北街四道街
裕發盛	韓玉起	吉林大馬路路南　二七
功益德	曹子英	臨河三道街西側　四六
長興順	李伯軒	吉林大馬路路南　二
鴻興合成記	張秀峰	〃　〃
寶昌隆	楊泰山	軍用路　二六
永盛泉	張百川	軍用路西側　二五
泰興隆	路懷興	軍用路西側　一九
鴻慶永	張運慶	二道溝二西街　五一
永合泰	郝麟年	二道溝頭道街
福聚德	楊克鴻	二道溝二西街　一一
三合祥	鄭守城	〃　五七
同順利	馬深海	〃　六五
慶發東	丁汝勤	東四馬路路北　一〇
德斯利	李寶海	二道溝二西街
協盛湧	王澤繼	散步關東新街
協力成	張維成	〃
長盛永	韓鳳閣	散步關西興街
公盛東	李慕唐	散步關中市街　一八
三聚合	臧中寶	流家橋通順街　一〇
福合長	盧長富	〃　八
玉發長	張盛世	〃　五
豐源長	金樹田	韓家屯西溝沿
興元盛	趙寶興	吉祥屯西頭　一六
福升長	胡忠卿	韓家屯長安二條
德義厚	楊進南	軍用路路西　四
雙盛德	呂克金	東安屯下坡慶豐街

振隆遠	李俊升	民用路五道街　六
同順祥	李長春	民用路　三四
福長利	褚長發	張泮屯青雲街
隆太號	橋有坡	張泮屯維新街
久裕號	郡官榮	張泮屯青雲街
福發祥	林光甫	孟家橋通順街　三〇
恒昌隆	孫宗武	軍用路東街　七
三義商店	陳元智	軍用路太平街
富貴洋行	劉子珍	〃　五五
福興泰	姜芝山	軍用路東側　三五
泰山盛	馮本榮	〃　一
景春號	顔景武	新華街路北　一九
義興公	李　祖	新華街　五〇
德順發	王秀峰	鐵嶺屯向陽街　六九
珍發東	劉存珍	〃　南側　一
源泰昌	王良温	長通路路北　二一
松本糖房	孫爵臣	〃　一七
益合順	郭炳崑	長通路路西　一〇七
大升長	王占魁	太平街路北　四六
萬聚東	鄭萬金	小五馬路　三
瑞興永	丁士賢	樂亭屯路西　四
福潤深	路德潤	東四馬路路南　一二一
福順德	王官林	〃　一二三
天興久	張丹榮	〃　一二五
慶發祥	盧秉章	東四馬路路南　一一四
福順合	史　貴	長通路小廟街　二六
萬發源	張金儒	東四馬路路南　一三一
珍記號	齊存珍	東四馬路路北　四八
長福祥	王發祥	東四馬路北側　二三
仁義和	王玉堂	東四馬路　二二一
俊興隆	王國良	東四馬路路南　一三三
義和永	張德文	東四馬路路南　一二二

仁義和	呼良才	大南嶺大街東側　一〇三
三盛全	于　海	南關大街路北　五二
志發東	劉治凱	平治街　二四
廣泰德	劉錫鳳	南關大街路北　六〇
公義興	汪文興	西四馬路路北　二一
瑞發祥	李夢祥	〃　一三
新泰盛	康居易	西三馬路路北　二七
桃園新	李白午	西五馬路路北　八五
長興發	孫長貴	西五馬路　九二
永發長	郭俊富	永春路路西　二〇
永發盛	段俊三	永春路路東　二二
春昇合	郭緒亭	永春路路東　三二
洪發祥	韓廣田	〃　三六
裕發長	劉長有	〃　三七
[illegible]隆號	楊丕懋	南大街西側　六六
忠記號	馬潤升	永春路路西　七一
天玉泉	張品宣	永春路路西　九四
增興源	劉文甫	永春路市場內　四
會合全	劉興廷	南大街路西　二四
合順隆	陳錫紐	西三道街路南　八六
東盛公	陳鳳岐	南大街西側　五
東恒茂	孫文和	西四道街　一一五
天順發	唐春林	平治街　七二
萬增福	賈治書	平治街　四五
同發祥	史慶祥	西四道街田大院內
東興茂	關廣蘇	西四道街　一〇七
聚泰盛	呂景唐	西四道街路北　八八
源發長	劉澤民	南大街路東　一六三
福源長	于麟閣	〃　一六五
福增榮	李德潤	西四道街　三一
永源發	徐義能	〃　二八
公和長	孫文來	〃　三五

德興源	李香圃	南大街路東　一七五
永興發	劉殿升	西二道街路南　四七
三合發	宛榮九	南大街東側　一七七
義興成	張濤臣	西四道街北側　六一
魁順永	張魁元	南大街東側　一七九
福記號	劉克昌	西四道街北側　八〇
福昌興	劉福堂	南大街路東　一四四
厚德發	齊榮豐	北大街東側　四六
吉興順	王起成	〃
永發達	王樹達	南關大街路南　二一
福盛合	齊運發	北大街路東　三四
和興盛	祖榮耀	北大街　二八
巨興泰	王煥文	西二道街南側　二四
東盛商店	楊子和	西二道街　一八
峻記號	呂峻豐	西二道街路南　一四
福茂東	宋茂源	西二道街路南　一一
萬發興	楊占山	西二道街路南　五
福順商店	趙月順	興安大路　四二三
惠比壽屋	王作榮	慈光路
春發永	王福田	西三道街路北
福盛合	安耀亭	西三道街路北
英發長	孟富英	〃　一二三
鴻順長	闞瑞林	西三道街　一五七
裕盛興	宴國治	燒鍋店街路北　二六
永盛發	劉福廣	三義胡同　四六
裕成源	王　斌	萬寶山站頭道街　五三
萬源興		萬寶山站鐵道街　一五
聚興魁	商振興	吉林大馬路路南　一六
裕盛號	高作民	西三道街　二二
新源號	李景海	西三道街　六四
復興隆	吳國隆	西三道街路南　五七
齊小舖	齊鳳樓	大同街大街西側　二六

源興發	王桂庭	大馬路路西　一〇八
義發祥	曾振隆	東四道街路北　四
同發祥	楊玉樓	東四道街永長路　八四
德發公	蕭鴻發	燕春胡同　一〇
東發祥	盧　湘	東三道街路北　九七
恒泰興	王慶福	〃
瑞豐號	呂華堂	東三道街　二七
德興東	祝吉祥	東新京西區
鼎聚成	陳德盛	〃　警務段　一九
福盛茂	張盛堂	東三道街
湧源號	王紹增	東門外　六
隆海德	史源海	崇寧三道街　一七
仁義成	吳樹山	東寧二道街　二八
義順長	張[illegible]洲	北市場東側　一三三
東發祥	盧　湘	東三道街路北　九七
聚發合	錢　聚	東三道街路南　二二四
振源成	安[illegible]剛	東三馬路路北　三九
永正興	李興山	東三道街道南　一七六
泰和西	李景棠	〃　一八五
義泉湧	金博泉	東三馬路東寧一條胡同　二
春和福	李春榮	東三馬路路南　一七〇
義興號	李學温	東三道街路北　一三〇
雙聚福	于得權	東三馬路北側　一〇二
廣順興	曹泰湯	〃　一〇〇
福增盛	楊占山	東三道街北側　五〇
德增泰	温雨亭	〃　二八
鴻興林	林發源	東六馬路路北　二三五
福順祥	史　榮	大馬路路西　四〇
興茂盛	張茂林	大馬路路西　七
同興合	張柏謙	大馬路　八六
東發長	于登林	新市場愛國胡同　二六
福永和	孫利文	〃　六四

雙發合	劉漢臣	新市場院内
寶泉湧	李鐵泉	西四馬路通順胡同　一三〇
玉和成	毛玉璉	西四馬路通順二條胡同　五一
萬興合	艾志萬	西四馬路
德順成	王欽銘	西四馬路路北　五九
福聚合	趙青山	〃　五四
慶記麵莊	周開儒	〃　四八
雙和長	譚景和	〃　三〇

一 燃料商 一 木炭、石炭、木柈

新發長	郝玉豊	東三馬路路南　一一八
振東炭廠	時鎔亭	西六馬路六合屯頭條胡同一二
天增盛	郭雲亭	西六馬路　二六
天興成	郁俊三	永春路　八九
志和煤廠	常忠豊	南關大街
大隆號	陳鳳閣	北大街　三九
仁和洋行	候運仲	吉林大馬路路西　四六
大盛煤廠	王旭昇	吉林大馬路路南　五六
東盛源	張　榮	李思公屯太平街
鴻正福	孫松山	軍用路太平街
德昌興	賈玉山	永長路路東　四〇
天德盛	解洪榮	朝日通　七
福德號	楊榮九	三笠町　五ノ九
天順長	劉兆來	朝日通　九
東生金	李東坡	〃　七
新生木炭廠	胡亘豊	〃　七
[illegible]茂和	劉家禎	大經路馬路門裏　一四二
新聚和	劉振廷	永長路路西　二二
源盛東	王　錫	永長路路西　二二
長發永	李崇業	永長路路西　一一七

魁盛永	王漢章	永長路　四五
永發木廠	何全生	永長路路東　五五
仁和木	劉正廷	大經路西側　二二九
名濟新	陸名忱	大經路馬號門　一四五
長盛永	楊長均	〃　二二六
復興長	宗大烈	〃　一五三
永發順	孫香九	大經路東側　一五六
三義[illegible]	劉東生	東四道街徵租胡同　一三
祥森福	王玉祥	東二馬路路北　一〇
三盛永	徐振升	東二馬路路北　九
三合順	劉維馨	樺子廠胡同　一八
森盛木	高樹梅	〃　一二
萬增長	吳繁江	樺子廠胡同
德發和	張升平	〃　四
瑞發祥	張鳴亭	東三道街下坎南側永長路
長發煤廠	秦曾節	西四馬路　一一四
義盛祥	徐東祥	西三馬路路南　四〇
東發木廠	李蘊延	西六馬路路北　一六
東順長	張世泉	西六馬路路北　七
長發東	夏毓秀	西六馬路路北　一
義盛和	李寶玉	七馬路中華胡同東側
榮順源	張樹林	永春路路東　一〇
裕順祥	劉鮮卿	永春路路東　一六
天裕順	劉玉山	新開路西側　四
義順慶	張炳長	東五馬路路南　三一

—新　衣　商—

晉記衣裝	畢進陞	老市場珠寶胡同　三五
	崔瑞五	〃　二四
玉成源	楊永添	〃　三三

順記	萱瑞五	老市場珠寶胡同　三四
鴻發盛	閻向臣	〃　三七
德興合	鄧益三	〃　六
益興隆	劉益三	〃　二
合記老獨一處	李春發	老市場西門裏胡同路北　八
長記衣莊	劉榮久	老市場西側　三七
長發祥	韓瑞章	老市場路東　二七
天增厚	秦子厚	老市場西門裏胡同北側
林生祥	齊鳳林	老市場西門裏胡同　三〇
振興東新衣部	王子純	大馬路路西（振興各内）
德記	吳敬義	大馬路（泰發各樓上）
俊源久	陳子安	大馬路路西　四七
立聚成	南成	南大街路東　一四七
潤源長	劉湖然	西二道街路北　一三五
信記衣帽莊	吳炳五	西二道街永升店院内　二九

一成衣局一

福豐號	張五	吉野町　四ノ一九
雙興齋	張一山	三笠町　四ノ二四
杜記成衣局	賈壽仁	〃　四ノ二八
永和成	易永魁	〃　五ノ三
泰記成衣局	元雨時	吉野町　四ノ一七
興茂盛	李波然	日ノ出町　二ノ八
聚全永	伏元鈴	北大街元昌棧胡同　七
	劉毓財	溝子沿胡同路西　三
盛記成衣局	魏喜亭	東四道街
復興盛	張興盛	東三道街天利胡同　一〇
祥記衣莊	米國祥	東三馬路路北　三一
東方玉記	劉玉田	公園路路南　四〇
萬春洋服店	盛萬春	西四馬路路北　五七

雙發慶	朱守田	西四馬路路南　八七
萬順和	孟昭鳳	〃　八一
同益成	閔聲顯	西四馬路朝陽胡同　一三
萬慶和衣莊	馮振堂	世林祥胡同
榮記	劉顯榮	西五馬路路北　六五
春發祥	嚴柏	東三馬路　四〇
全利成	鄭廷茂	東二馬路路北　四
林記成衣局	歐陽林	大馬路路西　四
春和長	楊富春	永春路路東
吉元洋服店	劉維新	梅ケ枝町　四ノ三四
三和盛	李瑞業	〃　三ノ二〇
同合成	陳春堂	太平街路北　七六
源記	張連富	東四馬路　五一
永記	崔萬鎭	西二道街　九六
春發長	李春恩	北大街　三三
永發德	白永德	南大街西側四海順內
華新昌	潘雲峰	南大街路西　二七
志成興	王化君	南大街東側　一五三
有利成	盧永振	南大街路東　一五八
福發成	劉春祿	西四道街天寶胡同　一一
永記	崔萬鎭	西二道街北側　九六
同益成	馮國棟	西三馬路路北　一
興順成	郭興	西三馬路北側　五

一 洋襪子商 一

同源泰	林恩源	西二道街路北
公億盛	周公甫	〃　一三九
東華工廠	韓修五	〃　七
榮記	周煥仁	〃　八
文記工廠	趙玉其	大馬路路東　一八三

鴻記織工廠	張鴻彬	西四馬路路北
瑞麟工廠	趙玉琪	南大街東側　一一一
益友工廠	王夢祥	〃　一〇
德厚成	孫德馨	西二道街路北　一三一
長發東	蔡長清	西二道街北側　一二九
黎明瑞工廠	李紫珊	南大街路南　六〇
福順工廠	王華文	南大街路南
文升盛	劉樹卿	南大街路西　四一
同興厚	楊河清	塘子胡同　二五
復昌工廠	劉國清	西三道街塘子胡同　二一
洪發東	陳財洪	塘子胡同　二二
東發源	劉金萱	西二道街塘子胡同　一九
吳增金	李慈金	西二道街路南　二〇
興德長	張錫峰	西二道街路南　一九
順　記	李浦林	西二道街路南
福利工廠	安金臣	〃　八
惠記工廠	[illegible]炳中	〃　六
福合工廠	朱青山	西二道街　一三二
徐林慶	仝　上	東三道街東門外北　一五
	劉雨亭	東四道街天主堂胡同　五
福豐工廠	張靜波	西二道街路北　九
鳳聚成	趙寶堂	老市場西側　六七

一 鞋商 一 布鞋、膠皮鞋、皮鞋

同興隆	李紹舞	老市場路東　七
大也鞋店	宋恩林	〃　八
福發長	劉福延	〃　九
全盛興	盧全福	老市場大街　一八
天順隆	殷鳳山	老市場路東　一一
北原鞋店	馮全林	〃　二〇

隆記鞋店	李錦堂	老市場西側	四七
泰發祥	單煥宸	〃	四九
瑞升新	霹田	〃	一五〇
福和長	趙福祿	〃	五五
天足鞋	薄文成	老市場	
久大鞋店	孫惠三	老市場西側	六一
俊昌號	白靜軒	老市場西側	六八
實盛東	杜芬	〃	六九
資信洋行	梁慈廷	老市場西門裏	
福恒工廠	曲翰仁	東三馬路	一五六
同大鞋店	王玉山	大馬路路東	一四三
三通魁	張于元	〃	一七〇
大羅天	王靜山	大馬路路西	
大亞新	石天柱	〃	九六
醫新鞋店	趙啓晋	西四馬路路北	二〇
北原分銷部	高庚炎	西四馬路泰發合內	
功成商店	蘇志信	南大街路西	三九
慶順成	孟慶居	老市場西側	六二
三義德	張景餘	老市場西門裏胡同	三
公成合隆記	馬宗一	三笠町	四ノ一九
金盛合	陳玉樓	老市場西門裏胡同	五
源發長	齊占元	高砂町	六ノ二
元隆號	彭捷卿	大和通	二一
同記鞋店	徐晉濟	三笠町	三ノ二三
同泰合鞋店	王名山	三笠町	四ノ一九
北原工廠	高庚炎	東四馬路路北	四一
三三鞋店	蘇茂源	老市場東側	一
一大鞋店	信德林	〃	三
興順茂	孫靜舟	〃	四
日升東	辛述明	〃	六
泰東膠皮會社	蔣福唐	三笠町	四ノ二三
順昌號	白敬軒	老市場西側	五六

大同商店	劉 小 舟	南大街路西　六六
同業商店	王　 鈞	〃　五九
永 興 長	李 貴 臣	〃　五〇
天 増 信	粲 錫 九	南大街路東　一六九
德 源 成	孫 陞 亭	南大街路西　七〇
永 和 生	生 九 如	老市場路東　一四
協和靴店	于 英 德	朝日通　一九
慶豐皮鞋店	高 連 鵬	東二條通　一四
天 利 合	李 嗣 德	大馬路泰發合內
天 利 福	〃	〃　路東　一六三
孔雀公司	陳 増 根	〃　路西　二八
東 慶 永	張 訓 亭	〃　一〇四
德源工廠	李 文 蘭	小五馬路路北　一四
集 升 齋	李 煜 林	大馬路路東
兄弟鞋店	任 萬 忠	〃　二二四
樹禮鞋店	葛 樹 禮	南大街路東　一〇八
東亞靴店	梁 啓 玉	日出町　一ノ一〇ノ二
義 同 升	王 慶 春	東三馬路　一九一
大連靴店	單 亦 顯	朝日通　八一
吉 盛 號	徐 恩 亭	三笠町　四ノ二三
公 義 合	千 萬 令	〃　三ノ二三
福山履物店	于 丕 誠	祝町　二ノ七
久豐鞋店	曲 秉 恒	老市場西側　五九
福 發 合	趙 希 財	南大街路東　一六四

—帽 子 商—

大有恒貨記	馬 玉 林	南大街東側　一四六
成記工廠	劉 勃 生	北大街東側
衍 慶 豊	楊 晁 垣	南大街西側　四八
鳳祥帽莊	馬 玉 春	西二道街南側　一五

同義帽莊	高景典	日出町	七ノ二
文記帽莊	耿文富	東二道街路北	
同豐祥	周　忠	〃	四
美華帽店	張書麟	南大街西側	八二
德和祥	強啓明	西三馬路路南	五六
	査魁閣	東頭道街路南	七

一皮靴商一

李增祥	孫景陽	西三道街	一六四
德田皮靴店	田瑞松	永長路路東	二五
泰康靴號	陳孝堂	大馬路路東	二一六
勝記皮靴店	劉鑑秋	〃	一六〇
伯崑皮靴店	齊伯崑	大馬路路東	二三九
和田皮靴店	田瑞和	〃	二一三
義昌盛	陳靜瑩	西四道街路南	一八

一洋雜貨商一

德利長	王振和	老市場珠寶胡同	二九
同和長	王濟山	〃	三八
聚和福	王海如	〃	三九
玉發成	扈玉崑	〃	四〇
義興隆	王玉潔	〃	四
榮源久	賈世榮	〃	五
	王文明	老市場南小胡同	二五
	牛立勛	〃	二九
同　記	王同春	西四馬路（泰發合內）	
美爾多記	田明軒	南大街西側	九二
義德瑞	龍雲瑞	軍用路路東	四四

華昌號	王岐山	東三條通　一二
美華樂	左軒之	南大街路西　四七
合順祥	張士和	〃　三八
福盛魁	張蔭材	老市場西門裏胡同　三二
榮發長	榮洪源	〃　二九
福發厚	宋振邦	〃　三一
	許榮堂	老市場西門裏路北西入口
隆盛茂	周茂齋	老市場西側　五八
義順長	韓務臣	南大街路東　一四九
盛記	李朝佐	北大街(協和商場内)
紹記	張馨橋	北大街東側(協和商場内)
會合長	孫承和	西二道街　一二
天順昌	齊財	老市場珠寶胡同　二五
中原洋行	于資興	大馬路路東　一六九
文記號	李清林	〃　一七二
鴻興號	柴松年	大馬路(泰發合樓上)
利豐商店	張天倫	〃
慧記	劉慧光	〃
志成商店	夏衛成	〃
賓友社	王鳳山	〃
中原分銷部	于資興	〃
天興茂	盧璽民	南大街路西　六六
合順成	王祝三	〃　六二
天盛長	陰旭東	〃　四九
隆華商店	王鳳山	大馬路路西　六五
聚成祥	高晁銘	南大街　四六
華興昌	趙鏡波	南大街西側　四三
福厚成	薛香坡	〃　四三
全發祥	鄭子賓	〃　三五
增盛隆	于增範	二道溝頭道街　四
和興洋行	郭長春	東二條通　五二
利豐洋行	王宗賢	祝町　二ノ三

天興達	封雲天	祝町　五ノ一三

一洋服商一

功慶合	鄭有為	老市場西門裏胡同　二八
東興號	王泰之	大馬路路西　七一
義順泰	李泰興	老市場西側　一五一
興順福	孫獻廷	老市場東側　一九
興記洋服店	李泰興	老市場西門裏胡同　四
協和東	李殿名	〃　三三
祥發洋服店	安祥發	西四馬路路北　三二
友本商店	黃敬凡	西四馬路（泰發合內）
協合東	李殿銘	〃
祥茂號	王國鈞	大馬路路東
極東號	徐吉泉	〃　一三七
福聚號	張聘五	〃　一八六
豐順號	孫鴻書	〃
立昌洋服店	李瑞孝	大馬路路西　一一三
瑞記洋服店	陳樹巇	大馬路
安記洋服店	張有鶴	祝町　二ノ一二ノ三
瑞昌號	周桂發	日本橋通　一九
正大洋服店	毛平	中央通　八
洪興號	譚鼎新	大馬路　一九七
東聚興	徐振東	大馬路　八二
東亞洋服店	陳鳳岩	入船町　三ノ九
滿洲洋服店	齊治臣	〃　二ノ七
晉長洋服店	邵阿謂	東二條通　三七
長春洋服店	孫慶年	祝町　二ノ一七
永興洋服店	陳德興	富士町　二ノ四
德順洋服店	李連陞	〃　一ノ二
富士洋服店	趙振權	〃　四ノ四
長興洋服店	卞鳳年	七馬路南側　三二

	李國棟	東三馬路路北　四〇
徳昌洋服店	顧徳泉	大馬路路西老天合院内一一三
遠昌洋服店	陳越峰	西六馬路　二五

—貴金屬商—

慶昇錩	郭秀峰	北大街（協和商場後院）
同順公	陳玉珊	南大街路東　一三七
福盛祥	郭鳳儀	東三馬路路南　一七九
振興金店	劉雲閣	大馬路東側　一二六
新美華	董魁五	大馬路西側　五〇
泰華金店	齊元復	大和通　二三
徳増和金店	蘇潤清	南大街路西　二五
古陶美術館	陳古陶	北大街路東
華北天	侯潤田	西四馬路　一〇五
叢古齋	穆碩忱	〃　〃
慶雲眼鏡店	石潤元	大馬路路西　八
新發永	桑永普	住吉町　六ノ二

—鐘表商—

瑞山表局	韋瑞山	富士町　三ノ一四ノ二
天一鐘表店	張紹遠	大馬路路東　一九九
亨達利	周岐光	大馬路路西
及時鐘表局	方春榮	〃　九四
慎昌鐘表公司	方春榮	〃　九一
慶雲鐘表店	石潤之	〃
大華表局	孫國華	大馬路　一九三
華東表局	朱世榮	東三馬路　四
富和時計店	和致中	東三馬路路北　一

玉田表局	郝玉田	大馬路　四三
桂林表局	杜桂華	三笠町　四ノ一四
恒昌刻字局	唐相符	大馬路（泰發合樓上）
老精華	杜向欣	祝町　二ノ一七

一 五金器商 一

亨利鐵工廠	盧愼亭	豐樂路　二二三
天增號	劉靜波	大馬路路東　三三
義聚成	袁文彬	〃　一八四
泰發號	劉澤遠	〃　一八一
天增達	劉潤深	大馬路（泰發合樓上）
政記五金行	曲茂高	長春大街　二〇五
天增泰	張增明	大馬路東側　八八
豐源盛	喬琢之	大馬路西側　四一
四海盛	徐貴堂	〃　八五
同義成	果硯耕	西四馬路路南　四九
義聚成支店	袁文彬	大馬路路東　二三二
東京洋行	馮祥閣	〃　二〇二
慶和祥	呂子興	南大街路西　五六
得利號	趙輝堂	〃　五三
同仁五金行	孫金西	大馬路東側　一七三
天增益	劉薰香	〃　一三五
榮記盛	李桂林	北市場西側　一二〇
義興商會	戴寬文	西四馬路路南　九五

一 棉布、人絹商 一

福順成	鄭本中	南大街路西　一九
寶興福	劉清久	〃　一八

恒興泰	陳錫九	南大街路西　一五
三合長	鄭修增	南大街路東
元和工廠	劉澤民	北大街路東
裕豐工廠	徐蔚正	北大街西毛家大院內
唐治青	仝上	小合隆
姚青貴	仝上	〃
寶隆源	李慶漢	南關永安門外路南
源大工廠	徐蘭營	吉林馬路路北 五五
同生祥	楊錫之	青島町　四ノ二〇
公合信	于殿三	日出町　六ノ二
泰和順	邊鳳山	老市場珠寶胡同　八
公和祥	張衍平	〃　七
仲聚元	曹聚成	南大街路東　一四七
信元成	賀郁臣	〃　〃
福順長	李錫長	〃　一四七
慶昇源	楊孝昌	東頭道街路北　八
福記布	王文佐	祝町　五ノ一三
德記	吳佐廷	〃
德順東	姜輔田	東二道街路北　一
德源興	張雨三	東二道街　四
謙恒泰	傅衍巖	南大街西側　四一
三順永	王子祥	〃
吉盛興	朱亭久	西二道街　一三三
天合盛	趙榮亭	日出町　六ノ二
〃	王傑臣	南大街路東　一五四
興順號	高祝九	〃　六六
長興隆	關輔臣	西二道街路南　三
洪源合	陳建魁	珠寶胡同路東　一九
林記	鍾汝霖	〃　二六
泰和湧源	邊連茹	〃　二四
東興裕	王會明	〃　二七
泉記號	許體泉	珠寶胡同西　一

公順合	李子修	日出町　六ノ四
洪成德	周玉堂	〃
會合昌	劉青隆	祝町　五ノ七
義生隆	田藹生	三笠町　四ノ一九
天義恒	李駿聲	三笠町　四ノ二三
廣興順	杜興權	富士町　五ノ六
玉記號	陳玉峰	東五條通　一五
豊記布	崔步雲	東五條通　三
豊聚東	孫世登	富士町　二ノ九
同興永	邵子豊	富士町　三ノ一九
同和盛	魏紫庭	富士町　三ノ二九
振興長	程善卿	富士町　四ノ一八
同興昌	張荊瑛	三笠町　五ノ八
永順茂	鄒獻瑞	三笠町　五ノ二
森和義	田華圃	〃
興昌盛	武品卿	東五條通　一五
同聚和	孫明遠	住吉町　五ノ六
鴻盛源	汪滙海	住吉町　六ノ二
義生魁	陶福生	東四條通　三
信記號	楊瑞峰	〃
麟東商行	崔志超	〃
福盛布	李桂田	南大街路西　二八
福合長	張百泉	東五條通　一五
積德王	王心垣	祝町　五ノ五
福泰祥	范賓卿	〃
裕生源	丁志遠	三笠町　四ノ二五
萬源成	解延琦	南大街東側一五六（會源公內）

— 書籍、文具商 —

胡魁章	李樹棠	大馬路路西　一〇七

四寶堂	姜希文	大馬路路西　一〇五
新京書店	顔心栽	北大街　二六
成文厚	俟鑫三	南大街路北　一一八
德和昶	李肆三	大馬路路西　一六
德和義	張壽山	〃　一〇三
福壽永	馮鼎新	〃（順德商場内）
天和盛	賀仲軒	吉野町　四ノ七
和田新記	李新昌	永春路西側　九六
永井紙店	王步章	東三道街路北　三〇
永興源生記	陳科生	東三道街路南院内
巨興成	李錫麟	東三道街路南　一八六
萬源長	曲益堂	西四馬路口（泰發合内）
金石社	趙庚年	大馬路（泰發合内）
義茂興	董瑞圃	北大街（協和商場内）
天德信	蘇奎文	三笠町　四ノ九

—化粧品商—

信義昌	楊之清	大馬路路西　七六
永興號	張延惠	南大街路東　一四七
振興隆	劉玉生	南大街路西　八三
盛記工廠	馮蘭亭	西四道街路南　一七
福德長	劉福堂	東三馬路路北　一一
長發工廠	趙會卿	東三馬路路北　四九
鴻發合	楊奎山	南大街路東　一五八
人和福	趙寶章	西二道街　一四二
卜内門公司	趙織卿	西三道街路南　八二
増順源	李介臣	南大街西側　四六
三多商店福記	曲占鰲	〃　六六
三義成	張柏臣	西二道街路北　一三五
天麗粉廠	王振俟	西二道街　一三八

同昌行分銷處	劉 福 泰	南大街路西院內　六六
月 中 桂	王 文 甫	南大街全安胡同路南　一一
永利公司	劉 浚 澎	日出町　八ノ四

一棉 花 商一

慶 昇 湧	楊 恕 齋	東二道街路北　五
永 裕 成	孫 克 裕	南關大街全安門路南
世 興 永	楊 向 榮	西頭道街　六
慶 瑞 長	喬 慶 有	北大街元昌棧胡同
裕 和 綿	黑 榮 升	住吉町　五ノ六
益 發 源	高 子 久	住吉町　八ノ二
泉 盛 和	劉 憲 民	高砂町　五ノ六
義 升 德	郭 喜 三	西頭道街路北　六五

一紙 煙 商一

愼 記 號	張 愼 五	大和通　一八
永井商店	王 布 勤	高砂町　五ノ二
永康商行	駱 元 乾	祝町　五ノ二
義 興 長	孫　 祥	孟家橋通順街　八二
福 增 順	趙 瑞 珍	住吉町　五ノ六
天 成 祥	孟 雲 目	〃　六ノ二
永 遠 遂	孫 耀 五	日本橋通　七一
鴻 聚 興	齊 風 林	南大街路西　六
東北茶莊	李 靜 波	吉野町　四ノ二〇
會 成 公	劉 樹 德	西頭道街路南　五
永泰煙行	齊 鴻 玉	大馬路路東　一五一

一石灰商一

德利東	何榮仁	興隆街　一三
天發泰	田振鐸	東四馬路路南　六七
福慶石灰公司	趙子明	大經路　二二〇
順興和	孫殿甲	七馬路路南　九五
永義昌	佟世濟	西五馬路　六八
義發公司	李朝青	西三道街　四八

一製　酒一

德春泉	趙春茂	富士町　四ノ一八
人和源	劉憲臣	太平街路北　三〇
協和湧	劉紹南	東小五馬路北側　九
裕成湧	張月田	高砂町　七ノ二
雙隆號	王世顯	東三馬路大橋街　五
鴻發興	張國棟	吉林大馬路西頭

一漢西藥店一

四盛厚	魏子廉	孟家橋通順街　二五
四盛厚	朱照琦	東四馬路北　六一
四盛厚支店	張鴻圖	吉林大馬路路南　一七
興順誠	陳子剛	西三道街路北　一一
四盛長支店	張榮久	吉林大馬路路北　四八
興順誠同記	杜尙勤	〃　六〇
錦和慶	程慕堂	西三道街　一四〇
德慶鈺	趙潤雲	北大街　六〇
裕和利	楊際榮	軍用路西側　一〇
濟民藥房	鮑春芝	住吉町　六ノ二
德育生	臧振鐸	高砂町　五ノ六

德育藥店	倚明齋	大和通　一九
義和謙	秦慶芝	大和通　一八
盛記製藥社	黄成序	永春路路西　七六
同發合	金萬城	南大街路西　七三
天一堂	曾明遠	〃　七八
和新藥房	于德生	〃　九〇
世一堂	楊趾錚	南大街路東　一六二
中興藥房	齊景芳	大馬路路西　七五
新記中央藥房	張福全	〃　一〇一
五洲藥房	李榮澤	〃　一一〇
耀延大藥房	王德軒	大馬路路東　二一八
天増玉	汪玉延	大馬路路西　三六
福華西唱機部	栗福民	大馬路（順德商場內）
寶和堂	常信之	大馬路路西
義和謙	秦慶芝	大馬路路東
泰和祥	趙子鈞	大馬路路西
義和藥房	周樹人	〃
中西大藥房	徐繼昌	〃　九五
中法藥房	鄭芝山	〃　一〇六
世德増	王明德	西三道街路南　九二
德香齋	田樹森	南大街路西　一
致中和	賈芝成	〃　特五
達仁堂	樂達二	南大街路東　一三四
天德堂	趙明五	〃　一三六
大中西藥房	傅夢熊	北大街路東　六
新亜藥房	王香九	北大街路東
德盛堂	張恩澤	西二道街路南　二七
天保堂	張愼修	西四道街　一一八
天益號	楊永森	富士町　七ノ六
天和増	張輔臣	東三條通　一四
雙發合	劉品三	燒鍋店路北　一三

—理髮業—

美同理髮所	于文仲	鐵嶺屯向陽街　三七
慶雲軒	劉建章	新華街路南　四五
永和軒	李永會	長通路路北　二〇
德記	杜永發	太平街路南　八六
永發堂	陳維俊	老市場西側　四七
鴻興軒	林錦章	新市場慶康街　三
益美軒	王盛津	新市場夜市胡同　八
美顏芳	李鳳桑	〃　七
德記	楊慶春	〃　六
和記	趙清海	〃　一五
永海軒	馬駿聲	新市場愛國胡同　四〇
新鴻記	劉鴻奎	〃　二七
美顏時	曹學先	〃　六二
鴻雲閣	鄭作樵	〃　八二
慶海軒	劉鴻舉	新市場院內　一
昆仲芳	于富	永春路路南　四〇
同順閣	劉同春	永春路東　五
會仙宮	張仲琪	大馬路路西　一〇
義有軒	周有斌	〃　六
孔雀	郭紹明	大馬路路西　一九四
丹鳳	劉鳳珍	〃
維新號	陳重珍	大馬路
利森記	陳重珍	大馬路路東
慶義軒	高泰然	東三馬路路北　二八
仲德堂	董治才	〃　一〇三
德盛號	夏德秋	〃　二一
德美軒	馬家成	〃　路南　一六七
悅來閣	王悅	〃　一八六
壽來閣	于壽	西五馬路路北　六三

青年軒	劉林青	西四馬路路北	一七
春林記	李紹三	〃	二四
海青軒	楊春田	〃	四
義美軒	郭連海	西四馬路路北	五
共濟軒	伍桂夏	東新京西區	
永發軒	宋永金	南嶺大街西側	
和發堂	陳　航	南關大街路南	二三
和發隆	陳萬鎰	西二道街唐子胡同	二一
海平軒	張景平	〃	一七
德順號	岳德順	西二道街路北	九八
永順堂	齊永除	西三道街路北	一三七
萬發東	陳義亭	〃	二五
昆仲軒	于　淦	〃	一七六
慶發堂	陳有眞	東三道街	一七五
慶生軒	孫國卿	〃	六九
恒泰號	陳守山	西四道街	二五
盛井閣	尹茂林	〃	六八
茂林軒	張愚林	〃	三三
忠茂盛	劉思忠	南大街西側	四二
振生堂	崔蘭亭	〃　東側	一七二
春發軒	張鴻瑞	大經路路東	六五
福記理髮	趙國福	〃　路西	一二四
天雲閣	劉天然	〃　路東	四五
萬然軒	方　瑞	北大街路東	五九
明海軒	張玉琢	大經路路東	七六
業茂軒	業祥榮	百滙街百滙莊內	
永德堂	劉樹棠	大經路路東	一七
春來軒	楊春林	東五馬路路北	七
義順閣	劉玉清	東四馬路路北	一七
萬順閣	馮萬山	新市場路東	八〇
日滿理髮館	王槐富	七馬路南側	六二
榮發祥	賈永恒	〃	

瑞麟記	馮紹祥	七馬路　四二
春森軒	吳振起	軍用路路東　三六
向陽理髪館	張慶榮	〃　一八
福記	劉家富	〃　一
連盛園	黄連營	孟家橋通街　四
珍鴻軒	于浦鴻	二道溝二酉街　一二九
美容特	吳廣才	二道溝頭道街　一四
東來發	李樹藍	軍用路西側　一二
三盛合	趙廣田	〃　一三
文明軒	孟廣陞	孟家橋通順街
文雅軒	薄桂榮	〃
鳳翔園	梁興元	〃　四四
榮海軒	劉宜齋	東二條通　九
清海軒	黄淑起	富士町　二ノ五
玉美軒	崔光玉	〃　一一
會記	劉嘉玖	住吉町　五ノ六
義和軒	劉廣忠	祝町　二ノ一三
新榮記	劉景和	祝町　四ノ一四
永來園	劉士富	吉野町　四ノ二〇
新容軒	張連科	〃　一五
美芳軒	劉瑞川	三笠町　一ノ二四
福順記	袁子臣	三笠町　四ノ三
春來園	楊春海	〃　一四
玉榮軒	張蔭庭	永樂町　三ノ一

— 看板、塗裝業 —

玉民商店	王裕民	永春路路西　二五
恒盛東	孫雲發	三笠町　四ノ一七
義聚昌	孫祝令	富士町　二ノ一二
天興合	朱維田	〃　二ノ九ノ二
德盛和	張澤德	〃　三ノ二四

呂記油畫作	呂 霆 波	東三馬路路北　四七
興滿商會	王 階 平	東三條通　九
自 立 起	牛 恩 浦	梅ヶ枝町　四ノ三四
仲山看牌店	張 文 卿	永春路路西　七七
太陽看板店	王 相 芝	永春路　七一
金 太 盛	金 太 盛	世林祥胡同
同 昌 泰	姚 文 亭	北大街　五五
天昌牌匾店	任 振 興	西四馬路路北　四一

—玻璃器商—

玉成玻璃工廠	逯 玉 璞	西四道街路西　一
慶記玻璃工廠	杜 壽 榮	西四道街新開路　八
華盛工廠	郇 居 武	西頭道街路北　六五
瑞記裝莊	苗 潤 順	大馬路路東　一四三
寶業玻璃工廠	杜 守 田	北大街元昌胡同　三一
新 發 盛	孫 中 堂	大和通　五六
萬 發 永	孫 雲 紅	〃　十
鴻記硝子店	侯 鴻 舉	吉野町　四ノ二
元 順 成	王 有 順	東三條通　四七
復 合 盛	馮 靜 復	西四馬路路南拐角
鳴 興 泰	五 鳴 傑	東二條通　四八
福 海 成	趙 福 海	東三條通　四六
德利硝子店	孫 京 發	富士町　三ノ六

—洋燭商—

同 興 長	廼 濟 臣	南大街路西二二院內
裕 豊 盛	關 裕 豊	東四馬路南　一一五
泰 和 成	羅 煥 章	西三道街　一六三

— 估衣、破亂商 —

福來祥	杜璧五	老市場路東　二三
裕和茂	李祥德	〃　二六
全陞長	李常濟	〃　二四
永發東	陳靜堂	〃　二九
富有長	劉榮久	〃　三〇
永恒茂	楊　凱	〃　路西　三八
俊源久	陳子安	〃　三九
義慶祥	孫守義	〃　四二
裕豐祥	劉樹人	〃　四三
振昇東	楊星橋	〃　四四
春興久	王成春	〃　四六
東興永	楊靜亭	〃　五二
中耀長	丁維楊	老市場西門裏　九
功成興	張興周	北大街路西　六四
同興盛	孫會林	北大街　五二
慶源號	王俊亭	老市場西門裏　二九
增興德	趙潤田	老市場古物商胡同　四一
文聚東	王文學	北市場路東　一二
延　記	呂延賛	〃　一一
萬福號	張萬山	〃　一〇
三盛永	李秉良	〃　二
裕盛德	戈玉麟	南關大街北側　三一
玉盛合	奚玉琢	老市場古物商胡同　四〇
連發成	鄧連起	〃　四九
德新東	孫德超	〃　五〇
仁義號	姜仁義	〃　二五
振昇隆	張雲昇	〃　一九
福興合	王殿鰲	北市場路西　一二二

義順祥	呂鳳章	老市場古物商　一
永泰祥	郭福泰	北市場西側　一四九
雙合盛	顏景盛	〃　一四八
福興盛	李炳珍	〃　一四六
萬增盛	張雁行	〃　一四五
萬興長	王金池	〃　一三六
三義祥	吳振祥	〃　一三四
永聚和	米貴和	北市場東側　四八
永聚長	趙景臣	〃　一三七
新發永	辛書臣	〃　二八
玉興熙	李玉和	〃　二二
春發長	劉樹元	〃　一七
玉發盛	曾蓉發	〃　一〇
同合興	溫鳳鳴	東四馬路路南　一二八
萬福東	張萬山	北市場西側　一六四
福順和	賈樹榮	〃　一六〇
祥順成	劉順溢	〃　一五八
永順德	劉永行	〃　一五四
德發東	郭世盛	〃　一五二
義興成	劉萬忠	民用路
三合全	王永全	吉林大馬路路北　五一
裕盛合	戈玉芳	〃　路南　三九
四海盛	賈廣義	〃　路北
永盛祥	劉景祥	東五馬路路南　二六
山興洋行	曹蓉盛	北市場路東　四九

—染　房—

隆興合	蕭中堂	南關大街永安橋外　四八
裕慶長	蕭佐鄉	南關大街路南　一三
長興厚	李會呂	青雲北街

信大染廠	喬 秀 峰	吉林大馬路南　一三
大信染房	賀 大 信	南關艾家胡同　二
成記工廠	齊 源 昌	東三道街東門外路北後院一五
華豐洗染	趙 韶 光	祝町　四ノ一七
華新洗染廠	常 樹 春	東四條通　一一
永新染房	龔 時 朋	大馬路路西　九七
裕 華 興	榮 裕 華	東三馬路路北　五
瑞 祥 染	翟 德 潤	東三馬路路南　一九二
松　　本	解 盛 泉	西四馬路路南　七六
元昌染廠	郝 元 傑	西四馬路路北　七
雙 利 成	李 邦 興	三義胡同東側　一
原洗染公司	李 世 明	西七馬路英國醫院後胡同一七
雙 發 東	李 金 磅	東三馬路路南　一三四
福 永 屋	徐 振 庭	東三馬路北側　八三
雙 盛 和	徐 善 華	東二馬路路北　七
紅屋洗布所	劉 玉 璽	東三馬路路南　一六二
義 發 永	龐 雨 三	新市場戲院西胡同　二
文記洗染廠	楊 文 田	小廟街　五二
大阪屋洗布所	孫 有 同	長通路路南　七一
林記洗布所	馮 瑞 祥	吉祥屯
京屋洗布所	王 文 年	長通路北側　一六
國華洗布所	徐 寶 源	太平街南側　九一
義 合 長	張 濟 垣	東三馬路路南　一五一
玉屋洗布所支店	王 亞 曾	軍用路路西　一八
富屋洗布所	于 占 奎	新市場路北　四七
有田洗布所	楊 和 臣	西四馬路　九七
松屋洗布所	蔡 鳳 春	張泮屯維新街
永 順 泰	王 世 忠	二道溝二酉街　一〇九
玉屋洗布所	王 文 山	青雲南街
福 德 盛	馬 福 德	二道溝二酉街　八
林記洗布所	杜 鳳 林	孟家橋通順街
德美染廠	步 志 成	吉野町　四ノ二〇

長興合	趙德源	東三道街南側　一八四
魁盛興	陳顯坡	東三道街仁和店後院
順興和	郭樹芝	東三道街路北　一二三
長松茂	陳益三	〃　一一四
同太祥	李貴國	東三道街後院路北　八四
慶合源	李福慶	東三道街路南　一八四
東興合	臧恩照	吉林大馬路路南　一一三
裕慶和	王利合	東三道街北側後院　五二
德順源	張子恒	〃
永慶長	陳貴長	東三道街路南　一八四
福盛源	孫盛臣	東三道街路南後院　一七八
源興盛	張文商	東三道街天樂胡同路西　二九
巧新洗染廠	鄭志寬	北大街路東
久豊洗染廠	鄭志賓	北大街四道街口　六〇
德興厚	張鶴亭	安樂路北側　一三
仁發合	胡百川	北大街　三一
良友社	姜叔厚	南大街東側　一二二
東興染色廠	陳國隆	東二馬路　九
大頴染廠	鄭　玉	北大街東側　五一
德美棧	吳德成	富士町　五ノ六
恒利源	王春華	吉林大馬路路南　一二
福升合	李麟閣	永安門裏路北　三八
長盛和	劉仁漢	日之出町　八ノ四
滿洲洗布所	張漢卿	西四道街田家大院
志成染廠	李春堂	東三馬路易安莊胡同
大興染廠	張曉峰	東三馬路
長發合	田鳴亭	東頭道街路南　二八
世興源	趙煥武	東三道街天樂胡同　三〇
霜記號	郭揖舟	高砂町　八ノ四
福成泉	黃長海	吉林大馬路北胡同
福成隆	楊照讀	〃　三一
德益合	孫國範	民豊大街　三二

老彩華	張信發	東三馬路路南　一七九
福記染坊	魯錦正	南關大街路南
福升慶	張士品	〃
振發合	婁英瑞	〃　一三
福盛興	李雅宣	西三道街南側　三四
雙生成	劉鳳山	曙町　四ノ一二
廣瓦源	孫廣勛	南關大街　一三
長發合	陳育民	〃　一三

— 印刷、製本、刻字業 —

福文洪	田秀峰	北大街
奉天書店	李聲鐘	〃　路東　二九
文業官紙局	王介民	北大街
益智書局	婁殿昌	〃　路東
豊記印刷所	邢樹滋	大經路東側
成文印刷所	馮潤齋	大馬路路西　四二
明華印刷所	馮雲昇	北大街　五二
大亜印刷社	李耐冬	南大街東側　一二二
羅曾山房	楊柏年	西四馬路路南　一一六
恒昌印刷局	田恒本	西四馬路路北　一四
東亜印刷局	李際卉	大馬路路東
泰寶齋	張擁民	〃　一四八
國華印刷局	杜國華	東三馬路路北
華文堂	李宜三	東三馬路　一二
華北印刷社	張子祥	大馬路路西
成文印刷局	馮潤齋	〃　四二
春記紙店	孫華春	永春路　九九
亜文印刷社	劉占一	東三馬路小關街路東　四七
鳴文印刷局	王子岐	東六馬路路南　一四
道先製本所	王道光	北大街東亜泉胡同　一五

春記刻字店	孫作亭	大馬路泰發合樓上
仁軒印房	扈仁軒	大馬路六馬路口　二八

一縄蔴商一

新縄蔴舖	郝殿甲	三義胡同　一五
日增長	馬秉藝	西三道街路北　一二四
義泰和	王魁泰	北市場西側　一三〇
興發盛	韓玉桐	北市場路東　二七
永順福	李輔廷	〃　三一
慶餘隆	李國慶	北市場路東　一五三
福長順	蘇桂昌	三義胡同　三一

一自行車商、自行車修理業一

東昌商行	陳作舟	西長春大街　一九
寶盛車行	張寶林	西四馬路　八一
新京商會	宋榮健	興安大路　五六二
志新車行	宋文璞	北大街　五五
德臨車行	江教茂	三笠町　三ノ二三
福盛車行	楊宏順	東二條通　四八
福祥車行	孫中有	東一條通　四
快馬車行	李彦禎	西四馬路路北
錐工廠	劉廣成	大經路路西　一三二
德記	劉澤平	西三道街　一六三
福興昌	張士亭	散步關西興街　二三
恒懋工廠	王紹盈	西四馬路路南　一二二
快利工廠	張琴舫	大經路路東　六八
萬福車行	陳萬福	北大街二馬路口
立順北	王廣春	軍用路東街　二

振興永	尹運山	新市場慶康街路西
福德修理部	林福得	東四馬路路北　三五
大成車行	劉慶福	北大街東側　二
德成車行	李德成	高砂町　六ノ二
玉興鐵工廠	李玉山	西四道街新開路　九

一製磚瓦業一

三盛窰	王其盛	東安屯北胡同
東發窰	高金山	二道溝楊家崴子
柏林窰	張柏林	東三道街路北　四〇
合盛窰	張萬擧	〃
二合窰	李國順	東五里堡子　八〇
吉盛窰	呂殿棟	東站鐵道南西區　二五
吉慶窰	呂殿俊	〃　八五
東天興窰	王恩沛	東安屯慶雲街
天瑞窰	孫成江	二道河子鮎魚溝
福合窰	胡殿光	〃
雙盛窰	齊佩臣	〃
和盛窰	張建堂	二道河子鮎魚溝
順發窰	張樹椿	東新京西區　七三
吉興窰	韓永興	〃
聚盛窰	孫紹全	東站北西區　七〇
天順窰	黄何信	〃　四二
金慶窰	張文學	東安屯
振記窰	崔景德	〃
四合窰	陳潤齋	東大橋
萬成窰	張儒林	東五里堡子
柏林窰	張柏林	〃　八五
協鉅窰	韓學榮	新建屯合發街
新立窰	孫德潤	〃

義盛窰	王　義	南嶺通濟街　五
福盛窰盆	梁玉田	二道溝劉家園子西口
永盛東窰	韓繼亭	吉祥屯
合順窰	劉子龍	五里堡子
天啓昌	劉炳祥	西四馬路　一二〇
天興成	沙濟川	東門外路北　一
恒昌洋瓦工廠	張佐臣	和順七條胡同
永利瓦工廠	王永吉	臨河八道街　一五
金源號	李金振	東安屯
大[illegible]公司	賀金玉[illegible]	永安路路西　一〇一

— 棚　舗 —

源發棚舗	宋心齋	西五馬路路南　一一
新記棚舗	張　君	長春大街南側　四六
[illegible]記棚舗	李　慶	〃　四七
福慶棚舗	胡慶久	大經路路西　二一五
元昌棚舗	陳立[illegible]	西四道街法院胡同　四〇
仁盛棚舗	司寶銀	東三道街東門裏　一一五
三順棚舗	劉樹山	東三道街路北　一二〇
海發棚舗	裴銀海	平治街　二九
三合棚舗	劉林濤	蔣家橋通順街

— 機房、織布商 —

慶發永	李長賢	東三道街天樂胡同
德記織布	王喜春	臨河五道街　一一
天興昌	楊明順	雙陽馬路北　一
陳機房	陳述棠	天樂胡同路東　三〇五
馮機房	馮煥芝	西三道街三義胡同　一九
劉機房	劉顯濤	〃
天增福	房樹濤	西三道街路南　八一
裕盛工廠	梁桂[illegible]	西四道街路南　三二
國記機房	國記[illegible]	西二道街塘子胡同　一四

王帶房	王海亭	南大街路西　五二
王帶子房	王相臣	東二道街路北　三

一顏料商一

會源成	張耀宗	南大街東側　一五六
春茂長	劉春閣	東二道街路北　一三四
同和成	李蔭森	南大街路西　四〇
德豐號	包餘三	吉野町　五ノ五
英孚洋行	劉松軒	〃　六
瑞德洋行	吳光普	西四道街路南　一八
同惠工場	張海樓	西四道街

一皮革商一

金皮舗	金春源	三笠町　八ノ二
金皮舗	金春田	富士町　八ノ二
福順合	史雨亭	東頭道街路北　四二
永發成	楊永德	東二道街路南　一四
義與盛	何根瑞	〃
升記	馬作林	東二道街路北　五
義合發	王文學	東三道街天樂胡同　二三
慶林祥	張樹林	〃　二〇
巨興長	張扶巨	〃　一九
盛記皮舗	宋香九	〃　一五
聚盛昌	趙關勳	〃　三二
林記皮舗	史省三	東三道街天樂胡同
三浦洋行出張所	王蔭棠	東二道街
福盛東	王景海	東三道街天樂胡同路西
永增茂	梁智勇	〃　四〇

興盛源	曾久豊	東三道街路北　九
慶徳長	趙政長	東二道街裕昌源院内
金皮舗	金春亭	東三道街路北　八九
徳發洵	金春元	〃　八七
永盛茂	楊國珍	西三道街　一四二
公信厚	張運恒	西頭道街　三
裕興盛	張中三	東三道街路南
義昌源	趙連仲	東裏一道街　五
公集商行	王金水	東三道街下坎　五
史皮舗	史振海	西頭道街路北　六三
同聚興	孫潤庭	南大街路東　一四五
慶順和	李兆豊	〃　一二九
福増盛	楊占山	〃　一五一
吉井支店	張榮久	西頭道街路北　六三
佐藤洋行	張殿興	〃　四九

—鞍韂商—

同合長	王恩照	東三道街路北　一九
永昌和	常增榮	西三道街路南　八五

—運送業—

普豊盛	張子衡	日出町　二ノ二二
玉成棧	劉玉堂	富士町　三ノ二六
合興公司	劉子俠	東一條通　四
新泰興	柴歩青	日出町　三ノ十
源盛棧	于文軒	日出町　四ノ四
志遠永	張惠卿	日出町　四ノ六
合昌德	劉榮昌	東二條通　七四
福德棧	佟玉珊	日出町　三四

福順公司	楊 德 榮	富士町　三ノ十九
公 義 厚	王 星 五	日出町　三ノ八
石山公司	劉 賓 文	日出町　三ノ八
公 發 長	聶 于 澣	日出町　三ノ四
春 和 興	魏 季 峰	日出町　六ノ二
東興公司	張 溪 樺	日出町　一ノ八
東 泰 號	林 喜 亭	富士町七ノ四
益 發 長	賈 君 寵	大和通　一

— 交通、運搬業 —

孟 廣 增	鐵嶺屯向陽街西側　八三
丁 芳 泰	長通路路北　四九
魏 長 明	西四道街馬營子胡同　八
王 壽 祥	〃　九
孫 玉 憲	〃　七
黃 慶 傳	〃　一六
孫 效 林	〃　一六
邵 鴻 鈞	〃　二〇
李 仲 春	自強街　四
李 福 春	〃　五
王 克 忠	西四道街路南　五四
邱 順 芝	西四道街路北　八九
唐 明 君	西四道街法院胡同　三九
趙 玉 山	九聖祠胡同　五八
明 恩 山	九聖祠後胡同　五八
謝 廣 先	〃　五九
謝 德 新	九聖祠胡同　四四
高 廣 雲	三義胡同院內
寇 富 祿	三義胡同東側　九
馮 英 發	西三道街百川醫院後院

	滎永圻	西三道街路南　六〇院內
	張鳳濤	西三道街路北　八四
	張同忠	〃　八四
	王有福	〃　一二二院內
	尹高峰	西四道街福來胡同　三
	王凱臣	東四道街永長路東胡同　五五
	朱大富	東四道街文化胡同路北院內
	許瑞林	東三道街下頭南側路東
	孫鳳岐	〃　一五〇院內
	孫玉林	〃　一一
工商汽車行	張儒林	東安屯慶豐南街　一八
慶陞汽車行	王士魁	永長路路西　一二二
永順汽車行	費文遠	西五馬路路北　七四
德發成	左榮德	雙陽大馬路　一五
	杜省三	民用路東三條
	蕭傳珍	民用路東五條
	李柏林	吉林大馬路路南　一四
	陳振海	東三馬路榮亭屯　一五
茂盛合人力車店	潘國盛	日出町　八ノ二

一代理業一

先施保險公司	王子衡	西四道街　一一八
永平保險公司	譚復祥	西五馬路　一〇二
東發木廠	李蘊亭	西六馬路　一六
長增公司	劉玉堂	新市場夜市胡同　八七
華安花旗水火保險公司	趙紹由	東五馬路路北　一五
扶桑海上保險株式會社	陳亭瑞	南關入街特七號南興貿易株式會社內
永遠達	孫紹五	日本橋通　七一
恒順昌	王沃樂	吉野町　四ノ五
大同洋行	魯次民	富士町　七ノ四

— 錢　　莊 —

振興恢	馬鳳山	日本橋通　六
輔記銀號	王輔臣	富士町　四ノ六

— 當舖、放款 —

慶合當	楊凌閣	住吉町　六ノ二
慶隆當	王濟剛	東五條通　三
裕慶當	張子揚	大和通　一
福興當	魏子富	富士町　四ノ十六
今生當	王炳炭	三笠町　四ノ十六
裕德當	胡文軒	富士町　三ノ五
裕和當	羅銳棠	祝町　五ノ二
信成當	張鳴岐	祝町　四ノ六六
福生當	榮漢昌	吉野町　四ノ十五
德成當	郭化民	吉野町　四ノ七
德興東當	高文閣	吉林大馬路路北　四六
合發信支當	陳治平	吉林南胡同三道街　六
公合長當	趙麟閣	吉林大馬路路南西首　九
同義當	周杏村	太平街路北　六
德泉當	趙殿宸	東三馬路路北　一六
天增慶	周開儒	大馬路路西
慶記當	羅銳棠	〃　三二
泰山當	趙殿宸	大馬路路東　二二三
晋福當	侯盛卿	東三馬路路北　五八
惠隆當	周紹文	西四馬路　九一
德興錢當	高文閣	西三馬路　七四
合發當	張維周	南大街安門裡路南　二九

裕成當	段蔭卿	南大街路西　三
亘興鉉	張成華	南大街西側　七一
東盛當	史瑞廷	東四馬路路南　九九
長慶當	趙澤遠	〃　一〇二
	趙吉成	永樂町　三ノ一
高樹人	孫肯臣	富士町　八ノ四
張心一	〃	〃
王玉堂	〃	〃
郭錫珏	孫尙臣	〃
	張延學	富士町　四ノ一四
	文從周	吉野町　四ノ一五
	國治平	祝町　五ノ八
享豐堂	馮子珍	西四馬路路北樂體胡同
	張漢宗	大馬路老物華內
	趙月英	東三馬路北　五四
記錢號劉	劉子周	西三道街路北　一二五
富求堂		南大街東側（裕興號內）
三益堂		〃

一飯　館一

隆泰長	孫錫九	新市場夜市胡同　一二
回餛首舖	回玉璽	〃　二四
張餛飩館	張貴春	新市場新發胡同　四六
三合發	回玉璽	新市場夜市胡同　七三
回餃子館	回寶珍	新市場愛國胡同　七四
韓家館	韓殿臣	新市場夜市胡同　八〇
福成園	王慶華	〃　八三
三義園	呂福成	新市場永振胡同　一
福順成支店	白世榮	新市場夜市胡同　九〇
四時春	李瑞珍	〃　八九
會友發	陳玉珊	新市場夜市胡同路南　八八

三合順	何長春	新市場永振胡同	一六
賈家粥舖	賈永明	〃	一三
榮發和	榮洪源	〃	一
德合館	夏成芳	〃　路東	二四
楊家館	楊振林	〃	二二
老霍家館	霍福鑾	西四道街路南	二九
德興隆	王文義	西四道街	一一七
四時春	徐延庭	西四道街北側	一二二
萬合園	田西園	南大街路西	二
金生福	徐維邑	〃	五七
德昌號	張　紹	〃	七七
義興福	王文義	〃	一〇三
新記號	孫國新	東寧二道街	三一
九北春	魏鳳春	大馬路路西	二九
尹家館	尹鳳臣	福林祥胡同	五
三義成	尹潤田	西五馬路路北	一一四
同發成	李子瑞	西四馬路	八八
四海春	楊竹村	西三馬路	五二
陳家館	陳濟山	新市場院內	三
福興樓	白鑾祥	新市場慶康街	一一
一第天	金寶昌	大馬路路東	一五六
義和成	王榮閣	東三馬路路北	二四
長茂盛	王書賢	東三馬路路南	一七六
存貴永	李滿堂	東三馬路路北	二三
德聚成	蘇萬年	〃	五六
長茂盛	王書賢	東三馬路路南	一六六
春香居	徐輔臣	〃	一七一
振興源	張子泉	東三馬路南側	一七三
新美春	彭樹林	東三馬路	一七五
成發館	李成美	新市場慶康街	九
解胖子館	解鳳岐	〃　路西	
會元居	崔恩貴	〃	一・三

福順成	陳兆林	新市場夜市胡同	
東來順	關景全	〃	
隆泰成	孫錫九	〃	一〇
信臣館	殷信臣	露天市場西北角	八
李粥舖	李寶林	燕春東胡同路西	四六
合記久盛園	李玉振	〃	四七
陳粥舖	陳香三	〃	四八
柳飯舖	柳　發	〃	五二
玉發園	王玉科	燕春東胡同	一
德發成	牟劉氏	南大街路東	一五四
龍仁春	宋玉恒	〃	一二三
海源盛	張賓海	大經路東側	八九
雙發園	王慶衍	北大街東側	五四
義興隆	王德孔	北大街西側	五四
怡馨齋	江紹周	大經路東側	一五
仁義館	時敬仁	北大街東側	五〇
雙發成	宋克敏	〃	六四
新江春	高殿陽	大馬路	
鹿明春	吳士傑	大馬路路西	一四
興香居	劉漢斌	大馬路路東	一五四
德祥居		高寶山站頭道街	四五
新盛園	李炳信	永春路路東	三九
二友軒	馮文閣	新市場院內	一六
	關卜臣	新市場內	
房家館	房春華	〃	
王家館	王居正	〃	四〇
三盛德	劉公田	六合屯南北胡同	二四
馬家館	馬朝明	新市場院內	二五
張餛飩館	張瑞亭	鐵路地春向東胡同	二
春順園	王春萱	東新京西區	
松味齋	李進財	東新京西區警務段街	二〇
全盛居	夏全李	南大街	一二

同盛利	張　橋	西二道街路南　四
順發園	秦煥文	〃　二二
域眞園	王玉堂	〃　六七
翔發園	史鳳翔	〃　路北
新立園	孫秀山	〃　塘子胡同　二四
天順興	秦金貴	西三道街　一七
李家館	李　平	〃　路南　七三
半分利	張運仲	〃　路北　一七四
孟盛園	高廣敬	〃　一三五
一條龍飯莊	趙炳山	〃　路南　七一
恩利園	金占廷	〃　八九
義順館	卜堂修	關帝廟街　一一
東海興	王紹林	東三道街路南　一七四
東來順	回忠德	〃　一五〇
明湖春	陳玉山	〃　路北　九六
福順館	楊瑞圖	〃　九〇
馬家館	馮幹亭	〃　八八
福發盛	王福田	〃　三一
福成永記	路德成	西四道街路南　二二
聚賢村	高慶餘	〃　二三
慶海春	王甲明	〃　二三
李家館	李國棟	東三道街路南　一五〇
劉家館	劉悦泰	北市場西側　八七
雙發館	呂文發	小五馬路路北　四
福順園	玉長福	小五馬路路南　三八
恩三元	李同勝	北市場西側　一〇二
榮發祥	張相榮	五昌棧街　三
禎祥閣	潘元吉	五昌棧街南側　五
大魁齋	齊廣順	長通路路南　八〇
德順發	吳廣鳳	長通路路北　六〇
天玉漿汁	李康林	〃　四五
四海春	林芳圃	長通路路北　二六

長春發	張有祿	太平街路南　九〇
和盛發	原錫平	軍用路西道口東側　四四
新包子舖	李罄岩	軍用路路東　四四
長明春	趙長明	軍用路路東　三七
盧家館	盧沛春	軍用路　三三
賓鶴居	曹硯池	軍用路東街　二八
滿江春	徐江恒	〃　二九
傅家館	傅殿全	民用路路西　六
永聚園	遲子儒	東官屯上坎
新發園	王世立	孟家橋興順街
雙興園	黃俊川	二道溝二酉街　一〇五
萬聚棧	王中和	孟家橋通順街
恩發館	孫振聲	〃　八三
玉鑫春	劉金奎	〃
鳴鼓園	殷殿和	二道溝頭道街　一八
六合館	王大志	孟家橋通順街
六合居	潘雯霖	〃
鳳鳴春	李鑾峰	東盛安東街　四八
楊家館	楊可全	東盛大街西　三四
東聚園	穆玉山	安達路一道街　四
興隆居	楊聚雲	安達路路南一道街　五
富春園	高　喜	吉林大馬路北　三一
興發園	楊樹桐	〃　二六
合發園	卜殿恩	吉林大馬路南側　三
劉家館	劉殿義	〃　一
賓宴樓	劉級齊	吉野町　四ノ二
鴻運樓	徐耕五	〃　四ノ一〇
益發永	劉全文	吉野町　四ノ二二
同利順	蘭用祺	〃　四ノ二〇
益成居	趙于璁	〃　四ノ二〇
會有發	郝澤會	〃　四ノ二〇
新立園	孫壽昌	〃　五ノ二

慶發成	齊殿增	〃	四ノ一五
北鴻泰	劉亭魯	〃	四ノ一五
同義合	王富亭	〃	四ノ一五
福祥和	張芝祥	〃	四ノ一五
興祥園	王益祥	〃	四ノ一三
福泰園	楊香亭	〃	四ノ一七
五美齋	陳翔瑞	三笠町	四ノ八
新順成	王維濱	〃	四ノ八
東盛園	王鳳山	〃	四ノ一〇
天聚園	劉玉珂	〃	四ノ一二
福發園	史鳳鳴	祝町	四ノ一八
中興魁	孫冠忠	〃	四ノ一六
益發永	宋鳴皋	〃	五ノ三
同起園	張文才	〃	四ノ一六
會賓樓	潘有奎	〃	四ノ一〇
泰來慶	戴長恩	〃	四ノ六
五香居	劉德合	〃	四ノ七
義順成	田鳳儀	〃	四ノ七
公記飯店	劉文改	〃	四ノ一三
公益發	孟照林	〃	四ノ一三
義和成	張雅軒	〃	四ノ一二
福盛德	杜[illegible]田	〃	二ノ一六
三盛園	楊賓泰	富士町	三ノ一二ノ二
福興園	柳竹村	日出町	一ノ四
德聚園	侯金財	〃	一ノ六
義成福	趙　成	〃	一ノ一〇ノ二
萬和居	李忠亭	〃	一ノ一〇
一品香	徐冠卿	〃	一ノ八
永發館	楊耀有	〃	二ノ八
雙合園	盛寶田	〃	二ノ二
德發成	郭祁德	富上町	二ノ一五ノ二
永樂天	白雲慶	〃	二ノ一二

榮發園	崔子臣	高砂町	六ノ二
福祥春	張福昌	〃	六ノ二
三順園	王賓生	〃	五ノ六
同順福	阮重義	東一條通	三
恩[illegible]興	蔣國珍	〃	四
新興樓	蘇元章	東二條通	六二
怡樂齋	孫華儒	〃	六六
慶樂園	黄清田	〃	一二
吉祥號	李延棟	東三條通	一〇
輔[illegible]園	屠[illegible]安	〃	二二
會有發支店	崔希吉	東四條通	一〇
賓樂坊	王玉臣	〃	一〇
南味齋飯店	張德貴	大和通	二三
復興德	張同春	〃	二一
樂天餃子館	海樂天	〃	一七
福慶園	孫文玉	日本橋通	一〇
泰來春	馬希祿	大和通	一二
海北天	呂俊廷	〃	一四
四海春公記	李殿臣	〃	一二
獨一處	紀慶求	〃	一二
厚德福	陳連堂	〃	九
卜勞威	孫象鼎	〃	八
玉盛祥	尹紀文	梅ケ枝町	四ノ一四
吉慶園	趙吉慶	入船町	三ノ三
聚興園	侯元眞	彌生町	二ノ五

—妓　館—

三順堂元記	鍾子元	歡樂地春巷東胡同	三九
華順堂	宋振邦	〃	四〇
天寶堂	馬作霖	〃	四二
福順堂	常錫亭	〃	四六

西雙華堂	陳　起	歡樂地春巷東胡同	四六
來喜堂	孫翠鳳	〃	四七
春喜堂	邢春和	〃	四七
蓮玉堂	楊文有	〃	四八
富餘堂	李福榮	〃	四九
得利堂	曹桂儒	〃	四九
雙發堂	賈子有	〃	五八
寶鳳堂	李李氏	〃	六〇
艷[illegible]堂	沈文錦	〃　西胡同	一八
玉順堂長記	張長德	〃　東胡同	五一
玉順堂	姚玉山	〃	
金玉堂	鄭永安	〃	五〇
四順堂	張業儒	〃　西胡同	一八
榮喜堂	陳世榮	〃	一七
鳳林堂	徐德隆	〃	一九
金鳳堂	徐德隆	〃	三二
連合堂	劉榮北	〃	三二
金[illegible]堂	劉樹芳	〃	三一
東順堂	李群祥	〃	二八
巧順堂新記	李寶祥	〃	二九
得利堂	孫書田	〃	二七
順和堂	劉富興	〃	路北
福海堂	王向山	〃	二六
四喜堂	王樹山	〃	二五
三順堂義記	梁義德	〃	二四
永順堂	廖寶榮	〃	二四
雙發堂	趙玉芝	〃	二三
新鑫堂	鄒幼安	〃	二二
三桂堂	郭程氏	〃	三一
花茹堂	陳彩章	歡樂地春巷街	三五
全順堂	盛傳雯	〃	五六
福順堂	林馨五	〃	二一

慶順堂	孟韓氏	歡樂地春巷街	一
春玉堂	豐蕭氏	歡樂地路北	五五
景樂堂	張景山	歡樂地春巷路北	五五
桂榮堂	王　濟	〃	五四
萬順堂	王國棟	〃	五三
翠苹堂	趙世澤	〃	五三
雙樂堂	胡廣文	〃	三三
雙合堂	劉春發	〃	三四
雙福堂	楊秦眞	〃	三六
天寶堂	姚素芳	歡樂地春巷街	三七
寶璽堂	馬彥榮	丁	三七
紅順堂	車金紅	〃	三八
和順堂	張文起	〃	三八
全樂堂	賈德山	〃	三四
心樂堂	張鈺銓	歡樂地來安街路南	四
喜順堂	孫寶善	〃	五
三義堂	杜翟氏	〃　路北	二
雙合堂	王子玉	〃	二
慶合堂	劉吉慶	〃	一
雙玉堂	杜秀峰	〃	一
會友堂	謝振江	〃	二〇
鑫樂堂	高得雲	〃　路南	一六
玉香堂	孟慶堂	〃	一六
玉卿堂	宋玉林	〃	一五
雙鳳堂	狄英貴	〃	一四
香順堂	袁西氏	〃	一二
花榮堂	田町升	〃	一二
吉順堂	于振春	〃	一二
雙苹堂	于恩榮	〃	一三
雙福堂	宋殿同	〃	一一
玉順堂	陶玉山	〃	一〇
文樂堂	張文鳳	〃　路西	一〇

寶順堂	杜瑞亭	歡樂地來安街路西	九
鳳樂堂	李德貴	〃	八
三合堂	張慶亮	〃	七
新滿堂	李雨田	〃	八
寶順堂	邢寶仁	〃　路北	六
福順堂	王恩祥	〃	六
豔喜堂	宮錦聲	〃　路南	四
聚珍堂	王鴻學	〃　路北	五
雙順堂	趙殿甲	三笠町　四ノ二四	
華慶堂	姬闊慶	〃　二二	
巧順堂	劉萬順	〃　二〇	
巧樂堂	王樹林	〃　一四	
吉慶堂	袁士珍	〃　一二	
順樂堂	韓恩榮	〃　一〇	
榮華堂	臧喜平	〃　八	
雙福堂	宋起發	〃	
艷樂堂	孫起良	〃　四	
金順堂	趙秀亭	〃	
和順堂	呂離濱	大和通　一五	
雙紅堂	吳鳳海	〃　一一	
榮英堂	張文奎	〃　一一	
雙玉班	吳魯氏	〃　一三	
蓮昇堂	李春陶	〃　二二	
天順班	劉馬氏	大和通　二九	
西群仙	寇聯樸	〃　二四	
鳳仙堂	王貴貞	大和通　一七	
東群仙	陶潤坡	〃　一八	
山泉堂	張起發	〃　一五	
雙寶堂	馮兆棣	吉野町　四ノ五	
長樂堂	李春藻	〃　七	
蘭香堂	馬蘭亭	〃　九	
鴻卿堂	倪金祥	〃	

蓬紅堂	陳瑞亭	吉野町　四ノ四
蓮香班	梁景氏	〃
吉順堂	張静軒	祝町　四ノ一三
艷春院	趙秉利	〃　五
福慶堂	李慶堂	〃　一三
大觀樓	王鳳祥	〃　七

—介紹業—

工商擔保會	史煥亭	財神廟院內路西
高莫氏老媽店	高莫氏	世林祥胡同　一

—牙行業—

大義全	高文元	東三條通　一
衍慶豊	王潤卿	東四條通　四
益發長	賈君龍	大和通　一
同義順	許錫九	三笠町　五ノ五ノ二
永順衡	李　富	〃　八ノ二
徳茂盛	孟谷達	吉野町　五ノ四
新華盛	梁銘九	〃　新華旅社內
泰發源	張鳳儀	祝町　五ノ七
永合源	陳慶春	東五條通　三
義合源	石耀亭	〃
合發泰	郭子林	東五條通　一三
景育祥	齊景育	〃　四
慶義長	裴鴻堯	〃
東盛和	劉惠民	高砂町　五ノ六
同興盛	李明徑	日出町　七ノ二
新泰興	柴步霄	〃　三ノ一〇

增盛利	周子義	富士町　七ノ八
忠興長	趙純忠	〃　七ノ四
益昌達	周景昌	〃　四ノ二一
東興恒	王品一	〃　四ノ一八
福興東	張寶亭	〃　四ノ四
人和昌	高岫峰	〃　三ノ一六
豊聚東	孫世登	〃　二ノ九
牛部組合	楊玉堂	八里堡馬市場
馬部組合	朱雲閣	八里堡家畜市場
猪部組合	陳監理	〃

— 家屋賃貸業 —

老松ビル事務所	展子祥	老松町四
	于雲章	南大街西側　六二

— 雑 —

裕成永	威福山	住吉町　八ノ四
增順東	張仲選	春日町　五ノ二
日新製香廠	張萬卿	民豊大街　三五
裕記匣	朱衍禮	北大街路東元昌棧胡同
寳華齋	杜振林	東醴泉胡同　一〇
于家炮舗	于啓貴	東盛路鐵道南　四六
魁德炮舗	劉鳳魁	臨河十四道街　一七
瑞豊泰	王德五	西二道街　一三五
德興昌	李日臣	〃　一一〇
同盛昌	宋達昌	西二道街塘于胡同　一九
東順興	張樹春	尾上町　六ノ四
寶泰興	艾文溥	吉野町　四ノ一七

原德隆	楊靜修	東三道街路北　二三
隆玉和	何漢儒	祝町　五ノ一三
京塔盛	王京善	富士町　七ノ四
德深工廠	穆德深	和順街八胡同　一
紫翠園	王振蘭	軍用路西側
萬源東湘繡	馬德卿	大馬路路西　一〇九
福源合	張子英	東三道街路北
鄭家燈籠舗	鄭漢泉	西二道街　三九

—牧　場—

協和牧場	趙信士	南關艾家胡同　一
大田牧場	田　珍	二道溝四道街　一五
[illegible]牧場	周寶山	東安屯慶雲街

—露西亞人—

—理　髮—

ビューテイパーラー	アザートフ

—食料品—

パンコフ	パンコフニキボル	日本橋通　一〇
プラガー	プラガーナヲツネ	〃　一七

—貴金屬時計—

ゼネバ商會	イエム　コオワ	日本橋通　二〇

一毛　　皮一

ハルビン商會	ソロモンパレー	日本橋通	七三
ギパドリン	カアドラホマンギパドリン	吉野町	一ノ一六
新京毛皮洋行	ソロモンパレー	〃	二五
ロンドン商會	ヴエエスミチコフ	〃	二九
プリマ洋行	プレスレル	〃	二九
ウイチエンゾン商會	ウイチエンゾン	〃	
華泰洋行		日本橋通	二六
シベリヤ商會	ゲルマン	〃	二二
パレー商會	トルス　テネフ	日本橋通	
ペトロフ商會	ペトロフ	〃	三〇

一洋　雑　貨一

ペテルス商會	ゲルツユンシテエレ	入船町	三ノ三
ビクトリヤ	プレラー	富士町	三ノ三

一自　働　車一

尼古來巴爲羅維基維爾火都羅支	ウエルハトウ　ロフ	大經路	二四

一承　　攬一

來興建築公司	托洛牙諾斯克	百滙街	二〇三

— 菓子　チヨコレート —

バシニアン	ソーレン　バシニアン	富士町	一ノ二
ニューモデルン	ワンリーレメン　オルギーエボフ	日本橋通	一四
アウエチシヤン	アウエチシヤン　イクレ	〃	二三
インペリア	アントン　イサイヤン	〃	二五
アルメニヤ	エスエ　エロヤン	〃	一四
アララト	ミサクタチアン	〃	一六
タラーリフ	セリゲータラリフ	大經路	一六
アルメニヤ	アルメニヤ	興安大路	

（追　加）

— 樂器店 —

菊屋樂器店	菊谷治兵衛	三笠町　三ノ三
大丸樂器店	村上三郎	曙町　二ノ三一

— 會　社 —

— 特殊會社 —

滿洲重工業開發株式會社	大同大街　東拓ビル内
滿洲中央銀行	大同廣場
滿洲興業銀行	大同大街　大興ビル内
滿洲拓植公社	大同大街　康德會館內
滿洲鑛業開發株式會社	大同大街　二〇七
滿鮮拓植株式會社	大同大街　三〇一
滿洲生命保險株式會社	大同大街　康德會館內
滿洲採金株式會社	〃
滿洲圖書株式會社	西七馬路　一四
株式會社滿洲映畫協會	大同大街　二一三

滿洲林業株式會社	豐樂路　一〇二
滿洲畜産株式會社	大同大街　二〇五
滿洲計器株式會社	豐樂路　一〇五
滿洲油化工業株式會社	大同大街　大興ビル内
滿洲合成燃料株式會社	興仁大路　二〇六
滿洲塩業株式會社	大同大街　康德會館
滿洲炭鑛株式會社	錦町　二ノ一〇
滿洲鴨綠江水力發電株式會社	大同大街　三〇一
滿洲生活必需品配給株式會社	東三條通　三二
滿洲糧穀株式會社	興仁大路　四〇七
滿洲硫安工業株式會社	八島通　二八
滿洲石油株式會社	大同大街　康德會館
滿洲曹達株式會社	〃
東邊道開發株式會社	大同大街　東拓ビル
滿洲電氣化學工業株式會社	大同大街　康德會館
熱河鑛山株式會社	中央通　六八一
滿洲鑛山株式會社	大同大街　三一三

一 商 事 會 社 一

三井物產株式會社支店	室町　四ノ四
新京石油元卸賣株式會社	永長路　一八
株式會社東亞三中井	大同大街　三〇五
日滿商事株式會社	大同大街三〇二　東京海上ビル
大倉洋紙株式會社	豐樂路　二〇二
株式會社熊平洋行	日本橋通　七八
益發合株式會社	四馬路口
株式會社福田右一商店	富士町　四ノ六
玉茗魁株式會社	南大街　一六〇
三菱商事株式會社支店	大同大街　三〇一
株式會社巖松堂	東一條通　一六

樫村洋行株式會社	興安大路
株式會社進和商會	豐樂路　一一〇
啓運工業株式會社	豐樂路　一三九
國産放熱器株式會社	興安大路　五二五
株式會社森六商店	豐樂路　二一五
株式會社山葉洋行出張所	梅ケ枝町　二ノ二
天祿合名會社	日之出町　九ノ一
株式會社德昌行	興安大路　二一六
合資會社長安公司	大經路　一二六
三盛祥合名會社	東五條通　三
聚盛昌無限公司	二道河子臨河三道街
恒盛東無限公司	富士町　三ノ二六
穀豐號合名會社	西五馬路
合名會社小泉商店	永樂町　一ノ九
玉茗齋合名會社	南大街路東　一六一
玉增福合名會社	日出町　六ノ二
協成玉合名會社	三笠町　四ノ一
聚昌興合名會社	三笠町　八ノ四
日新昌合名會社	日ノ出町　五ノ一
合資會社平本洋行	吉野町　二八
春遠久合資會社	南大街　四一
合資會社ワタナベ運動具店	吉野町　二ノ四
合資會社大信洋行	東三道街　二六
合資會社新京松茂洋行	東二條通　三
森農場合資會社	豐樂路森六商店内
合資會社藤沼商店	大馬路　九
合資會社福盛洋行	祝町　三ノ五
合資會社豐盛東	寬城子　二西街
合資會社榮發祥	東三道街　二四
合資會社金和洋行	室町　一ノ一九
世美行合名會社	三笠町　四ノ七
合名會社泰山行	日本橋通　六〇

長發合豐記合名會社	日之出町　六ノ六
長盛福合名會社	日本橋通　五九
中和號合名會社	富士町　四ノ二
合名會社近澤洋行	東五條通　二
天增銈合名會社	大馬路　二六
同義興合名會社	富士町　四ノ二四
合名會社協力工廠	日出町　七ノ六
正昌興合名會社	三笠町　八ノ四
天元大合名會社	北大街　一一二
源豐利合名會社	東三條通　一
德利成合名會社	日出町　八ノ四
永興順合名會社	東一條通　一九
宏信昌合名會社	春日町　五
和田洋行合名會社	祝町
合名會社和峰德	日本橋通　二九
合名會社湧源長	富士町　四ノ二八
老物華金店合名會社	大馬路　九二
純餘久合名會社	軍用路門牌　一〇
合名會社順德商場	大馬路西側　六一
株式會社丸永商店出張所	日本橋通　七二
株式會社丸記洋行	大和通　七七
合名會社林洋行	日本橋通　二〇
福長石灰合名會社	大經路路東　一一二
天寶金店合名會社	大馬路　三〇
德增長合名會社	南關大街　三〇
同記合名會社	西五馬路　一六
東海天合名會社	大馬路　二七
謙益東合名會社	祝町　五ノ一三
新昌盛合名會社	東五條通　五
淺野物產株式會社	大同大街　東京海上ビル內
資生堂新京販賣株式會社	中央通　一六
合資會社宮本洋服店	曙町　三ノ四

合資會社村田遊園	吉野町　一ノ五
合資會社畑中洋行	東三道街　一八
合資會社長春大和藥房	吉野町　二ノ六
合資會社筒井洋行	吉野町　二ノ六
合資會社同義隆	四道街口門牌　一〇七
合資會社酒井商店	日本橋通　二九
合資會社佐藤商會	入船町　四ノ二五
合資會社新隆商會	千鳥町　一ノ一三
合名會社協進商事	豐樂路　三〇八
合資會社唯一公司	曙町　三ノ一四
裕東煤鑛株式會社	西三道街　二三
合資會社新安洋行支店	日本橋通　六〇
志成元棉業合資會社	大和通　一〇
合資會社清昌公司	西七馬路　十區ノ三
信成源合資會社	南大街　二五
上田洋行合資會社	南大街　四四
合資會社永順號	南大街　五
淺野セメント株式會社	大同大街　康德會館
東槪貿易株式會社	興安大路　四一九
合資會社サカモト商店	中央通　一七
康德毛織株式會社	曙町　二ノ一四
興和盛源記合名會社	富士町　三ノ二一
洪盛昌合名會社	三笠町　三ノ二三
衡記棧合名會社	日ノ出町　三ノ八
振昇合合名會社	祝町　四ノ一三
丸三興業株式會社新京支店	南大街　九四
東洋木材株式會社支店	住吉町　九ノ二
株式會社アサヒ商會支店	朝日通　六五
東興泰合名會社	東五條通　一五
合資會社正和木工所	住吉町　一ノ二
合名會社井原商店出張所	八島通　四〇
株式會社新泰昌	富士町　七ノ八

義昌無線電氣株式會社出張所　興安大路　二一〇
西川商店株式會社　豊樂路　七〇五
東洋棉花株式會社新京出張所　日本橋通　五四
東洋オチスエレベーター株式會社　新發路　二〇一
金生元合名會社　三笠町　四ノ八
豊盛泰合名會社　富士町　四ノ一三
恒信合資會社　東四條通　一
會發公合名會社　日出町　七ノ七
旭木材株式會社新京出張所　住吉町　三ノ六
中央卸賣市場株式會社　尾上町
株式會社秋林洋行支店　日本橋通
安惠棧合名會社　日本橋通　五七
合資會社興榮號　入船町　三ノ一一
合資會社國富公司　日本橋通　七五
滿洲共同セメント株式會社　大同大街　東京海上ビル
滿洲石綿株式會社　〃　康德會館
泰生潤合名會社　商埠大馬路　七九
合名會社恒順泰　東二條通　二
株式會社水上洋行新京支店　中央通　四六
瑞發祥合名會社批發處　東三道街　天利胡同
合名會社天野商店　老松町　三ノ二
株式會社兼松商店新京支店　日本橋通　六六
日立製作所株式會社出張所　大同大街　東拓ビル内
備後疊表株式會社　安達街　一〇二
株式會社萩原商店新京出張所　新發路　一一六
株式會社新京三泰棧　日出町　六ノ一
裕昌盛合名會社　三笠町　六ノ三
裕興成合名會社　祝町　五ノ八
裕新合名會社　南大街　九二
理研工學工業株式會社新京支店　永樂町　二ノ四
株式會社吉川商店新京支店　老松町　七ノ二
合名會社篠野商店　吉野町　一ノ二四

新豊久無限公司	南大街　二四
鴻興徳無限公司	南大街　一〇
啓東煙草株式會社	日出町　二ノ二四
株式會社日本タイプライター支店	朝日通　八一
株式會社日本綿花新京出張所	日本橋通　七〇
同興長合名會社	東三馬路口　一三九
同升東合名會社	東五條通　五
德成和合名會社	東三條通　四八
株式會社大信洋行支店	日本橋通　八三
大義合名會社	南大街　六九
合名會社泰昌公司	日出町　六ノ四
滿蒙毛織株式會社新京出張所	中央通　一二
滿洲金物株式會社新京出張所	豐樂路　一三四
滿洲商事株式會社	日ノ出町　二ノ一〇
合資會社足立商店	梅ケ枝町　三ノ二〇
株式會社鳥羽洋行新京支店	豐樂路　七二〇
高島屋株式會社	豐樂路　六一〇
合資會社大同公司	入船町　一ノ一三
東順禰合名會社	北大街東側　六六
合資會社加藤洋行新京支店	日本橋通　二五
合資會社三浦洋行	永樂町　一ノ八
合名會社百利洋行支店	大經路　一三一
滿洲物產株式會社	日之出町　八ノ四
合資會社和近洋行	羽衣町　一ノ一二
合資會社實業公司	東四條通　二四
成泰合名會社	東二條通　七〇
株式會社永順洋行出張所	東五條通　一五
西尾洋行新京支店	南大街　三四
滿洲大華電氣株式會社	朝日通　六九
伊藤忠商事株式會社出張所	日本橋通　七六
合名會社協力工廠	日出町　七ノ六
互昌興合名會社	三笠町　八ノ四

會合桟醫業合名會社	富士町　八ノ二
恒利工廠合名會社	西三道街　八一
同増利順記合名會社	高砂町　五ノ六
無限製材株式會社出張所	住吉町　一ノ一六
株式會社大二商會出張所	尾上町　七ノ四
合資會社川上誠昌堂藥局	日本橋通　二六
合資會社亜細亜藥房	興安大路　六〇六
合資會社萬源涌合記	日出町　六ノ二
合資會社玉屋フトン店	吉野町　一ノ一三
成發源合資會社	東五條通　二
滿洲醤油合資會社	三笠町　三ノ一七
新京藥品株式會社	豐樂路　二一三
合資會社河合時計店	吉野町　一ノ二五
合資會社大氣堂支店	祝町　二ノ一四
合資會社飯富洋行	祝町　二ノ一五
昭德興業株式會社	蓬萊町　一ノ五
會合桟醫業合名會社	富士町　八ノ二
會發公合名會社	日出町　七ノ七
乾製作所合名會社	城後路　六〇四
新京皮革株式會社	興安大路　六二四
義聚棧合名會社	日之出町　五ノ一
株式會社明治商店新京販賣店	祝町　二ノ二七
益發合株式會社	住吉町　四ノ六
佐藤商會株式會社新京支店	西七馬路　二六
株式會社廣泰恒	富士町　七ノ八
合資會社伊關商店	日本橋通　一八
合資會社丸德商店	吉野町　二ノ八
合資會社三越糸店	東二條通　五〇
合資會社北辰洋行	朝日通　三ノ二六
同増利順記合名會社	高砂町　五ノ六
丸三合名會社	老松町
合名會社美爾多商店	南大街　九二

三和ゴム株式會社新京出張所	富士町　三ノ二三
株式會社櫻井商店出張所	富士町　五ノ四
株式會社齊藤當三商店	大和通　四二
朋友商會株式會社新京出張所	豐樂路　一四一
株式會社奉天醬油出張所	三笠町　四ノ二六
滿洲輸入株式會社新京支店	吉野町　三ノ七
株式會社滿洲モータース支店	八島通　三二
豐盛泰合名會社	三笠町　四ノ二一
廣介順合資會社	住吉町　六ノ二
合資會社協隆洋行	吉野町　一ノ二一
滿洲東京電氣株式會社	大同大街　三〇一
合資會社山田哲正商店	大馬路　一八
原成糧業合名會社	東五條通　四
聯盛東合名會社	三笠町　三ノ一九
慶豐長無限公司	二道河子安樂頭街
東洋パルプ株式會社	大同大街　東京海上ビル
タイガー計算器株式會社	興安大路　四一二
同信工廠合名會社	西二道街　一六
株式會社ニツケギャラリー	大同大街　二一三
株式會社文祥堂支店	大同大街　三〇一
合名會社有道公司	西五馬路　三六
大阪電氣株式會社新京出張所	朝日通　六九
大倉商事株式會社新京支店	大同大街　大興ビル內
沖電氣株式會社新京營業所	大同大街　大興ビル內
株式會社滿洲丁子屋	老松町　四
滿洲東亞煙草株式會社新京販賣所	八島通　四六
滿洲通信機株式會社支店	大同大街　康德會館內
恒增利糧業合名會社	富士町　五ノ二
同合成糧業合名會社	東五條通　五
合資會社於勢商店	興安大路
合資會社河田石材店	平安町　一ノ一
福昌盛合名會社	南大街

發聚興製米合名會社	四馬路　四三
發聚合名會社	大南街　六五
合名會社永興工廠	南大街路西　六四
懐發祥商業有限公司	富士町　四ノ二五
合資會社加藤商店	羽衣町　一ノ一二
新京共同木材株式會社	中央通　二三

― 電氣、瓦斯事業會社 ―

滿洲電業株式會社	大同大街　三〇一
滿洲瓦斯株式會社	羽衣町　四ノ一

― 鑛業、企業、工作業會社 ―

大倉事業株式會社	大同大街　二〇二大興ビル內
間島鑛業株式會社	大同大街　康德會館內
東亞鑛業株式會社	天安路　一〇二
東洋水災合資會社	興安胡同　二一二
滿洲電氣土木合資會社	朝日通　二七
康德鑛山株式會社	豐樂路
岫巖鑛業株式會社	朝日通　八一
樺甸炭鑛株式會社	中央通　一五
合資會社第一工業公司支店	大同大街　康德會館內
株式會社大滿採金公司	崇智胡同　四一二
滿洲製袋工業株式會社	中央通　二三滿鉄ビル五號
合資會社市川組支店	老松町　一四
滿洲漁業合資會社	大經路　二八
滿洲パルプ工業株式會社支店	錦町三ノ一
滿洲畜産株式會社	大同大街　三〇一

鳳城鑛業株式會社	朝日通　八一
合資會社勝木商會	曙町　三ノ四
合資會社勝美電話工業所	室町　二ノ一
淺野水道工業株式會社新京出張所	大同大街　東京海上ビル
安東窯業株式會社營業所	室町　二ノ二
合資會社淵上電氣商會	永樂町　三ノ二〇
合資會社大連電業公司	八島通　四〇
大noon電氣工業合資會社	大和通　七七
長春窯業株式會社	吉野町　一ノ八
營口窯業株式會社	東安屯　四
株式會社弘電社	三笠町　四ノ一七
合資會社皆川鐵工所	尾上町　四ノ四
新通コンクリート株式會社新京工場	興安大路　三二六
川井電氣株式會社新京支店	朝日通　八一
合資會社丸十電氣商會	朝日通　四九
合資會社日ノ丸看板店	入船町　四ノ三
日清燐寸株式會社	大經路　二〇二
吉林燐寸株式會社新京支店	東五條通
東京電氣無線株式會社	大同大街　康德會館內
合資會社坂井忠商店	浪速町　二ノ一〇
增成動力工業株式會社支店	中央通　四二

— 土木、建築業會社 —

株式會社淸水組支店	八島通
株式會社阿川組	日本橋通　一六
合資會社菊地組	中央通　二六
合資會社北田工務所	入船町　三ノ一三
合資會社草場組新京支店	建和胡同　一一七
合資會社蔦井組	朝日通　七三
合名會社辻組支店	豐樂胡同　二〇七

株式會社大林組出張所	永樂町　三ノ五
合資會社多田工務所支店	興安通　三六
合資會社丸山組	羽衣町　一ノ二
株式會社大阪電氣商會大阪[illegible][illegible]商會	昌平街　五一二
東亜興業株式會社	清和街　一〇一
合資會社高山組	入船町　二ノ一七
日本鋪道株式會社出張所	曙町　三ノ二二
株式會社錢高組新京出張所	八島通　一八ノ二
株式會社福昌公司新京支店	八島通　四二
合資會社東德電業社	千鳥町　一ノ七
合資會社越智組	朝日通　三三
合資會社山田工務所	大和通　五三
合資會社同興和合記公司	西四道街　五
合資會社田中工務所	建和街　一〇二
東亜土木企業株式會社	興安大路　五一四
合資會社同和工務所	日ノ出町　三ノ二
合名會社長谷川工務所	曙町　三ノ二〇
合資會社三田組支店	室町　五ノ二
株式會社松村組出張所	中央通　一九
株式會社松本組新京支店	崇智胡同　二〇八
株式會社鴻業公司支店	八島通　二八
合資會社西本組支店	羽衣町　四ノ一六
合資會社西川組	老松町　一一
合資會社三豊組	千鳥町　一ノ三
合資會社大同組出張所	祝町　三ノ三
株式會社伊賀原組	清和胡同　三一〇
合資會社清水モルタル公司	富士町　五ノ六
合資會社昭和工務所出張所	曙町　二ノ一四
合資會社長谷川組	興安通　二九
合資會社入舟工作所	住吉町　四ノ四
株式會社滿洲飛島組	朝日通　八一
合資會社旭土建公司	豊樂路　六一一

合資會社水間工務所	崇智胡同　二一二
合資會社三共建築事務所	日本橋通　八五

— 銀行業會社 —

交通銀行新京支店	三道街
株式會社横濱正金銀行支店	日本橋通
功成銀行株式會社支店	富士町　二ノ一二
功成銀行株式會社	南大街
天和銀行株式會社	富士町　二ノ九
中國銀行	西三道街
株會社式新京銀行	三笠町　三ノ八
福徳銀行株式會社	富士町　三ノ一一
益通商業銀行株式會社	南大街
[illegible]銀行株式會社	西三道街

— 保險業會社 —

滿洲火災海上保險株式會社	大同大街　三〇二東京海上ビル内
千代田火災保險株式會社支店	中央通　二三
朝鮮火災海上保險株式會社支店	豊樂路　一〇五
大同生命保險株式會社支店	東二條通　一九
第一徴兵保險株式會社支店	大同大街　四〇六
太平洋海上火災保險株式會社支店	錦町　四ノ三
大正海上火災保險株式會社支店	祝町　三ノ二　寶陽ビル内
横濱火災海上保險株式會社支店	永樂町　三ノ五
日本火災保險株式會社支店	昌平胡同　二〇一
日清生命保險株式會社支店	朝陽路　三〇六
日本生命保險株式會社支店	朝陽路　三〇六
日本海上火災保險株式會社支店	日本橋通　三〇
日産火災保險株式會社支店	大同大街　二一三
帝國生命保險株式會社新京支店	中央通　二八

帝國火災保險株式會社本店	北安路　五〇六
帝國海上保險株式會社支店	祝町　三ノ二
三菱海上火災保險株式會社支店	大同大街　康德會館內
共同火災保險株式會社新京支店	豐樂路　二〇九
日華生命保險株式會社支店	北安路　五〇六
日本海上企業株式會社支店	永樂町　一ノ五
日本共立火災保險株式會社支店	吉野町　一ノ一
攝津海上火災保險株式會社支店	中央通　四二
神戶海上火災保險株式會社支店	中央通　四〇
扶桑海上火災保險株式會社支店	大同大街　二〇二大興ビル內
東洋火災保險株式會社支店	祝町　三ノ二
大正海上火災保險株式會社支店	大同大街二一三
野村生命保險株式會社支店	室町　三ノ一
大阪海上火災保險株式會社支店	八島通　四二
明治生命保險株式會社支店	中央通　二六
明治火災保險株式會社支店	長春大街　一〇二

— 製造業會社 —

裕昌源株式會社	東八條通
裕昌源株式會社	東二道街
滿洲煙草株式會社	二道河子臨河街
新京醬油釀造合資會社	曙町　二ノ二四
新京飲料合資會社	富士町　三ノ一七
合名會社義大製粉廠	日之出町　六ノ一
大連製氷株式會社新京出張所	吉野町　六ノ三
滿洲日東製粉株式會社	住吉町　三ノ二
亞州興業面粉株式會社	寬城子西安屯
合名會社積德泉燒鍋	富士町　八ノ四
日本製油株式會社新京出張所	富士町　四ノ一六
日滿パルプ製造株式會社	豐樂路　一鄕ビル內

— 旅館家屋轉貸業會社 —

合資會社愛國ホテル	吉野町　五ノ一
合資會社瓊浦ビル	永樂町　二ノ六
合資會社康德ビル	吉野町　四ノ一二

— 出版、印刷業會社 —

滿洲行政學會株式會社	興安大路　一一六
合資會社新京印刷所	興安大路　五一〇
滿洲印刷株式會社	日本橋通　七四

— 運輸、交通業會社 —

新京自動車株式會社	蓬萊町　一ノ一〇
新京交通株式會社	大經路
南滿洲鐵道株式會社支社	錦町　二ノ二
國際航空株式會社支店	清明街　二〇二
鶴北鐵道株式會社	大同大街　三〇一
新京倉庫運輸株式會社	西四條通カリ　一
滿洲自動車交通株式會社	西五馬路　一二
日本自動車株式會社新京出張所	八島通　三〇
株式會社滿鮮運輸出張所	中央通　二三
國際運輸株式會社新京支店	富士町　二ノ二七
合資會社三共運輸公司	富士町　二ノ四
日升棧運輸合名會社	日本橋通　四
國產自動車株式會社	永春路　七區
合資會社新京急配社	東二條通　七八

— 金融業會社 —

株式會社大興公司	大同大街　二〇二
泰信無盡株式會社	室町　二ノ五
共榮實業株式會社	豊樂路　一三九
協和建物株式會社	長慶街明德路　六〇二
裕民株式會社	大同大街　大興ビル内
藤本ビルブローカー證券株式會社支店	大同大街　二〇二
東滿洲産業株式會社支店	中央通　四一
長春金融合作社株式會社	長春大街　三〇八
長春貯金信託株式會社	豊樂路　一三九
新京不動産株式會社	入船町　一ノ二二
東洋拓殖株式會社新京支店	大同大街　四〇六
保險協産株式會社	西三道街　一六二
滿洲興業證券株式會社	大同大街　大興ビル内
新京官帑取引所信託株式會社	東五條通　一
新京興業協商株式會社	東三馬路東勝三道街
康德吉租株式會社	大同大街　三〇一 康德會館内
康德興業株式會社	大同大街　大興ビル内
合資會社隆記	大和通　七六
滿洲興産株式會社	大經路　一
大平殖産合資會社	大和通　六一
大邱産業金融株式會社	建和胡同　二〇三
開德土地興業株式會社新京管理所	興安大路　三ノ四
三和建物株式會社	和泉町　三ノ八
日滿金融株式會社	日本橋通　七五
帝都建物株式會社	新發路
朝信金融株式會社	東二條通　三四
合資會社大陸不動産會社管理社	西七馬路　二五

一 湯 屋 業 會 社 一

株式會社長春浴池	大和通　八
新民浴池無限公司	新市場新發胡同
合名會社泉澡塘	西四馬路　六七
淞江浴池無限公司	大馬路　三五

一 興 行 業 會 社 一

光明公司合資會社	永春路　六八
合資會社豐樂劇場	豐樂路　四二
帝都キネマ株式會社	新發路
株式會社長春座	吉野町　三ノ五

一 仲 介 業 會 社 一

大東公司合資會社支店	中央通　一二

一 料 理 業 會 社 一

賓宴樓合資會社	東三條通　二六
館春合名會社	吉野町　四ノ一一
株式會社明芳會館	永樂町　一ノ一
合名會社亞細亞飯店	吉野町　三ノ一六
福興樓合資會社	大和通　二五
中央飯店合資會社	豐樂路　二一三
合資會社水月	三笠町　三ノ七
合名會社宴賓樓滿州飯店	永昌路　三二二

露西亞人側……147

會　社

滿　人　側

新京商工案内 ―臨時版―

目　次

日　本　人　側

一　本案內ハ臨時版トシテ發行シタルモノニシテ更ニ改訂編纂中ナリ

二　內容等ハ改訂版ニテ充實ヲ期スルコトトセリ

新京商工案内
臨時版
6
新京商工公會

『新京商工案内　臨時版』

（新京商工公会、一九三九年五月）

山崎鋆一郎

『新京大観写真帖』

（大正写真工芸所新京営業部、一九四三年一月）

725　山崎鋆一郎『新京大観写真帖』（大正写真工芸所新京営業部、1943年1月）

目次

新京・忠靈塔

（新京）神殿の氣漲る新京神社の聖觀

（新京）中央通りの街景

（新 京）麗しの都大路、大同大街の壮観

宮内府正門（新京）

（新京）兒玉公園内兒玉大將の銅像

（新京）大同大街、孝子墳より大同廣場を望む

明朗近代建築を誇る國務院の偉觀（新京）

趣景の園公同大（京新）

（新京）興安大路の景觀

滿洲國軍陣歿將士を祀る建國忠靈廟　（新　京）

吉野町（新京）『新京銀座』

（新京）街の曲線美・南廣場の景観

（新京）満洲人街、大馬路

南嶺戦跡と其記念碑　（新　京）

（新京）滿洲人の崇敬する孔子廟

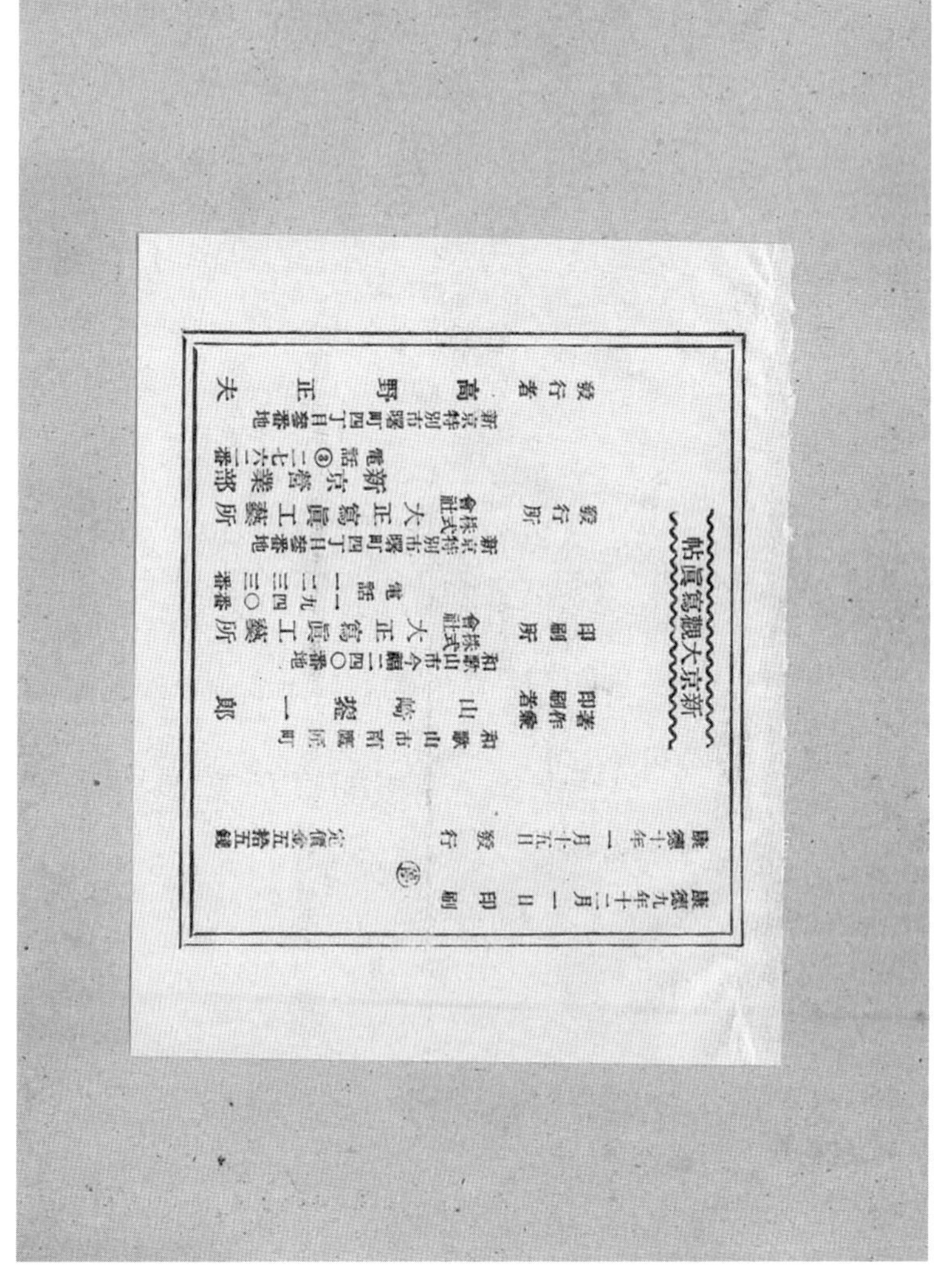

新京大觀寫眞帖

康德九年十二月一日　印刷
康德十年一月十五日　發行
定價金五拾五錢

著作兼印刷者　和歌山市新[illegible]町　山崎鋆一郎

印刷所　和歌山市今福二四〇番地　株式會社　大正寫眞工藝所

發行所　新京特別市曙町四丁目三番地　株式會社　大正寫眞工藝所　電話③二九三四番　一二三〇番

發行者　新京特別市曙町四丁目三番地　大正寫眞工藝所新京營業部　電話③二七六二番　高野正夫

雑誌掲載記事

①吉村貞司「新京」（一）〜（三）（『翰林』第四巻第一号、二号、四号、一九三六年一月、二月、四月）

新京

吉村貞司

Sep. 1931
——歴史的なプレリュード

九月十八日午後十時三十分、奉天北大營旅長王以哲の部下が、滿鐵柳條溝の線路を爆破した。風のない夜だつた。爽かだつた。月は割れてゐた。彼等は影のやうに畑の中を突きぬけて走つた。聲を立てずに眞直に虎石臺の日本獨立守備隊に向つていそいだ。ふみにじられる土の紫肌は貴婦人の匂やかな肩をつゝんだクレープ・マロケンの漆黑だつた。冒險の前には出來るだけ聲をひそめようとする彼女だ。自然は沈默の謎の遊戲に有頂天だつた。しかし靜寂はすぐに破れた日本の哨兵が誰何したのだ。かうして眠れるアジアの地圖の上に新らしい歴史が初つた。

その頃馮庸大學教授宋光景はキリスト教育館でテーブルスピーチをしてゐた。

（往々にして今日の靑年の孤獨は僞善である。彼等の理想としてゐるのは一時間ぎりの結婚であり、それが幸福な孤獨に歸るのをさまたげないことである。）

（孤獨は世紀の疲勞であり、靑年は知的にカモフラージュされた孤獨に肉體と良心とを道徳的弥壓から避難させようとする）

（彼女が彼の太陽であるとき、初めて生命が充實される。ここに健全な民衆の感情は處女禮讃といふほゝえましい誤謬をあえて犯さうとするのだ。）

勿論結婚披露式のテーブルスピーチだつた。新郎の王文榮は遼陽縣の名門に生れた。馮庸大學で宋教授から自由主義經濟學の講義をきく傍ら、女子大學生の蘇銀子とタンゴを踊るのに夢中だつた。一寸强く抱きしめると踊りながら肩で笑ひ出し、踊つた歸りにはかならず無理な接吻を奪はうとして、彼女も抵抗しきれなかつた風をして五度のうち一度の割合で許るして、最後の夏休みには一月の豫定で上海に一緒に旅行した。しかし迂濶にも彼は大世界で知合ひになつた洋裝店「ユーチエーヌ」の賣子でフランス娘のイヴオンヌと自稱する白熊のやうなブルネツトの女に頸飾りをかつてやつたのがもとで蘇銀子とは喧嘩別れをした。しかも十月になつて學校に歸つて來た王文榮は上海の話をつとめて避ける態度をとつた。彼の「孤獨」はそれから始つた。しかし卒業すると東塔航空隊に志願した。位を買つて中尉になつたとき、六つ年下で今年馮庸大學にはいつたばかりの洪肉低と婚約した。彼女は一米七〇センチあるので籠球の選手だつた。結婚には興味がなかつたが、慾しがつてゐた落物はドシドシ買つて貰へるし、王文榮はチヤホヤしてくれるので惡い氣はしなかつた。とにかく今夜が二人の結婚披露式なのだ。王文榮は幸福な豫感に胸をしびらせ、彼女はおびたゞしい形式の展開に退屈し切つてゐた。列席した連中は醉拂ふことと二次會の計劃が頭の中を一杯にしてゐた。缺けた月は地平線に近づいて行つた。敎育館の窓からは室内をのぞきこむ顔がガラス戸越しにいくつも見えた。彼等は手鼻を巧みにかんで、それから大きな嚔をした。

十一時二十分、柳條溝では急射擊の應酬が白熱化して、目立たない闇の中にクルクル坊主の支那兵が帽子をふき飛ばされて仆れながらうめいてゐた。王以哲軍は浮足立つて來た。ドイツから購入したばかりの銃がガタガタと齒を鳴らして退却する勢をせきとめようと威嚇した。榴彈がその上に土をはねかへしだ。川島大隊長は突貫を命じてゐた。日本兵は闇の中から躍り上つた。何人もの支那兵が遺棄されたドイツ銃をふみにじつて逃げて行つた。北大營の兵舍の窓から機關銃が氣違ひじみた叫び聲に咽喉の息をきらした。奉天の誰にでも分かるやうな響きの中から生れた二十四センチ砲が黒い姿で天に登つた。

命　令　書

東北航空隊は直ちに大連市要部を爆撃すべし

航空隊長楊惠元は命令書をテーブルの上において何故かニヤニヤしながら、それでもいゝ氣持に廻つた酔からわかれるのがいかにも惜しさうに、いつまでも盃をおかうともしなかつた。人生はいかにも退屈だ。しかし退屈といふのは昨日やつたことを今日もくり返すだけのことにすぎないぢやないか。今日の狀態をどうしてかへねばならない必要があるだらうか。彼は列席者の顔を眺め、新郎と新婦の固くなつた姿を見た。戰爭なんて呪はれるがいゝ、彼は新民の自宅を抵當に航空隊の主計官から銀三百元を借款して一月ばかり前に自分のものにした第三夫人の初々しい表情を思ひ浮べた。彼女の眼はすばらしい。內氣でいつも愁はし氣に打沈んでゐるが、澄み切つた瞳は猫のやうに訴へることを知つてゐた。一月たつて見てもまだ處女よりも初々しかつた。彼は眼を細めてもう一度杯をなめた。何だつて戰爭なんかしなくちやならないのだ、俺に死ねといふのか、フン、大連空襲だつて大連に燒夷彈をいくつ投下したら花嫁が殺せるんだ。しかし彼は漸くに立上つて、列席の將校たちを部屋の片隅に集めた。

「諸君、儂は航空大隊長として命令する。我が北大營は日本軍の夜襲をうけ只今激戰中なのだ。我々は遂に驅逐日本勢力の時期に到達した。この機會に於いてわが航空大隊にも出動命令が下つた。即刻東塔に集合して襲擊準備にかゝるのだ。分つたか。張將軍は大連の花嫁を空襲しろと命ずるのだ。」

皆が笑つてゐる中で、隊長は大きな欠伸をして、子供のやうに指先で涙をこすりとつた。皆は笑つてゐた。その笑の肩越しに王文榮の蒼い顔があつた。彼はハツとして皆の傍をはなれた。

式場は混亂してゐた。もう椅子にかけてゐるものは一人もなかつた。彼は物問ひたげな人々の視線をおしわけて、洪因鈺の傍にかけよつた。

「どうしたんですの。」

しかし彼は答へずに彼女の腕を取つた。

「一寸來て下さい。」

二人つきりになりたかつたのだ。バルコニーに出た。爽かな夜だつた。風がないので人なつこい爽やかさがあつた。しかし街にはもう避難民が溢れてゐた。たえまない機關銃、重砲……

「わたし、こわい！」

ぴつたりと鋭いほどに身をよせた。冷たくて細くて戰きがちな手をにぎりしめるとたまらない氣がした。運命はあれ狂つてゐた。幸福は遮斷されて死が脅迫的にせり上つて來たのだ。彼は良心的に處女と結婚する資格のない自分の過去のせいにした。拔け道はたゞ告白にあつた。彼は妻の手の上に熱い涙をこぼして口ごもつた。

「僕は……僕は……」

「戰爭？」

「さうぢやないんだ。」

膝が合つた。彼は足許にひざまづきたい氣がした。

「こんなに愛してる、誓ふ、こんなに……だけど僕の過去は惡い過去なんだ。」

彼女はサツと身體を引いて、哀願する男を見直した。世の中に眞實は一つしかない。眞實はすぐ胸に來る。因低は頑なに首をふつた。

「言はないで下さい。」

「ゆるしてくれる？」

彼女は突嗟に憎惡を感じた。しかし何を憎んでゐるか自分でも分らなかつた。

「本當に後悔したら、神樣が宥して下さいますわ。」

さう言ひながら自分の胃袋の冷かさに氣がついて闇の中でも分かる程に赤面した。彼女は自分の僞善的な行爲に恥ぢ入つて、急に夫を宥したいと思つた。彼はバルコニーにひざまづいて、因倣の足にすがつた。同僚の將校が呼びに來た。彼女は夫を助け起してやさしく抱いた。そして憚る所もなく長く抱擁し長くくちづけた。

十九日午前零時十五分、北大營の一角を川島部隊が占領した。日本軍は鐵嶺からも遼陽からも海城からも奉天を目ざして集つて來つゝあつた。月は落ちて北斗星がきらめいてゐた。射擊の應酬はたえずつゞけられてゐた。兵工廠も航空隊も日本軍の砲擊に狙はれてゐた。鴉の群は騷ぎ立て、避難民はいよいよ混亂し出した。

吳納川は五日前に募集兵につかまつて淸河城から東塔の航空隊に來た。後では女房が大騷ぎして子供を一日中泣かせてゐる事であらう。一時三十分、二百臺の偵察機と爆擊機、十一臺のフランス製ルノー型タンクを收めた東塔の格納庫の前で彼はぶつ仆れて血の中でもがいてゐた。一人が彼の兩手を引きずつて片隅に片づけると、十人ばかりの兵卒が格納庫に這入つていつた。一番後から飛行服に身を固めた王文榮は蒼ざめた頰に微笑のやうな微笑を浮べて、すばやい確實な足どりで步いて行つた。彼は愛機に近づきながらから考へた。

「敵は航空所を覗つてゐる。いや、敵は僕を殺したがつてゐるのだ。ついさつきまでは新郞として皆の祝福をうけてゐた僕が、もうここでは誰も顧みてくれない。初夜の寢床から這ひ出して來たばかりの男を工場では組立機械の一部に使用するやうに僕も爆擊機を操縱する機械にすぎないのだ。個性は窒息させられ、敎養は無視されるもう傳統を思ひ浮べることさへ重大な反逆なのだ。しかも僕が死んだら張學良が幸福になるなんて事があるだらうか。三民主義は列國資本主義の妾になつた。その上ソヴィエトにだつて自由はないんだ。自由！　妄想ぢやないか。僕が死んだら洪因倣だけが泣いてくれるだらう。」

なんだか向つ腹が立つて來た。しかし彼は足をやめなかつた。生命だけが現實で、彈丸が彼の身體を傷けない限り死は抽象名詞ではないか。しかも彼は洪因倣の細い手を思ひ出し、それだけでいらいらするのだつた。もつと深く懺悔しなくちやならないのだとも考へた。急にカツとして、部下の兵士の中にまじつてB・R・3の愛機の後から押し始めた。レールの上を滑つて格納庫の外に向いた。外には廣い空が擴つてゐた。王は手をはなして立止つた。そして見上げると北斗星が見えた。彼の心は急に和かになつて行つた。妙にふんわりとして、操つたいやうな、やるせないやうな、少女がたそがれに抱く甘酸つぱい氣持がこみ上げて來るのだつた。ときめいた胸はためいきにさへなつた。飛び出せばいゝのだ、生命を破壞する勢力が鋭角的に交錯した地上の夜は硬質ガラスのやうに固く息苦しいが、ほんの二三分間彈丸の中をくゞりぬけたら、すつかり柔い空氣の中に解放されるのだ。危險とスピードと解放と彼には何でもが快い未來に思へた。この快さには大連空襲に成功して凱旋する明るい殊勳の希望さへ織りこんでゐた。圓い鈍い感じの大砲の背がたえず空でしてた。飛行場の闇には追ひまくられる人の影がチラチラしてゐた。彼の愛機は格納庫の外に出た。彼も歩き出さうとした。その時！　恐しい衝突に一たまりもなく足をさらはれた。火の海の强烈な眩しさ、生きたまゝ煮られ吹き飛ばされる人間の悲鳴、格納庫は叩き破られへし曲げられ、彼はひどい一擊を背中に感じた。北斗星は頭の眞上でチカチカと身慄ひしてゐた。爽かな夜だつた。消え去つた意識が又王に戻つて來た。上海で別れた郭銀子のきめの細い肩の肌ざわり、それからほゝえみ、彼女は裸になりたがつてゐるのではないかしら、彼は今夜の花嫁のやうに幻を抱いた月はもう遠くに旅立つてゐた。鋭い。剜られるやうな痙攣的な痛覺が、おしつけるやうな熱さで背から身體中に擴がつて、刹那的な妄想をもみ消した。

午前二時十分、多門將軍の主力は奉天東側地區に進出しだした。洪因低は惡い豫感にせめ立てられて起き上がり、あらはな腕を力一杯にくんで胸の不安をおしつぶさうとし、しかも恐怖にうち挫かれて泣き出した。この夜奉天の主權者たちは退却して行つた。張學良はシネマの女王胡蝶と寢室には入つたまゝいくら呼んでも出て來なかつた。かうしてこの夜新しい滿洲は生れたのだ。

×

私は今歴史の前に立つてゐるのだ。足許は急に落ちこんで尖鋭な角度をなしてゐた。傾斜は白い路を斜めに押しながして、百メートルも向ふに秋空の碧さをうつした伊通河が廻りくねつてゐた。川幅は廣くはなかつたが原始的な大陸はわづか一條の流れに大きくえぐり取られてゐるのだ。川の彼岸はやがて盛り上つて、後は見渡すかぎりの畠になる。滿洲の自然は魂の據りどころがない位に茫漠としてゐる。その中で貧弱な白菜の色だけが綠に見える。地平線のつきた所にわだかまる積雲は白粉燒した上に猶塗りたがる紫色にくすんで重苦しい。

公主嶺の山河原部隊はこの急阪をかけ上らねばならなかつたのだ。絕壁をかけ昇つて躍り上つた所を南嶺の支那兵營の窓から機關銃がねらひ打ちにした。長春の滿鐵附屬地はその年〻一度匪賊に見舞はれたので、邦人の主な家には警察に通ずる非常ベルが待機してゐた。民族的な無氣味な對立を底におさめてゐながら、いつもならチエホフが限りなく愛好した白樺の林に流れる霧の中のロシアの田舍町のやうに物悲しい表情を浮べた市街だつた。しかしこの日は在留邦人にとつては、いつも帽子を阿彌陀にかぶつて銃をだらしなく持つて醉拂つてばかりゐる南嶺と寬城子の支那兵の悉くが敵であつた。何よりも夥しい彼等の數が恐しかつた。だから皆死ぬ覺悟だつた。いくら照りつけてもひ弱い日光に朝を迎へると、銃聲はますます激しくなつて、六つになる「にんじん」のアリヨーシヤの手を引いてクリーニングの御用をきゝにくるマルコフ老人も姿を見せなかつた。日本軍は苦戰だ。吉林の張世昌軍の援兵が敵に加つたことが一層形勢を危くした。泥柳が煙に蔽はれて、礫のやうにひきちぎれた空が空に飛び散つた。

私は汽車（バス）の待合所である支那風の土造の小屋の壁の古ぼけたガラスの中にはめこまれた說明入りの睡い戰場の寫眞をもう一度思ひ浮べるのだ。馬が齒をムキ出して仆れてゐる。その上にくづれた煉瓦塀がかぶさり、野砲の車輪がちらばつてゐる、どの窓買にもあらあらしい破壊が胸をムカつかせる位に盛りこんであつて、その一つには營舎の窓が大破して生々しい傷をさらけ出してあつた。日本兵はここからのりこんだ。支那兵の機關銃は役に立たなくなり、傷ついて逃げ終せなかつた彼等はふみにじられた。十九日午後三時、南嶺に日章旗がひるがへつた。接戰十一時間、戰死三十五名、負傷七十名、私が訪れた日曜日の南嶺は滿二年の紀念祭を行つたばかりの所だつた。花輪が亂れて、戰死者のどの墓にも秋の花が新しかつた。二年の時間をへだてゝ、戰場は新京屈指の名所になり、汽車の待合所ではお茶をすゝめ、繪葉書と紀念品を賣り、その上死刑の求刑をうけたばかりの五・一五事件の減刑請願署名の名簿をそなへつけてあつた。この効果的な減刑署名には多くの日本人は見向きもしなかつた。しかし一緒にあの猛烈にゆれる汽車で私たちと南嶺に來た外人の若い女はこの帳簿に向つて萬年筆を取り上げた。私は傍に立寄つて彼女がサインをするのを眺めた。

アンナ・ビトリーナ・ボロヂノフ

書きおえると露西亜人らしい人なつこいほゝえみを浮べて萬年筆をさし出した。

「どうぞ。」

これが私たちをあんなに親しくした運命的な機會だつた。私はローマ字でサインをすると彼女は口の中で私の名を聲にして見た。今朝の午前十時四十二三分頃、彼女が新京驛前の北廣場に姿をあらはしたときから私は知つてゐる。ヤマトホテルからまつすぐに汽車の切符賣場に向つた。廣場は割つた石がしきつめてあつて、ローラが右往左往し、切符賣場の窓をあけると、黒いほどたかつてゐた蠅が一齊にパツと飛び散つた。バスを待つてゐた私はすぐに彼女の姿を認めた、エメラルドグリーンの毛編のスポーツジヤンパーにクリームに縁ひくられた大きな頭文字のAが發達し切らない胸のはかない隆起の、それでも歩くたびに僅かたゆたう上に一杯にひろがつてゐた。一九三二年の秋の「ヴオグ」に初めて姿を見せた股（ディバーラッド）付のスポーツ用スカーツは、そのモードを知つてゐる私にもきわめて新らしく感じられた。殊更らに鋭く切れ上がつた足の伸びやかさを、右と左と別々にわけて見せて、却つて彼女の魅惑の力强さを誇示してゐた。しかも步調はハキハキしてゐて、小憎くらしささへ感ぜずにをれなかつた。バスは靑色の支那服で勢揃ひした日本の靑年團員で滿員だつた。彼等も矢張り南嶺で下りて戰死した日本の勇士の墓に詣でた。ガヤガヤ騷ぎながら、やがてその靑服がみんな滿洲國軍の營門に吸ひこまれてしまふとひつそりと靜まりかへつた道を私たち二人きりで步いた。墓は崖の上に或ひは三基、或ひは二基と固つてゐた。そこは勇士が折り重なつて敵彈に息を引き取つた現場だつた。じつと立つて支那兵が狙擊したといふ營舍の窓とを見比べると、當時の有樣がまざまざと頭に浮んで、さすがに昂奮を覺えた。今日も手向けられた線香は、か細い蒼い匂ひの煙をくゆらして郊外の茫莫たる空の中にとけこんで行つてゐるのだ。かつては血にまみれ燒きたゞれた草と自然、私の頭にはいつしか永遠が宿つてゐた。

　私たちはつかれて崖のふちの草に腰を下した。彼女は穩健なハルビンの露字新聞「ザーリヤ」を一杯にひろげて私にも座れと言つた。傍によると輕いわきがの匂ひがした。私は妹がこさへてくれたサンドウイツチを出してすゝめ、彼女はアヴエテイシヤントで買つて來たウイスキー入りのショコラを私の膝の上にばらまいた。崖の下には滿洲人の農夫が車をひいて、大聲でわめくやうに話しながら通つて行つた。

　アンナはかなりまづい日本語で勇敢に活しかけ、意味が通じないと外の歐洲語を混用した。しかし透りのいゝ露西亞式の發音にこなされた言葉は耳に快かつた。その上に唇はほんの少しばかりしめつてゐて、靜かな息づかひは健全な心臟を思はせた。普通時勢おくれのショート・スカートに縫つた跡が露骨に見える肉色の靴下をのぞかせてゐる白系露人から敗殘の悲哀をのみ感じさせるが、アンナの肢付（ディバーテッド）スカートからは革命以後の沒落的な殘滓を少しも印象づけなかつた。むしろ銀幕におどるヤンキーガールの破る事の出來ない處女性の强靱さと、パウル・ヴオルフのライカにスナツプされたナチス娘の健康と明朗な肢體とを思はせた。だから私のうけた第一印象はかへつて世界市民的（コスモポライト）だつた。彼女たちはたつた一つの衝動しか持たない。それは新らしくするといふ衝動だ。抗日運動の先頭に立つ中國の女學生のやうに、戰爭のニユースを取るために志願記者になるアメリカの女子大學生のやうに、ソヴイエトの女將校のやうに、たえず新らしい昂奮をほしがつてゐるのだ。彼女たちは前世紀の遺蹟よりも革命を好むだらう。新らしさをたのしむ青春だけにしか生甲斐を感ずることは出來ない。

「一九三一年の私たちの革命は……」とアンナは滿洲事變をよんだ。その時の彼女の瞳は生れ代つたやうに生々した輝きを帶びた。一九三二年二月二十五日哈爾賓新市街體場大廣場で開催された新國建設大會に參加した民衆の三分の一は白系露人だつた。アンナ・ボロヂノフはその先頭に立つて演說をした。嫩江の戰ひに馬占山軍を指揮してゐたソヴイエト將校が敗退し戰死したことを喜ぶのは白系露人の安價な自己滿足にすぎない。我等の理想を以つて積極的に新國建設に參加することが再生の唯一の途だと私を前にして、その時の論調を再現して見せるのだつた。私は忽ち彼女の屬する政治團體に興味を抱いた。しかし話が固苦しすぎるので無理に哈爾賓の白系露人の生活を話題にしようとした。

しかし私の會話は失敗だつた。彼女は市街全體が肉の市場であるといふ世界的なデマをひどく潔癖に氣にしてゐたのだ。すぐに獵奇的偏見だとやりこめにかゝつた。一九三三年の滿洲國は內地では想像が出來ない位に皆が政治論に熱中してゐた。私はアンナに戀の話がきゝたかつたのだ。少くともかうやつて草の中にうづもれる程に二人つきりで勝手な熱をふいてゐると、愛するといふことは何でもない日常の健康な感情に思はれるのだ。しかし戀の話をさける女友達は却つて猛烈な戀愛の囚人になるか……さうでもなかつたら虛榮とか羞恥とか、とにかく惡い女性特有の感情にもとづくにすぎない。

アンナ、あなたは小さいときからハルビンにお住ひですか、と私は妥當しようとした、

一度あの忌はしいことに話がふれた以上は私のたとへ話しを聞いていたゞかなくてはなりません――彼女は笑ひかけた表情を急に眞面目にし、話をそらすのは卑怯だと指を美しく立てゝおどした。

「コーカサスにはレーニズムが大飢饉と一緒に手をつないで訪れて來たのです。もちろん思ひ出していたゞけますわね。食べるものは草の根まで枯れつくしたんですわ、犬も猫も馬も鳥もさがし出してはたべました。それで

も今のアムールの向ふ、岸のやうに毎日澤山の人が死んで行きます。もう何も食べるものはないやうになつたからと言つて、道徳は人間に死ねと命令することが出來ますかしら。嘘のやうに恐しい殘虐なことが普通のことになつてしまひました。生き殘つた者が餓え死んだ人の肉を食べたんですつて。本當ですとも。私は寫眞を見せて貰ひましたの。もつとひどいことも知つてゐますわ、だけど話せません……とても口にすることは出來ません。」

彼女はこれを道徳はセンチメンタリズムにすぎなくなることがあると證明する爲の比喩に使ひたかつたのだ。

「ボルセヴィーチカが極端な享樂的な開放的な生活をしてといひますわ。しかし肉を賣るといふ悲しい生活はハルビンではすべてに絶望した時に生れたんです。ソビエトでは母性を蹂躙するのは生活の剰餘價値であるのに、ハルビンでは名譽を自殺させることですもの。追ひつめられ虐げられ、恥しめをうけた女性を嘲けつてどうしようといふのでせう。現實が道徳を否定する時だけ、その境遇は同情されねばなりません。私斷言しますわ。私そんな人を知りすぎてゐます。」

彼女はもつと言ひつゞけようとしたが、昂奮のため咽喉をつまらせてしまつた。後女は泣き出さんばかりだつた。私は自分の犬儒主義を恥しく眺めた。

「馬鹿ね、あたし、こんなに昂奮したりなんかして！」

突然草の上に寝そべつて、低く魂を底からゆり動かすやうなメロデイで「トウメニチール、トウメニチール」と歌ひ出した。新京の郊外には林の色を變へるほどの雀が群れてゐて、落ち立つと秋に落ちやすくなつた木の葉を散らした。彼女たちは北へ北へと飛んど行つた。雲までが北に流れた。アンナは抱きしめてやりたい位の純情さでイルクーツクはいゝ所だとほめ出した。起き上がると私の肩に頭をのせた。

新京に歸るバスは滿員だつた。しかも南嶺から城内の入口まで行きつく道は冒險だ。道には重い牛車の轍が一メートル近くもめりこんで溝を二重にも三重にもこさへゐるかと思ふと、眞中に小山のやうな土が盛り上つてゐた。もし傍観してゐる人があつたら、このボロ汽車がどの位で解體するか、それとも轉覆するかを耐久試驗でもしてるやうに思ふだらう。それでなかつたら運轉手の巧妙さも乘客の忍耐もまるで氣違ひ沙汰にしか思へない。恐らく二百噸の汽船で太平洋を横ぎつてもこれほどひどくはないだらう。乘客は腰掛(シート)からはね上がり、突きころばされ、窓にしがみつくのだ。アンナ・ピトリーナは私の傍にかけてゐたので、肘をぶつつけたり、上に仆れかかつたり、しがみついたりした。誰でも連續的な強襲的衝撃をうけて精神の均衡を失つてしまひ、遠慮のない笑ひを爆發させる。日本人の將校は泰然と落ちついて、馴れつこになつたから決して驚かないと宣言したにも拘らず、三度尻餅をついた。つゝましい束髮までが決して笑ひを遠慮しない。アンナは一番はしやいで車體の動揺を利用して額をゴツンコさせ、堪らなく可笑しく笑ひ立てた。車體が四十五度以上傾くと、運轉手は後をふりむいて、傾いた下側の乘客を上側に片づけた。バスをさけようとした馬車(マーチョ)は乘つてゐた客を道の上にはね飛ばし、車をどろんこの上に轉かした。馬車夫(マーチョニーヤ)は帽子をクリクリ坊主に被ると、皆の嘲笑の中から逃げ出した。降りたときは餘りにガッカリした自分を見出してふき出さずに居れなかつた。

　私は別れようとして、金泰洋行の前に立止り、しかもわざと今夜訪ねて行つていゝかと言ふやうなことをたづねるのを我慢した。彼女も何にも言はずに私の瞳をのぞきこんで、心の秘密でも探りあてようとするやうに見えたが、たうとう笑ひ出した。

「何を考へていらつしつて、えゝ？　なぜドシダーニヤ言はない。」

「アンナさんだつて言はないくせに。」

「それで遠慮したの。おかしいわ。又ね……」「いつ？」

「そんな野心きらひ、きつと失望してよ。バイ！」

　彼女はもう背を見せてゐた。私はひどく何か話したがつてゐた彼女の表情の意味を考へずに居れなかつた。たそがれはそこはかとなく路傍の新京三二五七號の鑑札をつけた燒栗屋の背後まで忍びよつてゐた。アンナはもう一度白い頰を見せて仰山にキッスを投げた。かと思ふと、額をしかめて見せた。

（つゞき）

新京

吉村貞司

Sep. 1933

×

それから——

アンナのはしやぎは未だ私の心を彈ませてゐた。彼女の聲からうける操感は表皮から脱け切つてゐなかつた。今こそ決心する時なのだ。今こそ、一氣に片づけることが出來るに違ひないのだ。何故さう感じたか自分でも分らない。突然せかせかした步調をやめると跳び上がるやうにして馬車(マーチョ)を呼びとめ、大聲で新發屯に行けと命じた。

新京についた日の私のあわたゞしい興味の中に、妹は夏秋禮一といふ名をピストルの彈丸のやうに打ちこんだのだ。この固有名詞は新京の陷穽(おとしあな)だといふ直覺的な餘韻が今に至るまで私の中にひゞいてゐる筈だ、しかも彼女は紹介することだけは頑强に拒絕した。自分で行つてらつしやい、話しておくからと言つてきかないのだ。妹は私に何を望んでゐるのだらうか？　戀愛方程式でも解いてくれと言ふのかしら？　しかも彼女のこんな謎にしてしまひたがる氣持の彼方には堪え切れない程の孤獨がひた隱しにかくされてゐるのがはつきりと分かるのだ。私は何故か夏秋禮一にぶつつかるのが臆病になり、そのために焦慮と憂欝な壓迫感さへうけるやうになつた。どう

してもこのためらひをたち切らねばならない。私は馬車に乗ると、もう

「快々的(クワイクワイデ)！」

とせき立てた、

「ヤ、ホー」

夫(チーヤ)は韮爽い言葉で馬に怒鳴りつけ、鞭が空に唸つた。栗色の馬の尻はバネ仕掛のやうに飛び上がり、急に馳け出し初めると、くれやすい九月の空氣に頬をよする程の風が生れた。花と匂ひのない新京の街路だ。空だけが暮れ殘つて、その明るさに群れ鴉が喧しく鳴き立てた。

一九三二年、長春は新京と改稱され、世界で一番新らしい市街として歴史に登錄された。彼女は生れたての赤ン坊のやうに潑溂として滅茶苦茶な成長を急いだ。顧られなかつた空地には直ちに住宅がギツシリつまり、又この年初めて郊外を持つた。二〇平方粁、經費豫算三〇五九六〇〇〇圓の國都第一次建設五ケ年計劃は既に開始されてゐたのだ。新發屯は西公園の向ふ側に横つてゐる郊外なのだ。夏秋禮一は今年の初め瓔霓(インニイ)といふ少女と、彼女のペツトであるワイヤ・ヘヤードと一緒に新發屯に引つ越した。隣は滿人の大官の邸だつた。私は大股に玄關に歩み寄ると、獅子頭のくわつと開いた口の中に指を突きこんでベルを押した。

「來了(ライラ)！」

扉がサツト開くと正面からいぶかし氣にみつめる支那娘の冴え切つた瞳にぶつつかつた。後から小さなツイヤヘヤードが赤い絨毯の上を轉がりながら飛んで來て、そのはづみに香水の匂ひがした。この小犬はきつゝ香水を浴びてゐるに違ひない。しかも甘い、直ちに艶かしい素肌の陶器の白さを思ひ出させるセンジュアルな匂ひなのだ。だからモリヌーのヴイヴルに違ひないと獨りぎめした位だ。少女は私の名を聞くと、急にニツコリして、小犬を抱きかゝえて頬づりしながら踊るやうな足付きで奥にかけこんだ。私は素直に好感を抱いた。勿論彼女が瓔霓(インニイ)だつたのだ。

瑛霓はすてきに美しい。派手な表情はすぐに消えたがる水沫のやうにはかない。後ではほんの少しばかり上り氣味の眼と眉が洗練された淋しい想を印象づける。この愁寂の美は數千年來黄河と揚子江の水に磨き出された女性美の傳統を感じさせる。一九三三年の彼女はほゝえむと甘つたれた唇になる。それにしても二重にくびれた顎のあどけなさ。しかし彼女の可憐な記憶には故郷も年齢も殘存してゐなかつた。覺えてゐるのは恐しい洪水と、眞暗な飢餓と、……。ラデイケは『ドルヂエル伯の舞踏會』にかう書いてゐる。

——フォルバック親子の生活は悉く「支那兒童救濟」に捧げられてゐるのだつた。……フランソワの少年時代は、この神秘な事業に對して深い嘆賞を拂つてゐた。彼はたゞ、支那兒童は郵便切手で買ひもどされるとよりは何も知らなかつた。フランソワの家族の間では、お叔母さん達のところでも、従姉妹のところでも、皆がアドルフの爲めに出來るだけ多くの郵便切手を蒐めるのがしきりになつてゐた。アドルフは彼の所に屆けられる郵便切手の正確な數を調べるのだつた。そして一定の數に達すると彼はそれを本部に送つてやるのだつた。

勿論アドルフは、フオン・フォルバックの蒐集も出し惜みはしなかつた。こんな次第で、この人道的な救濟事業に於いて、安い「佛蘭西共和國」の切手の中に交つて、たつたその一枚だけでも、支那兒童の全部が買ひ戻せる程の價のあるモオリス島の切手が數枚交つたりしたのだつた。——

瑛霓は今日に至るまで切手の威力を知らなかつた。しかしたつた三十元で仲介人に賣り渡された商品にすぎなかつた彼女のやうな兒童が、たとへ一萬人ゐたにしてもモオリス島の切手からはまだおつりが貰へるはづなのだしかもこの三十元は彼女の一生の運命を左右する權利を持つてゐるのだ。今日の中國では自由の價が餘りに安すぎる。官僚土豪の家庭には買はれた了頭（婢女）が早朝から鞭に脅かされ追ひまくられて、たえず酷使され虐待されてゐるのだ。もし彼女に美貌が與へられてゐたば、將軍や大官達は贈答し合つたり、賭博のかけものに用いるだらう。その他に暗黒街に蠅のやうに群つて腐肉にたかり、自らも腐敗してゆく野鷄とか盲妹と呼ばれる慾情の玩弄物がどれだけゐることだらう。奴隷勞働に體力を消耗してゐる群もあるはづだ。

六年前、中學の夏期休暇を利用して天津地方に旅行した夏秋禮一はこの奴隷制度に非常な興味をもつた。ほんの生噛りにマルクス主義の書物を讀んで二〇パアセントばかりの正義感を持つてゐた彼だつた。しかしある日彼は完全に一人の人間を所有する慾望に驅りたてられて、十歳位の少女に百五十元を投げ出した。

「何も目的はありませんでした。純粹に所有慾に取り憑かれてしまつただけなんです。この時の僕は（十七の夏の事です）天下を取つたよりも有頂天になることが出來ました。勿論子供つぽい英雄主義ですとも、笑はないで下さい。それに僕の熱ふさつたら！　自分で考へてもふき出したくなる位ですよ。一日に五度位はお風呂に入れて、それから美容術に一時間たつぷり！　フエイシャルな知識なら博士になれはしないかと心配しなくちやならない有様だつたんです。ね、さうでせう、所有した以上は皮膚にこびりついてゐる過去のどす黒さをすつかり抹殺してしまはなくちや……。」

少し眞面目に話してゐたかと思ふと、もう大聲で笑ひころげる——夏秋禮一はそんな男だつた。瓔兒の皮膚ばかりでなく心臟も思想も言語機能もみんな過去から脱皮させて、最も貴族的な寶石にまで磨き上げたかつたといふのだ。しかし彼女は何處かに美しい肢體を潛めてしまつて客間には出て來なかつた。たゞエラールのピアノの傍の濃臙脂のカーペツの上にほのかな鮮紅のリネンのハンカチーフが散つたばかりの花片よりももつと脆たげに取り殘されてゐた。私はその花片からゆらぐ程にかすかにヴイヴルが匂ふやうな氣がしてならなかつた。

今朝二人は賭をしたといふ。彼女は昨日封切られた「モロッコ」を見に行きたがるし、彼は私の來訪を豫期して家にゐたかつた。それでもし七時までに私が訪問しなければモロッコに行かうし、もしも私がその前に姿をあらはしたら……

「だから強制的にキスしたんです。ハヘヘ……お目にかゝつたばかりなのに亂暴な言葉を使つて御免下さい。そしたらあのハンカチーフで赤くなるほど頰つぺたを拭ひとつて、そして逃げて行つたんです。瓔兒！　怒つたの　あやまるから出て來いよ。ね、本當にもうあんな意地惡をしないから！」

しかし彼は自分の言葉の効力を信じてゐないやうに、すぐにせかせかと息もつかずに私に話しかけるのだつた。

「しかし愉快だ。僕は毎日待つてゐたんです。恐らくあなたももつと早く來て下さるべきだと知つていらつしやる筈です。あなたのためにもう三日間も外出を見合せてゐたんです。いや、こんな事をいふのはよしませう。待つてゐたんです。待ちこがれてゐたんです。嘘でない證明は現實がしてくれます。この氣持さへ分つていたゞけたら何も言ふことはないはづです。しかし僕の希望が現實になつた！　私はあなたと話してゐる。愉快だ、本當に愉快だ。大いに話して、うんと仲好しになりませう。さあ―」

何といふ表情だらう。まだ五分と話してゐないのに、もう子供か猫かのやうに相手と親しくなつてしまふ人なつこしさを持つてゐるのだ。私は大仰な歡迎の辭と身振りには少しばかりの反感をそゝられずにはをれなかつたが、彼の態度は決してそれを衒氣でやつてゐるのでもなければ、深い企らみから出てゐるのでもない事を諒解させる能力があるのだ。これこそ私たちの年齢の次の時代（ネクスト・ジェネレーション）が恰もダイヤのやうに祕めてゐるすばらしい、しかもギヤラントリーな才能ではなからうか。

私は彼と妹との間に何か巧みに仕組まれた芝居があるのではないかと疑ぶんで見たが、それでもさし出された彼の手を固く握りしめずに居れなかつた。しかもその時彼のか弱い身體を纖細で神經質な戰慄のやうな感情が通り抜けた。そして蒼白な緊張をおし隱さうともしないのだ。

かうした私たちの沈默はおしつぶされた樣に心臓にひゞく靜けさが廣く廣くひろがつて行くのだつた。少女は物音一つ立てなかつた。私はもつともつと大切なことを話し合はねばならないのを感じた。

×

私の兄弟は合せて四人ゐたが、まだ小さいうちになくなつて、結局と妹の行江と二人だけになつてしまつた。故郷は九州の田舍だ。父は一生白い練塀にシンボライズされた五萬とない世襲財產の番人に甘んじてゐた。女學校を卒業したばかりの妹を半ば强制的に媒酌結婚させると、間もなく持病の腹膜炎で死んでしまつた。私は故郷に母と古びた邸とを殘して東京に出、學士號は貰つてもまだ職にありつけずぶらぶらしてゐた。妹の夫の千賀は一ツ橋出身で、滿洲建國後間もなく財政部の事務官になることが出來た。薦任五等六級と「滿洲國官吏錄」に出てゐると妹の報告である。それなら月俸二百六十五圓だ。國幣（ローピー）圓の高い今日には鮮銀行紙幣の三百圓に近い換算價格を持つてゐることだらう。彼等には子供がなかつたし、經濟的には不安のある筈はなかつたが、愛情はきわめて冷いことを感ぜずにはをれなかつた。

「行ちやんは、妹は、あなたから何でも訊ねてくれとから言ふんです。」

「僕からきいてくれ？　いけません、そんなことはいけません。そんな事を言つたらまるで僕と妹さんとの間に何か變てこないきさつでもあるやうにうけとれるではありませんか。ナンセンスです。」

「でもどうしたといふんでせう。妹は何を企んでゐるんでせう。聞いて下さい。これをどう解釋したらいゝでせう。」

――私は九月十一日まで東京にゐたのだ。滿洲に行かうなんて考へてもゐなかつた。私は見逃した「四十二番街が」再び東京のサード・ランを賑はし出したのを見に出かけた。ベブ・ダニエルスのドロシイが足を挫いたシーンで、告知ネタンドに點燈されて、私を電話口まで呼び出した。そしてアパートの小母さんからうけ取つたニュースは妹が危篤だといふことだつた。中學校の地理の時間に習つておいた長春が新京と同じものであるかも知らずに東京を飛び出したのが翌日の夜だつた。しかも早朝のプラットホームに出迎へてくれたのは妹自身だつたのだ。ほんとに危篤だつたのかと聞くと、さうよといふ。もうすつかりいゝのよと言ふと、たゞえゝと答へるきり。嘘なんだらうと言へば、私だつて信じきれない位ですものとすましてゐる。ではどんな病氣だつたかと問ひつめると笑つて答へようともしない。――

「そしてあなたに會つてくれと言ふだけなんです。妹は僕があなたに會ふのに非常に期待してるのが分るんです」

すると夏秋禮一はけたゝましく笑ひ立てるのだつた。

「あなたは妹さんにかつがれたんぢやありませんか。ね、瓔寛、行江さんは兄さんを危篤だと言つてだまして新京によびよせたんだつてさ。何といふ出鱈目な思ひつきだらう。あなたは行江さんを一番よく御存じの筈ぢやありませんか。あの人は出鱈目の天才です。瓔寛なんか一日のうち三度もかつがれて、たうたう口を利かなくなることさへあるんです。」

すぐ隣の部屋で可愛いゝ笑聲がひゞき出した、私も笑ひの中にひきこまれてしまつた。

「皆笑つた、皆笑つた。」

禮一は私と彼女の笑聲にすつかりしはやぎ出してしまつた。

「言つてごらんなさい。あなたは何を豫想してたんです？　謎ですつて！　謎といふのは若い異性の間では戀愛だけにしか用いられません。僕と行江さんが戀をしてる――瓔寛！　どう思ふ。僕たちが戀し合つてるやうに見えるか知らん。」

隣の笑聲はもう消えてしまつてゐた。彼はそれに氣がつかないかのやうに、粗々しい調子で私に向つて話しつゞけた。

「彼たちの年齢の無作法なのを許して下さい。しかし僕は眞面目におたづねしたい事があるんです。あなたは今の社會で本當の意味で戀愛が出來ると思ひますか。」

「僕にはあなたが出來る、可能だといふ答へを豫期してるんぢやないかと思ひますけど……。」

「つまり出來ないとおつしやるんですね、ね、さうでせう、出來ないんでせう。」

「僕と立場が違ふでせう。あなたには經濟的な安定があるし、それに又一人の女性を完全に所有することさへ出來てるんでせう。それで充分ぢやありませんか。」

「違ひます、大違ひですとも。彼女（あれ）が僕の所有だといふのですか、所有とは何でせう？　僕はたゞ經濟的に生活を保證してゐるだけではありませんか。僕は兄と妹の關係だと考へてるんです。もし極端な例を引いて見ても、社長が女子事務員の生活を保證してゐるからと言つて、彼女たちを所有することは許されないぢやありませんか」

「それでも好ましい人と自由に結婚が出來るでせう。」

「日本の青年は結婚の自由は持たないはづです。」

禮一はきつぱりと答へて私を靜かにみつめるのだつた。私たちは菊地寛の自由主義文學が日本文化に貢獻した功績を忘れてならない。彼は戀愛の自由を保守社會から戰ひ取つた。しかし更に大切なものが取り殘されたまゝになつてゐる。それは結婚の自由だ。

「あなたは苦んでるんだ。僕には今やつとはりきり出した。さうでせう。」

私は大膽に自分の印象を吐き出した。すると彼は一寸顏を上げたが、前より一層深くうなだれた。

「僕にはあなたの議論したがる氣持は充分にわかる筈だ。もつと具體的に話してごらんなさい。或ひはお力になつて上げられるかもしれない。」

「そんなに疑はないで下さい。ね、世の中の人は何を幸福といつてるんでせう。革命を信じないと同樣に、戀愛をも信ずることが出來なくなつて來だしたんです。戀愛とか結婚の自由は僕を幸福にすることが出來るでせうか。ソヴエトの結婚制度はたゞ性的なエゴイズムを奬勵するやうなものぢやありませんか。今に女性は皆精虫中毒になつてしまふに違ひはありません。幸福はそんな所にない筈です。理窟を言ふからと言つてとがめないで下さい。僕はかう思ふんです。戀愛の必要は人間が孤獨だからあると思ふんです。戀愛は一時の痲痺劑にすぎない。さめてしまへば矢張り孤獨なのです。現實の世界では、それで愛するつて理解し合ふことぢやなくつて、宥し合ふことにあるんです。宥し合ふ――なんて淋しい言葉でせう。さう考へただけで人生はセンチメンタルになります。本當に愛するためには理解し合つて、二人の間から孤獨を追ひ出してしまふことなのです。それだのに、そんなことは望み難いぢやありませんか、僕は正直に告白しませう。戀したんです。だけど幸福にはなれませんでした。」

「どうして？　一體相手は誰だつたんです　」

　私はしどろもどろに問ひかけて、ちきに後悔した。すぐに妹の戀愛を考へに上せて、見えすいた質問をしたのが恥しくもあつた。

「さう追及しないで下さい。僕は告白に涙を流させる効果を期待しません。その代り追及されるのも嫌ひなんだ。」

　私はうなづいて見せた。

「戀愛は一層僕の孤獨をはつきりと見せつけてくれたんです。二つの世界は愛し合ひながら結局一つになれはしないんです。しかしそんな食ひ違ひは行きつくところまで行つてゐないからと解釋したんです。僕は急に慾望に燃え出しましたし。かし慾情は二つの世界の理解とは全く無關係なことはすぐに分りました。僕は……、よしませう。」

「いゝえ、續けて下さい。」

「よしませう。本當の事なんか話せるもんですか。これは現實ぢやありません、抽象です。いくら話してもあなたに分るはづはありません。よしませう。聞かないで下さい。」

　私は眞下に彼の苦痛を見下した。私も何故か昂奮してゐた。默つて煙草をふかし出した。

「馬鹿だな、實際！」謙一は低い聲でつぶやくやうに言つた。「上海に出征した軍人から聞きましたが、百姓の女に道を訊ねようと思つて近づいて行くと、急いでズボンを脱ぐさうです。中國の兵隊は民衆をそんな風に訓練してしまつたんです。貞操といふのはセンチメンタリズムです。彼女たちは慾望的なすべてが人生の荷厄介なんです。Y頭の主人は彼女を去勢する權利さへ持つてゐるんです。馬鹿だな。人間が獸より優等なんて自惚れぢやありませんか、瓔霓（インニイ）を裸にしてしまひませうか。人間なんて何を信じて着物を着て歩いてるんでせう。奥の間に榻があります。彼女（あれ）と一緒に阿片をやりませんか。」

私は居たたまらなくなつて立上つた。

「居て下さい。僕をこんなに淋しくして踊るのはひどすぎます。彼女(あれ)を呼んでピアノを弾かせるなり、ダンスをするかしませう。今のは冗談です。僕の悪い放蕩的な猥雑な言葉にすぎません。彼女(あれ)は處女です。あなたと結婚する資格さへ持つてゐる處女です。呼びませう。一緒に遊びませう。」

夏秋體二は客間を出ると、隣の間で大きな聲で

「瓔霓(インニイ)！」

とよんだ。彼女はまだ返事をしなかつたが、ワイヤ・ヘヤードが吠え出した。　（つゞく）

新京

吉村貞司

Sep 1933

×

私の精神は泥沼の中にでもはまりこんだやうだつた。狂燥で華美な夏秋醱一の言葉にかき亂された私の神經は未だに反射的に遠心ノイロンを衝擊し續けてゐるやうな氣がしてならなかつた。もはやこの艶麗な濃臙脂のカーペットの上に立ちつくして彼が瓔覓（インティ）をつれて客間に歸つて來る迄待つ氣におちつけなかつた。ゐたゝまらない、もどかしい焦慮が肉體に漲り始めた。私は足を忍ばせて玄關に通ずる扉を推した。ワイヤヘヤードはまだ吠えてゐた。空氣は虛無的な次元に向つて膨脹して行つて、たゞ二階に起る誰かの足音だけが空虛（うつろ）にひゞいた。私は月のない戶外に逃れるやうに身を辷らせた。それからホッと深く息をついた、

ふつと見上げる二階の窓にはしめ切つたカテンが明るかつた。その陰にひそむ人があるのではないかと思はせる程にゆらいだ。錯覺か？　澄み切つた空には九月の星座が固い。私は眠り入つて人影もないこの闇の中を滅茶苦茶に歩いて見たかつた。しかし小急ぎに門を馳け出したときに、

「小父さん　」

ひそめた聲だつた、瓔覓（インティ）だ

「おや、どうして……えゝ？　ここに……」

不意を打たれて口ごもりながら壁を見た。

「行きませう、早く！」

彼女は小さい冷たい指で私の手頸を取ると、力づくにでも引張らうとした。どうしたといふのだらう。私には何も分らなかつた。彼女は私の一寸したためらひにも、もどかしくてたまらない様に足踏みして、ドキドキしてゐる心臓をずつと近くすりよせて來た。

「夏秋君がさがしてるんだよ。」

「小父さんだつて逃げて來た癖に。行かうたら、ねえ。」

又強くしがみついた。腕を引つぱつた、不意に戰慄に似た視線を私の眼に釘付けして、それからどぎまぎして闇の中に眼を落した。薄暗い街燈に照らし出された頰には血の氣がなかつた。急に私にも現實が幸福でない事が分り出した。彼女は誰へ慰めて貰ふ胸を知らないのではないか。何かしら不幸におひつめられてるのではないか。彼女がいぢらしくさへ思へて來た。私は導かるゝまゝに足を委せた。暗闇だ、何も彼も！ 私の心の中にだつて頼る燈火がない！ そしてたゞ呻いてゐる弱い魂！ この魂を現實は何處へと引きずり廻さうとするのだ。

沈默し切つた淋しい郊外の道だつた。一列に並んだ建物の間からは無限の滿洲の大平原が物凄い闇をたゝえて廣つてゐた。私たちも語らなかつた。たゞ彼女はおび切つた小犬のやうに無理に私の手を引つ張つた。建築や土木の材料や破片が取り亂されてゐる道、思はぬ所に溝があつたり、盛土あつたり。しかし彼女はハアハアと息を切らしながらも、たゞ急がうとつとめた。もつともつと暗い所に！ とでも思へた。彼女の手には冷たい汗がにじんでゐた。

「どこまでつれて行くつもりだい。」

私はたうとうくたびれて立止つた。

「行きませう、行きませう。」

彼女の聲はかすれてゐた。

「僕はもう行かないよ。」

「行かない?」

　苛立つてすがりついてゐた手をふり放した。何處かで遙かな鵝の鳴聲がした。闇が急に深まつたやうだ。その闇をすかして息がふれ合ふほど近く顔をよせて、彼女の表情を讀み取らうとした。そして瓔覓の限りなく美しい瞳今は熱病やみのやうにギラギラと燃え立つてゐるのを感じた。彼女は喰ひ入るやうに睨みつけてゐたが、フイに顔を後にひいて、瞼をふせてうなだれた。

「左様なら……。」

　泡よりもはかない呟きがもれた。

「なに? 左様なら……?」

「さうよ、左様ならよ。もう會へないわ。」

　意固地にむしろ挑むやうな態度で言ひ放つて、もう走り出さうとした。私はしなやかな肩手をふれて、ふり放さうとする胸を抱きしめた。彼女は……彼女は慄へてゐるのだ。

「瓔覓、お待ち。話したい事があつたんだらう、聞いて上げるから言つてごらん。」

　しかし、たまらない感情が肩にこみ上げて喰ひしばつた泣聲が洩れた。

「おや、泣いてるんぢやないの、本當にどうしたんだい?」

「泣いてなんかゐないわ、放して！」

　身悶えして私の腕をふり切つて走り去つた。思はず二三歩追ひすがらうとしたが、大きな板片が何かに足を掬はれてよろけ様に冷たい土の上に手をついた。彼女の足音はすぐに消え失せて、たゞ闇だけが無限に擴つてゐた。世界のどん底に轉り落ちたやうな氣持で、せめて石なりとも固く抱いて、この慘めな夜を吐き出すやうに語りつくしたいと思つた。

×

さうだ、ここは世界のどん詰りだ。今夜、銀座では避暑歸りの小麥色のかゞやかしい肌が肩からムキ出しになつたまゝソーダ水をすゝりながらシネマの噂をしてゐるだらう。奉天では朝鮮娘のダンサーがトロツトを踊り、上海では公共公園で夜の奏樂に耳をたのしませながら戀をさゝやぐてゐることだらう。しかしここは忘れ去られた世界の涯だ。自然はまるで支那民族のやうに無表情だ。物高さ吸ひ取つてしまつた夜は冷酷に私を見下し壓迫した。

しかし私は歩いてゐた。眞直に歩けるのがなんだか不思議でならなかつた。思念も拔喘も廢頽も革命もないこの暗い世界に勿論秩序があるはづがなかつた。押しよせる黑い威力が鼓膜を強く壓迫した。しかし私は眞直に歩くことが出來るのだ。そして今ここにあるのは私といふ生命がひしひしと抱いてゐる孤獨だけだつた。環覺が走り去つた後でやつとの事で辿りついた興安大路は淡々とした大地の中にたゞ一筋に直線に伸びてゐた。鋪裝されたばかりのアスフアルトは仄白く私を導いた。建ちかけたコンクリートの家が二三軒、廢墟に思へた。たゞ靴音がさゝやくやうに起きてすぐにも消された。

私の孤獨はこの忘れられた自然よりも荒廢慘めだつた。今迄の二十五年の生活が温室の中にばかりちゞこまつてゐた様に感じられた。私の旨定的な人生觀はまだ温室から出たことがなかつた。しかしかう一人になつて見ると樂天主義は息苦しい窒息に喘がねばならなくなつてゐた、今まではかう信じてゐた。

――充實した生命力は虚無を蔑視する威嚴を具へてゐる。

死――の想念は生活の倦怠の中にバクテリヤの様に養培することが出來る。

――一日の意義はたゞ完全に働き切ることにある。

この平凡な信念の後にエツケナー博士のヒロイツクなマキシムを感激的につけ加へた。

――鋼鉄の理性、鋼鉄の意志！

しかし現在の私にはこんな英雄的な肯定主義の本質が何であつたか明白に分り出して來る。かつて中學校の掲示板には五年間私の名前は一度も書かれるがなかつた。大學では落第で脅かされることもなければ、それかと言つて論文を賞讚してくれる教授もゐなかつた。たつた一度小學校時代に學藝會にえらばれた二十名の中に交つて唱歌を合唱したことがあつた。それつ切りだ。今まで誰も注意しなかつた。つまり私の肯定主義は、めざめることのない個性がとぢこもつた象牙の塔だつたのだ。自殺を企てるほどに惱んだこともない。媒酌結婚を待つために戀愛さへ避ける。友人はあつては親友はない。卒業してまだ職にさへありつけない。私は何を肯定しようとするのだ？　例へばキリストやナポレオンやレーニンのやうな救世の天才が突如現はれて理想を實現してくれるのを日向ぼつこして待つてゐる群衆の一人ではないか。超人のために沒落する俗衆の樂天主義ではないか。自ら意志する所も、思惟する所もないからこその樂天的旨主義ではないか？

しかも、しかも妹は苦んでゐる、そして私に期待してゐるのだ。瓔寃は腕にすがりついて泣きじやくつたのだ忽ちにして周圍の人々を不幸にする夏秋禮一の傍若な年齢と私の肯定主義とを取り組ませいがみ合はせようとしてゐるのだ。それだのに空想さへ持ち得ない凡庸以下の私の個性が何を救ひ出すことが出來よう。まぶしい脚光を浴びてもまだ立上る力さへないではないか。

情ないといふよりも自分自身に向つ腹が立つて來るのだ。憎まうとして嫌悪する事の出來まい夏秋禮一の印象がこびりついて離れなかつた。彼と妹がどうしたといふのだらう。彼の魅力が妹を抱きしめたといふのだらうか瓔寃には淫らな言葉を吐きかけて敏感な腰に手を廻したといふのだらうか。男性は猥雜であつたら非難されねばならないのだらうか。私の足だけが眞直に歩いてゐた。こんなに亂れた頭で歩けるのが不思議な位だつた。しかし瀕死のまゝおつぽり出されたやうに佇立してゐる大同廣場の建物が段々と視界に高くせり上つて來つゝあつた退廳時間になると堀りかへされたまゝの廣場の上を馬車があわたゞしく行き交ひ、洋装した日本人のタイピストが兩公園の方に沿つて早い涉調で歸り始める廣場だ。その背後にはやがては大同公園のスケートリンクになる筈の細流がせきとめられて濁つたまゝ澱んでゐて、河畔には英國から賦殖された雪の下にあつても綠色を失はないといふ芝生がほんの少しばかりの面積を占めてゐるはづだ。晝ならば土を一杯に盛つたトロツコが走り、去り山東から來た苦力たちが土を堀り返してゐる。戀愛のない青春の中に育つ彼等は、希望する前に他國の固い大地の肌に鶴嘴を入れるのだ。そして子供を産むといふ餘計な生理作用を持つた働く道具に過ぎない女苦力が石油の空罐に淸水を入れてうろついてゐるのだ。しかし今は夜だ。仕事場の端に一列に並んだ彼等の堀立小屋はおしへしやがれたやうに眠り入つてゐた。石油ランプをつける費用を惜んで夜になると共に寢につく彼等の小屋から光がもれやう筈はなかつた。晝間は群れてゐる鳥も鵲も姿を見ることが出來なかつた。私はつかれた足を、それでも躍らせるやうにして大同廣場に近づいて行つた。

　トロツコのレールは亂れ、突然溝が咽喉を開いて步くのがますます困難になつた。しかし菱刈大將を迎へ入るれために晝夜兼行で工事を急いでゐる日本大使館の工事場から、直接のハンマーの音がひゞき出したのを耳にした。もう新京の市街は近い。私はほつと安心すると、仄明るく空をそめた市街の照明をふり仰いだ。人の住む懷に歸つて行くといふことはどんなにうれしい事だらう。そして急にアンナ・ボロヂノフの華かな肉體を思ひ出した。右の乳房は私の腕にふれ、馬車の中ではわざと額をゴツンコした時殆んど觸れさうになつた。唇の生々した感觸がよみがへつた。私は現在のこの困難な思想が積極的なアンナによつて救はれるかもしれない狡るい考へを起した。本當はアンナに會ひたかつたのだ。眞直に中央通りを馬車でかけ拔けてヤマトホテルの玄關に飛びこみこみたかつた。救はれる事とはしやいだ抱擁とがごつちやになつて私の血液を惱やした。

　堀立小屋のまはりをうろついてゐた野犬が吠え出した。一四……二四……

×

　アンナの時には可愛いらしい笑靨があつた。彼女は大きく縮れた髮を解くと、私の頭にばらばらと降りかゝり、ふんわりとうづくやうなブロンドが頬の上を流れた。やがては流れは顔を埋めてしまつた。アンナははしやぎながら胸の上に柔かな腕を捲くと、ブロンドと一緒に私の鼻をつまもうとした。馬鹿！と言つてはね返さうかと思つた。

「兄さん。」

行江の聲が耳でした。私は眼をパツチリと開いた。彼女の淋しいほゝえみがすぐ傍にあつた。今のは夢だつたのだ。訪ねて行く勇氣も持たない氣弱さが昨夜の邪念を夢の中で實現しようなんて——何だか妹の手前恥かしいものに思へて

「何時だい？」

と思つたやうに訊ねた。

「昨夜おそかつたわね。」

と、こつちには答へもしないでニコニコしてゐる。

「待つてた？」

「待つてたぢやないわよ、昨夜瓔覓が眞蒼な顔をして飛びこんで來て、昏倒したんですもの。」

「瓔覓が？」

私ははね起きた。

「とても熱があるの。奥の間に寝かしてずつと冷やしてやつたの。それで兄さんが何時歸つていらしつたか知らなかつたわ。」

私は出來るだけ物音を立てないで寝床にもぐりこんだのを思ひ出した。あんな氣持で行江に顔を合せる氣になれなかつたのだ。

「大へん惡い？」

「今すやすや寢てるの、いゝあんばい。」

私は返事もしないで着物を羽織つた。行江は背後に廻つて帶を結んでくれた。

「なんだか昔に返つたやうだな、さうしめつけるなよ、御飯を喰べたらすぐにしめ直さなくちやならない。千賀君は昨夜歸つた？」

妹の夫のことをたづねた。

「歸りやしないわ。」

簡單に答へたまゝ行つてしまつた。

毎晩宴會ばかり續く千賀だつた。酒になる前に必ず滿洲國々歌を歌ふんだよと言つて、いつかコロンビヤレコードをかけてくれた。

天地内有了新滿洲……

行江は、宴會なんて分るもんですか、ひけるとすぐ、新京會館に行つてる癖にと開いた。實際彼はダンサーに戀人があつて、大連に出張したときは三越でイヴニングを買つて來て彼女に與へた。黄色のジョゼツトクレープは唯物的な直線で背中の半分をくりぬいてあつて、ルンバの誘ひにゆるく手をまはすとウエストでとめてあるボタンに觸ることが出來た。千賀は一週間妻の許に歸らなかつた。

何故そんなことときくの彼女は一寸唇を尖らせた。

「昨夜行ちやんのお望み通り夏秋君の所に行つたからさ。」

「あら、どうして？　千賀と何の關係があるてせう。たゞあの人の說介しておきたかつただけよ。」

「それだけなら勿論兄も安心だけどね。」

「又夏秋さんがつまらない事をしやべつたんでせう瑛、兄はあの騒ぎだし、一體どうしたと言ふんでせう。」

彼女は飢ねたさうなまなざしもむけずにつツと考へこんだ。

「きつと夏秋君が訪ねてくるね」

「えゝ、さうよ。だから困つてるのよ。」

「何故困るんだ？」

「だつて……兄さん會つて下さるわね。」

「どうして僕が會ふんだ。何にも知りはしないぢやないか。それとも環兒が歸りたがらないと言ふのかい。」

「そんな事分りやしないわ。」

「分らなき僕だつてどうしていゝか分らないぢやないか。行ちやんが會つて話したら何よりだと思ふんだけどなあ。」

「だつて私……困るの。兄さんの言ひやうは話しておいて下さいな。本當に私分らないのよ。」

彼女は本當に困り切つた顏をしてふり迎いた。小さい時から猫よりも柔順な彼女だつた。千賀との結婚に氣がすゝまなかつたのも私は知つてゐる。ことはつたらいゝぢやないよと言つても、だつて……と言つて考へてゐる父だけがひとりで話をきめたのだ。母もまだ彼女を追放したくなかつた子供が親のもとからはなれて獨立して行くといふことは限りな寂莫感を母親に與へる。それにやはり氣がすゝまないのを察してゐた。しかしもつと氣の弱い世紀に育つた母はたゞ忍從と諦念だけしか處術を心得なかつた。妹の幸福と夫の滿足とを裁く權利を持つてゐながら、始めから棄權するのだ。かうして封建時代から誇りである傳統は保たれ、形式主義の結婚の自由さへ保證されてゐない婚姻が成立して。行江は不滿を無意見でぬりつぶして、たゞ家の中を整頓する天職に自らを慰めて時間を費消した。彼女の忍從は私の肯定主義のやうなものだ。發掘され輝き立てられる事を知らない個性は自己の意見も一緒に土の中に埋めてしまつた。バルザックの概念的な登場人物のやうに、ここにもエゴイズムの醜臭を持たない性格があるのだ。これは尊敬されねばならない崇高であるか、それともかつて宗教が要求した理想なのか。

「あの子には何にもきかなかつた。」

「だつてあんな熱にうかされてゐるのにきけはしないわ。」

「それぢや歸さない方が本當だらう。僕はさう思ふ。よくなつてから歸すかどうかを考へたらいゝぢやないか。」

「えゝ。」

「だけど何故行ちやんは夏秋君に會ひたがらないのだ。」

「理由なんてないわ。」

「僕には行ちやんの氣持が少しも分らない。」

「さう。」

ほゝえむはづの所で笑はなかつた。これがわざわざ私を東京からよびつけた病氣だつたのだらうか。お晝に近い日射はガラス窓に一杯に照つてゐた。部屋の一隅には總桐の重ね箪笥があつて、その中には彼女の着物が一杯につまつてゐる筈だつた。その横には生田流の琴が柱によりかゝつて眠つてゐた。ここは彼女の平和な住居なのだ。床の間の博多人形は結婚しない前にお土産に貰つた元祿の風俗人形だ。少しも取りみだした所さへない。おだやかな容が滿々ちてゐる。その中で彼女はしよんぼり坐つて袖の先をいぢつてゐる。ここにあるのは平和の形體だけかもしれない。私の豫想のやうに愛してくれない夫への復讐に夏秋との戀愛を選び取つたのかもしれないしかし部屋は靜かだつた。硝子窓に匍つてゐる五六月の蠅さへが家庭的に潤ひづけてくれた。私はじつと妹のほんの少し蒼ざめた頬を見つめた。顏色が惡いのは恐らく昨夜看病したためだらう。餘りに靜かだ。或ひは私の眼鏡が妹を中心とした三角關係を考へて獨りやきもきしてるのかもしれない。彼女はふつと兄妹のへだたりのない馴れ切つた視線を上げた。

「兄さんにすつかり話してしまはないか。」

「話すことなんかないわ。」

「だつて千賀君は……。」

「そんな事問題ぢやなくてよ。」

「なかなか理解があるね。それから夏秋君の事だつて……。」

「知らないわ、兄さんが卑屈だからそんなにいらん事考へるのよ。私を信じてゐないんだもの。」

「だからさ、事實無根に敢えて疑つては行ちやんにすまないからね。僕はすつかり例の危篤の電報を結びつけてしまつてゐた。」

「勿論、無限よ、ひどい人ね、兄さんは。」

妹はプィと立り上つた。その時チラリと斜に睨みつけた瞳が私をドギマギさせる程感情を含んでゐた。

「今日新京神社のお祭りなの、賑ふわよ。」

彼女はもうおとなしい女性に歸つてまるで別の事を言ひながら部屋を去つた。

一日の使用量を充分に給水することの出來ない新京の上水は午前十時頃になるともう斷水した。そして夕食の仕度にかゝる頃に又給水を始める、洗面所の水が出るかどうかは私の朝寢のバロメータの役さした。今日も勿論水が出なかつた。お掃除をしてゐた支那人のボーイがお世辭笑ひをしながら洗面器に湯を一杯れて持つて來た頬を洗ひ終つた所に今度は女中が夏秋禮一が來たと取りついだ。

（つゞく）

②北村謙次郎「満洲文学通信　新京文芸」（『文学界』第七巻第一一号、一九四〇年一一月一日）

新京文藝

古丁氏の「平沙」が出た。出たといつても新京で出版されたのではなく、東京で出版されたのである。それは東京で出版された方が效果的なのは分つてゐるし、當分やむを得ぬといふ事情もあることはあるのだが、やはり考へてみると妙な氣分のものである。かういふところに、滿洲文化の重大な、片手落ちがあるやうな氣がしてならない。いつたい、出版物のない文藝界などいふものが考へられやうか。「平沙」が東京で出版れさたといふことは、結構な話である。だが、それと同時に、滿洲では滿洲なりに獨自の立場から出版文化の昂揚を圖る必要があらうと思ふ。幸ひ、新京の本屋でも、ぽつぽつ文學書でも出してみようかといふ徵候が見えはじめた。何らか特殊な方法でこれらのものを助成して行くたてまへをすることが肝要であらう。

「平沙」はこのまへの同じ作者による「原野」に較べて、平明さがめだち、どこか通俗的でさへあるけれども、それは作者の進歩か退歩か、といふやうなことが論ぜられた。それは日系作家の間においてゞある。滿系作家の間では、この作品の原文は昨年十二月發行の「藝文志」に發表されたものであるから、その當時に何かと論ぜられたことであらう。かくべつ、これといつた批評の聲もないやうである。たゞ「滿洲浪曼」で特輯した「滿洲文學研究」に、やはり「藝文志」に據る作家辛嘉氏が輕くこの作品に觸れてゐるから、作家古丁を知るに便宜と思はれる幾行かを拔書きしてみよう。

「三八年には彼の思想に『獨步』精神が芽生えた。二年の追求を經た。生活し、讀書し、それに身邊の環境があり、最近になり發展して『獨自の哲學を追求』するやうになつた。『獨自の哲學』とは何か？　これを文壇の術語を借りて言へば、大體『孤獨な作家』道であらう」

「古丁は一種の嘔氣の精神をもつてゐる」

「だが『平沙』ではその『復仇の快よさは初めは興奮であつたが、ついで疲勞となり……最後には倦怠となつた』のである。古丁もどうやら些か疲れたらしい」

「『原野』から『平沙』までの間には明らかに大きな進歩が示されてゐる。彼の諧謔的才能は愈々圓熟し、筆致は愈よ明快を加へてゐる。それに支那の『才子書』から多くの活きた語彙を取入れ、表現力は一層強く鋭くなつてゐる」

辛嘉氏の古丁觀は、さう甚だしく僕らの古丁觀と異つてはゐない。ただ僕らは、辛嘉氏が「疲勞」を見てゐる所に、古丁氏の作品の「商品性」を發見してゐる。簡單にいへば、「原野」は「商品」に遠いが「平沙」は立派に商品として通用するといふほどの意味である。これは皮肉なつもりで言ふのではない。滿系、日系を問はず滿洲の文學といふものは、最近になつていろいろ取ざたされるにもかゝはらず、まるで讀者に緣の遠い作品が多かつた。讀者に媚びるといふことは、いふまでもなく文學の墮落であらうが、讀者を眼中に入れない作品といふものは、デイレツタントの名にすら價ひしない。そのやうな獨りよがりの、未熟な作品が多いのであるから、同じ滿洲に住んでゐても、滿洲作家といふ名前に、讀書層がいつかう魅力を感じないでゐるといふことも無理でないのである。

さういふわけからばかりでもあるまいが

最近になり、或る新聞社が古丁氏を客員として迎へようとした。つまり現職を退いて貰ひ、作品活動をするのに便利な地位を設けよとしたのである。客觀的にいへば、まだ文學を專門にやつて行かうとする者のゐない滿洲に、一人の職業作家を守り立てることの先鞭をつけようとしたことにもなるわけだ。新聞社の意向としては、古丁氏ばかりでなく、日系からも數人を選んで同じ立場に置きたかつたらしく、愼重に計畫を進めてゐたが、日系の方はともかく、古丁氏との交渉はいろいろな都合で纏まる運びにいたらなかつた。古丁氏としては、文學一筋に打ち込みたい念願は相當以上に激しいものがあると、彼が信ずるやうに僕らも信じてゐる所であるが、滿人間の習慣や考へかた、それに彼らの複雜な身邊的環境から、そのやうな一種の冒險を決行する結果を避けることになつたのであらうと思ふ。日系作家の場合でも、僕らのやうに責任のない仕事に携はつてゐる者は別として、ペン一本で世渡りする立場に置かれることはいろいろな意味で躊躇する者が多いやうである。口では職業作家化を論じてゐても、いざとなつて、敢然と職業を擲つことは容易ならぬ業であらうと思ふ。それにちやんとした技術をもち、それぞれの仕事に經驗を積んだ紳士たちが、いまさら競ひたつて難かしいペン稼業に乘り出すがものもないであらう。僕らのやうに他に能がないから仕方がないから小説を書いて行かうといふ者だけが、つまりいつのまにか文藝專門の世界を作り出してゐさへすればいゝので、事がらは非常に簡單なことなんだが、實際には、文筆一筋への色目も使つてみたいし今の地位に未練はあるしで、職業作家化の問題が、このごろ新聞や雜誌に論ぜられる機會が多いやうである。仕事の餘暇に繪をかいたり小説をかいたりするのをアマチュアの仕事といひ、デイレツタントといふのはあたりまへの話であつて、さう云はれたからつて立腹するにも及ばぬことだし、また、デイレツタントを口にする者が、あつてデイレツタントの故をもつて特別な罵言を用ひることも間違つてゐよう。どちらの道を選ぶかは、各人の勝手である。同時にその何れの立場にゐようとも、相手を輕蔑し合ふのはつまらぬ餘計ごとである。僕に言へるのはたつた一つだ。要するに文學といふものは、簡單にはやつて行けぬ仕事だといふことで、好きだぐらゐの心がけでは決して立派な仕事を殘すことが出來ないといふこと、そして立派な仕事、第一流の仕事といふものを念頭におかずには、文學するのは無意味だといふことである。こんなことを日本の讀者に言つたら笑はれるかもしれないが、僕らは文學を志望し始めた年少のころ、よく年長者から「趣味として」文學をやれと言つて勸められた。そのやうな健全な物の言ひかたが、現在文學しつゝある人たちの間に行はれてゐるので、つい餘計な報告も書かねばならぬ。「趣味として」文學を考へることも、實際はさう氣樂なものではあるまい。とすると、そのやうな言葉で、年少の者に文學を敎へることは考へてみれば恐ろしいことになりさうである。むしろ、絕對に文學なんかやるなと叱つた方が、先輩の親切といふものであらう。滿洲の作家といふものは、今まではほんの荒蕪地の地均しをやつたに過ぎぬ。これから作家を志す年少の者にこそ期待がかけられるので、それを考へたら、文學の名を安易に敎へることは、大きな誤りを將來に殘すことになりはすまいかと憂へるのである。

最近、滿洲日日の學藝欄で、田中總一郎氏と青木實氏のあひだに、右の問題をめぐり一應酬があつた。僕はこゝで一報告者の立場から、多少の意見を述べてみただけである。

先日、菊池寛氏が小林秀雄氏らと共に新京へ來て、文筆人との會合に出席し、あとで正直な印象を語つてゐた。要するに素人が多過ぎるといふのである。そのやうな正直な見かたといふものが、案外事實の中心を衝いてゐるものである。滿洲の作家は、謙虛なきもちでさういつた意見につき反省してみる必要があらうと思ふ。

菊池寛氏はいゝ置土產をして行つてくれた。日滿文藝審議會——これは假稱であるかもしれない——の大綱を提示して行つたのもそれであるが、その仕事を進めて行く上にも、滿洲在住の作家がよほど眞劍な氣持で立向はない限り、いゝ結實を見るのが難かしいであらうと考へる。審議會のことは、滿洲文話會側で意見を取纒め、文藝家協會側と折衝中とのことであるから、近く大綱も決定するであらうが、誇大を避け質實についた發足から見て、將來の成功が豫想される。日滿文藝賞の設定あたりが、さし當つての仕事になるのではあるまいか。

滿洲文話會では、政府の補助を受け、日本行き作家の選衡を開始した。同時に國內旅行の作家をも推薦するとのことであるが遲くも十月中には幾人かの日系、滿系の作家が日本を訪問することになるだらう。政府の意見としては、何も物見遊山のつもりで旅行させるのではなく、勉强するつもりで行つて貰ひたいとのことで、それはしごく當然のこととして贊成である。この非常な時期に、政府の費用で旅行するなどは勿體ないくらゐの話なのだから、言ふまでもないことながら、選衡を受けた人たちは最も良心的な行動をとるべきだらう。乘物も二等でなければ、などゝいふ考へかたは排擊すべきである。その意味から、出先き方面でも、質實な應對を受けることを望んでおきたいのである。

北村謙次郎

③ 田尻隼人「新京夜話」（『文藝世紀』第三巻第六号、一九四一年六月一日）

新京夜話

田尻隼人

春節——舊の正月元日

けふは『春節』陰暦の正月元日である。

舊十二月廿三日の夜は　昇天するかまどの神の灶王に飴菓子を供へて、「玉皇帝に、どうぞ悪い事は告げずに、善いことだけを申上げてください」と、縁起のよい御願ひをする祭事『祭竈』が各家庭に行はれ、その日から一週間、お正月の準備に忙がしく　大晦日の『除夕』の晩には、天から歸つてくるかまどの神や、祖先の靈を祭つたり、悪魔拂ひの爆竹を鳴らしたりして夜を徹し、そして楽しい今日を迎へたのである。

以前は大晦日から『元宵節』陰暦十五日まで業を休んでお祝ひしたのだが（大官や金もち連は二月二日龍擡頭の日まで毎日飲んだり踊つたりしたものださうだ）今では官廳が三日間、一般には五日破五の日まで休み、また元宵節に賑やかな行事が行はれる。その元宵節には、高脚踊りや、龍燈や、獅子舞などが満人街を練り歩く。曾て『なぜ日本人街へ出てこないのか』と某満人にきくと『日本人街では、どこの家でも、お金を出してくれないからで、それは新京神社のお祭に、神輿が満人街へ渡御しても、満人の家では、お賽銭をあげないのと同じです」と、一本まゐらせられたことがあつた。

さて、けふの元日の午後、劉さんが訪ねてこられて『なにもありませんが、お祝ひしますから、私の宅までお越しねがひます』と、招待をうけたので喜んでお伴することにした。

もとより陽曆二月の新京は、氷雪いまだ溶けず、うつかりすれば耳や足などを凍傷にやられるまじき寒さだが、陽ざしは何となく春めいてきた。

洋車（人力車）のうしろには「福」といふ一字・馬車には車行千里、人馬平安」と書いた紅い紙が貼られ、馬の頭には、かんざしを差したやうに、造花などがつけられて走つてゐるさまは、まづ正月街頭風景のほほゑましい點描であらう。

商采街に行くと、商家では大ていい「萬事亨通、開市大吉」勤め人などの邸には「聖恩春浩蕩、文治日光華」と、對句を書いた紅紙の春聯が、玄關や門に貼られてゐる。

扉をとざした或る大商店のなかから、芝居でもやつてゐるらしく賑やかな支那音樂がきこえてくる。きれいにお化粧して、楚々として行きかふ姑娘たち、赤いふさのついた青龍刀のおもちやをかざしてチャンバラ遊びをしてゐる小孩たち、ここに正月氣分があふれてゐる。

劉さんの家庭

やがて劉さんの家についた。玄關の重々しいドアをあけてはいる。その左側が劉さんの家で、右側がある官廳の科長を勤めてゐる王さんの住居である。入口に向つた左右の壁には、どちらも同じやうに、神農、關岳、財神など多數の神々を描いた色刷りの絵が貼つてあり、その前に蠟燭や線香が焚かれ、饅頭や果物などが供へられてゐる。上流の家庭では物々しい祭事を行ふのだが、これは若いサラリーマンの心ばかりのささやかな齋壇なのであらう。

小さな室だが、よく整つてゐる、玄關の次ぎの臺所兼女中部屋みたいな室を通つて、八疊敷くほどの居間にはいる。そこは應接間でもあり、食堂でもあり、書齋でもあり、寢室でもある。卽ち一切を兼ねた一室で、一段高く三疊ばかりの疊敷きが、寢床なのだが、そこに去年の暮に生まれた赤ちやんが寢かされてゐた。

　まだ女學生風のとれない若い美しい奧さんが、

『おいそがしいですか』

　と、日本語でお世辭を述べて迎へてくれた。

　劉さんは若い滿洲國官吏、奧さんは滿系小學校の先生である。日系の學校の冬休みも夏休みも、期間は內地と變りはないが、滿系は夏休みが短く、冬休みは約三ケ月ほどある。そこで劉さんは云つた。

『冬休み近くに子供が生れたのでよかつたのですが、しかし冬休みが終ると、また家內は勤めに出なければなりません。托兒所のやうなものもここにはないので何うしたらよいかと困つてゐます』

　なるほど夫れは困ることに違ひない。

『だれか親戚の方にでも來てもらつたら何うです』

　と、云つてみたが、他人が思ふやうにもいかぬ事情があるらしい。劉さんの家は、興安嶺にほど近い僻村の豪農なのだが、新京まで出てくるといふことは思ひもよらぬことらしい。劉さんが日本へ留學を志したとき、も、家中反對したのを振り切つて、東京へ出たために、初めのうちは一錢も送金しなかつたといふくらゐだから、餘ほど頑固な保守主義の一家とおもはれる。

しかし、それから一ヶ月ばかり後、劉さんが明るい顔をして『御心配かけましたが、子供のお守がみつかりました。家内は學校の休み時間に、お乳のませに歸つてきます。學校がすぐ近くだから助かります』

と、云つて喜んでゐた。

この夕、奥さんは、むつかる赤ちやんを劉さんと交る〳〵あやしながら、澤山の御馳走をこしらへて、小さな卓へいつぱい並べられた。そのおいしいのに感心させられた。

劉さんは、紹興酒が手にはいらなかつたといつて哈爾賓でできたコニヤックの栓をぬいた。

本箱の上には結婚のお祝ひに送られた時計や、彫刻ものなどが飾つてあつた。ふと、本箱の中をのぞくと、日本の文藝ものがたくさん並べられてあるのが目につく。それに歴史ものも相當に多いやうだつた。

それから話は、劉さんの郷里のことや身の上ばなしにはじまつて、遂ひに滿洲の文化問題に關する多角的な話題にまで發展して、おもはず時の經つのも忘れた。

滿洲文藝の本質

『先生は龍擡頭（ロンタイトウ）といふのを御存じですか』

『舊の二月二日の行事だといふことだけは知つてゐるが、どんなことをするのか知りませんね』

『漸やく春になつたので、その日から龍が頭をもたげて、地中から出てくるといふのです。この日、此家では物を焚いた灰を井戸のところから臺所の入口まで筋をひくやうに撒くのです。瑞祥をもたらす龍が、井戸から出てきて、その灰の上を渡つて我が家へはいつてくるといふのです。それから細い棒や竹で天井の柱（梁のこと）を叩くのです。さうすると悪い虫――ヘビやサソリやゲヂゲヂなどが今年は出てこないといふおまじなひです。今でもよくやりますが、滿洲の文化も、もう龍擡頭の季節にはいつてもいいだらうと思ひます』

なかなか穿つたことをいふ劉さんの頬は、幾杯かのグラスで既に微醺をおびてゐた。

『龍擡頭の季節とは面白いな』

『まだ建國十年だからとはいへ、滿洲の文化は何うもチグハグですよ。先づ手近なところで、文藝をごらんなさい。いくら威張つてみたところで、まだ何んとなしに幼稚で、內地の作家には比べものにならぬではありませんか」

『それは滿文のですか、日文のですか』

『滿文はもちろん問題になりませんが、日文のことをいつてゐるのです』

　劉さんの炯眼には敬服のほかはない。全く滿洲における文藝は、大陸新文化の誇りを示すには聊か物足りなさを覺える。技巧において、熱情において、努力において、觀察力において、決して水準以下などといふのではない。

『私の淺薄な知識で、こんなことをいふのは、餘りにも大膽、無謀だとおもひますが、滿洲浪漫（代表的文藝雜誌）や新聞の小說にしても、自然主義文學といつた形態から脫してゐないやうに考へられます』

『それは確かに、君の觀察が正しいとおもふね。大陸の自然を描き、滿洲の生活を寫したからといつて、それが必しも滿洲文學の本質であるとは認められるものでないからね。內地の文學だつて、僕をして云はしむれば、所謂轉向派の暗中模索的な作品が巾をきかしてゐるので、純粹日本文學としての光輝ある出發點にはまだ到達してゐないと思ふね。だから內地の文藝もまた、龍擡頭の時期を待望されてゐるやうなものですよ』

『さうでもありますまいが、兎に角、もつと力強い――大地に深く根をおろして、そこから湧き起つた魂の作品――さうしたものに觸れたいものだと望んでゐます』

『つまり作者の信念の問題になつてくるね』

『文學する者――こんな言葉を使ふとをかしいやうですが、文學する者は、民族文化開拓の先驅であるのですから、充分の素養と、信念と、見識力を持つ必要があるはづです。抽象論だとか、觀念的だとか云はれるでせうが……』

　かう書いてゐると、劉さんの日本語は非常に流暢のやうであるが、實際は餘り巧みではない。それは少し　り氣味のためで、それでゐて言葉の豐富なことは、日ごろ日本の文學書をよく讀んでゐる證據であらう。

皇國文學の使命

『君の云はんとするところは、僕にもよく判る。新らしい滿洲の――卽ち道義國家としての新文化を創造すべき文化人の工作に、運動に、事業に、建國の精神がにぢみ出てゐないやうでは、その使命を達成することができないと云はれても致しかたあるまい。たとひどんな小さな事業にでも、或はまた作品にでも建國の聖業にたづさはるものの誠と愛と、そして血と涙のにじみ出てゐるものがあつて欲しいといふのは、決して觀念的だとか、抽象的だとかいつて片づけてしまふべきではないね。それは日本でも同じことだ。我れ／＼の同志が――靈魂に燃え上がる文化の創造――をと叫んできたこともそこにある。今まで文藝のために、自然主義、自由主義、近代感覺派の文藝のために、どんなに惡い影響を社會に及ぼしたか、若い人々の魂を毒したか、眞に測り知りがたいものがあり、顧みて全く慄然たるものがある。しかも今なほその餘風、殘臭はぬけきれてゐない。眞に肇國文學のために戰つてゐるものは、全く寥々、孤城を守つて悲壯な戰ひをつづけてゐる』

『倉田百三さんなどは、はつきりしてゐるやうに思ひますが…』

倉田氏の名を、若い滿洲人の家庭で聽かうとは思はなかつた。

『倉田さんは、いつでも云つてゐた。神話に根ざさない文化は、眞の文化ではなく、神話の生命をもたない文學は、正しい國民文學たることを得ない――それは僕らの意見と全く一致してゐるのだ』

しかし、此の意味は、若い滿洲人には、はつきり判りかねたらしい。

そこで私はすすめた。中河與一、尾崎士郎、保田與重郎、淺野晃、林房雄、影山正治などといふ人々の最近の創作や、評論を熟讀するやうにと。

『劉さん、滿洲の神話も、日本の神話に結びつけられるものだと思ふね。或る意味で、滿洲はいま神話時代だよ。殊に、天照大御神を宮廷の建國神廟に奉祀されたことは、日滿一心一體の大誼を殿として萬世不易に貸めさせ給うたもので、ここに森嚴きはまりない意義があるのだと拜察されるのだ。同時に、あらゆる滿洲の文化が、この大精神の上に、大信念の上に創造されなければならぬといふ一大指標が確立されたわけだ。だから私はいふのです――日滿、悠久の神話を同じうするのだ――とね』

『よく判りました。滿洲の文化、滿洲の文藝も、これから眞に力強く、神話の魂を汲んで生まれ出ることでせう。さうでなければなりませんね。私はそれを期待してやみません』

話はそれから、滿洲の農村問題などにまで進んだのだが、それはここに發表することを遠慮しなければならない。

滿洲人の奉誦する御製

最後に劉さんは、便箋をとりだして、次ぎの文字を書いた。

『身雖在九重宮裏
心無時不念國民』

『無時連綿之春雨
思及秋後之收成』

そして

『この詩を御存じではありませんか』

と、云はれた。

『いや知つてゐませんね』

と、答へると。劉さんは笑つて

『明治天皇の御製ですよ、前のは

民のため心のやすむ時ぞなき
　身は九重の内にありても

を謹譯したので、後のは

晴れ間なき雨につけても
　思ふかな
　今年の秋のみのりいかにと

を謹譯したのです。いや私がしたのではなく錢さんといふ方が譯したのですが、よく譯されてゐますね。それにしても、明治天皇陛下の御偉いことは、この御歌を拜誦してゐるうちに、しみ〴〵と胸うたれてまゐります』

それは決して御世辭の言葉ではない。敬虔な氣持ちが、その顔にあふれてゐるを見て、私も胸のうちに熱いものの湧いてくるを覺えたのであつた。

『また、どうぞ、いらしつて、くださいませ』

と、奥さんの挨拶におくられて外へ出た。

早春の夜九時近く、コチコチと堅い氷雪のでこぼこ道を歸路についた。そして歩きながら、劉さんが、明治天皇のあの御製の謹譯を示されたことが、新たに念頭に浮びあがつて來た。

あの御製を特に奉誦する滿洲の人々の氣持ちといふものが、いま初めて判つてきた。その氣持ち、その至情、その思慕の念こそは、滿洲人全體のそれなのであると痛感して、思はず涙を催さずにはゐられなかつた。

『王道蕩々たり大滿洲』の建設、實現を翹望熱願やむ能はざる五族四千萬の蒼生は、皇恩聖德の洽ねく大陸に遍ぎりわたることを仰ぎ奉るのである。若し、皇恩聖德を蔽ひ奉り、遮ぎり奉るものありとすれば、それは徒らに思ひあがつて民族の優越感を振りまはし、滿洲を我もの顔に振舞ふ一部の日本人の罪責であるといはなければならない。最近まで支那に『官匪』といふ言葉があつた。そんな言葉が滿洲に用ゐられるやうなことは斷じてあつてはならない。官民共に協力して、王道大滿洲の建設に邁進しなければならない。

段けれども、明治天皇の御製の御心こそは、實に肇國以來御歷代天皇の大御心であらせらるる。日本御皇室の御顯德、御仁德、大稜威の御顯現であり、御表現であらせらるるのである。

今や、滿洲には文學、音樂、美術等を一丸とした文化運動、これを稱して『藝文』といふ文化運動が、政府の指導、助力によつて生まれ出でやうとしてゐる。渕さんのいつた文化の醞釀期は、いま胎動しつつあるやうだ。

この際、滿洲における文化人は、深く思ひを茲に至して、聖恩に酬い奉るの信念を彌々堅うしなければならぬ。

（三月十八日）

④江口榛一「新京郊外」（『文学界』第一〇巻第三号、一九四三年三月一日）

新京郊外

江口榛一

歩道にはどろの黄いろき落葉たまりきびしき冬に移りつつをり

野のなかの楡のいただき薄黄ばみ風吹けば飛ぶ冬さりにけり

唐黍の枯波の盡きしところより青々とつづく冬菜の畑

冬土にやや肩出せる赤蕪の肌の割れしが眼に

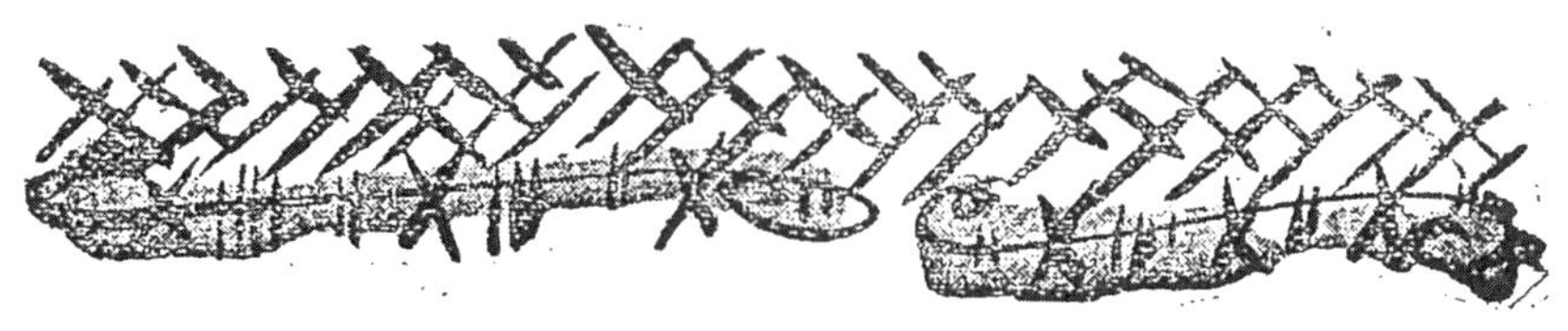

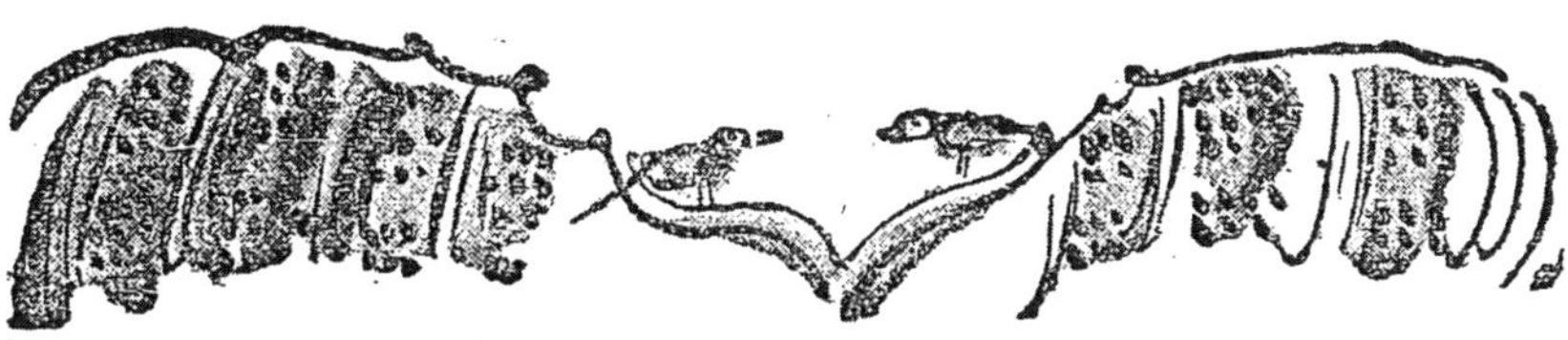

沁むいたく
野のなだりくだりてゆけば枯草のなびくがなかに低き土の家

冬野抄

凍る野の流れに高き月さして流れるをわが跳び越えにけり
刈られたる唐黍畑の黒き畝（うね）ふみわたりゆく月の夜なれば
晝ちかき床（とこ）に覺めつつ襟を這ふてんとう虫を見てゐしこころ

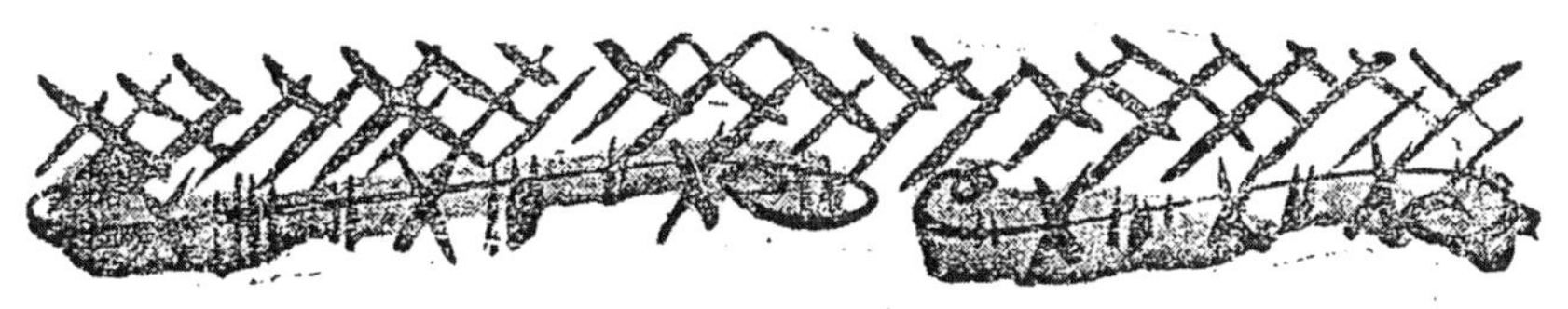

死にたるはてんとう虫のいのちかと裏返しけり疊のうへに

或る時は無蓋車の列ながながと通りて行きぬ木立のなかを

子のおやになりたるゆゑにうつせみの病むちふことは泌みて悲しき

われに子のうまれしといふこと思へば悲しみの湧く冬野をゆくも

餘りたる乳はみづから養ひに飲むちふ便り愛かなしかりけり

エッセイ・解題
関連年表・主要参考文献

中野綾子

長春の日本語書物と都市体験

中野綾子

人々の移動と共に書物は流通する。書物が集積された場所には、そこに関わる人々の都市体験との結びつきがある。長春という地における日本人の都市体験を、書物の流通と所蔵から考えてみたい。本書に収録した統計資料や都市の案内資料、広告、地図等の文献資料からは、長春における書店業・出版・図書館関連の状況を明らかにすることができる。日本語書物を扱う場がどのように日本人人口の増加や政治体制の変容と関わってきたのだろうか。

一　長春と日本人社会

吉林省の省都である長春は、省の中部に位置する。現在では、松花江の支流の伊通河の西岸にある交通の要所として、政治、経済、文化の中心地となっている。長春という名称は、一八〇〇年の清朝による長春庁の設置に始まる。当初は新立城がその中心であったが、一八二五年には北の寛城子へと治所が移され、一八八九年には長春府に昇格する。

	1908年	1912年	1916年	1921年	1926年	1927年	1931年	1932年	1937年	1939年	1941年	1942年	1944年
戸数	165	908	1,088	1,897	2,295	2,428	2,682	7,338	12,209	24,312	–	–	–
人口	377	2,812	3,681	7,749	9,400	9,712	10,630	40,729	65,022	95,777	100,278	109,141	153,614

【表1】長春における日本人居留民戸数・人口

(注)『長春事情』(外務省通商局、1929)には、1908年から1912年まで、1916年から1927年までは『長春事情』（南満州鉄道株式会社長春地方事務所、1927）、1931年から1939年は『康徳7年版国都新京』『康徳9年版国都新京』（『「満州国」地方誌集成第13巻』ゆまに書房、2019）、1941年から1944年は楊圜「偽満洲国首都「新京」の日本人社会の形成に関する考察—人口と分布地区—」（岡山大学大学院社会文化科学研究科『文化共生学研究』第14号、2015）の「表1 新京の日本人総人口」より作成。

満洲国の国都「新京」と呼ばれたこの地と日本との関わりは、日露戦争に日本が勝利したことに始まるが、その端緒は日清戦争にある。日清戦争（一八九四年二月から一九〇五年九月）は、日本と清国における朝鮮をめぐる戦いであった。日清戦争後の三国干渉を経て、ロシアが鉄道敷設権を獲得し、中東鉄道（東清鉄道）を建設する。ハルビンを起点として東西に伸びる満洲北部路線とハルビンから南下し、長春、奉天、大連、旅順までを結ぶ支線が築かれたのである。

この長春—旅順間を結ぶ中東鉄道の南満洲支線の一部を日露戦争（一九〇四年二月から一九〇五年九月）の勝利によるポーツマス条約によって、日本が獲得することになった。こうして獲得された路線を南満洲鉄道とし、その経営のために、南満洲鉄道会社（満鉄）が一九〇六年一一月に設立される。鉄道営業のほか、沿線の行政権も有していたため、満鉄は国策会社となり、日本政府は軍事権を関東軍司令官へ、警察権を関東長官へ、その他の一般行政権を満鉄社長に属することとした。満洲鉄道株式会社は、長春付近の付属地地方行政事務を司らせるために、一九〇七年一〇月に南満洲鉄道株式会社長春出張所を置く。一九〇八年一二月にはそこを経理係と改めるも、さらに一九一〇年に一二月に和泉町一丁目の共同事務所に移転し、一九一五年一一月に長春地方事務所と再度改めることとなった。

そして、一九三一年九月には満洲事変が勃発し、翌一九三二年一月に関東軍が満洲全域を占領すると、三月一日には満洲国の建国が宣言される。三月一四日には、長春を満洲の国都「新京」と称して「新京特別市」が生まれる。九月一五日には、満洲国政府と日本間で日満議定書に調印、満洲国が正式に承認されていく。

こうした政治的状況を背景に、長春における日本人居留民は徐々に増加していく。その状況について、簡単に整理しておきたい（表1）。一九一六年から一九二六年までは、本書所収の『長春事情』（一九二七、南満洲鉄道株式会社長春地方事務所）に長春付属地における人口統計が掲載されている。

長春の日本人社会の形成について楊圓は、(1)一八九八年から一九〇一年にかけての約三年間に、ロシア人相手の商売等に従事して生計を立てるため、最初の日本人が移住したと指摘する。増加するのは日露戦争後のことで、一九〇八年にはわずか一六五戸・三七七人程度であったが、一九一六年から一九二一年の五年間でおおよそ倍増する。「在満邦人は大正七、八年頃の好況時代を絶頂として次第に減少しつ、あるが如く云はれ居るも当長春は年々増加する傾向を示して居る」(2)と指摘されるように、長春の日本人の動向は満洲全体とは異なる動きをみせる。その後、満洲事変が勃発すると、一九三一年にはとうとう一万人を超す。ただし、これは付属地における人口であり、付属地以外の場所に住む日本人の数はかなり少なかったという。

満洲国成立以降、日本からの移民政策は、一九三二年から一九三五年までの四次にわたる試験移民期を経て、一九三七年以降は「二十カ年百万戸送出計画」として本格的に展開されていく。(3)だが、こうした国策移民として「新京」に移住した日本人移民の移住地域は郊外かつ人数は少なく、「新京」の日本人人口の増大にあまり影響を与えなかったと言う。

一方で「新京」は、官吏や土木建築業者とその家族従属者による国都建設のための移住が主となった。さらに経済発展につれて、商工業に従事する日本人も増えていく。満洲国成立当初には、日本人の生活範囲が満鉄付属地以外に広がることはあまりなかったが、その後一九三七年に都市建設計画第一期事業が完成し、それにより満鉄附属地を基準に「新京」駅前から南に延びる中央通が延長され大同大街が建設された。また一九三八年一月一日からは三ヵ年計画で、第一期事業実施区域内の整備充実と残余工事の完成を目的として、第二期事業が開始される。こうして一九四一年頃に人口や区域などの要素が備わり、「新京」の日本人社会は大規模化するが、一九四一年一二月に太平洋戦争が勃発するとその後は戦局に左右されることとなった。

二　長春における書店・印刷業等の変遷

では、このような政治的背景による日本人移民の増加によって、長春における日本語書籍にかかわる書店や印刷業等はどのように移り変わっていったのだろうか。

まず、一九二〇年に長春警務署管内における書籍文具商の集計から二軒が確認でき、男六、女六の合計一二人が携わっていたようである。[4] 書籍と文具と同統計のため詳細は不明ではあるが、書店はあるものの大正期はほんのわずかであった。つづいて、一九二七年には日露戦争後付属地を買収したのち、一九〇七年から一九二五年末までに費やした設備建設費が掲載されており、国都建設の状況がうかがえる。そのうち図書館費目として、八三三円が確認できるが、ほかの費目と比較すると圧倒的に少ない金額である。[5]

一九二〇年代からは書籍業・印刷業者の名も明らかになる。一九二六年には、和洋紙活版業として北原活版所（北原廣、三笠町）、印刷業として近江書店（近江清一郎、富士町）の二軒が確認できる。[6] また、本書所収の『長春事情』（一九二七、南満洲鉄道株式会社長春地方事務所）にも同じく和洋紙印刷業として掲載されている。

一九二八年および一九三〇年には、濱本活版所（濱本又蔵、東二条通）が一軒増え、印刷関連業は三軒となっている。[7] だが、一九三二年にはすでに濱本活版所の名はなくもとの北原活版所と近江書店の二軒に戻っている。[8] また、一九三三年は北原紙店と近江印刷所と名称にも多少のゆれがみられる。[9] このように一九二〇年代から三〇年代初めごろは、印刷業および書店の規模は、ほぼ変わらずであった。

この状況が変化するのが、一九三〇年半ばのことである。それはまさに「新京」が国都として、日本人移民が増加していく状況と軌を一にする。一九三五年には、印刷業が一〇軒にまで増加し、製本業が二軒となる。[10] さらに一九三八年には、「新京における製図器、文房具取扱店」として八軒（表2）[11]、掲載数は変わるが同年に「紙」五軒、「印刷インク」一軒、「文房具」八軒の確認ができる（表3）[12]。一九二〇年代からある北原紙店や近江洋行も、そのまま営業を継続しており、どれも新京駅から南に延びる大同大街を中心に、東西に広がる通りである吉野町、日本橋通、豊楽路など比較的中心部に位置している。とくに新京銀座とも呼ばれる吉野町には二軒の店舗が存在していた。さらに、表には記載がないが三省堂新京出張所の開設も一九三八年のことで、丸善の新京出張所ができるのは少し遅れて一九四〇年のことである。[13]

一九三九年になると書物関連会社はぐっと数を増して、四三軒となる。[14] 本書所収の『新京商工案内　臨時版』に所在地と代表名と共に記載されているので、参照されたい。[15] どちらも印刷・製本業も同書で二四軒まで増加している。これまでと同様に、吉野町や中央通といった大同大街を中心とした東西に広がる通りに所在し、さらに各々の通りに

書店名	場所
ミツワ屋書店	吉野町
森野書店	吉野町
林洋行	日本橋通
水上洋行	中央通
内田洋行	中央通
文祥堂新京支店	大同大街（康徳会館）
鮎川洋行新京支店	光輝路
大阪屋号書店	豊楽路

表2　1938年長春における日本語書物関連業

紙	
萩原商店	新発路
北原紙店	日本橋通
近江洋行	東五条
日本洋紙株式会社	永楽町
東邦合名会社出張所	老松町
印刷インク	
東昌公司	豊楽路
文房具	
鮎川洋行支店	光輝路
文祥堂支店	大同大街
泉洋行	興安大路
ミツワ書店	吉野町
森野書店	吉野町
中原洋行	日本橋通
大阪屋号書店	豊楽路

表3　1938年長春における日本語書物関連業

書店が開店されている。印刷業では、郊外の寛城子に所在するものもみられる。また、同書には中国人による経営書店の記載もある。印刷・製本・刻字業は二二軒、書籍・文具商は一六軒である。[16]所在地をみると吉野町など新たに整備された所には数件のみで、ほとんどが北大街や東三道など日本人が多く移民する前の長春の主要な通りにあった。[17]このように、書店や印刷業といった状況からも、日本人居住地と隔たって社会が築かれていたことがわかる。

こうした書店印刷業の増加に伴って、古書店の経営も開始されている。一九三九年の永見文太郎『新京案内』[18]には、買い物案内として次のような古書店巡りの文章が掲載される。

育民齋書店、東来閣書画処など古書を取扱つてゐる店もある。

満洲資料　こゝでいふ資料は文献の意味である。従来この種の文献を取扱ふ店としては吉野町二丁目の巌松堂が殆んど唯一の存在であつたゞけ内容も充実してゐる。最近朝日通り、宝山百貨店寄りに泰山書院が開店、店主藤崎君が大いにこの方面に力を注いでゐる。続いて永楽町ダイヤ街寄りに生長堂古書店が開店した。

当初は巌松堂だけであった古書店に、泰山書院、生長堂古書店などが増え、活況であることが伝わる。解題にも記しているが、著者の永見文太郎は、斎藤昌三によって「遊女関係の蒐集家としては最近の一権威であろう」[19]と述べられるほどの書籍蒐集家であり、『新京案内』執筆にあたっても多くの文献を収集している。そうした点からも、「買い物案内」として古書店までも言及があるのは永見ならではの記述であると言えよう。

さらに、『新京商工案内　臨時版』には、書店文祥堂や森野書店のほか、巌松堂書店古書部の広告も確認することができる。とくに、新京文祥堂は、一九三五年九月に東京銀座文祥堂の支店として出店され、翌年一月には地下一階すべてを印刷工場とし、一階には文具販売と喫茶を備えた大規模な書店であった。「新京文芸」の中心ともなった

『満洲浪漫』の版元でもあり、北村謙次郎『北辺慕情記』に刊行経緯が述べられている。[20]森野書店は、「陸軍御用達」とされ、「満洲国軍兵用図書」の発行所も兼ねており、書店が日本人居留民だけではなく、将兵たちへ向けられたものであることが明確になる。

さらに、一九四〇年には物資需給に関する統制施設の調査のために商工業者戸数調べが実施され、書籍文具新聞紙商数は四三軒と報告される。[21]この年の二月、満洲出版協会が「新京」の中央通の満洲国通信社内に設立される。満洲国通信社・満洲事情案内所・弘報処・満洲図書などが相寄って準備会を開催し、民生部の認可を得て同月に創立となった。一九四一年一月には満洲国内出版業者を網羅して総務庁弘報処の結成認可を得ることで指定団体となり、[22]「新京」では、四二団体が所属することになった。[23]

これまでに一九二〇年から一九四〇年代までに長春において日本語書物を扱う書店の状況を追ってきた。日露戦争以後徐々に増加しながら、満洲事変以後、満洲の首都「新京」となると加速度的に書店業が増加していた。また、一九四〇年には、満洲出版協会が創設されるなど、その管理・統制も始まっている。

こうした統制への動きは、満洲出版協会だけではない。一九三七年四月には満洲図書株式会社が設立される。教科書用図書に関する事業を統制し満洲国の文化を向上させると共に図書を廉価に供給するために設立された特殊会社であり、教科書や一般図書の印刷・出版配給を行うほか、関東軍の機密図書印刷にも携わっていた。さらに、一九三九年には満洲書籍配給株式会社も設立される。先の満洲図書株式会社の姉妹会社であり、内地図書雑誌の円滑な輸入・配給を図る目的があった。こうした書籍流通の統制会社の設立は、満洲における日本語書物の流通だけではなく、内地日本における書物流通とも関わる重要なものである。

とく満洲書籍配給株式会社は、一九四一年に書物の一元流通のために設立された日本出版配給株式会社の先行ケースとなったとも言われるなど、内地の出版統制とも関係が深く、出版流通・配給の統制は、植民地支配の構造とも結

びついていた。(24)

つづいて、こうした長春という場における書物の集積・流通を通して、そこに視察・旅行に来た人々は都市をいかに体験したのだろうか。一九三七年に行われた日本図書館協会と南満洲鉄道株式会社地方部が主催した第三一回全国図書館大会は、日本から多くの図書館関係者が満洲を視察に来たもので、「新京」も訪れている。まず、前節で触れた書物を通した統制の場とも関わる図書館の状況を概観し、大会参加者の日記や手記、感想記から、それぞれの参加者がいかなる都市体験を記述しているか考察したい。

三 「中央図書館」と都市視察

一九一〇年一一月には、図書閲覧場規定によって満鉄付属地の室町小学校校内に長春図書閲覧場が設置される。さらに、一九一六年には中央路に移転し、一九一七年六月には長春簡易図書館と改称している。一九二一年六月には、長春図書館に改称し、その後三笠町へ移転、さらに一九三一年には駅から南下する中央通沿いに新築移転している。この長春図書館の時代には、夏に試みに西公園内の木陰に閲覧所を派出し、公園内を散策する人々へ向けて娯楽向けの図書を多く揃えるなど、図書館利用者の促進する動きが確認できる。(25)一九三二年時点の蔵書数は、一万四七三五冊となっている。(26)

満洲国成立後の一九三二年一一月には満鉄所管ではあるが「新京図書館」に改称された。一九三三年には特別市となるにあたって「新京特別市図書館」と改称している。一九三七年九月の「新京特別市制」(勅令第二七九号)による治外法権撤廃によって満鉄から満洲国へ移譲され、「新京特別市」の管轄となり、ようやく本格的に国都の図書館としての役割を担うことになる。さらに中国側の図書館であった長春市立図書館(一九三〇年九月西三道街の旧道勝銀行内に正式に開館）も「新京特別市図書館」の分館となる。一九四三年には西二馬路の立法院内（西長春大街）に移転する。[27]「新京特別市図書館」は一九三九年時点で蔵書数が本分館合わせて約七万冊、一日の閲覧者平均は一三〇人、毎年概ね三〇〇〇部の図書を購入していた。[28]

長春における公共図書館の状況を概観してきたが、書籍・資料関連の組織として、一九三八年に「新京資料室聯合会」が結成されている。これは、「新京」を中心に所在する官公庁および国策会社の資料室などが、資料の有効活用と協力体制を確立するための組織を結成するための準備のため結成されたものであった。[29] さらに、満洲国立中央図書館準備処が、順天大街十四庁舎に国務院分館として設置される。満洲国の建国以降、国立図書館を創設するか、建国大学附設とするかの対立があったが、一九三八年八月に政府・協和会・建国大学研究院・大陸科学院など研究機関の利用および一般公衆の高度な研究調査にも利用させるという妥協案として設置されたもので、待望の国立中央図書館の準備が開始されることになる。[30] こうして、図書館の拡大整備が行われ、さらに資料の整理・文献収集の組織的な実施の準備がなされるものの、一九三一年の満洲国成立以降、中央図書館の設立は未だならずといった状況が続いていた。

では、続いてこうした状況を日本から視察に来た人々の旅行記や体験談を確認してみよう。一九三七年に実施された第三一回全国図書館大会は一九三七年六月二日から一二日で、大連→旅順→奉天→「新京」→哈爾濱を回るルートでなされた。哈爾濱後は天津等を回る旅行ルートも設定されていた。主催は日本図書館協会と南満洲鉄道株式会社地方部で、「大東文化進展の為図書館の採るべき方策如何」を協議することを目的として、各県からの公立・私立図書館関係者（東京からは一部書籍商）、台湾・朝鮮・満洲の図書館関係者、満鉄学務課図書係が参加した。

「新京」へ訪れたのは、第三日目（六月八日）のことで、新京日満軍人会館で大会が開催された。挨拶には、山口新京満鉄事務局長、松本日本図書館協会理事長、祝辞には阮満洲国文教部大臣や武部関東局総長、植田新京特別市長事務取扱が名を連ねた。善本展覧会や新京事務局茶話会、映画観覧に加え、高柳東京帝大図書館長による講演放送『道徳と法』が実施された。終演後には、満洲国文部大臣による招宴が催されている。[31] 翌第四日目（六月九日）には、同館で関東軍参謀吉岡中佐による「満洲国に就て」、協和会指導部長古海忠三による「満洲国と協和会」、満洲国参議院参議栄厚による特別講演「図書蒐集について」が執り行われた。この第三一回全国図書館大会は、いわば帝国日本における「大東亜」の図書館関係者による「満洲」視察であり、書物を通して「満洲」を体験するものでもあった。

実際に大会に参加した松本佐太郎はその視察を『鮮満北支たび日記』[32]（一九三八）として残している。松本は、金沢在住の九谷焼会社金陽堂代表で石川県物産館との関連から参加している。大会三日目の日満軍人会館のことについては、細かく肩書や名前を記して、大会の内容を記録している一方で、大会四日目は「いづれ会誌等でお話の要領は拝見出来ようから」と講演を聞かずに街廻りへと繰り出している。

永楽町の大阪府立貿易館新京分所に行き、所長井岡大輔氏に会ひ、新京を中心として陶磁器に関する種々のお話を承り、同氏の紹介にて大同大街なる大興股份有限公司内、満洲土産陳列所に主任米良晃氏を訪ひ、陳列の現品につき種々有益なお話を沢山承つた。（略）又満洲の陶磁器に関する絶好の参考書、満鉄経済調査会発行の『満洲に於ける陶磁器工業と其の需給』一冊をも購入することを得て大に幸ひであつた。

代表する石川県物産館に関連する土産物や陶磁器に関する情報収集に当たる様子が見てとれる。さらに松本は市内視察の様子を次のように描写する。

文教部提供のバス9台に分乗し、長春時代より由緒深き日本橋通りを振り出しに市内見学に向ひ、嘗て伊藤博文公の哈爾賓駅頭にて斃れし前夜宿泊されたといふ旧領事館を窓より見乍ら商埠地に入つた、左折すれば満洲国史上に忘る、事のできない旧国務院庁舎が、今は歴史的建物として古色蒼然として残つてゐる。宮廷府に至り一同下車遥拝す（略）大同公園の南垣に沿ひ蒙政部、財政部、交通部、紅卍字会等の壮大なる建物を見て国務院に到る。建設途上の国都の一画に厳然と竣成せし雄姿こそ、正に新興満洲の輝く象徴である。

こうして松本によって、「新京」は「建設途上」の都市であることが象徴的に語られる。

つぎに、同じく大会に参加した村松益造『黄塵紀行』[33]（汲故館・南塘文庫、一九三八）を確認してみよう。村松は、一八八五年に生まれ、甲府で南塘文庫という私立公共図書館を経営していた。

さきの松本は、文教部提供のバス台に分乗し、長春時代より由緒深き日本橋通りをはじめに市内見学を行う。次に、総理大臣官邸、外交部、司法部の庁舎→順天広場→宮城造営予定地文部教→新京忠霊塔→大同大街→中央通→関東軍司令部→関東局→新京図書館→新京神社とめぐっている。村松もまた、「九日は午前八時より大会第四日目を日満軍人会館に開催（略）昼は新京大和ホテルに新京特別市長職務植田貢太郎氏より御招待を受けた。（略）午後忠霊塔に詣で、国務院、宮内府を拝観、文教部楼上では特に新京都市計画の説明を聴く」と述べ、同ルートで市内観光・視察に赴いている。そして松本は、次のように「新京」を語る。

新京！その韻律の何と躍進的なる。満洲国は誕生と共に、因襲の都奉天を捨てゝ、此処に政治の中枢を遷したのである。旧名長春も街貌一新と共に漸く世人の記憶から薄らぎ、はち切れさうな活気を以つて、加速度に発展して行く。それは恰も関東大震災後、倍旧の意気で起ち上つた大東京のやうに、クレーンの響！電気ハンマーの轟き！全市を震はす建築の喚響は、近代都市への勇壮なる行進曲である。本年も約二千万円の建築投資が予想され、人口百万を収容するに足る都市計画が立てられてゐるのである。

このように建設途上の国都は関東大震災後の東京と重ね合わせられて語られる。ここに長春の国都建設に尽力し、関東大震災の復興を為した後藤新平の影を見ることもできよう[34]。

図書館大会第三日目の緊急動議として、松本理事長が「満洲国に於て国立近代図書館を新京に建設せられん事をのぞむ」と述べ、「緊急動議は全会一致を以て可決された[35]」。つまり、この全国図書館大会は「新京」中央図書館建設のための足掛かりであり、だからこそ、都市建設における途上性は、「中央図書館」の不在として強く認識されていたのであろう。

おわりに――都市と書物

さいごに、春山行夫『満洲風物誌』（一九四〇）から、都市と書物の語りの交錯を再確認してみたい。本書の都市逍遥における書物の重要性については、第五巻所収の書評を参照されたい[36]。春山は、一九三九年一一月に日満中央協会主催の雑誌記者団満洲国調査隊の一員として満洲国と北支地域を視察するなかで、満洲に関する文献収集で新京に五日間滞在している。まずはさきほどの松本や村松のように定式化された観光ルートを三時間で巡り、その後は本丸である古書店へ資料探索に出向いている。まずは、ダイヤ街である。

私はその横町に一軒の古本屋を見つけた。余り大きな店でなく、東京なら余程の郊外にある程度の店で、目ぼしいものはなかつたが、満鉄関係のパンフレットが一棚と内地でも一時ひどく流行した十銭パンフレットが長さ一間ばかり棚につまつてゐた。

この古書店は生長堂古書店とみられるが、ダイヤ街ではさらに古書店を見つけ、「相当の店で、内地の全集物がたくさん揃つてゐるし、満鉄関係の出版物もすくなからずあつた」と評している。そのほか、「大陸科学院の出版物の古本が揃つてゐるかも知れないと」泰山書院に寄るも、「この店の親父は科学院からそんな資料がでてゐるとは初耳ですといつて、私の持つてゐた『科学院要覧』のリストをみて、それを手帳に写しと」っていたなど、街を練り歩きながら、古書店を探し、大量の文献を蒐集していく。植民地の書籍販売で活躍をしていた大阪屋号書店についても、「満洲国政府関係の会社や団体の雑誌が多く」あると指摘している。

さらには、書店以外にジャパンツーリストビューローや満洲事情案内所での文献収集も行う。ビューローでは、『熱河』という観光パンフレットを十五銭で買っているが、東京を発つ前に田村泰次郎からそこで買うように勧められたものであった。ただし、熱心な収集をするからこそ、資料収集のうえで「新京」は途上であると見なされる。

満洲関係の資料は奉天で探すのが一番いいやうである。資料のありさうな古本屋を探しだすことは、到底旅行者のなし能はぬことで、その土地土地の知人に頼らざるを得ないが、しかしその案内者が、さういふことにどの程度の関心を持つてゐるかによつて、収穫にかなりの相違が生じる。私の経験では北京の古本屋見物が一番興味があり、土地の知人も多少にあれ文献的な知識を持つてゐたやうに思ふ。一般的にいつて満洲では本が蒐めにくい。本そのものがあまり出てゐないのも一つの理由である。満鉄関係の報告書を探す目的なら、却つて東京の方がよく集まると思ふが、しかしこれも最近はあまり見られなくなつたといつていい。

そして、この資料収集としての途上性は、建設途上の都市と重ね合わせられていく。とくに、春山は既存の観光ルートを逸れて「ユリシイズ的」に街で文献を収集することで、「あてもなく歩いてゐて、行つたさきざきでなにかしらの知識や印象を与へられ」る。こうした春山から見た「新京」は次のように語られる。

私は帰京してから、新京は一九三九年のドノゴオ・トンガだと書いた。（略）ドノゴオ・トンガはナポレオンを生んだ国、一片の空想からスエズ運河を、さらにパナマ運河を開墾する計画を樹て、国民が熱狂してそれを支援した国の作家が科学的空想のシナリオとして組み立てた奇蹟の町、空想から生れた都会が現実にでき上つてしまふ物語である。（略）だが新京はまだ完成してはゐない。（略）政府諸機関と中枢的な諸会社の建築がまづできあがつた。文化機関はこれからである。図書館は、公会堂は、博物館は、いづれも大きな予算が組まれてゐるが、建物はまだこれからである。

後藤新平の牽引によって創り出された新しい「国都新京」という都市は、これまでの日本において経験されることのない計画都市であった。だからこそ、「我々はよく空想と現実とが紙一枚の差であることを書くことがある。それがまさにこの新しい国都に一歩を踏みいれた時の実感である」と春山が述べるように、その計画と現実の差異が「新京」を体験する日本人たちにとっては指摘されることとなる。

このように、書物をめぐる都市体験のなかで、「新京」という都市の発展と書物環境（図書館・書店）の発展が重ねあわされてきた。とくに、松本や村松のように視察で短期間訪れる場合には、定型的な観光ルートを通ることで都市が等しく「体験」されている。春山も都市を逍遥しながら図書を探すことで、定型ルートからは逸れるものの、短時間での滞在だからであろうか、都市の建設途上は、「中央図書館の不在」「文献資料の不在」として語られてきた。

一方で、新京在住の横山敏男（池田寿夫）は、外地における出版界の懸案だった、一九三九年の外地定価の廃止を受けて、「新設の満洲書籍配給会社が輸入権を独占して輸入書籍を書籍商組合に卸し、定価売りを実行することになつたことは我々読書人にとつては何よりもうれしい快報」であると「新京」に住む立場からみた書物の状況を語る。このような横山によって「東京から始めて新京へ来た人を案内する」際には、定式化した観光ルートではなく、「内地化し東京化した新京と、昔ながらの満洲らしい長春らしい新京と」「新旧二つの世界は、新京の楯の両面であ」ることを示すように案内をしている点も日本人の長春体験として重要なところだろう。[37]

また、日本語による資料には長春における中国語の書店の履歴はほぼ掲載されておらず、本稿では本書所収の『新京商工案内　臨時版』のみとなっている。『新京図書館月報』を調査した李青が、「「満洲国」の図書館報から、中国人文人の心の有り様、心象風景を探ることはやはり限界がある」[38]と述べるように、長春が「新京」と呼ばれたときの中国人の書物状況もまたあわせて調査されなければならないだろう。

（1）長春の日本人移民の状況については、楊圓「偽満洲国首都「新京」の日本人社会の形成に関する考察　人口と分布地区」（岡山大学大学院社会文化科学研究科『文化共生学研究』第一四号、二〇一五年）を参考とした。

（2）（本書所収）『長春事情』南満州鉄道株式会社長春地方事務所、一九二七年、七頁。

（3）小都晶子「日本人移民政策と「満洲国」政府の制度的対応　拓政司、開拓総局の設置を中心に」『アジア経済』四七巻四号、二〇〇六年。

（4）『満洲事情　第二回　第一輯』（吉林、長春、農安）外務省通商局、一九二〇年。

（5）（本書所収）前掲『長春事情』。
（6）『満洲商工現勢』南満洲鉄道株式会社興業部商工課編、一九二六年。
（7）『満洲商工概覧』南満洲鉄道興業部商工課、一九二八年。『満洲商工概覧』南満洲鉄道殖産部商工課、一九三〇年。
（8）『長春事情』南満洲鉄道長春地方事務所、一九三一年。
（9）満州経済事情案内所編『国都・新京経済事情』満州文化協会、一九三三年。
（10）『満蒙実情』満蒙興業移民協会、一九三五年。
（11）『新京商工月報』第一巻第五号、新京商工公会、一九三八年一二月。
（12）『北支・中支・満洲国商工録』一九三九年版、亜細亜年鑑発行所、一九三八年。
（13）三省堂、丸善の新京支店については、日比嘉高「外地書店を追いかける(13)本屋の引揚げ　台北、新京、京城、ジャカルタ」（『文献継承』三六、二〇二〇年）に詳しい。
（14）（本書所収）『新京商工案内　臨時版』新京商工公会、一九三九年五月、三一―三二頁。
（15）（本書所収）前掲『新京商工案内　臨時版』四〇―四一頁。
（16）（本書所収）前掲『新京商工案内　臨時版』一一三―一一四、一二六―一二七頁。
（17）武向平「19世紀末～1920年代の長春都市形成　長春城・商埠地・附属地を中心として」『環東アジア研究センター年報』五、二〇一〇年。
（18）（本書所収）永見文太郎『新京案内』新京案内社、一九三九年一月、一六五頁。
（19）斎藤昌三「別世界の話」『新青年』一九三三年一一月（『閑板書酷巡礼記』所収、東洋文庫六三九、一九八八年）。
（20）岡村敬二『満洲出版史』吉川弘文館、二〇一二年。
（21）『康徳9年版国都新京』新京特別市公署、一九四三年（『「満洲国」地方誌集成第13巻』所収、ゆまに書房、二〇一九年）。

（22）岡村敬二『資料展示図録終戦時新京　蔵書の行方』京都ノートルダム女子大学人間文化研究科人間文化専攻、二〇一一年。岡村敬二『資料展示図録「満洲」の図書館』京都ノートルダム女子大学人間文化研究科人間文化専攻、二〇一〇年。

（23）『全満及新京地区組合其他団体名簿』康徳9年度版、新京商工公会、一九四二年。

（24）日比嘉高「統制経済と書物流通　帝国の国策書籍配給会社」『名古屋大学人文学研究論集』三、二〇二〇年。

（25）「林間閲覧所開始」『書香』第四号、一九二五年七月。

（26）『本邦の図書館界　第七』岡山県立図書館、一九三一―一九三三年。

（27）前掲『資料展示図録終戦時新京　蔵書の行方』、『資料展示図録「満洲」の図書館』。

（28）前掲『康徳9年版国都新京』二二六頁。

（29）岡村敬二『「満洲国」資料集積機関概観』不二出版、二〇〇四年、前掲『満洲出版史』。

（30）前掲『資料展示図録終戦時新京　蔵書の行方』、『資料展示図録「満洲」の図書館』。

（31）『第31回　全国図書館大会記念写真帖（昭和12年度）』満鉄学務課図書館係、一九三七年（小林昌樹編『満洲国図書館大会写真記録集成　附満洲朝鮮北支旅日記　第1巻』所収、金沢文圃閣、二〇一九年）。『第三十一回全国図書館大会之栞』日本図書館協会満鉄地方部、一九三七年。小林昌樹「解題」（小林昌樹編『満洲国図書館大会写真記録集成　附満洲朝鮮北支旅日記　別巻』所収、金沢文圃閣、二〇一九年）。

（32）松本佐太郎『鮮満北支たび日記』私家版、一九三八年（小林昌樹編『満洲国図書館大会写真記録集成　附満洲朝鮮北支旅日記　第3巻』所収、金沢文圃閣、二〇一九年）。

（33）村松益造『黄塵紀行』汲故館・南塘文庫、一九三八年（小林昌樹編『満洲国図書館大会写真記録集成　附満洲朝鮮

北支旅日記 第2巻』所収、金沢文圃閣、二〇一九年)。

(34)「新京」の都市計画については以下を参照している。越沢明『満州国の首都計画』日本経済評論社、一九八八年。

(35)『新京図書館月報』一二、一九三七年八月。

(36)(第五巻所収)飯島正「春山行夫氏の『満洲風物誌』を読む」『新領土』一九四一年二月一日。饒正太郎「ユリシイズ的『満洲府物誌』」『新領土』一九四一年二月一日。近藤東「『満洲風物誌』—春山行夫著」『新領土』一九四一年二月一日。

(37)横山敏男『新京郵信』肇書房、一九四二年。

(38)李青「『新京図書館月報』からみる中日文人の心象風景」『真宗総合研究所研究紀要』第三一号、二〇一二年。

*本稿は、二〇二三年一月二八日にオンラインで開催された、国際共同研究シンポジウム(上海外国語大学日本研究センター・東京女子大学比較文化研究所の共同開催)「近代日本の中国都市体験(三)——新京(長春)・哈爾浜・青島・上海」における発表「新京(長春)における書物体験—新京図書館を中心に」をもとに加筆修正したものである。引用については、漢字は新字体とし、旧仮名遣いはそのままとした。また、地名・事件・機関名などについては、原則として当時の一般的な表記を用い、適宜別称や正式名称を補った。

解　題

中野綾子

・乾辰三編『長春写真帖』（乾写真館、一九二六〈大正一五〉年一〇月）

「長春停車場」や「長春日本領事館」などの大型建築物、「長春尋常高等小学校」や「長春西公園」といった学校や公園など、公共建築を中心に撮影された写真集である。ほかに、「長春日本橋通り」「長春吉野町」などの町の風景や「長春集合住宅」といった住宅写真もあるが、総じて焦点は人物ではなく、長春という都市の建築物と風景に当てられている。駅構内に堆積された特産物や豆の写真や長春に於ける通貨を集めた写真などもあり、特産穀物の集積地として大正期には「豆の都」とまで呼ばれた商業都市としての一面も垣間見られる。(1)

発行所の乾写真館は、長春吉野町二丁目一四番地に、洋風三階建の大店舗を構え、満洲の写真館では「一二を争ふ大規模経営」であったという。(2) 館主は発行兼編集人の乾辰三である。辰三は、一八九一年一月に横須賀市に生まれた。一五歳の頃より神戸市中村写真館の内弟子となり、一六歳には単身満洲へ渡っている。その後は、大連の十字屋写真材料店にて修行し、一九〇九年頃には奉天の永清写真館に勤務していたが、その後上海に渡り写真技術を磨いていた。一九一二年に長春の藤坂写真館に入館すると、一九一六年には同館を引き継いで独立し、乾写真館を開業している。さらに乾写真館は、一九二九年には写真館経営だけではなく、写真機や器具、そのほか写真用材料の販売にも手を広げ、三笠町から吉野町へと移転している。写真撮影部、写真材料部、地方部販売部の三部に別れ、撮影部主任は片山幸太郎が勤めた。支配人の石原俊逸は、一九三二年に入社し、四〇名ほどの従業員を指揮監督する当館の重要人物でもあった。

また乾辰三は、国都写真協会会長、吉野町内会副会長、満鉄福祉委員、輸入組合評議員、新京商工会参事、写真機材料商組合新京支部長等の公職も兼任していた長春の商工会の重要人物でもあった。洋画への興味も厚く、一九二三年からは長春洋画研究会にも籍を置いていたという。[3] 長春の要職を兼ねる写真界の重要拠点として、本写真集が企図されたと考えられよう。

（1）大貫将『満洲の農業と産業組合』日本産業組合研究会、一九三四年。
（2）「乾辰三」『事業及人物 記念号』東京電報通信社、一九四一年。
（3）乾辰三、乾写真館については、注一のほか以下を参照している。「乾辰三氏」西創生編著『満洲芸術壇の人々』曠陽社出版部、一九二九年。「乾写真機店の躍進」満洲国通信社編『満洲国現勢』一九三八年。

・『長春事情』（南満洲鉄道株式会社長春地方事務所、一九二七〈昭和二〉年四月）

発行元は南満洲鉄道株式会社長春地方事務所で、印刷は大連東亜印刷、「序言」を長春地方事務所長の花井修治が執筆している。奥付がなくそれ以上の書誌情報を確認することはできない。花井によれば本書は、長春の「概括的記録」であり、「当地方人士の参考」となるだけではなく、「他地方への宣伝」ともなり、それが「地域振興」へ繋がるとその目的を述べている。

簡潔に概要を目次より示す。第一「一般状況」（位置・地勢、沿革、気候、面積・人口）、第二「司法、軍事、警察、行政」（付属地、城内及商埠地）、第三「教育施設」（付属地、城内及商埠地）、第四「宗教」（日本人側、華人側）、第五「衛生施設」、第六「社交、娯楽、修養等の諸機関、其他」（日本人側、華人側）、第七「通信、交通、運輸」（通信、交通・運輸）、第八「産業」（農牧業、工業、商業）の全八章、一〇〇頁からなる。「長春付属地平面図」も添付されている。

一〇頁には、「長春地方事務所所管一般行政」の項目が立てられ、その来歴が述べられている。長春と日本との関連は、一八九六年に清国より敷設権を得たロシアによって東清鉄道が敷設され、日露戦争後にはその南部支線の長春以南が日本に譲渡され、南満洲鉄道株式会社線の終着駅となったことに始まる。日本政府は、この地の軍事権は関東軍司令官へ、警察権は関東長官へ、その他の一般行政権は満鉄社長に属することとした。そこで、満洲鉄道株式会社は、一九〇六年八月一日満鉄会社を設立し、委員長寺内正毅ほか委員八〇名に対し発した命令書によって、長春付近の付属地地方行政事務を司らせるために、一九〇七年一〇月に南満洲鉄道株式会社長春出張所を置いた。一九〇八年一二月にはそこを経理係と改めるも、さらに一九一〇年に一二月に和泉町一丁目の共同事務所に移転し、一九一五年一一月に長春地方事務所と再度改めることとなった。

初代所長は、田邊敏行、岩崎彌五郎、村田懿麿、島崎好直、平島達夫、井下多美雄、井上信翁、石井成一ののち、「序言」を執筆した花井に移る。花井は愛知県西三河出身で、長春の事務局長は従来「学歴ある法学士であつたが、花井君は学歴なくして満鉄でたゝきあげた無位の男」であると紹介されている。(1)

一九二七年時点での長春地方事務所の管轄地域は、「劉房子以北本線三十八哩及陶家屯、石碑嶺炭礦軽便線二十哩」であり、「鉄道付属地総坪数二、六三二、九四四」となる。事務内容は、公費、土地建物管理に貸付事務、道路、水道、下水、衛星、消防、勧業、公園、土木建築、機械、屠畜場、火葬場、小学校、公学堂、補習学校、図書館、商品陳列所等の事務や対外交渉事務など多岐にわたっている。こうした行政業務上必要な資料の数々が、本書の元となっていると考えられよう。「視察者逐年増加し」と花井が述べるように、満洲、そして長春という地に対する日本人の注目に答えようとする姿勢がうかがえる。

なお、二年後の一九二九年には外務省通商局から同名の『長春事情』が発行されているが、本書を参考とした部分が見られ、たとえば長春地方事務所の説明などはほぼ同内容となっている。さらに、五年後の一九三二年にも同発行所より同名の『満洲事情』が発行されている。基本的に本書の改訂版であるが、所長は栖岡茂へと変更となっている。本書では付録とされた「長春付近の勝景」及び「寛城子」、「旅館案内」については、「旅館案内」は本文に移動となり、代わって「長春附近戦闘経過」が掲載されている。そのほか、「長春付近駐屯支那軍隊配置要図」なども収録される。それは、一九三一年の満洲事変により関東軍の支配下となった長春の状況をつぶさに伝えるものとなっている。概要書を経年で見ることにより、長春という都市の時代による歴史的変遷が垣間見られるのである。

（1）伊奈松麓『私の鮮満旅行』伊奈森太郎、一九二六年。

・『長春実業新聞』（長春実業新聞社、一九三〇〈昭和五〉年一二月二一日）

一九二〇年四月二〇日に長春で新聞社が創設され、一二月一五日に創刊された『長春実業新聞』の第二九八九号である。発行人は十河栄忠、編集人は河西忠香、印刷人は石井亥之吉となっている。「長春永楽町四丁目一」に所在した。夕刊で四頁構成、使用活字は八ポイントで一二段組であった。一九二九年の時点で発行部数は一七〇〇部であったが、「新聞紙トシテ稍体裁ヲ具エ極力紙面ノ刷新ニ努メツツアルモ其発行部数少ク従ツテ経営困難ノ為未タ其ノ内容モ充実セズ」と指摘されている。(1)

創刊者は、長春運輸会社の専務であった染谷保蔵、大阪毎日新聞社の長春通信員を務め、『蒙古地誌』（冨山房、一九一九年）の著者でもあった柏原孝久らである。創立当時は、染谷が代表となり、幹事に柏原孝久、編集人に老木近信、発行名義人に十河栄忠などがいた。のちに、柏原孝久が実質的な経営者となり、主筆として老木、印刷人は石井亥之吉となる。社員として編集者が六人、営業が三人、職工は一一人であった。(2)

『長春実業新聞』は、「内容モ充実セズ」とは述べられているものの、文学・文化方面ではその掲載小説等について大内隆雄が触れている。大内は、一九二四年に同紙の短篇小説賞二等を受賞し、翌年の第二回小説賞では「感情の微塵」が一等に入選している。これらの小説の選出にあたったのが主筆の老木、上野由人、小澤開作であった。とくに老木については、次のように語る。

　これらの小説の選をした人々について書いて置かねばならない。それは長春実業新聞の編集長をやつてゐた老木近信と、上野由人、小澤周作の三氏だつたのである。

　老木氏といふのは、一風変つた人物だつた。大体長春実業新聞といふのが、創刊当初から変つた行き方をして、何でも正式創刊の少し前に、或る一日の実際の出来事に基いて一枚の新聞を作つて見た、そしてその時の働き振りに依つて、編集長以下を決定したといふのである。その初代編集長が老木先生であつた。（後年、私が長春実業新聞の後進たる新京日日新聞に入つてからも、印刷工場の方には老木先生をよく知つてゐる十何年勤績の満系職工がゐたものである。）当時は老木先生も若く元気で、自ら毎日社説を書き、編集をやり、そしてよく酒を飲んでゐた。あまり学歴も無いといふのに、趣味の広い、そしてしつかりした識見を持つた努力家だつたのである。

（略）

　上野由人氏を知る人は多かつた。当時は材木商だつた。後年、カフェ・モナミ（今の銀座会館の場所である。）を経営し、更にダンスホール、キャピタルを経営した。不幸、病に倒れた。菊池寛、久米正雄らが満鉄の招聘で満洲にやつて来た時、長春で案内役を買つて出たりした人であつた。

小澤開作は当時長春で歯科医を開業してゐた。言ふまでもなく、後の京和解の小澤開作である。今は北京に在つて『華北評論』をやつてゐる。

先づ老木、上野、小澤、それに後にツーリスト・ビユーローに行つた西田亀萬夫などが当時の長春の文化人だつたのである。(3)

このように、『長春実業新聞』には、文化人たちが集まる場でもあった。本号にも小説の連載があり、仲木貞一(一八八六〜一九五四)「薄暮(たそがれ)の小径(こみち)」(五八)と大谷内越山「紫陽花組」(六)が掲載されている。仲木は、読売新聞記者で、一九一四年に芸術座の舞台主任となり、一九一七年には新国劇の座付き作者となっている。(4)また、大谷内越山は、講談師として活躍し、泉鏡花の「風流線」の口演なども行っている。長春における文化を見るうえでも重要な新聞であったといえよう。

(1)『長春事情』外務省通商局、一九二九年。

(2)新聞の概要等については、以下を参照。上田貴子「まだなにものでもない長春を垣間見る—『長春実業新聞』の一九二二年一〇月一日から一二月三一日—」『東京大学大学院情報学環社会情報研究資料センターニュース』第32号、二〇二二年。李相哲『満洲における日本人経営新聞の歴史』凱風社、二〇〇〇年。宮川淳「戦前・戦中期「満洲」で刊行された日本語新聞の一覧リスト」『News letter』第31号、近現代東北アジア地域史研究会、二〇一九年。

(3)大内隆雄『満洲文学二十年』国民画報社、一九四四年。

(4)「仲木貞一」『日本近代文学大事典 増補改訂デジタル版』講談社、二〇二二年。「大谷内越山」日外アソシエーツ編『新撰 芸能人物事典 明治〜平成』二〇一〇年。吉田昌志「泉鏡花「年譜」補訂(9)」『学苑 日本文学紀要』第八五五号、二〇一二年。

・『新京総領事館管内会社調』（新京商工会議所、一九三六〈昭和一一〉年一〇月）

新京商工会議所が発行した新京総領事館の管轄する会社一覧である。発行所在地は「新京吉野町三丁目七番地」となっている。編集発行人は尾藤正義で、印刷人は満日印刷所新京支店（新京中央通四四番地）の鍋田覚治である。

日露戦争の講和によるポーツマス条約に続いて、一九〇五年一二月二二日に調印された「満洲に関する日清条約」は、ロシアから日本に譲渡された南満洲におけるロシアの諸権利について清国に承諾を得るためのものであった。これにより日本は、満洲の三省内において遼陽・鉄嶺・長春・吉林・チチハル・満洲里など一四都市を外国人の商工業および居住のために開放すること、長春―旅順口間の鉄道および支線のほか、日本が日露戦争中に軍用鉄道として敷設した安東―奉天間、奉天―新民屯間の鉄道を共同経営とするなどの日本の満洲における経営の足掛かりとなった。とくに、これを受けて長春には、一九〇六年一一月一五日に奉天総領事館分館が設置され、一九〇七年一一月一〇日には長春領事館となっている。さらに一九三二年七月二七日に長春総領事館へ変更され、一一月一日には「新京総領事館」に改称された。(1)

本資料は、この「新京総領事館」における管内に所在する会社について次のような項目がまとめられている。「株式会社之部」「合名会社之部」「合資会社之部」「株式会社之部（新京支店）」「合資会社之部（新京支店）」「合資会社之部（新京支店）」「法人之部」。これらの部門別に、「社名」「所在地」「営業種目」「氏名」「資本金」が一覧にして記載されている。

たとえば、三年ほど後にはなるが、これらの記載住所を次資料の『新京案内』に所収されている「新京案内地図」に照らし合わせてみれば、「国都」へと変貌を遂げる「新京」の様子を見てとることができるだろう。

（1）満洲国史編纂刊行会編『満洲国史　各論』満蒙同胞援護会、一九七一年。「満洲に関する日清条約」外務省外交史料館・日本外交史辞典編纂委員会編『新版日本外交史辞典』山川出版社、一九九二年。角山榮『日本領事報告の研究』同文舘、一九八六年。

・永見文太郎『康徳六年版　新京案内』（新京案内社、一九三九〈康徳六・昭和一四〉年一月）

本書は、永見文太郎編集による新京の案内書である。発行所の新京案内社の所在地は入船町一―二二となっている。印刷は奉天市鐵西区中央路二二の興亜印刷株式会社（印刷人は関真）である。定価は一円とある。装幀は池邊青李である。

編集後記には、満洲事情案内所長の奥村義信による推薦により刊行されたと謝辞が示されている。奥村は、「序」にて永井のことを「新京へ来て未だ長い人ではないが、非常に熱心に凡ゆる方面を観察される方」と紹介し、「手頃な案内書」として本書を推薦する。三三四頁にも及ぶ著書であるが、「出版をいそいだ関係で、原稿が出来るに従つて印刷に廻した」結果「予定の頁数を六十頁も超過」したうえ、「新京の経済界」「新京の生活」の章は「全部組み上がつてゐながら、削除」しなければならなかったと言う。

著者の永見文太郎は、斎藤昌三によって次のように語られている。「職業から来たマニアとしては新宿のナイトクラブの主人公（ママ）永見文太郎君がある。商売柄私娼反対論者であることは無論だが、遊女関係の蒐集家としては最近の一権威であろう。これらの整理報告を、『明治大正売笑風俗史』の第一分冊として、昨年『検閲制度の沿革』をものして専門家に一ト泡ふかしている」[1]。実際に『明治大正売笑風俗史』（東京興信新報社、一九三二年）の「後記」に轡堂主人永見文太郎として、「四年余」を「明治初期に於ける公娼制度確立に至る」事情と変遷を調べたとも述べられている。のちに続刊として分冊を刊行予定であると記されてはいるが、現在のところ確認することができない。

発行所の新京案内社については、ほかに未見ではあるが『吉林著名業者職業別紹介』（新京案内社編）、『吉林案内

地図』（一九三四年）、『新京案内地図』といった吉林省、長春における会社一覧や地図を手掛けていたことがわかる。(2)

序文を執筆した奥村が所長を務めた満洲事情案内所は、一九三三年一月一八日に関東軍の特殊指令などによって、新京記念館内にて満洲経済事情案内所として調査・紹介事務を開始したことにはじまる。その後、一九三四年一月二日には事業拡大となり、満洲事情案内所へと改称されたものである。(3)満洲関連の紹介・報告書を多数刊行していた満洲事情案内所のお墨付きの「新京案内」であったということであろう。

では、具体的に『新京案内』の内容を確認してみよう。目次には、「新京の歴史」「新京の地理」「新京の市政」「満洲の心臓・新京」といった歴史、地理、行政面での特集に続いて、「観光の新京」「夜の新京」「味覚の新京」「新京の娯楽」「お土産と買ひ物案内」「新京へ来る人のために」「日満交際心得帳」「旅行用語満語読本」といった来訪者に対する記事が目立つ。来訪者は、観光・調査のために来ること想定され、さらに「新京に職を求むる人に」向けての項目もある。「新京案内地図」のほか、「新京駅列車発着時間表」（本書では未収録）が栞として挿入されており、実際の来訪者が使えるような工夫もなされていた。

一九三一年九月一八日に関東軍の攻撃による満洲事変勃発を契機として、中国東北部が占領下に置かれる。一九三二年三月九日には愛新覚羅溥儀の執政就任式が長春で行われ、三月一〇日には「満洲国」の国都として長春を「新京」と命名し、政治の中心は奉天から「満洲国」の首都としての「新京特別市」へと変わることとなった。こうした変更により、急激な都市開発が行われたのが「新京」であった。

満洲観光のはじまりについて、高媛は、日露戦争前後の満洲をめぐる言説に注目し、満洲への「観戦旅行」や「利源調査」の実施を明らかにするなかで、そこに満洲観光の素地を見出そうとしている。それは、日露戦争を挟み、満洲のイメージが「辺界」から「富源」へと転換する状況と表裏一体のものでもあった。(4)こうした日露戦争後の満洲という中国東北部への視線の変化は、その後たとえば旅順における「戦績」観光として定着していく。(5)そして、一九三〇年代には、旅順、大連、奉天、長春へと観光地は拡大をしていく。(6)『新京案内』のような観光案内を主眼とした書が刊行される背景には、こうした「国都新京」の状況が背景にある。五〇頁に「思ひ出のペーヂ」として「あなたの見聞感想、詩歌、俳句など御書き下さい。友人との寄せ書逢つた人のサイン、駅印などもよい旅の記念になるでありませう」とあるように、内地における「満洲国」への新たな「国都」への期待感が、こうした本書の試みにつながっていると考えられる。

さらに、本書のなかで目を引くのは「新京に関する文献」記事で、斎藤昌三に「マニア」と呼ばれるほどの書痴であった永見の面目躍如たる部分である。新京に関する文献の解題一覧となっており、「「新京案内」の執筆を思ひたつてからの短期間の渉猟と蒐集の結果」であると断ってはあるがと断ってはあるが、当時の長春に関する文献の状況をよく伝えるものとなっている。さらに、先の満洲事情案内所作成の『満洲事情案内書資料集成』の地理の部には「新京資料」の目録があるとも補足もされている。

最後に、本書を飾るのは「新京案内広告」である。約一〇〇頁におよぶ広告は「単なる広告では」なく、「新京案内の一部として」掲載されたものとされており、その種類は銀行、土産、買い物、百貨店、映画、喫茶・食事、グリル食堂、おでん、そば、酒場、すし、割烹、「支那料理」、カフェー、理髪、乗物、仲介業に及んでいる。この広告の多彩さからも、「国都」としての躍進を果たそうとする当時の長春の状況が見えてくるであろう。

（1）斎藤昌三「別世界の話」『新青年』一九三三年一一月（『閑板　書酷巡礼記』所収、東洋文庫六三九、一九九八年）。

（2）満鉄図書館業務研究会編『全満二十五図書館共通満洲関係和漢書件名目録』続編第一（昭和七年一月一日至昭和九年一二月末日）満鉄図書館業務研究会、一九三六年。「満洲の出版界」大連図書館編『書香　満鉄大連図書館報』第58号、一九三四年三月。

（3）「満洲地名考」西田勝編『《満洲国》文化細目』不二出版、二〇〇五年。

（4）高媛「戦地から観光地へ　日露戦争前後の「満洲」旅行」『中国21』第29号、二〇一八年。
（5）荒山正彦「戦跡とノスタルジアのあいだに「旅順」観光をめぐって」『人文論究』第50巻第4号、二〇〇一年。
（6）荒山正彦「満洲観光の軌跡　20世紀前半期における中国へのまなざし」阪倉篤秀編『さまざまな角度からの中国論』晃洋書房、二〇〇三年。こうした満洲観光についての研究をまとめたものとして、千住一「日本統治下台湾・朝鮮・満洲における観光に関する研究動向」（『奈良県立大学研究季報』第22巻第2号、二〇一二年）が参考となる。

・『新京商工案内　臨時版』（新京商工公会、一九三九〈康徳六・昭和一四〉年五月）

本書は、「新京商工公会」から発行された「新京」における商工業に携わる会社の一覧である。「臨時版」であり、「更ニ改訂編纂中」との注意書きがなされている。所在地は「西四道街十三号」で、編集人は孫化南、発行人は三浦一、印刷所は三友社印刷所（印刷人・四戸友太郎）である。一六五頁、定価一円である。

日露戦争終結によるポーツマス条約により、東清鉄道の付属地制度が引き継がれ、満鉄付属地として、南満洲鉄道株式会社は所有権および行政権を所持することとなった。これにより始まる満鉄の地方経営によって、公費の徴収が開始される。この財政等の諮問委員会が設けられ、当初は指名制であったが、一九二二年より指名制を廃して、公選によるものとなった。長春付属地（長春区）では、地方委員定員数一四名となり、そのうちの一人となったのが、本書の編集人の孫化南である。(1)

こうした満鉄付属地は、「満洲国」建国により所有権はそのままに、行政権を「満洲国」へと引き渡すことになった。こうした変化における長春の商工業の変化について、大野太幹は次のように述べている。(2)

満鉄附属地行政権の満州国への移譲が完了すると、その後には日本人・中国人、そして満鉄附属地華商がそれぞれ組織している商業団体の統合が問題となり始めた。それは、日中戦争開戦後の物資の窮乏に伴う、満州国における統制強化の動きと連動していた。そして、一九三七年一二月一日に公布された「商工公会法」により、日本人側と中国人側の商業団体を統合して商工公会が組織されることとなった。同法第八条では、「主管部大臣商工業の助長又は統制上必要ありと認むるときは商工公会の地区内の商工業者に対し商工公会の定めたる営業条件に従うべきことを命ずることを得」とあるように、商業団体を統一し、上からの管理をしやすくすることが目的であった。さらに、商業団体の商工公会への再編過程で重要なことは、まず同法第一七条において「参事総会は主管部大臣の選任したる参事及詮衡委員に於いて選定したる参事を以て之を組織す」と定められていることである。参事とは商工公会の幹部役員の名称だが、商会（中国側商業団体）や附属地商務会で行われてきた公選制ではなく、任免制が採用されているのである。同様に第二四条では「商工公会の職員は主管部大臣之を任免す」とされている。職員とは会長・副会長・理事、つまり執行委員を指すが、これもすべて任免制とされたのである。このことは、商工公会役員の選出において、満州国側すなわち日本側の意向がそのまま反映されていることを意味している。

このように、「商工公会」の設立は「満洲国」の成立と関わっており、それまでの満鉄付属地行政における日本人・中国人・付属地華商らの商業団体の問題が浮かび上がってくる。大野は、新京商工公会の中国人役員について、「奉天の場合と異なり、附属地華商、あるいは附属地華商と関係する商店の代表が多く選ばれている。このことは、新京附属地の場合、日本側が重要と考える業種、すなわち糧桟・製粉業・製油業に携わる華商が多かったことに由来すると考えられる。（略）中国人商工業者の実質的な代表は王荊山であり、附属地華商が新京商工公会で最も重要な地位を占めていたと言える」と指摘している。こうして設立された「新京商工公会」の中国人役員には、一九三八年時点において先に触れた編集人の孫化南が、常務理事となっている。役職は頭道溝商務会坐辯、つまりは長春付属地における商務会の評議員であり、中国人の商業公会において重要な人物であったことがわかる。

さいごに、本書の内容を確認しておきたい。「百貨店」「興行場」「湯屋」をはじめとして、のちは「日本人側」と「満人側」「露西亜人側」とに分かれている。各項目内は、さらに業種別に分かれており、「日本人側」では以下のようになる。「旅館下宿」「娯楽場」「写真館及写真材商」「請負業」「工務所」「建築用材料」「鉄工所」「石材商」「鉄器、金物、金具商」「家具、建具商」「畳商」「表具商」「飲食料品、雑貨商」「燃料、木炭、石炭、コークス、油類商」「布団商」「履物商」「靴、鞄商」「用品、雑貨、荒物商」「呉服、反物商」「洋服商」「帽子商」「洋装、服地商」「時計、貴金属商」「書籍、文具、紙、新聞商」「菓子商」「果物商」「お茶商」「陶磁器具商」「植木、盆栽、造花商」「薬品商」「理髪、美粧」「塗装、看板」「運動具商」「楽器商」「蓄音機、ラジオ商」「武器、武具商」「洗濯、染物業」「印刷、製本業」「精米所」「木材商、製材業」「機械、器具商」「自転車商、自動車修理業」「製造業」「特産商」「運輸、交通業」「和服仕立、裁断業」「仲立、周旋、代理業」「硝子商」「綿打」「テント、帆布商」「古物屑物商」「金銭貸付業」「牧場」「料理、飲食店」「カフェー、喫茶店」「貸座敷、芸妓置屋」「待合」「売店」「葬儀社」。「満人側」と「露西亜人側」でも業種が分かれており、ここに当時の「新京」における「日本人」「中国人」「ロシア人」による商工業のせめぎあいを確認することができるだろう。

（1）『長春事情』南滿洲鐵道長春地方事務所、一九三二年。

（2）大野太幹「支配の連続性と断絶性—満洲国期における満鉄附属地の視点から—」『中国21』第31号、二〇〇九年。同「満鉄附属地華商商務会—日本行政支配下の商会」『現代中国研究』第23号、二〇〇八年。同「1920年代満鉄附属地行政と中国人社会」『現代中国研究』第21号、二〇〇七年。

・山崎鋆一郎『新京大観写真帖』（大正写真工芸所新京営業部、一九四三〈康徳一〇・昭和一八〉年一月）

一九頁のカラーとモノクロの写真集である。発行所は大正写真工芸所新京営業部（曙町四丁目三番地）で発行者は高野正夫である。著作兼印刷者としては和歌山県市南鷹匠町の山崎鋆一郎で、印刷所は大正写真工芸所（和歌山県今福二四〇番地）である。

大正写真工芸所は、日本国内の絵はがきや写真などを手がける印刷大手の一つで、一九一三年頃に和歌山市で営業を開始している。精巧な印刷技術とコロタイプ印刷で急成長し、日本だけではなく、朝鮮や満洲においても写真帳や絵はがきを発行していた(1)。

ほかに新京営業部での刊行物として、坂口得一郎編『躍進する国都の展望』（大正写真工芸所新京営業部、一九三九年）や坂口得一郎編『最新哈爾浜の展望』（大正写真工芸所新京営業部、一九三九年）がある。なかでも興味深いのは、『新京概観』（大正写真工芸所新京営業部、一九三九年）である（国立国会図書館図書館向けデジタル化資料送信サービスで閲覧可能）。こちらは、「はしがき」に「本写真帖は、新生色に輝く『人新京』の代表的風物を蒐めて一巻となし、特色ある国都の姿を汎く紹介」するものとして刊行され、キャプションも豊富で「経済的、文化的、保険的、保安的、社会的諸般機関の完璧が期せられ」る場所とされている。一方で、本書の写真にはキャプションは必要最小限に留められ、はしがきやあとがきなどの記載もなく雄弁に語られることはない。両者の写真に次に紹介するように共通して使用されているものも多いものの、ゴルフ場や競馬場といった娯楽施設の写真は消えている。

本書の目次は以下の通りである。

「①建国の人柱忠霊塔の聖姿」「②神厳の気張る新京神社の聖観」「③中央通り街景」「④麗しの都大路大同大街の壮観」「⑤宮内府正門」「⑥児玉公園内児玉大将の銅像」「⑦大同大街、孝子塚より大同広場を望む」「⑧明朗近代建築を誇る国務院の偉観」「⑨大同公園の景趣」「⑩興安大路の景観」「⑪満洲国軍陣歿将士を祀る建国忠霊廟」「⑫吉野町

『新京銀座』」「⑬街の曲線美南広場の景観」「⑭南嶺戦績と其記念碑」「⑮満洲人の崇敬する孔子廟」。一九三二年から一九四三年という時空間において「新京」への視線がいかに変容したのかを、『新京概観』と比較してみるとよいだろう。

（1）「連載　中国絵はがきコレクション紹介2　非文字資料研究センター所蔵　戦前中国の風俗絵はがきの世界（近藤恒弘氏　寄贈）支那に於ける民衆風俗」『第二輯非文字資料研究センター News Letter』第三八号、二〇一七年。太田宏一「大正写真工芸所について」『和歌山市立博物館研究紀要』二四、二〇一〇年。

・雑誌掲載記事

① 吉村貞司「新京」（一）〜（三）（『翰林』第四巻第一号、二号、四号、一九三六年一月、二月、四月）

吉村貞司（本名、弥吉三光）一九〇八年に生まれ、一九八六年に没した福岡生まれの評論家である。早稲田大学独逸文学科を卒業したのちは、東京社や女界社などの記者をつとめながら、詩や評論の執筆を続けた。一九三五年三月号から『翰林』の同人に加わり、小説や翻訳等を発表している。本作品はその小説のうちのひとつである。

『翰林』は、一九三三年七月から一九三六年九月まで、全三八号にて刊行された文芸雑誌である。中河與一編集の『新科学的』の改題誌であった。中河與一のほかに衣巻省三、小松清、十返一（肇）などつねに二五名ぐらいの同人がいたが、吉村もその一人であった。(1)

作品は、一九三一年九月「歴史的なプレリユード」として満洲事変の勃発と奉天における王文栄と洪因低の結婚式が同時並行で描き出されるところから始まる。結婚式の最中に事変勃発の報を聞いた王と洪の別れと出陣が悲劇的に描かれたところで「かうしてこの夜新しい満洲は生れたのだ」と一部が終わる。物語の中心は、その二年後の一九三三年のこと、「満洲国」が建国され、長春から「新京」と呼ばれるようになった国都へ、兄の「私」が「妹」の行江のもとに向う場面へと移る。「新京駅」でロシア人のアンナと出会い、さらに妹の紹介で「夏秋礼一」に会いに行くことになる。そこでは、一緒に暮らす幼い少女の瓔霓（インニィ）の存在を知る。妹と夫の千賀との不仲から、夏秋と妹との関係を疑う「私」は妹に問いただそうとするが、そこで物語は途絶してしまっている。

新都としての「新京」の雰囲気と退廃的な恋愛を重ね合わせて描き出されようとしていたものはなんであったのか、検討の余地のある作品である。吉村自身も一九三二年に満洲を訪れており、「新京」から大連まで満鉄で移動したときのことを「コンベアにのせらせた生活」として回想している。(2)

（1）「吉村貞司」「翰林」『日本近代文学大事典 増補改訂デジタル版』講談社、二〇二二年。
（2）吉村貞司『あなたの人生を変える』大樹書房、一九六一年。

② 北村謙次郎「満洲文学通信新京文芸」（『文学界』第七巻第一一号、一九四〇年一一月一日）

「新京」の文芸を今後どのようにすべきかについて、その中心的人物であった北村謙次郎が述べた小文である。

北村謙次郎（一九〇四～一九八二）は、東京麴町に生れ、青山学院および國學院大学に学び、日本浪曼派同人となり、同誌に小説を発表していた。一九三七年には満洲へと渡り、『満洲浪曼』の中心的メンバーとなる。一九四七年に日本へ引き揚げている。代表作には、『春聯』（新潮社、一九四二年）、や『北辺慕情記』（大学書房、一九六〇年）などがある。(1)

北村の所属した『満洲浪漫』は、長春に一九三八年に創刊された文芸雑誌であり、満洲事変以降に激増した日本からの文化人の流入に伴い新しい「満洲文学」を志して各地に作られたものの一つである。一九四一年には、こうした

「満洲文学」の発展に対して、満洲国政府がその統制を図る目的で、一九四一年三月に「満洲国藝文指導要綱」を告示し、この「要綱」成立を受け、七月には「満洲文藝家協会」の成立に繋がる。[2]

本記事が書かれたのはちょうどこの政府の介入が強くなっていく変動期にあたっている。北村は、古丁の「平沙」が「新京」ではなく東京で出版されたことを受けて、満洲における「独自の立場から出版文化の昂揚を図る必要があ」ると述べる。さらに、菊池寛と小林秀雄の「新京」への来訪に触れ、「素人が多過ぎる」という現状への批判を真摯に受け止める必要性を指摘し、今後の「日満文芸審議会」の「大綱」（のちの「満洲国藝文指導要綱」のことと思われる）による「満洲文学」の行く末を考察している。

（1）「北村謙次郎」『日本近代文学大事典 増補改訂デジタル版』講談社、二〇二二年。

（2）「「藝文」〈総合雑誌〉」『日本近代文学大事典 増補改訂デジタル版』講談社、二〇二二年。

③ 田尻隼人「新京夜話」（『文藝世紀』第三巻第六号、一九四一年六月一日）

著者の田尻隼人（一八九二～一九七七）は、作家、詩人として、学生時代から神道に傾斜して、早稲田大学生を中心に純神道協会を結成し、その後は万朝報や中外商業記者として過ごす。一九二四年に渥美勝らと聖日本学会を創立して、神政維新運動を展開した。一九三七年には、日本主義文化同盟を結成している。[1]

掲載誌の『文藝世紀』は、一九三九年八月から一九四六年一月まで活動をした全六五冊の文芸雑誌である。編集発行人中河與一で、「コギト」「日本浪曼派」からの参加者が多かった。[2]

本記事では、「新京」を舞台に「若い満洲国官吏」の「劉さん」を通して「春節」の様子が報告される。日本へ留学を志したこともある劉さんの家には「日本の文藝ものがたくさんあり」そこからは、「満洲文藝」の問題へと話が移り、日本文学と「満洲文学」との結びつきが指摘されたのち、劉さんから「明治天皇の御製」が示されたことを、今後の満洲の文学・文化の胎動として受け止めている。田尻の日本主義的視点からの「満洲文学」の情景がみえてくる文章である。

（1）堀幸雄『右翼辞典』三嶺書房、一九九一年。

（2）「文藝世紀」『日本近代文学大事典 増補改訂デジタル版』講談社、二〇二一年。

④江口榛一「新京郊外」（『文学界』第一〇巻第三号、一九四三年三月一日）

「新京郊外」の情景を詠った短歌一三首である。作者の江口榛一（一九一四～一九七九）は、大分県生まれの詩人で、明治大学文芸科に入り、卒業後に渡満し新聞記者をしていた。ハルビンで歌集『三寒集』（私家版、一九四〇）を刊行するなど詩人としての活動を進め、『文学界』『新潮』などに短歌や詩を掲載していた。[1]

今回掲載されるのは「新京郊外」についての歌で、「きびしき冬」の様子が巧みに詠まれている。

（1）「江口榛一」『日本近代文学大事典 増補改訂デジタル版』講談社、二〇二一年。

関連年表

〈凡例〉

・本年表は一八九四年〜一九四五年までの、長春（新京）について事項編と資料編に分けて構成している。

・事項編は、貴志俊彦・松重充浩・松村史紀編『二〇世紀満洲歴史事典』（吉川弘文館、二〇一二年）、「長春・新京年表」『新京・長春の記憶』（日本長春会、二〇〇九年）、岡村敬二「「満洲」の図書館、出版、文化運動関連略年表」『資料展示図録「満洲」の図書館』（京都ノートルダム女子大学人間文化研究科人間文化専攻、二〇一〇年）、小泉京美編『コレクション・モダン都市文化満洲のモダニズム』（ゆまに書房、二〇一三年）、和田桂子編『コレクション・モダン都市文化満鉄』（ゆまに書房、二〇一二年）などを参照した。

・地名・事件・機関名等の名称は、原則として当時の一般的な表記で示し、別称・正式名称を適宜補った。

・資料編は日本語文献を記した。単行本は、●編著者名『書名』（出版社）とし、雑誌・新聞掲載記事は、〇著者名「タイトル」（『掲載誌（紙）名』日付）。とした。

・編著者と発行元が同一の文献については編著者の記載を省いた。

・文献名・編著者名の記載は、原則として新字・旧仮名遣いとした。

・資料編のうち、本書に復刻収録された文献についてはゴシック体で示した。

一八九四（明治27）年

八月、日清戦争始まる（1日）。一一月、日本軍が、旅順・大連を占領。

●一一月、参謀本部編纂課編『満洲地誌』（博聞社）。

一八九五（明治28）年

四月、日清講和条約が締結され、清国は遼東半島・台湾・澎湖諸島を日本に割譲し、沙市・重慶・蘇州・杭州を開放する（17日）。四月、フランス・ドイツ・ロシアによる三国干渉、日本は遼東半島の返還を求められる（23日）。一一月、遼東半島還付に関する日清条約が調印され（8日）。一二月、日本軍が遼東半島からの撤兵を完了する。

●一二月、山田鎗之助『満洲貿易案内』（南陽堂）。

一八九六（明治29）年

八月、露清銀行と清国間で東清鉄道（満洲里—綏芬河）の建設契約が締結される。

一八九七（明治30）年

三月、東清鉄道建設工事が始まる。

一八九八（明治31）年

三月、帝政ロシアが遼東半島南端部を租借し、ハルビン・旅順の鉄道敷設権を獲得する。八月、ハルビンのニコライ聖堂竣工。

●八月、『北清商業調査報告書』（熊本商業会議所）。

一八九九（明治32）年

一一月、アメリカ、「門戸開放」覚書を日本に通牒。

一九〇〇（明治33）年

北清事変（義和団事件）の余波により満洲各地で東清鉄道の施設が破壊され、ロシア軍は鉄道保護を名目に満洲に派兵。

一九〇一（明治34）年

九月、北清事変最終議定書（北京議定書）が調印される（7日）。東清鉄道完成。

●五月、小越平陸『満洲旅行記』（善隣書院）。梶田半太ほか画『長春画譜』（文友館）。

一九〇二（明治35）年

四月、ロシアがダルニー（ダーリニー）に特別市制度を実施、東清鉄道技師長サハロフが市長を兼任。

一九〇三（明治36）年

一月、東清鉄道南満洲支線が完成する。七月、東清鉄道が本営業を開始する。

一九〇四（明治37）年

二月、日露戦争開戦（10日）。五月、南山要塞が日本軍の攻撃により陥落、ロシア軍ダーリニー守備兵は旅順へ撤退、日本軍がダーリニーを占領。九月、シベリア鉄道全線開通。

●四月、稲垣伸太郎『満洲の話』（白山黒水社）、黒竜会編

『北征必携夏の満洲』（軍人忠死慰霊会）。

一九〇五（明治38）年

一月、日本軍の旅順総攻撃によりロシア軍が降伏（2日）。二月、日本軍がダーリニーを大連と改名。三月、日本軍が奉天を占領（10日）。九月、日露講和条約が調印され、ロシアは関東州の租借権・長春以南の東清鉄道の利権を日本に譲渡（5日）。一二月、日清間で満洲に関する条約締結（22日）。

●六月、『時事新報北満洲戦局図』（時事新報社）。一〇月、坂本辰之助編『実業の満洲』（集成堂）。

○七月、「長春府全景」（『太陽』）。「時事評論　昌図長春街道の敵襲、法庫門長春街道遼河右岸の敵襲」（『太陽』）。八月、「時事評論　長春吉林方面の前進」（『太陽』）。

一九〇六（明治39）年

一月、満洲経営委員会発足。六月、満洲経営委員会が南満洲鉄道株式会社設立に関する件を交付（7日）。七月、児玉源太郎が南満洲鉄道株式会社設立委員長に任命（13日）。児玉源太郎死去（23日）。寺内正毅が満鉄設立委員長に任命（25日）。大阪・東京朝日新聞社共同主催の満韓巡遊船が横浜を出発（25日）。九月、日本政府は旅順に関東都督府を設立。満鉄事務所が設立され、株式公募を開始（10日）。野戦鉄道提理部、孟家屯まで狭軌を延長（11日）。一一月、後藤新平が初代満鉄総裁兼関東都督府顧問に就任（13日）。満鉄設立大会（26日）。満鉄の本社を東京に設置（27日）。奉天総領事館新民府分館・長春分館開館。

○九月、「時事評論　運輸交通　長春停車場問題」（『太陽』）。

一九〇七（明治40）年

一月、清、長春・吉林・哈爾濱・チチハル・満洲里を開放。三月、満鉄が本社を大連に移し東京に支社を設置（5日）。四月、満鉄営業開始（1日）。満鉄調査部図書室設置。七月、東清・満鉄連絡協定調印（21日）。第一回日露協約調印（30日）。九月、大連―孟家屯間列車を、長春まで延長運転（1日）。一〇月、満鉄付属地行政を開始。一一月、長春駅竣工、営業開始。満鉄、長春付属地の貸付開始。『満洲日日新聞』創刊（3日）。一二月、『満洲日報』創刊（5日）。

○三月、「清国時文欄　長春近信」(『太陽』)。四月、「長春日本帝国領事館開館」(『太陽』)。九月、「長春に於ける林公使と後藤男」(『太陽』)。一〇月、「長春の畜産」(『牧畜雑誌』)。

一九〇八(明治41)年

五月、長春尋常高等小学校(室町小学校)開校(17日)。満鉄、大連—長春間に国際標準の広軌開設。七月、第二次桂太郎内閣成立。後藤新平、逓信大臣に就任(14日)。一〇月、南満京奉鉄道連絡協約調印。長春ヤマトホテル、元東清鉄道長春倶楽部で営業開始(1日)。一二月、長春出張所を満鉄大連医院分院に設置。満鉄が電気作業所・ガス作業所を設置(15日)。中村是公が第二代満鉄総裁に就任(19日)。この年、長春市街地建設工事開始。

○四月、「長春雑景」(『太陽』)。六月、佐竹令信「長春府城内紙類商況」(『貿易通報』)。一〇月、××××「捕虜同様の心地—〔長春より〕」(『手紙雑誌』)。

一九〇九(明治42)年

一月、長春にて『北満日報』(のちに『新京日報』と改題)創刊(1日)。二月、東清鉄道・寛城子駅との連絡線路完成。『満鮮旅行案内』創刊。五月、満鉄、奉天公所設置(1日)。七月、満鉄が付属地に公学堂を設置。一〇月、伊藤博文がハルビンで暗殺(26日)。

●三月、『清韓両国及台湾各地市場木材商況調査書』(農商務省山林局)。一二月、『南満洲鉄道案内』(南満洲鉄道)。

○五月、小島昌憲「長春より」(『六大新報』)。六月、小島昌憲「長春より」(『六大新報』)。

一九一〇(明治43)年

二月、長春電灯営業所、電気の供給を開始。長春ヤマトホテル新築営業開始(1日)。三月、安重根が処刑(26日)。四月、シベリア鉄道の欧亜連絡運輸開始。七月、第二回日露協約調印(4日)。八月、日韓併合条約調印(22日)。九月、図書閲覧場規定公布。一一月、長春図書閲覧場設置。

●『南満洲経済調査資料第5』(南満洲鉄道調査課)。

一九一一（明治44）年

八月、第二次西園寺公望内閣成立（30日）。**一〇月、**辛亥革命勃発（10日）。

●三月、『東洋諸国に於ける風俗嗜好に伴う新需要品調査』（農商務省商務局）、『内外商取引上注意すべき慣習其他に関する調査』（農商務省商務局）。『遼陽 鉄領 長春（シリーズ満洲事情）』（外務省通商局）、横浜正金銀行大連支店編『満洲各主要地ニ於ケル通貨及金融機関』（拓殖局）、『北満洲経済調査資料続』（南満洲鉄道調査課）、『海外各地に於ける重なる日本商品取扱商店調査』（農商務省商務局）、『西比利亜鉄道旅行案内』（万国寝台急行列車会社）。

○四月、「満洲ペストの大惨状（其一）長春」（『太陽』）。**七月、**「長春地方のペスト」（『医海時報』8日）。

一九一二（明治45・大正元）年

一月、孫文を臨時大総統とする中華民国臨時政府が南京に成立（1日）。**三月、**ジャパン・ツーリスト・ビューロー設立（12日）。**七月、**第三回日露協約調印（8日）。明治天皇死去（30日）。**四月、**『長春商業時報』創刊（30日）。**一〇月、**吉長鉄道全線開通。中国人初等教育のため、長春公学堂を開校。**一二月、**第三次桂太郎内閣成立（21日）。

●『満洲誌　付録道路誌草稿』（関東都督府陸軍経理部）、旦睦良・池永省三『満洲通貨及金融上巻』（旦睦良）、『現満洲』（遼東新報社）、菊池正助・菊池チトセ共著『凍筆日記　一名・満洲みやげ』（川流堂小林又七）。

○一一月、プレオプ、ラジエンスキイ「長春日露連絡ホオムに於ける桂公一行」（『太陽』）。

一九一三（大正2）年

二月、第一次山本権兵衛内閣成立（20日）。**四月、**満鉄が教育研究所を開設。**六月、**長春実科女学校開校。**七月、**中国第二革命（12日）。**一〇月、**満蒙五鉄道協約成立（5日）。**一二月、**野村龍太郎が第三代満鉄総裁に就任（19日）。

○一月、「満蒙雑景（其一）長春西四道街」（『太陽』）。**六月、**「長春華商観光団」（『三越』）。**一二月、**「長春少年の雪中戰」（『少年世界』）。

一九一四（大正3）年

三月、長春駅竣工。**四月、**大隈重信内閣成立（16日）。**七**

月、中村雄次郎が第四代満鉄総裁に就任（15日）。第一次世界大戦勃発（28日）。

●高橋美章『朝鮮満洲鉱業視察団日誌』（日本鉱業新聞社）。

一九一五（大正4）年

一月、日本政府が中国に対して二十一ヶ条要求を提示（18日）。五月、二十一ヶ条要求を受諾（9日）。

●『南満洲ニ於ケル洋人経営ノ諸学校』（南満洲鉄道総務部交渉局）、中野正剛『我が観たる満鮮』（政教社）、『在支那本邦人進勢概覧』（外務省通商局）、杉本正幸『最近の支那と満鮮』（如山居）。

○一〇月、関口生「満鉄と長春」（『東洋時報』）。

一九一六（大正5）年

六月、袁世凱死去（6日）。七月、第四回日露協約調印（3日）。一〇月、寺内正毅内閣成立。一一月、長春神社（後の新京神社）鎮座祭。

●『南満洲ニ於ケル紙類』（関東都督府民政部）。

一九一七（大正6）年

三月、ロシア二月革命によりロマノフ王朝滅亡（15日）。六月、長春図書閲覧場を長春簡易図書館と改称。七月、寺内正毅内閣が拓殖局を新設。中村雄次郎が関東都督に就任。満鉄の総裁が廃止され国沢新兵衛が理事長に就任（31日）。九月、孫文が広東に軍政府を樹立（10日）。一一月、ロシア一〇月革命（7日）。この年、長春に西公園（後の児玉公園）開園。

●六月、『旅順駐剳第十七師団長春公主嶺間ニ於ケル秋季機動演習紀念写真帖』（蒲原写真舘）、東支鉄道商業部編『吉林省露国東清鉄道商業部調査 満洲の富源』（遼東新聞社）、外務省通商局編『北満洲』（啓成社）。

○五月、「長春に於ける日本製紙の勢力」「長春に於ける大豆、小麦売買課税諸掛」（『満蒙経済事情』）、六月、「日露戦争　長春停車場」（『太陽』）。八月、「長春に於ける牛皮」（『満蒙研究彙報』）。九月、「長春」（『日本之関門』）。

一九一八（大正7）年

一月、満鉄、北京公所を設置（15日）。満鉄本社図書館設置。四月、満鉄吉林公所を設置（1日）。八月、日本軍が北満へ出兵（15日）。**九月**、満蒙四鉄道協約成立（24日）。原敬内閣成立（29日）。**一一月**、第一次世界大戦終結（11日）。

●『訪鄰紀程』（内藤久寛）、徳富猪一郎『支那漫遊記』（民友社）、西田繁造編『日本名勝旧蹟産業写真集』（富田屋書店）、『漫游日誌』（小坂順造）、『寺内内閣と対支外交』（加藤勘十）、真継雲山『行け大陸へ　満蒙遊記』（泰山房）。

○**一〇月**、橋本徹馬「長春より―ハルピンより」（『一大帝国』）。

一九一九（大正８）年

四月、関東都督府民政部が関東庁に改組され、陸軍部が関東軍に独立。関東庁は満鉄の直接監督機関へ。野村龍太郎が満鉄社長に就任（12日）。**五月**、北京で五・四運動勃発。**六月**、ヴェルサイユ講和条約調印（28日）。**七月**、寛城子事件（8日）。**一一月**、満鉄社員消費組合設立。

●植村寅『青年の満鮮産業見物』（大阪屋号書店）、細井肇『支那を観て』（成蹊堂）、『満洲ニ於ケル通貨事情』（外務省通商局）、『朝鮮満洲支那案内』（鉄道院）、竹田柳吉『支那漫遊』（竹田竜太郎）、松永安左衛門『支那我観対支新策・支那小遊』（実業之日本社）。

一九二〇（大正９）年

一月、国際連盟設立。**三月**、満鉄、第一次増資。資本金が二億円から四億四千万円に。長春商業学校設立（後の新京商業）（10日）。**五月**、第15回全国図書館大会を開催。**七月**、満鉄と関東庁が満蒙文化協会を設立。**八月**、満蒙文化協会機関誌『満蒙』創刊。**一二月**、『長春実業新聞』創刊（15日）。満鉄調査課『調査時報』創刊（後に『満鉄調査月報』に改称）。

●『第一輯 吉林 長春 農安（シリーズ満洲事情）』（外務省通商局）、『早春 歌集』（木下彰）。

一九二一（大正10）年

五月、早川千吉郎が満鉄社長に就任（31日）。**七月**、中国共産党発足（23日）。**一一月**、原首相暗殺、高橋是清内閣成立（4日）。ワシントン会議開始（12日）。長春市街に日本風町名を付ける。

●中国銀行長春支店編ほか『支那東三省通貨一班』（朝鮮

銀行東京調査部）、田北功『靴の跡　出征俳信』（アムール吟社）。
○一一月、久能司「所澤長春間大飛行の折に―（和歌）」（『飛行』）。

一九二二（大正11）年
二月、ワシントン会議で九カ国条約調印（6日）。六月、加藤友三郎内閣成立（12日）。シベリア撤兵を決定（23日）。六月、長春簡易図書館から長春図書館に改称。七月、『満洲公論』創刊。八月、国際連盟の諮問委員会として国際連盟知的協力委員会が、新渡戸稲造を幹事長として創設される（1日）。九月、日ソ国交樹立のため長春会議を開催（四日～二五日）一〇月、川村竹治が満鉄社長に就任（24日）一二月、ソビエト社会主義共和国連邦成立（30日）。
●『長春沿革史』（満蒙文化協会）、浅野利三郎編『長春会議前記』（世界思潮研究会）、浅野利三郎編『長春会議本記』（世界思潮研究会）、『長春会議』婦人文化研究会、『出兵より撤兵まで』（世界思潮研究会）、『衆議院議員支那視察団日誌』（衆議院議員支那視察団）。
○一〇月、緒方竹虎「モーニングと背広の長春会議」伊藤正徳「長春会議と新聞利用の一段」（『東方時論』）。山川均「長春会議の反響」（『改造』）。一一月、蓼雨学人「長春会議」（『日英新誌』）。ウエー・アントーノフ「長春決裂と日露の将来」（『改造』）。

一九二三（大正12）年
一月、長春高等女学校設立（後の敷島高女）（12日）。三月、日本は義和団事件の賠償金などを基金に、日中の学術文化交流のための「対支文化事業特別会計法」を制定（30日）。五月、田山花袋が満鉄の招待で満洲を旅行。外務省内に「対支文化事務局」（のちの文化事業部）設置。九月、関東大震災（1日）。第二次山本権兵衛内閣成立（2日）。一一月、俳人の河東碧梧桐が満鉄の招待で満洲を旅行。一二月、『満洲婦人新聞』創刊。この年、満鉄の社長直属機関として弘報係が設置される。
●『長春沿革史』（満蒙文化協会）。
○四月、西村良有「雪の朝―長春光友会二月例会第一等」（『写真新報』）。

一九二四（大正13）年

一月、清浦奎吾内閣成立（7日）。**二月**、満鉄主催による満鮮紹介展が満鉄東京鮮満案内所で開催（21日～3月4日）。**五月**、満鉄主催の太平洋画会満洲展が大連・奉天・長春を巡回する。中ソ国交回復（31日）。**六月**、加藤高明内閣成立（11日）。安広伴一郎が満鉄社長に就任（22日）。**七月**、四洮鉄道前線営業開始。

●『満洲に於ける外人経済勢力状況』（南満洲鉄道庶務部調査課）、『満洲に於ける砂糖事情』（南満洲鉄道庶務部調査課）、赤間長太郎『馬賊の群より』（後楽社）、山川均『井の底から見た日本』（更生閣吉田書店）。

○**一〇月**、「長春」（『平原』）。

一九二五（大正14）年

三月、孫文死去（12日）。**五月**、上海で五・三〇事件勃発。**四月**、『書香』創刊。**六月**、環太平洋諸国の相互理解を目的とする「太平洋会議」開催（30日）。**七月**、南満洲瓦斯株式会社設立（18日）。**八月**、加藤高明の憲政会単独内閣成立（2日）。**一二月**、長春尋常小学校開校（後の西広場小学校）（1日）。中華民国政府、長春市政公署を設置。

●**一〇月**、梅木華村『満蒙開発と三州人』（満鮮三州社）。日満中央協会編『日満支経済懇談会報告書』（日満支経済懇談会事務局）、『満洲気象報告大正13年』（関東庁観測所）、『支那ニ関係アル諸外国公私団体及外国人ニ関スル調査　支那ノ部』（外務省情報部）、服部源次郎『一商人の支那の旅』（東光会）、桜井忠温『黒煉瓦の家』（丁未出版社）、保科紀十二『最近の南満洲』（州政研究会）。

○**七月**、「長春会議」（『文明大観』）、長春図書館「林間閲覧所」（『書香』）。

一九二六（大正15・昭和元）年

一月、第一次若槻礼次郎内閣成立（30日）。**六月**、南満洲電気株式会社営業開始（1日）。**七月**、国民党北伐開始。**九月**、野口雨情が満鉄の招待で満洲を旅行。**一〇月**、満鉄社員会結成。**一二月**、大正天皇死去。「昭和」に改元（25日）

●『**長春写真帖**』（**乾写真館**）、山田玉田『支那祖蹟巡拝記』（真光院）、『満鮮鴻爪』（石井健吾）、『満鮮行』（農業学校長協会）、『鴨緑江製材無限公司沿革史』（鴨緑江製材無限公司）、川田鉄弥『支那風韻記』（大倉書店）。

○二月、澤浩「長春図書館の移転及び展覧会」（『書香』）、「長春普通学校―満室の春」（『南満教育』）。

一九二七（昭和2）年

三月、金融恐慌（14日）。南京事件勃発（24日）。**四月**、満鉄が総裁室情報課を設置（1日）。田中義一内閣成立（20日）。上海でクーデター勃発（12日）。満鉄社員会設立。**五月**、第一次山東出兵（28日）。**六月**、東宝会議（27日）。**七月**、山本条太郎が満鉄社長に就任（19日）。**八月**、航空法が関東州に準用される。**一〇月**、『満洲日日新聞』と『遼東新報』が合併し『満洲日報』となる。**一一月**、淵上白陽が満鉄の招待により満洲を旅行。

●**一一月**、『満洲に於ける赤化宣伝事情概要』（南満洲鉄道）。『長春地方案内』（南満洲鉄道）、渡辺文弥述ほか『満鮮を視察して』（須賀川時報社）、『全国町村長会鮮満視察記』（岐阜県武儀郡教育会）、**『長春事情』（南満洲鉄道株式会社長春地方事務所）**。

一九二八（昭和3）年

四月、日本航空輸送株式会社設立（1日）。第二次山東出兵（20日）。**五月**、第三次山東出兵（9日）。東方文化事業総委員会に中国側が辞表提出（13日）。与謝野寛・晶子が満鉄の招待による満蒙旅行のため、亜米利加丸で神戸を出港（5日）。佐藤惣之助が満鉄の招待で満洲を旅行。**六月**、関東軍が張作霖を爆殺（4日）。国民革命軍が北京入城（9日）。**一〇月**、蔣介石が国民政府主席に就任（8日）。**一二月**、満洲青年連盟設立。**一二月**、張学良が国民政府に合流（29日）。

●**二月**、瀧本二郎、マダム・ド・ブレスト共著『欧米漫遊留学案内欧州の部』（欧米旅行案内社）。若宮三郎『瀬戸内海から九州へ！』（文修堂）、『満鮮の旅』（千葉県教育会）、南満洲鉄道株式会社社長室情報課編『満洲写真帖昭和2年版』（中日文化協会）、鳥居竜蔵『満蒙の探査』（万里閣書房）、東支鉄道庁経済調査局編『北満洲と東支鉄道上巻』（大阪毎日新聞社）、飯尾禎編『満蒙鉄道概観』（鉄道省運輸局）、赤間騎風『満洲馬賊』（白永社書房）。

○**五月**、長野朗「長春から吉林へ」「長春の経済的地位」（『日本読書協会会報』）。

一九二九（昭和4）年

七月、浜口雄幸内閣成立（2日）、張学良、東支鉄道回収（11日）。中ソ国交断絶（18日）。八月、満鉄弘報課弘報主任の八木沼丈夫の招待で読売満蒙視察団（堀口九萬一・戸川秋骨・新居格・加藤武雄・柳瀬正夢）が渡満（13日）。満鉄が総裁を復活させ、仙石貢が第一一代満鉄総裁に就任（14日）。一〇月、第三回太平洋会議にて満洲問題が議論される（23日）。世界恐慌始まる（24日）。一二月、中ソ間で中東鉄道に関する協定調印（22日）。志賀直哉・里見弴が満鉄の招待で満洲を旅行。

●七月、『長春事情』（外務省通商局）、『朝鮮満洲旅行案内』（鮮満案内所）。一〇月、『長春写真帖』（玉井写真工芸所出版部）。『在長春日本領事館管内要覧』（外務省通商局）、『満鮮みやげ』（島房男）、『民国十七年の満洲出稼者』（南満洲鉄道）、鳥居竜蔵等『西比利亜から満蒙へ』（大阪屋号書店）、『満洲に於ける外商の勢力』（南満洲鉄道）、『満洲の莫大小工業』（南満洲鉄道）、『満洲物価調査』（南満洲鉄道）、『吉林省に於ける土地整理に関する法律』（南満洲鉄道）。

○五月、「長春人物風景」「長春寸評」（『日支』）。

一九三〇（昭和5）年

二月、北原白秋が満鉄の招待で満蒙を旅行。三月、朝鮮共産党満洲総局が解体し中国共産党に合流、中国共産党満洲省委員会の統制下に置かれる。四月、鉄道省国際観光局設立。九月、菊池寛、直木三十五、横光利一、佐々木茂索、池谷新三郎が満鉄の招待で満洲を旅行。一一月、浜口首相狙撃される。斎藤茂吉が満鉄の招待で渡満。

●一一月、『南満洲電気株式会社沿革史』（南満洲電気）。『長春煙筒山間鉄道調査報告』（南満洲鉄道）、『満洲旅行案内』（満洲日報社）、『重大化せる満洲燐寸界の実情』（満洲青年連盟長春支部）、与謝野寛、与謝野晶子『満蒙遊記』（大阪屋号書店）、『満洲主要都市の木材需給状況』（南満洲鉄道）、『民国拾八年満洲出稼移民移動状況』（南満洲鉄道）、『満鮮旅行日記』（小野塚久平）、『満洲商工概覧』（南満洲鉄道殖産部商工課）、『支那人ノ日本語及日本事情研究状況』（外務省情報部）、馬郡健次郎編『大支那案内』（春陽堂）、藤島晃『歓楽の支那』（金鈴社）、『満洲に於ける支那銀行の概要』（南満洲鉄道）。

○松尾一化子「長春奇譚嫉妬占」（『東洋』）。

一九三一（昭和6）年

一月、日本政府・張学良間で満蒙鉄道問題交渉開始（22日）。四月、第二次若槻礼次郎内閣成立（14日）。六月、内田康哉が第一二代満鉄総裁に就任（13日）。『満洲評論』創刊。七月、長春郊外の万宝山で朝鮮人農民と現地農民が衝突する万宝山事件（2日）。九月、柳条湖事件より満洲事変勃発（18日）。満鉄が臨時時局事務所を開設、南嶺・寛城子で張学良軍と戦闘（19日）。『コドモ満洲』創刊。一〇月、全満婦人団体連合会設立。一二月、満鉄図書館にて前線の兵士に陣中慰安文庫を募集。国際観光協会設立。犬養毅内閣成立（13日）。中国共産党満洲省委員会がハルビンに移転。

●一〇月、『満洲視察要覧昭和6年版』（藤原満洲問題研究所・中日文化協会）。『特輯満洲事変大写真帖』（創造社）、平井三朗『大陸無銭紀行』（牧口五明書店）、三島泰雄『眼のあたり見た満洲事変』（時事新報社）、『満洲事変の真相』（大正写真工芸所）、『大陸を歩みて』（東京府立第一商業学校校友会）、『民国拾九年満洲出稼移民移動状況』（南満洲鉄道）、西嶋東洲『満蒙を語る』（地歴教育研究会）、蔡元培等編『支那人の観た中日外交秘史』（先進社）、山口史郎『黄塵を浴びて』（金の鈴社）。

○四月、寛城「長春だより」（『人の噂』）。九月、S・Y「時潮批判　長春野菜行商人不売同盟事件」（『新天地』）。一二月、長春商業学校「満洲事変に際し本校生徒の行動の概要」（『南満教育』）。

一九三二（昭和7）年

一月、満鉄経済調査会設立（26日）。第一次上海事変勃発（28日）。二月、リットン調査団来日。三月、満洲国建国宣言（1日）。長春を国都とする（10日）。満洲国政府首都長春を新京と命名（14日）。四月、『新京日報』創刊（1日）。リットン調査団が満洲国を調査。五月、東京で五・一五事件勃発（15日）。斉藤実内閣成立（26日）。六月、満洲国政府貨幣法公布（11日）。満洲中央銀行が設立され統一貨幣の製造・発行を請け負う（15日）。満洲国立奉天図書館開館。七月、満洲中央銀行開業（1日）。満洲国協和会設立（18日）。満洲国政府が郵便・電信・電話に関する郵政権を接収完了、満洲国協和会発会式を挙行（25日）。林博太郎が第一三代満鉄総裁に就任（26日）。ドイツ議会選挙でナチスが第一党に（31日）。八月、満洲国政府が全満道路建設局を設立（25日）。**九月**、日満議定書調印（15日）。新京で『大満蒙』創刊（18日）。日満合弁で満洲航空輸送会社設立（26日）。**一〇月**、関東軍司令部、奉天から新京に移転（30日）。第一次武装農業移民出発。リットン調査団が日中新協定の締結を勧告する報告書を日本政府に通達。奉天放送局新京演奏所を開設。**一一月**、長春図書館から満鉄新京図書館に改名。新京日日新聞社『新京日日新聞』創刊（30日）。**一二月**、新京に満洲国通信社創立（1日）。国都建設計画概要案を策定。

●**七月**、『長春事情』（南満洲鉄道長春地方事務所）。**一〇月**、南満洲鉄道株式会社『新京都市計画概要』（満鉄経済調査会）、南満洲鉄道株式会社『新京都市計画説明書』（満鉄経済調査会）。**一一月**、『貿易館新京分館彙報』（大阪府立貿易館新京分館）、山崎鋆一郎『大満洲国風景』（大正写真工芸所出版部）。**一二月**、濱井松之助編『新京市街全図』（大阪屋号書店）。渡辺奉綱『長春事情』（南満洲鉄道株式会社長春地方事務所）、中目覚『新満洲の旅』（河本芳治郎）、群司次郎正『ハルピン女』（雄文閣）、『満洲事変写真帖一九三二年版』（南満洲鉄道）、『満蒙事変写真帖』（忠孝之日本社）、伊藤述史『連盟調査団と前後して』（共立社）、『東支鉄道の過去及現在』（陸軍省調査班）、『現地で見た日支事変　在満支那人児童の感想文』（国際連盟協会）、『鮮満事情』（栗原長二）、『外国に於ける新聞　昭和7年版 上巻（満洲及支那の部）』（外務省情報部）、三浦逸郎『満蒙新国家事情』（大同館書店）、鹿山鶯村『明け行く満蒙の透視』（岡村書店）、刈田仁『王師は起つ』（童文社）、大津敏也『満洲国旅行案内』（新光社）、羽生田俊次『再び黄塵を浴びて』（帝国在郷軍人会高崎支部）、片桐竜子『国境を越えて　皇軍慰問日記』（忠誠婦徳会）、重田喜三一編『満鮮視察記念写真帖』（日本練炭新聞社）、宮腰正文『満洲語会話独習』（日本書院出版部）、永田美那子『男装従軍記』（日本評論社）、『満洲事変紀念大写真帖』（忠誠堂）、峯簇良充『吉林省を中心として見たる満洲民族変遷史』（満洲文化協会）、真鍋儀十『満洲は微笑む　漫遊綺談』（中和書院）、山本実彦『満・鮮』（改造社）。

○**一月**、「満鉄長春図書館新築落成」（『図書館雑誌』）。**四月**、嘉治隆一「長春奠都問答」（『改造』）。**五月**、「新満洲国の首都長春（新京）」（『東洋貿易研究』）。**七月**、山本実彦「満洲新京一瞥」（『改造』）、長春商業学校「東文鉄東部線の動植物採集目録」（『南満教育』）、一〇月、「長春新戦跡案内」（『海』）。一一月、長春公学校研究部「満洲国学校教職員講習会（一）」（『南満教育』）。一二月、「新京」（『文藝春秋』）。

一九三三（昭和8）年

一月、ヒトラーがドイツ首相に就任（30日）。二月、関東軍、熱河攻撃開始（23日）。国際観光協会機関誌『国際観光』創刊。三月、満洲国経済建設要綱を発表（1日）。日本が国際連盟を脱退（27日）。四月、新京中学校開校（1日）。新京・哈爾濱に特別市制公布、新京特別市公署を改称設置、国都建設計画法公布（19日）。五月、ソ連が北満鉄路を正式提案（2日）。満洲事変終結（31日）。満洲国政府第一・第二庁舎竣工。ジャパン・ツーリスト・ビューロー主催の満洲国情視察団が東京出発。七月、ドイツでナチスの一党独裁体制成立。第二次武装農業移民出発。九月、満洲電信電話株式会社営業開始（1日）。新京―図們線営業開始。『満洲グラフ』創刊。一〇月、奉天宮殿など所蔵の書籍・档案類保存事業につき、服部宇之吉・内藤湖南ら七名を新京へ派遣。一一月、新京に満日文化協会設立。満鉄新京図書館から新京特別市図書館と改称。

●四月、『満洲国政府要人調 新京』（外務省情報部）。六月、『新京案内』（新京特別市）。七月、中島一郎編『大新京案内・在京人名録二版』（満洲事情社）。満洲経済事情案内所編『国都・新京経済事情』（満洲文化協会）、新京特別市公署編『新京案内』（大阪屋号書店）、『新京西北方七里小八家子ニ於ケル仏国宣教師布教天主教会ノ真相』（游動警察隊）、『国都大新京』（満洲国政府国務院国都建設局）、川上隆正『黎明の満蒙』（帝国在郷軍人会大分市大道分会）、関東軍参謀部編『輝く皇軍戦史』（軍事教育社）、藤田栄助『満蒙は躍る』（帝国在郷軍人会本部）、『建国紀念新満洲国名勝風俗写真帖』（誠光堂出版部）、『満洲青年連盟史』（満洲青年連盟史刊行委員会）、大町桂月『桂月紀行文集』（春陽堂）、信楽真純『柳絮』（松倉友之助）、『京図鉄道沿線物語・満洲で一旗挙げたい人々の為めに』（望月音之助）、『満洲から朝鮮へ』（渡辺房吉）。

○二月、珂水生「時潮批判 ジュネーヴ・東京・新京」（『新天地』）。九月、瀧本一磨「事変前後の長春（今の新京）」（『戦友』）。一〇月、高嚴智「新京便り」（『新天地』)。

一九三四(昭和9)年

二月、大新京日報社『大新京日報』創刊(1日)。新京―東京間に無線電話開通。新京で第一回全国県参事官会議開催。**三月**、満洲国が帝政に移行し、溥儀が初代皇帝に即位(1日)。**四月**、国際文化振興会創設(11日)。満ソ両国、北鉄(東清鉄道)譲渡交渉開始(26日)。**六月**、関東庁図書館、旅順図書館と改称。**七月**、岡田啓介内閣成立(8日)。**八月**、ヒトラーがドイツ総裁を兼任(19日)。**一〇月**、日本工房が『NIPPON』創刊。日本陸軍が「国防の本義と其強化の提唱」を発表。**一一月**、特急あじあ号が大連―新京間で運転開始、新京放送局本格放送開始(1日)。満洲国政府が消費税課税・物件製造取締法公布(14日)。新京忠霊塔納骨式(21日)。**一二月**、満洲国政府が新省制度実施(1日)。

●**三月**、新京特別市公署調査課編『新京特別市政の一班』(明文社)。**一一月**、『国都大新京』(満洲国国務院国都建設局)。**一二月**、『新京付属地写真帖』(南満洲鉄道地方部)。『満洲国地方事情第2巻』(大同印書館)、三島章道編『日満健児工作』(東学社)、尾野作次郎『満蒙認識と地理教育』(古今書院)。

○**一月**、小原久幸「新京点描」(『協和』)、満鉄地方部「新京草分け座談会」(『新天地』)、葛西慶太郎「東京・新京間の最捷路を行く」(『東洋』)、北野浩一「明日の新京」(『旅』)。**五月**、中林宗之「新京だより」(『新天地』)。**七月**、八木元八「北満辺境事情　長春領事館開設当時を語る」(『満蒙』)。**九月**、矢野矢「新京印刷界一瞥」(『印刷雑誌』)、小松記者「新京より」(『ダイヤモンド』)。**一〇月**、賀田一牛「俳句 新京さして」(『朝鮮公論』)、五十嵐生「暗澹たる新京取引信託」(『ダイヤモンド』)。

一九三五(昭和10)年

一月、郵政省が満洲向郵便物の取扱を開始(7日)。**二月**、国民党政府直轄機関に排日言論取締令発布(13日)。国民党政府が新聞通信社に排日言論厳禁方命令(20日)。**三月**、満洲国国立大陸科学院設置。日・満・ソ間で北鉄譲渡協定調印(23日)。**四月**、皇帝溥儀、東京で昭和天皇と会見。**五月**、大阪―新京間航空輸送開始。**七月**、モスクワで第七回コミンテルン大会、人民戦線路線採択(25日)。**八月**、松岡洋右が第一四代満鉄総裁に就任（2日）。**九月**、特急あじあ号哈爾濱まで延長運転。**一〇月**、第三次特別農業移民団入植。**一一月**、満洲電電本社竣工、大同広場に面し当時最大のビル（11日）。日本ペンクラブ創立（23日）。

●**四月**、『新京付近の戦跡』（忠霊顕彰会）。**一二月**、『新京に於ける主要工業の現勢』（新京商工会議所）、岩渕満雄『新京に於ける主要工業の現勢』（新京特別市公署）。『吉林省長春県事情新版』（満洲帝国大同学院）、満洲事情案内所編『満洲主要都市に於ける日本人増加大勢数字に現れたる新京の躍進振』（日満実業協会）、里見甫編『満洲国現勢』（満洲国通信社）、松村源吉編『新京南嶺寛城子写真帖』（好文堂）、『新京都市建設方策』（南満洲鉄道経済調査会）、陸軍省つはもの編輯部編『無言の三十年小林・向後両勇士物語』（つはもの発行所）、『思ひ出つるまゝ』（田代重徳）、中村順三『星に映る鮮満支』（中村自助）、柳堂石渡繁胤『満洲漫談』（明文堂）、白須皓『我が観たる鮮満』（林風社）、山本実彦『蒙古』（改造社）。

○**一月**、御牧恵「新京を観る」（『婦人之友』）。**二月**、吉村高「新京満鉄付属地の躍進」（『新天地』）。**四月**、鉄道省「東京から新京まで行くには」（『少年倶楽部』）、長島寛次「躍進新京の横顔」（『雄弁』）。**五月**、O・P・Q「哈爾濱・奉天・新京」（『新天地』）。**六月**、O・P・Q「新京・奉天・哈爾濱」（『新天地』）、西田猪之輔「新京より北平へ」（『冬柏』）。**七月**、花園欽三「新京の横顔」O・P・Q「新京・奉天・哈爾濱」（『新天地』）。**八月**、大内隆雄「（河・海・街の涼味）新京晩香玉」O・P・Q「奉天・哈爾濱・新京」（『新天地』）。**九月**、O・P・Q「哈爾濱・新京・奉天」（『新天地』）。**一一月**、O・P・Q「奉天・哈爾濱・新京」（『新天地』）。

一九三六（昭和11）年

一月、寛城子地区四平方kmを新京市に合併（1日）。満洲拓殖株式会社設立（4日）。**二月**、東京で二・二六事件勃発（26日）。日満文化協会第三回総会で新京中央図書館建設の件議案を採択。**三月**、月刊満洲社による大衆娯楽雑誌『月刊満洲』新京に本社を移転し創刊。**五月**、第一回満洲国美術展覧会（国展）を大経路小学校で開催（2日）。**六月**、日満両国間で治外法権の一部撤廃（10日）。満洲中央銀行ビル竣工（22日）。次回オリンピック東京開催決定（31日、のちに中止)。**八月**、ベルリンオリンピック開催（1～16日)。**九月**、株式会社満洲弘報協会創立（28日)。**一〇月**、満鉄が新京事務局を設立（1日)。日活映画の上映館として哈爾浜会館（11日）と新京朝日館（13日）が会館。中央観象台落城式（17日)。大同大街の三中井百貨店新京支店が開業（23日)。満鉄総裁室に情報と弘報を一体化した弘報課を設置。**一一月**、日独伊防共協定調印（25日)。満鉄映画製作所設立。新京放送局、日満二カ国語放送、広告放送開始。

●**六月**、新京特別市公署、満洲事情案内所編『新京概観』（満洲事情案内所)。**八月**、『新京 昭和11年度版』（南満洲鉄道)、『新京商工名録 昭和11年版』（新京商工会議所)。『新京総領事館管内会社調』（新京商工会議所)、竹内節雄、宮嶋繁豊『吉林省長春県事情（満洲国地方事情大系A第8号)』（大同印書館)、平野零児『満蒙の秘密室』（平原社)、百瀬千尋『火田 歌集』（ポトナム社)。

○**一月**、**吉村貞司「新京（一)」**（『翰林』)。**二月**、**吉村貞司「新京（二)」**（『翰林』)。小原久幸「新京官場雑音」（『新天地』)。**四月**、**吉村貞司「新京（三)」**（『翰林』)。**五月**、「新・新京写真風物詩」（『海』)、O・P・Q「新京・奉天・哈爾濱」（『新天地』)。**六月**、「新京」（『文藝春秋』)。**七月**、牧山耕藏「新京より」（『朝鮮公論』)、O・P・Q「新京・奉天・哈爾濱」（『新天地』)。**一一月**、O・P・Q「新京・奉天・哈爾濱」（『新天地』)、光永紫潮「新京の色・味を探る」（『朝鮮公論』)。

一九三七（昭和12）年

四月、満洲図書株式会社創業、教科用図書の発行にあたる（6日)。**五月**、満日文化協会主催・満洲国民生部後援よる訪日宣詔記念美術展が、新京記念公会堂・大経路国民学校で開催される（2～11日)。**六月**、日本図書館協会と南満洲鉄道株式会社地方部主催により第三一回全国図書館大会開催（2～12日)。第一次近衛文磨内閣成立（4日)。満洲文話会発足（30日)。東京—新京間に定期旅客便開設。大連・奉天・新京・ハルビンで全国図書館大会開催。**七月**、盧溝橋事件勃発、日中戦争始まる（7日)。**八月**、建国大学令公布（5日)。第二次上海事変（13日)。満洲映画協会設立（21日)。満洲拓殖公社設立総会（31日)。『新京図書館月報』創刊。**九月**、大同広場で「国都建設紀年式典」挙行（16日)。蔣介石の対日抗戦決定を受け、国民党・共産党により抗日統一戦線が結成される。満日文化協会が民生部の意向を受けて、美術・演劇・音楽・文芸・大衆娯楽の親和会を開催。**一一月**、満洲国における日本の治外法権撤廃及び満鉄付属地行政権譲渡条約調印（5日）。日独伊防共協定（6日）。長春・雙陽両県二三七平方kmを新京市に編入（16日）。満鉄の鉄道付属知撤廃（30日）。**一二月**、満洲国の治外法権撤廃、満鉄付属地五・六平方kmの行政権移譲（1日）。日本軍が南京を占領（13日）。華北臨時政府成立（14日）。満洲国治外法権撤廃により満鉄図書館の多くが満洲国へ移譲。満洲映画協会の機関誌『満洲映画』創刊。この年、矢田津世子が満鉄の招待を受けて満洲移民村の視察を行う。

●**六月**、松宮吉郎『新京』（満鉄鉄道総局営業局旅客課）。**九月**、『大新京経済概観』（新京商工会議所）。**一一月**、『上海より北満へ』（重田敏雄）。『満鉄側面史』（満鉄社員会）、武藤夜舟画『満洲事変絵巻第1至5巻』（軍人会館出版部）、『鮮満雑記』（中島正国）、『新京人文記 九州中国之巻』（松浦朗）。

○**一月**、「新京通信」（『セルパン』）。**二月**、山口十助「新京社員の心意気」（『協和』）、棚木一良「街の断面図 新京」（『旅』）。**四月**、「新京」（『文藝春秋』）。**六月**、川端龍子「新京より」（『塔影』）。**七月**、京童山人「新京官場新風景」O・P・Q「新京・哈爾濱・奉天」（『新天地』）。**八月**、O・P・Q「新京・哈爾濱・奉天」（『新天地』）。**九月**、下島連「天津・新京・東京」（『文藝春秋』）。**一〇月**、O・P・Q「新京・哈爾濱・奉天」（『新天地』）。

一九三八（昭和13）年

一月、臨時国都建設局により国都建設第二期事業の開始（1日）。「爾後国民政府ヲ対手トセス」との第一次近衛声明が発表され、日本の中国に対する態度が明確に（16日）。三井実雄らが新京で満洲歌話会を結成し機関誌『満洲歌人』を創刊。**二月**、満洲国国会総動員法公布（26日）。**三月**、南京に中華民国維新政府樹立（28日）。**四月**、日本政府国家総動員法公布（1日）。満鉄新京事務局が新京支社に昇格（1日）。新京国防婦人会発足式（3日）。**五月**、建国大学の開学式（2日）。満洲国民生部主催の第一回満洲国美術展覧会が、新京記念公会堂・大経路国民学校で開催され、満洲国建国宣言以降初の官設展覧会となる（2～11日）。**六月**、民生部・満日文化協会・新京図書館主催「満州国の図書館に関する座談会」開催。華中で反共民衆組織「大民会」結成。**八月**、国務院水曜会で建国大学案と民生部案の折衷案として両案統合の「国立中央図書館籌備処要綱」が決定。満鉄上海事務所・大連図書館・東亜同文書院などの派遣人員、接収図書整理作業開始。新京商工公会『新京商工月報』創刊。**一〇月**、釜山―奉天間の「のぞみ」を新京まで延長運転（1日）。満洲国赤十字社創立（1日）。大新京日報社『大新京日報』から満洲新聞社『満洲新聞』に改題して創刊（11日）。満洲国経済部庁舎竣工（30日）。北村謙次郎により『満洲浪漫』創刊。**一一月**、近衛内閣が「東亜新秩序建設」声明（3日）。西公園を新京児玉公園改称し、北村西望作「児玉大将馬上像」の除幕式挙行（3日）。国際文化振興会より『国際文化』創刊。**一二月**、汪兆銘が重慶を脱出。新京特別市図書館から新京特別市立図書館へ拡大。

●**二月**、『大連、奉天、新京、哈爾浜ニ於ケル乾燥野菜市販可能性ニ関スル調査』（南満洲鉄道株式会社北満経済調査所）。**三月**、『新京経済の基本的動向』（満鉄新京支社業務課）。**一二月**、新京特別市長官房調査科編『新京特別市例規類集』（満洲行政学会）。前田三郎編『新京を主とした鉄道貨物運賃新旧比較』（新京商工公会）、新京特別市公署調査科編『国都新京 康徳5年版』（満洲事情案内所）、新京観光協会編『躍進する国都の展望 新京観光協会撰』（大正写真工芸所新京営業部）、『満鮮視察記』（森田福市）、新里貫一『事変下の満鮮を歩む』（新報社）、『堺市北支産業視察団誌』（松本壮吉）、大橋克『満鮮北支紀行』（小寺印刷所）、日本米布協会編輯部編『第二世の満鮮見学記』（ルンビニ出版社）、野依秀市『楽土激土』（秀文閣）、高田保馬『回想記』（改造社）、山本実彦『大陸縦断』（改造社）、村松益造『黄塵紀行』（汲故館・南塘文庫）、『鮮満北支たび日記』（松本佐太郎）。

○**一月**、小幡駿吉「奉天・新京・哈爾濱の印象」（『海』）。**四月**、「資料 東京と新京との生活費の比較」（『国際パンフレット通信』）。**九月**、「新京を築く」（『写真週報』）、長谷川時雨「新京で」（『話』）、尾藤正義「新京は工業都市に進むか商業都市に進むか」（『実業の世界』）、林髞「生活随想 大連・奉天・新京」（『婦人之友』）。**一〇月**、田村泰次郎「新京」（『セルパン』）。

一九三九（昭和14）年

一月、新京資料室聯合会発足。大陸開拓文芸懇話会設立。新京工業大学・新京法政大学を昇格改称。平沼騏一郎内閣成立（5日）。**二月**、内閣情報部「東亜新秩序建設に関する宣伝方策大綱」発表（17日）。**三月**、大村卓一が第一五代満鉄総裁に就任（24日）。**五月**、ノモンハン事件（11日）。**七月**、アメリカによる日米通商航海条約の廃棄通告（26日）。**八月**、第二回満洲国美術展覧会が新京西広場小学校・八島小学校で開催される（1～10日）。独ソ不可侵条約調印（23日）。**九月**、第二次世界大戦勃発（1日）。**一一月**、甘粕正彦が満映理事長に就任。満映、寛城子から洪熙街に移転（3日）。**一二月**、満洲書籍配給株式会社設立。日満両政府が満洲開拓政策基本要綱を発表（22日）。この年、満洲文話会の本部が大連から新京へ移転。

●**一月**、**永見文太郎編『新京案内』（新京案内社）**。**八月**、『新京』（奉天鉄道局旅客係）。『新京概観』（大正写真工芸所新京営業部）、『新京商工公会統計年報 康徳4年度上巻』（新京商工公会）、『新京案内 康徳6年版』（新京案内社）、新京大分県人会事務所編『新京大分県人名簿』（福岡日日新聞社新京支局）、『新京支社調査室資料分類目録第1輯』（南満洲鉄道）、**『新京商工案内』（新京商工公会）**、滝川政次郎『満支史説史話』（日光書院）、八木奘三郎『満洲都城市沿革考』（南満洲鉄道総裁室弘報課）、門脇隆二郎『満洲膝栗毛』（小西嘉三郎）、サトウ・ハチロー監修『読物教室六年生』（湯川弘文社）、田村浩『興亜経済行脚』（巌松堂）、徳永直『先遣隊』（改造社）。

○**一月**、瀧澤喜曽雄「新京印刷界の機要」（『印刷雑誌』）。**二月**、「林房雄氏をかこんで新京に働らく女性達の座談会」（『婦女界』）。**三月**、荒牧芳郎「新京断片」（『満洲浪曼』）、緑川貢「雪の新京　大陸通信」（『新日本』）、横山敏男「新京だより」（『中央公論』）。**四月**、「新京・撫順の松岡総裁」（『協和』）。**五月**、佐藤昌「新京特別市の緑地計画に就て」（『公園緑地』）、「興亜国民中央動員大会満洲国新京」（『写真週報』）、富田「職場巡礼新京電気区」（『協和』）。**六月**、百霊「満人随筆新京紀行」（『新天地』）。**七月**、甲斐巳八郎「新京関帝廟」（『協和』）、杉村勇造「胎動する満洲文化　在新京」（『文藝春秋』）、武林無想「新京へ立寄つて」（『短歌研究』）、鈴木重三郎「われらが同人語 大連・奉天・新京」（『キネマ旬報』）、「新京幼児展報告」（『婦人之友』）。**八月**、伊藤整「新京での印象」（『セルパン』）、四家梅子「読物と実用記事　初夏の満洲新京だより　主婦日記」（『婦女界』）。**九月**、横山敏男「新京だより」（『中央公論』）。**一〇月**、横山敏男「新京だより」（『文藝春秋』）。**一一月**、「新京」「新京の横顔」（『協和』）、山田清三郎「現下満洲国の諸問題」（『文藝春秋』）。**一二月**、甲斐巳八郎「新京の茶社」（『協和』）。

一九四〇（昭和15）年

一月、米内光政内閣成立（16日）。**二月**、満洲出版協会創設（20日）。満洲美術家連盟結成。**三月**、満洲歌友協会新京支部結成（3日）。汪兆銘政権樹立（30日）。**四月**、国際報道工芸株式会社が新京に支社マンチュウコウ・フォト・サービスを設立。**六月**、紀元二六〇〇年慶祝のため溥儀訪日。ドイツ軍無欠入城、パリ陥落（14日）。満洲国物価物資統制法公布（20日）。第二次近衛文麿内閣成立。**八月**、第三回満洲国美術展覧会が新京敷島高等女学校体育場で開催（1～8日）。**九月**、日本軍が北部仏印に進駐開始（23日）。日独伊三国同盟（26日）。慶祝日本紀元二六〇〇年興亜国民動員大会が新京大同広場で開催（19日）。寛城子地区でペスト発生。**一〇月**、満洲国第一回臨時国勢調査を実施（1日）。川端龍子を院長とする新京美術院の開設が決定（1日）。満洲観光連盟が満洲観光美術展を奉天・ハルビン・新京・大連で開催（22～28日）。**一二月**、満洲国政府が弘報行政一元化のため中央地方行政事務合理化要綱を決定（5日）。新京で全満七〇〇ヶ寺のラマ教宗団結成式挙行。満洲弘報協会解散。

●『新京商工公会統計年報　康徳5年度』（新京商工公会）、『新京の概況』（新京商工公会）、『組合其他団体名簿全満及新京地区』（新京商工公会）、富田勇太郎『新京録音』（五百木元）、『国都新京案内』（新京観光協会）、『新京資料室要覧』（新京資料室連合会）。**五月**、満洲浪曼編集所編『満洲文学研究』（東京書籍新京出張所）。**七月**、新京特別市市長官房庶務科編『国都新京』（満洲事情案内所）。**一一月**、春山行夫『満洲風物誌』（生活社）。染木煦『北満民具採訪手記』（座右宝刊行会）、前川千帆『満蒙風物即興』（アオイ書房）、橋本梅代『皇軍慰問大陸に使ひして』（大日本国防婦人会関東本部編纂部）、田村泰次郎『強い男　他一一篇』（昭和書房）。

○**一月**、南龍夫「話題の人と話題　新京だより」（『新天地』）、今村太平「満洲五都市の印象　新京の初日」（『キネマ旬報』）、山田清三郎「現地報告　新京にて」（『政界往来』）。**二月**、長谷川濬「新京たより」（『協和』）、横山敏男「新京だより」（『中央公論』）、冨田勤「新京の夜」（『アサヒカメラ』）。**三月**、S子「新京のM氏に」（『協和』）、南龍夫「新京だより」（『新天地』）。**四月**、橘外男「新京・哈爾賓赤毛布」（『文藝春秋』）、閑城寺龍「新京たより」国井樂之「新京だより」（『協和』）、横山敏男「新京だより」（『中央公論』）。**五月**、木崎龍「新京」（『協和』）、新田浩「東京―新京―南京」南龍夫「新京だより」（『新天地』）、横山敏男「新京だより」（『中央公論』）、大宅壮一「新京放送余話」（『現地報告』）。**六月**、ニコライ・バイコフ「新京の印象」（『満洲日日新聞』7～11日）、品埜ふみ子「新京」（『協和』）、金丸精哉「大連＝新京＝哈爾濱」（『新天地』）、酒井亮吉「新京西公園」（『旅』）。**七月**、川端龍子「北満の旅と新京美術院」（『塔影』）、横山敏男「新京だより」（『中央公論』）。**八月**、野依秀市「新京のぞき記」（『実業の世界』）、藤山一雄「夢に梯子を掛ける」（『文藝春秋』）、町原幸二「新京だより」（『協和』）、中河与一「新京文化の印象」（『セルパン』）。**九月**、奥島秋鳩子「新京まで」（『層雲』）。**九月**、片山峯登「満洲の国民体制　新京にて」（『政界往来』）。「都市時局版（京都　札幌　新京）」（『改造』時局版）。**一一月**、北村謙次郎「**満洲文学通信　新京文芸**」（『**文学界**』）。

一九四一（昭和16）年

一月、日用品輸入統制を実施（14日）。満洲新聞協会創立（16日）。**三月**、満洲国弘報処が文芸・美術・音楽・舞踊・演芸・映画などの芸術文化を統制下におくことを定めた芸文指導要綱を発表（23日）。満洲詩人会発足。新京美術院東京分室が大森に竣工。新京商工公会『新京経済季報』創刊。満洲文芸連盟の機関誌『満洲文芸通信』創刊。**四月**、日ソ中立条約調印（13日）。**四月**、満洲航空、新京―東京間一五〇〇kmの飛行に成功（3日）。**六月**、ドイツ軍がソ連に進攻（22日）。**七月**、関東軍特殊演習を下命（7日）。第三次近衛文麿内閣成立（18日）満洲文芸家協会発足（26日）。日本軍が南部仏印進駐開始（28日）。**八月**、第四回満洲国美術展覧会が新京西広場・敷島高等女学校で開催される（1～10日）。満洲美術家協会発足（17日）。**九月**、満洲開拓青年義勇隊漫画展が新京三中井百貨店で開催される（2～4日）。満鉄、総合調査として戦時経済調査に着手。**一〇月**、関東軍が満鉄新京支社内に調査室別室を設立。東条英機内閣成立（15日）。**一一月**、満洲電影総社設立（21日）。**一二月**、満洲写真家協会発足（1日）。満洲書道家協会発足（7日）。アジア太平洋戦争勃発（8日）。情報局が「大東亜戦争に対する情報宣伝方策大綱」を発表（15日）。第二期国と建設計画事業終了、臨時国都建設局廃止。

●**八月**、永原いね子編『満洲を詠へる　歌集』（満洲歌友協会）。菊池寛『満鉄外史前篇』（時代社）、今村太平『満洲印象記』（第一芸文社）、望月百合子『大陸に生きる』（大和書店）、小西勝雄『白真沙　歌集』（ぐろりあ・そさえて）。

○**二月**、飯島正「春山行夫氏の『満洲風物誌』を読む」饒正太郎「ユリシイズ的『満洲風物誌』」（『新領土』）。**三月**、市川仁平「旋回期の新京土平界」X・Y・Z「新京・哈爾濱・奉天」（『新天地』）、藤原定「（詩）新京の夜の霧」（『中央公論』）。**五月**、近藤東「『満洲風物誌』―春山行夫著」（『新領土』）。宮本正名「随筆　新京警備の思ひ出」（『開拓』）、川上水夫「新京だより」（『雄弁』）。

六月、田尻隼人「新京夜話」（『文芸世紀』）。

一九四二（昭和17）年

一月、満洲開拓第二期五カ年計画要綱発表（6日）。芸文社版『芸文』創刊。**二月**、満洲工芸家協会発足（22日）。**三月**、拓務省派遣の開拓「花嫁」指導者一行が新京着。**四月**、新京音楽団改組設立、甘粕正彦が理事長に就任（1日）。**五月**、王精衛、新京で溥儀と会見。高松宮を迎え、建国十周年記念式典を大同広場で開催（28日）。アッツ島で日本軍玉砕（29日）。**六月**、紙の配給統制実施。ミッドウェイ海戦（5日）。**七月**、関東軍が満鉄に対する指示権を強化。**八月**、建国十周年記念大東亜博覧会を大同公園・ボタン公園で開催（～10月末）。大東亜建設博覧会を新京合同公園・祝典事務局で開催（10日～9月30日）。芸文指導要綱に基づき第五回満洲国美術展覧会が満洲国美術工芸書道展に改称、新京大同公園美術館で開催（13日～9月13日）。**九月**、新京で大東亜作家大会開催。満洲国建国十周年記念式典が新京南嶺広場で開催（15日）。満鉄新京支社の拡大（18日）。第一回満鉄調査部事件（21日）。**一〇月**、建国建国十周年記念式典が新京南嶺式場で開催（15日）。建国十周年慶祝芸文祭を新京記念公会堂で開催（17～18日）。松林桂月・有島生馬が満洲国建国十周年記念の絵画献納のため新京へ出発（28日）。一一月、大東亜省を設立し、その下に満洲事務所を置く（1日）。日本帝国芸術院建国十周年慶祝献納画展覧会を新京の日満軍人会館で開催（3～5日）。新京工業大学『新京工業大学学術報告』創刊。一二月、満洲国基本国策大綱発表（8日）。

●八月、横山敏男『新京郵信』（肇書房）。一〇月、『新京電話番号簿』（新京中央電話局）。『新京商工事情第2輯商工業篇』（新京商工公会）、『新京』（奉天鉄道局旅客係）、新京特別市長官房庶務科編『国都新京』（新京特別市公署）、『新京の概況』（新京商工公会）、『全満及新京地区組合其他団体名簿 康徳9年度版』（新京商工公会）、北原白秋ほか『満洲地図 少国民詩集』（フタバ書院成光館）、新田潤『姉妹』（昭森社）、大仏次郎『氷の花』（六興商会出版部）、藤田嗣治『地を泳ぐ 随筆集』（書物展望社）、永田稠『国見する者』（日本力行会出版部）、中村孝也『支那を行く』（講談社）。

○二月、昌埜ふみ「寒鮒（新京）」（『満洲観光（連盟報）』）。島崎曙海「吉林北山にて」（『文化組織』）。九月、「十年前の新京と今の新京 満洲国建国十周年を讃ふ」（『写真週報』）。一一月、山口誓子「新京」（『財政』）。一二月、有島生馬「新京だより」（『日本美術』）。

一九四三（昭和18）年

一月、汪兆銘政権が英米に宣戦布告（9日）。陸軍美術協会・陸軍報道部が中堅洋画家からなる画家青年隊を結成（11日）。二月、満鉄本社機構改革ならびに新京移住が決定。特急あじあ号運航停止（28日）。四月、東条英機首相、新京で溥儀や張景恵に会見。満鉄総務局の下に防衛部を設立（1日）。満鉄、新京本部を設け機能を強化（29日）。六月、満洲建設勤労奉仕隊女子青年団、新京着。七月、小日山直登が第一六代満鉄総裁に就任（14日）。第二回満鉄調査部事件（17日）。八月、新京で日満開拓主任官会議開催。第二回大東亜文学者大会・決戦会議を東京で開催（25～27日）。第六回満洲美術工芸書道展を新京の大同公園美術館で開催。雑誌『ますらお』同人による満洲雑誌同人展が新京三中井百貨店で開催（25～29日）。九月、イタリア無条件降伏（8日）。一〇月、汪政権、日華基本条約改定。一一月、国際観光協会解散。一二月、全国決戦芸文大会全国芸文家会議を新京記念公会堂で開催（4～5日）。
●鑓田研一『新京　満洲建国記第3』（新潮社）、『新京大観写真帖』（大正写真工芸所新京営業部）、『新京手形交換所月報』（新京手形交換所）、布施勝治『我観東亜ソ領』（北方産業研究所）、山田清三郎『建国列伝第一巻』（満洲新聞社）、佐藤庸也『活機戦第1部』（日本軍用図書）、『現地随筆』（満洲新聞社）、木村伊兵衛『王道楽土』（アルス）、今井武『あじあに乗りて』（宋栄堂）坪田譲治『ふるさと　小説と随筆』（実業之日本社）、『追想録』（売文社）。
○三月、江口榛一「新京郊外」（『文学界』）。六月、野田源六「新京放送劇団（大陸劇信）」（『国民演劇』）。一一月、「長春満鉄創業館に於ける記念撮影」（『小村侯記念図書館報』）。

一九四四（昭和19）年

一月、新京・奉天で疎開を開始。新京で満洲国今日若い全満洲代表大会を開催。満洲藝文連盟機関誌『藝文』（満洲藝文連盟、のち満洲文藝春秋社）創刊。二月、満鉄の本部機構が新京へ移転。六月、満鉄映画製作所を満映に統合（1日）。七月、サイパン陥落（7日）。小磯国昭内閣成立（22日）。九月、第七回満洲国美術展覧会を新京大同公園美術館で開催（9～24日）。文官屯動員のため、新京神社で新京地区学徒動員征行式を開催（25日）。一一月、満洲国政府が「決戦藝文指導要綱」を制定、藝文連盟各協会を解散し、社団法人満洲芸文協会を設立。満鉄新京支社を撤廃（15日）。
●七月、春山行夫『満洲の文化』（大阪屋号書店）、牧野正己『満洲建築随想』（満洲時代社）。八月、風土研究会編『満洲の印象』（吐風書房）、大内隆雄『満洲文学二十年』（国民画報社）。九月、山口誓子『満洲征旅』（満洲雑誌社）、田畑修一郎『ぼくの満洲旅行記』（児童図書出版社）、藤原定『天地の間　詩集』（八雲書林）。
○五月、大内隆雄「大東亜文学通信・雄深なる創造へ―満洲文学は前進する―」（『文学報国』）。

一九四五（昭和20）年

二月、ヤルタ会談。三月、新京音楽団・ハルビン交響楽団などがハルビン・新京・奉天・大連・旅順で全満大演奏会開催。四月、鈴木貫太郎内閣成立（7日）。五月、山崎元幹が第一七代満鉄総裁に就任（５日）。ドイツ無条件降伏（７日）。**七月**、ポツダム宣言（26日）。**八月**、新京で全員軍事動員令発布。溥儀、新京から大栗子溝鉱業所に移動。新京の満洲国禁衛隊反乱。広島に原爆投下（６日）。長崎に原爆投下（９日）。ソ連対日宣戦布告、満洲進攻開始。満鉄、関東軍大陸鉄道司令官の指揮下に置かれ、戦闘指揮所を設立（９日）。日本政府がポツダム宣言を受諾（14日）。昭和天皇による終戦の詔書の音読放送（15日）。満洲国皇帝溥儀退位（18日）。満洲国解体（20日）。新京満洲日本人会成立。ソ連軍が長春・瀋陽・チチハル・承徳・吉林に進駐。ソ連軍、新京の関東軍総司令部庁舎を接収。瀋陽・遼陽・長春などで日本人居留民会設立。中ソ間で中国長春鉄道に関する協定締結。**九月**、日本政府が降伏文書に調印（２日）。中ソ合弁中国長春鉄路公司が満鉄を接収（22日）。GHQに満鉄に閉鎖命令（30日）。**一〇月**、幣原喜重郎内閣成立（９日）。**一一月**、満鉄全社員解雇（31日）。

（中野綾子＝編）

主要参考文献

〈単行本〉

越沢明『満州国の首都計画』（日本経済評論社、一九八八年一二月）

李相哲『満洲における日本人経営新聞の歴史』（凱風社、二〇〇〇年五月）

岡村敬二『「満洲国」資料集積機関概観』（不二出版、二〇〇四年六月）

西田勝 編『《満洲国》文化細目』（不二出版、二〇〇五年六月）

加藤聖文『満鉄全史―「国策会社」の全貌』（講談社、二〇〇六年一一月）

日本長春会終戦記録文集企画委員会 編『新京・長春の記憶』（日本長春会、二〇〇九年一二月）

貴志俊彦・松重充浩・松村史紀 編『二〇世紀満洲歴史事典』（吉川弘文館、二〇一二年一一月）

岡村敬二『満洲出版史』（吉川弘文館、二〇一二年一二月）

丸田洋二『曠野に出現した都市新京　満洲清水組の足跡』（櫂歌書房、二〇一五年一一月）

〈復刻版〉

『長春沿革史　新京の概況』（『滿蒙地理歴史風俗誌叢書12』景仁文化社、一九九五年一二月）

『満洲浪曼叢書　僻土残歌』（『満洲浪漫』第7巻、ゆまに書房、二〇〇二年七月）

大空社 編『アジア写真集　第12巻　満洲国都・新京写真集』（大空社、二〇〇八年九月）

岡村敬二『満洲国出版目録』（全8巻、金沢文圃閣、二〇〇九年八月）

『藝文　満洲文化綜合雑誌』（全22巻、ゆまに書房、二〇〇八年七月）

永見文太郎『新京案内　康徳六年版』（アートランド、一九八六年）

新京図書館『新京図書館月報』（金沢文圃閣、二〇〇九年四月）

『満洲公論』（全7巻、ゆまに書房、二〇一一年一月）

和田桂子 編『コレクション・モダン都市文化　第82巻　満鉄』ゆまに書房、二〇一二年一二月）

小泉京美 編『コレクション・モダン都市文化　第85巻　満洲のモダニズム』（ゆまに書房、二〇一三年六月）

『「満州国」地方誌集成　第13巻　国都新京　康徳五年版

／康徳七年版／康徳九年版』（ゆまに書房、二〇一九年三月）
滿洲新聞協会『滿洲新聞協会報』（金沢文圃閣、二〇一六年一月）

〈雑誌論文〉

大野太幹「１９２０年代満鉄附属地行政と中国人社会」（『現代中国研究』第21号、二〇〇七年一〇月）
大野太幹「満鉄附属地華商と沿線都市中国商人―開原・長春・奉天各地の状況について―」（『アジア経済』第47巻第6号、二〇〇六年六月）
大野太幹「満鉄附属地華商商務会の活動―開原と長春を例として―」（『アジア経済』第45巻第10号、二〇〇四年一〇月）
大野太幹「満鉄附属地華商商務会―日本行政支配下の商会」（『現代中国研究』第23号、二〇〇八年一〇月）
大野太幹「支配の連続性と断絶性 ―満州国期における満鉄附属地の視点から―」（『中国21』第31号、二〇〇九年五月）
岡村敬二『「満洲」の図書館』（資料展示図録、京都ノートルダム女子大学人間文化研究科人間文化専攻、二〇一〇年）
岡村敬二『終戦時新京　蔵書の行方』（資料展示図録、京都ノートルダム女子大学人間文化研究科人間文化専攻、二〇一一年）
千住一「日本統治下台湾・朝鮮・満州における観光に関する研究動向」『奈良県立大学研究季報』第22巻第2号、二〇一二年一月）
李青「『新京図書館月報』からみる「満洲国」時代の文化」（『文藝論叢』第79号、二〇一二年一〇月）
李青「「新京図書館」のライブラリアンたちの記録（一）―『新京図書館月報』を通じて―」（大谷大學文藝學會『文藝論叢』第80号、二〇一三年三月）
李青「『新京図書館月報』からみる日中文人の心象風景」（大谷大学真宗綜合研究所学『真宗総合研究所研究紀要』第31号、二〇一四年三月）
楊圓「偽満洲国首都「新京」の日本人社会の形成に関する考察―人口と分布地区―」（岡山大学大学院社会文化科学研究科『文化共生学研究』第14号、二〇一五年三月）
劉春英「「満洲国」時代に刊行された日本語文学資

料の保存と整理」『跨境　日本語文学研究』第３号、二〇一六年六月）

武向平「19世紀末~１９２０年代の長春都市形成—長春城・商埠地・附属地を中心として—」（『環東アジア研究センター年報』第５号、二〇二〇年一〇月）

日比嘉高「外地書店を追いかける（13）——本屋の引揚げ　台北、新京、京城、ジャカルタ」（金沢文圃閣『文献継承』第36号、二〇二〇年一一月）

上田貴子「まだなにものでもない長春を垣間見る—『長春実業新聞』の１９２２年10月１日から12月31日—」（『東京大学大学院情報学環社会情報研究資料センターニュース』第32号、二〇二二年三月）

【中国語文献　曾峻梅 編】

謝群 編『偽満洲国聯合協議会記録档案』（全30冊、国家図書館出版社、二〇二一年一一月）

房友良・趙洪 編『長春歴史地図集』（長春出版社、二〇一九年一二月）

劉暁麗 編『偽満時期文学資料整理与研究』（全34冊、北方文芸出版社、二〇一七年一二月）

鐘放『偽満洲国的法治幻象』（商務印書館、二〇一五年一月）

王新英 編『長春近現代史跡図誌』（吉林文史出版社、二〇一二年三月）

楊宇 編『長春近代建築図鑑　1932-1945』（吉林文史出版社、二〇一一年六月）

張錦 編『長春影事　東北巻』（民族出版社、二〇一一年三月）

『百年大馬路』（長春文史資料総第83輯、長春市政協文史資料委員会、二〇一〇年四月）

楊家安・莫畏『偽満時期長春城市規劃与建築研究』（東北師範大学出版社、二〇〇八年一月）

長春社会科学院 編『《盛京時報》長春資料選編』（長春出版社、二〇〇五年一一月～）

張奕 編『満映始末』（長春文史資料総第70輯、長春市政協文史資料委員会、二〇〇五年八月）

胡昶 編『東影的日本人』（長春文史資料総第67輯）長春市政協文史資料委員会、二〇〇五年八月）

李重 編『偽満洲国明信片研究　偽満国都〈新京〉（今長春）撮影明信片系列』（吉林文史出版社、二〇〇五年七月）

編者紹介

中野綾子（なかの・あやこ）

1986年、埼玉県生まれ。早稲田大学大学院教育学研究科単位取得満期退学、博士（学術）。現在、八洲学園大学専任講師。専門は、近代日本文学、メディア史。主な論文に、「蔵書の歴史を読む―ハノイフランス極東学院・日本近代文学関連書籍に見る日本・フランス・朝鮮」（『日本近代文学館年誌　資料探索』（20）・2025年3月）、「一九四〇年代後半における陸軍と出版社の取引―改造社を中心として」（『カルチュール』17（1）2023年3月）、「日本語書物の越境　漢口兵站図書館「つはもの文庫」を例として」（『昭和文学研究』（78）2019年3月）、「慰問雑誌にみる戦場の読書空間　『陣中倶楽部』と『兵隊』を中心に」（『出版研究』（45）2014年）など。共著に、和田敦彦／須山智裕／加藤優／田中祐介／中野綾子／河内聡子／大岡響子／宮路大朗／康潤伊『職業作家の生活と出版環境　日記資料から研究方法を拓く』（文学通信、2022年）などがある。

コレクション・近代日本の中国都市体験

第7巻　長春（新京）

2025年4月15日　印刷
2025年4月25日　第1版第1刷発行

［編集］　中野綾子

［監修］　東京女子大学比較文化研究所・上海外国語大学日本研究センター

［全体編集］　和田博文・高潔

［発行者］　鈴木一行

［発行所］　株式会社ゆまに書房
〒101-0047　東京都千代田区内神田2-7-6
tel. 03-5296-0491 / fax. 03-5296-0493
https://www.yumani.co.jp

［印刷］　株式会社平河工業社

［製本］　東和製本株式会社

落丁・乱丁本はお取り替えいたします。　Printed in Japan

定価：本体25,000円＋税　ISBN978-4-8433-6715-5 C3325